Enterprise agility

Andere uitgaven bij Van Haren Publishing

Van Haren Publishing (VHP) is gespecialiseerd in uitgaven over Best Practices, methodes en standaarden op het gebied van de volgende domeinen:
- IT en IT-management;
- Enterprise-architectuur;
- Projectmanagement;
- Businessmanagement.

Deze uitgaven zijn beschikbaar in meerdere talen en maken deel uit van toonaangevende series, zoals *Best Practice, The Open Group series, Project management* en *PM series*.

Van Haren Publishing is tevens de uitgever voor toonaangevende instellingen en bedrijven, onder andere: Agile Consortium, ASL BiSL Foundation, CA, Centre Henri Tudor, CM Partners, Gaming Works, IACCM, IAOP, IPMA-NL, ITSqc, NAF, KNVI, PMI-NL, PON, The Open Group, The SOX Institute.

Onderwerpen per domein zijn:

IT en IT-management	Enterprise-architectuur	Businessmanagement
ABC of ICT	ArchiMate®	*BABOK® Guide*
ASL®	BIAN	BiSL® en BiSL® Next
CMMI®	GEA®	BRMBOK™
COBIT®	Novius Architectuur Methode	BTF
e-CF	TOGAF®	CATS CM®
ISM		DID®
ISO/IEC 20000	**Projectmanagement**	EFQM
ISO/IEC 27001/27002	A4-Projectmanagement	eSCM
ISPL	DSDM/Atern	FSM
IT4IT®	ICB / NCB	IACCM
IT-CMF™	ISO 21500	ISA-95
IT Service CMM	MINCE®	ISO 9000/9001
ITIL®	M_o_R®	OBM
MOF	MSP®	OPBOK
MSF	P3O®	SixSigma
SABSA	*PMBOK® Guide*	SOX
SAF	Praxis®	SqEME®
SIAM™	PRINCE2®	
TRIM		
VeriSM		

Voor een compleet overzicht van alle uitgaven, ga naar onze website: www.vanharen.net

Enterprise agility

Een effectieve transformatie op basis van principes en practices

Marco de Jong en Femke Hille

Colofon

Titel:	Enterprise agility
Subtitel:	Een effectieve transformatie op basis van principes en practices
Auteurs:	Marco de Jong en Femke Hille
Reviewers:	Stefan Brouwer (Strict Consultancy bv), Martin van Gunst (Nationale Politie), Ronald de Jong (Nationale Politie), Stefan Kennedie (Strict Consultancy bv), Rob Kobussen (Strict Consultancy bv), Filip de Kort (Strict Consultancy bv), Rik Moed (Nationale Politie), Pascal Vroemen (Nationale Politie), Wai Wong (Nationale Politie)
Uitgever:	Van Haren Publishing, 's-Hertogenbosch
DTP&omslagontwerp:	Coco Bookmedia, Amersfoort - NL
NUR code:	801, 163
ISBN Hard copy:	978 94 018 0880 4
ISBN eBook (pdf):	978 94 018 0881 1
ISBN ePub:	978 94 018 0882 8
Druk:	Eerste druk, eerste oplage, september 2022
Copyright:	Van Haren Publishing, 2022

Voor verdere informatie over Van Haren Publishing, e-mail naar: info@vanharen.net.

Niets uit deze uitgave mag worden verveelvoudigd en/of openbaar gemaakt door middel van druk, fotokopie, microfilm, of op welke wijze ook, zonder voorafgaande schriftelijke toestemming van de uitgever.

No part of this publication may be reproduced in any form by print, photo print, microfilm or any other means without written permission by the publisher.

Hoewel deze uitgave met veel zorg is samengesteld, aanvaarden auteur(s) noch uitgever enige aansprakelijkheid voor schade ontstaan door eventuele fouten en/of onvolkomenheden in deze uitgave.

Trademark notices
BiSL® is a registered trademark of ASL BiSL Foundation.
ITIL®, MSP® and PRINCE2® are registered trademarks of AXELOS Limited.
DSDM® is a registred trademark of Agile Business Consortium.
LeSS (Large-Scale Scrum), is a trademark of The LeSS Company B.V.
SAFe® (Scaled Agile Framework ®) is a registred trademark of Scaled Agile Inc.
S@S (Scrum at Scale) is a registred trademark of Scrum Inc.
TOGAF® is a registered trademark of The Open Group.

Woord vooraf

Er vindt een fundamentele verandering plaats in de maatschappij: de Digitale transformatie. Die gaat natuurlijk over technologie, maar nog meer over de veranderende relatie tussen mens, data, technologie en omgeving. Deze digitale transformatie heeft grote gevolgen voor iedereen, ook bij de politie wordt dit zichtbaar. Denk daarbij aan de eerste verschijningsvormen van Digitale transformatie als bijvoorbeeld burgeropsporing, cybercrime of 'fake media'. Het zijn voorbodes van de grote veranderingen die ons te wachten staan. We moeten ons handelingsrepertoire hierin telkens ontdekken. En daarin hebben we een korte tijd om te leren: We hebben er ten slotte al uitgebreid mee te maken. We zijn daarbij afhankelijk van een razend goede informatievoorziening (IV). De IV van de politie is het belangrijkste 'bedrijfsmiddel' om dit goed te kunnen faciliteren. Zonder goede IV ligt politiewerk stil! En daarbij is snelheid en wendbaarheid geboden.

Dit was de motivatie om vijf jaar geleden Agile werken binnen de politie te introduceren. De watervalmethode voor softwareontwikkeling werd getransformeerd naar 'het Productiehuis': waar de politieoperatie samen met medewerkers van ontwikkeling en (functioneel) beheer in zo'n 150 DevOps-teams Agile werken. Waar andere organisaties met bv. LeSS en of SAFe gingen werken, besloten wij te kiezen voor het ScALE-framework. En omdat overheid en politiewerk nu eenmaal niet gelijk zijn aan commerciële organisaties maakten we er ons eigen politiemodel van. Dat was een proces van jaren, en heel eerlijk, dat loopt nog steeds. Een dergelijk grootschalige organisatieverandering doe je niet in een keer, dat doe je stap voor stap. En af en toe moeten we ook een stap terug doen, om weer vooruit te komen. Het fijne van het ScALE-framework is dat hier ook ruimte voor is: je kunt het toepassen naar eigen behoefte.

Maak ik de stand van zaken na vijf jaar op, dan kijk ik met trots naar IV'ers bij de politie. Zij hebben deze verandering van werken omarmd, met commitment en drive. En, dat moet gezegd worden, ook soms met enige schroom. Het vroeg niet alleen verandering bij de collega's die zich bezighouden met softwareontwikkeling en beheer. De manier van leidinggeven aan medewerkers en DevOps-teams moest mee veranderen. En ook in de brede IV-waardeketen moest men, op de koppelvlakken, anders samenwerken. Denk maar eens aan de vraagarticulatie gefaciliteerd door de sector Advies van Informatiemanagement, de architectuurfunctie, security of UX. Ook misten we prioriteitsstelling vanuit de politieorganisatie over de volle breedte.

We hebben veel hobbels moeten overwinnen, keuzes moeten maken. Daarin begonnen wij veelal op teamniveau, ook de productielijnen (clusters) kregen snel aandacht. Het vinden van aansluiting met de politieoperatie door product owners met verstand van politiewerk, bleek een sleutel naar het toevoegen van de juiste waarde op de IV-producten en -diensten. De aansluiting op het portfolio en de afstemming daarover was een ingewikkeld vraagstuk. Wij hebben gekozen voor meerdere Senior Product Owners (SPO's) die georganiseerd zijn in de 'SPO-tafel' om over de breedte heen te besturen. Dit soort veranderingen zijn bij een overheidsorganisatie vaak best ingewikkeld om te realiseren.

De weg naar een andere manier van werken is nooit kort en nooit gemakkelijk. Het vraagt inspanning van iedereen. Hoe fijn is het dan als je een boek in handen krijgt dat je van de theorie naar de praktijk helpt? Dat je concrete handvatten geeft om om te gaan met gedragspatronen, en antipatronen. Dat je inzichten geeft op alle niveaus in de organisatie. En dat eerlijk is over wat het je kost om die verandering teweeg te brengen.

Laat je hierdoor inspireren om te blijven leren, door te ontwikkelen, mee te veranderen. Omdat we nu eenmaal weten dat verandering de enige constante is waar je op kunt blijven rekenen!

Ester Woudenberg
Directeur ICT en Informatiemanagement Politie

Aanbevelingen

De boodschappen uit dit boek zijn mij uit het hart gegrepen. In een logische opbouw worden productteams centraal gesteld en vervolgens wordt helder uit de doeken gedaan hoe dit met behoud van teameffectiviteit opgeschaald kan worden. Ik weet uit eigen ervaring dat dit de ICT van de Nationale Politie heeft geholpen. Deze aanpak heeft er toe bijgedragen dat de collega's op straat steeds beter ondersteund konden worden bij hun belangrijke werk. Momenteel zie ik een vergelijkbare ontwikkeling bij de Belastingdienst: samen met de collega's uit het primaire proces werken we aan het toepassen van agile werken in de keten. Het is dan ook mooi om te zien dat deze ontwikkelingen zich ook bij de Nederlandse Overheid afspelen. Ik wens de lezer een aangenaam en zinvol lezen toe met de warme aanbeveling om deze werkwijze ook in de eigen werkomgeving toe te passen.

Koos Veefkind, algemeen directeur IV bij de Belastingdienst

De haven van Rotterdam heeft de ambitie om de slimste haven van de wereld te worden. Om deze ambitie te realiseren realiseert het Havenbedrijf dat dit een grote veranderopgave is voor álle spelers in de haven, en op de eerste plaats voor het havenbedrijf zelf. De verandering is complex, en niet complicated zoals het bouwen van een kademuur. Het betekent dat we een lerende organisatie willen worden, een bron van inspiratie in ons ecosysteem. Onder de begeleiding van Marco hebben we een LACE, Lean Agile Center of Excellence opgericht waarin we het gedachtengoed van Agile werken binnen onze organisatie met en door eigen medewerkers ontwikkelen met de teams, maar ook met het management of liever gezegd de leadership. De benadering van Marco maakt dat je je echt realiseert dat het gaat om een mindset die om een andere vorm van leiderschap vraagt om de organisatie écht te doen transformeren in een lerende organisatie. Door het tastbaar, praktisch te maken wordt confronterend duidelijk wat er nodig is tot een daadwerkelijk lerende organisatie te komen. Dit is geen methode of een werkwijze, maar een verandering van mindset voor iedereen! Als havenbedrijf zijn we onderweg en hebben houvast aan de klare taal die hier gebruikt is.

Claudia de Andrade, director Digital & IT bij Havenbedrijf van Rotterdam

---

Snel, wendbaar, aantoonbaar vernieuwen, samenwerken en blauw aan het stuur ... Dat was de opdracht om vanuit de IV-organisatie van de Nationale Politie de businessvraag te ondersteunen. Als plaatsvervangend CTO heb ik samen met mijn collegae en externe consultants deze opdracht uitgevoerd door het productiehuis te introduceren binnen de IV-organisatie en het Scaling Agile@Nationale Politie-model. Naast de mooie leerervaringen (positief en negatief) en het bewijs dat een consequente toepassing van de principes uit het model door alle lagen van de organisatie inderdaad een bijdrage levert aan snelheid en wendbaarheid heeft dit traject mij ook de basis gebracht waar ik daarna bij andere werkgevers steeds weer op kon terugvallen. Ik kijk er altijd met trots op terug!

Voor iedere organisatie is een variatie op het model van toepassing. De principes zijn bijna altijd passend. De essentie van de business aan het stuur en de samenwerking gecombineerd met ownership in teams en over de organisatielagen heen is sinds de transformatie bij de Nationale Politie voor mij altijd de kern gebleven van een succesvolle digitale transformatie.

Marjolijn Smeets, CIO bij Delta Fiber

Inhoudsopgave

INLEIDING .... **XIX**

LEESWIJZER .... **XXII**

A DE PRINCIPES VAN ENTERPRISE AGILITY   1

1 DE NOODZAAK VAN ENTERPRISE AGILITY 3
   1.1   Dus… 8

2 DE JUISTE AANPAK BIJ HET JUISTE PROBLEEM 9
   2.1   Cynefin framework 10
   2.2   Vier domeinen maken samen het Cynefin framework 10
   2.3   Enterprise agility is noodzakelijk om te werken in het complexe domein 22
   2.4   Dus… 23

3 HET PRINCIPE VAN SNELLER LEREN 25
   3.1   De kracht van de Plan | Execute benadering 30
   3.2   De achilleshiel van de Plan – Execute benadering 31
   3.3   De kracht van de Inspect & Adapt benadering 33
   3.4   De achilleshiel van de Inspect & Adapt benadering 34
   3.5   Herken de Plan | Execute facetten in de Inspect & Adapt benadering van vandaag 35
   3.6   Dus… 38

4 HET PRINCIPE VAN EIGENAARSCHAP 39

    4.1   Wat is eigenaarschap? 40
    4.2   Het ontwikkelen van eigenaarschap 46
    4.3   De complexiteit van mede-eigenaarschap 48
    4.4   Dus... 50

5 HET PRINCIPE VAN ZELFORGANISATIE 51

    5.1   Het creëren van alignment 53
    5.2   Het creëren van autonomie 53
    5.3   Het creëren van effectieve samenwerking 55
    5.4   Het ontwikkelen van zelforganisatie 57
    5.5   Dus... 59

6 HET PRINCIPE VAN EEN HELDERE RICHTING 60

    6.1   Een heldere richting op basis van vijf elementen 61
    6.2   Een betekenisvolle purpose 64
    6.3   Een inspirerende visie 66
    6.4   Een concrete missie 68
    6.5   Een verbindende strategie 69
    6.6   Uitdagende strategische, tactische en operationele doelen ... 72
    6.7   Uit het hoofd en op papier 75
    6.8   Dus... 76

7 HET PRINCIPE VAN DUIDELIJKE KADERS 78

    7.1   Autonomie door kaders 79
    7.2   Product- en procescompliancy 81
    7.3   Het compliancy-proces 83
    7.4   De betrokken binnen het compliancy-proces 86
    7.5   Dus... 88

B   AGILITY OP HET NIVEAU VAN HET TEAM   91

8 DE NOODZAAK VAN TEAM AGILITY 93

    8.1   De elementaire bouwstenen: teams 94
    8.2   Aan de slag met teams 97
    8.3   Dus... 97

9 HET CREËREN VAN EEN PRODUCT ROADMAP 99

- 9.1 Van visie tot productplan 102
- 9.2 Het begint allemaal met een goede visie 103
- 9.3 De stakeholdermatrix 107
- 9.4 Het product canvas 112
- 9.5 De storymap 114
- 9.6 Dus… 117

10 HET MANAGEN VAN EEN PRODUCTPLAN 118

- 10.1 Definiëren 119
- 10.2 Prioriteren 121
- 10.3 Splitsen 121
- 10.4 Plannen 123
- 10.5 Dus… 124

11 HET ONTWIKKELEN VOLGENS SCRUM OF KANBAN 126

- 11.1 Scrum 132
- 11.2 Kanban 137
- 11.3 Inspect & Adapt 144
- 11.4 Dus… 146

12 HET BESCHIKBAAR STELLEN VOLGENS DEVOPS 148

- 12.1 DevOps is het verbinden van twee gescheiden werelden 149
- 12.2 Development én Operations in drie stappen integreren 151
- 12.3 Continu integreren ten bate van de leercurve 153
- 12.4 Continu uitleveren ten bate van de leercurve 154
- 12.5 De drie meest bekende DevOps-varianten 158
- 12.6 Dus… 163

13 HET VALIDEREN VAN GELEVERDE WAARDE 165

- 13.1 Wat is waarde? 165
- 13.2 Waarde als drie verschillende componenten 166
- 13.3 Het valideren van de output door ontwikkelaars 169
- 13.4 Het valideren van de outcome door de product owner 172
- 13.5 Het valideren van de impact door de business 175
- 13.6 Zicht op progressie in het leveren van waarde 177
- 13.7 Dus… 179

C AGILITY OP HET NIVEAU VAN HET CLUSTER 181

14 DE NOODZAAK VAN CLUSTER AGILITY 183
- 14.1 De keuze tussen product agility of enterprise agility 185
- 14.2 Dus... 191

15 DE MOGELIJKHEDEN OM MEERDERE TEAMS TE STRUCTUREREN . . . 192
- 15.1 De uitdaging in het schalen van het aantal kenniswerkers 193
- 15.2 Het splitsen van ontwikkelteams 197
- 15.3 Het cluster-concept 206
- 15.4 Dus... 207

16 DE OPZET EN WERKING VAN AGILITY OP HET NIVEAU VAN EEN CLUSTER 208
- 16.1 Sprint planning 209
- 16.2 Sprint development 215
- 16.3 Sprint review 218
- 16.4 Sprint retrospectives 219
- 16.5 Output validatie 220
- 16.6 Dus... 224

17 HET DIRECT ONDERSTEUNEN VAN DE PRIMAIRE FLOW: POST, ST'S EN PT'S 226
- 17.1 De primaire flow 227
- 17.2 De secundaire flow 228
- 17.3 Het Product Owner Support Team (POST) 230
- 17.4 Het system team (ST) 233
- 17.5 Het platform team (PT) 234
- 17.6 Dus... 236

18 HET INDIRECT ONDERSTEUNEN VAN DE PRIMAIRE FLOW: CMT 237
- 18.1 Het cluster managementteam (CMT) 239
- 18.2 De bedrijfsvoering 241
- 18.3 Het systeem laten werken 242
- 18.4 De impediments oplossen 243
- 18.5 Dus... 244

D AGILITY OP HET NIVEAU VAN DE IV   247

19 DE NOODZAAK VAN IV AGILITY 249
- 19.1 De problemen 250
- 19.2 Oorzaak en gevolgen 253
- 19.3 Nut en noodzaak voor IV agility 257
- 19.4 Dus... 259

20 DE MOGELIJKHEDEN OM MEERDERE CLUSTERS TE STRUCTUREREN. 261
- 20.1 Het niveau van de IV 261
- 20.2 Het splitsen van clusters 262
- 20.3 Portfoliomanagement 268
- 20.4 Dus... 272

21 DE OPZET EN WERKING VAN AGILITY OP HET NIVEAU VAN DE IV 274
- 21.1 Er is één portfolio owner binnen de organisatie 275
- 21.2 Van business-behoefte naar backlog items 278
- 21.3 Het inventariseren van behoeften uit de business 281
- 21.4 Het definiëren en prioriteren van epics 282
- 21.5 Het definiëren en prioriteren van epic slices 284
- 21.6 Het (laten) ontwikkelen van epic slices 286
- 21.7 Het valideren van de impact 288
- 21.8 Het bijstellen op basis van de verkregen inzichten 289
- 21.9 Dus... 291

22 HET VERHOGEN VAN DE VOORSPELBAARHEID VAN HET PORTFOLIOPROCES 293
- 22.1 Betrouwbare schattingen zijn noodzakelijk 294
- 22.2 Velocity als basis voor forecasting 297
- 22.3 Voorspelbaarheid creëren op cluster-niveau 299
- 22.4 Voorspelbaarheid creëren op niveau van de IV 303
- 22.5 Het valideren van de productiviteit 305
- 22.6 Dus... 306

23 HET DIRECT ONDERSTEUNEN VAN DE PRIMAIRE FLOW: PST 308

23.1 Opzet en werking van het PST 309
23.2 Aandachtsgebieden binnen het PST 317
23.3 Dus... 323

24 HET INDIRECT ONDERSTEUNEN VAN DE PRIMAIRE FLOW: ENABLING SERVICES 324

24.1 Het creëren van enabling services 325
24.2 Enabling infrastructuur 331
24.3 Enabling architectuur 334
24.4 Enabling security 337
24.5 Enabling gebruikers 338
24.6 Het creëren van een enabling service 341
24.7 Van afdwingen naar ontdekken 342
24.8 Dus... 343

E AGILITY OP HET NIVEAU VAN DE BUSINESS   345

25 DE NOODZAAK VAN BUSINESS AGILITY 347

25.1 Dus... 351

26 EEN EFFECTIEVE SAMENWERKING TUSSEN BUSINESS EN IV 352

26.1 Een snelle, wendbare IV biedt nieuwe mogelijkheden 352
26.2 ... en brengt ook nieuwe risico's 354
26.3 Het effectueren is een opdracht voor de business 355
26.4 Van output naar impact 359
26.5 Dus... 360

27 DE OPZET EN WERKING VAN AGILITY OP HET NIVEAU VAN DE BUSINESS. 361

27.1 Terug naar de onderliggende principes 362
27.2 Van principes naar implementatie 363
27.3 Van implementatie naar executie 369
27.4 Dus... 370

28 SNEL EN WENDBAAR SAMENWERKEN VIA PROGRAMMA'S EN PROJECTEN ... 372

- 28.1 Het scheiden van het hoe van de Business en van de IV is belangrijk ... 373
- 28.2 De strategische doelen en kaders bepalen de IV-prioriteit ... 375
- 28.3 Voorspelbaarheid is de sleutel tot succesvolle samenwerking ... 376
- 28.4 Kort-cyclische opleveringen geven mogelijkheden ... 377
- 28.5 Dus... ... 378

29 SNEL EN WENDBAAR SAMENWERKEN VIA DE LIJNORGANISATIE ... 380

- 29.1 De lijnorganisatie in de hoofdrol ... 381
- 29.2 Het verschil tussen diensten, producten en applicaties ... 383
- 29.3 De nieuwe vorm van overdracht ... 384
- 29.4 Niet alle 'oude' rollen vindt u terug in het IV-voortbrengingsproces ... 385
- 29.5 Een nauwe samenwerking met de lijn is noodzakelijk ... 387
- 29.6 De nieuwe positie komt met nieuwe verantwoordelijkheden ... 389
- 29.7 Dus... ... 391

30 HET DIRECT ONDERSTEUNEN VAN ALLE FLOWS: AGILE LEADERSHIP 392

- 30.1 Het inrichten van een lerende organisatie ... 393
- 30.2 Het leiden van de lerende organisatie ... 396
- 30.3 Het begeleiden van een lerende organisatie ... 400
- 30.4 Dus... ... 402

31 HET INDIRECT ONDERSTEUNEN VAN ALLE FLOWS: BUSINESS SUPPORT ... 404

- 31.1 Personeel ... 405
- 31.2 Organisatie ... 406
- 31.3 Finance ... 408
- 31.4 Control ... 410
- 31.5 Facilitair ... 413
- 31.6 Marketing ... 415
- 31.7 Communicatie ... 416
- 31.8 De samenwerking tussen de afdelingen is belangrijk ... 418
- 31.9 Dus... ... 419

F HET MANAGEMENT VAN DE TRANSFORMATIE   421

32 DE NOODZAAK VAN TRANSFORMATIEMANAGEMENT 423

- 32.1 Paradigma shifts zijn noodzakelijk 425
- 32.2 Organisaties zijn complex-adaptieve systemen 429
- 32.3 Focus op het resultaat van de flows 432
- 32.4 'One size fits all' bestaat niet 434
- 32.5 Dus... 436

33 HET VERSCHIL TUSSEN AGILE DOEN EN AGILE ZIJN 437

- 33.1 Van agile doen 437
- 33.2 ... naar agile zijn 443
- 33.3 Dus... 447

34 EEN EFFECTIEVE VERANDERAANPAK 448

- 34.1 De verandermethodiek 451
- 34.2 De veranderaanpak 452
- 34.3 Gebruik van taal, houding en gedrag 462
- 34.4 Dus... 469

35 EEN EFFECTIEVE VERANDERORGANISATIE 470

- 35.1 Het transformatieteam 472
- 35.2 Lean Agile Center of Excellence (LACE) 473
- 35.3 Ketenteams 478
- 35.4 Primaire / secundaire flow en enabling services 481
- 35.5 Inzicht en overzicht 482
- 35.6 Dus... 486

36 HET DIRECT ONDERSTEUNEN VAN DE TRANSFORMATIE: COACHING COMMUNITY 487

- 36.1 De coaching community 488
- 36.2 De onderlinge samenwerking 491
- 36.3 Dus... 493

37 HET INDIRECT ONDERSTEUNEN VAN DE TRANSFORMATIE: LEARNING COMMUNITY 494

37.1 Communities of Practice (CoP's) 496
37.2 Practice coaches en tiger teams 497
37.3 Opleidings- en trainingsmogelijkheden 498
37.4 Buddy learning 500
37.5 Alternatieve vormen 501
37.6 Dus... 502

BIJLAGE 1 OVER DE AUTEURS 503

Marco de Jong 503
Femke Hille 503

LITERATUURLIJST 504

INDEX. 509

Inleiding

In de afgelopen 20 jaar constateerden we vrijwel zonder uitzondering dat organisaties het doel van het agile en Lean gedachtegoed steeds meer uit het oog zijn verloren. Gedreven door de snelheid waarin de enterprise agility moet worden ontwikkeld, laten zij zich verleiden tot het implementeren van een groot scala aan regels en best practices. Hierbij wordt voorbijgegaan aan het fundamentele gedachtegoed en de onderliggende principes die uiteindelijk de organisatie in staat stellen optimaal te functioneren in een steeds sneller veranderende wereld.

Dit boek is geschreven vanuit een sterke drang om individuen in grote organisaties te helpen bij het begrijpen wat het betekent om werkelijk te transformeren naar een organisatie met een hoge mate van enterprise agility. Maar wat is enterprise agility? Enterprise agility is kort gezegd een staat van lenigheid en behendigheid waarmee een organisatie het vermogen heeft om te reageren op veranderingen. Daarmee is de mate van enterprise agility uiteindelijk een kenmerk van een organisatie en niet een doel. Het is een organisatorisch middel waarmee u in staat bent om op dusdanige wijze in te spelen op veranderingen in uw omgeving, dat u in staat bent om uw klanten te voorzien van de meest waardevolle diensten en producten.

In februari 2001 werd het 'Manifesto for Agile Software Development', tijdens een bijeenkomst in een ski resort in Utah, opgesteld door 17 afgevaardigden die zochten naar een alternatief voor omvangrijke, door documentatie gedreven, software ontwikkelprocessen. Aangezien zij het niet eens konden worden over een alternatief, formuleerden zij de uitgangspunten en principes die zijn vastgelegd in een manifesto. De waarden en principes waren toen al niet nieuw en werden door de deelnemers gevonden in de verschillende methodieken die bij voorkeur werden gebruikt voor het succesvol resultaten behalen in dynamische omgevingen. Het Manifesto for Agile Software Development is een prachtig en wereldberoemd document geworden. Het kent vele aanhangers en er wordt met regelmaat naar gerefereerd door zogenaamde agile evangelisten en fundamentalisten.

Het Manifesto beschrijft vier uitgangspunten en twaalf principes, heel simpel. Op het eerste oog helemaal niet zo moeilijk als u het leest. Tot we het werkelijk willen gaan toepassen in onze praktijk. We nemen immers onze historie, onze automatismen en de bijbehorende structuren en middelen mee naar de start van de transformatie. Dat wat ons succesvol maakte tijdens het tijdperk van de industrialisatie, zit ons in de beweging naar het bereiken van werkelijke enterprise agility vaak in de weg. Ons taalgebruik, onze voorkeursaanpak en de keuzes die we maken zijn nog altijd 'geautomatiseerd' vanuit de mindset die hoort bij ons succes gedurende het tijdperk van de technologische industrialisatie. Het loslaten en het binnentreden in het onbekende betekent dat we opnieuw moeten leren, en dat we inzicht moeten verkrijgen in nieuwe uitgangspunten en principes. Met dit boek beogen we dat het organisatie-breed 'agile zijn' toegankelijk wordt voor een ieder.

Om enterprise agility in al zijn principes en facetten toe te lichten maken wij gebruik van het ScALE framework als structuur voor de lezer en de opbouw van de informatie. Het ScALE framework is een generiek toepasbare versie van het Scaling Agile @ Nationale Politie model zoals deze voor de transformatie van de Nationale Politie is ontwikkeld en inmiddels meer dan vijf jaar in gebruik is. In dit boek helpt het ScALE framework om het spanningsveld tussen theorie en principes die horen bij het 'snel en wendbaar samen met de klant waarde te leveren' handen en voeten te geven in de praktijk.

Het nastreven van enterprise agility gaat u als organisatie helpen om samen met uw stakeholders en gebruikers iedere keer weer uw waardevolle bijdrage te ontdekken en ontwikkelen. Op emergente wijze waarde ontdekken en ontwikkelen vereist eerst aandacht voor het creëren van effectieve organisatiestructuren die vervolgens door middel van continue verbeteringen steeds efficiënter kunnen worden uitgevoerd. Effectief en efficiënt onderscheiden zich in betekenis van elkaar: effectief richt de aandacht op het resultaat en efficiënt richt de aandacht op de weg ernaartoe. In enterprise agility ligt de nadruk op maximale effectiviteit, het bereiken van beoogde effecten. Als deze effecten worden bereikt gaan we aan de slag met het steeds efficiënter tot deze resultaten te komen. Wanneer u een persoonlijke voorkeur heeft voor het efficiënt werken, dan zal dit boek over het bereiken van enterprise agility een flink appèl op u doen om hierin een shift te maken naar het integreren van een voorkeur voor effectiviteit.

Terwijl de voertaal van dit boek Nederlands is, komt u tijdens het lezen veelvuldig Engelse termen tegen die wij niet vertalen. Wij hebben in deze gevallen bewust gekozen om het Engels niet te vertalen naar het Nederlands. De vertaling naar het Nederlands zou in deze gevallen de leesbaarheid ofwel de betekenis en de bedoeling van de tekst in gevaar brengen.

Wij willen onze collega's en cursisten bedanken die ons veelvuldig hebben verzocht een naslagwerk te leveren bij de vele trainingen en workshops die we hebben gegeven. Wij bedanken Jurjen de Groot als één van de grondleggers van het Scaling Agile @ Nationale Politie model en Alrik Hiemstra voor de onderliggende visuele stijl van dit model. Daarnaast willen we Ria Geugjes bedanken voor haar hulp bij het redigeren van dit boek. Met extra aandacht willen wij onze reviewers bedanken die vanuit alle mogelijk invalshoeken het boek hebben getoetst op correctheid en praktische bruikbaarheid:

- Stefan Brouwer (vanuit toepassing-perspectief)
- Martin van Gunst (vanuit management-perspectief)
- Ronald de Jong (vanuit team coaching-perspectief)
- Stefan Kennedie (vanuit agile coaching-perspectief)
- Rob Kobussen (vanuit gedragsmatig perspectief)
- Filip de Kort (overall review en consistentie)
- Rik Moed (vanuit Scaling Agile @ Nationale Politie model-perspectief)
- Pascal Vroemen (vanuit projectmatige perspectief)
- Wai Wong (vanuit business-perspectief)

Leeswijzer

Dit boek biedt u handvatten die u houvast geven gedurende uw transformatie om de enterprise agility te verhogen. Alle essentiële ingrediënten worden beschreven. Het is aan u, de lezer van dit boek, om op basis hiervan bewust activiteiten te ontplooien die bijdragen aan de enterprise agility van uw organisatie.

Dit boek is opgebouwd uit zes delen en ieder deel kent zijn eigen niveau van complexiteit met bijbehorende vraagstukken. Het gevaar bij het opschalen van agility is dat niet alleen de baten worden uitvergroot, maar dat ook de kosten, risico's en uitdagingen snel in omvang toe kunnen nemen. Om die reden wordt in dit boek de agility zelf opgeschaald vanaf de absolute basis: de principes van enterprise agility. Daarna wordt agility steeds verder opgeschaald, van het werken met één snel en wendbaar team, naar meerdere snelle, wendbare teams in een cluster, naar meerdere snelle, wendbare clusters binnen de IV-organisatie, tot en met het bereiken van enterprise agility binnen de gehele organisatie. In het laatste deel van dit boek kijken we naar de aanpak die het managen van een dergelijke transformatie behelst. Ieder deel start met een hoofdstuk over de expliciete noodzaak van de beschreven stappen in het betreffende deel. U kan als lezer op elk gewenst niveau starten met lezen, in de tekst wordt aangegeven als er verdiepende informatie in andere delen kan worden gevonden.

De hoofdstukken in *Deel A - De principes van enterprise agility* beschrijven de onderliggende principes voor het bereiken van enterprise agility. *Hoofdstuk 2 - De juiste aanpak bij het juiste probleem* helpt u bewust worden waarom en wanneer u wel of niet het middel van enterprise agility zou willen integreren in uw organisatie. Alle activiteiten die uw organisatie ontplooit om 'snel en wendbaar samen met de klant waarde te leveren' zijn gestoeld op de principes van sneller leren, eigenaarschap, zelforganisatie, heldere richting en duidelijke kaders. Het boek besteedt aandacht aan deze principes, omdat ze doorwerken in al uw activiteiten en het al dan niet slagen van de transformatie van uw organisatie naar meer en meer enterprise agility. Wanneer deze principes als basis gehanteerd worden bij iedere opvolgende stap in uw transformatie, ontstaat een goede voedingsbodem voor het verhogen van enterprise agility binnen uw organisatie.

In *Deel B - Agility op het niveau van het team* starten we met het uitwerken van wat er nodig is om één enkel ontwikkelteam succesvol te laten zijn in het 'snel en wendbaar samen met de kant waarde te leveren.' Het 'enkele team' ontplooit activiteiten die passen bij de principes van enterprise agility en heeft een solide basis nodig om in vervolgstappen ook effectief en efficiënt met andere teams te kunnen samenwerken. In dit deel gaan we dieper in op het creëren van een product roadmap, het managen van een productplan, het ontwikkelen volgens Scrum of Kanban, het beschikbaar stellen volgens DevOps en het valideren van de geleverde waarde. Wanneer deze activiteiten hun weg hebben gevonden in de praktijk van het team, wordt het makkelijker om de stap te zetten naar het volgende niveau van opschalen: samenwerken met meerdere teams.

In *Deel C - Agility op het niveau van het cluster* worden de principes van enterprise agility uitgewerkt als het gaat om het werken met meerdere teams aan één product. Hierbij kunnen verschillende keuzes gemaakt worden ten aanzien van hoe deze samenwerking tussen teams kan worden gestructureerd. Iedere keuze heeft zo zijn eigen charmes en consequenties, en het opschalen van deze samenwerking kan het verhogen van de enterprise agility ook in de weg staan. Juist daarom besteden we aandacht aan de opzet en werking van agility binnen een cluster. Wanneer het aantal teams groeit, komt er een omslagpunt waarop het interessant wordt om de teams te ondersteunen in het werk. Het ondersteunen van teams die agility nastreven luistert nauw, doordat het risico van afhankelijkheden en vertragingen op de loer ligt. Zo onderscheiden wij betrokkenen bij de productontwikkeling uit Deel B als een primaire flow en het ondersteunen van deze werkzaamheden als een secundaire flow. Uitgangspunt hierbij is dat de secundaire flow de primaire flow in geen geval mag vertragen.

In *Deel D - Agility op het niveau van de IV* beschrijven wij hoe meerdere clusters in hun samenwerking kunnen worden gestructureerd. Hierbij is uit meerdere opties een keuze te maken en iedere keuze heeft weer zijn eigen voor- en nadelen. Begrip van uw eigen situatie en de mogelijkheden die er zijn, helpen bij het maken van de 'betere' keuze. In dit deel introduceren we eveneens het portfolioproces. Wanneer een organisatie met meerdere teams aan verschillende producten werkt, komen alignment en autonomie onder druk te staan. Het goed inrichten van het portfolioproces zorgt niet alleen voor het vergroten van enterprise agility, het helpt ook bij het vergroten van de voorspelbaarheid in de ontwikkeling van producten. Het goed werkend krijgen van het portfolioproces vraagt om goede ondersteuning. Zowel de portfolio owner als de clusters moeten worden ondersteund in hun werkzaamheden, om snel en wendbaar in samenwerking met de klant waarde te leveren. Ook hier liggen valkuilen op de loer die ongewenste afhankelijkheden en vertragingen in de hand werken. Door bewust te zijn van deze valkuilen, kunnen ze tijdig worden vermeden.

In *Deel E - Agility op het niveau van de business* wordt ingegaan op de rol van de business bij het succesvol laten ontstaan van enterprise agility. Terwijl een snelle wendbare informatievoorziening randvoorwaardelijk is voor het opereren in een dynamische omgeving, is het zonder het verhogen van business agility nauwelijks van toegevoegde waarde. De transformatie vraagt van zowel de informatievoorziening alsmede de business een andere manier van interactie en samenwerking. Bij het vergroten van de agility van de business is een goed begrip van de principes van enterprise agility uit Deel A van belang. Hoe deze principes in de praktijk vorm krijgen wordt in de verschillende hoofdstukken uitgewerkt. In de business maken wij onderscheid tussen de permanente lijnorganisatie en tijdelijke programma- of projectorganisaties. De transformatie naar enterprise agility met een snelle en wendbare levering van waardevolle producten heeft gevolgen voor de verhoudingen tussen de verschillende betrokkenen in de business. Het besturen van een organisatie met een hoge mate van enterprise agility vraagt om ondersteuning vanuit leiderschap dat past bij een lerende organisatie: het agile leadership. Enterprise agility vraagt in dergelijke organisaties ook om een snelle wendbare ondersteuning van alle flows: business support. Ook deze ondersteuning wordt ingericht op basis van de genoemde principes uit Deel A.

In *Deel F - Het management van de transformatie* worden praktische handvatten gegeven die u kunt gebruiken bij het begeleiden van de transformatie. Er wordt aandacht besteed aan het verschil tussen 'agile doen' en 'agile zijn' zodat u bewust dit verschil in uw organisatie kunt onderkennen. Het transformeren van een organisatie is een complexe aangelegenheid. Daarbij vraagt het om een aanpak waarbij het beoogde effect centraal staat en de activiteiten regelmatig worden gevalideerd ten aanzien van dat effect. In hoofdstuk 34 - Een effectieve veranderaanpak' en hoofdstuk 35 - Een effectieve veranderorganisatie, worden handvatten gegeven om de transformatie goed in de praktijk vorm te geven. Een transformatie van dit formaat doet u niet alleen, deze doet u samen met anderen. De hele organisatie, ieder individu, is onderdeel van de transformatie en draagt bij aan het slagen van de transformatie. Zo wordt de transformatie ondersteund door een coaching community die gedurende de transformatie wordt ingericht. Met het behalen van enterprise agility is uw organisatie veranderd in een lerende organisatie. Deze lerende organisatie wordt ondersteund door learning communities, die eveneens vorm moeten krijgen.

Wanneer een organisatie kiest voor product agility (snelheid en wendbaarheid is noodzakelijk op het niveau van de afzonderlijke producten) dan zijn in dit boek enkel *Deel A - De principes van enterprise agility, Deel B - Agility op het niveau van het team, Deel F - Het management van de transformatie* en deels ook

Deel C - Agility op het niveau van het cluster van belang. Wanneer een organisatie kiest voor enterprise agility (snelheid en wendbaarheid is noodzakelijk op het niveau van de gehele organisatie) dan zijn, naast de volledige delen voor product agility, ook de delen Deel D - *Agility op het niveau van de IV* en Deel E - *Agility op het niveau van de business* relevant.

De principes van enterprise agility

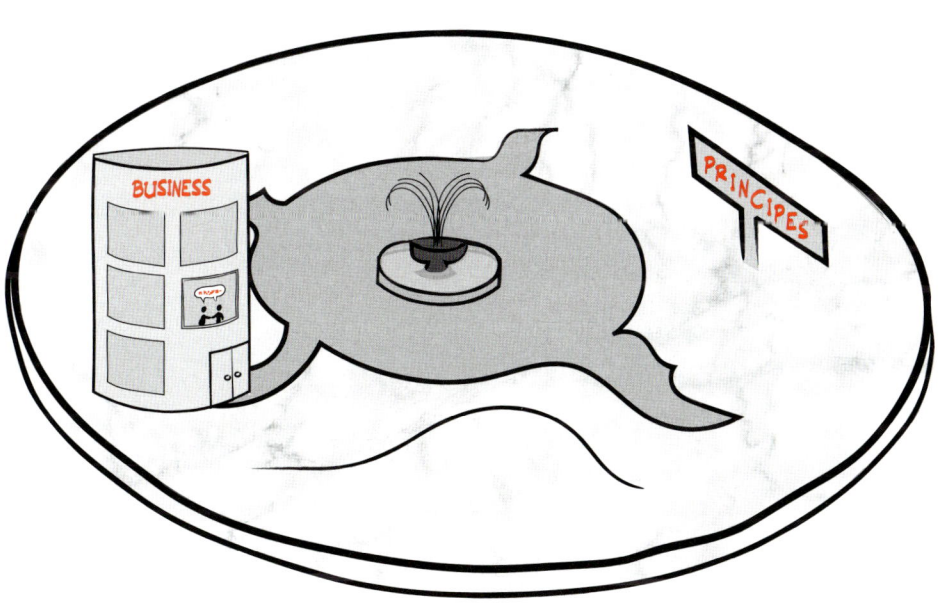

1 De noodzaak van enterprise agility

Wat hebben banken, taxicentrales en notariaten met elkaar gemeen? Ze vervullen allen een belangrijke functie in onze huidige maatschappij, vervullen onze behoeften al van oudsher, kennen een diepgeworteld bestaansrecht en hebben over de jaren bijgedragen aan antwoorden op vraagstukken over onze normen en waarden. Het zijn organisaties die zich in sterk gereguleerde markten begeven. Het als start-up binnentreden van deze markt is een uitdaging van formaat. Het alleen al voldoen aan enkel de basis van alle wetten en regelgevingen zorgt voor een drempel om te starten, laat staan dat u in korte tijd een behoorlijk marktaandeel kunt verwerven. In een dergelijke beschermde omgeving kun u zich afvragen of enterprise agility (snel en wendbare organisatie) überhaupt een thema kan zijn. Toch buigen veel van deze organisaties en hun brancheverenigingen over het existentiële vraagstuk: zijn wij over een aantal jaren nog wel relevant?

Zonder uitzondering worden alle organisaties geraakt door de snelheid waarin de wereld, de technische mogelijkheden, de markten, de klanten en de concurrenten veranderen. Als we langs de tijdbalk van de geschiedenis terugkijken, dan zien we een kwadratische toename van de snelheid waarmee deze veranderingen optreden. Kijkend naar de verschillende tijdperken vanaf de prehistorie tot heden, laten substantiële ontwikkelingen in de wereld een duidelijke kwadratische curve zien. De versnellingsfactor bij deze curve fluctueert tussen de 2 en 3. Beperken we onze blik, naar alleen de 20ste eeuw, dan kunnen we zien dat de tijd die nodig is om als producent 25% van de bevolking te bereiken in deze 'korte' periode eenzelfde curve laat zien met die versnellingsfactor tussen de 2 en 3 (zie figuur 1.1). Dit betekent dat waar de introductie van de televisie in het begin van de 20ste eeuw nog zo'n 26 jaar nodig had om 25% adoptie te bereiken, had de COVID-19 tracing app Aarogya Setu in het begin van de 21ste eeuw minder dan 13 dagen nodig om hetzelfde aantal gebruikers te bereiken. Uiteraard kunt u betwisten dat het lanceren van digitale producten gelijk is aan fysieke producten maar met de opkomst van 3D-printertechnologie begint de harde grens tussen de digitale en fysieke wereld meer en meer te vervagen. Van jaren naar dagen betekent dat we in de toekomst marktintroducties binnen uren en minuten kunnen gaan verwachten, aangedreven door de gretige klant, die ondertussen verwacht: vandaag besteld, nu in huis.

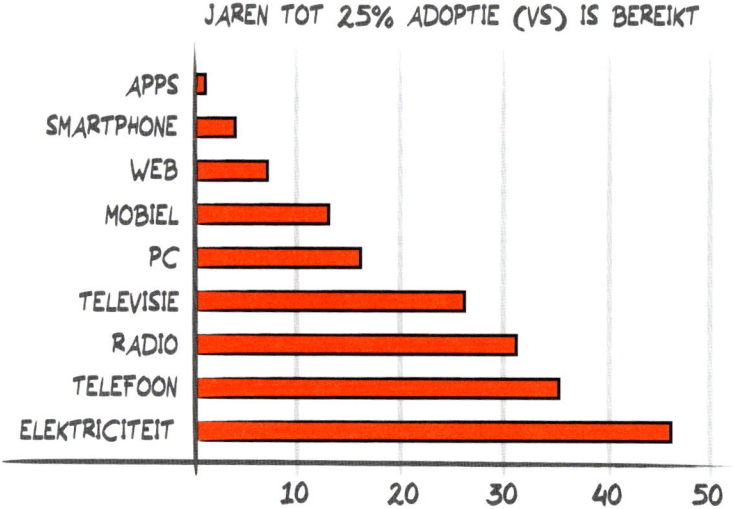

Figuur 1.1 Snelheid van technologie-adoptie (Richie & Roser, 2017).

Hoewel de start van globalisering terug te voeren is naar de reizen van Columbus in het eind van de 15de eeuw, zijn vanaf 1870 verschillende golven van verregaande globalisering zichtbaar geworden. Met elke golf namen de mogelijkheden voor internationale reizen, handelsvoering en communicatie steeds verder toe. Met de introductie van producten als radio, telefoon en het internet is internationaal communiceren steeds eenvoudiger geworden. Ontwikkelingen in de transportsector maken het mogelijk om zowel mensen als goederen snel en efficiënt over de hele wereld te verplaatsen door de aanhoudende groei van internationale handelsovereenkomsten en adoptie van het supranationalisme[1] verdwijnen regio- en landsgrenzen steeds verder naar de achtergrond. Voor een gemiddelde organisatie betekent dit dat de potentiële markt qua omvang steeds verder toeneemt. Economische principes dicteren dat wanneer meer van een bepaald product of dienst wordt gemaakt dat de productie- en leveringskosten van dat product lager zijn. Hoewel de verregaande globalisatie veel kansen biedt voor bedrijven om hun markt en marktaandeel uit te breiden, staat daar tegenover dat de toenemende marktpotentie ook leidt tot het aantrekken van meer concurrenten. Zicht houden op de concurrenten is niet langer voldoende om in een dergelijke markt te overleven. Organisaties moeten niet alleen snel kansen rondom hun markt kunnen detecteren maar ook de wendbaarheid hebben om daar snel op in te kunnen spelen. In de praktijk betekent dit dat bedrijven sneller en beter met hun initiatieven moeten inspelen op de behoeften in de markt.

---

1 Supranationalisme is een wijze van samenwerking en besluitvorming in politieke gemeenschappen bestaande uit verschillende staten. In supranationale organisaties worden bepaalde bevoegdheden van de nationale staten overgedragen naar een autoriteit die boven de nationale staten staat. Wikipedia, geraadpleegd op 31-08-2021.

Door het enorme potentieel van de geglobaliseerde markt neemt ook de omvang van organisaties zelf toe en daarmee ook de omvang van de concurrentie. Daar waar de landsgrenzen (en onderliggende handelsbeperkingen) een restrictieve werking hadden op de maximale omvang van een organisatie, heeft de globalisatie juist het tegenovergestelde effect. Het resultaat is een toename van bedrijven met een enorme markt en de daarbij horende ongelimiteerde groeimogelijkheden. Deze organisaties kunnen door hun mondiale omvang een sterke economische impact veroorzaken. In sommige gevallen heeft deze impact een dusdanige kracht dat hiermee op geopolitiek niveau ernstig rekening moet worden gehouden. Deze situatie heeft geleid tot Big classificaties zoals Big Tobacco, Big Oil, Big Pharma en Big Tech, waarmee een aantal van deze organisaties gezamenlijk een dusdanige impact hebben, dat overheden zelfs gezamenlijk moeten optreden om een goede poging te doen om deze organisaties in bedwang te houden.

Verandering is de enige constante.

De Griekse filosoof Heraclitus

Naast steeds snellere ontwikkelingen in de geopolitiek en de daaruit ontstane organisaties, volgen ook de technologische ontwikkelingen die hieruit voortkomen elkaar in een steeds hoger tempo op. Technologische trends en 'hype curves' spreken over innovatietijden van twee tot vijf jaar. Hierin zien we dat theoretische concepten een substantiële waarde (kunnen) leveren binnen het productportfolio van de hedendaagse organisatie. Dit betekent niet alleen dat organisaties de technologische ontwikkelingen goed in de gaten moeten houden. Ze zullen ook flexibel genoeg moeten zijn om zowel hun organisatie, processen als ondersteunende technologie op korte termijn aan te kunnen passen, om mee te bewegen in deze technologische ontwikkelingen.

Door de korte introductietijden van nieuwe technologie moet productinnovatie niet langer als een separaat proces worden behandeld maar juist als substantieel onderdeel worden geïntegreerd in de reguliere productontwikkeling. Door in een vroegtijdig stadium vanuit zowel business als technologisch perspectief kleinschalige experimenten uit te voeren worden veranderingen en aanpassingen gezien als een normaal onderdeel van de bedrijfsvoering. Door het continu uitvoeren van kleine aanpassingen tijdens het ontwikkelen, is het voorkomen van grootschalige en risicovolle trajecten op basis van nieuwe technologie veel beter te managen. Deze constante stroom aan veranderingen betekent wel dat zowel de business als de informatievoorziening wendbaar moeten worden ingericht om effectief in deze dynamische omgeving te kunnen opereren.

Het ondersteunen van een dynamische business met een net zo dynamische set van technologie is een uitdaging van formaat. Beiden onderdelen reageren zowel direct als indirect op elkaar (als communicerende vaten) en moeten in samenhang en harmonie worden aangepast en ontwikkeld. Hierbij rekening houdende met het gegeven dat beide onderdelen ook worden beïnvloed vanuit het eigen aandachtsgebied: business of technologie. Daar waar onderdelen van een aandachtsgebied (moeten) worden aangepast, betekent dit dat er continu moet worden bijgestuurd ten aanzien van hun effect op het geheel. Het is een utopie om te veronderstellen dat de informatievoorziening 'op een dag gereed is'; de wijze waarop we effectieve en efficiënte informatievoorziening continu in stand houden en steeds beter laten aansluiten op de business is één van de grote drivers voor de hoge mate van verandering op dit gebied.

Customer value, not control, is the answer in the digital economy.

Don Tapscott en Anthony D. Williams in Wikinomics

Onder druk van de jongere generaties neemt de focus op klantwaarde steeds verder toe. Het verval van klantloyaliteit zorgt ervoor dat we de geleverde waarde continu moeten valideren bij onze klanten. In het verleden kon door slimme marketingcampagnes de klanten nog worden verteld wat ze wanneer nodig hadden. In die tijd kon u op basis van sterke branding-strategieën klanten binden aan de organisatie, in plaats van aan een specifiek product. Deze sterke mate van klantloyaliteit neemt echter generatie op generatie zichtbaar af (Tapscott & Williams, 2010). De nieuwere generaties groeien op in een wereld van talloze mogelijkheden en het switchen tussen producten en organisaties is nog nooit zo gemakkelijk geweest. Het overstappen naar een nieuwe verzekering hoeft niet meer te kosten dan een paar klikken; de oude verzekering wordt door de nieuwe verzekering zelfs voor u opgezegd. Met behulp van vergelijkingswebsites wordt zelfs de moeite van het zoeken en vergelijken uit handen genomen.

Wanneer de kosten of de moeite van het switchen tussen producten en diensten dusdanig laag wordt dat deze niet meer als een drempel fungeert, is het binnen no-time overstappen een 'piece of cake'. Zeker wanneer een product of dienst van de concurrent een hogere waarde of lagere kosten voor een groot deel van de klanten levert, neemt het risico van overstappers aanzienlijk toe. Dit risico wordt door veel traditioneel georiënteerde bedrijven onderschat met alle gevolgen van dien (Reichheld, 2008). Het betekent echter ook dat wanneer u als organisatie in staat bent om voorop te lopen in het leveren van toegevoegde waarde, u beter in staat bent om sneller marktaandeel kunt verwerven. Het is daarmee een continu proces, dat als een levensader binnen het bedrijf moet worden ingericht.

Toenemende globalisering en verregaande digitalisering leiden er ook toe dat start-ups sneller zouden kunnen toetreden tot de van oudsher moeilijk te bereiken markten. Een nieuwe technologie zoals blockchain maakt het bijvoorbeeld mogelijk dat start-ups binnen korte tijd de positie kunnen overnemen van sterk gereguleerde en/of zorgvuldig opgebouwde vertrouwenspartijen zoals clearing banken en notariaten. Eén van de eerste effecten was direct zichtbaar: financiële transacties tussen internationale partijen kunnen worden uitgevoerd via digitale munteenheden zoals Bitcoin en Ethereum zonder tussenkomst van (de geïnstitutionaliseerde internationale) banken. De vertrouwensrelatie die vanuit clearing banken werd geboden is overgenomen door blockchain-technologie. De verwachting is dat vergelijkbare technologische ontwikkelingen net zo'n disruptieve werking kunnen hebben op branches als de overheid, financiële instellingen, verzekeringen, assetmanagement, identiteitsbeveiliging en nog veel meer.

Ook voor het produceren van producten zorgt verregaande digitalisering voor een enorme disruptie. In 2005 waren de eerste 3D printers net goed genoeg om enkele onderdelen voor de gebruiker zelf uit te printen. In 2021 is de reguliere markt voor het 3D printen al uitgegroeid tot 17 miljard euro. Het disruptieve karakter ligt niet in hobbymatige toepassingen die we vaak zien maar juist in de nieuwe mogelijkheden die deze technologie met zich meebrengt. Denk bijvoorbeeld aan de eerste metaalprinters die hoogwaardige metalen objecten kunnen voortbrengen of de experimenten die nu met voedselprinters worden uitgevoerd. Een relatief eenvoudige technologie creëert enorme mogelijkheden op het gebied van mass customization, decentrale productie en creative control.

Als u kijkt naar alle bovenstaande ontwikkelingen is minimaal één ding helder: elke organisatie staat onder druk van een constante stroom aan veranderingen. Of het nu gaat om de markt, de klanten, de technologie, de producten of de regelgeving, organisaties hebben morgen te maken met situaties die we vandaag nog niet eens kunnen voorstellen. In een dergelijke omgeving is het een illusie dat we ver vooruit kunnen kijken of vast kunnen houden aan verwachtingen uit het verleden. In plaats daarvan willen we de constante stroom van veranderingen niet als een bedreiging aanschouwen maar omarmen. Door continu focus te hebben op het verbeteren van de wendbaarheid van de organisatie, ook wel enterprise agility genoemd, zorgen we dat we veranderingen niet buiten de deur hoeven te houden maar juist mee kunnen bewegen in deze stroom van verandering.

Met het oog op de hedendaagse CEO-agenda is de noodzaak voor enterprise agility in alle strategische thema's sterk aanwezig. Omzet- en organisatiegroei komt voort uit digitale disruptie en de steeds kortere time-to-market. Marge- en productiviteitsverbetering worden gedreven door digitale transformatie. Vooral snelle, wendbare en schaalbare organisatiestructuren vergroten onze operationele effectiviteit. Tussen de regels van het overmatige business jargon door, is de kern kristalhelder zichtbaar: maximale klantwaarde wordt geleverd door snelle, wendbare en vooral lerende organisaties.

De organisaties die moeite hebben om de veranderingen bij te houden, hebben een grote uitdaging om relevant te blijven ten opzichte van hun concurrentie. De organisaties van 'gisteren' die niet actief leren van en over hun klanten, de economie, hun medewerkers, technologische innovaties, et cetera zijn niet in staat zich voldoende snel aan te passen aan de veranderende omstandigheden waarin zij, vandaag en morgen, opereren. Organisaties willen daarom zichzelf gaan ontwikkelen en gereed maken voor de toekomst; een lerende organisatie die continu mee verandert naar de norm van 'morgen'. Door deze lerende ontwikkeling alleen al, is zo'n organisatie in staat om steeds meer in te spelen op veranderende omstandigheden en ontwikkelingen en deze om te vormen tot kansen.

Enterprise agility is het vermogen van een organisatie om de juiste dingen te doen waarbij zij effectief in kan spelen op een sterk veranderende omgeving. Dit betekent dat zij niet alleen zicht moet hebben op deze dynamische omgeving maar ook in staat moet zijn om snel en tegen lage kosten haar uitvoering bij te stellen. Deze combinatie van snelheid en wendbaarheid stelt hoge eisen aan de opzet en werking van de organisatie. Om in deze omgeving effectief en efficiënt te kunnen opereren is een cultuur nodig waarin sneller leren en continu verbeteren centraal staan.

■ 1.1 DUS...

De snelheid waarin de wereld verandert neemt kwadratisch toe. Het ontwikkelen van enterprise agility is randvoorwaardelijk om als organisatie relevant te blijven. De toenemende snelheid van verandering raakt alle organisaties. Daarbij zorgt de toenemende globalisatie ervoor dat de concurrentie steeds verder toeneemt en de potentiële markt daardoor groter en aantrekkelijker is. De technologische ontwikkelingen volgen elkaar in een steeds hoger tempo op met de generaties Y en Z die gevoelig zijn voor klantwaarde ten koste van klantloyaliteit. De digitalisering van goederen en diensten zorgen ervoor dat start-ups sneller kunnen toetreden tot van oudsher moeilijk te bereiken markten. Een lerende organisatie is noodzakelijk om te kunnen overleven in deze nieuwe wereld.

2 De juiste aanpak bij het juiste probleem

Eén van de meest voorkomende fouten binnen enterprise agility is de veronderstelling dat u alles op basis van snelheid en wendbaarheid zou willen oplossen. Agile, Scrum en Kanban zijn magische formules waarmee alle problemen in no time worden opgelost. PRINCE2, ITIL en MSP zouden hopeloos achterhaald zijn en ongeschikt voor alle ontwikkelingen na de industriële revolutie. Als u wegblijft bij de temperamentvolle discussies over het Agile Manifesto, Scrum, Lean, PRINCE2, ITIL en MSP hebben al deze frameworks, methodes en practices hun charme en uitstekende oplossingen voor specifieke situaties. Wanneer de verkeerde aanpak wordt gebruikt voor het oplossen van een probleem, leidt dit als vanzelf tot nieuwe of andere problemen. In dit geval spreken we over zogenaamde antipatronen.

Er bestaat geen 'one size fits all' aanpak voor het oplossen van problemen. Het is zelfs zo dat oplossingsrichtingen die werken in de ene situatie in een andere situatie juist volledig ineffectief zijn of zelf ondermijnend werken, iets wat in dit hoofdstuk pseudo-aanpak wordt genoemd. Afhankelijk van het domein waarin een probleem zich bevindt, zou u verschillend willen en moeten reageren en meer specifieke keuzes willen maken die tot het beste resultaat leiden. Om een goed inzicht te krijgen in de verschillende domeinen is het door Dave Snowden en Mary Boone ontwikkelde Cynefin framework (Snowden & Boone, 2007) een uitstekend hulpmiddel. Dit framework geeft inzicht in en begrip van het domein waarbinnen men zich bevindt. Hiermee worden mensen in staat gesteld om niet alleen betere beslissingen te nemen maar vooral ook de problemen te vermijden die ontstaan wanneer zij op een inconsistente wijze acteren binnen dit domein.

Het Cynefin framework stelt ons in staat veel bewuster passende middelen en gedragingen te kiezen voor specifieke probleemdomeinen. Door meer aandacht te besteden aan het (h)erkennen van het probleemdomein is de kans groter dat we gebruik gaan maken van nieuwe en bij het domein horende patronen in plaats van het gebruik maken van de van oudsher vaak bekendere patronen, die voor dit domein het effect hebben van antipatronen. Wanneer een probleem door de business in een onjuist domein wordt gepositioneerd, heeft dit sterke implicaties voor de wijze waarop de voortbrengingsketen rondom een oplossing wordt georganiseerd.

■ 2.1 CYNEFIN FRAMEWORK

Het Cynefin framework (zie figuur 2.1) werd in 1999 door Dave Snowden als een 'sense-making' hulpmiddel beschreven toen hij voor IBM Global Services werkte. Hij is heel stellig dat het framework is ontstaan uit de gegevens vanuit de praktijk, en niet een categoriserend model is zoals de modellen van Stacey (1996) en Zimmerman (2001).

Kennis van het Cynefin framework stelt ons in staat veel bewuster passende middelen en gedragingen te kiezen die ons in de betreffende situatie van nut zijn. Op metaniveau biedt het ons de inzichten die ons verder helpen om systemen in te richten, om bijvoorbeeld andere gedragspatronen in te regelen voor een effectiever en/of efficiënter behalen van resultaten. Door inzicht in het werkelijke domein, behorende bij een situatie, kunnen we onze gedragingen verbeteren en op de juiste wijze ons vermogen om de betere beslissingen te maken dienstbaar inrichten. Het Cynefin framework geeft daarmee inzicht in alle noodzakelijke aspecten om in een snelle, dynamische wereld goed te kunnen functioneren.

■ 2.2 VIER DOMEINEN MAKEN SAMEN HET CYNEFIN FRAMEWORK

Binnen het Cynefin framework worden vier domeinen duidelijk onderscheiden: van hoog dynamische en onvoorspelbare situaties (chaotic-domein) tot en met sterk voorspelbare en gereguleerde situaties (clear-domein). Over verloop van tijd en met het ontstaan van meer kennis, inzicht en ervaring, is een natuurlijke progressie zichtbaar vanuit het chaotic-domein via complex en complicated naar het clear-domein. In dit boek hebben we ervoor gekozen om alle originele Engelstalige benamingen van het framework te hanteren, om begripsverwarring te verminderen.

In het chaotic-domein is niet tot nauwelijks een actie-reactie relatie vast te stellen. De omgeving reageert namelijk onafhankelijk van de invloeden die op of binnen deze omgeving worden uitgeoefend. Dit betekent dat de aandacht continu moet worden gelegd op het handelen (act), om daarna wederom vaststellen hoe de actuele omgeving eruitziet (sense) en hoe we nu moeten reageren (respond). In deze situatie dicteert de omgeving hoe de actoren moeten reageren, in plaats van dat de actoren de omgeving kunnen beïnvloeden. Op basis van veelvuldige herhalingen kunnen nieuwe patronen (novel practices) worden onderkend.

Figuur 2.1 Het Cynefin model.

In het complex-domein is alleen achteraf en terugkijkend een relatie tussen actie en reactie vast te stellen. De omgeving reageert namelijk wel op invloeden die op of binnen deze omgeving worden uitgeoefend maar niet op een voorspelbare wijze. Dit betekent dat kort-cyclisch het effect van het uitoefenen van invloed moet worden gemeten, om op basis daarvan het uitoefenen van invloed bij te stellen. Door een cyclus van continu testen (probe), inspecteren (sense) en aanpassingen (respond) wordt gekeken of de richting ons steeds meer naar het gewenste doel leidt. Op basis van de relatie tussen actie en reactie herkennen we achteraf welke patronen ons juist hebben ondersteund en welke ons hebben beperkt.

In het complicated-domein is de relatie tussen actie en reactie op basis van (uitvoerige) analyse vast te stellen. Aangezien het doel niet aan verandering onderhevig is, het doel goed kan worden gedefinieerd en de omgeving voldoende voorspelbaar is, kunnen plannen worden ontwikkeld om het gewenste doel te bereiken. Door het opbouwen van een goede situational awareness (sense) kan de beste aanpak worden geanalyseerd (analyse), waarna de uitvoering het ontwikkelde plan zo goed mogelijk moet volgen (respond). Op basis van de voorspelbaarheid kunnen verschillende good practices worden ontwikkeld die het beste passen afhankelijk van de geconstateerde situatie.

In het clear-domein is een duidelijke relatie tussen actie en reactie aanwezig en is over verloop van tijd een beste aanpak vastgesteld. Dit betekent dat op basis van inzicht in de daadwerkelijke situatie (sense), deze zo goed mogelijk moet worden geclassificeerd (categorize) en de aanpak (respond) wordt bepaald aan de hand van de best practice.

Wanneer u niet helder voor ogen heeft in welk van de vier domeinen u zich bevindt, bevindt u zich in iets wat de grondleggers disorder noemen. Het is in dit geval niet duidelijk vast te stellen wat de juiste kenmerken van de situatie zijn en wat daarom de juiste manier van handelen is. Het middel om aan een situatie van disorder te ontsnappen is het ontwikkelen van inzicht welk van de vier domeinen voor de gegeven situatie van toepassing is.

We hebben nu een grof overzicht van de verschillende domeinen en hoe ze zich van elkaar onderscheiden. Hoe kunnen we een domein herkennen, gegeven een situatie in de organisatie? Hoe herkennen we dat een werkwijze wel of niet past bij een situatie? Welke vragen moet ik stellen om het domein vast te stellen? Wat willen we in de organisatie gaan ontwikkelen om sterker en adequater te reageren in verschillende of overeenkomstige situaties? In de volgende paragrafen gaan we daarom dieper in op de afzonderlijke domeinen.

2.2.1 Chaotic

De huidige situatie verandert plotsklaps en de noodzaak is aanwezig om snel de overweldigende dan wel verwarrende situatie te stabiliseren. In deze situatie is er geen beste oplossing en actie ondernemen is belangrijker dan de actie vaststellen. Er is geen tijd voor uitvoerige analyses of om nog een keer te oefenen, het is nu tijd voor actie. Met zo weinig mogelijk overleg en denkwerk wordt tot actie overgegaan. Het is rennen in een willekeurige richting, het afdekken van een verwonding met iets wat u voorhanden hebt, de stekker uit een stopcontact trekken of een brandblusser pakken. In een georganiseerde, professionele organisatie is het werken in het chaos-domein niet de dagelijkse praktijk en doen mensen vaak wat als eerste in hen opkomt.

Sommige functies en beroepsgroepen komen wel veelvuldig met deze situaties in aanraking. Zij worden getraind om met hun handelen alle mensen die niet getraind zijn in juiste banen te leiden. Zo hebben de bedrijfshulpverleners middelen en training gehad om bij bedreigende situaties op basis van aangeleerde drills orde te houden in een chaotische omgeving. Terwijl de mensen niet de ruimte voelen om na te denken over hun handelingen, zorgen deze mensen voor het aanzetten tot de juiste handelingen door het geven van verbale gerichte opdrachten en het afzetten van 'verkeerde' beweegroutes. Hetzelfde geldt bijvoorbeeld voor iets als een speciale eenheid om een vliegtuigkaping te beëindigen, die zelf een gecontroleerde chaotische situatie creëren om op basis van hun uitvoerige training de overhand te hebben op de aanwezigen personen.

In het chaos-domein is niemand bezig met het achterhalen van de oorzaak van de chaos. Het vraagstuk is simpelweg niet aan de orde. Auto ter water? Het zal op dat moment niemand iets uitmaken hoe dat heeft kunnen plaatsvinden. Zitten er nog mensen in? Als de sodemieter alles en iedereen mobiliseren om die mensen het leven te redden. Maakt niet uit hoe, als het maar gebeurt. Het is niet nadenken! Doen!

Specifieke kenmerken van dit domein zijn:
- Onbekende factoren die ook niet inzichtelijk te krijgen zijn (informatie).
- Handelen met wat u ter beschikking hebt, continu waarnemen en reageren op uw omgeving (gedrag).
- Focus op de situatie en de gevolgen, niet op de oorzaak (causaal verband).
- Er zijn geen effectieve kaders van tevoren vast te stellen (proces).
- Om te verbeteren in dit domein wilt u uw reactievermogen in uw handelen versnellen.

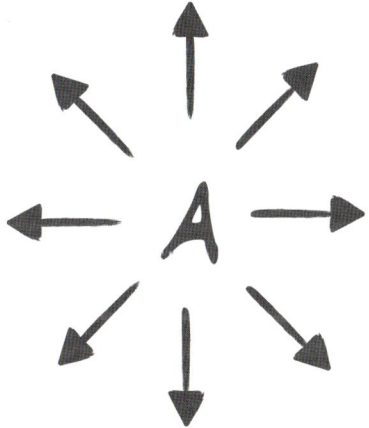

In een situatie van A (nu) naar B (toekomst) betekent dit ongeacht de situatie B in ieder geval weg willen van A.

In de paniek en onder druk van de overweldiging komt adrenaline vrij. Het 'overlevingsmechanisme' wordt ingeschakeld; klaar gemaakt om te vluchten, vechten of bevriezen. Het bloed wordt uit de hersenen omgeleid naar de armen en benen. Het hart gaat sneller kloppen. Het alles overdenkende brein wordt het bloed ontnomen en alleen de bewegingen van rennen, vechten voor uw leven, of als dood of verdoofd stil zitten, staan nog ter beschikking. Een logisch gevolg is dat in deze momenten mensen niet beschikken over het vermogen om rustig na te denken. De nadelige effecten hiervan kunnen we tenietdoen door het aanleren van een scala aan 'bekende' geïnternaliseerde handelingen: reflexmatige handelingen. Denk hierbij aan brandoefeningen, reanimatie, het herhaaldelijk in en uit elkaar halen van een wapen, afzwemmen met kleren aan, et cetera.

Er is een aantal typische vragen die gesteld kunnen worden om te bepalen of een situatie zich in dit domein bevindt. Bijvoorbeeld "Heb ik tijd om na te denken?", "Heb ik de rust om mijn doel te bepalen of is het enige wat nu belangrijk is om weg te komen uit deze situatie?" Maar een betere indicator is de volgende: "Waarom stelt u deze stomme vragen? Doe iets!!!"

Anti-patroon: pseudo chaotic domein
In bestaande organisaties hebben we altijd te maken met de erfenis van gedragingen en ingesleten patronen vanuit het verleden. Wat gebeurt er als we continu oneigenlijke (pseudo) chaos-situaties het hoofd bieden met een aanpak die hoort bij het chaos-domein? Dat bij elk incident in de productieomgeving we direct al het werk laten vallen en ons alleen richten op het herstellen van de situatie? De zoveelste escalatie na het wijzigen van de prioriteiten? Of wat als u voor de vijfde keer in dezelfde buurt een autobrand aan het blussen bent? Het zijn situaties waarbij u zich kan voorstellen dat het natuurlijk kan voelen om alleen de situatie aan te pakken door vooral te handelen en niet na te denken.

Maar als we er even goed voor gaan zitten dan ziet u al gauw dat u met wat creativiteit de vraag van "Heb ik tijd om na te denken?" toch positief kunt beantwoorden. Bij de zoveelste autobrand in dezelfde buurt volstaat het handelen vanuit het chaos-domein tot op een zekere hoogte. U zou ook kunnen achterhalen wat hier aan de hand is en hoe toekomstige branden te voorkomen. Wat u wilt is toewerken naar een situatie waarin de pyromaan wordt ingerekend. Het opereren in het chaos-domein is, uitzonderingen daargelaten, absoluut niet iets wat frequent voorkomt. Het is dan ook belangrijk om na elke actie te valideren of het chaos-domein ook echt voor deze situatie van toepassing was of dat (inmiddels) een ander domein beter aansluit bij de actuele situatie.

2.2.2 Complex

In het complex-domein staat het doel niet vast en / of kan dit niet worden vastgesteld. Hierdoor is het ook niet mogelijk om vooraf een exact pad naar het doel toe vast te stellen. Bij iedere stap die wordt gezet moet u zich daarom afvragen of deze stap u dichter bij uw doel heeft gebracht of niet. Daarmee bepaalt u bij iedere stap opnieuw wat uw volgende meest effectieve en relevante stap is om dichter bij het doel te komen. Zelfs wanneer het doel zich over verloop van tijd verplaatst of verandert, wat kenmerkend is voor dit domein, wordt door deze aanpak geborgd dat de acties blijven bijdragen aan het bereiken van het doel.

Als we bijvoorbeeld kijken naar een vliegveld zijn typische opdrachten die zich in het complex-domein bevinden het verhogen van de klanttevredenheid van passagiers, het verbeteren van de doorstroming bij incheckbalies of het verhogen van de veiligheid van het vliegveld als geheel.

Het alvast voorbereiden op later te ondernemen stappen heeft niet tot nauwelijks zin en is vaak zonde van de energie. Als het doel of de omgeving nog steeds kan veranderen, welke garanties heeft u dan dat alle voorbereiding nog steeds valide is ten opzichte van het veranderde doel of veranderde omgeving? Waar we wel zeker van kunnen zijn is dat we onderweg voor verrassingen komen te staan.

Om ons daarop voor te bereiden en daadkrachtig te kunnen handelen is het belangrijk dat we:
- goed op elkaar in gespeeld zijn;
- elkaar kennen;
- weten wat we aan elkaar hebben;
- goed zijn uitgerust met een brede set aan kennis, vaardigheden en hulpmiddelen die in verschillende omstandigheden inzetbaar zijn;
- al doende leren om te bewegen richting het doel dat we voor ogen hebben;
- flexibel en wendbaar zijn, mee kunnen bewegen in de dynamische omgeving waarin we ons bevinden.

Het is hier van essentieel belang dat we alle aandacht vooral richten op de effectiviteit. Als we toevallig efficiënt zijn dan is dat mooi meegenomen maar gezien het feit dat alles aan verandering onderhevig is, geeft dit domein niet de ruimte om echt efficiënt te worden.

In dit domein zijn vaak mensen werkzaam die wars zijn van routine. Het zijn creatievelingen die zich graag laten uitdagen om met zo min mogelijk effort zo veel mogelijk waarde te behalen. Mocht iets niet goed, of onhandig zijn verlopen, dan zien deze mensen het niet als fout maar als een kans om te leren en te verbeteren. Nieuwe dingen worden bedacht, historische voorbeelden worden gebruikt als inspiratie en extremen worden gecombineerd tot iets heel anders. Terwijl we van tevoren eigenlijk niets met zekerheid weten gaan we toch gewoon beginnen en zijn we ervan overtuigd dat we ons doel hoe dan ook gaan bereiken. Omdat we op een bepaald moment beslissingen moeten nemen waarbij we de gevolgen nog niet kunnen overzien is het des te belangrijker dat we vrij kunnen bewegen om snel te acteren op veranderende omstandigheden. Omdat we iets doen terwijl we niet zeker weten of het ook echt gaat werken, moeten aannames continu in de praktijk worden getoetst. Alle ruimte die er zit tussen onze intentie en het uiteindelijke effect geeft ons informatie over de effectiviteit van ons handelen.

Dit is het domein waar antwoorden op vraagstukken worden gevonden door het doen van experimenten. Waar we continu monitoren of de acties die we uitvoeren ons in de goede richting hebben gebracht. We onderzoeken het vraagstuk, onze positie en het doel en we bepalen steeds de volgende stap. Door het zetten van kleine stappen en opnieuw bepalen van de afstand tot het doel controleren we onze effectiviteit en stellen deze zo nodig bij. Het continu leren is één van de meest essentiële onderdelen van het effectief kunnen werken in dit domein. Leren van wat is geweest maar vooral ook leren over het nieuwe terrein waar we ons op gaan begeven.

Specifieke kenmerken van dit domein zijn:
- Onbekende en veranderende factoren (informatie).
- Experimenteren, inspecteren en reageren (gedrag).
- Nieuwe manieren van handelen worden ontdekt en ontstaan gaandeweg (gedrag).
- Oorzaak en gevolg zijn niet te voorspellen, wel achteraf inzichtelijk te krijgen (causaal verband).
- Vooraf vastgestelde kaders maken het vrij kunnen handelen mogelijk (proces).
- Om te verbeteren in het complex-domein wilt u beter en vooral sneller leren.

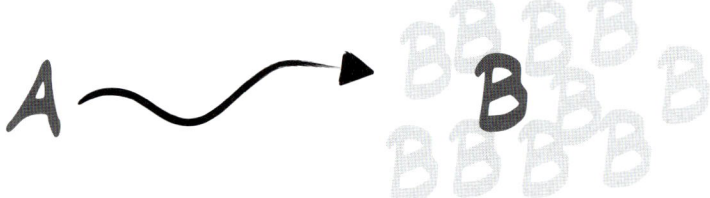

In een situatie van A (nu) naar B (toekomst) betekent dit dat de toekomstige situatie zich over verloop van tijd kan verplaatsen of de gewenste toekomstige situatie over verloop van tijd pas helder kan worden gedefinieerd.

Het oogsten van nieuwe informatie en daarop kunnen handelen vergt een hoog niveau van lerend vermogen. Met alleen historisch inzicht en een beperkte set van handelingen komt u in dit domein niet ver. U moet terwijl u richting het doel beweegt, nieuwe informatie, kennis en vaardigheden tot u nemen. Dit betekent inzicht opdoen in samenwerking met collega's. Dit betekent onderzoek doen naar de onderliggende patronen. Het betekent dat de juiste expertise moet worden aangehaakt om nieuwe competenties eigen te kunnen maken. Leren is de sleutel. Leren kost tijd en energie. Leren terwijl u werkt zorgt voor het verhogen van effectiviteit in veranderende omstandigheden. Niet efficiënt maar wel de meest effectieve manier om in dit domein te kunnen acteren.

Bij het maken van fouten zijn leermomenten vaak overduidelijk. Er moet niet alleen worden geleerd van wat fout gaat, in dit domein willen we vooral ook leren van wat goed gaat. Leren wordt dus niet alleen geactiveerd door fouten of missers. Het continu leren is een universeel element van succesvolle individuen en teams binnen dit domein.

Er is een aantal typische vragen die gesteld kunnen worden om te bepalen dat een situatie zich in dit domein bevindt. Sterke vragen zijn bijvoorbeeld "Is het doel niet goed te definiëren of aan verandering onderhevig?" of "Zijn delen van de route niet inzichtelijk te krijgen of aan verandering onderhevig?". Meer algemene vragen die een indicatie kunnen geven zijn bijvoorbeeld "Hebben we experimenten nodig om de volgende stap naar het doel te kunnen bepalen?" of "Worden we steeds opnieuw geconfronteerd met ontbrekende kennis en vaardigheden?"

Anti-patroon: pseudo complex-domein

Deze huidige digitale revolutie werd voorgegaan door de eerste en tweede industriële revoluties. Vooral in dit complex-domein hebben we de erfenis van gedragingen en ingesleten patronen vanuit met name die tijd. Wat gebeurt er wanneer de aanpak, die hoort bij het complex-domein, wordt toegepast op het geordende systeem en haar domeinen? Laten we naar een voorbeeld kijken.

> In het kader van de 'new way of working' werkt een organisatie al enige tijd met autonome Scrum teams die verschillende applicaties onder hun verantwoording hebben. Voor een nieuw aan te kopen standaardpakket wordt een Scrum team gevraagd om de selectie, installatie en implementatie te begeleiden. Aangezien regelmatig nieuwe versies van het pakket door de leverancier worden vrijgegeven, is het onwenselijk om eigen aanpassingen door te voeren. De product owner klaagt steen en been over de 'onmogelijke' eisen en wensen die de gebruikers vragen en de ontwikkelaars durven nauwelijks nog samen met de gebruikers naar de mogelijkheden van het in gebruik nemen van het product te kijken.

Het lijkt logisch om een pakketselectie, de verwerving en uitrol bij een ontwikkelteam te leggen, het gaat hier immers ook om een IV-product dat wordt aangeboden. Als we echter kijken naar de karakteristieken van deze situatie is het maar de vraag of het werkelijk effectief is om in een continue stroom van leren en reflecteren te gaan werken. Het is niet wenselijk om het pakket aan te passen op specifieke wensen van een beperkte gebruikersgroep en de focus ligt daarom op het gestructureerd implementeren van het standaardpakket.

We werken in een pseudo complex-domein wanneer het doel goed te definiëren is, het doel over verloop van tijd niet verandert en de omgeving voorspelbaar is en dan toch wordt gekozen voor een aanpak met continue validatie. Dit is niet alleen een inefficiënte aanpak, maar bovendien zal feedback vragen en hier niets mee doen, zowel het ontwikkelteam als de gebruikers frustreren. Vaak ontstaat deze situatie omdat we op basis van een incomplete analyse de indruk hebben dat geen duidelijk beeld kan worden vastgesteld.

2.2.3 Complicated

In het complicated-domein is de huidige situatie na enig onderzoek bekend en staat het doel vast. Het is daardoor mogelijk om vooraf de meest efficiënte route te bepalen om het doel te bereiken. Hoewel goed inzichtelijk te maken is welke acties wanneer moeten worden genomen, is het vaak niet gemakkelijk om het doel te bereiken. Om van tevoren de juiste keuzes te kunnen maken moet namelijk wel alle relevante informatie ter beschikking zijn. Vanuit de analyse komen vaak meerdere aanpakken naar voren, met zowel voor- als nadelen. Door het afwegen van de voor- en nadelen in combinatie met het nemen van risico-mitigerende maatregelen wordt een plan van uitvoering opgesteld. Op basis van dit plan kunt u afleiden wie wat moet gaan doen, wat u daarvoor nodig heeft en in welke volgorde u deze activiteiten het beste kunt uitvoeren om dit project tot een succes te maken. Tijd en energie worden geïnvesteerd in wat we nog niet weten, om het beste plan vast te stellen. Een goed plan is dan ook het resultaat van een uitvoerige analyse.

Als we bijvoorbeeld kijken naar een vliegveld zijn typische opdrachten die zich in het complicated-domein bevinden het aanleggen van een nieuwe start- en landingsbaan, het vervangen van de radarinstallatie of de uitbreiding van de luchthaven met een nieuwe terminal.

In het plan worden afhankelijkheden zo goed mogelijk op elkaar afgestemd en specifieke afspraken vastgelegd. Middels afspraken en kaders wordt de bewegingsruimte van het individu beperkt tot het handelen volgens plan. De kans is namelijk groot dat afwijkingen in de uitvoering een snelle opstapeling van problemen tot gevolg hebben. Mocht bij de uitvoering dan ook iets niet volgens plan gaan, is het noodzakelijk om de afwijking weer 'on track' te krijgen binnen de lijnen van het plan. Voor een zo goed mogelijke uitvoering zijn alle betrokken stakeholders ruim van tevoren op de hoogte gesteld van de uitvoering; wanneer een afwijking op het plan niet wordt gecorrigeerd moet iedereen op de hoogte worden gebracht van het herziene plan wat over het algemeen tot grote problemen leidt in de uitvoering. De essentie van dit domein is dan ook dat, naast het opstellen van een goed plan, iedereen zich ook daadwerkelijk aan het plan houdt.

Specifieke kenmerken van het complicated-domein zijn:
- Al dan niet (nog) onbekende factoren (informatie).
- Continu observeren, analyseren en vervolgens reageren (gedrag).
- Een betere analyse zorgt voor een betere uitvoering (gedrag).
- Oorzaak en gevolg zijn met een goede onderzoeksanalyse door experts vooraf vast te stellen (causaal verband).
- Vooraf vastgestelde regels en afspraken bevorderen een planmatige uitvoering (proces).
- Om te verbeteren in het complicated-domein wilt u beter kunnen analyseren, plannen en (bij)sturen.

De twee belangrijkste aspecten van het werken in het complicated-domein zijn een goede analyse op basis van alle relevante informatie én de effectiviteit waarmee de leiding in dit domein alle relevante partijen op koers kan houden. Drie stellingen bepalen of het complicated-domein daadwerkelijk van toepassing is:
1. Het doel staat over verloop van tijd vast (of is redelijkerwijs vast te zetten).
2. Het doel is in redelijke mate van detail te specificeren.
3. De route van het hier en nu richting het doel is van tevoren te bepalen en niet aan verandering onderhevig.

In deze gevallen wordt door middel van analyse zoveel mogelijk alle relevante informatie bijeengebracht en omgezet in één of meerdere plannen om het doel binnen de gestelde randvoorwaarden te kunnen behalen. Zoals we in hoofdstuk 3 - Het principe van sneller leren gaan zien, is de Plan | Execute-benadering enorm krachtig om het gestelde doel op de meest efficiënte wijze te kunnen bereiken.

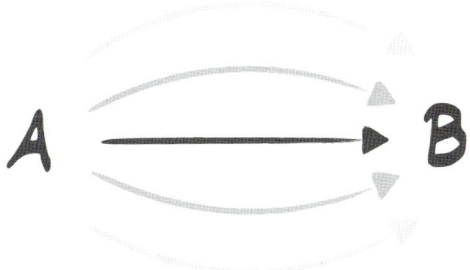

In een situatie van A (nu) naar B (toekomst) kunnen meerdere oplossingsrichtingen worden geanalyseerd, waarbij de beste aanpak op basis van een goede analyse kan worden vastgesteld.

Daarnaast is het altijd van belang om een indicatie te hebben van de verwachte mate van verandering middels vragen als "Wat gebeurt er met het doel dan wel de milestones, over verloop van tijd, niet halen?" en "Wat is de houdbaarheidsdatum van de verzamelde informatie?" Tot slot is het van belang om inzicht te hebben in de mate waarin tijdens de Execute-fase bijgestuurd kan worden via "Beschik ik over het mandaat om alle relevante stakeholders te alignen gedurende de uitvoering van het plan?"

Anti-patroon: pseudo complicated-domein
In organisaties die een sterke specialisatie hebben in project- en programmamanagement wordt vaak elke situatie het hoofd geboden door middel van een projectmatige aanpak. Wat is het resultaat als we de processen en hulpmiddelen geschikt voor het complicated-domein oneigenlijk gaan toepassen op niet-complicated-domeinen? Laten we ook hier naar een voorbeeld kijken.

> In een organisatie is door druk van toenemende compliancy eisen, het proces van autorisatie een bureaucratisch hoogstandje geworden. Iedere keer dat een nieuwe medewerker werd aangenomen was voor het aanvragen van alle benodigde autorisaties een project noodzakelijk.

> Niet één druk op de knop maar vele tientallen acties moesten worden ondernomen en dan ook nog verspreid over verschillende individuen en afdelingen. Spreadsheets werden bijgehouden, actielijsten ge-update en escalaties uitgezet als weer eens iemand van positie wisselde. Door het ingewikkelde speelveld was vaak ook niet duidelijk bij wie nu de bal lag, dus regelmatig moesten opnieuw de juiste vervolgstappen worden bepaald. Daarbij was het zaak om over een langere periode de voortgang te monitoren, het ging nooit vanzelf. Terwijl dit mogelijk voor de lezer een herkenbare situatie is, is dit een prachtig voorbeeld van iets wat niet als een project aangepakt zou moeten worden.

Wat ook voorkomt is dat een projectorganisatie, waarbij de mindset en inrichting is georiënteerd op een goede Plan | Execute uitvoering, aan de slag gaat met een dynamische gebruikersgroep met steeds veranderende wensen. Het resultaat van een dergelijke aanpak is dat, om het project een kans van slagen te geven, het bewegende doel als het ware vast wordt geketend. Met touw, spijkers, piketpaaltjes, haringen, kettingen, met man en macht wordt het bewegende doel vastgezet zodat het niet kan veranderen. Hoewel het doel vaststaat maar de realiteit niet, ontstaat frictie tussen de mensen in het project en de mensen die aan het einde van het project het resultaat in ontvangst nemen. Er wordt wel een product opgeleverd maar weinig mensen ervaren ondersteuning vanuit het product bij de uitvoering van hun werkzaamheden.

De regel 'afspraak = afspraak', die goed past bij een complicated-systeem waarbij een causaal verband tussen oorzaak en gevolg vooraf vast te stellen is, staat onder spanning op de houdbaarheidsdatum wanneer omstandigheden van dusdanig invloed zijn dat deze vragen om verandering.

2.2.4 Clear

In het clear-domein is de huidige situatie bekend en staat het doel dat bereikt moet worden vast. De weg is bekend en vaak al meerdere malen bewandeld. Het is duidelijk wat u in deze situatie moet gaan doen en wat de beste oplossing is voor een gegeven situatie. Deze handelingen zijn zo natuurlijk dat ze ook door het autonome systeem kunnen worden uitgevoerd; momenten dat u zich gedachteloos treft terwijl u bergen van werk weet te verzetten zoals het lezen en beantwoorden van reguliere mailberichten. U weet wat u te doen staat en u kunt op de minuut nauwkeurig voorspellen wanneer de activiteiten klaar zijn. Het feit dat de uitvoering van het werk voorspelbaar is, betekent overigens niet dat het dom werk is of geen creativiteit dan wel uitgebreide analyses vergt. Het zijn zaken waar je, met de juiste kennis en vaardigheden, weet wat de beste oplossing voor de situatie is.

Veel van de situaties die zich in het clear-domein voordoen draaien op routines, op heldere procedures en hebben een duidelijk begin en eind. Deze handeling kunnen vaak protocollair worden vastgesteld, denk bijvoorbeeld aan de opstartprocedure van een Boeing 737. Wanneer de handmatige handelingen veel voorkomen en daarmee repeterend zijn, zou u kunnen overwegen de handeling te internaliseren of automatiseren. Als u de opdracht van de control tower krijgt om naar een andere hoogte te klimmen, classificeert u deze melding als een flight level change en volgt u de serie van bijbehorende handelingen voor het correct uitvoeren van deze flight level change.

Aangezien acties een voorspelbaar resultaat hebben, kunnen ze in elkaar gevlochten worden tot grotere en meer aaneenschakeling van acties. Als een klokwerk volgen acties van verschillende niveaus elkaar op; in elkaar grijpende radartjes van een ingeregeld systeem van opvolgende 'simpele' handelingen. Het uitvoeren van een specifiek landingspatroon bestaat uit een hele serie van acties uit het clear-domein. Zo verzetten we bergen, zonder al te veel tijd te verliezen aan oriënteren of analyseren. Hoe beter dit is ingeregeld, hoe geruislozer het klokwerk loopt. Het is in het clear-domein dan ook belangrijk dat we alles doen zoals we met z'n allen hebben afgesproken, dat we ons aan de werkafspraken houden, zodat het voorspelbare in dit werk ook daadwerkelijk voorspelbaar blijft.

Specifieke kenmerken van het clear-domein zijn:
- Bekende factoren (informatie).
- Continu observeren, categoriseren / classificeren en reageren (gedrag).
- Uitvoeren op basis van gestandaardiseerde handelingen (gedrag).
- Oorzaak en gevolg zijn goed te voorspellen (causaal verband).
- Vastgestelde werkafspraken zorgen voor de juiste handeling op het juiste moment (proces).
- Om te verbeteren in het clear-domein wilt u uitvoeringshandelingen verbeteren of sneller categoriseren.

Als we beter willen worden in dit clear-domein dan willen we de uitvoeringshandelingen verbeteren. Enerzijds betekent dit dat we altijd op zoek zijn naar een betere manier

In een situatie van A (nu) naar B (toekomst) is altijd één beste aanpak op een gegeven moment beschikbaar.

om, gegeven een situatie, te kunnen optreden. Een best practice bestaat alleen zolang er nog geen betere manier is gevonden. Het continu verbeteren is er dan ook op gericht om de huidige best practice steeds een beetje beter te maken. Anderzijds verbeteren we in dit domein door het blijven trainen van de uitvoeringshandelingen. Het internaliseren en automatiseren zorgt voor versnelling en het vergroten van betrouwbaarheid, zodat u geen tijd verliest met het bedienen van een instructiepaneel of het blijven hangen in het niet weten wat u op welk moment moet doen.

Verbeteringen in dit domein kunnen heel divers van aard zijn. Zo kan het helpen om de werkplek dienend in te richten en ervoor te zorgen dat we niet hoeven te zoeken naar veelgebruikte hulpmiddelen. Een cultuur van schoon en opgeruimd gedrag zorgt ervoor dat de radartjes van alle acties niet vollopen met onnodige afleidingen. Het standaardiseren van de uitvoering, zodat u eenvoudig en volgens afspraak werkt met het juiste gereedschap, helpt om soepel en zonder afleidingen de handelingen uit te kunnen voeren.

Er is een aantal typische vragen die gesteld kunnen worden om te bepalen dat een situatie zich in het clear-domein bevindt, bijvoorbeeld "Weet ik wat ik moet doen gegeven de situatie?", "Is het een kwestie van niet te veel nadenken en vooral doen?" en "Kan ik mijn handelingen vastleggen in een protocol?"

Anti-patroon: pseudo clear-domein
Hoe kan de erfenis van gedragingen en ingesleten patronen vanuit oude situaties een verkeerde uitwerking hebben in het clear-domein? Wat gebeurt er als we oneigenlijke clear-situaties het hoofd bieden met een aanpak die hoort bij het clear-domein? Kan u alles ongestraft zien als 'simpel op te lossen'? Het toepassen van de clear-werkwijze in een oneigenlijk clear-domein brengt de situatie al heel gauw naar het chaos-domein. Als tijdens een landing blijkt dat een ander vliegtuig onverwacht door uw baan heen kruist, kunt u niet de vastgestelde handelingen voor koersafwijkingen volgen. U moet nu orde scheppen in de chaos en vooral gaan handelen.

Zeker als het standaardiseren van handelingen de voorkeur heeft is het heel verleidelijk om zaken, waarbij het causaal verband tussen actie en effect alleen achteraf is vast te stellen, te vermaken tot iets wat toch opgelost kan worden met een standaard werkwijze. Het gevolg is echter dat het vasthouden aan standaarden en geïnternaliseerd gedrag in continue veranderende omstandigheden vaak zorgt dat uw doel verder weg komt te liggen in plaats van dichterbij komt.

■ 2.3 ENTERPRISE AGILITY IS NOODZAKELIJK OM TE WERKEN IN HET COMPLEXE DOMEIN

Enterprise agility is het vermogen van een organisatie om de juiste dingen te doen waarbij zij effectief in kan spelen op een sterk veranderende omgeving. Het ontwikkelen van de organisatie om snel en wendbaar in te kunnen spelen op een dynamische omgeving stelt hoge eisen aan de opzet en werking van de organisatie, die in de delen A tot en met E verder worden toegelicht. Enterprise agility is primair gericht op organisaties die grotendeels opereren in het complex-domein. Enterprise agility helpt organisaties bij het snel en wendbaar leveren van maximale waarde voor de organisatie. Het wendbare aspect plaatst enterprise agility regelrecht in het complex-domein. Het is dan ook ontworpen om als gehele organisatie adequaat te reageren op veranderende omstandigheden en het continue leveren van maximale waarde.

Enterprise agility wordt daarbij ontwikkeld langs de assen van een vijftal principes:
1. Het principe van sneller leren;
2. Het principe van eigenaarschap;
3. Het principe van zelforganisatie;
4. Het principe van een heldere richting;
5. Het principe van duidelijke kaders.

Enterprise agility is gebaseerd op het kort-cyclisch kunnen leren welke actie gewenst is om het gewenste doel te benaderen. Wanneer we in staat zijn om hypotheses sneller te kunnen (in)valideren, zijn we beter in staat om de volgende activiteiten te kunnen bepalen. Het ontwikkelen en vergroten van het eigenaarschap en zelforganisatie in de teams die daadwerkelijk aan productontwikkeling doen is daarin belangrijk om de reactiesnelheid van de organisatie te kunnen verhogen. Grote waarde wordt gehecht aan het bieden van kaders die de bewegingsruimte en keuzevrijheid bevorderen en teams de ruimte geven om de 'goede' acties te ondernemen, kortom: zelforganisatie. Deze leidende principes worden in de volgende hoofdstukken verder uitgewerkt.

Het verhogen van enterprise agility is cruciaal voor organisaties die in de context van het complex-domein opereren. Laat het succes van deze principes echter niet leiden tot een 'one size fits all' gedachte. Het succes van deze principes werkt averechts in een organisatie die zich meer in het clear en complicated-domein begeeft. Daar waar doelen meer vast liggen en de weg naar het doel minder aan verandering onderhevig is, wordt geadviseerd om een organisatie-inrichting te kiezen die meer passend is bij het complicated-domein. Dit boek biedt geen handvatten om de organisatie daadkrachtig te organiseren in een complicated of clear-domein, hiervoor verwijzen wij naar algemene literatuur over programma- en projectmanagement zoals PRINCE2 en MSP.

■ 2.4 DUS...

In het systeem van vraagstukken in het complex-domein is agility, wendbaar zijn, dé mindset om vanuit te acteren. Het Cynefin framework helpt om inzicht te krijgen in de kenmerken van specifieke situaties en de beste strategie om in die situatie te kunnen handelen en verbeteren. In het clear-domein is er een eenduidige relatie tussen doel en oplossing. In het complicated-domein zijn meerdere relaties om het gegeven doel te bereiken en kunnen we door betere analyse bepalen wat de beste oplossing is. In het complex-domein is de relatie tussen situatie en doel niet vooraf te bepalen. Door kort-cyclisch te bepalen of het handelen dichter bij het doel brengt, kunnen de beste vervolgstappen worden ontdekt. In het *chaos*-domein is geen relatie vast te stellen tussen situatie en doel, het snel en effectief handelen is de beste strategie om de situatie zo snel mogelijk onder controle te krijgen.

3 Het principe van sneller leren

In hoofdstuk 1 hebben we gezien dat markten, klanten, technologie, producten en/of de regelgeving ervoor zorgen dat hedendaagse organisaties zich in een continue stroom van verandering begeven. Het creëren van enterprise agility is daarmee randvoorwaardelijk. Organisatie willen relevant blijven. In hoofdstuk 2 hebben we gezien dat organisaties die vrijwel altijd in het complex-domein van het Cynefin framework actief zijn een hoge mate van enterprise agility nodig hebben. Acteren in een complex-domein betekent dat we als organisatie continu hypotheses uitzetten, de resultaten bekijken en op basis daarvan de acties formuleren.

In een wereld waarin verandering de enige constante is betekent dit, dat u zich als organisatie wil onderscheiden van de concurrenten door sneller te leren. Een organisatie die sneller zicht heeft op wat er op haar afkomt en op basis daarvan de juiste actie kan ondernemen, is beter in staat om in te spelen op de veranderingen. Het sneller leren is daarmee één van de essentiële principes in het verhogen van de enterprise agility. Herbert Spencer, een Brits socioloog, filosoof en antropoloog die leefde in de 19de eeuw, vatte een gelijksoortige observatie samen in de term: 'Survival of the fittest', oftewel degene die zich het best aan de omstandigheden kan aanpassen heeft de grootste kans om te overleven (Spencer, 1864). Hoe sterker de competitie, des te sterker het bovengenoemde effect zich voordoet.

Het onderhevig zijn aan een continue stroom van veranderingen heeft voor organisaties verstrekkende gevolgen. De periode waarover realistische plannen kunnen worden opgesteld wordt steeds korter. Dit kan leiden tot veel herwerk en continu vertragingen omdat de plannen tussentijds moeten worden bijgesteld. Wanneer de periode waarover een plan wordt gemaakt langer is dan de periode waarin verandering zich voortdoen, moeten bij elke verandering zowel het plan als de uitvoering worden bijgesteld.

In figuur 3.1 zien we een voorbeeld waarin we, om een ontevreden gebruiker tevreden te krijgen een product over verloop van tijd moeten aanpassen om weer goede aansluiting te krijgen met de wensen en verwachtingen van de gebruiker.

De rode lijn is de daadwerkelijke verwachting van de gebruiker op dit moment. Op basis van uitvoerige analyse is gekeken hoe we beide lijnen zo effectief mogelijk bij elkaar krijgen en welke stappen wanneer en in welke volgorde genomen moeten worden.

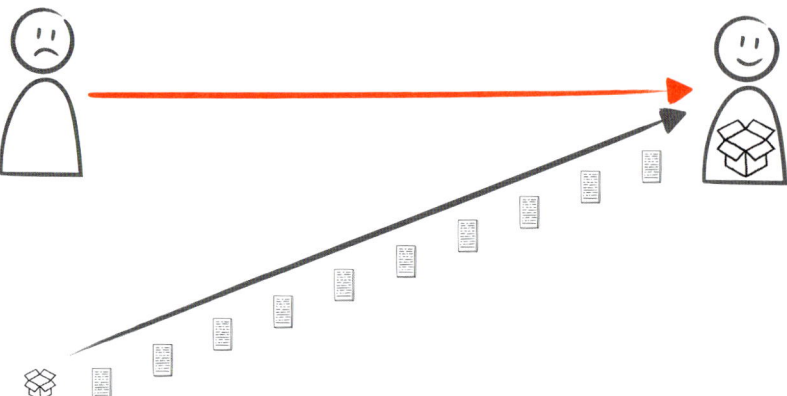

Figuur 3.1 Een vastgestelde aanpak voor het ontwikkelen van een product.

Wanneer over verloop van tijd de wensen en verwachtingen van de gebruiker zich ontwikkelen, ontstaat een duidelijk dilemma (zie figuur 3.2). Moet alsnog het geanalyseerde product worden opgeleverd, wetende dat deze niet langer meer aansluit bij de toekomstige wensen en verwachtingen van de gebruiker, of moeten we de uitvoering stil leggen en opnieuw een plan en specificaties met daarin de nieuwverworven inzichten? Wat als de situatie waarin de gebruiker zich bevindt nogmaals wordt gewijzigd? Wanneer we hier niet adequaat op in kunnen spelen, ontstaat een situatie waarin veel onnodig werk wordt verricht, herstelwerkzaamheden noodzakelijk zijn en / of gebruikerswensen onvoldoende worden ingevuld.

Het bovenstaande lijkt wellicht een probleem van alleen de productontwikkeling, maar juist de business, haar klanten en haar partners waarmee de producten die optimaal ondersteunen in gezamenlijkheid worden ontwikkeld, zijn cruciaal voor een organisatie om relevant te kunnen blijven. De business kan betere besluiten nemen op basis van betere informatie. Met goede producten kan de business sneller, beter en efficiënter haar klanten helpen waardoor de klanttevredenheid verder kan worden verhoogd. Met kort-cyclische ontwikkelingen is de business beter in staat om te valideren welke activiteiten de klanten echt van belang vinden en waarderen.

Bij de dag van vandaag, zeker binnen de wereld van enterprise agility, zien we dat de periode waarover plannen realistisch kunnen worden verwezenlijkt veelvuldig korter zijn dan de periode waarover het plan wordt opgesteld. De organisatie van

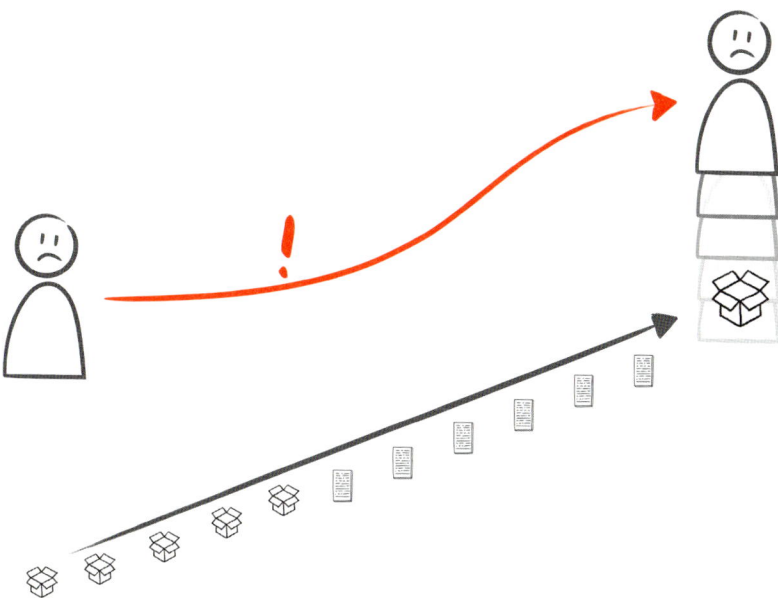

Figuur 3.2 Een vastgestelde aanpak werkt niet wanneer een doel over tijd kan bewegen.

'gisteren' plande graag een lange periode vooruit. De oplossing voor het kunnen onderscheiden van de aanpak tussen 'gisteren' en 'vandaag' is niet het opstellen van een plan maar juist de activiteit van het plannen centraal te stellen. In een lerende organisatie wordt nauwelijks een 'plan' gemaakt maar is het proces van continu 'plannen' geborgd in de grondvesten van deze organisatie (zie figuur 3.3). In deze organisaties wordt veel aandacht besteed aan het scherp krijgen van de visie en daarbij behorende doelstellingen. Daarbij is er continu aandacht voor waar de organisatie staat in relatie tot deze visie en doelstellingen. Op basis daarvan wordt niet een heel plan uitgewerkt (hoe vanuit de huidige naar de gewenste situatie kunnen komen). Wat wel wordt gedaan is het uitwerken van enkele van de eerste stappen die op korte termijn gezet dienen te worden om dichter bij de visie en de doelstellingen te komen. Om daarna herhaaldelijk (opnieuw) enkele van de vervolgstappen uit te werken in het plannen, dat er wederom voor zorgt dichter bij de visie en de doelstellingen te komen. Het plannen zelf heeft de overhand, ten opzichte van het maken van een uitgebreid en gedetailleerd plan.

Het continu plannen van de eerstvolgende stappen en het verkorten van de periode waarin we het product opleveren aan de gebruiker zijn niet de enige gevolgen van het kunnen of moeten omgaan met een continue stroom van veranderingen. Een ander belangrijk gevolg is dat u als organisatie ook mee moet kunnen bewegen met elke nieuwe noemenswaardige verandering. Anders komt u in kleine korte stappen alsnog in een scene van de Titanic terecht... we zien de ijsberg op ons afkomen maar zijn niet meer in staat om snel genoeg van koers te veranderen.

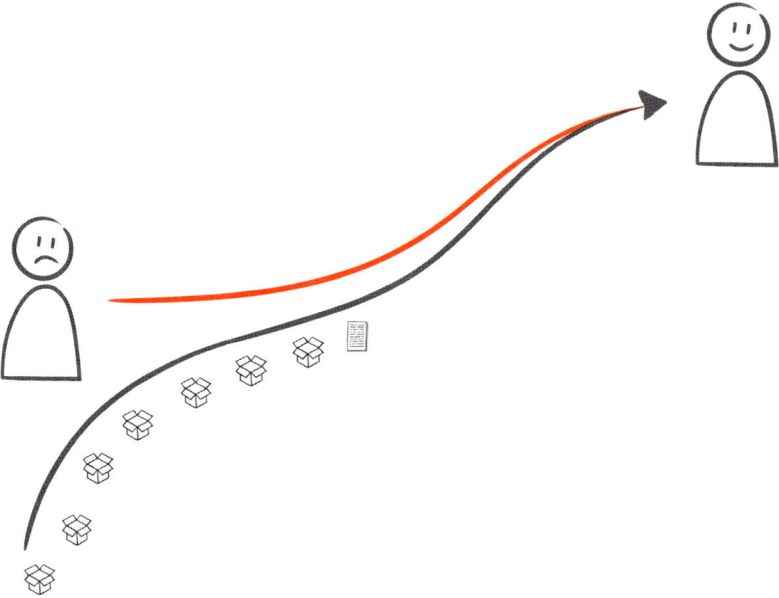

Figuur 3.3 Door kort-cyclisch te werken kunnen we beter omgaan met veranderingen.

Met sneller leren wordt het eenvoudiger om de klant of gebruiker, het belangrijkste onderwerp, in het middelpunt van de aandacht te plaatsen. De mate waarin na elke iteratie de maximale waarde voor de klant of gebruiker wordt geleverd noemen we *effectiviteit*. De verhouding waarin deze waarde wordt geleverd afgezet tegen de kosten en inspanning die hiervoor nodig zijn, noemen we *efficiëntie*. Door het verkorten van de feedback-lussen krijgen we sneller informatie over de daadwerkelijke effecten bij onze klanten en kunnen we onze vervolgstappen bijstellen, waardoor de focus ligt op het vergroten van de effectiviteit. De inspanning om sneller te leren en het plan continu bij te stellen heeft een negatieve invloed op de mate van efficiëntie, vandaar dat periodiek wordt gekeken op welke wijze ook de efficiëntie kan worden verhoogd.

Voor een klant zelf is het tijdens het doen van zijn verzoek voor productontwikkeling (nog) niet altijd duidelijk wat er specifiek nodig is of welke behoeften precies moeten worden ingevuld. Meer dan eens komt het voor dat wanneer de klant met een nieuw product aan de slag wil gaan, dat deze klant geïnspireerd wordt door de nieuwe mogelijkheden van de technologie. Hieruit komen dan ook weer nieuwe eisen en wensen naar voren als in "Oh maar als dat kan, kan dan ook ...?" Het sneller leren geldt dan niet alleen voor de organisatie zelf maar ook voor de klanten en partners van die organisatie. Het continu leren noemen we ook wel de Inspect & Adapt filosofie.

Meer traditioneel georiënteerde organisaties hebben gemengde gevoelens bij dit intensieve samenspel tussen klant en leverancier. Het is meer dan eens dat we een topmanager hebben horen zeggen "Onzin! Alsof de klant precies weet wat hij nodig heeft!". Om deze opmerking op te laten volgen door een citaat van de Amerikaanse industrieel Henry Ford: "If I had asked them what they wanted they would have said a faster horse." Deze topmanager suggereert daarmee dat een goede productontwikkelaar veel beter weet wat de klant nodig heeft dan de klant zelf. Deze manager voorziet daarnaast vaak in de behoefte dat zijn klant belang heeft bij een gedegen ontwikkel- en implementatieplan, om het beloofde product te ontwikkelen en in gebruik te nemen. Om dit te kunnen waarborgen en te voldoen aan 'afspraak is afspraak', wordt het eindproduct vooraf in detail beschreven zodat we zowel de kwaliteit van de ontwikkeling als de ingebruikname kunnen garanderen. We geven er een klap op en zo zal geschieden: het draait allemaal om een goed plan en goede afspraken. Het vaststellen wat noodzakelijk is en uitgevoerd moet worden noemen we ook wel de Plan | Execute filosofie.

Vanaf een afstand bekeken zien we dat de hierboven genoemde situaties terug te voeren zijn naar een tweetal inrichtingsfilosofieën: de Plan | Execute en de Inspect & Adapt filosofie. Wat zijn nu eigenlijk deze filosofieën?

- **Plan | Execute**. Deze aanpak kenmerkt zich door twee opeenvolgende activiteiten. De Plan-activiteit, waarin we het verschil tussen de huidige situatie en de gewenste situatie grondig analyseren en een uitvoerig plan formuleren die ons van de huidige naar de toekomstige situatie brengt. De Execute-activiteit is de activiteit waarin we – veelal door andere personen – het ontwikkelde plan zo goed als mogelijk uitvoeren.

- **Inspect & adapt**. Deze stijl kenmerkt zich door een continu proces van actie en reflectie. We ondernemen een kleine actie die tot een afgemaakt resultaat leidt, waarop we deze inspecteren en toetsen op het gewenste effect. Om daarop in een volgende actie het product weer beter passend te maken bij het gewenste effect van dat moment.

Hoewel de eerstgenoemde aanpak zijn sporen heeft verdiend in de afgelopen 50 jaar, blijkt deze nauwelijks succesvol binnen een snelle, dynamische wereld. In het huidige klimaat van verandering en kwadratische groei, is het op structurele wijze uitsluiten van veranderingen vaak niet de meest effectieve oplossing. Het gaat ons overigens niet om welke aanpak beter is dan de andere. Wat dat betreft hebben beide aanpakken hun voors en tegens en zijn met beide aanpakken zowel grote successen als enorme mislukkingen geboekt. Belangrijk is dat we ons bewust zijn van de voors en tegens van deze verschillende aanpakken, in welke situatie deze het beste tot hun recht komen en wat er, gegeven de situatie, voor nodig is om zo effectief mogelijk te handelen. Laten we daarom beide aanpakken verder bekijken in het licht van sneller leren, voordat wij ons voornamelijk gaan richten op de

Inspect & Adapt aanpak. We gaan daarbij kijken naar de onderlinge verschillen, de bijbehorende voor- en nadelen en waarom ze, bij onjuist gebruik en in het verkeerde domein, in de weg kunnen zitten of zelfs ondermijnend kunnen zijn.

■ 3.1 DE KRACHT VAN DE PLAN | EXECUTE BENADERING

De Plan | Execute stijl heeft geleid tot fantastische resultaten, specifiek als het gaat om situaties die zich in het complicated-domein bevinden. Neem als voorbeeld grootschalige bouwprojecten als de Deltawerken of de aanleg van de Tweede Maasvlakte. Daarnaast kunt u ook denken aan industriële ontwikkelingen als de minicomputer en fabrieksmatige productontwikkeling. Denk aan de revoluties in technologie als het World Wide Web. De effectieve Plan | Execute benadering zet men in wanneer het doel vaststaat en de weg ernaar toe met enig intelligent denkwerk vooraf te bepalen is. Het causaal verband tussen oorzaak en gevolg is vooraf te bepalen. In dergelijke situaties waar we duidelijke stappen vaststellen om rechtstreeks naar het gewenste doel toe te werken (Plan), is de meeste efficiënte manier van uitvoering: het exact volgen van de eerder gedefinieerde stappen (Execute).

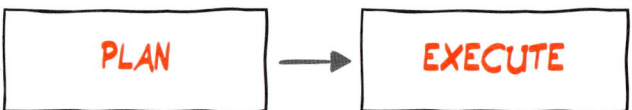

In de Plan | Execute benadering treft u dan ook de volgende uiterlijke kenmerken:
- Omvangrijke informatiebehoefte, (Plan);
- Gespecialiseerde stafafdelingen, (Plan);
- Centralisatie van de besluitvorming en (Plan);
- Een hoge mate van conformisme in de uitvoering van opdrachten (Execute): iedereen zal zich tijdens de uitvoering moeten houden aan het plan (geen afwijkingen).

Om tot het juiste plan te komen is het van groot belang dat alle informatie tijdig en compleet beschikbaar is bij degene die de huidige en gewenste situatie moeten analyseren, om rekening te kunnen houden met alle verschillende uitvoeringsvormen. Gespecialiseerde stafafdelingen ondersteunen de besluitvormers met het omzetten van alle gegevensstromen naar informatie. Op basis van de besluiten wordt de gekozen richting omgezet naar gedetailleerde opdrachten en in een plan uitgewerkt. Door het centraliseren van de besluitvorming is er één plek waarin alle informatie samenkomt. Centraal wordt er rekening gehouden met alle mogelijke details, waardoor de kwaliteit van de besluitvorming toeneemt. Er wordt een allesomvattend plan gemaakt. Bij deze planmatige werkwijze is alle voorhanden informatie alleen bij de besluitvormers in bezit. Informatie wordt verder met betrokkenen op een 'need to know' basis gedeeld. Het is hierbij al gauw van essentieel belang dat de daadwerkelijke uitvoering, van de opdrachten in het plan, exact verloopt zoals deze werd uitgewerkt. In figuur 3.4 moet het kanon dan ook exact worden ingesteld volgens alle berekeningen. De implicaties van het afwijken van de opdracht zijn immers niet (goed) te overzien. In veel gevallen, waarbij het doel vaststaat en de weg van uitvoering van tevoren is te voorspellen, is het bijsturen op basis van het plan simpel te doen.

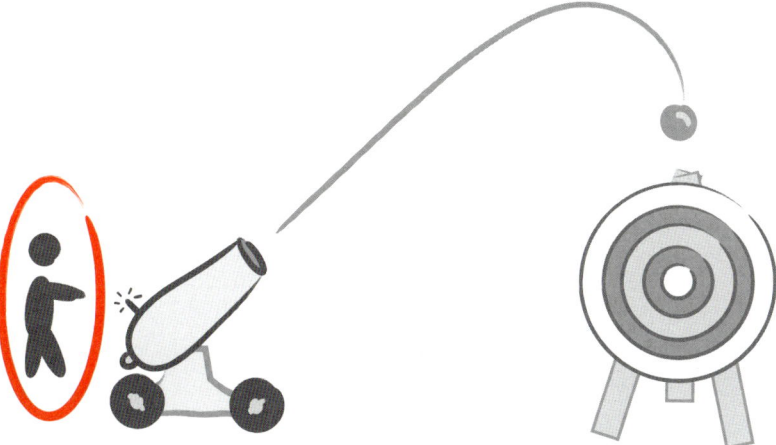

Figuur 3.4 Plan | Execute als een kogelbaan die we kunnen analyseren.

Als we eerlijk zijn, moeten we bij het ontbreken van succes bij een Plan | Execute-benadering de hand in eigen boezem steken. Stelt u zich eens de volgende vragen: "Houden we ons wel of niet aan de plannen?", "Hebben we bakken met analysewerk weggegooid?", "Als we dat toch eens van tevoren hadden zien aankomen... hadden we het dan anders gedaan?", "Hadden we (nog) beter moeten/ kunnen analyseren?" en "Hadden we meer tijd en energie willen steken in de analyse?"

■ 3.2 DE ACHILLESHIEL VAN DE PLAN – EXECUTE BENADERING

De schoonheid van de Plan | Execute benadering is de ordelijke voorspelbaarheid en dat iedereen na het bepalen van het plan exact weet wat er gedaan moet worden om het geheel tot een succes te maken. Dit is gelijk ook de achilleshiel ofwel zwakke plek van deze benadering. Terwijl de 'plannen maken en uitvoeren'-aanpak in de tijd van de industriële revolutie een 'must have' was, veranderen ondertussen de omstandigheden dusdanig frequent en met grote sprongen dat uw plannen voor succes al gauw zijn ingehaald door de tijd. Het fenomeen van afwijkingsrapportages bij projecten zijn allang niet meer zeldzaam en illustreert de invloed van deze bewegende omgeving.

Onze goede bedoelingen worden door één van de drie volgende aspecten of een combinatie ervan, in gevaar gebracht:
1. Een goede en degelijke analyse kost tijd.
2. Technische oplossingen ontwikkelen zich exponentieel snel, het valt niet mee om van tevoren de juiste techniek te bepalen en uit te werken in een plan.
3. De klant komt meer en meer uit een 'fast-food/ binnen 24 uur leveren wat ik wil'-mentaliteit en maakt dat het doel, als een 'moving target', op losse schroeven is komen te staan.

Veel organisaties hanteren het Plan | Execute model voor het ontwikkelen van software-oplossingen. Dit model is gebaseerd op het idee dat als we vooraf goed nadenken over de gewenste oplossing we de uitvoering efficiënt kunnen uitvoeren. En dat model klopt... alleen niet in een omgeving die constant in verandering is, zoals bij het ontwikkelen van hedendaagse informatiesystemen.

In een steeds sneller veranderende omgeving neemt de complexiteit van het formuleren en uitwerken van een plan exponentieel toe. In de Plan | Execute benadering neemt zowel behoefte qua omvang (denk aan big data analytics) en tijdigheid (denk aan real-time informatieverwerking) aan informatie sterk toe. Het wordt steeds uitdagender om deze enorme hoeveelheid gegevens om te zetten in compacte, volledige en accurate informatie (denk aan kunstmatige intelligentie en neurale netwerken). Hoe formuleer je een duidelijk plan dat rekening houdt met alle veranderende omstandigheden? En hoe formuleer je duidelijke en concrete opdrachten die ook in een veranderende situatie nog steeds het gewenste effect bereiken? Hoe langer deze periode in beslag neemt, hoe groter de kans dat het plan niet langer past voor de inmiddels gewijzigde situatie, met als resultaat een continue cyclus van planherzieningen.

Geen enkel plan overleeft het eerste contact met de vijand.

Veldmaarschalk Helmuth von Moltke

Zodra we in de uitvoering (Execute) terecht komen worden we geconfronteerd met de realiteit: onvoorspelbare klanten, nieuwe concurrenten, creatieve medewerkers, impliciete aannames, technologische innovaties, afwijkende processtappen of elke andere afwijking die u maar kunt bedenken. Het is simpelweg niet reëel om te verwachten dat in de plannen met elke mogelijke afwijking rekening kan worden gehouden. We moeten dus actief gedurende de uitvoering (Execute) gaan bijsturen. Maar op basis van welke informatie? Waarop sturen we bij? Op het plan! Met name de besluitvormers hebben, binnen de activiteit van het plannen, het volledige overzicht, de andere mensen hebben tijdens de uitvoering slechts hun opdrachten en de daartoe behorende context. Het actief bijsturen leidt daarom vaak tot sterke gegevensstromen richting de besluitvormers en micromanagement[2] richting de uitvoerders. Waarop we altijd weer in de uitvoering terug zullen bewegen naar het plan, afspraak is afspraak.

■ 3.3 DE KRACHT VAN DE INSPECT & ADAPT BENADERING

De Inspect & Adapt benadering is zeer effectief wanneer het doel nog enigszins vaag is, zich afdoende beweegt en/of de weg naar dat doel vol met verrassingen zit. Het causaal verband tussen oorzaak en gevolg is alleen achteraf te bepalen. Iedere stap die u zet gaat u inspecteren waarbij u zich continu heroriënteert. Waar ben ik nu? Waar wil ik heen? Ben ik op de goede weg? Welke stap kan ik nu het beste zetten? Zet de stap. Herhaal! Exact de handelingswijze die in het complexdomein van Cynefin wordt voorgesteld.

In de Inspect & Adapt benadering treft u de volgende uiterlijke kenmerken:
- Samen met de klant werken aan oplossingen.
- Diversiteit aan competenties in een team met een vaste samenstelling.
- Kort-cyclisch doen en feedback gedreven werkwijze.
- Zelforganisatie door eigenaarschap op een zo laag mogelijk niveau.

In een omgeving waar het tempo van verandering hoog ligt, wordt het steeds belangrijker om u sneller aan te passen aan en te reageren op die omgeving. Door het hoge tempo van verandering wordt het steeds moeilijker om te voorspellen hoe die verandering exact gaat verlopen. Het geeft wellicht een gevoel van onzekerheid ten aanzien van het uiteindelijke product. Door in het team te blijven leren, op elkaar ingewerkt te zijn en de juiste gereedschappen goed in te zetten, wordt het steeds makkelijker om te voorspellen wat het team aan kan. Het team zet het effect dat de klant wil bereiken centraal en zal dan ook samen met de klant op zoek gaan hoe zij zoveel mogelijk waarde kan leveren in zo'n kort mogelijke tijd.

I may not have gone where I intended to go, but I think I have ended up where I intended to be.

Douglas Adams

---

[2] Hiermee bedoelen we: Aandacht voor kleine details in management: de nauwgezette controle van een persoon of een situatie door extreme aandacht te besteden aan kleine details.

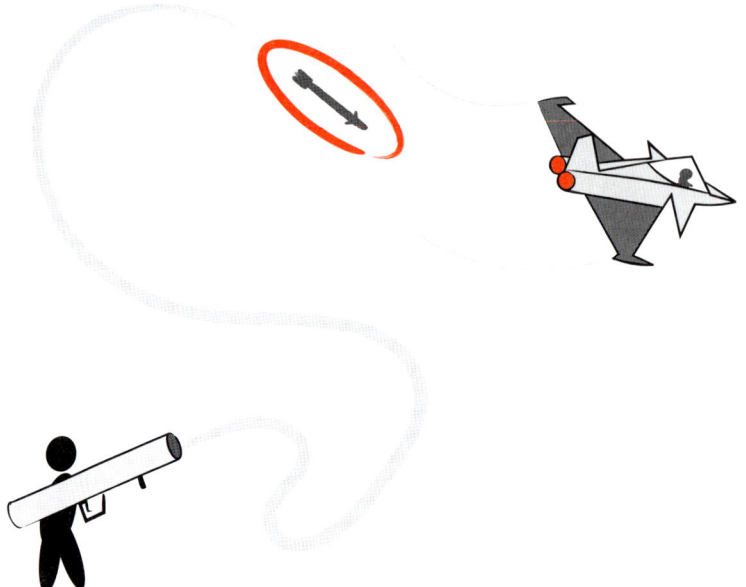

Figuur 3.5 Inspect & Adapt als een hittezoekende raket die zichzelf kort-cyclisch richt op het doel.

Terwijl we geen in detail gespecificeerd product beloven gaan we gezamenlijk op zoek naar het effect van het gewenste product. Het plan maken kan simpelweg niet langer een eenmalige exercitie zijn maar iets dat u continu en doorlopend moet blijven doen. We maken dus geen grote allesomvattende plannen maar plaatsen een stip op de horizon. We hebben een doel, een te behalen effect, met een te ontwikkelen product. We hebben een wensenlijst waarvan we van ieder item de waarde kennen voor de klant. We hakken van onze wensenlijst de belangrijkste zaken in kleinere stukken, van een werkbare grootte en nog altijd van waarde voor de klant. We bepalen waar we (klant en productorganisatie) het meeste mee geholpen zijn en gaan in een korte periode aan de slag. We experimenteren, starten met bouwen van een eerste versie van een bruikbaar product en reflecteren op het effect van onze effort en het resultaat. We werken verder door het product continu te verrijken met meer en meer waarde voor de gebruiker en de organisatie. Het product is altijd klaar en nooit af.

3.4 DE ACHILLESHIEL VAN DE INSPECT & ADAPT BENADERING

De continue druk om als organisatie te verbeteren leidt tot een constante stroom van verandering. Daarmee is het continu inspecteren en aanpassen ook helemaal niet efficiënt. Wielen worden steeds weer uitgevonden in altijd weer een nieuwe context. Daarmee is het een dure aangelegenheid. Er is veel investering nodig wanneer we kennis, kunde en skills continu willen laten groeien. Daarnaast is er veel tijd gemoeid met het reflecteren op de positie en de koers. Een continue zoektocht naar nieuwe routes naar een nog enigszins vaag doel. Mogelijk doen we alles voor niets en hebben we alleen geleerd hoe het niet moet.

Een andere zwakke plek ofwel achilleshiel van Inspect & Adapt is de mate van welwillendheid om in het moment bij te sturen. Afspraken los (durven) te laten. Via experimenten uw weg vinden, waarmee u in het eerste begin geen uitgetekend beeld kan meegeven aan de gebruiker. De gebruiker en ontwikkelaar die in het samenwerken aan het eindresultaat, beiden een wezenlijke verantwoordelijkheid hebben voor het succesvol doen laten ontstaan van het resultaat. Ze zijn samen verantwoordelijk voor het behalen van het gewenste effect.

Gebruikers van gisteren en vandaag vragen nog steeds om het ontwikkelen van functionaliteit in plaats van het invullen van hun behoeften. Om te achterhalen waarmee de gebruiker echt geholpen is moet u als makende organisatie flink doorvragen en krijgt een intake al gauw een vibe van een therapeutische sessie: "Als u zich nu eens voorstel dat u helemaal geholpen bent met ons product, hoe ziet uw werk er dan uit? Hoe voelt u zich daar bij? Hoe beweegt u zich met het product door de dag? Wanneer zou u interactie willen met het product? Wat is het product u dan waard? Wat gaat u missen uit de producten die dan komen te vervallen? Waar bent u nu het meest mee geholpen? Wat kost het u als we dit niet maken?"

Wat is er in de Inspect & Adapt dan zo anders dan bij de Plan | Execute aanpak? Want de hier boven genoemde vragen kunnen toch ook gesteld worden tijdens de analyse-fase in een Plan | Execute-aanpak? Bij de Inspect & Adapt stellen we deze vragen niet eenmalig, we herhalen deze set aan vragen continu. Er gaat tijd zitten in het continu afstemmen, afstemmen en nog eens afstemmen.

■ 3.5 HERKEN DE PLAN | EXECUTE FACETTEN IN DE INSPECT & ADAPT BENADERING VAN VANDAAG

De kwaliteiten uit de Plan | Execute benadering hebben toch echt wel hun charme. Het maken van een plan en deze met focus tot een product vermaken, daar is helemaal niets mis mee. Het zorgt voor focus. Alle deelnemers weten wat er moet gebeuren. Een goed plan is zeer waardevol. Wanneer verliest een plan dan zijn waarde?
- Als onderweg het doel verandert, of ...
- Als het doel van tevoren niet scherp te stellen valt, of ...
- Als de weg naar het resultaat vol met verrassingen zit, risico's en experimenten.

Daarnaast ziet u dat wij mensen het ook lastig vinden om werk voor niets gedaan te hebben. Zo ziet u dat we met regelmaat blijven vasthouden aan het oorspronkelijke plan, omdat er al enorm veel werk is verzet, geld is geïnvesteerd en contracten met vaste afspraken zijn afgesloten. Dit zijn de zogenaamde sunk costs, kosten die we bij het veranderen van het doel niet meer ongedaan kunnen worden gemaakt. Zo zijn er met veel energie plannen ontstaan die ons later tegenhouden om met de veranderingen, om ons heen, mee te gaan. Wij stellen dat een goed plan heel waardevol kan zijn voor een wendbare organisatie. De Plan | Execute benadering is in basis aantrekkelijk, het is alleen in de klassieke uitvoering niet aantrekkelijk genoeg.

Do the planning, but throw out the plans.

Mary Poppendieck

Hoe kunnen we de Plan | Execute benadering inzetten terwijl we wel in sterk veranderende omgevingen kunnen overleven? Kunnen we de Plan | Execute aanpak uitbreiden of aanpassen tot iets effectiefs bij veranderingen?

Dat kan op basis van twee uitgangspunten:
1. Het introduceren van meer (en daardoor kortere) iteraties.
2. Het toevoegen van een leeractiviteit (Inspect & Adapt).

Deze opzet is geïllustreerd in figuur 3.6 waarin de iteraties zijn weergegeven door middel van de rode pijlen en de Inspect & Adapt toegevoegd is aan de Plan | Execute cyclus.

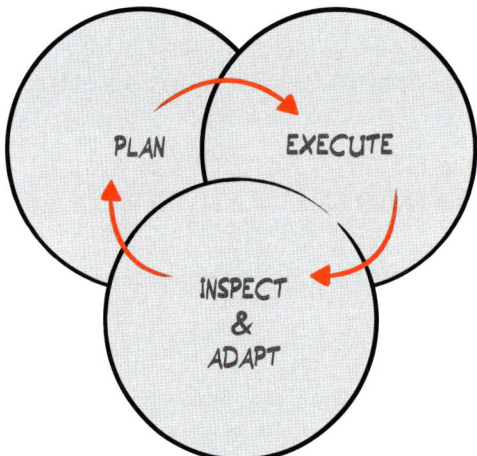

Figuur 3.6 Inspect & Adapt om Plan | Execute kort-cyclisch uit te kunnen voeren.

Kortere iteraties leiden tot een minder omvangrijk plan en korte periode van uitvoering. Er is bij korte opeenvolgende iteraties simpelweg niet voldoende tijd om een volledig en uitgebreid plan te formuleren. Onder korte iteraties verstaan wij een tijdsperiode die al gauw korter is dan een maand en daarbij zo kort zou kunnen zijn als een bijvoorbeeld een dag (denk aan eXtreme Programming). Deze korte tijdspanne vraagt een heel ander ritme van plannen en uitvoeren, dan bijvoorbeeld een project met een tijdspanne van twee jaar. We hebben in een ritme van korte iteraties veel minder tijd tot onze beschikking voor het opleveren van resultaten. In een korte iteratie is er minder informatie nodig om te bepalen welke initiële acties we op korte termijn moeten uitvoeren. Omdat we ieder iteratie een compleet verbeterd product opleveren, verkrijgen we veel informatie om te toetsen of we met onze acties daadwerkelijk richting het doel werken. De investering om alle mogelijke acties in detail te moeten bepalen die noodzakelijk zijn om het doel over twee jaar te bereiken, kunnen we met de iteratieve wijze van werken achterwege laten. Door het werken in korte iteraties kan het zomaar zijn dat we ons initieel beoogde doel, na twee jaar en meer dan 50 iteraties, er heel anders uitziet en toch precies is wat de klant wil en nodig heeft. Het werken in iteraties zorgt er ook voor dat de, eerder noodzakelijke, informatiestroom richting de besluitvormers en de bijbehorende stroom van opdrachten sterk gereduceerd is. Dit maakt het bijsturen in de uitvoering een stuk eenvoudiger en effectiever.

Door het toevoegen van leren (Inspect & Adapt) zijn de teams, die zich met de ontwikkeling bezighouden, zelf in staat om de uitvoering continu bij te stellen op basis van de actuele bevindingen. Het op basis van de huidige observaties aanpassen van het plan kan leiden tot belangrijke aanpassingen in het product, waardoor dit beter blijft aansluiten bij de realiteit, dan wel, beter inspeelt op de behoefte die direct voortkomt uit het gebruik. Het aanpassen van het product leidt tot een aangepaste situatie en nieuwe realiteit, waarin we het effect van ons product in de echte wereld kunnen observeren. Uiteraard kan op basis van die observaties het volgende korte plan weer verder worden aangepast. Als besluitvormers een duidelijk doel creëren en heldere kaders meegeven aan de productontwikkelteams, is het – door het toevoegen van Inspect & Adapt – nauwelijks nog nodig om actief bij te sturen vanuit deze besluitvormers.

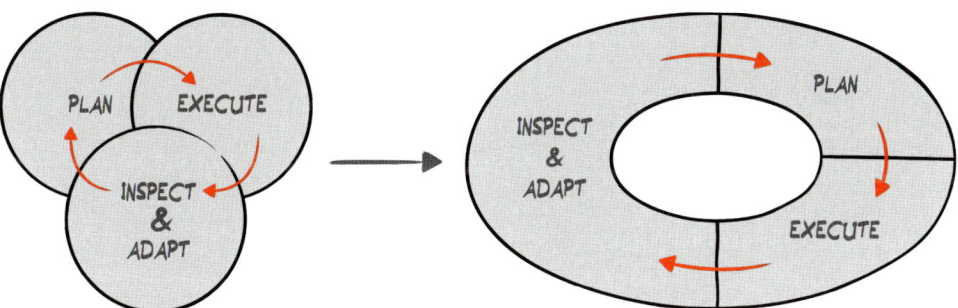

Figuur 3.7 De kort-cyclische Plan | Execute gecombineerd met Inspect & Adapt vormt de basis van het ScALE framework voor het bereiken van Enterprise Agility.

Door het verrijken van de Plan | Execute benadering met iteraties en actief leren (Inspect & Adapt) transformeren organisaties zich naar lerende organisaties. Hoe beter u als organisatie kunt leren, hoe effectiever u in staat bent om te vol vertrouwen en effectief te reageren op bewegingen in omstandigheden. Het lerend vermogen van uw organisatie staat gelijk aan de wendbaarheid van uw organisatie.

■ 3.6   DUS…

Verandering is de enige constante in de wereld waarin we nu leven. Het ontwikkelen van een product, conform een vastgelegd plan, is daarom nauwelijks nog haalbaar. We moeten een lerende organisatie creëren om continu in te kunnen spelen op de laatste inzichten. Veel organisaties hanteren het Plan | Execute model voor het ontwikkelen van producten. Dit model is gebaseerd op het idee dat, als we vooraf goed nadenken over de gewenste oplossing, we de uitvoering efficiënt kunnen doen. De Plan | Execute benadering maximaliseert de efficiëntie van de uitvoering. Het uitvoeren (Execute) van een vooraf gedefinieerd plan (Plan) werkt niet als de wereld snel(ler) verandert dan de periode waar het plan op gebaseerd is. Door het toevoegen van Inspect & Adapt én het kort-cyclisch doorlopen van alle fases verhoogt u de wendbaarheid van de organisatie. De 'Plan, Execute, Inspect & Adapt'-cyclus is minder efficiënt maar wel effectief. Organisaties moeten beter en vooral sneller leren om hun enterprise agility te verhogen. Dit brengt ons tot de in figuur 3.8 weergegeven basis van het ScALE-framework.

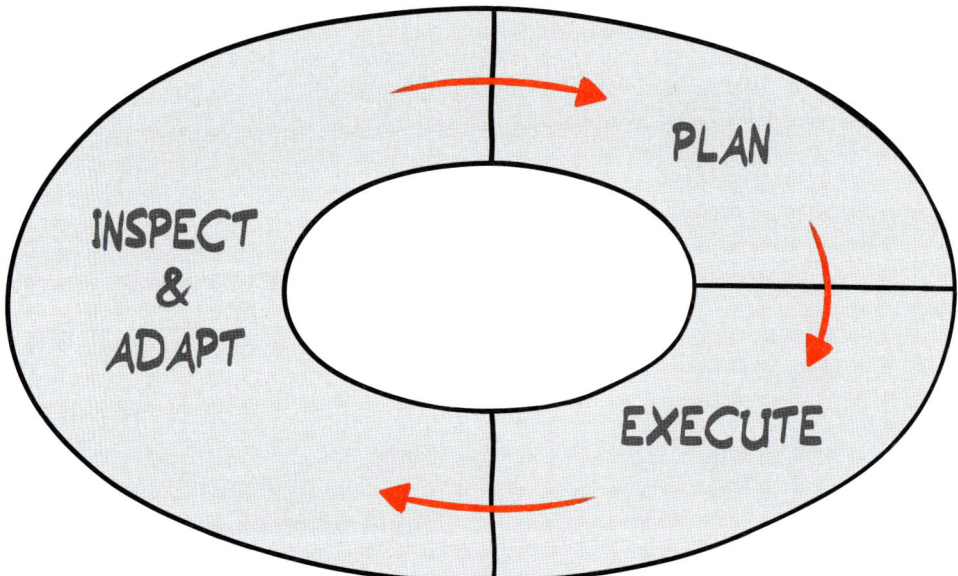

Figuur 3.8 De basis van het ScALE framework.

4 Het principe van eigenaarschap

In de wereld van enterprise agility wordt een grote rol toegedicht aan het ontwikkelen en borgen van iets dat we eigenaarschap noemen. Waarom is eigenaarschap eigenlijk zo belangrijk? Wat gebeurt er als dat eigenaarschap niet goed wordt ingeregeld? Enterprise agility is, zoals we in hoofdstuk 2 hebben gelezen, specifiek gericht op het complex-domein van het Cynefin framework. In dit domein is met snelheid en wendbaarheid acteren essentieel om in te kunnen spelen op alle veranderingen in de omgeving.

De enterprise agility neemt direct af als er tijdens de uitvoering, binnen een waardeketen, vertraging ontstaat. Vertraging door afhankelijkheden en onduidelijke mandatering ondermijnen het tijdig kunnen reageren. Wat we waarnemen in organisaties met een lage enterprise agility is dat tussenliggende schakels, momenten van overdracht en besluitvormingsprocessen op afstand van de uitvoering veel tijd in beslag nemen. Om succesvol te opereren in het complex-domein willen we, naast het continu monitoren van de omgeving, de snelheid en wendbaarheid van de gehele organisatie versnellen en vertragende schakels daarin steeds verder reduceren. Het vergroten van het eigenaarschap is hierin een essentieel onderdeel.

Het vergroten van de snelheid en wendbaarheid van teams die hét werk doen, maakt het noodzakelijk dat die teams het effect kunnen zien van hun werk met zo min mogelijk vertraging. Hoe meer vertraging in de gehele keten zit, hoe lastiger causale verbanden tussen actie en effect kunnen worden onderkend en hoe moeilijker het wordt om effectief te kunnen opereren in het complex-domein. Het wegnemen van het 'wachten op' fenomeen doen we door het laten ontstaan van goed eigenaarschap. De aspecten die goed eigenaarschap met zich meebrengen maken het mogelijk om de meeste soorten van vertraging in het systeem te voorkomen. Met het ontbreken van die vertraging in het systeem, wordt het ontstaan van die snelheid en wendbaarheid mogelijk gemaakt.

> In grotere organisaties constateren we dat, ondanks het opereren in het complex-domein, lange besluitvormingsketens en sterk gereduceerd eigenaarschap aanwezig zijn. In plaats van het eigenaarschap te leggen bij de uitvoerende rollen wordt veel zij- en bijsturing uitgevoerd vanuit programma's, daaronder liggende projecten en kaderstellende afdelingen als architectuur en security. De vrijheid waarin deze teams het product kunnen ontwikkelen wordt sterk beperkt door uitvoerige plannen en uitgebreide analyses die zijn uitgevoerd nog voor de teams hiermee aan de slag gaan. Ook het gebruik van een generieke infrastructuur of gestandaardiseerde koppelvlakken beperken de vrijheid van een team. Wanneer daarnaast ook veel afhankelijkheden aanwezig zijn voor het opleveren van een product, zoals externe kwaliteitsvalidatie en vrijgave-adviezen, is een omgeving gecreëerd waarin degene die eigenaar zijn van het product nauwelijks dit eigenaarschap goed kunnen uitvoeren.

We kijken in dit voorbeeld naar een systeem waarin teams continu wordt verteld wat zij nu moeten doen en deze teams vervolgens ook exact uitvoeren wat er van hen wordt gevraagd. Om deze teams goed aan te kunnen sturen worden extra schakels gecreëerd die naast (bij)sturen ook actief moeten gaan monitoren. Dit betekent dat extra informatiestromen worden ingericht om de details van de veranderende buitenwereld op één plek samen te brengen. Daarnaast worden controles ingericht om zeker te stellen dat gegevens goed worden geïnterpreteerd en worden teams gemonitord dan wel gecontroleerd of zij exact uitvoeren wat is gespecificeerd. Door de gefragmenteerde verantwoordelijkheid van het sturen (Plan) en uitvoeren (Execute) ontstaat een situatie waarin niemand meer de verantwoordelijkheid voelt voor het te bereiken eindresultaat. Het opereren in het complex-domein zonder eigenaarschap leidt tot een enorme hoeveelheid extra inspanning om vertraging te voorkomen waarbij het ontstaan van meer vertraging niet uitgesloten kan worden.

■ 4.1   WAT IS EIGENAARSCHAP?

Hoewel eigenaarschap in veel moderne managementliteratuur als een cruciaal aspect wordt aangehaald, vinden we nauwelijks met concrete bewoordingen gespecificeerd wat de auteurs hier nu exact onder verstaan. Het meest treft u de beschrijving aan dat eigenaarschap een combinatie is van verantwoordelijk voelen en verantwoordelijk zijn, waarbij achterwege wordt gelaten wat dan exact onder 'verantwoordelijk' wordt verstaan. Door het te pas en onpas gebruiken van het eigenaarschap als argument merken we dat discussies onterecht worden platgeslagen. Het eigenaarschap wordt hierin ook vaak aangehaald als oplossing voor allerhande probleemsituaties, waarbij het maar de vraag is of eigenaarschap als oplossing kan worden gezien.

In onze ogen is alleen sprake van eigenaarschap in de meest zuivere zin van het woord wanneer aan de volgende drie elementen is voldaan:
1. Een entiteit voelt zich eigenaar van [het onderwerp].
2. Een entiteit neemt persoonlijk actie voor [het onderwerp].
3. Een entiteit is daadwerkelijk eigenaar van [het onderwerp].

Eigenaarschap is uiteraard niet binair, de mate van eigenaarschap is sterk afhankelijk van de mate waarin onderliggende elementen zijn ingevuld. Hierbij is het verder belangrijk dat 'het onderwerp' in de breedste zin van het woord wordt gelezen. Het kan 'iets' zijn dat iemand bezit maar ook een doel dat iemand wil bereiken óf een bepaald effect dat iemand wil behouden. Of het nu gaat om entiteiten als individuen, afdelingen of de gehele organisatie, daar waar iemand eigenaarschap over heeft mag ingevuld worden op de plek van [het onderwerp].

4.1.1 Eigenaar voelen
In deze definitie van eigenaarschap betekent eigenaar voelen dat de entiteit in kwestie zich persoonlijk verantwoordelijk voelt voor het onderwerp en daarmee voor zichzelf de verplichting voelt om iets in goede staat te behouden of tot een goed einde te brengen. Dit houdt ook in dat de betreffende entiteit zich aansprakelijk voelt voor het betreffende onderwerp en daarmee automatisch ontvankelijk is om aangesproken te worden. Het gevoelsaspect is hierin de alles bepalende factor. De mate van gevoel is bepalend voor het omslagpunt in het verschil tussen intrinsieke en extrinsieke motivatie. Goed eigenaarschap in de meest zuivere zin van het woord komt dus ook alleen maar voor wanneer iemand over intrinsieke motivatie beschikt in relatie tot het onderwerp.

Wanneer een entiteit zich geen eigenaar voelt ten aanzien van het onderwerp is het maar de vraag of iemand ook de noodzakelijke actie gaat ondernemen. Zonder dat iemand zich eigenaar voelt is de kans groot dat er, al dan niet bewust, apathisch gewacht gaat worden tot iemand anders actie onderneemt of opdracht geeft. Ten aanzien van de problemen die ontstaan, vanuit deze apathische houding, voelt de betreffende entiteit zich ook niet aanspreekbaar (accountable). Het probleem en het onderwerp worden over het algemeen buiten zijn of haar eigen invloedssfeer gelegd. De mate waarin iemand zich alsnog wel laat aanspreken is afhankelijk van de mate van motivatie in het betreffende werkveld.

4.1.2 Actie ondernemen
In deze definitie van eigenaarschap betekent actie ondernemen dan ook dat een entiteit actie onderneemt of kan ondernemen in relatie tot het onderwerp. Actie (kunnen) ondernemen stelt iemand in staat om invloed uit te oefenen om een vooraf gesteld effect te kunnen bereiken. Anders gezegd bent u in staat om het object in goede staat te houden of het te bereiken doel ook echt te bereiken. Dit

wil overigens niet altijd zeggen dat u altijd alles zelf moet uitvoeren. Het kunnen en mogen delegeren maakt nog steeds dat u actie kunt ondernemen.

Geen actie ondernemen is terug te leiden op meerdere aspecten:
- **Willen**: de mate waarin u de behoefte voelt om actie te ondernemen. Hierbij is het belangrijk dat er aandacht is voor het wezenlijke verschil tussen middel en doel. Bijvoorbeeld: "Ik wil met hem samenwerken (maar liever niet)." versus "Ik wil dit project tot een succes maken en daarvoor moet ik prettig met hem gaan samenwerken."
- **Kunnen**: de mate waarin u het vertrouwen hebt in uw competenties om de activiteiten op een goede wijze uit te voeren. Hier zou iedereen de mindset moeten hebben: "Ik heb het nog nooit gedaan, dus ik denk dat ik het wel kan." Ondanks de kans op falen toch actie ondernemen met het vertrouwen dat het onderweg wel goed gaat komen. In de psychologie noemen ze dat self-efficacy; de verwachting hebben dat u het kan. Dit is dus anders dan zelfvertrouwen, want dan weet of voelt u dat u het kan.
- **Mogen**: de mate waarin u voelt of u iets wel of niet mag. Door deze helderheid ontstaat een gevoel van mandaat en het ontbreken van mandaat leidt tot een apathische houding. Wanneer iets niet de overeengekomen kaders schendt én past binnen 'The spirit of the Game' (ScrumPlop, 2022) moet u er zeker van kunnen zijn dat wat u wilt gaan doen ook daadwerkelijk is toegestaan.
- **Durven**: de mate waarin u binnen of buiten uw comfort zone actief bent en het daaruit volgende gevoel van veiligheid. Als het als een uitdaging voelt, bevindt u zich in de zogenaamde stretch zone en heeft u een goed leerrendement. Als de uitdaging als te groot wordt ervaren bevindt u zich in de zogenaamde gevarenzone en kunt u beter kijken naar tussenliggende stappen om het gewenste effect te bereiken.
- **Begrijpen**: de mate aan waarin u zicht heeft op het hogere doel en te bereiken effect en de relatie hiervan met de uit te voeren activiteiten. Wanneer bewust of onbewust niet duidelijk is in welke mate activiteiten bijdragen aan het hogere doel, ontstaat weerstand in de uitvoering van die activiteiten.

Actie willen ondernemen is in grote mate gelijk aan de mate waarin men zich eigenaar voelt. Afhankelijk van de prioriteit die het onderwerp heeft op de persoonlijke actielijst, is iemand wel of niet bereid om tot actie te willen overgaan of deze actie voor zich uit te schuiven. Actie kunnen nemen is een belangrijk aspect om in de gaten te houden. Het niet beschikken over de noodzakelijke kennis en/of vaardigheden is een belangrijke reden waarom geen actie kan worden ondernomen en het eigenaarschap sterk onder druk komt te staan. Immers, de mate waarin een entiteit iets niet, niet goed, goed of heel goed kan, heeft een directe relatie met de mate waarin de entiteit op het onderwerp aanspreekbaar is. Daarmee is het kunnen vanuit kennis en kunde een belangrijk onderdeel van eigenaarschap.

Een andere variant van geen actie kunnen nemen komt doordat iemand geen actie mag nemen of niet in staat gesteld wordt om actie te kunnen ondernemen, ofwel ondermijnd wordt. Het actie kunnen nemen wordt u ontnomen door omstandigheden buiten uw directe invloedssfeer. Vanuit wetgeving maar ook vaak door de organisatie opgestelde kaders, richtlijnen en bijvoorbeeld bezuinigingen op middelen, wordt het scala aan mogelijkheden waarmee teams actie kunnen ondernemen beperkt.

4.1.3 Eigenaar zijn

Tot slot betekent eigenaar zijn in deze definitie dat u als eigenaar de exclusieve bevoegdheid hebt om over 'het onderwerp' te beschikken en de exclusieve bevoegdheid hebt om het onderwerp te gebruiken. Dit betekent dus ook dat u zelfstandig beslissingen kunt nemen in relatie tot het onderwerp. Gedeeld eigenaarschap wordt overigens met deze definitie niet geheel uitgesloten, aangezien u ook als team, afdeling of niet-natuurlijke rechtspersoon eigenaar kunt zijn van 'het onderwerp'. In hoeverre dit een wenselijke situatie is, wordt beschreven in paragraaf 4.3.

In veel organisaties zien we dat problemen ontstaan omdat individuen en ook teams zich wel eigenaar voelen en vaak ook actie ondernemen maar feitelijk helemaal geen eigenaar zijn van het onderwerp. Dit leidt tot veel onduidelijkheid met de vraag: "wie is er nu van?". De onduidelijkheid wordt ogenschijnlijk opgelost door het introduceren van coördinatie tussen de teams die zich met het onderwerp bezighouden, waarbij het alsnog onduidelijk blijft wie aanspreekbaar is op het moment dat iets niet goed gaat. Weten waar u niet van bent is in dat opzichte ook niet zo belangrijk als weten waar u wél eigenaar van bent. Wanneer u ergens geen eigenaar van bent, let dan ook op met het 'onbewust' nemen van eigenaarschap over dat onderwerp. Voor u het weet bent u door uw gedrag onderdeel van het probleem in plaats van onderdeel van de oplossing.

4.1.4 De samenhang der elementen

Als de hierboven genoemde elementen: eigenaar voelen, actie ondernemen en eigenaar zijn, in samenhang aanwezig zijn dan spreken we van eigenaarschap in de meest zuivere zin van het woord. Ter verduidelijking noemen we dat 'goed eigenaarschap'. Toch ziet u dat door onvolledige of onduidelijke definities van eigenaarschap vaak niet al deze elementen goed zijn ingevuld, met het introduceren van veel anti-patronen (ondermijnende patronen) tot gevolg. Laten we eens kijken tot welke gedragingen de verschillende combinaties van deze drie elementen leiden en hoe we deze in praktijk kunnen herkennen. In figuur 4.1 hebben we de verschillende combinaties van de drie elementen voorzien van karakteristieke namen om deze beter in de praktijk te kunnen herkennen.

	De Ontkenner	Het Ongeleide Projectiel	De Omstander	De Uitvoerder	Het Slachtoffer	De Boef	De Eigenaar
Eigenaar voelen			✓		✓	✓	✓
Actie ondernemen		✓		✓		✓	✓
Eigenaar zijn	✓			✓	✓		✓
Goed eigenaarschap							✓

Figuur 4.1 Alle soorten eigenaren in één overzicht.

De Ontkenner is iemand die formeel gezien wel eigenaar is maar geen enkele vorm van eigenaarschap voelt of actie onderneemt. Deze situatie komt veelvuldig voor als nauwelijks aandacht is voor het ontwikkelen van intrinsieke motivatie waardoor de elementen van eigenaar voelen en actie ondernemen steeds verder verwateren. Deze personen laten zich dan ook nauwelijks aanspreken en ontkennen meer dan eens dat zij eigenaar zouden moeten zijn.

Het Ongeleide Projectiel is iemand die voldoening haalt uit druk bezig zijn en anderen zoveel mogelijk ondersteunen. Ondanks dat het ongeleide projectiel duidelijk voor ogen heeft dat hij/zij geen eigenaar is, wil hij/zij graag helpen door alvast acties op te pakken. Goedbedoeld onderneemt hij/zij verschillende acties maar is vervolgens niet aanspreekbaar op de gevolgen die uit deze acties ontstaan. Daarnaast ontbreekt het aan gevoel voor het onderwerp, het gaat deze personen erom dat ze het doen om het doen. Hoewel een hoge mate van productiviteit wordt geleverd, is de effectiviteit echter vaak ver te zoeken.

De Omstander is iemand die zich wel sterk betrokken voelt bij het onderwerp maar niet wil of kan handelen. Ondanks het feit dat ze een sterke mening hebben en die ook niet onder stoelen of banken steken, is hun gedrag vergelijkbaar met een omstander die bij een ongeval kijkt hoe anderen de handen uit de mouwen steken. Aangezien ze formeel geen eigenaar zijn, treden deze mensen vaak op in de rol van adviseur. Ze zijn gepassioneerd over het onderwerp en laten dat ook duidelijk weten maar als het er op aankomt gedragen ze zich niet als de eigenaar van het onderwerp.

De Uitvoerder is iemand waarbij twee van de drie elementen van het eigenaarschap zijn ingevuld; actie ondernemen en eigenaar zijn. Echter ontbreekt het gevoel van eigenaarschap. Hoewel ze formeel eigenaar zijn van het onderwerp, gedragen ze zich in plaats van eigenaar veel meer als ondergeschikte. Ze ondernemen pas actie op basis van een opdracht, gemaakte afspraken of beloftes. De acties die worden ondernomen komen voort uit opdrachten en/of plannen en worden niet tot nauwelijks aan de eigen beeldvorming herijkt of verrijkt. Hierdoor staat het nemen van volledige verantwoordelijkheid ook erg onder druk, immers... ze kunnen alleen op formele gronden (en daaruit vloeiende afspraken) worden aangesproken. In het complex-domein hebben ze te veel aansturing nodig om effectief in de dynamische omgeving op te treden.

Het Slachtoffer betreft mensen die zich sterk eigenaar voelen én ook eigenaar zijn maar geen acties kunnen of mogen ondernemen. Zeker wanneer het onderwerp onder druk komt te staan, nemen de frustraties extreem toe. Deze mensen zien met lede ogen aan hoe hun onderwerp zich in een toenemend slechtere toestand ontwikkelt, terwijl zij hulpeloos aan de zijlijn aan het toekijken zijn. Het is een verdrietig beeld, dat u liever niet zou willen zien in een organisatie. Toch komen we in de praktijk vrij frequent voorbeelden tegen waarin mensen, 'slachtoffers', het effect aantonen van de vaak bureaucratisch ontstane kaders die zorgen dat geen enkele actie tot het bereiken van de gestelde doelen kan of mag worden ondernomen. Ja, heel frustrerend en stress-verhogend.

De Boef is een bijzondere variant van beperkt eigenaarschap waarin iemand zich wel eigenaar voelt en ook zo gedraagt door de bijbehorende acties te ondernemen maar feitelijk helemaal geen eigenaar is. Zij 'stelen' als het waren het rechtmatige eigenaarschap, op basis van het feit dat zij zich meer eigenaar voelen dan degene die formeel verantwoordelijk is. Vaak ontstaat deze variant in combinatie met de Ontkenner. De Boef is dan de entiteit die de gaten dichtloopt, de gaten die vallen doordat een ander entiteit het invullen van goed eigenaarschap laat liggen. Op afstand bekeken zou dit een gouden combinatie zijn, tot u beseft dat bij het ontstaan van problemen opeens niemand er meer van is.

Tot slot is de Eigenaar de ultieme combinatie waarin alle onderliggende elementen van eigenaarschap goed zijn ingevuld. In dit geval is de betreffende persoon, afdeling of team niet alleen formeel eigenaar van het onderwerp maar handelt hij/zij er ook naar, zowel qua gevoel als qua het uitzetten van acties. Uiteraard kan het eigenaarschap in min of meerdere mate bij de Eigenaar aanwezig zijn maar wel altijd met de onderliggende elementen in balans.

4.2 HET ONTWIKKELEN VAN EIGENAARSCHAP

Om eigenaarschap in een omgeving te ontwikkelen moeten gelijktijdig een tweetal sporen worden doorlopen. Enerzijds moet actief worden gewerkt aan het creëren van een omgeving waarin eigenaarschap kan ontstaan, anderzijds moeten destructieve interventies worden geëlimineerd of afgezwakt.

Voor een belangrijke set van randvoorwaarden, waaruit een omgeving met goed eigenaarschap kan ontstaan, hebben we ons laten inspireren door het leiderschap bij Defensie, zoals opdrachtgerichte commandovoering (NL) of intent based leadership (VS) zoals beschreven door David Marquet (Marquet & Parsa, 2016).

Deze leiderschapsdoctrines richten hun aandacht op een aantal belangrijke onderdelen:
1. Het creëren van een heldere **visie** of heldere **doelstelling** die door de persoon, afdeling of het team bereikt moet gaan worden.
2. Het duidelijk definiëren van de **kaders** waarbinnen de persoon, afdeling of het team zelfstandig de opdracht kan gaan uitvoeren, waarmee vrijheid wordt gegeven in de uitvoering van de opdracht.
3. Het invullen van de noodzakelijke **randvoorwaarden** in tijd, geld, middelen, et cetera om de opdracht te ontwikkelen.

Door deze onderdelen goed in te vullen zult u ervaren dat de elementen van eigenaarschap geraakt worden. Het startpunt waarbij het eigenaarschap wordt belegd bij een entiteit is een moment dat wilsoverdracht wordt genoemd. In de wilsoverdracht worden alle elementen van eigenaarschap in een korte periode ingeregeld. De wilsoverdracht is succesvol afgerond wanneer De Eigenaar duidelijk heeft dat zij 'ervan zijn' en daarnaast ook het hogere doel hebben omarmt. Daarnaast is het belangrijk dat ze (kunnen gaan) beschikken over de noodzakelijke competenties alsmede de speelruimte om het eigenaarschap goed uit te kunnen voeren. Tijdens de wilsoverdracht ontstaat, bij de verstrekker van het eigenaarschap (lees: opdrachtgever), voldoende vertrouwen. Er is vanaf dit moment een dusdanige uitwisseling geweest tussen de beide partijen dat in de overdracht aan beide zijden een vertrouwen is gewekt, waarbij wordt voorkomen dat er naderhand een continue stroom van (destructieve) interventies in de uitvoering van het eigenaarschap zou moeten plaatsvinden. De elementen van het eigenaar voelen, actie ondernemen en eigenaar zijn, zijn integraal verwerkt in de wilsoverdracht.

Met behulp van een heldere visie, in combinatie met een goede wilsoverdracht, wordt de intrinsieke motivatie aangesproken. Door de focus te richten op het hoger liggende visie en het te bereiken effect daarbinnen, worden teams meegenomen in het hogere belang van de werkzaamheden die zij uitvoeren en wat hun rol in het grotere geheel is. Het inzicht dat wordt gegeven over de persoonlijke bijdrage van het team aan het grote geheel, blijkt een enorm sterke factor te zijn in het gevoel van eigenaarschap. Door een sterke visie en nadruk op de persoonlijke invloed die iemand heeft op het te bereiken effect, is vaak ook het 'niet willen' al snel te ondervangen.

Het duidelijk definiëren van de kaders en het invullen van de noodzakelijke randvoorwaarden hebben beide een sterke invloed op het 'actie kunnen en mogen ondernemen' van het team. Wanneer beide niet als 'een gegeven' over de muur worden gegooid maar als elementen in de wilsoverdracht mee worden genomen, ontstaat een gedegen inzicht in wat er nodig is en wat er ter beschikking staat met betrekking tot het eigenaarschap. Omgekeerd geldt dat wanneer beide onvoldoende bewegingsruimte geven, het gesprek veelvuldig leidt tot het niet accepteren van eigenaarschap. Aan de ene kant kan dit als een vervelende situatie worden gezien, aan de andere kant geeft dit eerlijk en transparant zicht op diezelfde situatie.

Binnen een set aan kaders wordt ook aandacht besteed aan het reduceren van afhankelijkheden. Zodra namelijk afhankelijkheden ontstaan is er niet langer één entiteit die alleenrecht heeft op de elementen van eigenaarschap. Afhankelijkheden ondermijnen het daadwerkelijk eigenaar zijn. Hierbij zal het negatieve effect van die afhankelijkheden in een schaalbare situatie zeer snel toenemen: hoe meer afhankelijkheden hoe meer verdeeldheid in eigenaarschap. Het is om die reden belangrijk om te blijven communiceren over wie eigenaar is van welk onderwerp en daarnaast een goed beeld te hebben van alle partijen die, binnen de omgeving van het onderwerp, werkzaam zijn.

De wilsoverdracht is dus het startpunt van eigenaarschap maar daarna zijn we nog niet klaar. Juist in grote organisaties ligt het ontnemen van eigenaarschap op de loer door ondermijning van één of meer van de drie elementen van eigenaarschap (zie paragraaf 4.1). Voorbeelden van ondermijning kunnen zijn: autorisaties aanvragen die in een zwart gat verdwijnen en waarbij u van het kastje naar de muur wordt verwezen of weken moet wachten op een simpele aanpassing van hulpmiddelen die u gebruikt. In Nederland kennen wij het fenomeen van de paarse krokodil; op het moment dat deze in uw blikveld verschijnt, is het eigenaarschap aan corrosie onderhevig. Dit zijn ware ondermijners voor het team en leiden tot hoge drempelvorming op het ondernemen van actie door een individu of team. Na de wilsoverdracht moet daarom blijvend aandacht worden geschonken aan het creëren van een omgeving waarin elke vorm van ondermijning van het eigenaarschap wordt geëlimineerd.

Hiervoor zijn verschillende te combineren strategieën beschikbaar waaronder:
- Geleidelijke overgang van sturing door de verstrekker van eigenaarschap naar zelforganisatie in het team, waardoor de noodzakelijke kennis en vaardigheden

op een vertrouwde manier kunnen worden opgedaan binnen het team en minder noodzaak ontstaat voor acute (en destructieve) interventies.
- Training en on-the-job coaching op het gebied van zelforganisatie, waardoor wordt voorkomen dat anderen problemen oplossen en juist wordt gezorgd dat de eigenaar leert hoe die zelf dergelijke problemen kan aanpakken.
- Het stimuleren van visualiseren, effectief communiceren en analyseren waardoor teams beter in staat zijn om ingewikkelde materie zelfstandig aan te kunnen pakken waardoor de afhankelijkheden ten aanzien van specialisten over langere tijd worden gereduceerd en teams als geheel beter in staat zijn om in te spelen op nieuwe ontwikkelingen.
- Het creëren van een veilige omgeving waarin fouten mogen worden gemaakt, experimenten uitgevoerd kunnen worden en transparantie belangrijker is dan het voorkomen van een slechte boodschap.

Het stimuleren van eigenaarschap gaat ook over elkaar continu scherp houden op mindset, houding en gedrag. Dit betekent:
- het op subtiele wijze terug leggen van het eigenaarschap bij de eigenaar;
- het voorkomen van eindeloos klagen over externe afhankelijkheden. In plaats daarvan moet we juist vragen naar wat wij zelf hierin kunnen doen;
- het voorkomen dat besluiten buiten het team worden genomen. In plaats daarvan moet we juist vragen wat wij nodig hebben om tot een besluit te komen;
- dat hulpverzoeken aan externe partijen sterk inperken door vragen te formuleren met wat we exact nodig hebben, zodat wij weer verder kunnen.

Het zijn vaak subtiele signalen, die in samenhang een grote impact hebben op de invulling van eigenaarschap.

■ 4.3 DE COMPLEXITEIT VAN MEDE-EIGENAARSCHAP

Eigenaarschap voelen in een organisatie van meer dan 50.000 mensen, hoe werkt dat? Zouden we iedereen eigenaar maken van een klein onderdeel van de organisatie dan verliezen we als snel het hogere doel uit het oog en hebben we te maken met een extreem ingewikkelde set van afhankelijkheden. Maken we groepen, teams of afdelingen gezamenlijk eigenaar, dan krijgen we te maken met de complexiteit van het mede-eigenaarschap.

De cultuur van het Nederlandse poldermodel leidt ertoe dat we al snel een groep van mensen mede-eigenaar willen maken. We verwachten dat ze tot consensus komen en in hun samenwerking invulling geven aan het gezamenlijke eigenaarschap. Helaas blijkt dit mooie principe in de praktijk nauwelijks te werken.

Niet voor niets horen we dan ook regelmatig de uitspraak: 'Als niet duidelijk is wie ervan is, dan is niemand ervan.'

Toch moeten we hier onderscheid maken tussen mede-eigenaarschap en gezamenlijk eigenaarschap. Gezamenlijk eigenaarschap is van toepassing wanneer een team, met volledige toewijding en vaste bezetting, op elkaar ingespeeld is en gezamenlijk het eigenaarschap op zich neemt vanuit een gemeenschappelijk doel. In dit geval is iedereen 'ervan', ongeacht wie u binnen het team aanspreekt.

In mede-eigenaarschap verdelen twee of meer partijen het eigenaarschap en deze variant leidt veelvuldig tot problemen in de uitvoering. In het geval van succes hebben beide partijen in hun perceptie vaak zelf de grootste bijdrage geleverd aan het resultaat, terwijl in het geval van problemen de schuld vaak bij de andere partij ligt en niemand de verantwoordelijkheid voelt om het tij te keren. Een veel voorkomende vorm van mede-eigenaarschap zijn werkgroepen en taskforces waarin mensen periodiek bijeenkomen om een vastgesteld resultaat te gaan behalen. Het probleem is dat in het geval van mede-eigenaarschap niemand zich inherent eigenaar voelt van het onderwerp. Hierbij ontstaan al snel conflicten over de mate waarin iedereen een bijdrage levert aan het onderwerp. Specialistische kennis en vaardigheden die niet bij iedereen aanwezig zijn, kunnen leiden tot scheve verhoudingen binnen de groep. Aangezien bij mede-eigenaarschap vaak wordt gewerkt met tijdelijke en slechts beperkte invloeden, zijn er altijd redenen te verzinnen waarom iemand niet de bijdrage heeft kunnen leveren die eigenlijk nodig was voor het te bereiken effect. Als puntje bij paaltje komt... wie is er dan eigenlijk van?

Het opstellen van zogenaamde 'rules of the game' door de mede-eigenaren kan een deel van de problemen ondervangen. Zeker door deze set aan regels op periodieke basis te herzien wordt het mogelijk om mede-eigenaarschap ingericht te krijgen, waarbij het altijd de vraag is of deze variant bestand is tegen snellere veranderingen in het complex-domein. De 'rules of the game' geven bijvoorbeeld duidelijkheid over hoe de besluitvorming binnen het samenwerkingsverband tot stand komt, hoe conflictsituaties worden opgelost en hoe de communicatielijnen vanuit en naar het samenwerkingsverband zijn ingericht. Kortom, de onderlinge relaties tussen de mede-eigenaren moeten goed worden ingericht. Hoe sterker deze inrichting wordt uitgevoerd, hoe verder een dergelijke overeenkomst komt te staan van het eigenaarschap in de meest zuivere zin van het woord. In de praktijk is het daarom verstandiger om individuen persoonlijk eigenaarschap te geven en teams gezamenlijk eigenaarschap te geven in plaats van de complexiteit te organiseren rondom mede-eigenaarschap. Kijk bijvoorbeeld naar Scrum. De rol van Product Owner is gericht op persoonlijk eigenaarschap over het product terwijl het team van productontwikkelaars gezamenlijk eigenaarschap heeft over de ontwikkeling van het product.

Gevaarlijk wordt het in mede-eigenaarschap wel als we 'zaken en taken' gaan ontzorgen. Bij ontzorgen is het de bedoeling dat lasten weggenomen worden en de werkzaamheden eenvoudiger kunnen worden uitgevoerd. Zo worden bij grote bedrijven afdelingen in het leven geroepen die de medewerkers moeten ontzorgen, bijvoorbeeld afdelingen als juridische zaken, personeelszaken of beveiliging. Deze afdelingen hebben tot taak om kennis van 'zaken' te hebben als het gaat om een bepaald specialisme. De medewerker zou dan zijn eigenaarschap op bijvoorbeeld kennis van 'zaken' kunnen inleveren en toch eigenaarschap op kennis en invulling van 'taken' behouden. Wanneer een medewerker zich niet geholpen voelt ziet u echter al gauw dat iedere vorm van eigenaarschap, het voelen en actie ondernemen, op losse schroeven komt te staan.

4.4 DUS…

Vertraging in de waardeketen maakt het moeilijker om effectief te kunnen opereren in het complex-domein. Door het eigenaarschap op de plek te leggen in de uitvoering, reduceren we veel bronnen van vertraging in deze waardeketens. Van eigenaarschap is sprake als een entiteit zich eigenaar voelt van 'iets', de entiteit zelf actie neemt voor 'iets' en de entiteit ook daadwerkelijk eigenaar is van 'iets'. Alleen wanneer sprake is van alle drie de genoemde elementen is het eigenaarschap zuiver, in alle andere gevallen leidt dit tot zichtbare en herkenbare problemen. De voorwaarden om eigenaarschap te creëren, zijn: het overdragen van een heldere visie en/of doelen, duidelijke kaders en richtlijnen en het als organisatie invullen van de noodzakelijke randvoorwaarden. Mede-eigenaarschap leidt vaak tot geen eigenaarschap en moet daarom zoveel mogelijk worden voorkomen.

5 Het principe van zelforganisatie

In de wereld van enterprise agility is ook het ontwikkelen en borgen van zelforganisatie een belangrijk principe. Waarom is zelforganisatie eigenlijk zo belangrijk? En hoe creëert u dan zelforganisatie? Dat zijn vragen die van betekenis zijn, zeker wanneer een organisatie niet gewend is om te werken met zelforganiserende individuen en teams. In hoofdstuk 4 hebben we geconstateerd dat vertragingen in de waardeketen leiden tot ongewenste effecten op het gebied van enterprise agility. Naast het ontwikkelen van eigenaarschap willen we daarom ook dat degenen die een behoefte hebben direct kunnen samenwerken met degenen die de behoefte kunnen invullen. Dat betekent dat er een grote verantwoordelijkheid komt te rusten op de individuen en teams die de uitvoering voor hun rekening nemen. Veel organisaties zijn nu nog van mening dat individuen en teams deze verantwoordelijkheid niet aankunnen. Hierdoor ontstaat een systeem van directe sturing en overmatige controle, die de snelheid en wendbaarheid van de organisatie in de weg gaat staan. De combinatie van zelforganisatie en agile leadership (zie hoofdstuk 30) reduceert de noodzaak voor een systeem van directe sturing en overmatige controle.

In het baanbrekende boek *Drive: De verrassende waarheid over wat ons motiveert,* waarin beschreven wordt wat mensen drijft, toont Daniel Pink (Pink, 2019) echter aan dat positieve resultaten van het principe van 'belonen en straffen' (externe drive) eigenlijk alleen van toepassing zijn op werkzaamheden waarin nauwelijks enig cognitief vermogen noodzakelijk is. Net als de behavioral economist Dan Ariely (Ariely, 2016), constateerde Daniel dat zodra mensen enige vorm van creativiteit en vrijheid nodig hebben tijdens de uitvoering van hun werk (zoals in het chaos- en complex-domein) motivatie op een andere wijze ontstaat. Daarbij ontdekten zij beiden dat het principe van 'belonen en straffen' juist een sterk negatief effect blijkt te hebben op de prestatie die door deze personen werd geleverd. Hoewel beide onderzoekers een andere werkwijze hanteren komen ze tot dezelfde conclusie. Om effectief te kunnen werken in het complex en chaos-domein moet het principe van belonen en straffen worden vervangen door het principe van 'Purpose, Mastery, Autonomy'.

Daniel Pink vroeg zich af waarom mensen toch dingen doen wanneer er geen sprake is van belonen of straffen. Uit zijn literatuurstudie blijkt dat veel mensen tijd en energie stoppen in activiteiten die bijdragen aan een hoger liggend doel. Het zijn hoger liggende doelen waar ze zich mee verbonden voelen. Interessante voorbeelden hiervan zijn alle vrijwilligers die collecteren, demonstreren en ondersteunen. De combinatie van een hoger liggend doel (purpose) en het inzicht hebben in wat uzelf daaraan kan bijdragen blijkt een enorme sterke motivator te zijn. Ook is gebleken dat mensen tijd en energie stoppen in activiteiten die op zich nergens aan bijdragen maar juist de voldoening geven van ergens beter in worden (mastery). Denk hierbij aan bergbeklimmers die ongetemde bergen beklimmen, of mensen die hobbymatig muziekinstrumenten leren bespelen zonder ooit voor een publiek te willen staan. De kunst van ergens goed in worden blijkt eveneens een sterke motivator te zijn. Tot slot is gebleken dat mensen graag tijd en energie besteden aan activiteiten waar zij zelf voor kiezen in plaats van zaken die worden opgedragen. Daarbij geldt dat wanneer niet wordt verteld hoe iets moet worden uitgevoerd, een sterkere motivatie aanwezig is dan wanneer de uitvoering extrinsiek wordt opgelegd. Kortom, individuen en teams die enig cognitief vermogen nodig hebben zijn beter gediend met autonomy, mastery en purpose.

Met name wanneer we met meerdere teams moeten gaan samenwerken, worden de effecten, op motivatie en gedrag, die optreden bij zowel individuen als teams sterk uitvergroot. Door met aandacht voor autonomy, mastery en purpose het systeem goed in te richten wordt gefaciliteerd om zoveel mogelijk zelforganiserende teams te laten ontstaan die zonder intensieve sturing zichzelf kunnen organiseren. Zo kunnen deze teams zelf invulling geven hoe zij de gewenste visie en doelstellingen denken te gaan bereiken.

Ondanks de hoge mate van autonomy, mastery en purpose leiden Scrum teams in een goede implementatie van enterprise agility niet tot anarchie. Bij high performing agile en Scrum teams is de noodzakelijke combinatie van een duidelijk doel en heldere kaders zichtbaar en nadrukkelijk aanwezig. De visie en doelen (denk aan product goals en sprint goals) geven een heldere richting waarop de teams zich bewegen; hier gaan we in het volgende hoofdstuk dieper op in. Op basis van de acceptatiecriteria en de Definition of Done zijn veel kaders helder waarbinnen het increment wordt ontwikkeld, welke we in hoofdstuk 7 verder toelichten. Het is van belang hier niet in door te slaan; het stellen van te veel doelen en kaders leidt tot een onverschillige houding van het Scrum team.

Om in enterprise agility deze zelforganiserende teams te doen slagen zijn twee zaken van cruciaal belang: alignment en autonomie. Alignment is noodzakelijk om de capaciteit (teams) effectief en efficiënt samen te laten werken om het gewenste effect te bereiken. Autonomie is noodzakelijk om snel en wendbaar te kunnen blijven reageren binnen een veranderende omgeving door de sterke vermindering van het aantal afhankelijkheden.

5.1 HET CREËREN VAN ALIGNMENT

Bij het opschalen van het aantal teams is het van groot belang om de alignment tussen de teams tot stand te brengen. Wanneer dit niet gebeurt, is de kans groot dat er overlap of juist gaten komen te liggen in het product of tussen de producten die deze teams leveren. Dit zou betekenen dat zowel de producten van de teams onderling niet goed samenwerken maar ook dat specifieke behoeften op verschillende manieren vanuit verschillende producten worden ingevuld: de zogenaamde puntoplossingen. Aangezien puntoplossingen direct de behoefte van de business adresseren, ligt de verantwoordelijkheid voor het voorkomen van wildgroei in deze puntoplossingen binnen de IV-organisatie. Om dergelijke situaties te voorkomen wordt alignment tussen teams aangebracht, zodat zij in harmonie met elkaar de maximale waarde leveren.

Als we geen alignment creëren tussen de teams, dan hebben we veel teams die niet of nauwelijks in samenhang kunnen werken, vaak met een sterke toename van frustratie ten aanzien van de afhankelijkheden tot gevolg. In zo'n geval hebben we misschien wel meer capaciteit doordat we 'veel' teams hebben maar moeten we toch weer terugvallen op het hiërarchische model met centrale sturing om de betere samenhang tot stand te brengen. Veel voorkomende vormen van acties ten aanzien van alignment zijn dan: een strakkere sturing op het te ontwikkelen increment of het toevoegen van kaders waarbinnen het product ontwikkeld kan worden.

Het strakker sturen op het te ontwikkelen increment gebeurt vaak door het vooraf in meer detail specificeren van de gewenste oplossing (zoals gebruikelijk in de Plan | Execute stijl). Door meer details toe te voegen kunnen teams beter worden gericht op het onderdeel dat zij moeten gaan ontwikkelen zonder dat ze grote impact hebben op de rest van het increment. Meer tijd besteden om een gedetailleerd plan te maken werkt echter niet in de dynamische omgeving van het complex-domein, door de grote mate van onzekerheden die tijdens de uitvoering aanwezig zijn. Daarnaast blijkt ook dat de mate van autonomy, mastery en purpose behoorlijk wordt gereduceerd wanneer in meer detail wordt vastgelegd **hoe** moet worden ontwikkeld, met een negatieve spiraal voor zelforganisatie tot gevolg.

5.2 HET CREËREN VAN AUTONOMIE

Het toevoegen van meer kaders waarbinnen de teams de versies van het product opleveren, doet een sterke afbreuk aan de autonomie van de teams. Een beperkte set van kaders kan teams empoweren om meer focus te krijgen op wat voor de business noodzakelijk is. Kaders zorgen dan voor een gezamenlijk zicht op wat ieders bijdrage zou kunnen zijn binnen 'het spel' dat gespeeld wordt. Het is een delicate balans, waarbij de negatieve impact van kaders op de productiviteit van het team niet mag worden onderschat. Het maken van een inschatting wat het kost om aan de kaders te gaan voldoen en te blijven voldoen, is dan ook een belangrijk onderdeel dat in hoofdstuk 7 verder is uitgewerkt. Met de juiste balans in zowel de sturing als de kaders wordt een effectieve en efficiënte werkwijze geïntroduceerd om te kunnen werken in het complex-domein.

> Stelt u zich een situatie voor waarin iemand die op basis van de continu veranderende situatie als beste de volgende stap bepaalt. Deze persoon kan met een tweetal teams samenwerken om zo de noodzakelijke stap(pen) ook daadwerkelijk te gaan zetten. Binnen het ene team (team Paars) zijn alle noodzakelijke kennis en vaardigheden binnen het team geborgd om de noodzakelijke stappen te kunnen zetten. Zij herijken op frequente basis met deze persoon wat de volgende stap is die zij gaan zetten en checken dan ook of de afgelopen stap het gewenste effect heeft gehad. Binnen het andere team (team Geel) zijn niet alle noodzakelijke kennis en vaardigheden in het team geborgd. Team geel is echter uitstekend in staat om de verschillende werkzaamheden te coördineren met andere teams en op deze wijze een resultaat op te leveren.

Met welk team zou deze genoemde persoon het meest snel en wendbaar kunnen reageren binnen een veranderende omgeving? Initieel zou u kunnen stellen dat beide teams dusdanig zijn opgesteld dat ze in de situatie die zich nu voordoet zouden kunnen voldoen aan het ondernemen van de juiste acties. Zodra de dynamiek ook maar een klein beetje fluctueert ontstaat er echter in de situatie van team Geel al snel het zogenaamde bullwhip-effect (Forrester, 1973). De kleine fluctuaties katalyseren elkaar in een cumulatieve beweging met sterk oplopende vertragingen tot gevolg. Dit bullwhip-effect is in veel werkgebieden zichtbaar en de bijbehorende impact loopt al gauw op tot 30% reductie van de winstmarges, onbalans in bevoorradingsketens tot het ontstaan van spookfiles (wachtrijen zonder aanwijsbare oorzaak).

Om het bullwhip-effect te voorkomen zijn twee opties mogelijk. De eerste optie is het introduceren van buffers in de keten, waardoor de fluctuaties in de keten of serie van gebeurtenissen kunnen worden opgevangen en gedempt. Deze buffers zorgen echter weer voor geïntroduceerde vertragingen waardoor de snelheid en wendbaarheid juist afnemen. De tweede optie is het reduceren van afhankelijkheden in de keten. Bij een bevoorradingsketen gebeurt het reduceren van afhankelijkheden bijvoorbeeld door het introduceren van het pull principe ter vervanging van het push principe. Bij de teams gebeurt dit door het systematisch reduceren van het aantal afhankelijkheden ten aanzien van 'anderen' door het acquireren of ontwikkelen van ontbrekende kennis en vaardigheden. Kortom, team Geel gaat zich ontwikkelen naar het voorbeeld van team Paars.

5.3 HET CREËREN VAN EFFECTIEVE SAMENWERKING

In het geval van enterprise agility, waarin we met meer dan één team in de waardeketen werken, is het dan ook essentieel om zowel de alignment als de autonomie van die teams goed in te richten. De aanwezigheid van alignment betekent daarin dat we voldoende slagkracht kunnen organiseren om daadwerkelijk impact te maken. De aanwezigheid van autonomie betekent dat we de negatieve impact van de uitdaging van het organiseren van meerdere teams zoveel als mogelijk voorkomen. Beide aspecten, alignment en autonomie, moeten continu in balans worden ontwikkeld (zie figuur 5.1). Hoe omvangrijker de organisatie, hoe sterker alignment en autonomie ontwikkeld moeten zijn.

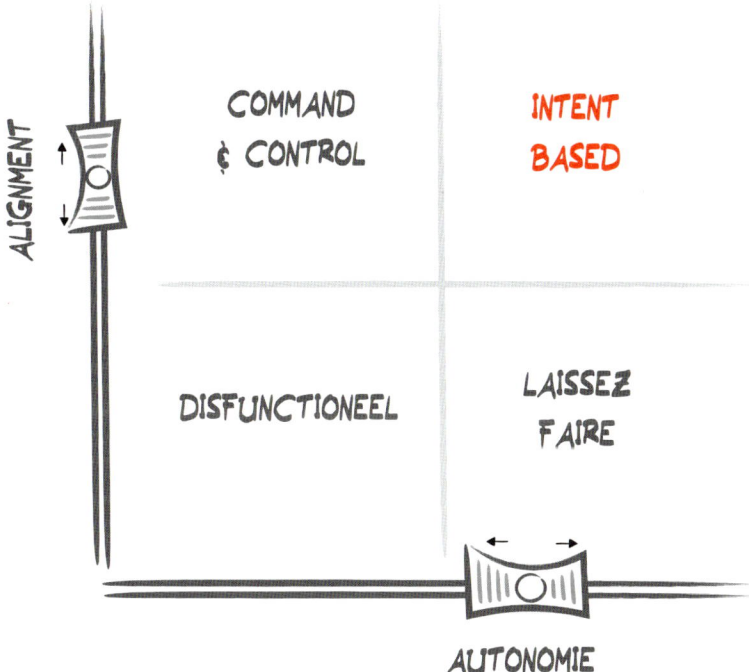

Figuur 5.1 Het in balans ontwikkelen van alignment en autonomie.

Het maximaliseren van de waarde van een product betekent in de praktijk dat we continu bezig zijn met de vraag hoe we onze beschikbare capaciteit kunnen inzetten om de hoogst geprioriteerde items te ontwikkelen. Bij het inzetten van deze capaciteit kunnen de teams elkaar in de weg zitten en moeten we afhankelijkheden systematisch reduceren. Anders leidt het namelijk tot ongewenste vertragingen door het continu moeten afstemmen: geen afhankelijkheden is geen gedoe met anderen en dat scheelt tijd. Wanneer er aandacht is voor het optimaliseren van de waardeketen, komt vanzelf een moment waarop deze afstemmingsproblematiek de grootste blokkade vormt ten aanzien van de versnelling van de waardeketen.

Om effectief te kunnen opereren in een dynamische omgeving zijn zelforganiserende teams noodzakelijk. In zelforganiserende teams zijn alignment en autonomie sterk aanwezig. Op periodieke basis wordt in zelforganiserende teams onderzocht hoe alignment en autonomie verder kunnen worden geoptimaliseerd. De aandacht voor visie, doelen en kaders helpt daarin om de alignment verder te versterken. Het ontwikkelen van eigenaarschap en een diversiteit aan competenties binnen het team zorgt dat het abstractieniveau van de doelen en kaders verder kan worden verhoogd. De aandacht voor skills- en competentiemanagement, eigenaarschap en autonome samenwerking zorgt dat het eigenaarschap bij de teams kan blijven liggen en zij autonoom kunnen opereren in het ontwikkelen van het team en het product.

5.3.1 Georganiseerde teams zijn anders dan zelforganiserende teams

Extern georganiseerde teams wijken af van zelforganiserende teams door gereduceerde autonomie. Een goede organisatie van deze georganiseerde teams zorgt dat zij goed gealigned worden op het te bereiken resultaat. Opvallend is dat bij deze teams vaak het eigenaarschap op het te bereiken resultaat is vervangen door eigenaarschap op de uitvoer van activiteiten. In deze situatie is het dan ook niet ongebruikelijk dat aan het eind van het traject de gevleugelde uitspraak wordt gehanteerd: "Operatie geslaagd, patiënt overleden..." Zeker wanneer vanuit de business gezocht wordt naar de verantwoordelijke voor het niet bereikte resultaat is het wenselijk dat een ieder kan stellen dat zij zich aan de opdracht hebben gehouden. Door het ontbreken van autonomie ligt het niet tot nauwelijks in het vermogen van een team om bij te kunnen sturen om het gewenste effect te bereiken. Het resultaat dat activiteiten niet gaan leiden tot de gewenste impact leidt initieel vaak tot frustratie maar eindigt uiteindelijk veelvuldig in onverschilligheid bij de ontwikkelteams als geheel.

Het ontbreken van autonomie betekent dat een command & control structuur noodzakelijk is om de activiteiten van de verschillende teams op elkaar af te stemmen. De extra processen die hiervoor noodzakelijk zijn omvatten onder andere doelbepaling, planvorming, opdracht specificatie, opdracht-controle en organisatie van herstelactiviteiten. Deze processen worden vanuit de command & control structuur aangestuurd en gemonitord. De intensiteit van de aansturing ontwikkelt zich lineair aan de reductie van de wendbaarheid in de keten. Efficiëntie krijgt de overhand op de effectiviteit. Het eigenaarschap sijpelt langzaam weg uit deze teams. Het collectieve brein en geweten van het team wordt nauwelijks benut, maar slechts het brein van 'de leider'.

5.3.2 Zelfsturende teams zijn anders dan zelforganiserende teams

Zelfsturende teams wijken af van zelforganiserende teams door de afwezigheid van alignment. In de wereld van enterprise agility is er nog te weinig aandacht voor dit onderscheid en worden beide type teams ten onrechte door elkaar gebruikt.

Dit leidt met regelmaat tot verkeerde conclusies over hoe teams opereren binnen de organisatie. Zelforganiserende teams organiseren zichzelf binnen een heldere visie en doelstellingen en binnen een duidelijke set van kaders. Zelfsturende teams bepalen zelf in welke richting zij zich ontwikkelen. Hoewel beide type teams kunnen worden gehanteerd binnen de context van de organisatie, wordt enterprise agility primair bereikt over de as van zelforganiserende teams.

Zelfsturende teams worden vaak ingezet in een hoog-dynamische omgeving waarbij wendbaarheid sterk de voorkeur heeft boven de snelheid. Teams die beperkt van omvang zijn, volledig autonoom kunnen opereren en een directe verbinding hebben met degene die de prioriteiten stelt, zijn uitermate wendbaar in een dynamische omgeving. Typische voorbeelden van dergelijke teams zijn sterk regionaal georganiseerde teams (zoals bijvoorbeeld de thuiszorgorganisatie Buurtzorg) of R&D-intensieve omgevingen (zoals bijvoorbeeld de farmaceutische industrie). De negatieve gevolgen van zelfsturing zijn bij teams in de genoemde omgevingen niet aanwezig (sterk regionale scheiding zorgt automatisch voor autonomie) of wordt geaccepteerd (inefficiëntie in ruil voor maximale wendbaarheid, het mag wat kosten).

Als voor een organisatie ook snelheid van belang is moet meer capaciteit worden georganiseerd om de hoogste geprioriteerde behoefte sneller te kunnen vervullen. Dit vereist een nauwe samenwerking tussen meerdere teams waarbij alignment op het leveren van de hoogst mogelijke waarde een belangrijk element is om deze samenwerking succesvol te maken. Vandaar dat binnen enterprise agility, waarin zowel de snelheid als wendbaarheid van belang zijn, gewerkt wordt met zelforganiserende teams.

■ 5.4 HET ONTWIKKELEN VAN ZELFORGANISATIE

We hopen dat duidelijk is geworden dat zelforganisatie en zelforganiserende teams noodzakelijke principes zijn om enterprise agility te bereiken. Nu is het de vraag hoe deze competentie binnen de organisatie verder wordt ontwikkeld. De 'de facto aanpak' is vaak zelforganisatie te laten ontstaan door geen aansturing meer te geven aan de teams en deze teams te vertellen 'dat zij er nu van zijn'. Het te horen krijgen dat u vanaf nu een zelf-organiserend team bent is echter wat anders dan een zelf-organiserend team te zijn. Het tot stand komen van een zelf-organiserend team kost namelijk tijd en energie, het is echt een nieuwe competentie die het team zich eigen moet maken.

De in paragraaf 4.2 reeds genoemde David Marquet hanteert de assen helderheid en competentie om de mate van zelforganisatie te kunnen bepalen (Marquet & Parsa, 2016). Helderheid geeft hierbij aan in hoeverre voor het team duidelijk is wat bereikt moet worden, of meer specifiek: is er inzicht in de visie, doelen en kaders. Hoe sterker het inzicht in de visie, doelen en kaders, hoe minder apathisch een team zich gaat gedragen en weet wat het te doen staat. Competentie geeft hierbij aan in hoeverre het team beschikt over de kennis en vaardigheden om de activiteiten ook daadwerkelijk te kunnen uitvoeren. De mate van zelforganisatie beschrijft dan in hoeverre het team zelf in staat is om te bepalen wat zij moeten doen om, gegeven de kaders, de visie en / of doelstellingen te kunnen halen.

De mate van helderheid en competentie moet in balans zijn met de mate van zelforganisatie die aan het team wordt gegeven. Wanneer een team volledig wordt 'vrijgelaten' maar onvoldoende helderheid heeft qua visie, doelen of kaders dan belandt een team binnen korte tijd in volstrekte chaos, met dan wel een apathische of losgeslagen houding tot gevolg. Het is ook mogelijk dat een team, wanneer de visie, doelen en kaders volstrekt helder zijn, niet aan zelforganisatie kán doen. Dit leidt tot enorme frustratie in het team, met een bureaucratische houding tot gevolg.

Dit betekent dat een organisatie, bij het creëren van zelforganiserende teams, uitermate voorzichtig moet zijn met het onbedachtzaam draaien aan de knoppen van alignment of autonomie. Wat u wilt is dat de twee assen in balans met elkaar worden ontwikkeld. De directe omgeving van het team, veelal bestaande uit het leiderschap en management, wil inzicht hebben in het niveau van de verschillende assen om het team de kans te geven zichzelf verder te ontwikkelen op deze assen. Onze ervaring is dat, afhankelijk van het team en de organisatie, dit enkele weken tot wel enkele maanden kost om enige mate van zelforganisatie binnen het team te ontwikkelen.

Tijdens het ontwikkelen van zelforganisatie is ongeduld één van de meest voorkomende redenen die zelforganisatie tegen lijkt te werken. Het leiderschap en management verwachten dat een team qua zelforganisatie zichzelf sneller ontwikkelt. Het ongeduld leidt daarop tot het stimuleren en aansporen van het team. Hierbij ziet u dat de verwachting qua competentie vaak niet in lijn is met de daadwerkelijke competentie, waardoor teams vanuit de stretch zone (de juiste afstand vanaf de comfort zone waarin u maximaal aan het leren bent) in de panic zone belanden (een te grote afstand vanaf de comfort zone waardoor u niet meer kunt leren).

Tijdens het werken met zelforganiserende teams is afwijken van de status quo een veelvoorkomende reden om de zelforganisatie een halt toe te roepen. Zeker in het geval van te veel of onduidelijke kaders komt het voor dat een team nieuwe dingen gaat uitproberen om tot beter resultaat te komen om dan te worden teruggefloten. Voorbeelden hiervan zijn het aanpassen van processen, het introduceren van nieuwe tools of het gebruiken van andere materialen. Mede door een onduidelijke scheiding tussen het *wat* (moet worden bereikt) en het *hoe* (moet dat worden bereikt) grijpt het leiderschap / management in bij deze teams door het continu bijsturen op de wijze *hoe* het team hun werk moet doen. Terwijl de business een goede reden ziet om nu in te grijpen, had deze reden voorkomen kunnen worden door expliciete aandacht op het duidelijk maken van het *wat* in plaats van het uitwerken van het *hoe*. De zelforganisatie wordt teruggenomen door de organisatie, wat leidt tot een enorme frustratie binnen het team. Een goed inzicht bij het management over het sturen op het *wat* in plaats van het sturen op het *hoe* is essentieel om niet in deze valkuil te trappen. In enterprise agility ondersteunt het management de teams op het vlak van het mogelijk maken van de uitvoering, zodat teams het *hoe* waar kunnen maken. Het ondersteunen in het mogelijk maken is echt iets anders dan sturen.

Het werken met zelforganiserende teams wordt vaak ondermijnd wanneer een enigszins stressvolle of onverwachte situatie zich voordoet. Wanneer het 'spannend' wordt, wil het leiderschap of management meer direct gaan sturen om de situatie in goede banen te leiden. Met nieuwere zelforganiserende teams kan het iets langer duren voordat (de juiste) actie wordt ondernomen, waardoor het gevoel bij het leiderschap of management wordt versterkt om direct in te grijpen. Ook in deze gevallen leidt het ingrijpen tot een sterk onverschillige houding op basis van "Als ze het beter weten, dan ..." Wat er nodig is om zelforganisatie te stimuleren is vertrouwen, geduld en ondersteuning. Daarnaast groeit zelforganisatie door te stimuleren dat de teams de maximale helderheid hebben op hun progressie ten aanzien van het bereiken van hun doelen. Het aanbrengen van de juiste en goedlopende feedback-lussen is essentieel om ook deze valkuil, van ondermijning door spannende situaties, te kunnen vermijden. In hoofdstuk 30 gaan we verder in hoe het leiderschap hierin kan optreden om het systeem optimaal in te richten

■ 5.5 DUS...

Het effectief schalen van teams binnen het complex-domein gebeurt primair op basis van zelforganiserende teams. Alignment is noodzakelijk om de teams effectief en efficiënt samen te laten werken om het gewenste effect te bereiken. Autonomie is noodzakelijk om snel en wendbaar te kunnen reageren binnen een veranderende omgeving. Met het maximaliseren van zowel alignment als autonomie zorgen we voor slagkracht en bewegingsvrijheid van teams en worden vertragingen in de waardeketen gereduceerd. Georganiseerde teams wijken af van zelforganiserende teams door de afwezigheid van autonomie. Zelfsturende teams wijken af van zelforganiserende teams door de afwezigheid van alignment. Zelforganiserende teams ontstaan niet vanzelf en kunnen onbewust snel worden ondermijnd.

6 Het principe van een heldere richting

Een heldere richting is noodzakelijk voor de principes van sneller leren, eigenaarschap en zelforganisatie. Om de enterprise agility te verhogen is het belangrijk dat een organisatie ook een heldere richting definieert. Om continu te kunnen bepalen of er bijgestuurd moet worden, hebben we een helder beeld nodig van de richting die we op willen gaan. Alleen dan kan een eventuele afwijking worden (h)erkend en de koers worden gecorrigeerd. Het blijkt in de praktijk dat in veel omgevingen die claimen een hoge mate van enterprise agility te hebben een heldere richting niet tot nauwelijks aanwezig is. In andere omgevingen is de richting wel aanwezig maar zo vaag geformuleerd dat deze geen enkel houvast biedt om daadwerkelijk afwijkingen te kunnen vaststellen. Als er onvoldoende transparantie en duidelijkheid is over de richting, wordt het kort-cyclisch bijsturen op basis van feiten (empirische procesbesturing) zo goed als onmogelijk.

"Kunt u mij alstublieft de weg wijzen?", zei Alice.
"Dat hangt er vanaf waar je heen wilt", zei de Kat.
"Dat kan me niet zoveel schelen...", zei Alice.
"Dan doet het er ook niet toe welke weg je neemt", zei de Kat.
"... Als ik maar ergens kom", legde Alice uit.
"Oh, dat lukt zeker", zei de Kat, "Als je maar lang genoeg doorloopt".

Lewis Carroll, Alice in Wonderland

Wanneer entiteiten niet bij machte zijn om te kunnen constateren of zij in de juiste richting bewegen, wordt de focus al snel verlegd naar de vraag of dan in ieder geval vooruitgang wordt gemaakt. Het constateren van het ondernemen van activiteiten wordt belangrijker dan de mate waarin we in de juiste richting bewegen. De vraag 'Wanneer is het af?' leidt tot het opstellen van deadlines, waarbij niet langer aandacht is voor de noodzakelijke impact. De organisatie begint daarom te excelleren in het ondernemen van acties ('druk zijn'), zonder dat zij in staat zijn om vast te stellen of hun acties de juiste waarde opleveren ('resultaat hebben'). In een stabiele en weinig verrassende omgeving kan dit een prima maatstaf zijn maar juist in het complex-domein - daar waar enterprise agility noodzakelijk is - ontbreekt het juist aan een stabiele omgeving.

Een heldere richting is meer dan alleen een definiëren van een stip op de horizon. Om de principes van sneller leren, eigenaarschap en zelforganisatie echt te kunnen richten is het van belang dat we de organisatie en haar mensen op verschillende manieren weten te raken. Om zelforganisatie te kunnen ontwikkelen zijn andere aspecten van een heldere richting nodig dan voor het creëren van eigenaarschap. Voor zelforganisatie moet bijvoorbeeld duidelijk zijn welke richting de organisatie op wil gaan en via welke strategieën zij haar doelen wil gaan bereiken. Voor eigenaarschap is intrinsieke motivatie bij de medewerkers nodig.

■ 6.1 EEN HELDERE RICHTING OP BASIS VAN VIJF ELEMENTEN

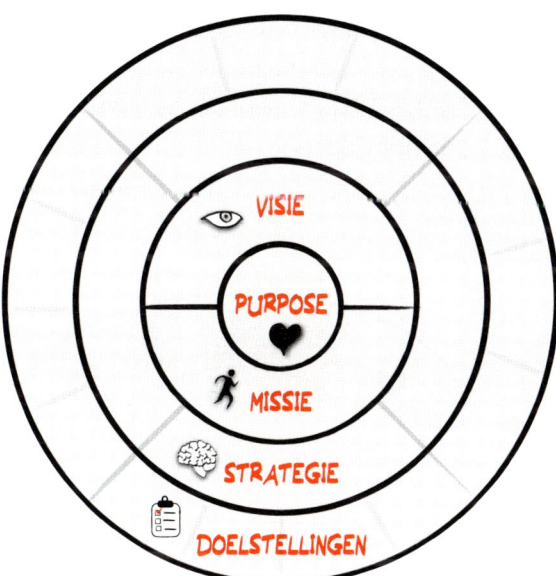

Figuur 6.1 Het cirkeldiagram van purpose, visie, missie, strategie en doelen.

Iets als een heldere richting wordt vaak uitgedrukt in termen als 'Why?', 'Purpose', 'Visie', 'Missie', 'Objectives', et cetera Maar wat deze termen eigenlijk betekenen en waarvoor deze handvatten bieden blijkt nog vaak te leiden tot veel discussie en verwarring. Het is goed om een brede definitie van de term 'heldere richting' verder uit te werken en te specificeren. Zeker omdat de verschillende elementen in hun onderlinge samenhang binnen verschillende onderdelen in het organiseren van enterprise agility weer naar boven komen.

Een heldere richting wordt gevormd door een vijftal unieke elementen die elk een ander doel dienen:
1. Een betekenisvolle **purpose** (zingeving) leidt tot **intrinsieke motivatie** en dat moeten mensen kunnen **voelen**.
2. Een inspirerende **visie** biedt een eenduidige **stip op de horizon** waar we naar toe willen bewegen en dat moeten mensen voor ogen hebben, kunnen **zien**.
3. Een concrete **missie** schetst het **masterplan** om waarde te leveren, is de beschrijving van de beweging en zouden we terug moeten kunnen zien in wat de mensen **doen**.
4. Een verbindende **strategie** beschrijft de **route(s)** waarlangs we de visie willen bereiken. Het zit vol met keuzes gebaseerd op kennis en kunde en dat moet mensen aanzetten tot **denken**.
5. Uitdagende **doelstellingen** leveren inzicht welke **voortgang** we boeken en dat moet mensen vooral **stimuleren** en **laten valideren**.

In bovenstaande opsomming ziet u dat elk element van een 'heldere richting' een ander aandachtsgebied beslaat. Daar waar een visie juist verder in de toekomst ligt om vooral iedereen dezelfde kant op te laten kijken, ziet u dat doelen juist veel concreter worden gespecificeerd om op gegeven momenten te kunnen valideren of we de beoogde voortgang aan het boeken zijn. Zeker wanneer een visie periodiek wordt bijgesteld lijkt het ongrijpbaar maar juist door uitdagende doelen te specificeren wordt veel duidelijker dat we de visie ook echt aan het benaderen zijn. In de navolgende paragrafen worden de genoemde onderdelen nader toegelicht.

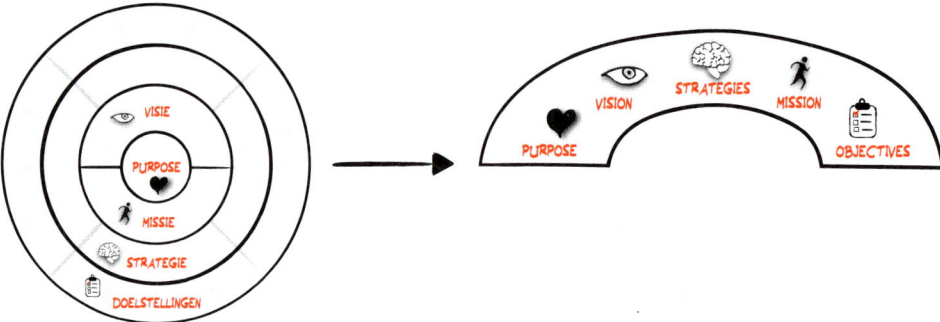

Figuur 6.2 De purpose, visie, missie, strategie en doelstellingen worden in het ScALE framework opgenomen als heldere richting.

Met het schetsen van een visie brengen we het beeld van de nieuwe realiteit in een verre toekomst naar het hier-en-nu. De visie is een voorspelling, met een impliciete belofte om deze voorspelling ook waar te gaan maken. Hoewel er een duidelijke relatie ligt tussen de verschillende aspecten van een heldere richting, is het niet verplicht om deze ook in de 'juiste' volgorde te definiëren. In sommige gevallen wordt een duidelijke opdracht verstrekt, waarbij het belangrijk is om zicht te krijgen op de achterliggende purpose, visie en missie. In andere gevallen leidt het helder definiëren van de purpose tot het bijstellingen van de visie en missie, tot het bijstellen van de strategie en doelen. Daarbij is het wel belangrijk om te blijven valideren dat alle elementen consistent zijn in relatie tot elkaar.

Om de stip op de horizon te bereiken zult u het moeten gaan doen met de middelen die u tot uw beschikking krijgt. Met een geïnternaliseerde missie, een strategische map en alignment in de organisatie richting de stip op de horizon is het ook daadwerkelijk mogelijk om een eerste stap in de goede richting te zetten. Het stappen zetten makkelijker maken doen we door middel van het definiëren van strategische, tactische en operationele doelen. Een doel beschrijft een haalbaar afgebakend beeld van de nabije toekomst. Een visie geeft een punt om u op te richten, een doel geeft een op te leveren resultaat. Zo helpt een visie u koers te houden en een doel helpt om op te scoren.

Elk van de elementen relateert ook naar afzonderlijke aspecten van het menselijke functioneren. Deze constatering kunnen we op twee manieren optimaal gebruiken.

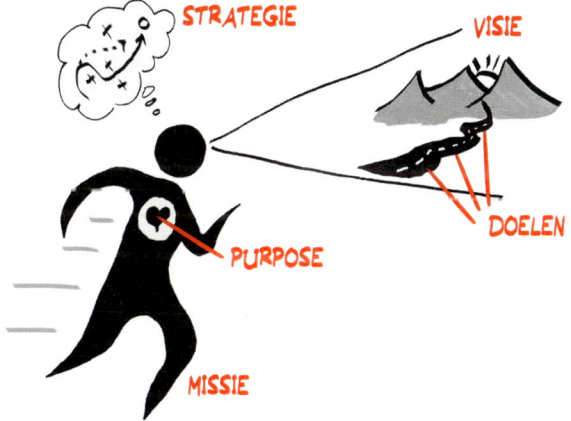

Aan de ene kant geeft dit namelijk inzicht op welke menselijk gebied we impact kunnen verwachten wanneer we één van de elementen gaan aanpassen. Het veranderen van bijvoorbeeld de purpose leidt vaak tot een toe- dan wel afname van de intrinsieke motivatie. Het is daarmee essentieel voor zaken als eigenaarschap of zelforganisatie. Het veranderen van bijvoorbeeld de strategie leidt juist tot het inrichten van andere processen en aangepaste werkwijze, waarbij nieuwe kennis en vaardigheden moeten worden aangeleerd om de strategie weer op een degelijk en hoog niveau uit te kunnen voeren.

Aan de andere kant geeft deze constatering uitstekende handvatten om te bepalen of gedachten, ideeën of uitspraken juist thuishoren in iets als purpose of visie, of juist meer passen in een strategie of doelen. Wanneer iemand spreekt uit 'innerlijke overtuiging' of 'gevoel(ens)' is de kans groot dat deze opmerkingen gerelateerd moeten worden aan de purpose. Wanneer iemand spreekt over "Wij zijn..." of "Wij staan voor..." dan is de kans groot dat deze opmerkingen vooral betrekking hebben op de missie. Opmerkingen als "Ik zie..." of "Ik verwacht..." zijn kenmerkend voor elementen van een visie. Door alert te zijn hoe opmerkingen worden geplaatst, kunt u veel beter de consistentie tussen de verschillende aspecten van een heldere richting waarborgen.

■ 6.2 EEN BETEKENISVOLLE PURPOSE

Een betekenisvolle purpose leidt tot intrinsieke motivatie van teamleden en zet aan tot eigenaarschap en zelforganisatie. 'Purpose' laat zich moeilijk vertalen maar gaat over het hoger liggende doel van de organisatie en haar mensen: de zingeving van de organisatie. Simon Sinek beschrijft dit fenomeen in zijn Golden Circle Theory (Sinek, 2009) als de Why van de organisatie. Deze Why gaat over de verbinding die mensen hebben met het hogere doel van de organisatie, naast de producten die er worden gemaakt. Marty Neumeier (Neumeier, 2020) beschrijft dit in zijn strategische piramide als "The reason you exist beyond making money (and never changes)". Purpose gaat over een idee of overtuiging waar mensen zich mee kunnen verbinden, in hun hart kunnen sluiten of achter kunnen scharen en gaat verder dan de tastbare resultaten van de organisatie.

Daniel Pink benoemt in zijn boek *Drive: De verrassende waarheid over wat ons motiveert* de purpose als één van de drie cruciale elementen die het presteren van medewerkers (in alle functies die niet gaan over het uitvoeren van mechanische handelingen) het meest beïnvloedt. Wanneer medewerkers voldoende geld verdienen om uit de overlevingsmodus te geraken, is het niet langer geld wat mensen tot hogere prestaties drijft maar juist purpose (naast autonomy en mastery). De purpose voedt de mate waarin mensen 's morgens opstaan en naar hun werk gaan en eigenaarschap nemen over hun rol. Deze mensen zijn gedreven om, samen, als organisatie invulling te geven aan de purpose van deze organisatie.

Mensen in een organisatie in het complex-domein hebben een intrinsiek verlangen naar het dienen van een hoger doel dan henzelf. Dit gaat niet over doelen als het maximaliseren van de omzet of winst, wat eerder de resultaten zijn dan de doelen van een organisatie. Dit gaat wel over hogere doelen als het verder verkennen van de ruimte, het waarborgen van vrede en veiligheid, het bestrijden van dodelijke ziekten of het verhogen van levensgeluk van een gemeenschap. De purpose is wat de medewerkers binnen een organisatie voelen en waarom ze zich elke dag weer **willen** (in plaats van moeten) inzetten. Hoe sterker de purpose, hoe hoger 'het betrokken voelen' in eigenaarschap en hoe eenvoudiger de zelforganisatie. De eerste twee elementen van eigenaarschap relateren zich direct tot het gevoel waar de purpose op gericht is. Het gaat er dan ook niet over dat u zich als eigenaar ziet, of denkt dat u de eigenaar bent, het gaat erover dat u zich eigenaar voelt en zich gedreven voelt om de bijbehorende activiteiten te ondernemen, nog ongeacht of u eigenaar bent (het derde criterium). Het verantwoordelijkheidsgevoel is cruciaal om van echt eigenaarschap te kunnen spreken. Wanneer de purpose van de organisatie niet in lijn ligt met de innerlijke overtuiging leidt dit tot typische ontkenners, ongeleide projectielen en/of uitvoerders (zie hoofdstuk 4). Het criterium van het ondernemen van persoonlijke actie is ook iets wat direct voortvloeit uit de purpose. Het iedere dag weer uit bed stappen en u maximaal inzetten voor de organisatie gebeurt omdat u die actie wilt ondernemen, omdat u gelooft in het hogere doel en uw bijdrage daarin het onderscheid maakt.

Aangezien de purpose gaat over hoger liggende idealen is het moeilijk om als individu echte impact te maken. Wanneer meerdere mensen zich tot eenzelfde hoger liggende doel vrijwillig verenigen, is de grootste stap richting zelforganisatie al gezet. Andersom leidt het ontbreken van een purpose juist tot conflicten tussen medewerkers, dit komt omdat er vaak een grotere afstand zit tussen de innerlijke overtuigingen van ieder individu. Bij het ontbreken van een gezamenlijke purpose betekent dat er in de samenwerking veel meer tijd worden gestoken in het bijeenbrengen en/of overbruggen van alle verschillende innerlijke overtuigingen. Dat bijeenbrengen is iets wat juist het hebben van die purpose al voor een groot deel had kunnen ondervangen.

Het creëren of ontdekken van een goede purpose bestaat uit een aantal aandachtspunten:
- **Hoger gelegen doel**: geformuleerd met de behoeften van de gebruiker in gedachten maar overstijgend aan de producten / resultaten van de organisatie.
- **Innerlijk**: de purpose is een kompas dat ons helpt om trouw te blijven aan onze innerlijke overtuigingen.
- **Betekenisvol**: zouden mensen zich hier druk om maken en waarom? Geeft het ons inspiratie?
- **The why or the way:** beschrijf de overheersende behoefte of een manier om daar te komen?
- **Resultaat: zingeving**: wat dragen we bij aan de mens, milieu of samenleving?

Het is niet gemakkelijk om een purpose te duiden. Een goede purpose gaat over gevoel en is daarom vaak lastig onder woorden te brengen. De beste indicatie van een betekenisvolle purpose is de twinkeling in de ogen van de mensen, een glimlach op hun gezicht en de emotie die zich tentoonspreidt als zij al dan niet in lijn werken met de purpose. Een purpose kan dan ook vaak ge(her)formuleerd worden als een antwoord op de vraag 'Waar geloof je in?' en geeft antwoord op de vraag waarom medewerkers en / of klanten zich tot de organisatie verbonden willen voelen.

6.3 EEN INSPIRERENDE VISIE

Een inspirerende visie is een baken om aan de ene kant de richting te kunnen bepalen en aan de andere kant de effectiviteit van acties te kunnen valideren. Een visie is daarmee een onmisbaar hulpmiddel om alle neuzen binnen de organisatie te kunnen richten. Een baken kan periodiek worden verplaatst maar geeft het merendeel van de tijd richting aan alle acties en initiatieven die binnen de organisatie worden uitgevoerd. Deze beschrijving gaat over een situatie van vervulde behoeften in de vorm van beelden en gedragingen.

De visie zal als baken richting geven; details of een exacte invulling van de visie zijn daarom minder relevant dan het schetsen van een rijk beeld van de toekomst. Een visie is een middel om te enthousiasmeren, om in beweging te brengen, om discussie los te maken en een beeld over te brengen. De visie biedt individuen de gelegenheid om zelfstandig keuzes te kunnen maken (zonder dat ze continue om toestemming moeten vragen). Zeker op basis van 'meer bereiken met minder inspanning' is de visie van cruciaal belang om de juiste keuzes te kunnen maken.

Een waardevolle visie helpt bij het volhouden bij tegenslagen, het doorzetten en om plezier te hebben wanneer er grote stappen worden gemaakt. Het motiveert en inspireert. Daar waar de purpose het gevoel aanspreekt, richt de visie zich op een beeld wat men voor ogen kan houden, kan zien. Dit betekent dan ook wel dat een visie mensen moet aanspreken en moet inspireren om vanuit intrinsieke motivatie actie te ondernemen. Het is daarom ook van belang dat mensen zich kunnen vereenzelvigen met de visie; langdradige, stoffige en vanuit juridische stijl geschreven visie statements slaan daarom ook altijd de plank volledig mis, hoe correct deze ook geformuleerd mogen zijn.

Een inspirerende visie is belangrijk bij het werken in het complex-domein. Dit is het domein waarbij we te maken hebben met een bewegend of vaag toekomstbeeld met de weg ernaar toe die op sommige stukken compleet onbekend zal zijn. Elke stap die tijdens het ontwikkelen van producten wordt gezet, wordt gevalideerd ten opzichte van de visie. Heeft deze ontwikkeling de organisatie en haar producten dichter gebracht naar het behalen van onze visie? Zo ja, wat is de volgende stap die we zouden moeten zetten richting deze visie? Zo nee, wat hebben we geleerd over deze stap? Hoe kunnen we leren van deze inzichten een betere keuze maken ten aanzien van de volgende stappen in de ontwikkeling van onze producten?

Zoals u met zeilen vaak niet in één rechte lijn naar uw doel kunt komen, zo gaat het koersen op de visie als baken ook. Waar u door gijpen en overstag gaan uw koers iedere keer aanpast ten opzichte van het doel, zo bereikt u uiteindelijk de visie door het continu valideren van hypotheses, het sneller leren op basis van feitelijke inzichten en het bijstellen van prioriteiten met daaruit voortvloeiende acties. Terwijl u meer en meer uw visie weet te benaderen, ontstaan er steeds meer inzichten waarmee uw visie moet worden bijgesteld of de koers moet worden aangepast. U bepaalt uw huidige omstandigheden ten opzichte van uw 'bewegende' doel en u past hier de noodzakelijke acties en activiteiten op aan. Een inspirerende visie biedt daarnaast een extra voordeel, met name voor het geluksgevoel en de behoeftevervulling van medewerkers. In het boek *The Progress Principle* (Amabile & Kramer, 2012) onderzoeken de schrijvers wat mensen een positief gevoel geeft bij uitvoeren van hun werk. De grootste motivator voor een positief gevoel bij het werken is het gevoel van progressie. Het blijkt een versterkende lus te zijn, die zelfs verslavend kan werken. Bij het waarnemen van progressie hebben we meer zin in ons werk en als we meer zin hebben in ons werk maken we al gauw meer progressie. Het aandeel van progressie is enorm van invloed op de gemoedstoestand. Helemaal als de progressie die gemaakt wordt onderdeel is van iets waardevols.

Het creëren van een inspirerende visie is echter gemakkelijker gezegd dan gedaan. Als we kijken naar de talloze voorbeelden van visies die de afgelopen jaren de revue zijn gepasseerd, dan is het wel duidelijk dat het creëren van een inspirerende visie eerder een kunst is dan de dagelijkse praktijk. Nog te vaak zijn visies diffuus, ambigue, niet inspirerend, vaag of onhaalbaar. Hierdoor ontstaan meerdere beelden van de werkelijkheid waardoor zelforganiserende teams een koers varen die niet in lijn ligt met andere teams, wat vaak leidt tot onderlinge conflicten, achterkamertjespolitiek en/of ondermijning. Het gevolg... hiërarchische sturing wordt ingericht om het tekort aan eigenaarschap en zelforganisatie te compenseren. Terwijl deze hiërarchie sturing dus compenseert, doet het niets voor het herstel van eigenaarschap en zelforganisatie bij de teams. Het gevolg hiervan is dat de enterprise agility niet verder kan worden verhoogd.

Het creëren van een goede visie bestaat uit een aantal aandachtspunten:
- **Omgevingsbewust**: de visie geeft inzicht in de omgeving, met de (toekomstige) rol die de organisatie wil gaan spelen in die omgeving. Het is zowel eenvoudig uit te dragen als evenwichtig in opbouw.
- **Ambitieus**: de visie biedt veel uitdaging voor de periode van 5 - 20 jaar maar moet daarin nog wel acceptabel en realistisch zijn. Een goede visie brengt mensen vanuit hun comfort zone naar hun stretch zone.
- **Relevant**: een visie is richtinggevend en wordt gebruikt om cruciale keuzes te kunnen maken binnen de organisatie. Dit betekent dat elementen van de visie onderscheidend zijn en worden gebaseerd op de unique selling points (USP's) van de organisatie.

- **Inspirerend**: een visie moet alle betrokkenen aanspreken en inspireren. Een motiverende en inspirerende opbouw heeft daarin sterk de voorkeur en het karakter van de visie mag worden omschreven als modern en/of sexy.
- **Communiceerbaar**: een visie moet gaan leven en als baken worden gebruikt. Lange, ingewikkelde visies belanden in de lade; een visie moet kort en krachtig zijn zodat deze eenvoudig en vaak kan worden gecommuniceerd.

Om een goede visie op te stellen is het beter om kort een ruwe schets tegen zoveel mogelijk mensen aan te houden, dan om ellenlange sessies in klein comité te houden om alle ins- en outs volledig uit te werken. Door al snel te communiceren ontstaat een feedback-lus die precies gericht is op wat de visie moet gaan bereiken: het verenigen van verschillende standpunten. Op basis van deze feedback kan dan beter uitleg gegeven worden over de richting die we als organisatie op willen gaan, of kan de visie worden bijgesteld op basis van de input die door de betrokkenen wordt geleverd.

6.4 EEN CONCRETE MISSIE

Een concrete missie beschrijft de overkoepelende doelstelling van de organisatie voor het creëren van waarde en zet aan tot sneller leren. Missie en visie zijn termen die nog steeds vaag gedefinieerd zijn en veelvuldig door elkaar heen worden gebruikt. Daar waar een visie een beeld schetst *wat* we in de toekomst hebben bereikt waarbij onze behoeften zijn vervuld, zo schetst de missie via een overkoepelende doelstelling *hoe* we daar gaan komen.

Een missie is om die reden dan ook gericht op de organisatie zelf en hoe zij de delta gaat invullen tussen de hedendaagse operatie en de toekomstige visie. Doordat specifiek wordt ingegaan op de rol die organisatie neemt in de transformatie van nu naar de toekomst geeft dit een goed beeld waar de organisatie voor staat of wil staan. Het karakteriseert de organisatie en kan zich daarin onderscheiden van soortgelijke organisaties die mogelijk eenzelfde visie nastreven.

Een missie wordt over het algemeen gelijktijdig met de visie gedefinieerd. De missie en visie hebben elk hun eigen functie binnen de brede definitie van een heldere richting. Een visie geeft mensen een punt om op te richten en naar te verlangen, de missie raakt juist in de persoon iets dat bewegen stimuleert en aanzet tot handelen. Een missie is dan ook iets wat mensen moeten kunnen doen in plaats van kunnen zien.

Een missie moet concreet zijn om op basis hiervan een strategie te kunnen ontwikkelen. Het is verdienstelijk om de missie in een actieve vorm te beschrijven.

Vanuit deze missie kunnen dan initiële strategische doelen worden gedestilleerd voor zowel de organisatie als haar individuele medewerkers.

Het creëren van een goede missie bestaat uit een aantal aandachtspunten:
- **Onderscheidend**: succesvolle organisaties onderscheiden zich in hun missie van concurrenten. Welke kernwaarden maken de organisatie tot wie zij is en wat betekent dit voor de overkoepelende rol die organisatie inneemt richting de toekomst?
- **Fundamenteel**: de missie moet ertoe doen en impact maken op de mensen binnen en buiten de organisatie. Wat is de bijdrage van de organisatie voor haar stakeholders, klanten, medewerkers en haar omgeving? Holle frasen zijn een doodsteek voor een goede missie.
- **Activerend**: de missie moet aanzetten tot actie en zorgen voor flow en drive binnen de organisatie. Kunnen uit de missie zowel uitdagende strategische doelstellingen worden afgeleid als ook persoonlijke doelstellingen? Zeker voor organisaties in een veranderende omgeving is het essentieel om te valideren of de missie ook bijdraagt aan de verandering en transformatie.
- **Richtinggevend**: de missie is een masterplan om de visie te gaan bereiken en moet daarom richting geven voor het doen en laten van iedereen in de organisatie. Om richting te kunnen geven is het daarom belangrijk dat de missie draagvlak heeft bij directie, management en medewerkers en concreet genoeg is om keuzes en afwegingen op te kunnen baseren.
- **Stimulerend**: een missie moet in de haarvaten zitten van alle medewerkers van de organisatie. De missie inspireert mensen om actie te willen nemen, vertrouwen te wekken en te enthousiasmeren. Zouden medewerkers een t-shirt willen dragen met daarop de tekst van de missie?

Net als bij het opstellen van een visie is het belangrijk om de missie niet in klein comité op te stellen maar juist vanuit een grotere groep te formuleren. Door zowel te kijken naar wie we zijn (kernwaarden) als wat nodig is (masterplan) komen al snel de juiste elementen naar voren om een missie te definiëren. Door een missie vast te stellen in het jargon van de organisatie worden veel van de bovenliggende aspecten gestimuleerd.

■ 6.5 EEN VERBINDENDE STRATEGIE

Een verbindende en duidelijke strategie geeft invulling aan de vraag op welke wijze de organisatie haar missie wil gaan uitvoeren om haar visie te gaan bereiken. Daar waar de visie en missie vaak gelijktijdig worden ontwikkeld, wordt de strategie pas opgesteld na het vaststellen van de visie en missie. De visie beschrijft daarin de eindstatus en de missie beschrijft het masterplan. Juist de strategie moet duidelijkheid verschaffen langs welke lijnen het succes moet worden behaald.

Hoewel we praten over strategie in enkelvoud, blijkt strategie een containerbegrip, een set, die bestaat uit alle strategieën tezamen.

De strategie is essentieel om helderheid te geven ten aanzien van de keuzes die zijn gemaakt. Het bepalen van een strategie, dwingt het maken van keuzes af. Tijdens het opstellen van de strategie worden afwegingen gemaakt op basis van een uitgebreid arsenaal aan inzichten, capabilities, middelen, et cetera. Deze afwegingen in de strategieën leiden tot de strategie waarlangs de organisatie haar missie wil gaan verwezenlijken. De uitvoer van deze strategie gebeurt over het algemeen niet door de mensen die de strategie ontwikkelen. Juist daarom is het dan ook cruciaal om helderheid te verschaffen als het gaat om de gemaakte keuzes. Omdat 'andere mensen' hun activiteiten afleiden vanuit de strategie is het van groot belang dat er duidelijkheid en een begrip is over de route die gevolgd gaat worden. Een visie die nog veel onduidelijkheden in zich heeft, zorgt ervoor dat in een later stadium continu moet worden bijgestuurd; een fenomeen dat zowel zelforganisatie als eigenaarschap ondermijnt (zie hoofdstukken 4 en 5).

Vooral de grote impact en daarmee het belang van de strategie op het succesvol behalen van de missie en visie vraagt veel van de mensen die de strategie ontwikkelen. Het opstellen van een strategie vergt inzicht, perceptie, ervaringen, opleiding, intelligentie, durf en karakter van de verantwoordelijken voor de strategie. Daarnaast vereist het een breed blikveld, het vermogen om te anticiperen, de vaardigheid om te plannen en voor te bereiden en inschattingsvermogen. De combinatie van deze kenmerken zorgt dat de kans op een succesvolle strategie wordt gemaximaliseerd en daarmee de balans tussen succes en falen de juiste kant op valt.

De strategie zorgt dat de te bereiken doelen, de capabilities, de werkwijzen en de risico's op elkaar worden afgestemd en geïntegreerd in zowel de planning als de uitvoering. Hoewel meerdere strategieën gelijktijdig kunnen worden in werking gesteld, moet elke strategie afzonderlijk wel coherent in elkaar zitten. Dat betekent dus dat een strategie aan de ene kant zorg draagt voor alignment van zowel mensen als middelen maar aan de andere kant mensen juist ook vrijheid van handelen geeft omdat de strategie fungeert als een leidraad in plaats van een control-mechanisme.

Ook geeft een duidelijke strategie richting aan de strategische, tactische en operationele doelen. De meest concrete elementen vanuit de strategie worden vaak gedefinieerd in de vorm van strategische doelen. De strategie beschrijft daarin meer de voorziene route terwijl de strategische doelen kenmerkend zijn voor specifieke punten op deze route. Dit betekent dat de strategische laag van het opstellen van uitdagende doelen, gelijktijdig wordt ontwikkeld met de strategie zelf. Door de combinatie van routes en punten wordt de strategie vaak gevisualiseerd door middel van een strategy map (zie figuur 6.3). Hierin beschrijven de ovalen de verschillende strategische onderdelen per thema, de rode pijlen tussen de ovalen de invloedsrelaties en de grijze pijlen binnen de ovalen beschrijven de geprognotiseerde dan wel gewenste effecten.

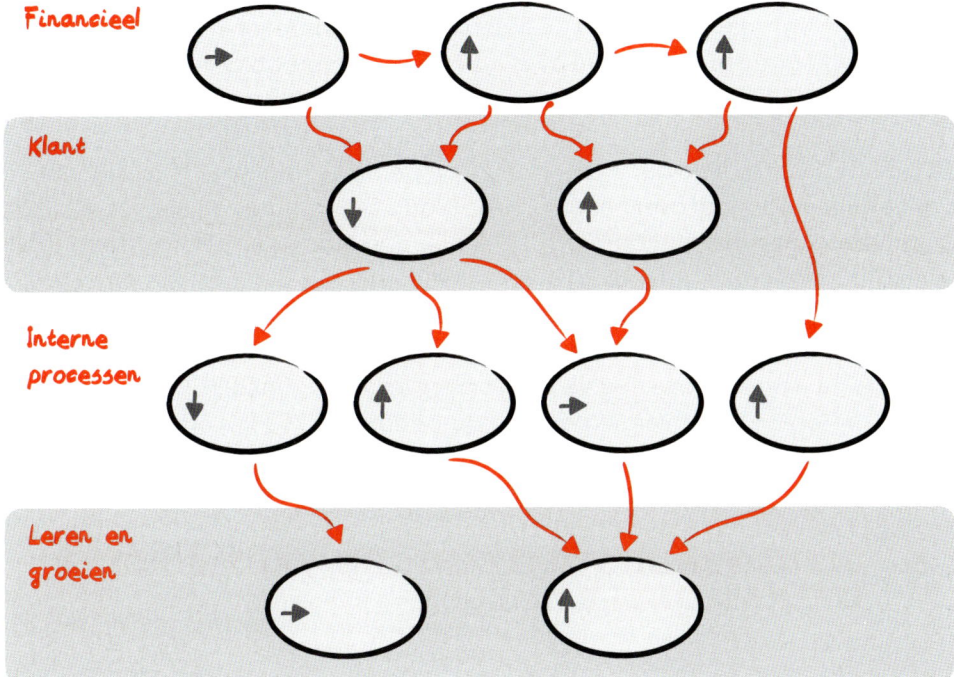

Figuur 6.3 Strategy mapping.

Het creëren van een goede strategie bestaat uit een aantal aandachtspunten:
- **Duidelijk**: een goede strategie biedt voldoende duidelijkheid op basis waarvan gedurende de uitvoering van de strategie specifieke doelen op de diverse niveaus kunnen worden gesteld. Het is daarom belangrijk om wollig taalgebruik en voor meerdere uitleg vatbare woorden of zinnen te voorkomen.
- **Integraal**: maak in de strategie helder hoe de visie middels de missie wordt bereikt en vanuit een integrale blik met elkaar worden verbonden. Er wordt verbinding gemaakt tussen de wijze waarop de visie wordt bereikt en de benodigde effort en middelen die daarvoor nodig zijn.
- **Versterkend**: de kerngedachte achter de strategie moet in lijn liggen met de kern van de waardepropositie van de organisatie. De strategie wordt gebouwd op de kracht van de organisatie en de strategische capabilities waarover de organisatie beschikt ten opzichte van de concurrentie. Een belangrijk vraag is dan ook hoe de strategie de organisatie versterkt en hoe de organisatie de strategie versterkt.
- **Realistisch**: een goede strategie houdt rekening met de minder sterk ontwikkelde kanten van de organisatie. Wat is hun invloed op de uitvoering van de strategie,

hoe kunnen deze worden geadresseerd en welke risico's brengt de uitvoering van de strategie met zich mee?
- **Valideerbaar**: een goede strategie biedt voldoende duidelijkheid om de verlangde outcomes van de strategie goed te definiëren zodat strategische, tactische en operationele doelen dusdanig kunnen worden opgesteld dat de voorgang van de strategie kan worden gevalideerd. Zeker in de relatie tot het aspect integraal moeten de relaties inzichtelijk kunnen worden gemaakt vanuit de strategie.

De beschikbare tijd hiervoor is afhankelijk van de omgeving waarin de organisatie zich bevindt maar vindt over het algemeen plaats in een ritme van één tot drie jaar. Gezien de noodzakelijke competenties (denk aan inzicht, perceptie, ervaringen, opleiding, intelligentie, et cetera) van de mensen die de strategie formuleren, wordt het opstellen van de strategie vaak vanuit een vaste afdeling gedaan ofwel minimaal voorbereid. Deze vaste afdeling is op bestuurlijk niveau gepositioneerd vanwege de directe relatie met de bestuurders van de organisatie. De goedkeuring van de strategie wordt overgelaten aan de bestuurders, vooral omdat de impact van de strategie invloed heeft op het succes of falen van de organisatie als geheel.

6.6 UITDAGENDE STRATEGISCHE, TACTISCHE EN OPERATIONELE DOELEN

Uitdagende strategische, tactische en operationele doelen leiden tot meetbare mijlpalen. Door het beschrijven van concrete doelen kan tijdens de uitvoering ook daadwerkelijk progressie worden vastgesteld en hebben we feedback-lussen ontwikkeld op basis waarvan we kunnen vaststellen of de organisatie zich in de juiste richting ontwikkelt. De horizon van de verschillende doelen is vaak zeer divers; strategische doelen gaan vaak over een periode van één of meerdere jaren, terwijl de meer operationele doelen een periode beschrijven van enkele weken tot maanden.

Uitdagende strategische, tactische en operationele doelen bieden teams zicht op progressie. Door het behalen van de doelstellingen op verschillende niveaus zien teams vooral de progressie die overkoepelend wordt gemaakt. Met name onderdelen als purpose, visie, missie en strategie worden niet veelvuldig gewijzigd en geven op zichzelf ook nauwelijks inzicht op eventuele voortgang die wordt geboekt. Juist door concrete doelen te beschrijven die worden behaald en door continu nieuwe uitdagingen te bieden wordt een apathische houding in teams voorkomen. De afstand en de omvang van de visie wordt opgebroken in haalbare doelen. Deze kleine, uitdagende en haalbare doelen waarvan de relatie tot de visie, missie en strategie duidelijk is, geven energie en stimuleren eigenaarschap.

Om zowel meetbare mijlpalen te creëren als zicht op progressie kunnen twee varianten van doelstellingen worden geformuleerd: SMART en OKR. In de eerste variant worden doelen volgens het SMART[3]-concept ontwikkeld en expliciet gevalideerd. Door de combinatie van Specifiek en Meetbaar echt in te richten in de organisatie kan daadwerkelijk progressie en het halen van de mijlpaal worden gevalideerd. In de tweede variant worden het doel en de wijze van meten gesplitst volgens het OKR-concept (Doerr & Page, 2018). Het doel beschrijft de impact die moet worden gemaakt (of in ieder geval de outcome die moet worden bereikt) maar stelt dat het meten van het doel via drie tot vijf key results plaatsvindt. Deze key results zijn meetbare datapunten in de organisatie waarbij is vastgesteld welk niveau deze moeten hebben om het doel te hebben gehaald.

Het opstellen van de verschillende doelen gebeurt door alle lagen van de organisatie. De strategische doelen worden vaak in samenhang met de strategie ontwikkeld en liggen om die reden dan ook vaak op het niveau van de bestuurders. Tactische doelen zijn de vertaalslagen die vaak op business unit- of afdelingsniveau worden gemaakt om in samenhang de hogere strategische doelen te kunnen behalen. Operationele doelen kunnen op alle onderliggende niveaus vastgesteld worden en zijn vaak in een grote variëteit binnen de organisatie aanwezig.

Bij het opstellen van de doelen is het belangrijk dat helderheid wordt gegeven over **wat** u wilt bereiken in plaats van **hoe** u dat wilt bereiken. Door sterk onderscheid te maken tussen het **wat** en het **hoe** ontstaat de mogelijkheid om de verantwoordelijkheden op verschillende plekken te beleggen. Vrijheid van handelen ontstaat wanneer de opdrachtgever zich richt op het duidelijk maken **wat** moet worden bereikt en de opdrachtnemer zich richt op **hoe** dit bereikt moet worden. Zodra doelen zich te veel gaan richten op het **hoe** is het lastig om meer eigenaarschap te creëren dan alleen een inspanningsverplichting.

Daarnaast is het bij het opstellen van doelen belangrijk dat de verwachtte resultaten zoveel mogelijk gericht zijn op het bereiken van het gewenste effect in plaats van het opleveren van functionaliteit. Het behalen van een doel moet in zichzelf businesswaarde opleveren voor de organisatie en het gewenste effect bereiken. Een typisch voorbeeld waarin dit zichtbaar wordt is de oplevering van een nieuw managementinformatiesysteem. Het opleveren van dit systeem kan worden gekarakteriseerd als het leveren van output; iets wat op zichzelf geen waarde levert voor de organisatie. De nieuwe processen, inzichten, et cetera die door het systeem binnen de business ontstaan zijn al meerwaarde en kunnen worden gekarakteriseerd als outcome / resultaten van dit systeem. Het liefst willen we doelen gericht hebben op het maken van impact; in dit voorbeeld welke resultaten binnen de business

---
3 Specifiek, Meetbaar, Acceptabel, Realistisch, Tijdgebonden.

veranderen op basis van de outcomes. Zeker wanneer doelen meer worden gericht op de impact, kunnen ook andere mogelijkheden in de organisatie ontstaan dan alleen het opleveren van dat managementinformatiesysteem.

Het creëren van een goede uitdagende doelen bestaat uit een aantal aandachtspunten:
- **Inspirerend**: alleen visionaire, gedurfde en aansprekende doelstellingen brengen mensen en uw organisatie vooruit. Daarbij leiden inspirerende doelen tot intrinsieke motivatie, zeker wanneer deze direct aansluiten bij de purpose, missie en visie waar de medewerkers zich aan willen verbinden.
- **Moeilijk**: uitdagende doelen zorgen dat medewerkers uit hun comfort zone moeten komen en liggen voldoende ver van de status quo af dat bij het halen van het doel het gevoel aanwezig is, dat zij echt iets bereikt hebben. Dit heeft een directe relatie met intrinsieke motivatie die in de stretch zone ontstaat.
- **Haalbaar**: waar doelen met voldoende uitdaging mensen juist stimuleren, haken mensen volledig af op onrealistische of onhaalbare doelen. In de wilsoverdracht is het daarom van groot belang om goed te controleren of de mensen echt het geloof hebben in de haalbaarheid van de doelstelling.
- **Expliciet**: doelen moeten duidelijk en niet voor meerdere uitleg vatbaar zijn, beknopt worden geformuleerd en eenvoudig zijn om te begrijpen. Dit is het meest uitdagende aspect van het ontwikkelen van uitdagende doelen, vandaar dat in de praktijk wilsoverdracht een essentieel onderdeel is om doelen op een goede wijze over te dragen.
- **Actiegericht**: doelen hebben de meeste impact wanneer ze aanzetten tot actie. Om deze reden is het ook van belang dat het doel zelf actiegericht wordt geformuleerd.

Het is tijdens het formuleren van de strategie gebruikelijk om herkenbare strategische doelstellingen direct op te schrijven. De hieruit afgeleide tactische en operationele doelen worden op verschillende momenten en op verschillende niveaus binnen de organisatie opgesteld. Belangrijk hierbij is om te borgen dat de doelen als geheel passend blijven binnen de strategie. Het goed uitrollen van de strategie (strategy deployment) binnen de organisatie middels hulpmiddelen als OGSM[4]'s, OKR[5]'s, X-matrices (zie figuur 6.4), et cetera is dan ook van groot belang om de verschillende partijen, niveaus, ontwikkelingen, et cetera overzichtelijk en in sync met elkaar te houden.

In een X-matrix worden de belangrijkste lange termijn doelen beschreven. Deze doelen worden omgezet in één of meerdere middellange termijn doelen (maximaal één jaar) en gelinkt aan de lange termijn doelen. Vervolgens wordt gekeken

---
4 Objectives, Goals, Strategies, Measures.
5 Objectives, Key Results.

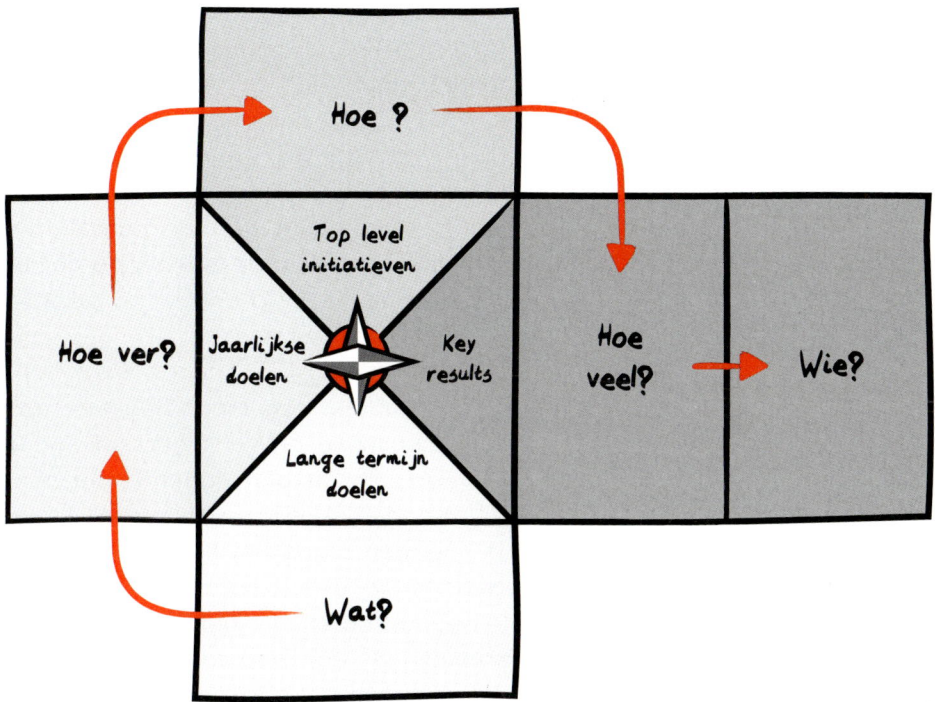

Figuur 6.4 Strategy deployment via de X-matrix.

welke initiatieven de organisatie moet gaan ontplooien om de jaarlijkse doelen te kunnen behalen. Voor elk initiatief worden één of meer key results gedefinieerd die de voortgang van het behalen van het initiatief inzichtelijk maken (net als bij de OGSM's en OKR's). Tot slot wordt inzichtelijk gemaakt welke actoren binnen en buiten de organisatie verantwoordelijk zijn voor het uitvoeren van de initiatieven.

■ 6.7 UIT HET HOOFD EN OP PAPIER

Waarom zien we zo weinig inspirerende richting gevende documenten rondzwerven aan de muren, op bureaus of in het ergste geval op de planken? Het blijkt lastig om de juiste woorden te vinden; de juiste woorden om goed te beschrijven wat exact wordt bedoeld. De menselijke hersenen vormen ideeën in verschillende dimensies en het is erg lastig om dat multidimensionale beeld te transformeren naar een platte, gestructureerde tekst. Daarnaast biedt de waan van de dag genoeg afleiding om urgente problemen direct aan te pakken, dan in rust te werken aan een stuk waarin de richting wordt 'vastgelegd' op papier. Toch blijkt dat wanneer we de richting aan het papier toevertrouwen we veel beter zicht hebben op de onderlinge samenhang tussen de elementen en waar eventuele gaten nog zichtbaar zijn.

Naast de eerdergenoemde aandachtspunten zijn voldoende methodieken en werkvormen voorhanden om tot een gedegen visie en missie te komen. In alle gevallen betekent dit dat veel (verdiepende) vragen echt en authentiek moeten worden beantwoord. Het stellen van de juiste vragen is een stuk eenvoudiger dan het goed beantwoorden van deze vragen. Vandaar dat er workshops worden aangeboden die ondersteunen om niet zozeer de formulering correct te krijgen maar om het echte gesprek met elkaar te kunnen voeren. Het blijkt namelijk dat onderlinge interactie een uitstekend hulpmiddel is om de orde te scheppen in alle multidimensionale gedachten. Door uitspraken in de juiste context te plaatsen wordt een veel beter beeld gecreëerd van wat wordt bedoeld.

In de praktijk merken we dat individuen en teams met frisse moed beginnen aan het opstellen van elementen als purpose, visie en missie, om vervolgens geremd te worden door vragen die lastig te beantwoorden zijn. Dit soort vragen veroorzaken twee dingen: ze zorgen ten eerste voor een ongemakkelijk gevoel en twijfels ten aanzien van de richting en ten tweede voor een drang om deze vragen af te serveren als niet ter zake doende en deze dan maar over te slaan. Het is belangrijk om te realiseren dat vragen die lastig te beantwoorden zijn, juist de belangrijkste vragen zijn. Alle vragen die namelijk eenvoudig te beantwoorden zijn, zijn niet de vragen die het meeste inzicht geven over de richting. Het zijn juist dé vragen die moeilijk te beantwoorden zijn waar de meeste waarde zit om mee aan de slag te gaan en te voorzien van een antwoord. Wanneer de antwoorden namelijk wel kunnen worden geformuleerd is het effect dat de mensen die hieraan gaan werken de richting niet alleen effectiever begrijpen maar ook meer vertrouwen hebben dat de organisatie daadwerkelijk die richting op wil gaan.

Het is niet alleen belangrijk om een heldere richting op basis van purpose, visie, missie, strategieën en doelstellingen te definiëren maar vanuit het leiderschap wordt ook verwacht dat deze actief worden uitgedragen naar de rest van de organisatie.

■ 6.8   DUS...

Een heldere richting is noodzakelijk voor de principes van sneller leren, eigenaarschap en zelforganisatie. Een heldere richting wordt gevormd door een betekenisvolle purpose, een inspirerende visie, een concrete missie, duidelijke strategie en uitdagende doelen. Een betekenisvolle purpose leidt tot intrinsieke motivatie van teamleden en zet aan tot eigenaarschap en zelforganisatie. Een inspirerende visie is een baken om enerzijds de richting te kunnen bepalen en anderzijds de effectiviteit van acties te kunnen valideren. Een concrete missie beschrijft de overkoepelende doelstelling van de organisatie voor het creëren van waarde en zet aan tot sneller leren. Een verbindende strategie geeft invulling aan de wijze waarop de organisatie haar missie wil gaan uitvoeren om haar visie te gaan bereiken en geeft richting aan de strategische, tactische en operationele doelen. Uitdagende strategische, tactische en operationele doelen leiden tot meetbare mijlpalen en bieden teams zicht op progressie. In het formuleren van een heldere richting zit de meeste waarde in het antwoord op de moeilijke vragen. Dit betekent dat het ScALE-framework wordt aangepast met alle aspecten van een heldere richting, zie figuur 6.5.

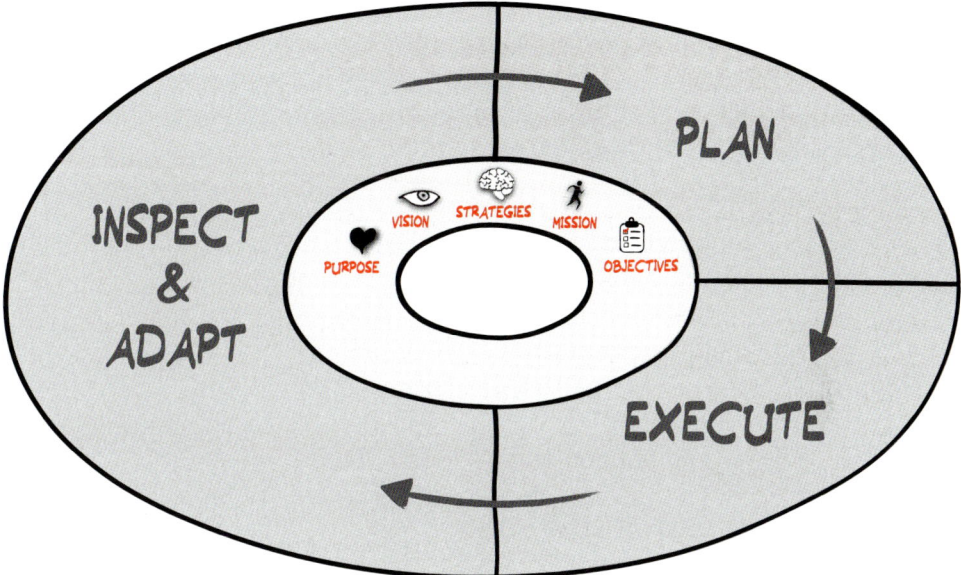

Figuur 6.5 Het ScALE framework met daarin de purpose, visie, missie, strategieën, doelstellingen.

7 Het principe van duidelijke kaders

De snelheid en wendbaarheid van enterprise agility is conceptueel vaak lastig te rijmen met het remmende effect van interne en externe wet- en regelgeving in de vorm van kaders. Niet voor niets wordt door 'agilisten' vaak sceptisch gekeken naar de aanwezigheid van deze kaders binnen de organisatie. Organisaties die enterprise agility nastreven hebben altijd te maken met kaders. Deze kaders beslaan vaak de terreinen van wetgeving, audit-richtlijnen of afspraken met partners en leveranciers. Aan het niet houden aan de kaders van de genoemde terreinen zijn vaak hoge kosten verbonden; tijd, geld, imago, et cetera. De keuze om dergelijke kaders simpelweg te negeren is dan ook geen optie.

Ook blijkt uit de praktijk dat juist de **afwezigheid** van kaders tot ernstige gevolgen kan leiden. Denk hierbij aan afnemend eigenaarschap, ondermijning van zelforganisatie, vertragingen in de voortbrengingsketen en overmatige hoeveelheid aan herstelwerkzaamheden. In tegenstelling tot wat u misschien zou verwachten blijkt dat een minimale set van duidelijke, zinvolle kaders bewegingsvrijheid oplevert in plaats van dat het de vrijheid van teams beperkt. De voorwaarde is echter wel dat de kaders op de juiste manier worden ingericht binnen de organisatie. Het inrichten en werken met de kaders wilt u met aandacht voor de wetmatigheden van het complex-domein doen, waarbij de inrichting de snelheid en wendbaarheid van de organisatie ondersteunt in plaats van beperkt.

Door compliancy op een systematische manier in te richten in een snelle en wendbare organisatie, krijgen we inzicht en grip op de impact, van de kaders, op ons functioneren als geheel. Het is niet langer een sluitstuk van een project of programma maar een integraal onderdeel van de gehele bedrijfsvoering. We zijn niet alleen compliant na een uitgebreid assessment, we zijn altijd aantoonbaar compliant of bewust niet compliant. We zijn niet langer afhankelijk van individuele kennis en interpretaties van wet- en regelgeving. Want we hebben een inzicht op de uitwerking van de kaders, dat meebeweegt met de toepassing van de betreffende wet- en regelgeving. In plaats van het resultaat van teams continu te controleren, geven we hun ruimte en vrijheid door periodiek het compliancyproces te controleren. Hoe krijgen we dat voor elkaar?

7.1 AUTONOMIE DOOR KADERS

In hoofdstuk 5 hebben we geconstateerd dat het belangrijk is om de afhankelijkheden tussen teams te minimaliseren om de enterprise agility te kunnen maximaliseren. Het minimaliseren van afhankelijkheden zorgt in de teams ervoor dat met meer autonomie kan worden gewerkt, waarbij duidelijke kaders zorg moeten dragen voor vrijheid van handelen. Het gevoel is vaak dat kaders zorgen dat teams juist minder autonoom zijn. Ten aanzien van autonomie staan de dienende kaders op een balans, met aan de ene kant het gevaar van te weinig kaders en aan de andere kant het gevaar van te veel kaders. Duidelijke kaders geven het speelveld aan, waarbinnen het team maximale vrijheid van handelen heeft en zelfstandig besluiten kan nemen. Door continu te observeren en valideren is het mogelijk om steeds beter de juiste balans te vinden.

Het gebrek aan kaders leidt vaak tot extra inspanning om de onderlinge afhankelijkheden in goede banen te leiden óf juist tot een afname in de autonomie omdat de organisatie keer op keer door ingrijpende correcties (het gevoel van) autonomie aantast. Impliciet zijn er namelijk altijd kaders, ook als we deze niet expliciet specificeren. Een team heeft namelijk altijd te maken met kaders, zelden geeft een organisatie een carte blanche aan een team. Ook wanneer meerdere teams in alignment met elkaar moeten werken, zijn er ongeschreven spelregels waar teams aan moeten voldoen. Door duidelijkheid te scheppen in de spelregels, stimuleren we juist de autonomie van de teams. Door duidelijke kaders weten de deelnemers aan welk 'spelletje' ze mee doen en stemmen veel makkelijker de persoonlijke bijdrage daarop aan. Als onduidelijk is welke kaders er zijn maar we wel teams aanspreken en / of afrekenen wanneer ze over de ongeschreven regels heen stappen, creëren we een onveilige werkomgeving wat leidt tot risicomijdend en apathisch gedrag.

Autonomie ontstaat doordat teams afspraken maken om de impact van onderlinge afhankelijkheden te reduceren: "Als jij en ik deze afspraken integreren in onze standaard werkwijze zal ons werk altijd op elkaar aansluiten en samen één geheel vormen van de hoogst mogelijke kwaliteit". Daarnaast wordt autonomie ook gecreëerd door rekening te houden met autonomie tijdens het proces van de totstandkoming van kaders. Het is dan ook van belang dat de organisatie niet ongelimiteerd kaders creëert; met een teveel aan kaders wordt de autonomie van teams juist sterk beperkt.

Als kaders een essentieel onderdeel zijn van enterprise agility en teams vrijheid geven in plaats van beperken, hoeveel kaders zijn dan noodzakelijk? Een lastige vraag die slechts te beantwoorden is met het nietszeggend antwoord: "Just enough". In een gemiddelde overheidsorganisatie zijn er vaak veel te veel kaders, terwijl in een jonge start-up vaak te weinig kaders aanwezig zijn. De kracht ligt hier in een balans. Het is moeilijk om universeel vast te stellen wat die balans is. Daarom is het beter om te kijken naar de verschijnselen die optreden als de kaders niet in balans zijn, om daarop de balans te helpen herstellen.

ORGANISATORISCHE KADERS

INFRASTRUCTURELE KADERS

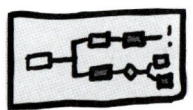

ARCHITECTURELE KADERS

In een organisatie waar te weinig kaders expliciet aanwezig zijn, ontstaat ofwel een anarchistische of een apathische houding. De meer anarchistische houding erkent daarin vaak niet de autoriteit van de organisatie en zeker niet de autoriteit van kaderstellende afdelingen. Toch vallen deze teams ook onder de wet- en regelgeving van een samenleving. Specifieke productkaders worden dan vaak als product requirement bij de ontwikkelteams ingebracht, waarbij de uitdaging ligt in het beschrijven van de waarde voor eindgebruikers van dergelijke items.

De meer apathische houding ontstaat juist wanneer teams door de organisatie achteraf worden geconfronteerd en / of gecorrigeerd met het overschrijden van de impliciet aanwezig kaders. Wanneer vooraf niet duidelijk kaders worden meegegeven, kan een team op geen enkele wijze zelf constateren dat het team aan een kader voorbij is gegaan. Zodra daar echter wel negatieve consequenties aan hangen, gaan teams over het algemeen bij iedere volgende stap voorzichtig worden en het eigen ondernemen zo veel mogelijk beperken uit angst om afgerekend te worden op onbekende gronden. Een welbekende maar in het complex-domein slechte oplossing is om voor alles een expliciete uitgewerkt opdracht te geven. Zo wordt voorkomen dat er achteraf continu moet worden gecorrigeerd op basis van 'ze wisten het niet'. Deze aanpak leidt daarmee wel tot een enorme toename van de command & control, die de snelheid en wendbaarheid van de organisatie niet ten goede komt.

In een organisatie waar te veel kaders expliciet aanwezig zijn, ontstaat een onverschillige houding. Deze houding kenmerkt zich vaak in een sterk teruglopende productiviteit. Door niet alleen rekening te houden met het voldoen aan alle kaders maar ook door de continue afstemming, met daarbij de validatie door alle kaderstellers. Het merendeel van de beschikbare werktijd wordt besteed aan het voldoen aan deze kaders waardoor er weinig tijd over blijft voor het vervullen van business-behoefte, de waarde voor de klant. Omdat het vrijwel onmogelijk is om voldoende waarde te produceren om echt impact te maken, neemt de betrokkenheid van stakeholders en gebruikers af. Het gevolg is een extreem trage organisatie die niet mee kan bewegen. Deze georganiseerde ongeïnteresseerdheid helpt ook zeker niet mee aan het willen bewegen.

Teams die een onverschillige houding aannemen maken zich niet langer druk over het wel of niet voldoen aan de kaders. In het slechtste geval negeren zij alle kaders, in het beste geval bepalen zij zelf aan welke kaders zij willen voldoen. In een dergelijk geval is de organisatie volledig overgeleverd aan de professionaliteit en inschattingsvermogen van haar medewerkers. Zij staat bloot aan alle risico's die het niet voldoen aan essentiële kaders met zich meebrengt. Ook dit leidt weer tot een continue discussie tussen teams en de kaderstellende afdelingen. Daarom moet periodiek worden ingegrepen om specifieke risico's af te zwakken.

■ 7.2 PRODUCT- EN PROCESCOMPLIANCY

Compliance is het begrip waarmee wordt aangeduid dat een persoon of organisatie werkt in overeenstemming met de geldende wet- en regelgeving. Het gaat over het nakomen van overeengekomen normen of het zich er naar schikken. Helaas wordt in de wereld van agility nog te vaak sceptisch gekeken naar de aanwezigheid van kaders en richtlijnen. Dit achten wij gevaarlijk, want een juiste toepassing van het hanteren van kaders en richtlijnen is essentieel voor het succesvol zijn van zowel de organisatie als haar ontwikkelteams. Aan de ene kant moet daarom product- en proces-compliancy binnen de voortbrengingsketen worden ingericht. Aan de andere kant moeten ook de effecten van het niet nakomen van de compliancy afspraken duidelijk gemaakt worden. Inzicht in de risico's die de organisatie kan lopen door het niet voldoen aan bepaalde kaders, helpt om de naleving hiervan verder te stimuleren.

Gehanteerde kaders, ongeacht of deze nu voortkomen vanuit interne dan wel externe regelgeving, zijn op te splitsen in twee typen:
1. eisen ten aanzien van het product en
2. eisen ten aanzien het voortbrengingsproces.

In de praktijk onderscheiden deze twee typen zich duidelijk. Een voorbeeld van een eis ten aanzien van het product is bijvoorbeeld het verplicht versleuteld opslaan van privacygevoelige gegevens. Een voorbeeld van een eis ten aanzien van het voortbrengingsproces is het verplicht moeten uitvoeren van een data protection impact assessment (DPIA) om de privacy-risico's van een nieuw te ontwikkelen gegevensverwerking in kaart te brengen.

In veel organisaties worden mensen en / of afdelingen aangesteld om de compliancy aan de wet- en regelgeving te waarborgen. Een groot deel van de wet- en regelgeving heeft een directe relatie met de informatievoorziening, zowel op het resultaat (de gegevens die voortkomen uit het IT-landschap) als het proces (hoe de gegevens tot stand komen vanuit het IT-landschap). Een groot deel van de in de organisatie aanwezige producten en processen worden daarom op enig moment getoetst aan de wet- en regelgeving.

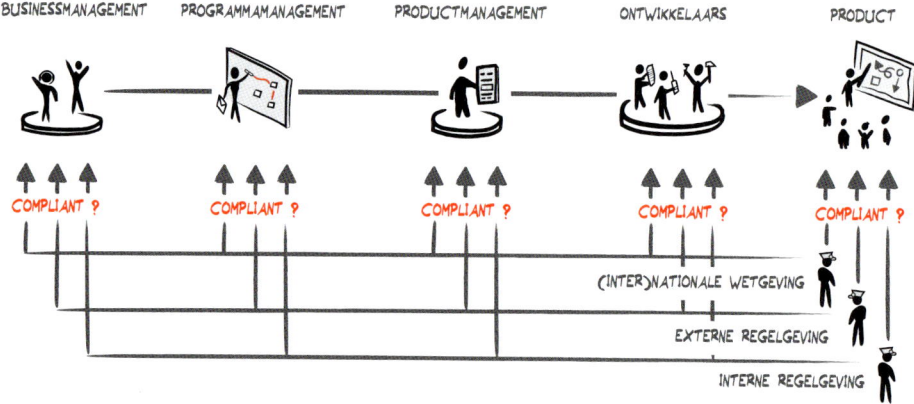

Figuur 7.1 Compliancy-uitdagingen over de gehele keten. Hoe zorgen we dat (inter)nationale wetgeving, externe en interne regelgeving op de juiste manier in de keten worden geregeld?

In een snelle en wendbare omgeving waarin we continu aanpassingen in de informatievoorziening integreren en deployen, is het niet haalbaar om eenmalig of slechts periodiek de mate van compliancy te bepalen. Immers, alles dat na de laatste check wordt uitgevoerd, elke aanpassing, kan zomaar een inbreuk zijn op de algemeen geldende kaders. Wanneer we periodiek de mate van compliancy toetsen moeten we periodiek veel energie steken in het herstellen van de geconstateerde afwijkingen. Dit is een reactieve houding. Compliancy aan wet- en regelgeving moet om die reden een integraal onderdeel worden van het voortbrengingsproces. Door de sterke impact die deze kaders kunnen hebben op de snelheid en wendbaarheid van het voortbrengingsproces, is het van belang om zorgvuldig om te gaan met het bepalen welke kaders uit bedrijfsmatig oogpunt van cruciaal belang zijn.

Dit klinkt als een open deur maar in veel organisatie worden ontwikkelteams geacht zich te houden aan kaders als de AVG, ISO/IEC 27002, OWASP, enterprise architectuur (EA), generieke of platform infrastructuur (IaaS / PaaS), SOX, HIPAA of Basel III. Kennis hebben van al deze wet- en regelgeving is een dagtaak op zich, laat staan wat de omvang van de effort is die nodig is om de implicaties op het

IT-landschap helder te krijgen. Daarnaast is een trend zichtbaar dat steeds meer regelgeving op basis van richting en intentie wordt beschreven, die organisaties op hun verantwoordelijkheid aanspreekt in plaats van exact te specificeren wat wel en niet is toegestaan (bijvoorbeeld de AVG-wetgeving). Organisaties zijn verplicht om niet alleen duidelijk vast te leggen hoe zij de specifieke wet- en regelgeving hebben geïnterpreteerd maar ook om vervolgens te kunnen aantonen hoe ze in hun organisatie hier gehoor aan hebben geven.

Als we compliancy niet goed volgens de wetmatigheden van het complex-domein inrichten, ontstaan enerzijds enorme bottlenecks in het voortbrengingsproces. Elke wijziging wordt uitstekend gecontroleerd maar de groei van het systeem en continue validatie van het gehele systeem zorgt voor een steeds langer validatie-proces. Anderzijds neemt het risico op gaten toe in relatie tot de mate van compliancy. Er wordt minder of slechts een subset van de wijzigingen uitvoerig gecontroleerd. Dit zien we daar waar compliancy-afdelingen in het IT-landschap vooral de rol op zich nemen om periodiek of achteraf controleren.

7.3 HET COMPLIANCY-PROCES

Zowel product- als proces-compliancy wordt in een wendbare omgeving geïmplementeerd middels de generieke Definition of Done van de organisatie. Deze Definition of Done wordt door alle ontwikkelteams minimaal gehanteerd. Wel kunnen de ontwikkelteams deze eventueel verrijken met meer specifieke criteria voor hun product of omgeving. In het kader van compliancy is het essentieel dat helder wordt aan welke wet- en regelgeving het product of het proces moet voldoen (en dat deze bij elke aanpassing aan het product opnieuw wordt gevalideerd). De eisen ten aanzien van de proces-compliancy worden weliswaar gevalideerd vanuit de Definition of Done maar moeten daarbij ook ingebed worden in de werkinstructies van de verantwoordelijke entiteiten in het voortbrengingsproces. Dit om eventuele omissies tijdens het voortbrengingsproces te voorkomen.

Kunnen we dan volstaan met een tekst als 'Voldoet aan de AVG-richtlijnen' op de Definition of Done? Hoewel dit mogelijk is, raden we dit sterk af. Het interpreteren van de uitwerking van 'Voldoet aan de AVG-richtlijnen' wordt nu met alleen dit korte zinnetje bij elk team afzonderlijk neergelegd. Om hier als team werkelijk aan te kunnen voldoen is een hoge mate van kennis en inzicht in deze specifieke wet- en regelgeving vereist. Zeker gezien het feit dat steeds meer wet- en regelgeving als intentie wordt beschreven, in plaats van als een set van specifieke kenmerken, neemt de mate van transparantie op het gebied van compliant ontwikkelen sterk af wanneer dit aan eigen individuele interpretatie wordt overgelaten. Terwijl de intentie-beschrijving meer ruimte en autonomie geeft aan het team om zelf te bepalen hoe de intentie waar te maken, is het juist lastiger te bepalen hoe ver het

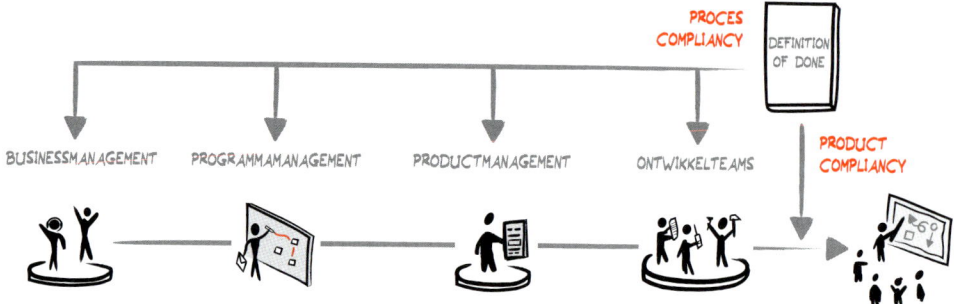

Figuur 7.2 De wijze waarop proces- en product-compliancy als kaders worden ingericht in de keten.

team moet gaan. Kunnen we volstaan met alleen een waarschuwingstekst bij de start van een applicatie of is het de bedoeling dat het in iedere vezel van de applicatie wordt ingebouwd? De intentie-beschrijving van de wet- en regelgeving laat teams achter in een mist aan verdiepende vragen die, wanneer ze onbeantwoord blijven, het succes om een bijdrage te leveren ondermijnt.

De Definition of Done is daarom dé plek om de compliancy-aspecten op te nemen en vereist een transparant proces om met succes de nodige aanpassingen door te voeren. Daarom zijn een drietal stappen nodig om (nieuwe of aangepaste) wet- of regelgeving in de Definition of Done te integreren en daarmee als kader bekend te stellen. Het resultaat van elke stap wordt vastgelegd in een auditlog, zodat de gemaakte keuzes voor een ieder op elk gewenst moment te achterhalen zijn.

De drie stappen zijn:
1. De wet- en/of regelgeving wordt omgezet in SMART-criteria die uniform kunnen worden geëvalueerd, zowel door personen in de voortbrengingsketen als door de ontwikkelteams.
2. De impact wordt bepaald van elk nieuw of aangepast criterium, zowel initieel om (weer) compliant te worden als herhaaldelijk om compliant te blijven.
3. Per criterium wordt bewust een besluit genomen om het criterium wel of niet uit te voeren op basis van opbrengst, risico en /of kosten. Daarmee is het businessmanagement ook eigenaar van alle criteria op de generieke Definition of Done.

7.3.1 Vertaling naar SMART-criteria

In plaats van dat een select clubje van specialisten op het gebied van wet- en regelgeving sporadisch een volledig opgeleverd product beoordeelt op compliancy ten aanzien van die wet- en regelgeving, worden binnen de wereld van enterprise agility continu aanpassingen aan het product doorgevoerd in korte iteraties. De consequentie daarvan is dat het valideren van het voldoen aan de wet- en regelgeving niet langer meer door die specialisten kan worden uitgevoerd en juist veel meer de verantwoordelijkheid is van de teams die het product

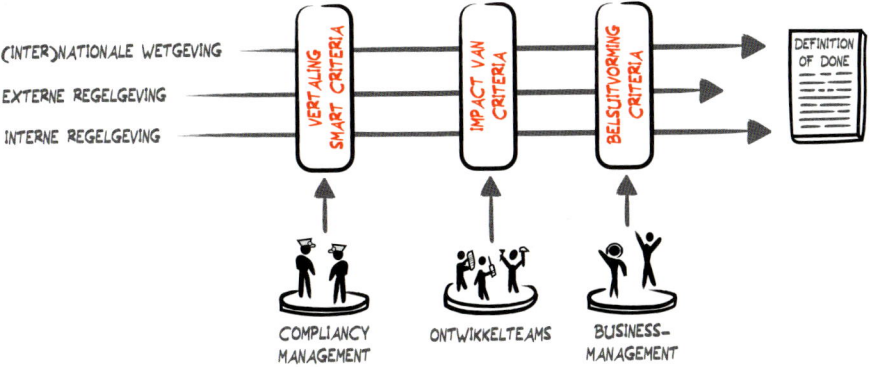

Figuur 7.3 Het besluitvormingsproces om (inter)nationale, interne en externe regelgeving op de generieke Definition of Done te krijgen.

ontwikkelen. De oplossing ligt in het splitsen van het validatieproces. De specialisten op het gebied van wet- en regelgeving besluiten op welke wijze de organisatie invulling wil geven aan de wet- en regelgeving door het specificeren van SMART criteria die uiteindelijk door teams zelf (of de door hun gebruikte tools) continu en met beperkte inspanning worden gevalideerd.

Binnen het speelveld van de organisatie willen we juist meer eenduidigheid en meer transparantie om eventuele risico's tijdig inzichtelijk te hebben. De omzetting van ingewikkelde wet- en regelgeving naar SMART-criteria maakt het mogelijk om beter uitspraken te kunnen doen over het voldoen aan richtlijnen. Daar waar afwijkingen ontstaan, kan in overleg worden gegaan met de specialisten om te bepalen of aanvullende acties noodzakelijk zijn. De criteria worden opgeschreven als eisen waar het product als geheel aan moet voldoen en moeten door de teams met ja of nee kunnen worden beantwoord. Daarnaast wordt het voorzien van een rationale waarmee duidelijk wordt welke baten, risico's of kosten door het toevoegen van het criterium worden beïnvloed.

In de praktijk blijkt het niet eenvoudig te zijn om een goede set van SMART-criteria op te stellen. Al snel wordt toch weer gesproken in algemeenheden die niet tot nauwelijks verifieerbaar zijn. Wanneer de specialisten op het gebied van specifieke wet- en regelgeving al niet in staat zijn om goed onder woorden te brengen wanneer wel of niet wordt voldaan aan de intentie van de wet, is dit voor reguliere ontwikkelteams al helemaal niet te doen. Toets daarom in een vroegtijdig stadium of voorgestelde SMART-criteria ook in de praktijk door de teams te valideren zijn.

7.3.2 Impact van de criteria

Als de gedefinieerde SMART-criteria wordt opgenomen in de Definition of Done van de organisatie hebben deze een enorme impact binnen een tweetal situaties: het compliant worden en het compliant blijven. In de eerste situatie betekent het toevoegen of aanpassen van het criterium, dat alle bestaande producten of werkwijzen moeten worden onderzocht in welke mate deze voldoen aan het nieuwe of gewijzigde criterium. Dit betekent dat naast inspanning voor het onderzoek ook inspanning noodzakelijk is om de producten of werkwijzen op dusdanige wijze aan te passen dat zij weer voldoen aan de Definition of Done. In de tweede situatie ontstaat een situatie waarin bij elke aanpassing van het product opnieuw moet worden beoordeeld of deze nog steeds aan het nieuwe of gewijzigde criterium voldoet, waar eveneens kosten en inspanningen mee gemoeid zijn.

Het beoordelen van de impact kan om beide redenen niet lichtzinnig worden opgevat. Zeker in grotere organisaties waarin veel wet- en regelgeving als kader is opgenomen, kan de impact van het toevoegen of aanpassen van criteria enorm hoog zijn. Zeker bij het (laten) inschatten van de impact komt het meer dan eens voor dat de criteria worden aangepast om de impact van het valideren van de criteria te beperken. Daarnaast is het bepalen van de impact van cruciaal belang voor het nemen van een gefundeerd besluit ten aanzien van het toevoegen of aanpassen van het criterium.

7.3.3 Besluit ten aanzien van de criteria

In de voorgaande stappen is bepaald welke criteria we willen gaan toevoegen, welke baten, risico's of kosten daardoor worden beïnvloed en wat de impact is van het compliant worden en blijven. Het businessmanagement moet op basis van deze afweging in staat zijn om een gefundeerd besluit te nemen ten aanzien van de criteria, waarbij de balans tussen opbrengsten en kosten goed wordt afgewogen. Het niet voldoen aan wet- of regelgeving kan in sommige gevallen voordeliger zijn dan het compliant worden aan die wet- of regelgeving. Het is het proces van het transparant maken van de besluitvorming, zodat hier al dan niet de juiste actie op kan worden ondernomen.

Naast het nemen van het besluit, moeten ook de noodzakelijke randvoorwaarden en middelen ter beschikking worden gesteld. Het is namelijk eenvoudig om 'Ja' te zeggen tegen elke voorgesteld criterium maar zonder de randvoorwaarden en middelen wordt alleen een stroom aan (gerapporteerde) afwijkingen gegenereerd; teams zijn dan namelijk niet in staat hieraan te voldoen. Wanneer alleen de Definition of Done wordt aangepast, zonder eerst het landschap middels een wijzigingsitem compliant te hebben gemaakt, gaat u zien dat de impact van het genomen besluit direct zichtbaar wordt in de snelheid en productiviteit van de teams.

■ 7.4 DE BETROKKEN BINNEN HET COMPLIANCY-PROCES

De chief compliancy officer, kwaliteitsmanagers en/of auditors hebben binnen de organisatie een onafhankelijke rol, om de wijze waarop het kwaliteitsmanagementsysteem is ingericht, periodiek te toetsen. Daar waar zij in het verleden een controlerende (en daarmee vertragende) stap in het voortbrengingsproces hadden (zoals quality gates, vrijgave adviezen, et cetera), hebben ze in enterprise agility een adviserende en coachende rol richting de organisatie. Daar waar zij worden gewezen op of ontdekken dat er verschillen zijn in de uitvoering van toetsingscriteria, kunnen deze binnen de Definition of Done worden bijgesteld of aangescherpt om zo meer alignment te creëren. Daar waar onjuiste interpretaties van bepaalde wetgeving wordt gehanteerd, kunnen fundamentele discussies worden gevoerd met de wet- en regelgever. Daar waar we mogelijk onverantwoorde risico's lopen kan het juiste gesprek met de bestuurders worden aangegaan.

Wanneer het compliancy-proces goed is ingericht en de generieke Definition of Done een goede balans lijkt te bevatten van de noodzakelijke en essentiële kaders, kan de organisatie meer focus leggen op het uitvoeren van haar missie. In een omgeving die continu aan verandering onderhevig is, moeten niet alleen de producten zelf steeds opnieuw worden aangepast. Ook de in de organisatie aanwezige set aan kaders moet steeds weer getoetst worden op toepasbaarheid, relevantie en effectiviteit.

De aanpassing van kaders is niet alleen de verantwoordelijkheid van de kaderstellende afdelingen. Binnen enterprise agility is het belangrijk dat meer generieke afspraken worden gedeeld over alle teams heen en daarin zijn de kaders hét middel om in deze behoefte te voorzien. De kaders fungeren op dusdanige wijze dat de behoefte tot aanpassing van de set aan kaders, zowel kan plaatsvinden vanuit het management en kaderstellende afdelingen, alsook vanuit de teams zelf die in de voortbrengingsketen werkzaam zijn. Door aandacht te hebben voor gewenste kaders die ontstaan vanuit de teams in de voortbrengingsketen, kan vanuit de organisatie optimale ondersteuning worden geleverd om de alignment en autonomie tussen de teams te maximaliseren.

Hoewel de in criteria omgezette wet- en regelgeving op de generieke Definition of Done wordt vastgesteld door het businessmanagement, is het belangrijk deze goed af te stemmen op de behoefte en volwassenheid van de teams. Daar waar het leiderschapsmodel van Hersey en Blanchard het type leiderschap laat afhangen van de taakvolwassenheid van een medewerker (Hersey et al., 2013), zo is het type en aantal kaders binnen de organisatie sterk afhankelijk van de aanwezige skills binnen de teams. Of, om een meer expliciete stelling in te nemen, hoe sterker specifieke skills binnen een team aanwezig zijn, hoe minder kaders noodzakelijk zijn die gerelateerd zijn aan die specifieke competentie.

We nemen als voorbeeld een organisatie waarin niet tot nauwelijks security-kennis aanwezig is binnen de teams. In een dergelijke situatie moeten security-kaders tot op een behoorlijk gedetailleerd niveau worden uitgewerkt om voldoende dekking te geven tegen eventuele security-risico's. Wanneer een team juist veel ervaring op het gebied van security heeft, kunnen zij goed uit de voeten met meer abstracte beschreven concepten die vanuit een security-standpunt relevant zijn.

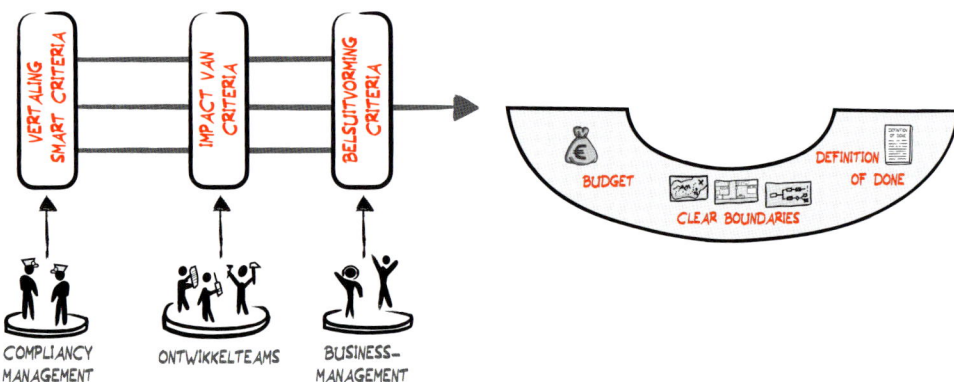

Figuur 7.4 Het compliancy-proces in het ScALE framework geïntegreerd als duidelijke kaders.

Om te voorkomen dat kaders na verloop van tijd alleen maar in aantal toenemen, is het belangrijk dat het management van de organisatie zich tot doel stelt om continu aanwezige kaders vanuit de Definition of Done 'overbodig' te maken. Dit betekent niet dat de betreffende kaders niet langer relevant zijn maar wel dat door het toegenomen competentieniveau van de teams de kaders niet, minder gedetailleerd of op een hoger abstractie kunnen worden beschreven.

Door goed skills management, actief kennismanagement en het continu stimuleren van het lerend vermogen van de organisatie draagt het management, vanuit hun rol, bij aan het creëren van de juiste balans op het gebied van kaders.

■ 7.5   DUS…

Een minimale set van heldere, zinvolle kaders levert bewegingsvrijheid op in plaats van het beperken van die vrijheid. Te weinig kaders kan leiden tot anarchie, te veel kaders tot onverschilligheid. De kracht ligt hier in de balans. Kaders zijn op te splitsen in eisen ten aanzien van het product en eisen ten aanzien van het voortbrengingsproces. Kaders worden gecreëerd door het vertalen van de intentie naar SMART-criteria, het bepalen van de impact en de besluitvorming over het onderwerp. Het snel reageren op verandering vereist wel kaders die niet vastgeklonken zijn maar worden ingezet om maximale ondersteuning te bieden aan de waardeketen. Hoewel doelen en kaders worden vastgesteld door het management, is het belangrijk deze goed af te stemmen op de behoefte en volwassenheid van de teams. De duidelijke kaders worden eveneens geïntegreerd in het ScALE-framework.

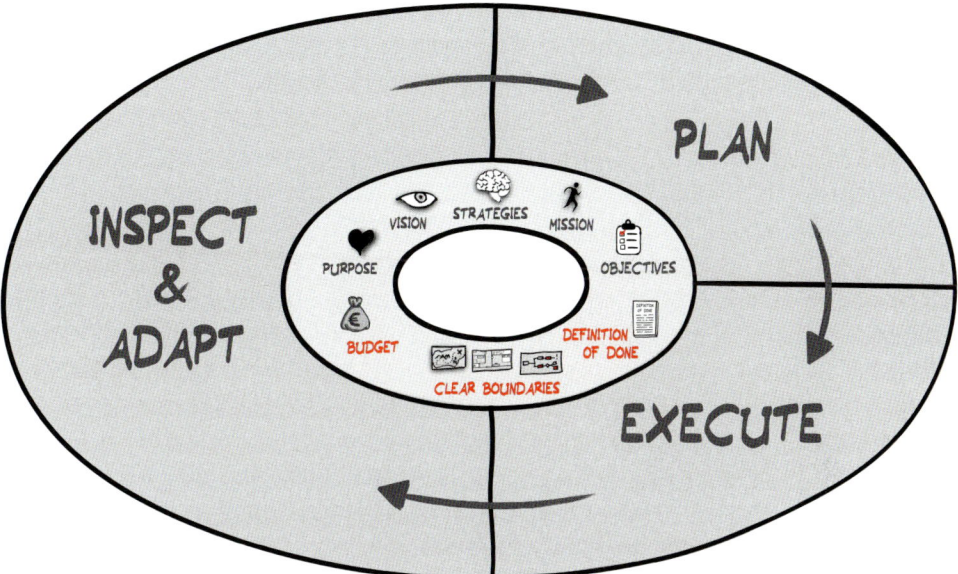

Figuur 7.5 Het ScALE framework met daarin een heldere richting en duidelijke kaders.

B | Agility op het niveau van het team

8 De noodzaak van team agility

In Deel A hebben we gekeken naar de noodzaak van enterprise agility voor (middel-)grote organisatie en in welke situaties enterprise agility wel en niet van toegevoegde waarde is. Voor die gevallen waarin het verhogen van enterprise agility van essentieel belang is, hebben we gekeken naar de onderliggende principes en hun onderlinge interactie. Bij het transformeren van de organisatie komt u echter al snel uit bij de vraag: waar moet u beginnen? In de meeste organisaties zien we in het geval van enterprise agility dat, naar onze mening, de verkeerde route wordt genomen. Dit komt omdat de focus dan wordt gelegd op het woord 'enterprise' in plaats van 'agility'. Principes en processen worden in de meest brede zin van het woord uitgerold over de gehele organisatie, waarbij het aspect 'agility' slechts nog een term is die met weinig betekenis ergens in de documenten wordt geplakt.

Bovenstaande herkennen we niet in een typische start-up. De schoonheid van een start-up zit in het feit dat een dergelijke organisatie snel en wendbaar kan reageren op de markt. Doordat de focus ligt op het werken aan één of slechts enkele waardevolle producten, zijn alle activiteiten binnen deze organisatie geoptimaliseerd op het continu leveren van maximale waarde vanuit het product aan de stakeholders en gebruikers. Door een sterke focus op de zich ontwikkelende behoefte van hun gebruikers zijn ze in staat om oude plannen overboord te gooien en nieuwe ideeën op te pakken. Door continu in te spelen op de laatste inzichten is alles gericht op het creëren van werkende producten, zodat hypotheses zo snel als mogelijk kunnen worden getoetst. Doordat er gewerkt wordt met een beperkt aantal medewerkers zijn multidisciplinaire teams eerder een regel dan uitzondering. Creativiteit in oplossingsrichtingen worden gewaardeerd en er is een grote mate van daadkracht binnen de gehele organisatie.

Enterprise agility komt dan ook voort uit effectieve en efficiënte teams die in samenhang overweg kunnen met de wetmatigheden van het werken in het complex-domein.

■ 8.1 DE ELEMENTAIRE BOUWSTENEN: TEAMS

Enterprise agility geeft (middel)grote organisaties de structuur om, ook met grote aantallen medewerkers, teams en afdelingen, de voordelen van dergelijke start-ups te benaderen. Dit betekent echter wel dat we voor dergelijke organisaties terug moeten naar de absolute basis van agility: effectieve en efficiënte teams. Door de combinatie van nauwe betrokkenheid van de gebruikers en stakeholders en de maximale wendbaarheid tijdens de ontwikkeling van het product zijn dergelijke teams zeer effectief in de uitvoering. Door continu aandacht voor sneller leren wordt eventuele ballast op gestructureerde wijze verwijderd waardoor de efficiëntie van deze teams in het complex-domein steeds verder wordt verhoogd.

Enterprise agility komt dan ook voort uit effectieve en efficiënte teams die in samenhang overweg kunnen met de wetmatigheden van het werken in het complex-domein. Alles en iedereen in de organisatie staat in dienst van de teams die de maximale waarde leveren om te kunnen voorzien in de behoeften van de gebruikers. Snelle en wendbare teams staan direct in verbinding met de gebruikers en worden niet tot nauwelijks afgeleid van hun doel. Door het optimaal onderling laten samenwerken van snelle wendbare teams, zonder het creëren van vertragende factoren, kan de schoonheid van start-ups zoveel mogelijk worden opgeschaald tot het niveau van enterprise agility.

Het correct opschalen van de capaciteit betekent dat in ideale zin de slagvaardigheid van de organisatie vrijwel recht evenredig toeneemt met de beschikbare capaciteit. Daarbij ontstaat in grotere organisaties meer ruimte voor het ondersteunen van deze teams door bijvoorbeeld support of system teams en wordt veelvuldig gebruik gemaakt van enabling-afdelingen zoals infrastructuur of architectuur. Door de grotere diversiteit aan professionals in een multidisciplinair team wordt het mogelijk om actiever kennis en vaardigheden te delen binnen en tussen teams. Het spreekwoord: "Vele handen maken licht werk", komt in gedachte voorbij.

Het effectief werken in het complex-domein is niet gemakkelijk en vraagt veel van teams en zijn mensen. Multidisciplinaire teams zijn noodzakelijk om in verschillende omstandigheden zo goed mogelijk keuzes te maken en de daaruit volgende activiteiten uit te voeren. Teamwerk is niet langer optioneel maar een absolute randvoorwaarde om te kunnen functioneren in dit domein. Aandacht voor vakmanschap en het continu blijven ontwikkelen van kennis en vaardigheden is niet langer vrijblijvend en voordelig maar absoluut noodzakelijk op zowel het niveau van de individu en het team. Het verhogen van de enterprise agility is echt een investering voor de lange termijn en continue van aard, waarbij een grote verantwoordelijkheid ligt bij de organisatie om het beoogde rendement ook te kunnen bereiken.

Ondanks alle voordelen die het opschalen van deze effectieve en efficiënte teams met zich meebrengen, moeten we ons ook zeer bewust zijn dat het opschalen niet alleen effect heeft op de voordelen maar ook zeker effect heeft op de nadelen. Dit effect mag door organisaties niet worden onderschat en kan verstrekkende gevolgen hebben in het succesvol verhogen van de enterprise agility. De nadelige gevolgen, vaak uitgedrukt in toenemende risico's of afnemende meeropbrengsten, zijn terug te leiden tot de formule: risico = kans * effect. De kans dat een risico zich voordoet kan bij het opschalen naar organisatieniveau op twee manieren naar voren komen: binnen de toename van het aantal teams of binnen de toename van het aantal afhankelijkheden. Het effect van beide is in het figuur 8.1 gevisualiseerd.

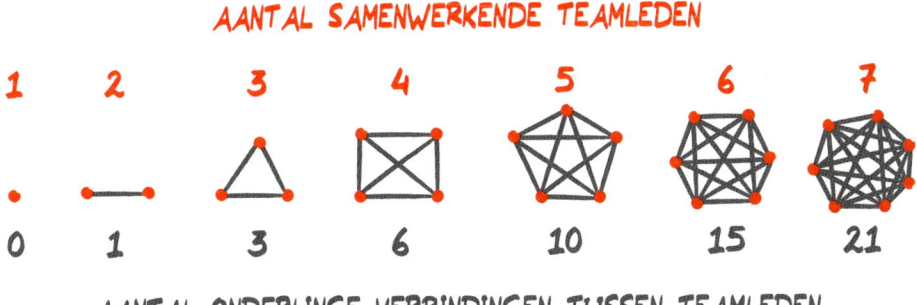

Figuur 8.1 Het effect van afnemende meeropbrengst bij het opschalen van afhankelijkheden.

De belangrijkste risico's of afnemende meeropbrengsten ontstaan daarom tijdens het opschalen op basis van de volgende situaties:
1. Kleine imperfecties binnen de opzet en werking van een team nemen met de toename van het aantal teamleden sterk in aantal toe. De kans dat een imperfectie leidt tot een risico neemt daarbij lineair toe met het aantal teamleden.
2. Kleine imperfecties in de samenwerking tussen teams nemen met de toename van het aantal teams eveneens sterk in aantal toe. De kans dat een imperfectie leidt tot een risico neemt daarbij sterk toe met het aantal teams.
3. Kleine imperfecties kunnen qua effect toenemen met de omvang van de organisatie. Door de toename qua schaalgrootte leiden dergelijke imperfecties tot een risico dat zich qua effect ontwikkelt met de omvang van de organisatie.

Aangezien teams de elementaire bouwstenen zijn in het bereiken van enterprise agility is het van groot belang dat deze zo goed als mogelijk worden ingericht conform de principes van enterprise agility, te weten: sneller leren, eigenaarschap, zelforganisatie, heldere richting en duidelijke kaders. In grotere organisaties ziet u dat de mensen die hiervoor 'aan de lat staan', zoals ervaren scrum masters of agile coaches, vaak een redelijke puristische houding aannemen. Niet omdat ze 'de theorie' zo belangrijk vinden maar omdat ze weten wat het doorgerekende effect is op het geheel, wanneer niet langer sprake is van een enkel team maar een samenspel is tussen vele teams. Net als de radertjes in een uurwerk nauwelijks een afwijking mogen bevatten om het uurwerk op tijd te laten lopen (niet extreem te laten afwijken), zo is het ook van belang om de elementaire bouwstenen zo zuiver mogelijk in te richten, om als gehele organisatie naar dezelfde snelheid en wendbaarheid te groeien.

Wanneer snelle, wendbare teams optimaal worden ingericht om in het complex-domein te opereren én direct samen te werken met de stakeholders en gebruikers, is de basis voor enterprise agility gelegd. Het is interessant om te constateren dat binnen dergelijke teams de principes van sneller leren, eigenaarschap, zelforganisatie, een heldere richting en duidelijke kaders goed zichtbaar zijn. Deze teams zijn als geen ander in staat om steeds sneller te leren wat de behoeften van de gebruikers zijn en hoe deze worden ingevuld. Door de directe relatie met de stakeholders en gebruikers ligt er een sterke voedingsbodem voor het bereiken van een hoge mate van eigenaarschap. Door het ontwikkelen van een heldere richting en duidelijke kaders, wordt zelforganisatie gecreëerd in plaats van ontnomen en zijn de randvoorwaarden ingevuld om zowel op het niveau van een enkel team als op het niveau van meerdere teams de coherente samenwerking optimaal te laten functioneren.

Helaas is het tegenovergestelde ook het geval. Wanneer de teams niet optimaal zijn ingericht voor het werken in het complex-domein, dan levert dit vaak problemen, frustratie en vertragingen op binnen het team. Wanneer pogingen worden gedaan om de enterprise agility te verhogen, zonder eerst naar de optimale inrichting van de enkele teams te kijken, ontstaat een kluwen van ernstige problemen, grotere tot onacceptabele risico's, sterk vertragende afhankelijkheden en andere nadelige gevolgen. Om deze nadelige gevolgen te beheersen wordt dan vaak teruggegrepen op persoonlijke verantwoordelijkheden, meer heldere hand-over momenten, control gates, command & control en stringentere kaders. Exact die maatregelen die de enterprise agility nog verder doet afnemen.

De noodzaak voor agility van teams is dan ook zeer hoog voor organisaties die streven naar het verhogen van enterprise agility. Wanneer een organisatie voor het eerst gaat starten met een transformatie op het gebied van enterprise agility is het belangrijk om direct op een goede wijze de teams te formeren. Voor organisaties die al beschikken over snelle, wendbare teams is het belangrijk om te onderzoeken of deze teams optimaal zijn ingericht om te werken in het complex-domein. In de praktijk ontstaan vaak afwijkingen die de teams hinderen wanneer zij in een groter verband meer moeten gaan samenwerken, wat een negatieve impact heeft wanneer agility verder wordt opgeschaald naar het niveau van de gehele organisatie.

8.2 AAN DE SLAG MET TEAMS

Hoe scheppen we in de praktijk de voorwaarden om deze teams zo goed mogelijk te laten functioneren ten behoeve van de enterprise agility? Hoe geven we een praktische invulling aan de in Deel A behandelde principes? In dit Deel B schrijven wij over de praktische invulling van de verschillende succesfactoren: visie, plan, werkproces, ontwikkeling, verbeteren en valideren. In de ontwikkeling van het product onderscheiden we het **wat** van het **hoe**. Wat betreft het **wat** gaan we aan de slag met het verder uitwerken van de eerste stappen in de richting van het bereiken van de visie (het **waarom**). Hierbij is het noodzakelijk om een werkwijze of werkproces te hanteren die past bij het werken in het complex-domein: het **hoe**.

In enterprise agility kiezen wij ervoor om in te gaan op twee werkwijzen die zichzelf lang en breed in praktische zin hebben bewezen in dit complex-domein: Scrum en Kanban. Het snel, wendbaar werken aan waardevolle behoeftevervulling van de stakeholders en gebruikers zorgt dat we op teamniveau een 'way of work' willen hanteren waarbij we openstaan om te leren van alles wat wij doen. Dat betekent dat u als team zicht wilt hebben op het resultaat van wat u deed en doet. Het beheer van het product krijgt een positie binnen de ontwikkeling. Teams zien het product geboren worden en begeleiden het product tot het eind van 'leven'. Het is van cruciaal belang voor het succesvol zijn van enterprise agility dat het schalen gebeurt op basis van goed werkende teams en een goed werkende invulling van **wat** en **hoe**. Het valideren van het **wat** en **hoe** is onlosmakelijk verbonden met de hoge factor van leren in enterprise agility. Het continu valideren en het vermogen om aan te passen is een onderdeel van het succes van enterprise agility.

Om agility binnen teams te ontwikkelen moet allereerst duidelijk zijn waar het team over langere periode aan gaat werken: de product roadmap. Deze roadmap moet leiden tot een concreet productplan die door het team omgezet kan worden in concrete opleveringen van het product. Door het gebruik van Scrum of Kanban wordt een effectieve en efficiënte werkwijze gehanteerd waarin het product kortcyclisch wordt ontwikkeld en tijdig kan worden bijgestuurd. Met behulp van DevOps wordt niet alleen de focus gelegd op het ontwikkelen van oplossingen maar ook op de levering en instandhouding van die oplossing. De verschillende partijen in de voortbrengingsketen hebben de verantwoordelijkheid voor het valideren van de geleverde waarde.

8.3 DUS...

Enterprise agility komt voort uit effectieve en efficiënte teams die overweg kunnen met de wetmatigheden van het werken in het complex-domein. Het creëren van deze snelle, wendbare teams is essentieel om te kunnen schalen tot het niveau van enterprise agility. De voordelen waarop deze teams werken worden uitvergroot wanneer we schalen naar het organisatieniveau. De nadelen worden uitvergroot wanneer we schalen naar het organisatieniveau en de essentie niet goed is geborgd, met alle gevolgen van dien. Snelle, wendbare teams die direct samenwerken met de business hebben alle elementen in zich om sneller te leren, volledig eigenaarschap te nemen en zowel individueel als in samenhang zelforganisatie toe te passen.

9 Het creëren van een product roadmap

Het ontwikkelen van een plan in het complex-domein is niet eenvoudig. Hoe langer de planningshorizon, hoe groter de kans dat het plan drastisch moet worden aangepast als het geconfronteerd wordt met de werkelijkheid. Een mogelijk gevolg hiervan is dat we veel analyse-werkzaamheden voor niets hebben uitgevoerd. Hoe korter de planningshorizon, hoe groter de kans dat we het lange termijn-doel uit het oog verliezen en nauwelijks producten van enige omvang kunnen realiseren. In hoofdstuk 3 hebben we kunnen zien dat voor het succesvol werken in het complex-domein we meer (en daardoor kortere) iteraties willen introduceren en daarbij het 'Inspect & Adapt' als leeractiviteit willen toevoegen. Zo zijn we in staat om op basis van voortschrijdend inzicht zowel het plan als de uitvoering continu te bij te stellen. Wat als we dit niet zouden doen?

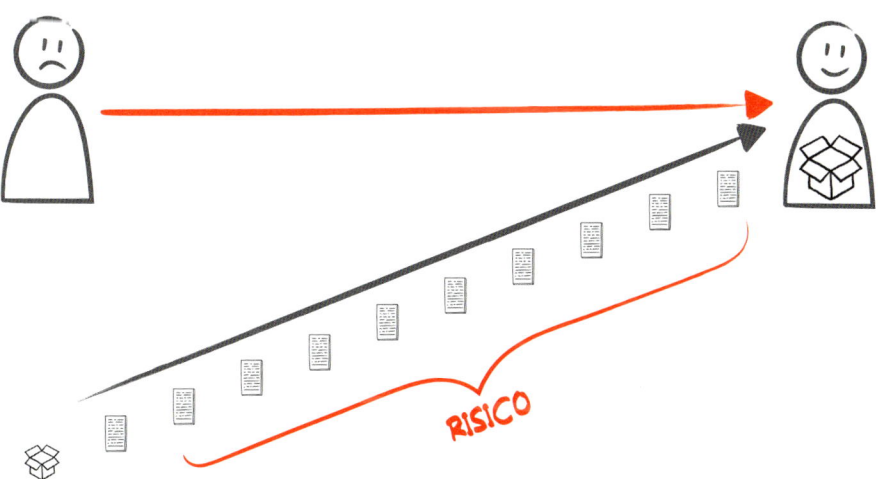

Figuur 9.1 Een uitgebreide, gedetailleerde roadmap vormt een groot risico in het complexe domein.

Terwijl in het complicated-domein het doel helder is, het doel over een verloop van tijd niet beweegt en de omgeving redelijk voorspelbaar of controleerbaar is (zie de solide rode lijn naar een tevreden gebruiker in figuur 9.1), is het efficiënt om het plan voor de gehele periode van tevoren te analyseren en met alle details vast te leggen (zie de dikke zwarte lijn in figuur 9.1). Zouden we deze strakke werkwijze ook willen gaan toepassen in het complex-domein dan leidt dit onvermijdelijk tot behoorlijke risico's en een aanhoudende stroom van herstelwerkzaamheden (zie figuur 9.2). In het complex-domein is het te verwachten dat zowel het doel als de omgevingsfactoren over verloop van tijd veranderen of meer duidelijk worden. Het is in dat geval vooral van belang om besluiten die een meer permanent karakter hebben zo ver mogelijk voor ons uit te schuiven. Hoe flexibeler we de situatie houden, hoe beter we kunnen inspelen op de verwachte veranderingen.

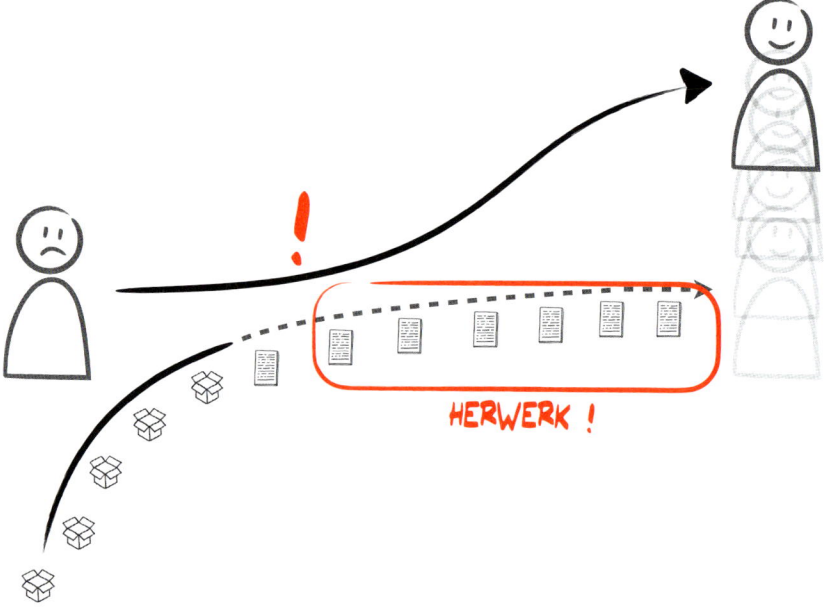

Figuur 9.2 Wanneer het doel gedurende de ontwikkelcyclus verandert, moet al het voorbereidende werk opnieuw worden uitgevoerd.

De kosten van het toepassen van de principes die niet voor het complex-domein van toepassing zijn, worden pas inzichtelijk wanneer het doel scherper wordt, over de tijd verandert of wanneer we achteraf kunnen stellen dat de omstandigheden veranderd zijn. We vinden het moeilijk om veranderingen op een ontspannen manier te accepteren. In de praktijk leidt dit vaak tot het alsnog willen vastzetten van het doel ("... maar dit is wat we hadden afgesproken!"), het bijstellen van de uitvoering ("... we moeten het doen zoals is gespecificeerd!") of het accepteren van behoorlijke vertragingen en oplopende kosten door het volledig moeten aanpassen van alle plannen. Hierbij wordt vaak genoemd dat de zogenaamde 'cost of change' (te) hoog is. We willen dus zoveel mogelijk werken met plannen voor de korte termijn. Als we alle focus leggen op de korte termijn, hoe houden we dan zicht op de lange termijn? Hoe zorgen we voor succes?

Voor het werken in het complex-domein heeft het productplan daarom een specifieke opzet. Door het plan op de lange termijn in grove, globale epics te beschrijven voorkomen we dat we te veel werk moeten weggooien wanneer het plan moet worden bijgesteld. Door het plan op de korte termijn in kleinere, meer gedetailleerd features te beschrijven zorgen we dat voldoende informatie beschikbaar is om de eerstvolgende stappen te kunnen zetten. Deze combinatie van een plan voor de korte én lange termijn vormt de leidraad voor het ontwikkelen van het product en helpt de productontwikkelaars om daadwerkelijk aan de slag te gaan met het leveren van waarde voor de stakeholders en gebruikers. De combinatie van grove uitwerking en gedetailleerde uitwerking zorgt voor richting en flexibiliteit. Door niet alle details van de gehele reis van tevoren compleet uit te werken zorgen we voor keuzevrijheid op het moment dat de keuze het best kan worden gemaakt.

Om optimale waarde te leveren in het complex-domein is het van belang om te weten wat de productvisie is, waar het product zich nu ten opzichte van die visie bevindt, wat de grove stappen zijn om de visie te kunnen realiseren en wat nu de meest belangrijke stap is richting die visie. Dit is helaas eenvoudiger gezegd dan gedaan. Het opstellen van een goede productvisie en productplan vereisen veel inzicht, kennis en vaardigheden.

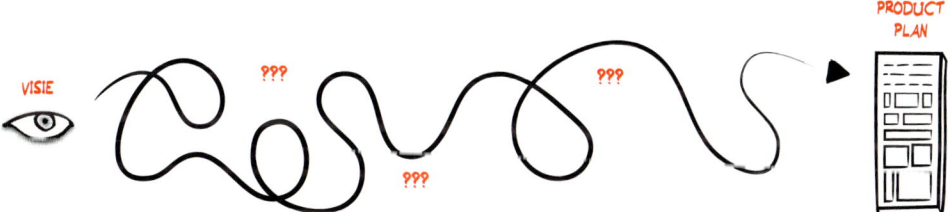

De mensen die verantwoordelijk zijn voor het ontwikkelen van een product lopen dan ook met praktische vragen rond:
- Wat komt er wel of niet op welke wijze op het productplan te staan?
- Hoe ver in de toekomst en met welk detailniveau wordt het productplan uitgewerkt?
- Wat betekent het juist balanceren van een productplan?
- Hoe bepaal ik de waarde van items op mijn productplan, ook als deze onderling nauwelijks vergelijkbaar zijn?
- Hoe wordt de prioriteit van individuele items bepaald?
- Hoe houd ik overzicht over de samenhang van meer omvangrijke producten?

9.1 VAN VISIE TOT PRODUCTPLAN

In hoofdstuk 6 is de noodzaak van visie voor het werken in het complex-domein benadrukt. De noodzaak van een visie geldt niet alleen voor een organisatie die haar enterprise agility wil verhogen, het geldt voor elke vorm van productontwikkeling. Een gemiddeld product is namelijk niet een doel op zich, het product is een middel om een strategische visie mogelijk te maken of te ondersteunen. Het productplan is het emergente resultaat van een voortdurend en iteratief proces van product, verkenning en ontwikkeling.

Het proces om vanuit de overkoepelende visie tot het productplan te komen is niet voorgeschreven; het staat een ieder dan ook vrij om daar een eigen invulling aan te geven. In de praktijk zien we echter vaak dat alle aandacht uitgaat naar het opstellen van het productplan waarin alle werkzaamheden staan benoemd. Het resulteert in onoverzichtelijke details, overmatige complexiteit en nauwelijks samenhang tussen individuele items. Hoewel deze productplannen best enige effectiviteit hebben, is het raadzaam om één of meer hulpmiddelen te gebruiken om een logische lijn inzichtelijk te maken waarin het productplan daadwerkelijk in lijn ligt met de overkoepelende visie. De hulpmiddelen dagen u uit om bewust keuzes af te wegen en geven alle betrokkenen iets om over te praten.

In grote lijnen begint de route met het neerzetten van een overkoepelende visie waar het product een bijdrage aan moet gaan leveren. Door de stakeholders en hun bijbehorende behoefte goed in kaart te brengen, kunnen globale requirements worden opgesteld. Met deze globale requirements veronderstellen we de behoeften te kunnen vervullen en kan gekeken worden naar de waarde die het invullen van deze behoefte met zich meebrengt. Door op abstract niveau het product in kaart te brengen kan beter zicht worden gehouden op de complexiteit waarin de behoefte van de stakeholders en gebruikers zich bevinden. Het uitwerken van de bijbehorende details wordt op een ander moment met een ander hulpmiddel behandeld. Door individuele maar gerelateerde items te clusteren wordt meer samenhang gebracht in het beschikbaar stellen van nieuwe versies van het product. De vaak nog grote items (epics) worden in het productplan geplaatst en per kleiner 'afgebroken' deel 'just in time' uitgewerkt qua mate van detaillering, prioriteitstelling en waarde. Het uitwerken en ordenen van items gebeurt regelmatig en op basis van de ervaringen die met het product in de praktijk worden opgedaan.

Specifieke hulpmiddelen (zie figuur 9.3) als een visiebord en product canvas blijken in de praktijk goed te helpen om de omgeving en omstandigheden in kaart te brengen. Een stakeholdermatrix helpt om duidelijkheid te geven welke doelgroepen in het visiebord relevant zijn. Customer journeys op het product canvas worden vaak uitgewerkt aan de hand van gedefinieerde persona's. Een storymap is een uitstekend instrument om logische, waardevolle releases te definiëren en geeft daarmee richting aan het opleveren van waarde. Het visiebord, het product canvas en de storymap zijn in de praktijk bewezen hulpmiddelen die ondersteunen bij het refinen van het productplan.

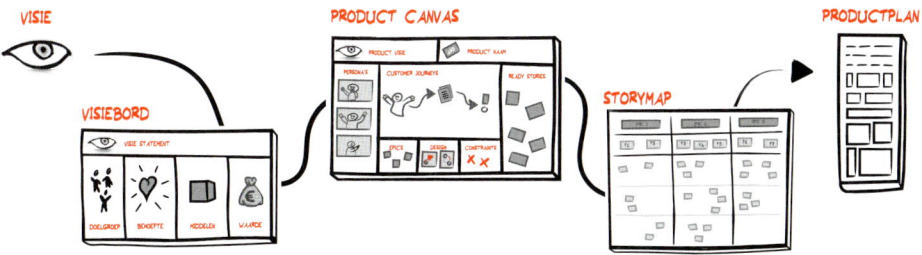

Figuur 9.3 Het visiebord, de product canvas en de storymap zijn bewezen hulpmiddelen die ondersteunen bij het refinen van de product backlog.

9.1.1 Wat is een product?

Er is veel verwarring over wat een 'product' daadwerkelijk is. Zeker in een IT-omgeving wordt product vaak één op één vertaald naar een applicatie, terwijl een applicatie slechts een implementatie is van (een onderdeel van) een product. Minder frequent maar nog steeds mogelijk, bevat één applicatie de implementatie van meerdere producten, ook wel een productsuite genoemd. Het is daarom van belang om helderheid te geven over wat het product nu daadwerkelijk is.

Een product wordt in dit boek daarom gedefinieerd als:
- Een set van functionaliteiten, veelvuldig op technologie gebaseerd, die door klanten, partners of werknemers kunnen worden gebruikt via één of meerdere diensten.
- Een product wordt door vaste teams ontwikkeld en beheerd, waarbij de betreffende teams verantwoordelijk zijn voor de volledige lifecycle van het product.
- Producten zijn groot genoeg om volledig in een specifieke klantbehoefte te voorzien en om maximale waarde toe te voegen. Het verhogen van de productdefinitie[6] heeft de voorkeur boven het verlagen van de productdefinitie.

■ 9.2 HET BEGINT ALLEMAAL MET EEN GOEDE VISIE

Het hebben van een goede visie mag niet worden onderschat. In vrijwel alle gevallen waarin het productplan zich tot onhoudbare proporties heeft ontwikkeld bleek achteraf dat er geen of slechts een vage, vaak niet gebruikte visie aanwezig was. Of de visie ontbreekt geheel. Het tegenovergestelde is ook het geval. Wanneer

---

6 MS Office heeft een hogere productdefinitie dan bijvoorbeeld MS Word, die op zijn beurt een hogere productdefinitie heeft dan de tekstverwerker, spellingschecker, et cetera.

de focus wordt gelegd op het creëren van een goede visie constateren we vaak een goed productplan als resultaat. Er is visie, waar alle betrokkenen zich op kunnen richten. De visie is namelijk een uitstekende meetlat waar items in het productplan aan getoetst kunnen worden. Doordat elk item expliciet wordt gevalideerd aan de hand van de visie wordt continu nagedacht wat het beoogde effect is van ieder item. Wanneer items minder relevant zijn komen ze daardoor lager op het productplan te staan. Relevante items kunnen door de visie beter in samenhang worden geclusterd.

Een goede visie geeft inzicht in de gewenste toekomstige omgeving en de toekomstige situatie. De visie biedt uitdaging voor een langere periode en is voldoende richtinggevend om daadwerkelijk keuzes te kunnen maken. De visie moet alle betrokkenen aanspreken en inspireren. Zeker voor de overkoepelende visie voor het ontwikkelen van producten is het van belang dat deze in lijn ligt met de te bereiken visie en missie van de organisatie als geheel. De visie moet communiceerbaar zijn en bij de verantwoordelijken voor het ontwikkelen van het product 'on top of mind' zijn. Wanneer bij het (re)organiseren van een productplan iemand eerst de visie moet gaan opzoeken, is vaak al duidelijk waar het probleem ligt.

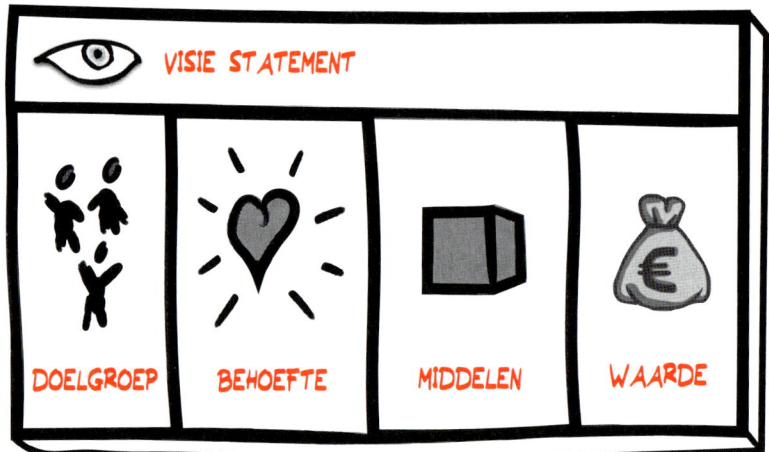

Figuur 9.4 Het visiebord helpt om de productvisie en strategie te beschrijven, te visualiseren en te valideren.

Een handig hulpmiddel voor het verder uitwerken van de visie is het zogenaamde Product Vision Board (Pichler, 2011). Dit visiebord (zie figuur 9.4) helpt om de productvisie en -strategie te beschrijven, te visualiseren en te valideren. Het bord geeft zicht op de overkoepelende visie, de verschillende doelgroepen, hun behoeften, de belangrijkste product features (die invulling geven aan deze behoeften) en de waarde van het product voor de eigen organisatie. Het is een effectief hulpmiddel om snel en eenvoudig de visie en strategie te kunnen valideren bij een grote groep stakeholders zonder in te moeten gaan op alle details van het product. Door de focus te leggen op de elementen van het visiebord verschuift het gesprek vooral naar **wat** het product moet gaan leveren en minder naar **hoe** het product dit gaat leveren.

Een visiebord is een hulpmiddel om in- en overzichtelijk te maken waar u de komende maanden mee aan de slag wilt gaan. Aan de bovenzijde van het visiebord wordt de overkoepelende visie weergegeven. Deze visie moet in ieder geval antwoord geven op de vraag waarom het product überhaupt wordt ontwikkeld en welke impact dit product in de toekomst moet gaan maken. Door de samenhang te zien van de visie met doelgroepen, behoeften, product features en waarde voor de organisatie, zijn mensen beter in staat om de visie te begrijpen of juist de visie verder aan te scherpen. Zelfs zonder gebruik te maken van een samengesteld hulpmiddel als een visiebord is het altijd wenselijk om te vragen naar de hoger liggende visie (het **waarom**) en de in te vullen behoeften (het **wat**).

In de linker kolom op het visiebord worden de doelgroepen of marktsegmenten in kaart gebracht. Deze doelgroepen geven zicht op de relevante partijen zoals klanten en gebruikers. Het is raadzaam om per doelgroep de bijbehorende behoeften en mogelijke product features, waarmee die behoeften vervuld kunnen worden, te noteren. Het is opvallend dat voor een doelgroep de behoeften en product features vaak met elkaar worden verward. Gebruikers geven bijvoorbeeld aan dat zij behoefte hebben aan een specifiek rapport, dus wordt dit bij de behoefte opgeschreven. Wat zouden we dan mogen noteren bij de product feature die deze behoefte zou mogen vervullen? Inderdaad, dit specifieke rapport. De vraag is dan ook waar dit specifieke rapport aan bij kan dragen, wat kunnen zij straks wel wat zij nu niet kunnen. Kennelijk zit er in het verzoek om een specifiek rapport een achterliggende behoefte van deze doelgroep verstopt. Het onderzoeken van de werkelijke behoefte geeft de mogelijkheid om misschien op een andere wijze, met een andere product feature, toch deze onderliggende behoefte te vervullen. We hebben gemerkt dat het verschil sneller duidelijk wordt wanneer we niet praten over 'product features' maar over 'middelen om de behoefte in te vullen'. Het doorvragen met behulp van "Waarom wil u ..., waartoe moet het leiden?" Dit kan helpen bij het onderkennen en onderscheiden van behoeften en middelen.

Rechts op het visiebord wordt gekeken naar de waarde die gegenereerd wordt door het product voor de eigen organisatie, vaak ook gekoppeld aan de behoefte en middelen voor een specifieke doelgroep. Door een koppeling te maken met de doelgroep is het eenvoudiger om discussie te kunnen voeren over eventuele prioriteiten tussen de verschillende doelgroepen. Wanneer de discussie niet eenvoudiger wordt kan er worden gekeken naar de waarde van de gehele productontwikkeling en vormt dit de basis voor de investeringsbeslissing.

Op het complete visiebord vinden we dan de overkoepelende visie als een stip op de horizon, de meerwaarde die het product betekent voor afnemers en de meerwaarde die het product betekent voor de eigen organisatie. Door de structuur van het visiebord is het ook mogelijk dwarsverbanden te onderkennen, te weten:

- Welke doelgroepen hebben de grootste invloed op het bereiken van de gewenste bedrijfsdoelstellingen?
- Welke middelen missen we nog om aan de belangrijkste gebruikerswensen te voldoen?
- Welke combinatie van middelen kunnen we maken waarmee we positieve impact hebben in een bredere set van doelgroepen?

Figuur 9.5 Het visiebord beschrijft de visie, de doelgroepen, hun behoeften, gewenste middelen die de behoeften invullen en de waarde die het oplossen van de behoefte heeft voor de eigen organisatie.

Het visiebord is een handig middel om de ideeën rondom de opgestelde strategie te communiceren met alle stakeholders, zowel vanuit de business als vanuit productontwikkeling. Het visiebord fungeert daarin als praatplaat (zie figuur 9.5) bij veel besprekingen over het product. Door gesprekken te starten met een globaal overzicht van het product ('big picture') wordt het eenvoudiger om eventuele koerswijzigingen snel te kunnen valideren of af te wijzen. In ieder gesprek wordt getoetst of de visie aansluit bij de markt, de stakeholders en/of de eindgebruiker. Daarmee ontstaat in ieder gesprek meer helderheid of ontstaan meer ideeën en wordt of het visiebord daarop aangepast. Daarnaast motiveert en stimuleert het visiebord de mensen die deelnemen aan het ontwikkelproces. Dit visiebord geeft de richting aan en helpt ze om als individu de betere keuzes te maken in het proces van waardecreatie.

Zodra een visie concreet begint te worden en de contouren van een product zichtbaar worden bestaat veelal de neiging om het product met te veel diepgang en detail te gaan beschrijven. Immers, hoe concreter een product wordt uitgewerkt, hoe meer deze de huidige behoefte van de stakeholders adresseert. Het grote gevaar hierbij is dat we aanname op aanname doen doordat er geen tussentijdse feedback komt vanuit het actuele gebruik van het product. Hoe meer is beschreven, hoe minder wordt geëxperimenteerd en hoe groter de drempel is om überhaupt van de (reeds met veel detail beschreven) koers af te wijken. Kortom, overmatige detaillering is strijdig met een wendbare productontwikkeling. Houd het visiebord daarom wel op globaal en enigszins abstract niveau. Wanneer het visiebord onvoldoende houvast biedt door het gebruik van te algemene statements, betekent dit juist dat een verdiepingsslag moet worden ondernomen. Voor het verwerken van meer gedetailleerde aanknopingspunten hebben we ander hulpmiddelen, waaronder het product canvas en de storymap.

In de praktijk blijkt dat men het lastig vindt om, zonder omweg, te praten over onvervulde behoeften. Veel mensen vinden het makkelijker om te klagen over een situatie of te praten in concrete oplossingen. Klagen is een uiting van teleurstelling en geeft een overzichtelijke lijst van dingen die mensen niet willen. Het praten in oplossingen heeft het gevaar in zich dat we aansluiting verliezen met het probleem onder de oplossing. Er zijn voorbeelden genoeg waarin de eerst aangedragen oplossing uiteindelijk het probleem niet verhelpen maar slechts de symptomen bestrijden. Denk bijvoorbeeld aan het snel oplossen van veel verschillende incidenten, zonder grondig onderzoek naar het ontstaan van deze incidenten: het onderliggende probleem van slecht ontwikkelde code.

Terwijl mensen dus makkelijker klagen en in oplossingen praten, kunnen het klagen en de oplossingen worden gebruikt om de onderliggende behoeften boven water te krijgen. Door verdiepende vragen te stellen met de nadruk op het waarom en waartoe, kan via het proces van klagen en oplossingen formuleren alsnog de onderliggende onvervulde behoeften worden gevonden.

■ 9.3   DE STAKEHOLDERMATRIX

Een groot deel van het visiebord draait dus om de doelgroepen, hun behoeften en de mogelijke middelen die deze behoeften zouden kunnen vervullen. Om een goed beeld te krijgen van de meest belangrijke en waardevolle doelgroepen die op het visiebord een plek moeten krijgen, kan gebruik worden gemaakt van diverse instrumenten uit het palet van stakeholdermanagement. Hierbij moet wel rekening worden gehouden dat vaak nog wordt gewerkt met informatieanalisten, functioneel ontwerpers, requirements-analisten, et cetera die onterecht als stakeholder worden gezien.

Een veelgebruikte hulpmiddel bij het onderzoeken van het stakeholder landschap is de zogenaamde invloed- / belang-matrix (Mendelow, 1991).

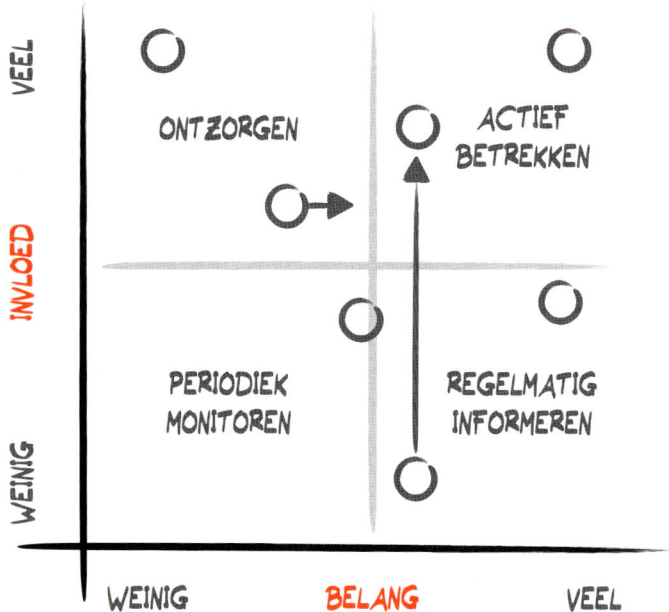

Figuur 9.6 De stakeholdermatrix geeft een goed inzicht op welke wijze met de stakeholders moet worden samengewerkt.

Deze stakeholdermatrix (zie figuur 9.6) is gebaseerd op een tweetal assen en daarbinnen een viertal kwadranten. De verticale as geeft een inschatting van de directe en / of indirecte invloed die een stakeholder kan uitoefenen op de ontwikkeling van het product. De horizontale as geeft inzicht in de mate van belang dat een stakeholder heeft bij de ontwikkeling van het product.

Het opdelen van deze matrix in een viertal kwadranten levert dan de volgende combinaties op:
1. Veel invloed / veel belang
2. Weinig invloed / veel belang
3. Weinig invloed / weinig belang
4. Veel invloed / weinig belang

Iedere combinatie heeft zijn eigen kenmerken. Door het (h)erkennen van deze kenmerken in de positie van uw stakeholders wordt het makkelijker om de intensiteit van hun betrokkenheid gepast en effectief te managen.

Veel invloed / veel belang
De stakeholders met veel invloed en veel belang zijn cruciaal om direct mee samen te werken. Niet alleen hebben zij een belang bij het succesvol ontwikkelen van het

product, zij hebben ook de mogelijkheden om hier als sponsor in op te treden. Als verantwoordelijke voor het ontwikkelen van een product wilt u op zeer frequente basis samenwerken met deze partijen om gezamenlijk met deze stakeholders de visie te realiseren en het productplan te ontwikkelen. Voorbeelden van dergelijke groepen zijn de key users, directe ketenpartners en direct verantwoordelijke opdrachtgevers. Deze groep stakeholders komt zeker in aanmerking om als doelgroep in het visiebord te worden opgenomen. De essentiële activiteit is deze doelgroepen, deze stakeholders, actief betrekken bij de ontwikkeling van het product.

Weinig invloed / veel belang
De stakeholders met weinig invloed en veel belang zijn belangrijk om mee te nemen als het gaat om de richting die het product opgaat. Het is vaak niet mogelijk om de wensen van iedereen mee te nemen in de ontwikkeling van het product, dus deze groep moet vooral goed geïnformeerd worden over de plannen op de korte, middellange en lange termijn. Het is daarbij belangrijk om te bepalen of deze groep voldoende wordt gerepresenteerd door één van de stakeholders met veel invloed en veel belang. Wanneer dit niet het geval is wilt u bewust bepalen of hier actie op noodzakelijk is. Onderzoek bijvoorbeeld of een persoon of groep als representant van deze groep (meer) invloed uit kan oefenen op de ontwikkeling van het product. Typische voorbeeld van dergelijke groepen met weinig invloed en veel belang zijn de reguliere gebruikers, externe partijen en indirecte ketenpartners. Deze groep stakeholders wordt bewust in het visiebord opgenomen als ze wel tot de primaire doelgroep horen maar onvoldoende gerepresenteerd worden door de stakeholders met veel invloed / veel belang. De essentiële activiteit is deze stakeholders actief informeren over de ontwikkeling van het product.

Weinig invloed / weinig belang
Van deze groep kunt u zich afvragen of ze überhaupt als stakeholder moeten worden aangemerkt. In deze groep worden met name doelgroepen geplaatst die tijdens de inventarisatie wel ter sprake komen maar op dit moment nog niet actief zijn ten aanzien van het product. Wanneer op deze plek stakeholder-groepen worden geïdentificeerd hebben ze vooralsnog geen plek binnen het visiebord. Over het algemeen wordt de inspanning beperkt tot het periodiek checken of er (ongewenste) bewegingen plaatsvinden als het gaat om invloed en belang. De essentiële activiteit is het periodiek monitoren of zich hier stakeholders bevinden die naar één van de andere kwadranten moet worden begeleid.

Veel invloed / weinig belang
De stakeholders met veel invloed en weinig belang worden over het algemeen niet meegenomen op het niveau van de doelgroepen in het visiebord. Vaak hebben deze stakeholders een meer kaderstellende functie ten aanzien van de ontwikkeling van het product en zijn ze actief op basis van het groter perspectief. Voorbeelden

van dergelijke doelgroepen zijn afdelingen als infrastructuur, architectuur, privacy en security. Door hen niet mee te nemen in het visiebord, blijft op dit niveau van productontwikkeling de focus liggen op de essentie van het ontwikkelen van waarde; van wat we voor wie om welke reden willen bereiken. Wel is het verdienstelijk om de geïdentificeerde doelgroepen in het veel invloed en weinig belang kwadrant (zoals een CTO of kaderstellende afdeling) te betrekken bij het vormgeven van een ander hulpmiddel: het product canvas. Wanneer we namelijk geen rekening houden met de kaders die vanuit deze stakeholders worden gesteld, kunnen zij hun 'veel invloed' wel op een negatieve wijze laten gelden. Met als mogelijk gevolg, extra vertragingen in de ontwikkeling van het product. De essentiële activiteit is het ontzorgen van deze stakeholdergroep.

Het opzetten van een invloed- / belang-matrix wordt gelijktijdig met het opzetten van een visiebord uitgevoerd. Van iedereen of elke groep die op één of andere wijze wordt genoemd in relatie tot het product wordt bepaald waar deze zich nú op de assen van invloed en belang bevindt, ongeacht of dit de plek is waar we deze doelgroep willen hebben. Over het algemeen liggen deze groepen wat meer op de rechterzijde van deze matrix. Soms kan een aantal individuen in de stakeholdermatrix worden gebundeld omdat ze zich als een gelijksoortige groep gedragen, bijvoorbeeld als opdrachtgevers.

Het kan voorkomen dat een doelgroep zich, vanuit het perspectief van het te ontwikkelen product, in het verkeerde kwadrant begeeft. Dit betekent dat we actief aan de slag moeten met het beïnvloeden van de positie van deze doelgroep. De bewegingen die moeten worden georganiseerd zijn:
1. Het verhogen van het belang van een specifieke doelgroep;
2. Het verlagen van het belang van een specifieke doelgroep;
3. Het verhogen van de invloed van een specifieke doelgroep;
4. Het verlagen van de invloed van een specifieke doelgroep.

Het verhogen van het belang van een specifieke doelgroep
De belangrijkste antwoorden volgen uit vragen als "Waarom zouden ze om dit product geven?" of "Op welke wijze profiteren zij zelf van een succesvolle ontwikkeling van dit product?" Het antwoord is niet altijd eenvoudig te vinden maar kan soms worden gevonden in zaken als: toekomstig beleid, als pilot voor nieuwe regelgeving, als proof of concept van een innovatief concept. Wat onderscheidt dit specifieke product van alle andere producten vanuit het perspectief van deze specifieke doelgroep? Geef antwoord op de vraag "What's in it for them?" Door specifiek aandacht te vestigen op deze elementen kan het belang van een specifieke doelgroep worden verhoogd.

Het verlagen van het belang van een specifieke doelgroep
De belangrijkste actie is het achterhalen waarom deze doelgroep überhaupt interesse heeft in dit specifieke product. Ook is het belangrijk om u zelf de vraag te stellen waarom deze doelgroep minder belang zou moeten hebben. In de meeste gevallen zijn er bijzondere aspecten die de aandacht van deze groep hebben geactiveerd en het is essentieel om vroegtijdig deze aspecten in kaart te brengen. Door voldoende mitigerende maatregelen te nemen, vertrouwen te wekken door betrouwbaar te zijn en actief deze groep te ontzorgen kan het belang van een specifieke doelgroep worden verlaagd.

Het verhogen van de invloed van een specifieke doelgroep
De belangrijkste vraag is hoe we een grotere of moeilijker te definiëren doelgroep als bijvoorbeeld 'gebruikers' meer invloed kunnen laten uitoefenen. Dit kan door bijvoorbeeld het aanstellen van key users of een expert panel die namens de gehele doelgroep hun invloed kunnen uitoefenen. Door middel van digitale ondersteuning kunnen gebruikers bijvoorbeeld stemmen op de belangrijkste features en door middel van (virtuele) roadshows kan een doelgroep meer invloed uitoefenen op de ontwikkeling van het product. Door een goede representatie te organiseren binnen deze groep (zoals een klankbordgroep) kan beter met grotere doelgroepen worden samengewerkt, waardoor de invloed van deze specifieke doelgroep stijgt.

Het verlagen van de invloed van een specifieke doelgroep
De lastigste beweging om te organiseren is het verlagen van de invloed van een specifieke doelgroep, vaak omdat dit tot de meeste weerstand leidt. De meest gebruikte technieken om invloed te verlagen is het verwateren van individuele invloed. Door meerdere personen of doelgroepen niet langer individueel te benaderen maar te bundelen tot één overkoepelende groep neemt de individuele invloed sterk af. Hiervoor zijn verschillende technieken mogelijk. Een dankbare werkvorm is het introduceren van sessies waarin de verschillende gebundelde groepen eerst zelf tot consensus komen en daarna in relatie tot de andere gebundelde groepen tot een gezamenlijk gedragen consensus komen. Hierbij zorgt ieder groepsproces keer op keer dat vanuit alle individuele posities van macht en invloed inzicht ontstaat op het bereiken van een hoger en gezamenlijke visie. Een andere werkvorm is dat elke individuele doelgroep hun individuele top-3 punten integreren tot één geprioriteerde lijst.

Concluderend kunnen we stellen dat de belangrijkste doelgroepen die worden genoteerd op het visiebord zich bevinden in het kwadrant veel invloed / veel belang, aangevuld met een optionele doelgroep uit het weinig invloed / veel belang kwadrant. Daar waar ze niet in het juiste kwadrant zitten, kunnen we interventies uitvoeren om de noodzakelijke beweging voor succes mogelijk te maken. Op basis van het visiebord kunnen nu meer concrete details van het product worden vastgelegd, bijvoorbeeld via het product canvas.

■ 9.4 HET PRODUCT CANVAS

Een handig hulpmiddel voor het vastleggen van meer high level aspecten voor het product is het zogenaamde Product Canvas (Pichler, 2011). Een product canvas (zie figuur 9.7) biedt een overzicht van het te ontwikkelen product en is bedoeld als communicatiemiddel richting alle betrokken partijen. Deze betrokkenen betreffen zowel degenen voor wie het product wordt ontwikkeld als degenen die het product moeten gaan ontwikkelen. Het product canvas richt zich primair op het product dat moet worden gecreëerd.

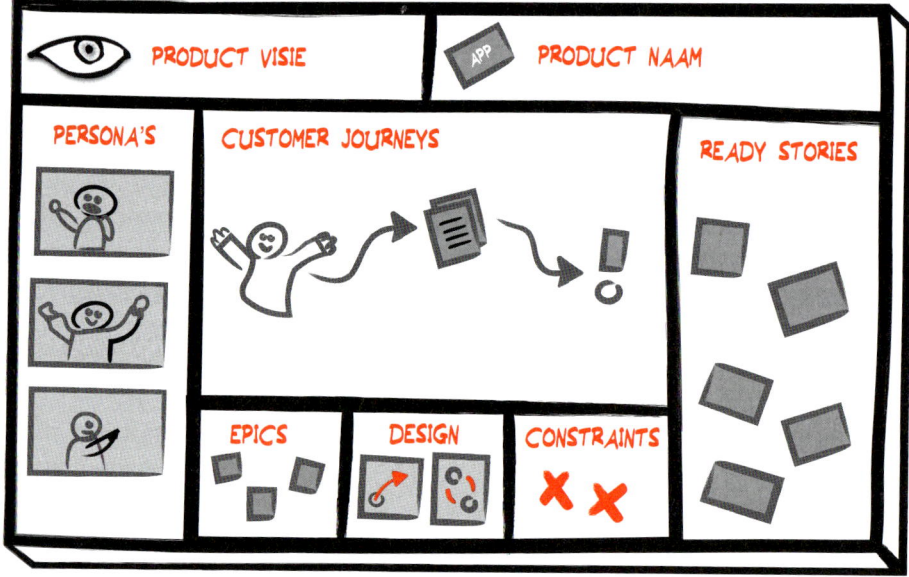

Figuur 9.7 Een product canvas biedt een overzicht van het te ontwikkelen product.

Naast de naam van het product beschrijft het product canvas ook de meer specifieke productvisie. De productvisie is een aanscherping van de algemene visie uit het visiebord en gaat meer in op de toekomstige omgeving waarin het product een belangrijke rol gaat spelen.

De in het visiebord geïdentificeerde doelgroepen met hun behoeften worden aan de linkerzijde van het product canvas verder uitgewerkt, veelvuldig via concept van persona's (zie figuur 9.8). Dit zijn meer stereotypische beschrijvingen van een fictief persoon die exemplarisch zijn voor de doelgroep (of eventuele subgroepen binnen de doelgroep), zodat de specifieke kenmerken beter benadrukt kunnen worden. Door een gedegen set van kenmerken, doelen, behoeften, pijnpunten, et cetera op te nemen in de beschrijving van deze fictieve persoon wordt het inlevingsvermogen van het ontwikkelteam maximaal gestimuleerd. Hierdoor kunnen mensen zich een beter beeld vormen van de individuele personen in de doelgroep en welke beslissingen wel of niet consistent zijn aan de wensen en inzichten van deze groep.

Figuur 9.8 Een persona is een herkenbare representatie van een doelgroep en helpt in de communicatie om snel inzicht te verkrijgen in de betreffende doelgroep.

Het overgrote deel van het product canvas betreft de zogenaamde 'big picture', een high level perspectief op het te ontwikkelen product. Dit is een plek waar veel van de overkoepelende producteigenschappen kunnen worden gevisualiseerd. Denk hierbij aan het inzichtelijk maken van de gewenste gebruikerservaring middels customer journeys, een overzicht van de grove brokken functionaliteit die door het product worden geleverd (genaamd epics), schetsen van het visuele ontwerp (design) en een overzicht van de belangrijkste non-functionele eigenschappen (constraints).

Daar waar het productplan, zeker op de kortere termijn, over veel details beschikt, wordt het product canvas echt gebruikt om overzicht te houden over alle relevante aspecten qua productontwikkeling. Door alle betrokkenen steeds weer mee te nemen naar het overkoepelende productperspectief, is het veel eenvoudiger om van daaruit in te zoomen op meer specifieke details of juist aan te geven dat het op dit moment nog niet relevant is om op gedetailleerd niveau over specifieke items te gaan praten (bijvoorbeeld omdat deze pas in een later stadium in het product worden geïntroduceerd). Door dergelijke elementen wel een plek te geven op het product canvas wordt voorkomen dat deze nu al allemaal in het productplan moeten worden opgenomen met een onoverzichtelijke lijst van details tot gevolg.

Vanuit de 'big picture' kunnen de grove brokken van het te ontwikkelen product worden geïdentificeerd. Deze brokken worden vaak epics genoemd en vormen de rode draad gedurende de productontwikkeling, waarbij steeds weer wordt gekeken welk onderdeel vanuit een epic kan worden gedestilleerd die de maximale waarde voor dit moment oplevert. Daarmee is het product canvas een essentieel hulpmiddel voor het verkrijgen van inzicht in de langere termijn van het productplan, terwijl de meer uitgewerkte features van het meest belangrijke epic juist inzage geven in de kortere termijn.

Figuur 9.9 Het product canvas is een plek om veel algemene aspecten van het product weer te geven die gebruikt worden in de communicatie met alle partijen, waaronder persona's, customer journeys, epics, designs en constraints.

Een product canvas (zie figuur 9.9) helpt om grip te krijgen op de verschillende facetten van de complexiteit van grotere producten. In tegenstelling tot de hierboven beschreven productontwikkeling kan voor dienstontwikkeling verdienstelijk gebruik gemaakt worden van een vergelijkbaar hulpmiddel: het business model canvas (Blockdyk, 2021).

■ 9.5 DE STORYMAP

Het is gebruikelijk om vanuit het product canvas direct de epics op het productplan te plaatsen en van daaruit deze epics op te gaan breken in kleinere features. Om vanuit het product maximale businesswaarde te leveren moeten vaak verschillende features vanuit verschillende epics in samenhang worden opgeleverd om het product echt bruikbaar te maken. Hoe houden we dan overzicht over de logische samenhang tussen de verschillende features, wanneer we met veel verschillende epics moeten werken? Dit is waar een hulpmiddel als een storymap om te hoek komt kijken.

User Story Mapping (Patton & Economy, 2014) is een sterke practice waarmee gebruikers direct in de praktijk aan de slag kunnen. User Story Mapping wordt gebruikt om, vanuit de verschillende epics, meer logisch samenhangende, waardevolle releases op te leveren. Op basis van een storymap (zie figuur 9.10) kunnen kleinere delen uit de epics worden onttrokken die in samenhang een logische, waardevolle release opleveren. De horizontale 'swimming lanes' geven inzicht in de eerstvolgende logische releases en de verticale kolommen geven zicht op de te ondernemen kleinere features in relatie tot de grotere epics. Wanneer het verschil tussen de epics en de features in de 'swimming lanes' te groot wordt ervaren, wordt gebruik gemaakt van een niveau tussen de grootste en kleinste feature van het product, om meer inzicht te hebben in de verschillende brokken, waar vanuit de details worden onttrokken. Door op de kruising van een logische release en een groter brok functionaliteit aan de slag te gaan met het beschrijven van de kleinere delen (waar het concept van user stories voor kunnen worden gebruikt), wordt snel inzichtelijk welke kleinere features, vanuit de verschillende epics, gezamenlijk tot de logische release komen.

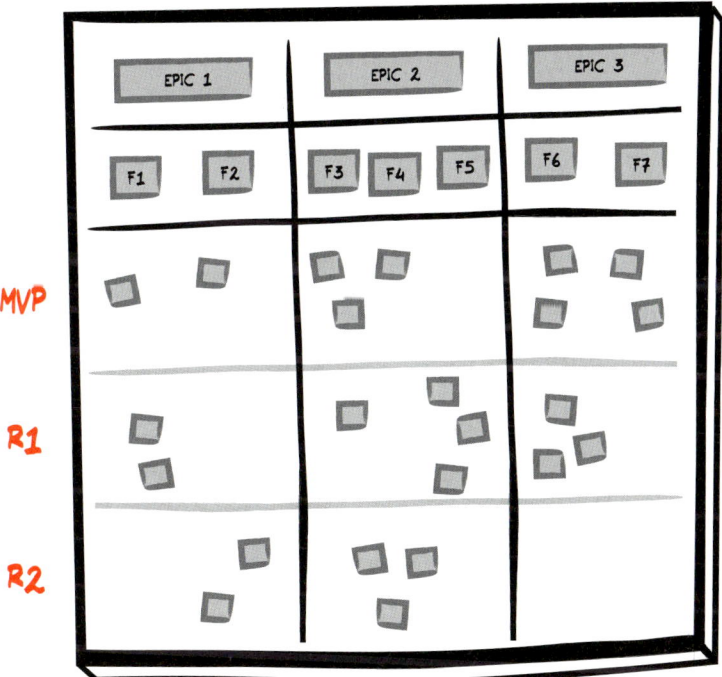

Figuur 9.10 Op basis van een storymap kunnen kleinere delen uit de grote brokken worden onttrokken die in samenhang een logische, waardevolle release opleveren.

Door het bundelen van deze kleinere features en ze gezamenlijk te prioriteren wordt inzichtelijk wat ervoor nodig is om de set aan functionaliteiten compleet op te leveren, niet alleen technisch maar ook qua bruikbaarheid voor de gebruikers. Alleen dan kan er feedback worden opgehaald vanuit het daadwerkelijke gebruik van de applicatie. Door met stakeholders en gebruikers in gesprek te gaan over de elementen die gezamenlijk een logische release vormen, kunnen betere discussies worden gevoerd en bewuste afwegingen worden gemaakt. Immers, hoe kleiner de logische release, hoe sneller deze kan worden opgeleverd en in gebruik worden genomen. Daarbij geldt ook: hoe sneller feedback komt, hoe sneller we kunnen leren en bijsturen.

Een hulpmiddel als een storymap geeft inzicht in de functionaliteit van het product, maakt eventuele gaten zichtbaar en ondersteunt het plannen van releases met een meer holistische waarde voor de gebruikers en de business. Door het gebruiken van een hulpmiddel als een storymap is het vormen (of bijwerken) van een productplan een stuk eenvoudiger geworden. Immers, de gedetailleerde stories van de huidige release kunnen met een hoge prioriteit op het productplan worden opgenomen, terwijl de overige features / epics op een lager niveau qua prioriteit kunnen worden weergegeven. Een bijkomend effect met het werken met logische releases is dat het veel makkelijker is om bij iedere iteratie een doel te benoemen, waarop de focus van alle activiteiten gericht kan worden.

De techniek van User Story Mapping en de storymap (zie figuur 9.11) worden ook gebruikt wanneer een productplan zich ontwikkeld heeft tot een enorme hoeveelheid van features waarvan de samenhang nauwelijks meer kan worden onderkend. Door met behulp van User Story Mapping aandacht te vestigen op het opleveren

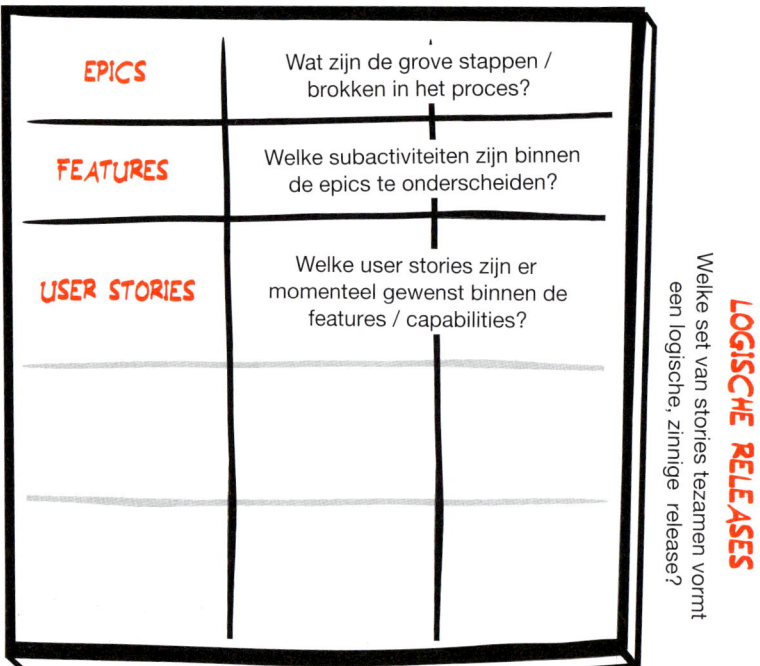

Figuur 9.11 De User Story Map bestaat uit een overzicht van epic (slices), features of capabilities waarbij afgeleide user stories zijn samengevoegd tot logische releases.

van logische releases (bijvoorbeeld gevormd door de customer journey vanuit een product canvas) is het gemakkelijker om de samenhang van de verschillende epics en kleine features een plek te geven. Door het samenbrengen van losse features in kolommen ontstaat in de volgorde van logische releases meer inzicht. Door de verdeling, ordening en de inzichten ten aanzien van de kleine features kunnen de epics en features van het product zich onderscheiden. Kleine features met veel detail die op dit moment geen plek hebben in de eerstvolgende releases kunnen worden verwijderd.

9.6 DUS...

Een goed onderbouwd, op waarde gesorteerd en incrementeel releasebaar productplan wordt afgeleid vanuit de visie en doelen met behulp van instrumenten als een visiebord, product canvas en storymap. Focus op het creëren van een goede visie levert vaak een goed productplan als resultaat. Het visiebord en de stakeholdermatrix zijn geschikte instrumenten om de omgeving in kaart te brengen. Het product canvas is een goed instrument om de overview van het product vast te kunnen leggen. De storymap is een sterk instrument om logische, waardevolle releases op te leveren.

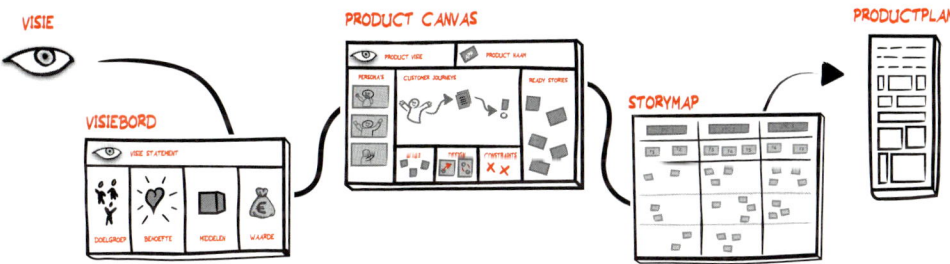

10 Het managen van een productplan

Als we kijken naar het ontwikkelen van een product dan is het uitgangspunt een (product)visie en werken we aan een dynamisch productplan die zowel overzicht biedt voor de lange termijn als voldoende details om te kunnen gaan ontwikkelen op de korte termijn. In de eerdergenoemde hulpmiddelen is vanuit het product canvas al gesproken over het opdelen van het product in epics en vanuit de storymap al gekeken naar het onttrekken van kleinere items uit deze epics. Het opsplitsen van een product in kleinere delen is een essentieel proces om effectief te kunnen werken in een snel veranderende omgeving.

Met de verschillende opleveringen van het product wordt in verloop van tijd toegewerkt naar de productvisie. Het definiëren van het product is dan ook de eerste stap in het opstellen van ons productplan. Het uitwerken van het product (bijvoorbeeld via uitgebreide informatieanalyse, functionele en technische ontwerpen en software architecturen) brengt, zoals we eerder hebben geconstateerd, grote risico's met zich mee. Daarom wordt binnen een dynamische omgeving slechts een beperkte set van informatie vastgelegd en details pas toegevoegd naarmate deze productitems op de meer korte termijn worden gerealiseerd.

Het afsplitsen van kleine, waardevolle items vanuit epics is dé wijze waarop productontwikkeling in het complex-domein plaatsvindt. Daarbij moet elk item op het productplan afzonderlijk kunnen worden opgeleverd en zowel functioneel als technisch compleet zijn. Alleen op deze wijze is het mogelijk om het product continu op te kunnen leveren en vanuit feedback sneller te gaan leren vanuit het gebruik van het product.

Het productplan kan zowel vanuit de (product) visie worden ontwikkeld als vanuit de eerder behandelde hulpmiddelen als het visiebord, het product canvas of de storymap. Het verder ontwikkelen van het productplan vindt plaats in de 'Plan'-fase uit de cyclus Plan | Execute, Inspect & Adapt. Als we meer inzoomen op deze fase herkennen we een viertal logische subfasen, te weten: 1) definiëren, 2) prioriteren, 3) splitsen en 4) plannen.

■ 10.1 DEFINIËREN

Vanuit de visie worden de verschillende productwensen, -behoeften en -ideeën verder geconcretiseerd. In productontwikkeling gaat het om het definiëren van items van waarde, ofwel het definiëren van features om de visie te verwezenlijken. De meest simpele vorm van definiëren van de visie is het vastleggen van de behoefte van bijvoorbeeld de drie grootste doelgroepen in grote, omvangrijke items (epics genoemd).

Het definiëren van goede items voor een productplan is een vak apart. Om continu in gesprek te blijven met de gebruikers is het raadzaam om de items en hieraan gerelateerde waarden te beschrijven vanuit hun perspectief. Zeker om focus te houden op functioneel georiënteerde en afzonderlijk op te leveren items, wordt vaak gebruik gemaakt van het concept van 'user stories'. Een user story is een informele, generieke beschrijving van een functionaliteit geschreven vanuit het perspectief vanuit de gebruiker (Cohn, 2015).

De volgende template kan daarbij worden gebruikt:

```
Als <degene die iets met het product wil bereiken>
wil ik <beschrijving van wat degene wil bereiken>
zodat <achterliggende doel of reden waarom degene dat wil bereiken>
```

Deze stijl van het specificeren van item op het productplan helpt om niet direct naar technische oplossingen te kijken maar in meer generieke vorm naar wat de betreffende persoon met het product wil bereiken. In de meer gedetailleerde items kan dit template worden aangevuld met specifieke requirements die vanuit de verschillende gesprekken met de betrokken personen naar voren zijn gekomen en daarmee meer richting geven aan het ontwikkelen van de gewenste oplossing. De essentie van een user story is dat het een gesprek start tussen de productontwikkelaars en de gebruikers en de belangrijkste details die het gesprek beperken, over verloop van tijd worden toegevoegd.

Om ervoor te zorgen dat middels het productplan ook snel en wendbaar kan worden gestuurd, worden een aantal criteria gebruikt om te toetsen of items op de juiste wijze zijn gedefinieerd. Deze criteria staan bekend als de INVEST-criteria (Wake, 2003). Dit principe specificeert dat elk item voldoet aan de volgende criteria:

- **Independent**: elk item op het productplan moet afzonderlijk van andere items kunnen worden opgeleverd. Hoewel dit één van de lastigste principes is, zorgt dit principe ervoor dat items op het productplan op elk mogelijk moment kunnen worden toegevoegd, gewijzigd, geherprioriteerd of verwijderd zonder dat dit impact heeft op de overige items.
- **Negotiable**: elk item is abstract genoeg om er later verdere details aan toe te voegen. Met het gebruik van een user story template worden nauwelijks details vastgelegd maar alleen de essentie op basis waarvan verdere besprekingen plaats kunnen vinden. Over verloop van tijd kunnen meer details worden toegevoegd.
- **Valuable**: elk item moet waarde hebben voor de gebruiker. Hoewel soms aanpassingen om technische redenen noodzakelijk zijn, is het toch belangrijk om de waarde hiervan voor de gebruiker op een begrijpelijke wijze weer te geven. Alleen door de waarde sterk inzichtelijk te maken kunnen continu kosten / baten-afwegingen worden gemaakt.
- **Estimable**: elk item moet op verwachte inspanning kunnen worden ingeschat. Wanneer voor een item een te grote bandbreedte wordt afgegeven omdat deze nog te veel opties bevat, kunnen meer afspraken worden gemaakt, die meer inzicht geven in de scope van het gewenste item.
- **Small** (enough): elk item moet qua omvang passen bij de granulariteit die past bij de set van items. Een veelgebruikte range van items zijn de classificaties epics, features en user stories.
- **Testable**: elk item moet dusdanig helder zijn dat het mogelijk is om een test te schrijven die de gewenste behoefte valideert. Wanneer het lastig is om een bepaalde behoefte te testen, betekent dit vaak dat het item nog onvoldoende duidelijk is en verdere gesprekken hierover noodzakelijk zijn.

Tijdens het prioriteren worden alle items op het productplan onderling gerangschikt op basis van de verwachte waarde in relatie tot de te verwachten inspanning.

10.2 PRIORITEREN

Items van grote waarde en weinig inspanning krijgen over het algemeen een hogere prioriteit dan items van een lagere waarde en een hogere inspanning. Ook kunnen items meer prioriteit krijgen omdat ze bijvoorbeeld vóór een bepaalde deadline moeten worden ontwikkeld of omdat ze op termijn juist andere items mogelijk maken.

Wanneer (schaarse) capaciteit wordt ingezet om omvangrijke items om te zetten tot nieuwe incrementen van het product, is het van belang dat iedereen ervan op aan kan dat er steeds weer gewerkt wordt aan de items die op dit moment de hoogst mogelijk waarde opleveren. Om deze reden is het van belang om continu de items ten opzichte van elkaar te blijven (her)prioriteren.

Het proces van prioriteren kan worden ondersteund met verschillende hulpmiddelen die zicht geven op vragen als:
- Welke behoefte (vanuit het visiebord) is op dit moment het meest belangrijk?
- Welke customer journey (vanuit het product canvas) heeft de hoogste impact?
- Welke items moeten anders worden geprioriteerd om de waarde van een logische release (vanuit de storymap) te verhogen?
- Welke items geven ons het beste zicht op de haalbaarheid van het product en / of haar nieuwe features?

Er zijn verschillende mogelijkheden om de waarde van items vast te stellen. De ene organisatie stelt de businesswaarde vast met de key users via relationele inschattingen van de waarde van items. Andere organisaties maken gebruik van de techniek uit operations management genaamd de weighted shortest job first (Reinertsen, 2009), waarbij de prioriteit wordt bepaald door het delen van de zogenaamde cost of delay (de kosten die het uitstellen van een item met zich meebrengt) door de job size (omvang van het item). De cost of delay is daarbij een gewogen set van factoren die specifiek is voor de betreffende organisatie of de generieke set van gebruikerswaarde, tijdkritische aspecten, risico reductie of opportunity enablement.

10.3 SPLITSEN

Het kort-cyclisch ontwikkelen van waarde is, ten behoeve van het sneller leren, een voorwaarde om succesvol te functioneren in het complex-domein. Te grote en grove items kunnen door hun omvang niet kort-cyclisch worden ontwikkeld. Voordat de items van de hoogst mogelijke waarde kunnen worden opgepakt, moeten we vanuit de té grote items kleinere items van minder omvang gaan afsplitsen. Dit proces wordt ook wel het slicen van items genoemd. Bij het afsplitsen wordt een klein deel geëxtraheerd uit het omvangrijke item, waarvan op basis van de gesprekken met de stakeholders en gebruikers is vastgesteld dat dit het meest belangrijke deel is van het grotere item.

Door het slicen van items worden de omvangrijke items minder omvangrijk en ontstaan nieuwe, kleinere items die worden geprioriteerd. Het proces van het definiëren, prioriteren en splitsen is daarmee een continu proces. Dit is echter ook meteen het gevaar. Als we continu grotere items kunnen blijven splitsen, hebben we dan niet binnen de kortste keren een enorme waslijst van honderden (en soms duizenden) kleine items? Om deze reden is het van belang om bij het splitsen niet alleen te kijken naar wat moet worden gesplitst maar ook wánneer het moet worden gesplitst. Dit laatste heet het balanceren van het productplan. Door niet meer te splitsen dan voor de korte termijn nodig is, behouden we de wendbaarheid en het overzicht op de middellange en lange termijn.

Bij het slicen van items is het daarnaast van belang dat elk nieuw onderdeel afzonderlijk nog steeds waarde levert. Bij elk nieuw onderdeel wordt getoetst of het logisch is wanneer deze afzonderlijk aan de gebruiker ter beschikking wordt gesteld of hij / zij daar dan blij van wordt (ook wel verticaal slicen genoemd). Dit voorkomt dat producten op een technische wijze worden gesplitst, bijvoorbeeld door eerst de data-laag te ontwikkelen, dan de user interface en vervolgens de tussenliggende services (ook wel horizontaal slicen genoemd). Alleen door nieuw afgesplitste items goed te definiëren en op basis van INVEST te valideren borgen we dat een continue stroom van waardevolle software voor de stakeholders en gebruikers wordt verzorgd.

De focus bij het splitsen van items ligt op het creëren van maximale gebruikerswaarde. Hierdoor loopt u de kans dat u door tunnelvisie geen mogelijkheden meer ziet om een item voor een gebruiker nog verder op te splitsen. Hierdoor ontstaat de verleiding om toch items te prioriteren die over meerdere sprints heen pas inzicht en / of waarde op gaan leveren. Om tunnelvisie te voorkomen kan gebruik worden gemaakt van zogenaamde slicing patterns. Deze patterns bieden verschillende perspectieven hoe een item verder kan worden gesplitst.

POSSIBLES is een set van slicing patterns die u kunt gebruiken en staat voor:
- **Persona's**: dit perspectief laat u kijken naar de verschillende persona's en / of rollen die in het te splitsen item eventueel nog verweven zitten. Is het mogelijk om een specifieke persona of rol binnen de persona af te splitsen van het groter item?
- **Operations**: dit perspectief laat u kijken naar de verschillende handelingen die worden ondersteund door het item. Is het bijvoorbeeld mogelijk om een specifieke handeling als creëren, lezen, updaten of verwijderen af te splitsen van het grotere item?

- **Simplicity**: dit perspectief laat u kijken naar het meest eenvoudige (maar nog steeds waardevolle) onderdeel in het grotere item. Is het mogelijk om bijvoorbeeld eerst dit simpele onderdeel af te splitsen en op een later moment pas de meer ingewikkelde onderdelen?
- **Sequence**: dit perspectief laat u kijken naar de volgorde van handelingen. Is het mogelijk om de essentiële handelingen af te splitsen van het grotere item en in een later stadium de andere handelingen?
- **Input**: dit perspectief laat u kijken naar de verschillende typen input. Is het mogelijk om eerst een enkele, vaak eenvoudigere vorm van input te accepteren en later alternatieve, meer ingewikkelde vormen? Of juist eerst de verplichte en pas later de optionele input?
- **Business rules**: dit perspectief laat u kijken naar verschillende business rules die in het grotere item aanwezig zijn. Is het mogelijk om een beperkte set van business rules nu af te splitsen en de rest van de business rules op een later tijdstip te ontwikkelen?
- **Levels**: dit perspectief laat u kijken naar verschillende mate van detaillering. Is het mogelijk om eerst een grof, vaak wat eenvoudiger deel af te splitsen en later door de opvolgende items meer details toe te voegen?
- **Effort**: dit perspectief laat u kijken naar het meest eenvoudige deel van het bovenliggende item. Is het mogelijk om eerst de kern te ontwikkelen of een meer eenvoudige weergave en pas later een meer volledig en compleet item?
- **Spike**: dit perspectief wordt vaak pas gebruikt als het niet gelukt is met één van de andere perspectieven logische onderdelen af te splitsen. Is het mogelijk om eerst op basis van het grotere items een experiment uit te voeren om meer inzicht te krijgen in plaats van het hele item in één keer te moeten realiseren?

10.4 PLANNEN

De geprioriteerde items van verschillende waarde en geschatte effort (omvang) worden opgenomen in een zich continu ontwikkelend productplan. Het plannen van de activiteiten wordt ondersteund door de eerdergenoemde hulpmiddelen als visiebords, product canvassen en storymaps. Deze hulpmiddelen helpen het inrichten en het borgen van de feedback-lussen, waarmee de beleving van de huidige staat van het product zo snel en goed mogelijk kan worden getoetst bij de gebruikers en stakeholders. De items op het productplan zijn dusdanig opgezet dat deze steeds kunnen worden ge(her)prioriteerd, verwijderd of gesplitst.

Daar waar in een projectmatige omgeving het plan op een gegeven moment wordt bekrachtigd en geaccordeerd, waarna de executie plaatsvindt, blijkt dit in het complex-domein een zinloze actie te zijn. Op basis van de continu veranderende omgeving en de nieuwe inzichten moet het productplan immers steeds weer opnieuw worden bijgewerkt. Het maken van een plan wordt dan ook vervangen door de activiteit van het continu plannen.

Het is niet alleen belangrijk dat een productplan wordt ontwikkeld en gemanaged maar ook dat deze voor iedereen transparant en voor iedereen inzichtelijk is. Omdat het abstractieniveau van de items op het productplan sterk kan verschillen moet ook worden geborgd dat iedereen het productplan op juiste wijze interpreteert en de context van individuele items ook wordt begrepen. Het productplan is daarom ook een belangrijk communicatiemiddel naar alle betrokkenen rondom het product, zowel aan degene die de behoefte hebben gesteld, de gebruikers van het uiteindelijke product als degene die verantwoordelijk zijn voor haar ontwikkeling.

10.5 DUS...

Door een continu proces van definiëren, prioriteren en slicen van items wordt een goed onderbouwde, op waarde gesorteerd en incementeel releasebaar productplan gecreëerd. Tijdens het definiëren wordt de optimale hoeveelheid informatie bijeengebracht welke noodzakelijk is gegeven de prioriteit en granulariteit van het item. Tijdens het prioriteren worden alle items op het productplan onderling gerangschikt op basis van de verwachte waarde in relatie tot de te verwachten inspanning. Voordat items van de hoogst mogelijke waarde kunnen worden opgepakt, moeten we vanuit eventuele té grote items, kleinere items van meer beperkte omvang gaan afsplitsen (slicen). Het doel is om een continue stroom van kleine, bruikbare versies van het product op te leveren en hier feedback vanuit de gebruikers op te ontvangen. Alle items op het productplan zijn dusdanig opgezet dat deze steeds kunnen worden toegevoegd, ge(her)prioriteerd, verwijderd of gesplitst.

Het proces van productontwikkeling, van visie tot een goed gebalanceerd en geprioriteerd productplan, is toegevoegd aan het eerder gepresenteerde framework van plan, execute, inspect & adapt. De onderliggende cyclus van plan, execute, inspect & adapt maakt dat ook het definiëren, prioriteren en slicen van items een continu proces is. Dit resulteert daarmee in de volgende representatie van het framework.

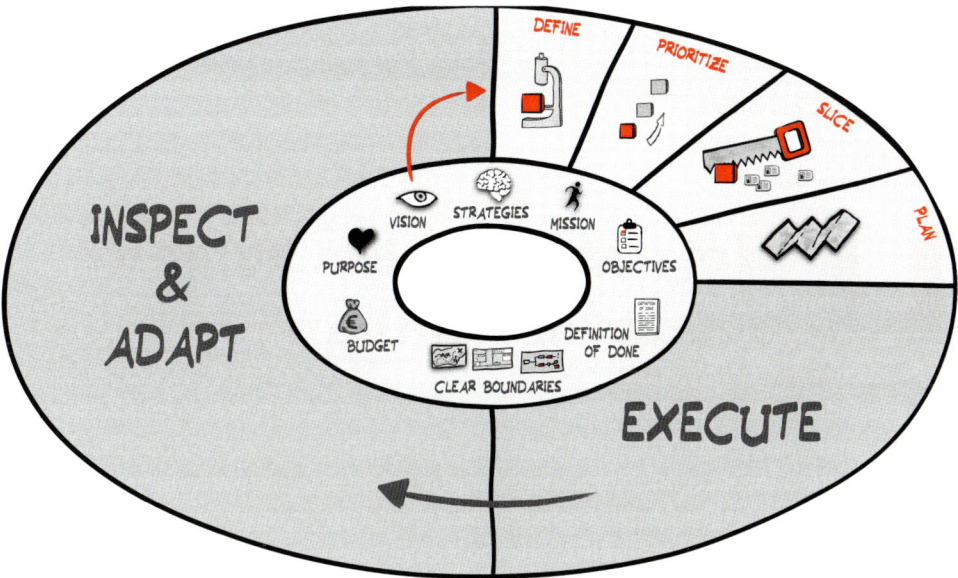

Figuur 10.1 Het ScALE framework uitgebreid met: define, prioritize, slice en plan.

11 Het ontwikkelen volgens Scrum of Kanban

In eerdere hoofdstukken is veel tijd besteed aan het creëren van een gedegen visie, een heldere richting en daarmee duidelijkheid over wat *het juiste* is om te gaan ontwikkelen. Daarmee voorkomen we dat veel tijd en energie wordt gestopt in het ontwikkelen van iets dat op lange termijn onvoldoende of zelfs geen waarde oplevert. Zonder alle ideeën om te zetten in daadwerkelijke actie, komt u uiteindelijk ook nergens.

Visie zonder actie is dagdromen. Actie zonder visie is een nachtmerrie.

Japans spreekwoord

Het organiseren van een structuur waarmee zowel snel als wendbaar een product kan worden ontwikkeld is een vraagstuk die mensen al sinds het begin van de softwareontwikkeling heeft beziggehouden. Hoewel initieel veel best practices zijn geleend uit de projectmatige, sequentiële aanpak, bleken deze niet aan te sluiten bij de wendbaarheid die noodzakelijk is voor het werken in het complex-domein. Empirisch onderzoek bij software engineering-projecten heeft uitgewezen, dat projecten in het complex-domein die uitgevoerd werden over een korte tijdspanne tot veel betere resultaten leiden dan projecten die een grotere tijdsperiode besloegen (Digital, ai, 2022). Als dit het geval is, waarom zijn kortlopende projecten dan niet een standaard geworden voor het werken in het complex-domein?

Het probleem is dat het verkorten van de tijdsperiode van een regulier sequentieel project omvangrijke consequenties heeft op andere gebieden; het vergroot de impact van onderlinge afhankelijkheden, het vergroot de inefficiëntie die optreedt door die afhankelijkheden en het vergroot de uitdaging in het succesvol managen van een serie van dergelijke projecten. Bij kleinere projecten zijn slechts tijdelijk specialistische kennis en vaardigheden noodzakelijk; het optimaliseren van de inzet van dergelijke specialistische kennis en vaardigheden is een uitdaging van formaat. Het beheersen van een systeem van dermate veel afhankelijkheden zou een hoge mate van controle, rigide afspraken en sterke governance vereisen. Dit komt de snelheid, wendbaarheid maar ook de kwaliteit van de productontwikkeling niet ten goede.

Begin jaren negentig van de 20ste eeuw werden door verschillende groepen alternatieve software-ontwikkelingsmethodologieën gecreëerd, ofwel ontdekt, om zo een antwoord te hebben om ook in een (hoog) dynamische omgeving producten succesvol te kunnen ontwikkelen. Voorbeelden van dergelijke methodologieën zijn Scrum, Crystal, DSDM, eXtreme Programming en Adaptive Software Development. Hoewel elke methodologie of framework andere oplossingen biedt om effectief producten te ontwikkelen in het complex-domein, hebben de onderliggende inzichten uiteindelijk in 2001 geleid tot een gezamenlijke overeenkomst, wat de opstellers hebben opgeschreven als het 'Manifesto for Agile Software Development' (Beck et al., 2001).

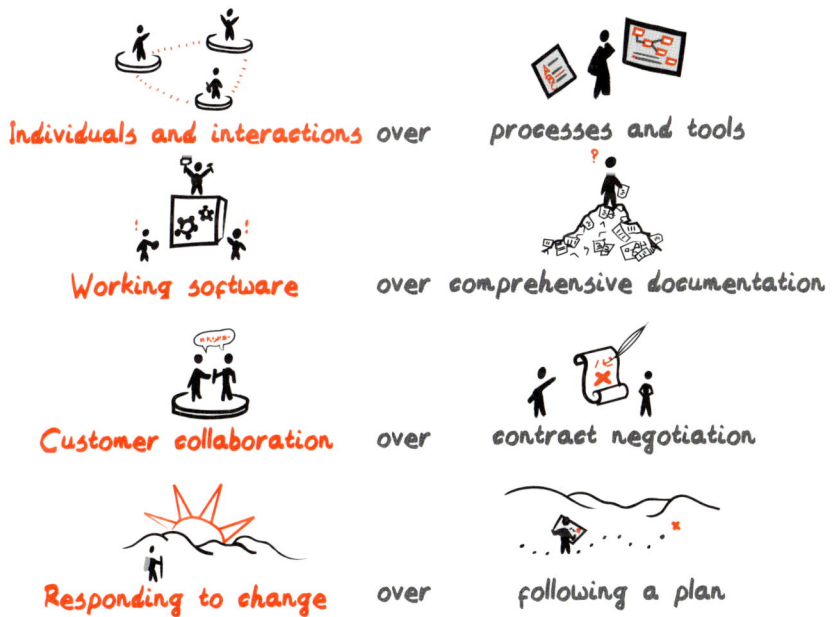

Figuur 11.1 Het Manifesto for Agile Software Development.

Hoewel veel mensen de waarden van het Manifesto for Agile Software Development goed kennen, worden de onderliggende principes van dit Manifesto nog te vaak (on)bewust vergeten of genegeerd. De principes van het Manifesto worden nog te vaak als 'goede voornemens' gehanteerd in plaats van als expliciete richtlijnen. Met het negeren van deze agile principes wordt het op verantwoorde wijze ontwikkelen van producten in het complex-domein lastig tot ronduit risicovol. Niet voor niets zijn dan ook voldoende voorbeelden voorhanden van projecten die niet geheel volgens de waarden van het Manifesto zijn ontwikkeld en zodoende volledig uit de hand zijn gelopen. Met als gevolg dat het grootschalig ontwikkelen volgens de agile-principes voor een lange tijd is tegengehouden.

De principes[7] van het Manifesto zijn:
1. Our highest priority is to satisfy the customer through early and continuous delivery of valuable software.
2. Welcome changing requirements, even late in development. Agile processes harness change for the customer's competitive advantage.
3. Deliver working software frequently, from a couple of weeks to a couple of months, with a preference to the shorter timescale.
4. Business people and developers must work together daily throughout the project.
5. Build projects around motivated individuals. Give them the environment and support they need, and trust them to get the job done.
6. The most efficient and effective method of conveying information to and within a development team is face-to-face conversation.
7. Working software is the primary measure of progress.
8. Agile processes promote sustainable development. The sponsors, developers, and users should be able to maintain a constant pace indefinitely.
9. Continuous attention to technical excellence and good design enhances agility.
10. Simplicity - the art of maximizing the amount of work not done - is essential.
11. The best architectures, requirements, and designs emerge from self-organizing teams.
12. At regular intervals, the team reflects on how to become more effective, then tunes and adjusts its behavior accordingly.

De methodologieën en frameworks die deze waarden en principes goed ondersteunen bieden een structuur waarin op verantwoorde wijze producten worden ontwikkeld die maximale waarde leveren aan de gebruikers. Het samenspel van deze waarden en principes heeft inmiddels de tand des tijds doorstaan en kan niet langer meer worden afgeschreven als een 'ideologische maar onrealistische idee'.

---

[7] De Engelstalige versie van de principes zijn opgenomen doordat in de vertaling naar het Nederlands de essentie vaak niet goed naar voren komt.

11 Het ontwikkelen volgens Scrum of Kanban

Hoewel veel methodologieën en frameworks in de theorie over het algemeen goed in elkaar zitten, blijkt de praktijk vaak veel weerbarstiger. Binnen no-time worden 'extra practices toegevoegd' of 'bestaande practices geoptimaliseerd' om beter aan te sluiten bij de bestaande praktijk binnen organisaties, zonder daarbij te valideren of de principes die nodig zijn voor het verantwoord ontwikkelen in het complex-domein nog worden gerespecteerd.

In de dagelijkse praktijk komen we enorm veel voorbeelden tegen die (goedbedoeld) **lijnrecht tegenover** de principes van het Manifesto voor Agile Software Development staan, zoals:

1. Producten worden iteratief in plaats van incrementeel ontwikkeld waardoor weliswaar voortdurend technisch werkende software wordt ontwikkeld maar pas na lange tijd functioneel in gebruik kan worden genomen.
2. Producten worden gevalideerd aan de hand van de roadmap in plaats vanuit het actuele gebruik en mogelijke veranderende behoefte dan wel omstandigheden, waardoor de veranderde behoefte pas bij ingebruikname van het product wordt geconstateerd.
3. De Definition of Done betreft alleen het ontwikkelen van software maar bevat niet de deployment en het release-proces waardoor het product slechts zeer infrequent ter beschikking van de gebruikers kan worden gesteld.
4. De business heeft geen tijd / prioriteit om dagelijks met de ontwikkelaars samen te werken waardoor via proxy-mechanismen getracht wordt de mening van de business te vertegenwoordigen.
5. Veel extra noodzakelijke tijd, inspanning en afhankelijkheden komen voort uit geïntroduceerde controlemechanismen, opgelegde standaardisatie en productiviteitsverantwoording van de teams die het werk uitvoeren waardoor zij sterk worden beperkt in het opleveren van het gewenste product.
6. Onder de noemer van 'het nieuwe werken' is minder kantoorruimte beschikbaar en zijn in bedrijfspanden nauwelijks nog effectieve teamruimtes aanwezig omdat mensen geregeld vanuit huis moeten werken en panden worden ingedeeld op basis van flex-principes, waardoor de teams nauwelijks gefaciliteerd worden om face-to-face met elkaar kunnen overleggen.
7. Key performance indicatoren als stories completed en velocity zijn de belangrijkste maat voor voortgang, waardoor slechts sprake is van fictieve in plaats van daadwerkelijke voortgang.
8. Commitment vindt plaats op geselecteerde items in plaats van een overkoepelende doelstelling, waardoor bij onvoorziene situaties continu druk wordt uitgeoefend om alle gecommitteerde items koste wat kost af te ronden in plaats van een beheersbaar tempo na te streven.
9. Alle focus ligt op het opleveren van functionaliteit in plaats van een gedegen ontwerp of hoge technische kwaliteit van het product, waardoor de achterstand in onderhoud per iteratie steeds verder oploopt tot het

moment dat het product niet langer onderhoudbaar is geworden. In extreme gevallen kan zelfs de Definition of Done worden afgezwakt om meer functionaliteit te kunnen opleveren in een gegeven periode.
10. Specialistische functies werken verder vooruit op het productplan vanuit het gevoel dat het kwalitatief beter en efficiënter is om specialistische functies de betreffende activiteiten uit te laten voeren, wat leidt tot veel herwerk als de roadmap moet worden bijgewerkt.
11. Voorafgaand aan het ontwikkelen van het product kunnen het beste de architectuur, de eisen en de ontwerpen worden gemaakt, zodat de ontwikkeling van het product meer efficiënt kan worden uitgevoerd, wat onder druk van de noodzakelijke veranderingen zelden leidt tot optimale architectuur, eisen en ontwerpen.
12. Onder de druk van het continu nieuwe functionaliteit op te moeten leveren is geen tijd om daadwerkelijk verbeteringen door te voeren, waardoor het onderzoeken hoe het team effectiever kan werken op zichzelf een verspilling van tijd lijkt te zijn en teams over een langere periode nauwelijks enige verbetering laten zien.

Bovenstaande voorbeelden komen veel voor en zijn zeker niet de enige voorbeelden. Ze worden regelmatig geconstateerd in veel middelgrote tot grote organisaties. Een inventarisatie onder agile coaches en scrum masters levert een uitgebreid palet aan voorbeelden op waarin organisaties aanpassingen doen waardoor de effectiviteit en efficiëntie van het werken in het complex-domein volledig onderuit worden gehaald. De oorzaak hiervoor ligt veelvuldig in het toepassen van ideeën, principes en practices die uitstekend werken in het complicated-domein, waar het doel goed is te specificeren, over langere tijd stabiel blijft en de omstandigheden tijdens het project redelijk stabiel en daarmee voorspelbaar zijn.

Voor veel organisaties die producten ontwikkelen in het complex-domein is het dan ook belangrijk om bij de adoptie of aanpassingen van methodologieën en frameworks de waarden en principes van het Manifesto for Agile Software Development goed in het oog te houden. Voor organisaties die de enterprise agility willen verhogen betekent dit het creëren of valideren van een stabiele basis qua werkwijze. De stabiele basis wordt gecreëerd door snelle, wendbare teams die werken op basis van de waarden en principes van het Manifesto for Agile Software Development, om van daaruit, op te schalen tot het niveau van snelheid en wendbaarheid van de gehele organisatie. Vanuit het leiderschap wordt een cultuur gecreëerd waarin professionaliteit en vakmanschap centraal staan.

Scrum en Kanban zijn frameworks om snelle, wendbare teams te kunnen creëren. Meer omvangrijke frameworks voor enterprise agility zoals het Scaled Agile Framework (SAFe), Large Scale Scrum (LeSS) en zo ook Scaling Agility for Large Enterprise (ScALE) bouwen voort op deze frameworks. De frameworks voor enterprise agility hebben hun waarde in de wijze waarop deze snelle, wendbare teams in een onderlinge samenhang nog steeds snel en wendbaar kunnen opereren. Hoewel Scrum en Kanban zeker niet de enige frameworks zijn, blijkt uit de meest recente State of Agile Report (Digital.ai, 2022) dat deze frameworks (of afgeleiden hiervan) worden gebruikt in zo'n 87% van alle onderzochte situaties.

Het valt op dat beide frameworks gekenmerkt worden door het gebrek aan voorschriften en richtlijnen. De 2020-versie van Scrum (Schwaber & Sutherland, 2020) bestaat uit slechts elf pagina's / 3.344 woorden inhoudelijke informatie en een gemiddelde Kanban guide komt niet verder dan slechts de helft daarvan. Dit betekent dat de focus alleen wordt gelegd op **wat** moet worden gerespecteerd. Het **hoe** wordt volledig overgelaten aan de organisatie die het framework adopteert. Daarmee kan het **hoe** worden ingevuld naar de specifieke situatie waarbij het framework wordt toegepast. Doordat alleen de absolute basis is vastgelegd kunnen geen van de gespecificeerde elementen worden weggelaten zonder dat de werking van het framework als geheel ernstige schade wordt aangedaan.

In de praktijk wordt nog te vaak geconstateerd dat teams de essentie van deze frameworks niet goed hebben geadopteerd. Onder druk van 'de praktijk' wordt ingeboet op de effectieve werking van dergelijke teams en ontstaat een basis die niet op een verantwoorde manier kan worden opgeschaald. Eenvoudige assessments zoals van GuidingScrum.nl geven snel inzicht in de ontbrekende elementen om Scrum op een effectieve manier uit te voeren en zo de noodzakelijke stabiele basis te creëren waarop succesvol geschaald kan worden.

Bij het adopteren van een framework als Scrum of Kanban moeten de verschillende onderdelen praktisch worden ingericht. Hierbij wordt rekening gehouden dat het team de vrijheid heeft om op een productieve en creatieve wijze de producten te ontwikkelen. De keuzes die hierbij door een team gemaakt worden gaan vaak over het wijze waarop het product wordt ontwikkeld en de leidraad die de frameworks hiervoor bieden. Hierbij is het belangrijk om te beseffen dat, ondanks dat het voortbrengingsproces in frameworks vaak centraal staat, het uiteindelijk draait om het opleveren van producten van de hoogste mogelijke waarde.

Teams die verantwoordelijk zijn voor het product moeten binnen kaders de vrijheid hebben om het product vorm te geven. Als team hebben zij niet alleen de verantwoordelijkheid om met het product de hoogst mogelijke waarde te leveren maar ook om ervoor te zorgen dat zij als team steeds productiever worden. In de directe samenwerking met de gebruikers ervaren de teams, binnen de scope van wat als hoogste waarde is gedefinieerd, de vrijheid om met creatieve oplossingen te komen waarmee de gewenste behoefte kan worden vervuld. Alleen dan wordt het effect van de, in Deel A van dit boek genoemde, principes van enterprise agility echt zichtbaar.

11.1 SCRUM

Scrum (Schwaber & Sutherland, 2021) is een lichtgewicht framework dat mensen, teams en organisaties helpt om waarde te creëren door middel van adaptieve oplossingen voor complexe problemen. Binnen Scrum draagt één persoon de verantwoording dat de ideeën voor het aanpakken van een complex probleem worden geordend op basis van waarde. Het gehele team draagt de verantwoording om een selectie van de ideeën tijdens een vastgestelde periode om te zetten naar een waardevol nieuwe versie van het product. Het team draagt samen met de stakeholders de verantwoording de resultaten te inspecteren met als natuurlijk gevolg dat de lijst van ideeën worden bijgesteld voor de volgende periode. Scrum als framework bestaat naast de onderliggende theorie (empirisme) en kernwaarden (commitment, focus, openheid, respect en moed) uit een elftal elementen die het hart van Scrum vormen: drie rollen, drie artefacten en vijf events.

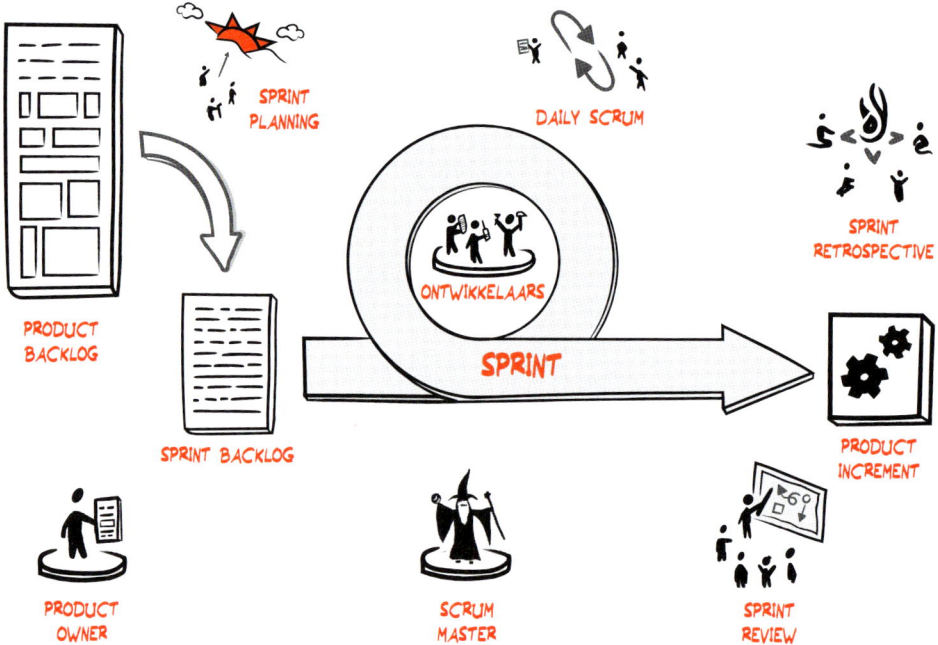

Figuur 11.2 Overview van het Scrum framework.

11.1.1 Scrum-rollen

Scrum is gebaseerd op kleine, effectieve Scrum teams waarin professionals gezamenlijk de verantwoordelijkheid dragen voor het behalen van het productdoel. Een Scrum-team bestaat uit één product owner, meerdere ontwikkelaars en één scrum master. De product owner draagt hierbij de verantwoordelijkheid dat het Scrum-team het juiste product aan het ontwikkelen is, de ontwikkelaars dat het product op de juiste manier wordt ontwikkeld en de scrum master dat we continu en steeds sneller gaan leren.

Scrum-teams zijn multidisciplinair en beschikken over alle benodigde vaardigheden om elke iteratie waarde te creëren. Dit wil overigens niet zeggen dat ieder teamlid afzonderlijk alles moet beheersen. Wel betekent dit dat alle benodigde skills binnen het Scrum-team aanwezig zijn. Scrum-teams bepalen onderling wie wat doet, wanneer en op welke wijze dat wordt uitgevoerd. Het Scrum-team is als geheel verantwoordelijk voor alle product-gerelateerde activiteiten, waaronder de samenwerking met stakeholders, de ontwikkeling en het onderhoud van het product, verificatie van de opgeleverde waarde, het uitvoeren van experimenteren en al het andere dat nodig is.

De **product owner** is accountable voor het maximaliseren van de waarde van het te ontwikkelen product. Dit betekent overigens niet dat de product owner de waarde van het product bepaalt. De product owner maximaliseert namelijk de waarde die door de stakeholders wordt bepaald. De wijze waarop dit wordt bereikt is uitgebreid aan bod gekomen in hoofdstuk 9. Binnen Scrum vormt de product backlog het eerdergenoemde productplan, waarvoor de product owner de verantwoordelijkheid draagt. Hoewel de product owner altijd één persoon betreft en absoluut geen comité, kunnen uiteraard de behoeften van vele stakeholders en doelgroepen worden gerepresenteerd in de product backlog.

Ontwikkelaars zijn alle mensen in het Scrum-team die zich in de sprint committeren aan het ontwikkelen van een nieuwe, waardevolle versie van het product. De versie van het product wordt in Scrum een increment genoemd. Een Scrum-team beschikt over alle kennis en vaardigheden om de behoeften vanuit de product backlog om te zetten in een nieuw, waardevol increment. Aangezien Scrum-teams beperkt van omvang zijn, idealiter kleiner dan tien mensen, betekent dit dat ontwikkelaars vaak naast hun specialisme beschikken over een brede set aan vaardigheden. In de praktijk betekent dat, dat een ieder bereid en in staat is om bij te dragen aan het bereiken van een zo succesvol mogelijk resultaat. De ontwikkelaars zijn verantwoordelijk voor het op de juiste manier ontwikkelen van het increment, op basis van een plan voor de sprint (de sprint backlog) en met behoud van de kwaliteit van het increment door vast te houden aan de opgestelde Definition of Done (zie ook hoofdstuk 7).

De **Scrum master** is accountable voor een juist gebruik van Scrum zoals dit in de *Scrum Guide* is beschreven. Dat uit zich in bijvoorbeeld het opleiden en begeleiden van de ontwikkelaars, de product owner en de organisatie op het gebied van Scrum. De scrum master is daarmee ook verantwoordelijk voor de effectiviteit van het Scrum-team. Scrum masters ondersteunen de ontwikkelaars op het gebied van zelforganiserend en multidisciplinair werken, het focussen op het creëren van incrementen met een hoge waarde en het aanpakken van eventuele belemmeringen in het proces. Zij ondersteunen de product owner door het coachen in het creëren van een effectieve roadmap en het uitvoeren van effectief product backlog management. Daarnaast ondersteunen ze bij het organiseren van en samenwerken met de stakeholders. De scrum master begeleidt, traint en coacht de organisatie in het adopteren van Scrum en het effectief kunnen samenwerken met het Scrum-team. Hierbij ondersteunt de scrum master medewerkers en stakeholders bij het begrijpen en volgen van een empirische benadering voor complex werk.

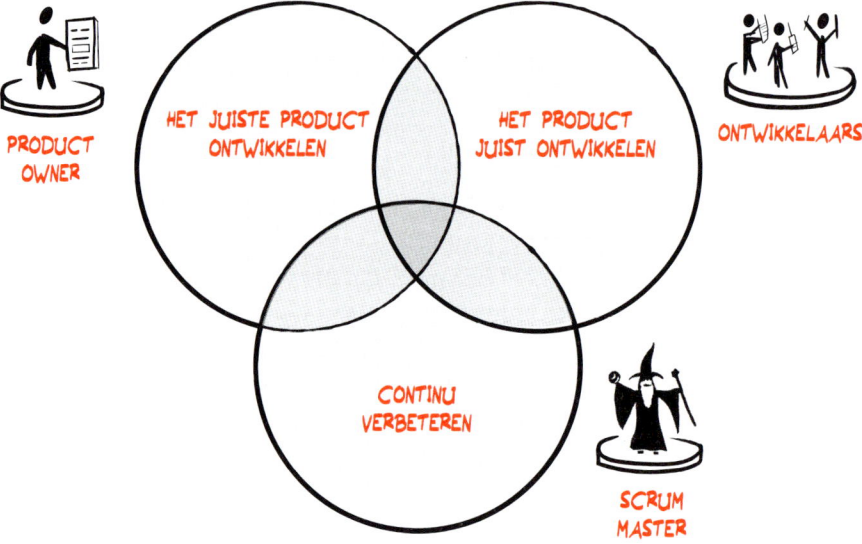

Figuur 11.3 De product owner zorgt dat het juiste product wordt ontwikkeld, de ontwikkelaars dat het product juist wordt ontwikkeld en de scrum master dat continu wordt verbeterd.

11.1.2 Scrum-artefacten

De *Scrum Guide* spreekt over een drietal zogenaamde artefacten. Deze artefacten vertegenwoordigen werk of waarde en betreffen de product backlog, de sprint backlog en het increment. Deze artefacten zijn specifiek ontworpen voor maximale transparantie van de belangrijkste informatie. Dankzij deze transparantie heeft iedereen, die deze artefacten inspecteert, dezelfde basis voor het doorvoeren van eventuele aanpassingen.

De **product backlog** is de Scrum-benaming van het productplan zoals beschreven in hoofdstuk 10. Het is een zich continu ontwikkelende, geordende lijst van wat nodig is om het product te verbeteren en vormt de enige bron van het werk dat door het Scrum-team gedaan wordt. Het vormt daarmee hét plan voor het ontwikkelen van het product. Het product kan daarbij een dienst, een fysiek product of iets meer abstracts betreffen. Het heeft een duidelijk kader, bekende stakeholders en goed gedefinieerde gebruikers. Het productdoel, als onderdeel van de product backlog, beschrijft daarin een toekomstige staat van het product, dat kan dienen als een richtpunt tijdens het plannen van sprints. De rest van de product backlog wordt voortdurend aangevuld met items die meer inhoud en details geven aan het productdoel. De product backlog wordt continu op waarde geprioriteerd. Als een item hoog op de product backlog komt te staan, is de kans groter dat deze op korte termijn wordt opgepakt.

De **sprint backlog** is een plan voor en door de ontwikkelaars en is samengesteld uit het sprintdoel (het waarom), de set van geselecteerde product backlog items voor deze sprint (het wat) en een uitvoerbaar plan voor het opleveren van het increment (het hoe). De sprint backlog geeft daarmee een goed inzicht van het werk dat de ontwikkelaars van plan zijn te gaan doen om het sprintdoel te bereiken. De sprint backlog is een levend document dat continu wordt aangepast op basis van de ervaringen en het noodzakelijke werk om het sprintdoel te bereiken. De sprint backlog moet voldoende detail hebben, zodat de ontwikkelaars hun voortgang kunnen inspecteren tijdens de Daily Scrum. Indien de werkzaamheden tijdens de uitvoering anders blijken te verlopen dan de ontwikkelaars hadden verwacht, werken zij binnen de sprint met de product owner samen om de scope van de sprint backlog bij te stellen, zonder daarbij het sprintdoel aan te tasten.

Het **increment** is een nieuwe, werkende versie van het product. Elk increment is een concrete stap waarbij het product dichter het vastgestelde productdoel bereikt. Om waarde te creëren en goede feedback over het product te ontvangen, moet het increment bruikbaar zijn. Binnen het tijdsbestek van een sprint kunnen meerdere incrementen worden opgeleverd en tijdens de sprint review (Scrum ovent) wordt de som van alle incrementen geïnspecteerd. Elk increment moet voldoen aan de Definition of Done, een formele beschrijving van de staat van het increment wanneer deze voldoet aan de kwaliteitseisen die voor het product benodigd zijn. Deze Definition of Done zorgt voor maximale transparantie doordat een ieder zicht heeft wat het betekent als een increment als gereed wordt beschouwd.

Als een product backlog item aan het eind van de sprint niet voldoet aan de Definition of Done, dan kan het niet gereleased worden en wordt deze ook niet in de sprint review gepresenteerd. Doordat de ontwikkelaars zich bewust zijn van de Definition of Done bij aanvang van de Sprint, zien we dat de kwaliteit van het product increment wordt meegenomen in het dagelijks handelen, in plaats van dat achteraf wordt gecontroleerd of het increment hieraan voldoet.

11.1.3 Scrum-events
De ontwikkeling van het product wordt opgebroken in iteraties (genaamd een sprint) waarin elke keer weer een nieuwe versie van het werkende product (genaamd het increment) wordt opgeleverd. De sprint is een overkoepeld event

voor de overige vier events binnen Scrum, te weten: de sprint planning, de Daily Scrum, de sprint review en de sprint retrospective. Sprints vormen het ritme van Scrum, waar ideeën worden omgezet in waarde. Binnen de sprint focust elk event zich op het inspecteren en aanpassen van een specifiek artefact binnen Scrum. Elke sprint kan daarin worden gezien als een kortlopend project. Tijdens de sprint is het sprintdoel leidend en mag het de kwaliteit van het increment niet afnemen. Hoewel de scope mag worden verduidelijkt en heronderhandeld mogen geen veranderingen worden aangebracht die het sprintdoel in gevaar kunnen brengen.

De sprint start met de **sprint planning**, waarin het te behalen doel en het uit te voeren werk worden uitgestippeld. De product owner heeft op basis van het productdoel een helder beeld hoe het product in waarde en in bruikbaarheid kan toenemen. Het hele Scrum-team werkt vervolgens samen om een sprint doel te definiëren dat aangeeft waarom deze sprint waardevol is voor de stakeholders. Daarna wordt in overleg met de product owner bepaald welke items van de product backlog worden opgenomen in de huidige sprint. Tot slot bepalen de ontwikkelaars voor elke item de werkzaamheden die moeten worden gedaan om het item in het increment te integreren, waarbij het increment als geheel blijft voldoen aan de vastgestelde kwaliteitseisen van het increment (de zogenaamde Definition of Done). Het sprintdoel, de product backlog items die geselecteerd zijn voor de sprint, plus het plan hoe ze worden opgeleverd, worden gezamenlijk de sprint backlog genoemd.

Tijdens de **sprint development** wordt dagelijks het increment aangepast op basis van de product backlog items die binnen de sprint zijn geselecteerd. Wanneer aanpassingen voor een product backlog item op een dusdanige wijze zijn geïntegreerd dat het increment voldoet aan de Definition of Done, is een nieuw increment ontstaan. Verder komen de ontwikkelaars op dagelijkse basis bijeen in een korte meeting (Daily Scrum), waarin zij de dagelijkse voortgang richting het sprintdoel inspecteren en zo nodig de sprint backlog aanpassen. De impact van eventuele afwijkingen tijdens de sprint wordt gevalideerd ten opzichte van het sprintdoel. Zo nodig worden hierop door de ontwikkelaars acties op ondernomen, eventueel met ondersteuning van de scrum master. Wanneer het sprintdoel in gevaar dreigt te komen wordt samen met de product owner gekeken naar mogelijke oplossingen.

Aan het einde van de sprint wordt in de **sprint review** de uitkomst van de sprint geïnspecteerd en eventuele aanpassingen op de product backlog opgenomen. Het Scrum-team laat de belangrijkste stakeholders het increment beleven door het product werkend te laten zien of hen zelf het product in handen te geven. Ook wordt de voortgang ten opzichte van het productdoel besproken. Tijdens de sprint review onderzoekt het Scrum-team samen met de stakeholders wat in de afgelopen sprint is bereikt en welke veranderingen in het product en de product backlog moeten worden aangebracht. De sprint review is een typische werksessie waarbij het ophalen van feedback over het increment belangrijker is dan alleen het presenteren van het increment.

Het laatste event binnen een sprint is de **sprint retrospective**. Het doel van dit event is het bedenken van manieren om de effectiviteit van het Scrum team te verhogen en hier actie op te nemen. Het Scrum-team inspecteert daarom hoe de afgelopen sprint is gegaan met betrekking tot individuen, interacties, processen, tools en de huidige Definition of Done. Het Scrum-team bespreekt wat goed ging tijdens de sprint, welke problemen het is tegengekomen en hoe deze problemen werden (of niet werden) opgelost. Het Scrum-team identificeert de meest nuttige veranderingen om haar effectiviteit te verhogen en de meest waardevolle verbeteringen worden zo snel mogelijk aangepakt.

Elk van de genoemde onderdelen van Scrum (rollen, events en artifacten) is essentieel. Als u elementen van het Scrum framework weglaat, dan heeft dit een sterke negatieve impact op het bewegen naar een lerende organisatie. Vanuit onze ervaring kunnen we deze stelling zeker onderschrijven. In veel gevallen blijken Scrum-teams die moeite hebben met het werken volgens Scrum, vaak één of meer onderdelen van het framework niet ingevuld te hebben dan wel op een verkeerde wijze uitgevoerd.

■ 11.2 KANBAN

Kanban is een samenstelling van twee symbolen: 'Kan' refereert aan visueel en 'ban' refereert aan 'kaart' of 'bord'. In de context van enterprise agility gaat Kanban over een visueel systeem als hulpmiddel dat zowel zicht geeft op het proces als op de werkzaamheden die door dat proces heen lopen. Door het reduceren van het onderhanden werk wordt er focus aangebracht op het afronden van de belangrijkste, waarde toevoegende werkzaamheden. Werken volgens Kanban draait om het identificeren en elimineren van (potentiële) knelpunten. Kanban staat als hulpmiddel in dienst van de flow, die steeds verder verbetert en waarmee werkzaamheden in een optimaal tempo door het proces lopen.

Hoewel de oorsprong van Kanban ligt in het fabrieksmatige productieproces van goederen, zijn de principes in het begin van de 21ste eeuw vertaald naar het ondersteunen van het proces van niet fysieke goederen, waaronder kenniswerk en softwareontwikkeling. Initieel werd de fysieke Kanban daarin behouden waarbij deze op één bord werd geplaatst om overzicht te houden over de flow in het systeem. Niet veel later werden ook digitale representaties van de borden ontwikkeld zoals LeanKit, Trello en Jira Kanban. In deze varianten representeert de Kanban niet het moment van het aanvullen van de voorraden maar het daadwerkelijke werk (werkvoorraad) dat door het proces stroomt. Met deze aanpassing was het mogelijk om nog steeds de principes van Kanban toe te passen.

Kanban bestaat uit de toepassing van een vijftal basisprincipes:
1. Visualiseer de workflow.
2. Limiteer work in progress.
3. Meet en manage de flow.
4. Standaardiseer middels proces policies.
5. Continu verbeteren en samenwerken.

Wat betekenen deze vijf basisprincipes in de praktijk?

11.2.1 Visualiseer de workflow
Bij het introduceren van Kanban is het belangrijk dat niet meteen wijzigingen worden aangebracht in het bestaande voortbrengingsproces. Dus we starten met het visualiseren en het in zicht brengen van de huidige situatie, om zo heel bewust en in kleine stappen de effecten van 'verbeteringen' te kunnen volgen. Bij het visualiseren van de workflow wordt dan ook een representatie gemaakt van de huidige processtappen in de waardeketen. Afhankelijk van de ingewikkeldheid van het voortbrengingsproces en de werkzaamheden die gevisualiseerd worden, kan het bord heel eenvoudig tot zeer uitgebreid zijn. Het meest simpele voorbeeld is een drie-kolommen systeem: 'To do', 'Doing', 'Done'. De Kanban-kaarten, die werkzaamheden voorstellen, krijgen dan een positie in een van die drie kolommen. Meer uitgebreide varianten maken gebruik van gekoppelde Kanban borden, diverse granulariteit en representaties, prioriteit- en voorrangsystemen, swimming lanes, et cetera.

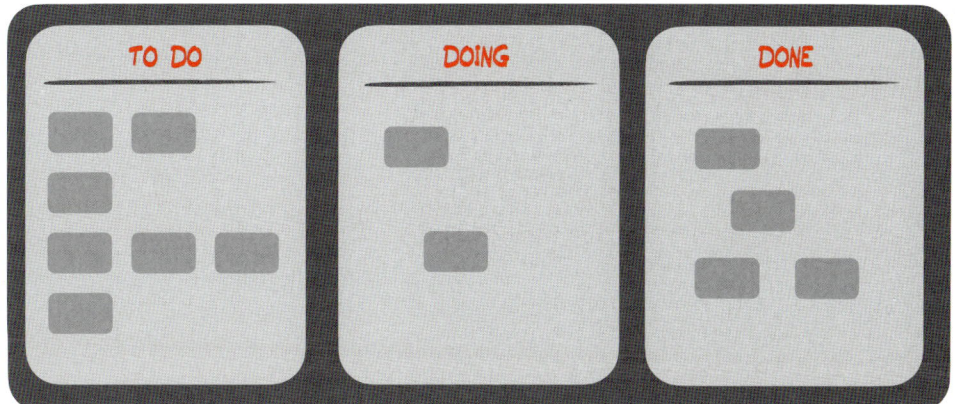

Figuur 11.4 Een simpel Kanban-bord bestaat uit drie kolommen: 'to do', 'doing' en 'done'.

De meest eenvoudige manier om te starten met het visualiseren van de workflow is het gebruiken van het eerdergenoemde drie-kolommensysteem om daar gaandeweg en naar behoefte meer functionaliteit (en daarmee complexiteit) aan toe te voegen. Door de kolom 'Doing' vervolgens te splitsen in de daadwerkelijk processtappen ontstaat een eerste visualisatie van de workflow, bijvoorbeeld de processtappen analyseren, opleveren en implementeren. Deze eerste versie kan verder worden ingericht door elke afzonderlijke processtap weer te splitsen in de To Do en Done (waarmee deze Done weer een To Do is voor een eventuele volgende processtap).

Vanaf hier kunnen meer geavanceerde Kanban-principes (Anderson, 2010) als scatter merge en expedite lanes worden ingericht op basis van swimming lanes die door het bord heen lopen. Of door het toepassen van verschillende kleuren / iconen op kaarten een andere betekenis aan de gevisualiseerde werkzaamheden te geven.

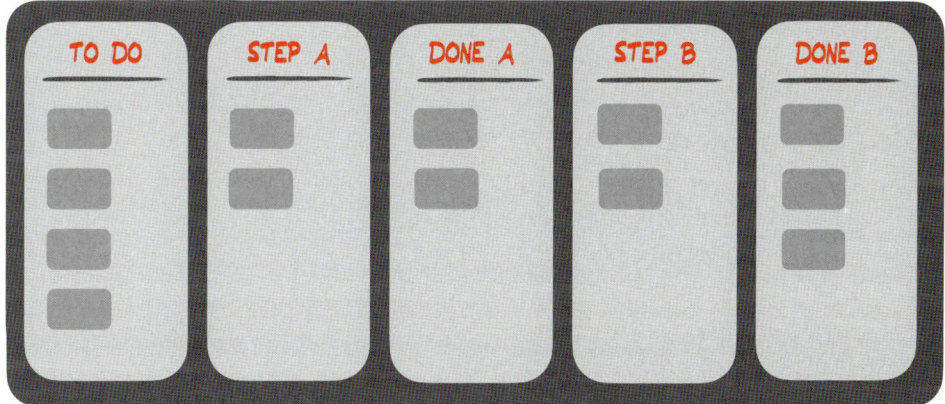

Figuur 11.5 Een Kanban-bord waarbij processtappen worden gevisualiseerd en gesplitst in 'to do' en 'done'.

11.2.2 Limiteer work in progress

Kanban is niet alleen voor het visualiseren van het werk maar ook voor het implementeren van het zogenaamd 'pull systeem'. Dit is een systeem waarin iedere processtap alleen maar produceert zoveel als de opvolgende processtap aan kan. Het resultaat van een pull-systeem is een optimale flow waarin werkzaamheden zo kort mogelijk in het voortbrengingsproces wordt gehouden. Hierdoor is het eenvoudiger om, via de aanpassingen van de prioriteit van het nog op te pakken werk, het voortbrengingsproces bij te laten sturen om de maximale waarde te kunnen leveren aan de stakeholders en gebruikers. Om dit voor elkaar te krijgen is het van cruciaal belang om de hoeveelheid werk in elke processtap te kunnen limiteren.

Stop starting, start finishing.
David J. Anderson[8]

Het limiteren van het onderhanden werk wordt bereikt door het instellen van zogenaamde work-in-progress (WIP) limieten, vaak aangeduid door een omcirkeld cijfer boven elk van de processtappen in het Kanban-bord. Door het instellen van een limiet op het aantal Kanban-kaarten in elke processtap (vaak bestaand uit Doing en Done kolom) worden de mensen / teams die het werk in deze stap doen min of meer gedwongen om eerst werkzaamheden af te ronden voordat ze nieuw werk op kunnen pakken. Dit is een essentiële stap in het introduceren van een Kanban-systeem. Hierdoor komen eventuele problemen met het afronden van werkzaamheden eerder aan het licht, omdat het team problemen slechts beperkt voor zich uit kan schuiven. We zetten heel bewust een limiet op het onderhanden werk.

Wanneer teams beginnen met Kanban en net de huidige workflow hebben gevisualiseerd, is het niet eenvoudig om de juiste WIP-limieten te bepalen. Het is geen probleem om met zeer hoge WIP-limieten te starten bij Kanban en over tijd langzaam de WIP-limieten verder aan te scherpen. Door WIP-limieten evolutionair in plaats van revolutionair over tijd bij te stellen, komen 'huidige' problemen in de workflow meer gradueel aan het licht. Wanneer de WIP-limieten te snel worden aangescherpt blijkt het proces vaak op meerdere punten verstoringen te hebben, waardoor het niet duidelijk is waar de beste keuze ligt voor het eventuele aanpakken van de meest prangende bottleneck.

---

8 Dit beruchte citaat is toegeschreven aan veel individuen maar werd oorspronkelijk gebruikt tijdens een stand-up meeting in februari 2004 door David J. Anderson, de thought leader en de pionier van de Kanban-beweging en CEO van Kanban University.

11.2.3 Meet en manage de flow

Hoewel de eerste twee principes min of meer het bekende Kanban-bord definiëren, is Kanban zeker niet compleet wanneer de flow in het werk niet wordt gemeten en beheerst. Het weglaten van het principe 'Meet en manage de flow' zou ervoor zorgen dat de werkzaamheden wel inzichtelijk worden maar de keten nauwelijks in control is. Snelheid en wendbaarheid binnen een Kanban-systeem kan alleen maar ontstaan wanneer het werk zich snel door de procesflow beweegt. Afhankelijk van hoe goed de workflow is gedefinieerd en WIP-limieten zijn ingesteld, ziet u een soepele stroom binnen de gehele keten of dat het werk zich opstapelt.

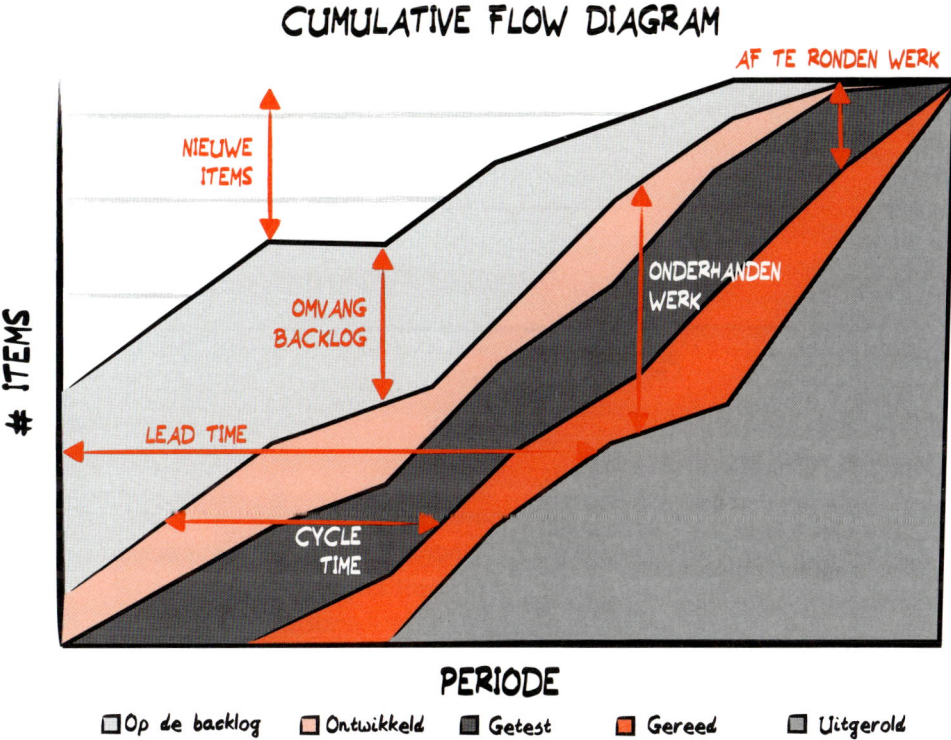

Figuur 11.6 Het cumulatieve flow diagram biedt een enorme scala aan inzichten.

Voor het meten van de flow wordt vaak gebruik gemaakt van het cumulative flow diagram (CFD) en control chart. De CFD laat in de loop van de tijd zien hoeveel werk elke fase van ons systeem heeft doorlopen. De verticale as toont hierin het aantal taken en de horizontale as het verloop van tijd. De hoeveelheid items wordt cumulatief per periode in het overzicht bijgehouden. De bovenste lijn toont het de hoeveelheid nieuw werk dat op het Kanban-bord wordt geplaatst. De onderste lijn toont de hoeveelheid opgeleverd werk uit het Kanban-bord. De tussenliggende lijnen geven de hoeveelheid werk weer die elke processtap heeft opgeleverd. Op basis van de CFD kunnen veel verschillende indicatoren worden afgelezen. De verticale afstand tussen twee lijnen toont de WIP van de betreffende processtap.

Daarnaast kunnen trendlijnen worden getekend op basis van de snelheid waarmee het werk het Kanban-systeem inkomt en de snelheid waarmee het werk het Kanban-systeem verlaat; in een stabiel Kanban-systeem moeten deze twee trendlijnen evenwijdig aan elkaar lopen.

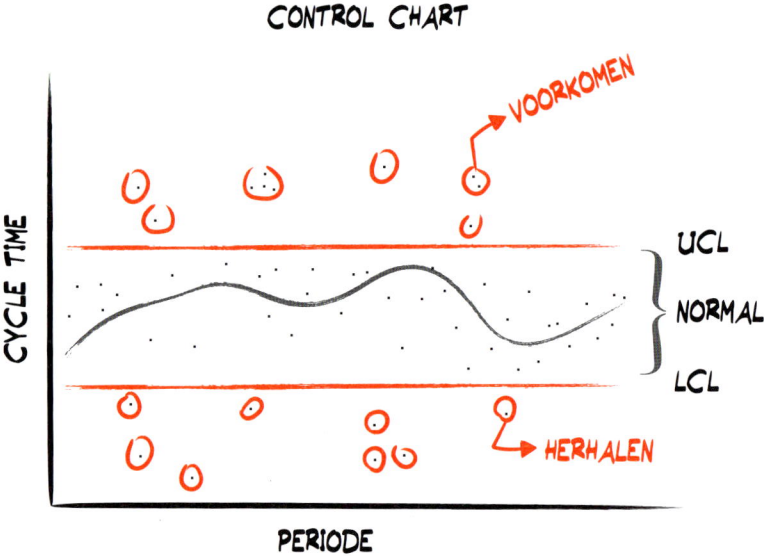

Figuur 11.7 De control chart toont de variantie in de cycle times en helpt om potentiële verbetermogelijkheden snel te identificeren.

De control chart (CC) houdt de cycle time bij van elk opgeleverd item. De cycle time is de hoeveelheid tijd tussen het moment dat een item het Kanban-systeem binnenkomt en het moment dat het item wordt opgeleverd. Hoe korter de cycle time van items over verloop van tijd wordt, hoe wendbaarder het Kanban-team als geheel is. Met name afwijkingen ten opzichte van de gemiddelde cycle time zijn interessant om te onderzoeken. Alles wat boven de upper control limit (UCL) ligt moet worden geanalyseerd of het een geïsoleerd effect betreft of correctieve actie noodzakelijk is. Alles wat onder de lower control limit (LCL) ligt moet worden onderzocht of dit herhaald kan worden. Wat heeft een verstoring veroorzaakt in relatie tot dit specifieke item dan wel wat maakt het mogelijk om items sneller door het proces heen te krijgen?

Om de werkstroom te managen is het belangrijk om het werk te observeren, in de praktijk, via het Kanban bord en via de ondersteunende diagrammen. Op basis van inzichten uit deze observatie moeten eventuele knelpunten in het proces worden opgelost, zodat de items zich optimaal door de keten kunnen verplaatsten. Hierbij is het belangrijk om vooral ook te kijken naar de wachtstadia tussen individuele processtappen en hoeveel en hoelang items zich daar bevinden. Het verminderen van de tijd die items in deze wachtstadia doorbrengen is de sleutel tot het verkorten van de cyclustijd. Naarmate u de doorstroming verbetert, neemt de voorspelbaarheid van het afhandelen van items in het Kanban-systeem toe, met als gevolg dat met een grotere betrouwbaarheid afspraken met de stakeholders kunnen worden gemaakt.

11.2.4 Standaardiseer middels proces policies

De oorzaak van afwijkingen in het Kanban-systeem zijn veelvuldig te wijten aan onduidelijkheden, intransparanties of kleine afwijkingen die zich hebben voorgedaan. Het standaardiseren is een belangrijk principe om de kwaliteit van het proces toe te laten nemen. Door het opstellen van een heldere definitie wanneer een item (binnen een bepaalde processtap) als gereed kan worden beschouwd, wordt transparantie gegeven over de kwaliteit van het item voordat deze het proces verlaat. Daarnaast hebben we een mogelijkheid om, bij later geconstateerde afwijkingen, de kwaliteit van deze processtap verder aan te scherpen. Het opstellen van richtlijnen ten aanzien van de processtap zelf is een belangrijk onderdeel van het principe van standaardiseren, bijvoorbeeld via checklisten die de verschillende handelingen specificeren voordat een item kan worden afgerond. Het standaardiseren is absoluut niet bedoeld om de professionals te beperken in hun werk maar om hun creativiteit te focussen op die aspecten waar creativiteit nodig is. De proces- en product compliancy is uitgebreid aan de orde gekomen in hoofdstuk 7. De in Scrum gehanteerde Definition of Done is een typisch voorbeeld van een proces policy in het Scrum framework.

Andere policies in Kanban die worden toegepast hebben specifiek betrekking op het gebruik van kleuren, vormen en andere indicatoren op het Kanban-bord. Zo kunnen specifieke policies worden opgesteld over het 'expediten' (versneld kunnen afhandelen ondanks limietbeperkingen) van bepaalde prioriteiten, meestal via een aparte swimming lane over het bord heen. De items die in deze aparte swimming lane worden geplaatst hoeven zich niet te houden aan bestaande WIP-limieten en kunnen zo snel mogelijk worden opgepakt. Om overzicht en orde te houden over deze expedite situatie is het raadzaam om op deze swimming lane zelf een WIP-limiet te plaatsen. Andere vormen van standaardisatie zijn afwijkende vormen of kleuren die gekoppeld zijn aan overkoepelende (container) items en daaronder liggende subitems. Wanneer alle subitems zijn afgerond, wordt het hoofditem verder over het Kanban-bord verplaatst.

11.2.5 Continu verbeteren en samenwerken

Net als bij het Scrum framework is het gezamenlijk en continu verbeteren een essentieel onderdeel. Kanban is een evolutionair verbeteringsproces, dat zo dicht mogelijk begint bij het huidige proces en op basis van continue verbeteringen, zich aanpast naar een ideale ondersteuning van het gewenste proces. Via het doorvoeren van een serie van kleine veranderingen wordt de adoptie door de gehele keten georganiseerd en hierdoor is de kans op weerstand ten aanzien van het werken met Kanban minimaal. Kanban geeft nauwelijks een oordeel over individuele prestaties maar focust, juist iedereen gezamenlijk, op de snelheid van items binnen de gehele keten. Niet voor niets wordt binnen Kanban vaak de uitspraak gedaan: "Watch the baton, not the runners!"

Hoewel het continu verbeteren één van de vijf kernprincipes is binnen Kanban wordt niet aangegeven op welke wijze dit wordt uitgevoerd. Vandaar dat veelvuldig gebruik wordt gemaakt van standaard verbeterpractices van Lean (LEI, 2022) als kaizen (kleinere, meer evolutionaire veranderingen) en kaikaku (fundamentele, meer radicale veranderingen). Binnen deze verbeterpractices wordt gebruik gemaakt van de wetenschappelijke methode, waarin hypotheses worden gevormd, getest en afhankelijk van de resultaten aanpassingen worden doorgevoerd in het proces. De focus van het team dat Kanban implementeert richt zich daarbij op het continu evalueren van het proces en het doorvoeren van verbeteringen waar nodig en mogelijk.

In het werken met Kanban worden verschillende feedback-lussen ingericht om zicht te krijgen op verstoringen binnen het proces. Bij voorkeur leveren deze feedback-lussen direct visuele aanwijzingen aan de gehele keten over de voortgang van de items en eventuele blokkades die daarbij optreden. Het principe is dat de gehele keten zo snel mogelijk feedback krijgt en daardoor ook sneller kan (of moet) acteren om de flow van items zo goed mogelijk te kunnen managen. Feedback is niet alleen essentieel voor het proces maar ook voor de resultaten van het items zelf.

■ 11.3 INSPECT & ADAPT

Één van de principes van het werken in het complex-domein is sneller leren. Dit gebeurt door een gewenst effect voor ogen te houden, experimenten uit te voeren en achteraf te onderzoeken of de experimenten ook daadwerkelijk het gewenste effect hebben gehad. Daarbij is de vraag, hoe we het gewenste effect verder zouden kunnen vergroten. Hierbij wordt zowel gekeken naar het te ontwikkelen product als naar het proces via welke het product wordt ontwikkeld. Het op de juiste wijze integreren van 'Inspect & Adapt' is daarom een essentieel onderdeel in zowel Scrum als Kanban. Toch zien we in de praktijk dat gedegen 'Inspect & Adapt' één van de elementen is die beperkt of slecht wordt geïmplementeerd, met een negatieve impact op de werking van het framework als gevolg.

De bekende mantra van 'Fail early, fail fast, fail often' wordt helaas vaak onder-uitgehaald door het gevoel dat herwerk voorkomen kan worden door meer tijd te besteden aan analyse en specificatie. Het gaat hierin niet zo zeer om snel en vroegtijdig falen maar juist om vroegtijdig feedback te krijgen over wat wordt geproduceerd. Dit voorkomt dat u voor een langere tijd op het verkeerde spoor zit als het gaat om de ontwikkeling van een product. Het is daarom cruciaal om in de kortst mogelijke tijd het juiste werk, het juiste product of de juiste dienst aan de stakeholders en gebruikers te leveren én te horen wat hun reactie daarop is. Het inrichten van effectieve feedback-lussen is daarvoor essentieel.

Op verschillende momenten in het werkproces is het daarom nodig een moment van reflectie in te bouwen. In deze reflectie moeten we concreet kunnen zien waar we staan, wat we hebben bereikt en welke richting we op moeten om de gewenste visie of doelstelling te bereiken. Hoe hoger de transparantie van de omgeving is, hoe beter we kunnen constateren welke aanpassing noodzakelijk is. Waarom vinden we het moeilijk om echt transparant te zijn? Waarom presenteren we liever ons product, dan het product daadwerkelijk in handen van de gebruiker te geven? Waarom wordt het nagelaten de gebruiker of elkaar te bestoken met vragen om de dieperliggende informatie te verkrijgen? Waarom hebben deelnemers van een gemiddelde sprint review niet het gevoel dat ze daadwerkelijk iets hebben kunnen bijdragen? Waarom zijn zoveel teams angstig voor het inzichtelijk maken van de kwaliteit van hun product?

Omdat we het spannend vinden. Omdat we in ons eentje wel denken te weten hoe het zit. Omdat het zomaar zou kunnen dat als we het toetsen bij een ander alles wel eens anders zou kunnen zijn dan we dachten. Omdat we dan misschien dingen voor niets hebben gedaan, teleurstelling voelen. Omdat 'het fout' hebben er van oudsher voor zorgt dat we het idee hebben dat we hebben gefaald en dat we daardoor waardering gaan mislopen.

Leren in een omgeving waar u het gevoel hebt dat u geen fouten mag maken is in zekere zin een leerstrategie vanuit overleven. U leert zeker wel wat, maar vaak blijft het leren beperkt tot dat wat nodig is om aan de gestelde norm te voldoen, niet minder en zeker niet meer. Daarnaast is het ook logisch dat echt en effectief leren snel als overbodig wordt beschouwd wanneer het gevoel ontstaat dat er niets met de inbreng gebeurt. De omgeving is dan onveilig en wordt op deze wijze versterkt in een vicieuze cirkel van armoede op het vlak van (persoonlijke) ontwikkeling. Waarom zou u meer doen dan wordt gevraagd als dit alleen meer problemen kan veroorzaken?

Een leerstrategie vanuit overvloed en veiligheid ziet er heel anders uit. U mag experimenteren, ontdekken en plezier hebben in zowel het creëren als leren. Doordat fouten maken mag ofwel moet, wordt grenzen opgezocht die anders angstvallig worden vermeden. Nieuwe inzichten worden snel geïntegreerd in de capabilities van het team en er ontstaat ruimte voor nieuwe inzichten en het versterken van de creativiteit. Door elkaar te stimuleren wordt een omgeving gecreëerd waarin we elkaar uitdagen en ons continu kunnen aanpassen aan de veranderingen die de omgeving met zich meebrengt. Dit betekent overigens niet dat mensen geen tegenslagen meer ervaren. Met regelmaat worden mensen geconfronteerd met de gevolgen van hun eigen handelen maar worden ook deze aspecten als nieuwe inzichten opgenomen. Leren hoe iets niet moet is daarmee net zo effectief als leren hoe iets wel moet, zeker in omgevingen die geconfronteerd worden met een continue stroom van veranderingen.

Om 'Inspect & Adapt' mogelijk te maken is het van essentieel belang dat:
- we een correct en volledig beeld hebben van alle aspecten die van belang zijn, zowel ten aanzien van het product als ten aanzien van het proces waarlangs het product wordt ontwikkeld;
- iedereen de ruimte ervaart om openlijk en op een veilige wijze alle aspecten te kunnen inspecteren en de ruimte te voelen zowel de positieve als de negatieve elementen te kunnen benoemen;
- iedereen de ruimte ervaart om openlijk en op veilige wijze te kunnen experimenteren met mogelijke aanpassingen aan het product of proces waarbij vooraf de gewenste impact van deze aanpassingen nog onduidelijk is;
- vragen, challenges en criteria voor het behalen van succes concreet worden gesteld en beantwoord.

11.4 DUS...

De basis van het effectief en efficiënt werken in het complex-domein is terug te vinden in het Manifesto for Agile Software Development en vormt het fundament voor het opschalen tot het niveau van enterprise agility. Frameworks die de waarden en principes van het Manifesto ondersteunen zijn geschikt om complex adaptieve problemen te kunnen adresseren. Scrum en Kanban zijn frameworks om snelle, wendbare teams te creëren die maximale waarde leveren. Tegelijkertijd worden op een productieve en creatieve wijze producten van de hoogst mogelijke waarde geleverd. Scrum bestaat uit een elftal elementen die het hart van Scrum vormen. Kanban bestaat uit de toepassing van een vijftal basisprincipes. Inspect & Adapt is in alle elementen van beide frameworks geïntegreerd.

Veel van de principes in het Manifesto for Agile Software Development zijn ontstaan om sneller te leren wat de gebruikers van het product daadwerkelijk nodig hebben. Door incrementen zo klein mogelijk te maken én direct in de praktijk te laten gebruiken, wordt echt inzichtelijk of het increment de maximale waarde levert en wat op basis van het huidige gebruik nu de hoogste prioriteit krijgt. Door minder te analyseren en meer te bouwen kan direct bij de gebruikers worden getoetst of de ontwikkelaars goed hebben begrepen wat de gebruikers nodig hebben. Het proces van productontwikkeling, van gebalanceerde en geprioriteerde product backlog tot opgeleverde product increment (inclusief de inspect & adapt events), zijn toegevoegd aan het eerder gepresenteerde model van plan, execute, inspect & adapt. Dit resulteert daarmee in de volgende representatie van het ScALE framework.

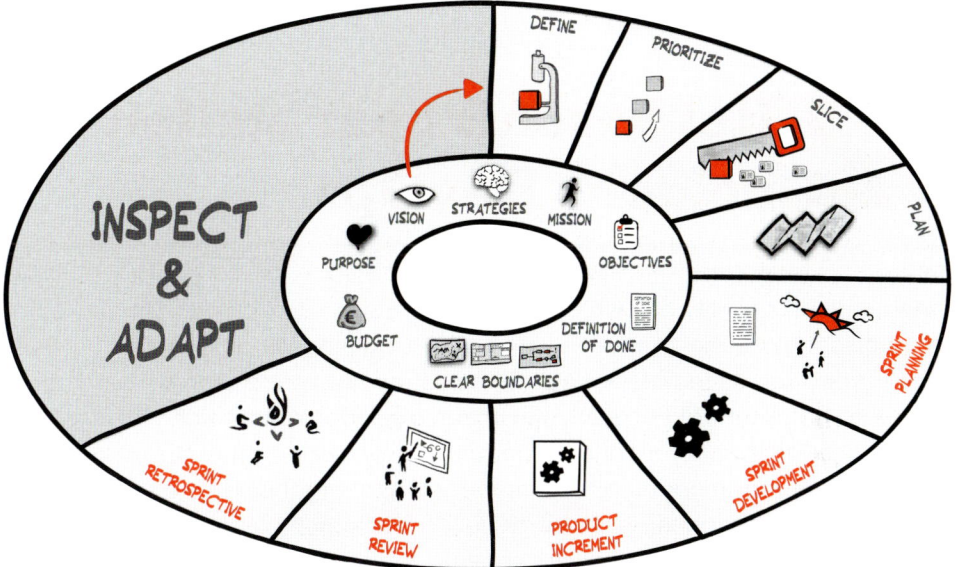

Figuur 11.8 Het ScALE framework uitgebreid met: sprint planning, sprint development, product increment, sprint review en sprint retrospective.

12 Het beschikbaar stellen volgens DevOps

Binnen enterprise agility zien we dat we pas echt succesvol kunnen zijn als we het eigenaarschap over het product en proces zo laag mogelijk organiseren, het liefst op het niveau van de teams. Goed eigenaarschap ten aanzien van het product en het proces betekent dat het team niet alleen eigenaar is maar zich ook eigenaar voelt en als eigenaar het product onderhoudt (zie ook hoofdstuk 4). Wat betekent dit voor de werkzaamheden binnen het team? Wat organiseren we liever binnen het team en wat organiseren we liever buiten het team? Welke taken die, in een 'watervalaanpak', buiten ons invloedssfeer lagen, trekken we als team naar binnen? Hoe zit dat met ontwikkeling en beheer?

In de Plan | Execute-aanpak wordt een product bedacht en gemaakt door een andere groep mensen dan de groep die het betreffende product ging onderhouden en beheren. Hoe dat eruitziet, is gemakkelijk voor te stellen door een analogie te trekken met de auto-industrie. In deze industrie ziet u dat de producent van het voertuig zich organiseert in een fabriek en daarna de geleverde auto nooit meer terugziet. Garages ontfermen zich over het onderhoud van het voertuig tot het einde van de levenscyclus van het voertuig, wanneer deze uiteindelijk bij het sloopbedrijf belandt. De auto kent twee nagenoeg gescheiden fases van bestaan: de fase van ontwikkeling en de fase van het beheer.

Bij een mankement, ofwel incident, aan het voertuig wordt de fabriek over het algemeen niet verwittigd. Pas wanneer er in de garages ontdekt wordt dat er structurele problemen in het ontwerp lijken te zitten, wordt de fabriek betrokken bij het oplossen van het probleem, door het uitvoeren van aanpassingen in het ontwerp. De fabriek leert pas over deze mankementen wanneer voldoende incidenten in structurele vorm worden opgemerkt. De feedback heeft daarmee een feedback-lus van enkele weken tot vele maanden.

Wanneer we echter werken in het complex-domein willen we deze feedback-lus zo direct, kort en zo snel mogelijk hebben. Om dat te bewerkstelligen moet het proces anders worden ingericht. Dat zou in dit voorbeeld van de auto-industrie betekenen dat de fabriek en de garage geïntegreerd werken vanuit één werkvloer. Het bedenken van nieuwe producten, verbeteringen, hoe deze producten reageren onder handen van de gebruiker en over verloop van tijd slijten, zijn facetten die samenvallen in het dagelijkse werk. Er is niet langer onderscheid tussen 'ontwikkeling, beheer en uitvoering'. In de praktijk zien we op veel plekken dat het integreren van deze, ogenschijnlijk gescheiden, processen een behoorlijke spanning met zich meebrengt. Bestaande structuren moeten worden afgebroken en een geheel nieuwe (vaak nog onbekende) werkwijzen moet worden ingericht. De aanpak hiervoor wordt in Deel F verder uitgewerkt.

De zoektocht binnen het werkveld van softwareontwikkeling richt zich op het versnellen van de gehele keten, waarbij de integratie van ontwikkeling en beheer centraal staat. Hoe krijgen we het voor elkaar om de tijd tussen het oppakken van een nieuwe behoefte en het ter beschikking stellen van de mogelijke oplossing drastisch verkorten? Kunnen we meer voorspelbaarheid en stabiliteit creëren door sneller en vaker te releasen? Deze zoektocht gaat niet alleen maar over het proces dat wordt gevolgd en de tools die worden gebruikt maar vooral ook over de specifieke uitdagingen en verantwoordelijkheden die in beide omgevingen zichtbaar zijn.

12.1 DEVOPS IS HET VERBINDEN VAN TWEE GESCHEIDEN WERELDEN

In het complex-domein is sneller leren de beste oplossing om zo effectief mogelijk het doel te bereiken. Leren doen we door te reflecteren of we een vooraf bepaald effect ook daadwerkelijk als resultaat bereikt hebben. We willen die reflectie vaak en regelmatig doen om zo dwalingen te voorkomen of te onderkennen en op basis van deze inzichten adequaat te handelen. Vandaar ook dat we zo snel als mogelijk kleine aanpassingen in een product willen kunnen doorvoeren. Aan de andere kant willen we onze gebruikers een stabiele en betrouwbare omgeving bieden, waarbij de kwaliteit en beschikbaarheid van de producten voorop staat. Door sporadisch en op een beheerste wijze een samengestelde set als één grote change door te voeren, worden zoveel mogelijk risico's gemitigeerd.

Dit lijken twee werelden die haaks op elkaar staan:
1. De wereld van gloednieuwe 'nog nooit vertoonde' incrementen (vernieuwing, development).
2. De wereld van betrouwbaar, niets meer aan doen! (beheer, operations).

In de wereld van development werken productontwikkelaars nauw samen met de business om in een hoog tempo nieuwe functionaliteiten aan het product toe te voegen. Snelheid en wendbaarheid zijn de sleutelwoorden! Wijze woorden als:

'Fail Early, Fail Fast!' zijn uitgeprint en pronken op de gangen van het kantoor. In deze wereld wordt geapplaudisseerd als nieuwe functies worden opgeleverd. Er wordt direct ontwikkeld waar om gevraagd wordt, waar behoefte aan is. Er worden snelle besluiten genomen. Hoe eerder we weten dat het goede idee toch blijkt te falen, hoe eerder we aan de slag kunnen met het volgende goede idee. Falen geeft inzichten. We gooien met gemak iets weg, want we gaan graag aan de slag met nieuwe ontwikkelingen. Er wordt ingespeeld op veranderingen. Hoe sneller we leveren, hoe eerder we de vruchten kunnen plukken.

In de wereld van operations werken beheerders en operators dag en nacht om alle systemen in de lucht te houden. Zij werken, op basis van prioriteiten, aan het oplossen van (potentiële) verstoringen om gebruikers maximaal te faciliteren in de beschikbaarheid van de systemen. Een kleine verstoring leidt al snel tot een volledige onbeschikbaarheid van de totale informatievoorziening en een minutieus typefoutje kan destructieve gevolgen hebben (bijvoorbeeld het Unix-commando: 'sudo rm -Rf /<enter>pad_naar_onbelangrijk_bestand' die de gehele harde schrijf wist door één <enter> op de verkeerde plaats). Affiches met wijze woorden als: "Don't fix it if it ain't broken" hangen hier aan de muur. Voorspelbaarheid en stabiliteit zijn key en als er dan toch iets fout gaat, dan kan het zo maar zijn dat de beheerders de rest van de nacht niet meer aan slaap toe komen.

Deze twee werelden lijken ver van elkaar verwijderd en daardoor niet eenvoudig te integreren. Elk van deze twee 'werelden' hebben zich in de loop der jaren verder ontwikkeld op basis van een eigen set aan principes die nauw aansloot bij de problematiek waar zij dagelijks mee te maken hadden. De ontwikkeling van deze principes was niet automatisch gericht op samenwerking tussen de twee of over het gewenste eindresultaat in de hele keten. Door de spanning tussen beide werelden werden steeds zwaardere verdedigingen opgetrokken om zo min mogelijk last te

ondervinden van elkaars gedrag. Het gevolg is dat in veel organisaties daarom een enorme kloof zichtbaar is tussen de ontwikkel- en de operations-afdeling. Wanneer beide werelden, om een lerende organisatie te creëren, naar elkaar toe worden gebracht, leidt dit vaak tot een Mexican standoff.

Wat helpt om deze Mexican standoff situatie te ontwapenen is het bepalen van een heldere visie, gezamenlijke doelen en duidelijke kaders voor de gehele keten. Op het moment dat beide partijen naar één representatie van de situatie kijken, staan in ieder geval de neuzen al dezelfde kant op. Het beeld van deze situatie moet vanuit het perspectief van de klant worden opgesteld, zodat alle activiteiten in de waardestroom gericht zijn op faciliteren van het maximaliseren van de waarde vanuit oogpunt van de klant. Zo wordt duidelijk op basis van welke doelen de waardestroom wordt geoptimaliseerd en met welke restrictieve kaders rekening moet worden gehouden. Om een beter gesprek te krijgen tussen development en operations is het zaak om het gesprek aan te gaan vanuit het perspectief van 'jij én ik' in plaats van 'jij óf ik'.

12.2 DEVELOPMENT ÉN OPERATIONS IN DRIE STAPPEN INTEGREREN

Hoewel de term DevOps al langere tijd rondcirculeert en verschillende pogingen zijn gedaan tot eenduidige standaardisatie is het goed om te beseffen dat er (nog) geen eenduidige definitie van DevOps is. Het is daarom belangrijk om in discussies altijd éérst vast te stellen wat ieders perspectief is over dit onderwerp en wat men exact onder de term DevOps verstaat.

Een bredere definitie van DevOps zorgt over het algemeen voor een meer gebalanceerde implementatie en een nauwere definitie van DevOps verkort de doorlooptijd van een transformatie. Het bewegen naar een DevOps manier van werken bevat een groot scala aan uiteenlopende aspecten van organiseren. Het proces van het creëren van DevOps-teams gaat over het algemeen langzaam en in stappen. Bij de start van het proces zijn ontwikkelteams (dev) en operations teams (ops) vaak ver van elkaar gescheiden, zowel fysiek als qua mindset en werkwijze. DevOps 'omarmen' is om die reden ook meer een reis dan een eindbestemming. Hierin zijn een drietal fases duidelijk te onderscheiden.

In de eerste fase van de transformatie naar DevOps, werken het ontwikkelteam en het beheerteam nog los van elkaar. In deze eerste stapt wordt de focus van beiden teams naar het denken in en versnellen van de gehele voortbrengingsketen gebracht. Het resultaat van de gehele keten wordt hierin belangrijker dan de resultaten van het eigen domein. Door het continu en in samenhang verbeteren van de keten als geheel, krijgen mensen meer begrip voor elkaars uitdagingen. Door

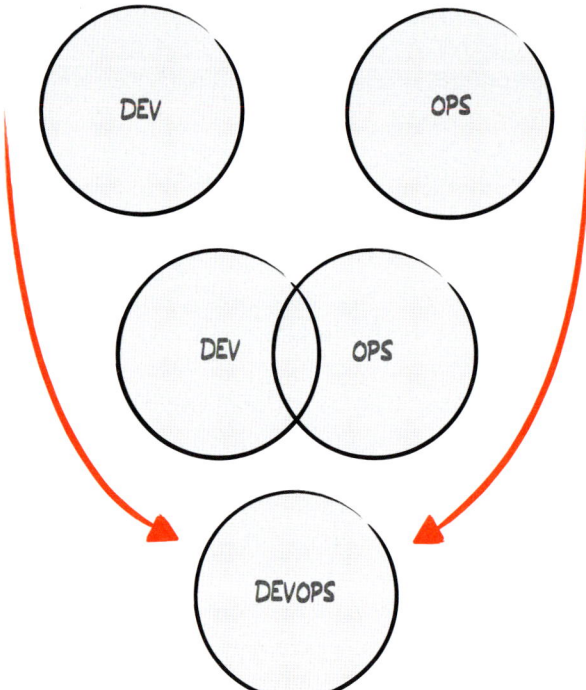

Figuur 12.1 Development en Operations in drie verschillende stadia van DevOps.

het inrichten van de juiste en gezamenlijke feedback-lussen krijgen de individuele domeinen ook beter zicht op de effecten van hun gedrag op de gehele keten.

In de tweede fase werkt het DevOps-team al veel meer samen als één team. Wat u ziet is dat er binnen het DevOps-team vaak nog een strikt onderscheid te vinden is tussen de ontwikkelaars en de beheerders. De verantwoordelijkheid voor het geheel ligt wel in één team maar wordt door de verdeling van taken nog niet door elk individu zo ervaren. De nadruk ligt in deze fase op inregelen van het multidisciplinaire karakter van het DevOps-team. Net als we in Scrum-teams geen onderscheid in specifieke functies en titels willen, zoals informatieanalisten, ontwikkelaars en testers, zo willen we ook bij de stappen naar een DevOps-teams dat het onderscheid tussen ontwikkelaars en beheerders steeds meer naar de achtergrond verdwijnt.

Development- en operations-werkzaamheden wordt geïntegreerd in noodzakelijke kennis en vaardigheden van het gehele team. Dit betekent dat individuele activiteiten vanuit de functies moeten worden opgenomen in de benodigde competenties van het team en middels competentiemanagement een vast onderdeel worden van de verantwoordelijkheid van het team. In deze fase is het cruciaal om continu binnen het team te praten over de gezamenlijke verantwoordelijkheid voor het ontwikkelen én beheren van het product.

In de laatste fase is het onderscheid tussen development en operations nauwelijks nog zichtbaar. Er wordt ondertussen gesproken over echte DevOps-teams. Er is sprake van een gezamenlijke cultuur met focus op waarde leveren in de business. De integratie tot één voortbrengingsproces zorgt voor een grotere aandacht voor automatisering. Het proces wordt continu verbeterd door focus te houden op de waarde die aan de stakeholders en gebruikers wordt geleverd en het aanpakken van ineffectieve en inefficiënte activiteiten. Snelle feedback-lussen zijn ingericht op basis van feitelijke data en het succes en falen van het team wordt als één geheel gevoeld.

12.3 CONTINU INTEGREREN TEN BATE VAN DE LEERCURVE

Een iteratief gedreven ontwikkelproces stelt ons in staat om sneller te leren. Denk hierbij aan de vragen: "Is het product ook schaalbaar naar duizenden gebruikers? Blijft het increment ook op langdurige basis goed functioneren? Ondersteunt het product ook daadwerkelijk de business in haar uitvoering? Ervaren de gebruikers de verwachte waarde ook daadwerkelijk?" Op deze vragen willen we graag zo snel en direct mogelijk antwoord ontvangen.

Hoe langer het antwoord op zich laat wachten hoe lastiger en uitdagender het wordt om eventuele problemen te ontdekken en te herstellen. Het opnieuw inlezen in de opzet en werking van een specifieke functie in de codebase is een stuk eenvoudiger wanneer de code enkele minuten geleden was aangepast dan wanneer dit enkele weken geleden is gebeurd. Daarom willen we in het DevOps-werken niet alleen continu de code integreren tot een product maar ook continu uitleveren aan de gebruikers.

Als de verantwoordelijkheid voor een product increment bij een ontwikkelteam ligt, is het van cruciaal belang dat zij allen werken aan de meest actuele versie van het increment. Immers, zodra een incident zich voordoet, moeten direct acties kunnen worden ondernomen in het product en op gecontroleerde wijze vrij worden doorgevoerd richting de productieomgeving. Het is daarom van belang dat we op zeer frequente basis (continu) individuele toevoegingen en aanpassingen aan het product increment met elkaar 'delen' en zorg dragen dat het product als geheel in een optimale, werkende conditie blijft, dit op een dusdanige wijze dat de teamleden (of bij het opschalen zelfs teams onderling) elkaar niet continu in de weg zitten.

Hoe meer veranderingen gelijktijdig moeten worden doorgevoerd, hoe groter de kans dat ingewikkelde integratieproblemen kunnen ontstaan. Om die reden moeten enkele aanpassingen direct in de codebase worden geïntegreerd, waardoor de hoeveelheid niet-geïntegreerde aanpassingen cumulatief groeit. De complexiteit van het integreren van meerdere wijzigingen neemt met elke opvolgende wijziging steeds meer toe. Ook neemt het risico toe dat wanneer hotfixes worden doorgevoerd, deze hotfixes tijdens de integratie van wijzigingen alsnog worden overschreven.

Het continu integreren van aanpassingen aan het product increment is alleen mogelijk door nauwe aandacht voor de technische inrichting en automatisering van alle activiteiten gedurende het ontwikkel-, beheer- en release-proces. Het goed inrichten van continu integreren zorgt voor snelle feedback-lussen over de kwaliteit van het systeem en voorkomt oplopende integratieproblemen. Het increment met de meest recente aanpassingen wordt direct tegen de regressietest-set aangehouden om de units, componenten, modules, functies en soms zelfs acceptatiecriteria te toetsen. Zo krijgen teamleden direct feedback wat de impact van hun aanpassingen is op de werking van het gehele product increment. Aanpassingen (en verbeteringen) kunnen hierdoor eenvoudiger worden uitgevoerd omdat het team, bij het gebruik van een goede regressieset, altijd de zekerheid heeft dat het product na aanpassingen blijft functioneren zoals verwacht.

■ 12.4 CONTINU UITLEVEREN TEN BATE VAN DE LEERCURVE

Met continu integreren zorgen we voor snelle feedback-lussen binnen het team en/of de organisatie ten aanzien van de staat waarin het actuele product zich bevindt. Met continu uitleveren zorgen we voor een gecontroleerde vrijgave van het product increment naar de productieomgeving. Dit betekent dat het aangepaste product, zoals deze staat op de ontwikkel- of testomgeving, in volledige geautomatiseerde stappen naar de productieomgeving wordt gebracht. Het DevOps-team kan aangeven dat het product naar de volgende omgeving mag worden gebracht en mag daarbij zelf geen handelingen uitvoeren in omgevingen anders dan de ontwikkelomgeving. Alle stappen worden uitgevoerd door de toolset die het continu integreren en continu uitleveren ondersteunt.

Bij de automatisering van het continu uitleveren is het van belang om het van oudsher bestaande vier-ogen-principe binnen organisaties te blijven ondersteunen. Voorheen was dit ingericht op basis van het feit dat development het product kan aanpassen en de wijzigingen door operations nogmaals toetst op alle voor de organisatie belangrijke aspecten. Wanneer development en operations

12 Het beschikbaar stellen volgens DevOps

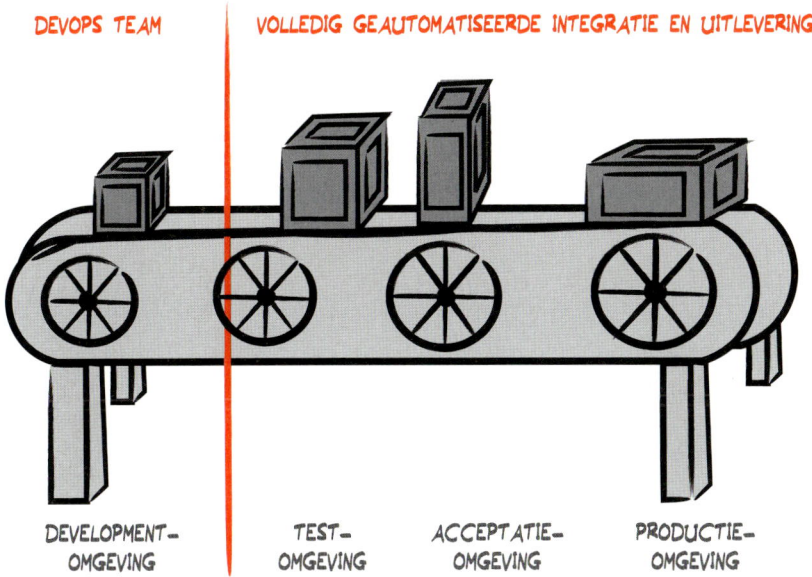

Figuur 12.2 De DevOps OTAP straat kent een strikte scheiding tussen de O en de TAP.

worden geïntegreerd komen beide verantwoordelijkheden in één team te liggen, waarmee het genoemde vier-ogen principe wordt ondermijnd. Door het proces van continu uitleveren goed in te richten kunnen de rechten die ontwikkelteams hebben in het ontwikkeldomein redelijk omvangrijk zijn, terwijl rechten om in de productieomgeving zelfstandig wijzigingen door te voeren volledig kunnen worden ingetrokken. De ingebouwde controles tijdens de volledig geautomatiseerde integratie en uitlevering, vervangen daarmee het ondermijnde vier-ogen principe.

In het proces kunnen in elke omgeving allerlei (veelal geautomatiseerde) toetsingen plaatsvinden op basis van ingebouwde controles die niet zelfstandig door het ontwikkelteam kunnen worden aangepast. Iedere keer dat de aanpassing aan het product increment nog steeds voldoet aan de ingebouwde controles, kan deze wijziging door het ontwikkelteam zelfstandig in productie worden gezet. Wanneer afgeweken wordt van de ingebouwde controles, zal er eerst een validatie plaats moeten vinden waarbij gekeken wordt of de afwijking is toegestaan of dat de ingebouwde controles moeten worden aangepast.

Door op een veilige manier de ontwikkelteams de mogelijkheid te geven om aanpassingen zelfstandig in productie te kunnen zetten, wordt de doorlooptijd van het releasen sterk verkort. Daarnaast hebben deze teams ook de mogelijkheid om op elk gewenst moment op een veilige manier aanpassingen te doen om incidenten op te lossen of te voorkomen. Omdat de uitrol geautomatiseerd plaatsvindt, gebeurt dit elke keer op exact dezelfde manier.

Ontstaan daarop verstoringen, dan hoeft dat maar op één plek te worden aangepast, waarna de uitrol opnieuw geautomatiseerd plaatsvindt. Om als ontwikkelteam hier adequaat in te acteren, willen we een ontwikkelteam waar zowel de competenties van een developer als een operations medewerker vertegenwoordigd zijn. We erkennen daarmee de noodzaak dat het team de mindset en handelingsperspectief van een DevOps team heeft.

Het product increment levert pas waarde wanneer deze in de praktijk van de stakeholders en gebruikers wordt gebruikt. Hoe sneller de belangrijkste functionaliteit is gereleased, des te eerder hebben we de waarde die deze functionaliteit echt levert, goed in zicht. Vanuit DevOps-perspectief streven we altijd weer naar een extra versnelling: van tijdig leveren naar continu leveren. Het snel leren is effectiever wanneer u de 'les' tot u kan nemen direct na de actie. Door continu een product uit te leveren, kunnen veel problemen die we in de praktijk tegen komen worden voorkomen. Snelheid en wendbaarheid zijn afhankelijk van de zwakste schakel in de gehele keten. Bij grotere bedrijven zien wij in de praktijk dat deze zwakste schakel vaak het release-proces blijkt te zijn.

Het toevoegen of wijzigen van functionaliteit aan een product increment heeft echter pas waarde als deze ter beschikking wordt gesteld aan de stakeholders en gebruikers.

Hierin zijn twee interessante uitdagingen te herkennen:
1. Het opleveren van potentieel uitleverbare product incrementen binnen elke iteratie (product is gereed).
2. Het aangepaste product increment snel aan de gebruikers uitleveren ofwel releasen (product is beschikbaar).

Het gedurende of aan het einde van elke iteratie opleveren van een potentieel uitleverbaar product increment is mogelijk door development en operations te integreren in DevOps-teams. De vraag die naar voren komt is wie beslist of een aangepast product increment ook daadwerkelijk ter beschikking moet worden gesteld aan de stakeholders en gebruikers. Door middel van het vrijgeven op verzoek wordt een extra dimensie toegevoegd aan de leercurve van de organisatie.

Snelheid en wendbaarheid worden geremd door de langzaamste schakel in de volledige voortbrengingsketen, waardoor we continu de waardeketen als geheel moeten beoordelen. Bij een frequente oplevering en infrequente vrijgave van een product, ontstaat een ondermijnende situatie door een exponentiële toename van de complexiteit in het versiebeheer. Aanpassingen en vernieuwingen stapelen zich op, wachtend op hun vuurdoop in de praktijk. Tijdens dit wachten werken de teams door aan de aanpassingen en de vernieuwingen. Wat is daar mis mee?

Hoe langer we wachten met het in productie zetten van de laatste release, hoe groter het probleem wordt wanneer een hotfix in alle tussenliggende versies in de wachtrij moet worden uitgevoerd. Voeren we alleen de extra hotfix door in de huidige versie op de productieomgeving? Wat zouden de acties en de gevolgen zijn als we besluiten terug te rollen naar een vorige versie? Wat als we een tussenliggende versie naar productie willen zetten? Kortom, het in sync houden van veel verschillende versies wordt een ingewikkelde taak en vergt veel effort van een DevOps-teams.

Als we in een hoger tempo potentieel shippable incrementen opleveren maar deze slechts infrequent kunnen vrijgeven, ontstaan er naast ingewikkeld versiebeheer nog problemen binnen andere delen van onze organisatie. Het 'kunnen' vrijgeven heeft hierin de nadruk. Het meest in het oog springende probleem is de uitdaging van het managen van verwachtingen binnen de organisatie. Als we continu werken aan de meest belangrijke onderdelen voor de meest belangrijke doelgroepen, dan is de behoefte aan de werkende oplossing dus ook extreem hoog. Dan is het lastig uitleggen dat een product welke op de juiste manier werkt, op de juiste manier is gebouwd en op de juiste manier is getest, NIET in productie kan worden gezet. Probeer dat maar eens uit te leggen aan degene die op het aangepaste product zit te wachten.

> Een sprekend en herkenbaar voorbeeld. In de Sprint Review presenteert het Scrum-team onder voorzitterschap van de Product Owner de allerlaatste versie van het product. Niet zo maar een versie maar het product dat wederom de belangrijkste functionaliteit bevat waar de gebruikers met smart op zitten te wachten. De feedback is uitermate positief, het product werkt zoals de gebruikers verwachten en wordt met applaus ontvangen! Dan komt de dodelijke vraag: "Geweldig, wanneer kunnen we dit in onze praktijk gaan gebruiken?" ... stilte ... het Scrum-team kijkt met pijnlijke blik weg, de ontstane stilte geeft iedereen een oncomfortabel gevoel. De Product Owner kijkt naar de grond terwijl zacht de harde waarheid wordt uitgesproken: "Over 4,5 maand hopen we deze release in productie te hebben staan."

Wanneer continu integreren en continu uitleveren goed worden ingericht, neemt de tijdsduur voor het in productie zetten van een product increment extreem af. In veel gevallen loopt dit terug van weken en maanden naar uren en zelfs minuten. Daar waar het initieel voor de business vaak te lang duurde voordat een product increment in productie kwam te staan, zorgt deze beweging er voor dat het nu vaak 'te snel' gaat. De organisatie, afdelingen of gebruikersgroep is nog niet voldoende geïnformeerd om de gewijzigde functionaliteit te gaan gebruiken. Dus ontstaat een beweging om alleen die onderdelen, eventueel voor een specifieke groep, te releasen die hier klaar voor zijn.

Net als meerdere verschillende versies in het ontwikkeldomein zorgen voor problemen, zo zorgen ook verschillende versies in het productiedomein voor steeds meer problemen. Het streven is om uiteindelijk geen verschillen te hebben tussen de geïntegreerde build in het ontwikkeldomein en de build in productie. Dit streven vanuit 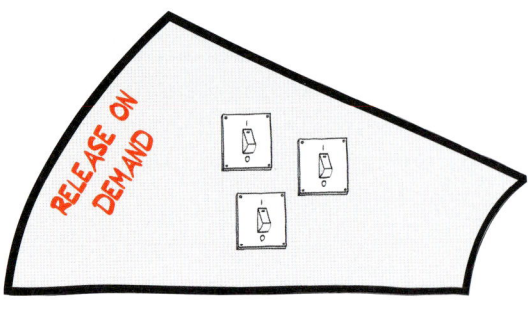 de productontwikkeling kan spanning veroorzaken als het gaat om de snelheid van acceptatie vanuit de business (als de ontvangende partij). Om ervoor te zorgen dat de business zelfstandig kan besluiten welke functionaliteit wel en niet voor wie beschikbaar is, kan gebruik worden gemaakt van technieken als feature en release toggles. Feature en release toggles zorgen ervoor dat gebruikersgroepen bepaalde versies van functionaliteit kunnen gaan gebruiken. Door deze toggles aan of uit te zetten wordt bepaald welke functionaliteit binnen de applicatie ter beschikking wordt gesteld aan de gebruiker. Bij het ontwikkelen van nieuwe functionaliteit kan het product alvast live worden gezet, waarbij de functionaliteit voor iedereen nog onzichtbaar is. Door de business de toggles voor een bepaalde groep om te laten zetten kunnen zij die groep op gecontroleerde wijze voorzien van de nieuwe functionaliteit. Hiermee wordt geborgd dat de ontwikkelteams altijd de laatste versie van het product increment live kunnen zetten, inclusief de laatste aanpassingen en de business de mogelijkheid krijgt om functionaliteit vrij te geven wanneer dit gewenst is.

■ 12.5　DE DRIE MEEST BEKENDE DEVOPS-VARIANTEN

Het feit dat DevOps geen gedefinieerd framework of methodologie is, maakt het lastig om echt vat te krijgen op wat DevOps nu wel en niet is. Technologieleveranciers schermen vaak met een productlijn van DevOps toolset die de release- en deployment pijplijn automatiseren, met de garantie dat u het met implementeren van de toolset DevOps heeft gerealiseerd. Deze eenzijdige definitie van DevOps past goed in hun marketingstrategie maar is erg kort door de bocht. Vandaar dat veel mensen DevOps heel anders benaderen: "Automatisering is slechts het resultaat van DevOps maar zeker niet het begin."

Om meer inzicht te bieden op de verschillende DevOps varianten en de achterliggende principes, beschrijven we in de komende alinea's de meest bekende varianten van DevOps:
- Devops vanuit leveranciers van IT4IT-producten,
- DevOps vanuit het CALMS-principe en
- DevOps vanuit The Three Ways.

Aan de hand van deze principes kunnen development en operations op een gecontroleerde wijze bij elkaar worden gebracht tot het moment dat zij een volledig geïntegreerd team volgen.

12.5.1 DevOps van leveranciers van IT4IT producten

The Open Group levert met IT4IT (The Open Group, 2017) een overzicht van alle facetten die komen kijken bij het succesvol inrichten van een ontwikkelorganisatie op basis van waardestromen. Daar waar ITIL (Bon, 2019) niet ver genoeg gaat, worden met de IT4IT-standaard de ontbrekende delen ingevuld. In deze opzet worden vier IT-waardestromen onderkend: 1) strategy to portfolio, 2) requirement to deploy, 3) request to fullfill en 4) detect to correct. In de standaard worden deze IT-waardestromen verder verrijkt naar specifieke functionele componenten.

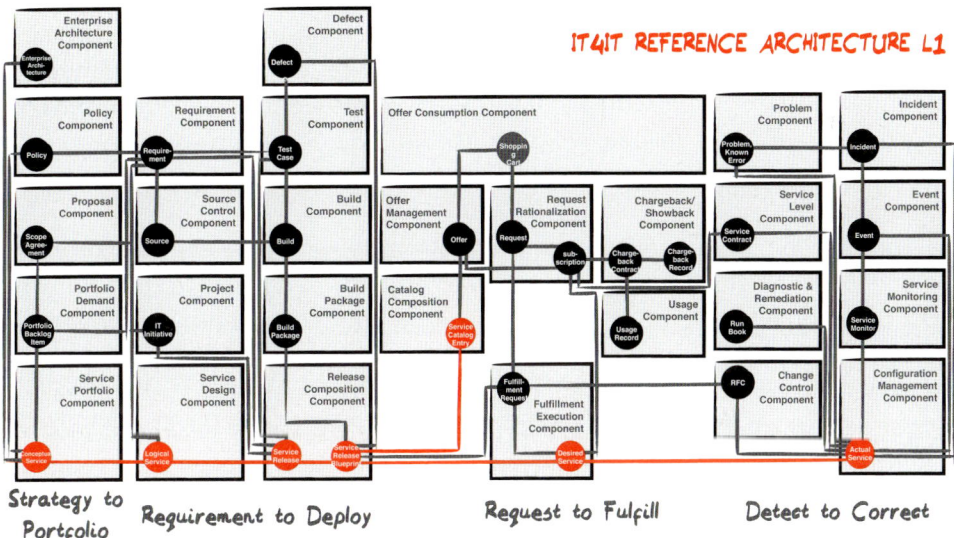

Figuur 12.3 De IT4IT Reference Architecture L1.

De leveranciers van IT4IT-producten leveren hulpmiddelen voor één of meer van de functionele componenten uit de IT4IT-referentiearchitectuur. Meestal gedreven uit een marketingstrategie claimen zij een 'full scale toolset for DevOps' te leveren, waarbij de implementatie van deze hulpmiddelen gelijk wordt geschakeld aan DevOps. Deze variant van DevOps is in onze ogen te beperkt en richt zich primair op de automatisering van de waardeketen, zonder oog te hebben voor de culturele, mindset-, houding- en gedragscomponenten. Deze variant van DevOps kan wel goed worden geïntegreerd met de twee overige varianten van DevOps.

12.5.2 DevOps vanuit CALMS

John Willis, DevOps ambassadeur en gepassioneerd blogger over de DevOps-cultuur, beschrijft de kern van DevOps vanuit een vijftal algemene aspecten die hij samengevoegd heeft tot het acroniem CALMS[9] (Willis, 2017). Het interessante van CALMS is dat deze een breed perspectief geeft op alle elementen die bij DevOps van belang zijn en veel minder de nadruk legt op het automatiseren van de integratie en deployment pijplijn.

Culture

De cultuur van DevOps gaat over een algehele sfeer waarin individuen en teams empowered worden om het werk op hun eigen manier te doen. Empowered worden betekent dat zowel het individu alsmede het team in staat worden gesteld om naast het nemen van eigenaarschap, ook de vrijheid en de steun te ervaren om prestaties te leveren die ertoe doen.

In een cultuur waar empowerment en accountability hand in hand gaan, ziet u dat teams worden samengesteld met alle middelen en de verantwoordelijkheid (aansprakelijkheid en/of ontfermen over) ten einde een product optimaal te ondersteunen. Een cultuur waarin continu leren, vanuit successen en falen, centraal staat en het team echt volledig wordt vertrouwd in de uitvoering van het werk.

Automation

Het aspect van automatisering gaat over het inzetten van tools en technieken om de doorloopsnelheid van de productontwikkeling tot een minimum te beperken. Door automatisering wordt een zich herhalende handeling uit handen genomen. Hierdoor wordt het mogelijk om snel en vaak (zo niet continu) te kunnen releasen. Het ondersteunen van automatisering heeft zowel op het gebied van effectiviteit als op het gebied van efficiëntie zijn invloed; door de herhalende taken van builden, testen en uitrollen als vanzelf te laten plaatsvinden en deze efficiënt uit te voeren.

De bijvangst vertaalt zich in een lage cost of change waarmee veranderingen aan het product makkelijk uit te voeren zijn. Het verregaand automatiseren vergt inzicht in het inrichten van ondersteunende patronen en voorkomen van antipatronen. Een goede inrichting zorgt ervoor dat de snelheid waarmee kan worden uitgeleverd steeds verder verbetert en tenminste niet onnodig wordt vertraagd.

Lean

De L van Lean in CALMS is later door Jez Humble toegevoegd uit een diepgaand respect voor het 'Toyota Production Systeem' (Ōno, 2019). Lean (Womack et al., 2007) richt zich op veel aspecten die in de DevOps variant als belangrijk zijn gekenmerkt: waarde, waardeketen, doorstroming, het principe van pull en flow en het streven naar perfectie.

---

9 Culture, Automation, Lean, Measurements and Sharing

Door de vele overeenkomsten in de onderliggende principes, zijn veel van de Lean practices in een DevOps-context relevant. De bewezen Lean practices helpen om een organisatie te creëren die zich ontwikkelt door klanttevredenheid in lijn te brengen met medewerkerstevredenheid, innovatieve producten en diensten verleent. Hierbij is er in Lean aandacht en bewustzijn om kosten voor klanten en leveranciers tot een absoluut minimum te beperken.

Measurements
De bekende uitspraak 'meten is weten' heeft in CALMS een plek gekregen. Door op verschillende niveaus metingen uit te voeren wordt het DevOps-team in staat gesteld om tijdig problemen te signaleren, te herstellen en te beoordelen. Deze metingen zijn onderdeel van het creëren van de verschillende feedback-lussen op diverse posities in de gehele waardeketen. Via het meten is er zicht op de lokale voortgang en de lokale invloed in relatie tot het gehele proces. Het zicht hebben op de resultaten van de metingen helpt bij het bepalen of lokale verbeteringen daadwerkelijk bijdragen aan het verbeteren van het gehele proces, van kop tot staart.

Sharing
Sharing gaat om het transparant delen van 'het leerproces' onder alle betrokkenen. Het bewust in een staat van verbeteren zijn, betekent dat u informatie over ontwikkelingen in werkwijze en product openlijk met elkaar deelt.

Om de scheiding tussen development en operations te beslechten kan er geen onderscheid meer worden gemaakt tussen development en operations. Teams en teamleden profiteren gezamenlijk van successen. Daar staat tegenover dat ze ook gezamenlijk opdraaien voor de mislukkingen. Succes en falen leveren beiden inzichten op met betrekking tot de oorspronkelijke intentie en bijbehorende actie ten aanzien van het uiteindelijke resultaat en effect. Kennis wordt gezamenlijk ontwikkeld en de verantwoordelijkheid wordt gezamenlijkheid gedeeld. Alleen door alles te delen worden teams, met van oorsprong tegenovergestelde belangen, in hun doen en denken verenigd.

Wanneer u met CALMS aan de slag gaat, gaat u als organisatie aan de slag met een bewustwordingsproces ten aanzien van hoe u als organisatie de vijf aspecten van CALMS verdienstelijk tot zijn recht kan laten komen.

12.5.3 DevOps vanuit The Three Ways
Gene Kim, award-winning CTO en auteur van meerdere boeken over DevOps, beschrijft in zijn boek The Phoenix Project (Kim et al., 2018) de kern van DevOps weer op een andere wijze dan de twee wijzen die we hiervoor hebben toegelicht. Net als CALMS voorkomt The Three Ways het eenzijdige perspectief vanuit alleen de automatisering maar richt zich op de essentie vanuit een drietal principes. Net

als Kanban is het volgen van de opgestelde drie principes een guideline waarmee DevOps vanuit The Three Ways in een brede setting kan worden toegepast.

In de DevOps-variant van Gene Kim zien we opnieuw Lean terug. Aan de hand van een drietal Lean principes laat hij zien hoe een organisatie op systematische wijze de scheiding tussen de werelden van development en operations kan oplossen.

Hij noemt dit idee The Three Ways:
1. Het verbeteren van de doorstroming.
2. Het creëren van snelle feedback-lussen.
3. Het optimaliseren van experimenteren & leren.

Het verbeteren van de doorstroming
De 'first way' gaat over het verbeteren van de doorstroming van het werk in de informatievoorziening door oog te hebben voor de gehele waardeketen. De behoefte aan een IV-oplossing ontstaat in de business en 'stroomt' als het ware via de voortbrengingsketen van softwareontwikkeling en operations door naar de gebruiker. Om een maximale doorstroming te realiseren moet gewerkt worden met kleine batch-groottes en tijdsintervallen, mogen defecten nooit doorstromen naar afdelingen verder in de waardeketen en wordt continu geoptimaliseerd op globale doelen in plaats van op lokale doelen. Hiervoor wordt gebruik gemaakt van practices als continuous build, integration & deployment. Daarnaast is er aandacht voor het op verzoek creëren van (overwegend virtuele) omgevingen, het minimaliseren van de hoeveelheid onderhanden werk en het zorg dragen voor systemen en structuren die veilig zijn om continu aan te passen.

Het creëren van snelle feedback-lussen
De 'second way' gaat over het creëren van een constante stroom van snelle feedback vanuit alle delen van de waardeketen, waarmee we kunnen voorkomen dat problemen zich nogmaals voordoen en / of we in staat zijn om problemen snel te herkennen en ons ervan te herstellen. Door het inrichten van directe feedback creëren we een drang naar kwaliteit bij de bron en creëren we kennis en vaardigheid daar waar we het nodig hebben.

Essentiële practices zijn:
- het inrichten van een andon systeem[10] waarmee de doorstroming tijdelijk wordt gestopt wanneer builds en / of tests falen,
- het creëren van snelle geautomatiseerde test suites die zorgen dat de code zich altijd een potentieel releasebare staat verkeert,

---
10 Andon is een (visueel) signaleringssysteem dat betrokkenen snel op de hoogte stelt van een probleem of afwijking op de productielijn.

- het creëren van gezamenlijke doelen en uitdagingen tussen development en operations en
- het inrichten van goede monitoring zodat iedereen op elk moment kan zien dat zowel de code als het systeem in een gezonde staat verkeren en de te bereiken doelen voor de stakeholders en gebruikers worden gehaald.

Het optimaliseren van experimenteren & leren
De 'third way' gaat over het ontwikkelen van een cultuur waarin twee aspecten zich optimaal kunnen ontwikkelen: continu experimenteren en continu leren. Alleen als we bereid zijn om risico's te nemen en te leren van zowel successen als falen kunnen we onze producten en werkwijzen echt verbeteren. Alleen als we begrijpen dat herhaling en oefening voorwaardelijk zijn voor meesterschap, kunnen we er op vertrouwen dat – wanneer het dan toch misgaat – we snel terug kunnen vallen naar een veilige en stabiele situatie. Noodzakelijke practices zijn het creëren van een cultuur van innovatie (in tegenstelling tot angst voor bestraffing of gedachteloze gehoorzaamheid) en een hoge mate van eigenaarschap (in tegenstelling tot command en control).

12.6 DUS...

Een Scrum- of Kanban-team is tegenwoordig niet alleen verantwoordelijk meer voor het ontwikkelen van een product maar ook voor het releasen en beheren van een product. Door continu een product uit te leveren, wordt het team in staat gesteld om sneller te leren en worden daardoor veel problemen voorkomen die we in de praktijk tegen komen. Software levert pas waarde wanneer deze in de praktijk wordt gebruikt. Het risico in projecten loopt sterk op in relatie tot de tijd tussen coderen en releasen. Snelheid en wendbaarheid zijn afhankelijk van de langzaamste schakel in de volledige software development cycle. DevOps is een beweging die zich richt op het in lijn brengen van de werelden van development en operations door een sterke focus op aspecten als cultuur, automatisering, Lean, meten en delen. Het vergroot het eigenaarschap en zelforganisatie van het DevOps-team als geheel.

In de praktijk bent u nooit klaar met het optimaliseren van de voortbrengingsketen, maar de beweging naar DevOps is wel een essentieel element om niet alleen snel en wendbaar product-incrementen te kunnen realiseren maar deze ook te kunnen uitrollen. Vernieuwen en beheren zijn samengesmolten tot iets wat onlosmakelijk aan elkaar is verbonden. Immers, hoe sneller we kunnen releasen, hoe sneller we kunnen reageren op de vragen vanuit de business. Als we deze aspecten dan ook integreren in de voortbrengingsketen ziet deze er als volgt uit.

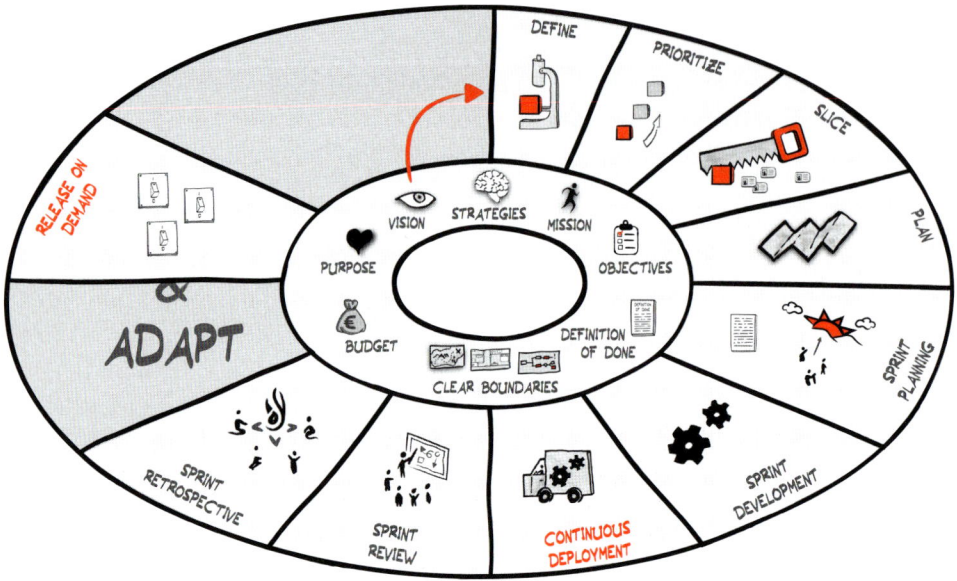

Figuur 12.4 Het ScALE framework uitgebreid met: continuous deployment en release on demand.

13 Het valideren van geleverde waarde

In het complex-domein waar we op adaptieve wijze oplossingen willen bieden, draait alles om tijdige feedback. De resultaten van onze inspanning moeten in de praktijk worden getoetst waarbij wordt gevalideerd of de beoogde resultaten ook zijn behaald. Of de oorspronkelijke intentie in de werkelijkheid ook tot het gewenste effect leidt is in het complex-domein nooit met zekerheid te stellen. Alleen achteraf kan bepaald worden of de inspanning tot een succesvol resultaat heeft geleid.

■ 13.1 WAT IS WAARDE?

In organisaties met een hoge enterprise agility draait het om het maximaliseren van de waarde voor de stakeholders en de gebruiker. Wat is waarde? Dit blijkt in de praktijk vaak lastig te beantwoorden want waarde is een subjectieve beleving van het product. Waarde laat zich dan ook, naast een geldelijke waardering, lastig vatten in een eendimensionale benadering. De waarde die een product levert wordt gevormd door een scala aan facetten: van emotionele waarde tot gebruiksgemak en van exclusiviteit tot multi-inzetbaarheid.

Producten en services leveren fundamentele elementen van waarde die vier soorten behoeften adresseren: functioneel, emotioneel, levensveranderend en sociale impact (Almquist, 2016). Over het algemeen geldt: hoe meer een product in fundamentele elementen van waarde voorziet, hoe groter de waarde is die wordt gepercipieerd. In figuur 13.1 zijn de onderzochte elementen van waarde visueel weergegeven.

Opvallend is dat functionaliteit in deze piramide (Almquist, 2016) alleen als groep en niet als element wordt weergegeven. Functionaliteit als thema biedt hier meer mogelijkheden waarmee de elementen van waarde kunnen worden gerealiseerd, denk daarbij aan: het reduceren van kosten, het voorkomen van gedoe of het organiseren van gegevens. In de *Scrum Guide* is dit geformuleerd als: "The product owner is accountable for **maximizing the value** of the product resulting from the

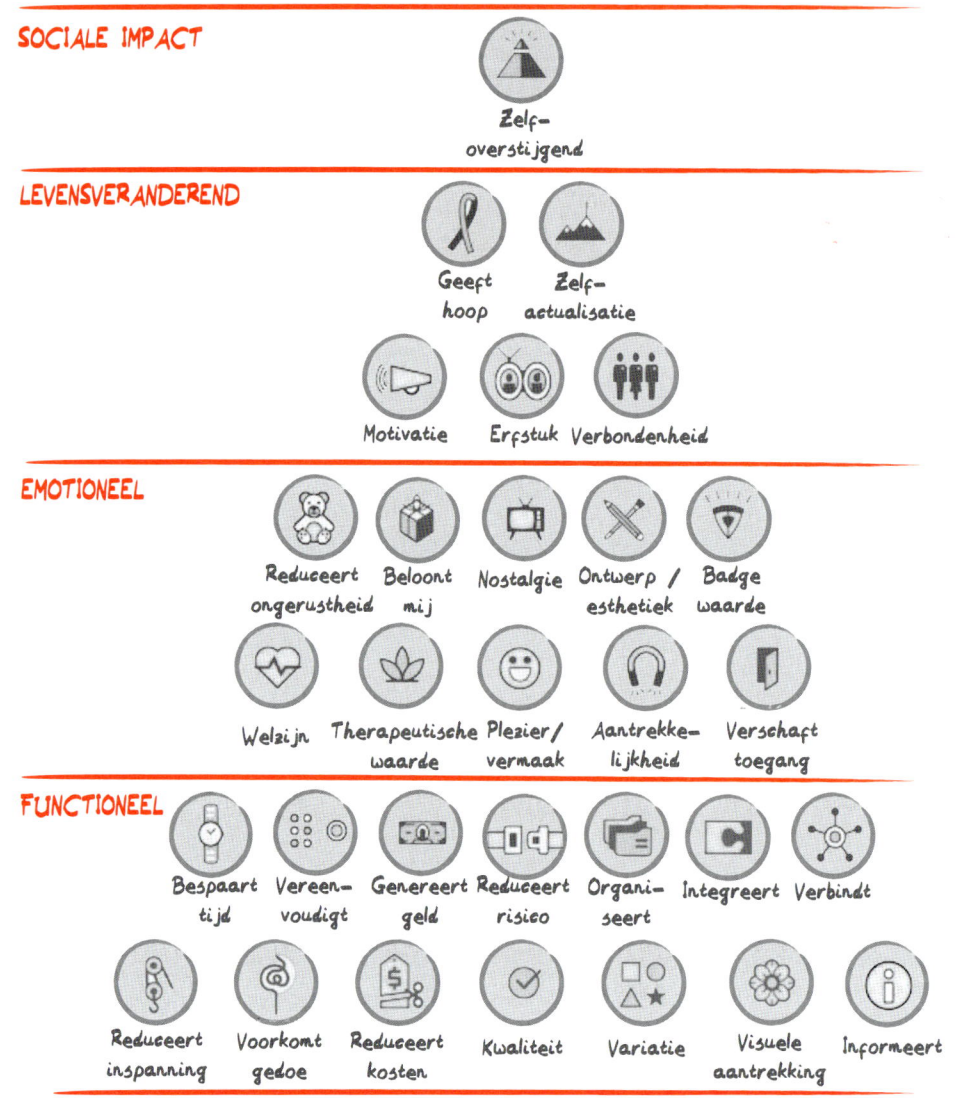

Figuur 13.1 De elementen van waarde.

work of the Scrum team" (Schwaber & Sutherland, 2020). Dit in tegenstelling tot veel product owners die zich druk maken over het maximaliseren van de hoeveelheid gerealiseerde functionaliteit in plaats van de gerealiseerde waarde.

■ 13.2 WAARDE ALS DRIE VERSCHILLENDE COMPONENTEN

Om duidelijkheid te scheppen wat we met waarde bedoelen en wie waarvoor verantwoordelijk is, splitsen we waarde uit in de drie componenten: output, outcome en impact. De **output** is het increment vanuit het ontwikkelproces en beschrijft de technische staat van het product. De **outcome** is een gevolg van de werking van het product zelf, de capabilities die de gebruiker tot zijn of haar beschikking krijgt en zorg draagt voor de daadwerkelijke beleving. De **impact** is het gevolg van het gebruik van een (set aan capabilities van het) product en het daadwerkelijke effect die het gebruik van deze capabilities heeft voor de stakeholders en gebruikers. Waarde is dan ook de subjectieve beleving van een scala aan elementen en een voortvloeisel van het overdraagbaar effect van output naar outcome naar impact.

Het goed inschatten, leveren en valideren van de waarde zorgt ervoor dat u als betrouwbare partij wordt gezien. Het altijd weer nakomen van uw belofte, eerlijke en open communicatie, zorgt voor een relatie waarop de ander kan vertrouwen. Daarmee is het zaak om te leren van het effect van al uw acties en zo de voorspelbaarheid en betrouwbaarheid te vergroten. Om succesvolle relaties op te bouwen met de stakeholders wilt u leren van het verschil tussen uw veronderstelling en de werkelijke uitwerking ten aanzien van uw inspanning. Feedback is de sleutel om effectief te kunnen handelen in het complex-domein maar de vraag is: welke entiteiten zouden nu welke feedback moeten krijgen?

> Laten we enkele voorbeelden bekijken. Tegenwoordig hebben de meeste mensen een enorme hoeveelheid apps (output) op hun smartphones en tablets maar hoeveel van deze apps vergemakkelijken en verbeteren nu daadwerkelijk ons persoonlijke leven (outcome). Als ze ons leven daadwerkelijk vergemakkelijken, wat doen we dan met de tijd die we daarmee tot onze beschikking krijgen (impact)?
>
> In het onderwijs heeft lange tijd de focus gelegen op het verbeteren van de testresultaten (output) waardoor we zijn geëindigd met kinderen die prima scores kunnen behalen maar nog steeds niet in de praktijk kunnen brengen wat ze in theorie hebben geleerd (outcome). Het negatieve effect dat het leren van die theorie heeft op de ontwikkelingen ten aanzien van vraagstukken in de maatschappij (impact) hebben we pas de laatste jaren kunnen vaststellen (Koretz, 2019).

De focus van veel ontwikkelteams richt zich op het snel ontwikkelen van producten op basis van stakeholders en gebruikers die verzoeken om een specifieke oplossing. Het team luistert aandachtig naar dit verzoek en gaat vol enthousiasme aan de slag om de oplossing te creëren. De aandacht is daarmee volledig gericht op de te leveren functionaliteit (oplossing) en niet tot nauwelijks naar de mate waarin de behoefte van de gebruikers en/of stakeholders wordt ingevuld. We leveren wat wordt gevraagd: de door de stakeholders of gebruikers benoemde oplossing. Wanneer de gebruiker de oplossing in handen krijgt volgt vaak de teleurstelling. De geleverde functionaliteit blijkt vaak niet goed aan te sluiten bij de behoefte die gebruiker eigenlijk had.

Om te bepalen of de effort van een ontwikkelteam een succes is, wordt vaak gekeken naar de directe resultaten die het ontwikkelteam heeft geleverd: het product als output van de sprint. In de sprint review komen gebruikers en stakeholders bijeen om naar de opgeleverde resultaten te kijken en hier feedback, hun mening, over te geven. Als u vervolgens kijkt naar de inhoud van de verkregen feedback, merkt u dat voornamelijk wordt gereageerd op de verschillende visuele en technische aspecten van het product: het scherm moet anders worden ingedeeld, kleurgebruik moet duidelijker of we hebben liever een grafiek in plaats van een tabel. Hoe vaak wordt nu de vraag aan de gebruiker gesteld: "In welke mate vervult de ontwikkelde functionaliteit nu uw behoefte als gebruiker?"

De product- en sprintdoelen zijn vaak geformuleerd in de vorm van te bereiken outcomes. Het is daarom beter om in de sprint review te kijken of en in welke mate het product- en sprintdoel daadwerkelijk is bereikt. Wanneer zowel de business als de product owner alleen kijkt naar de geleverde output, is de kans groot dat alleen feedback wordt gegeven op de te ontwikkelen features (het **hoe**) in plaats van de gewenste outcome (het **wat**) en impact van deze oplossing (zie figuur 13.2). Dit leidt tot een negatieve spiraal waarin aandacht voor de juiste koers wordt afgeleid door aandacht voor maximale productiviteit.

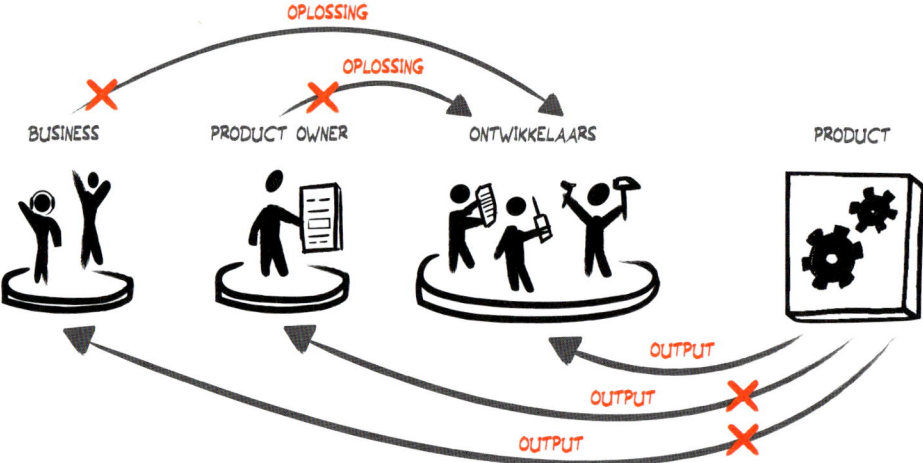

Figuur 13.2 In een gemiddelde organisatie wordt vaak op de verkeerde elementen gestuurd, zowel in het zenden als ontvangen.

Hoe weten we nu of het product increment ook daadwerkelijk de verwachte outcome levert? De uitdaging begint bij het ontbreken van inzicht in de outcome, laat staan dat we weten welke impact met de outcome moet worden bereikt. Hoewel het inhoudelijk vaststellen van gewenste outcome en impact al lastiger is dan het vaststellen van de gewenste output, gaat het eerder al mis in de verwarring over de taken en verantwoordelijkheden die bij de betreffende rollen horen. Het gaat namelijk al fout wanneer de product owner niet over het **wat** maar over het *hoe* met de business gaat praten: "We hebben schermen X en Y en een grafiek die Z laat zien." Dit zijn aspecten die behoren tot de oplossing, het *hoe*! Product owners moeten praten over de behoefte van de gebruikers: "Ik wil A en B snel kunnen verwerken zodat we de klant direct over C kunnen adviseren." Daarnaast gaat de product owner achterhalen wat de impact is op de business als de organisatie in staat is om de klant direct over C te kunnen adviseren.

Het is geen strijd tussen focus op impact, outcome of output. Alle drie zijn van belang als het gaat om het vervullen van de behoefte van de gebruikers en moeten zich in samenhang ontwikkelen. Met elk opgeleverd increment (output) verwachten we dat de gebruikers over nieuwe of verbeterde capabilities beschikken (outcome) waarmee zij effect kunnen maken in de uitvoering van de business (impact). Als een product van hoge kwaliteit niet de behoefte van de gebruiker adresseert, wordt het product simpelweg niet gebruikt. Als we een product van slechte kwaliteit hebben dat wel de behoefte van de gebruiker adresseert, wordt het product uit toenemende frustratie niet gebruikt. Wanneer blijkt dat we met de ingevulde behoeften van de gebruiker onvoldoende impact kunnen maken binnen de business, dan is het beter om zo snel mogelijk afscheid te nemen van het betreffende product.

In de praktijk zien we dat de verschillende rollen uit het voortbrengingsproces zich druk maken over zaken die niet tot hun verantwoordelijkheid behoren. Het is tijd om dat te veranderen. Wanneer iedere rol zich focust op het valideren van zijn of haar eigen waardecomponent, gaat de voortbrengingsketen als geheel beter functioneren en meer waarde opleveren.

■ 13.3 HET VALIDEREN VAN DE OUTPUT DOOR ONTWIKKELAARS

Ontwikkelaars zijn verantwoordelijk dat het product op de juiste wijze wordt ontwikkeld en doet wat het zou moeten doen. Om die reden moeten zij zich richten op het valideren van de output, zodat eventuele afwijkingen direct kunnen worden aangepakt. Dit betekent dat het valideren van het product (de output) een essentiële activiteit is gedurende en na het aanpassen van het product. Voor

ontwikkelteams die werken conform DevOps betekent dit dat het valideren van een optimale performance van het product niet alleen tijdens en na het aanpassen van het product plaatsvindt maar deze ook wordt gevalideerd hoe het zich gedraagt in de productieomgeving.

De *Scrum Guide* is uitermate expliciet over de verantwoordelijkheden van de ontwikkelaars ten aanzien van het product. Gedurende een sprint mag de kwaliteit van een product niet afnemen. Elke increment is een aanvulling op alle voorgaande incrementen en grondig geverifieerd, zodat alle incrementen samenwerken. De Definition of Done is een formele beschrijving van de staat van het increment wanneer deze voldoet aan de voor het product vereiste kwaliteitsmaatregelen. De ontwikkelaars moeten zich houden aan de Definition of Done. Als een increment met geïmplementeerde product backlog item niet aan de Definition of Done voldoet, kan het niet worden vrijgegeven of worden gepresenteerd tijdens de sprint review.

Het product (de output) wordt op drie verschillende niveaus door het ontwikkelteam gevalideerd. Ten eerste bevat het product specifieke functionaliteit waarvan gevalideerd moet worden of deze functionaliteit nog steeds het juiste gedrag vertoont. Ten tweede moet worden gevalideerd of het product na eventuele aanpassingen nog steeds voldoet aan de vastgelegde Definition of Done. Ten derde moet continu worden gevalideerd hoe het product zich gedraagt in de productieomgeving.

Op basis van de behoefte van de gebruikers heeft het ontwikkelteam functionaliteit in het product increment ontwikkeld. Gedurende deze ontwikkeling is in nauwe samenwerking met de gebruikers vastgesteld hoe deze functionaliteit zich in diverse situaties behoort te gedragen. Vaak worden deze specifieke gedragingen vastgelegd in acceptatiecriteria en geborgd in de documentatie van de applicatie. Middels geautomatiseerde unit-, component-, module-, integratie- en acceptatietesten wordt de werking van de ontwikkelde functionaliteit continu gemonitord, ook wanneer niet direct wijzigingen worden aangebracht in dit deel van de codebase. Door het zorgvuldig toepassen van development practices als geautomatiseerd testen en continuous integration wordt er gezorgd dat het team continu kan beoordelen dat de output doet wat ervan wordt verwacht.

De Definition of Done is een formele beschrijving van de staat van het increment wanneer deze voldoet aan de voor het product vereiste kwaliteitsmaatregelen. De Definition of Done creëert transparantie, door iedereen een gedeeld begrip te geven van welk werk is voltooid, als onderdeel van het increment. Dit betekent dat we naast de eerdergenoemde acceptatiecriteria vaak ook verschillende indicatoren hebben die inzicht geven in de actuele staat van het product. De ISO/IEC 25010 (*ISO*, 2022) norm geeft een goed overzicht van kwaliteitscriteria die hierin meegenomen kunnen worden, waaronder onderhoudbaarheid, betrouwbaarheid, uitwisselbaarheid, et cetera.

Ontwikkelteams kunnen verschillende tools gebruiken om een groot scala aan kwaliteitscriteria geautomatiseerd te laten valideren. Deze tools kunnen worden ingezet als onderdeel van een deployment pipeline, waardoor het kwaliteitsniveau ook geautomatiseerd kan worden bewaakt. Voorbeelden van dergelijke tools zijn SonarQube, Embold of Coverty. Realtime inzicht is van onschatbare waarde om de kwaliteit van het product op een hoog niveau te houden en daarmee de snelheid en wendbaarheid van de productontwikkeling op hoog niveau te kunnen houden.

In de praktijk zien we echter weinig inrichting van geautomatiseerde dashboards waarmee de ontwikkelteams eenvoudig inzicht krijgen in dit aspect van de geleverde output. Hoeveel van onze codebase wordt gedekt door unit tests? Wat is de mate van cyclische redundantie? Wat is de tijd tussen een bug ontdekken en oplossen? Wat is de performance van de verschillende onderdelen van het product? Dit soort cijfers zegt iets over hoe het team werkt aan kwaliteit, leesbaarheid van de code, uniformiteit, creativiteit, kwaliteit en steun vanuit tooling. Goed inzicht in de staat van het systeem zorgt voor zicht op de fragiliteit(en) waardoor we daar iets aan kunnen doen

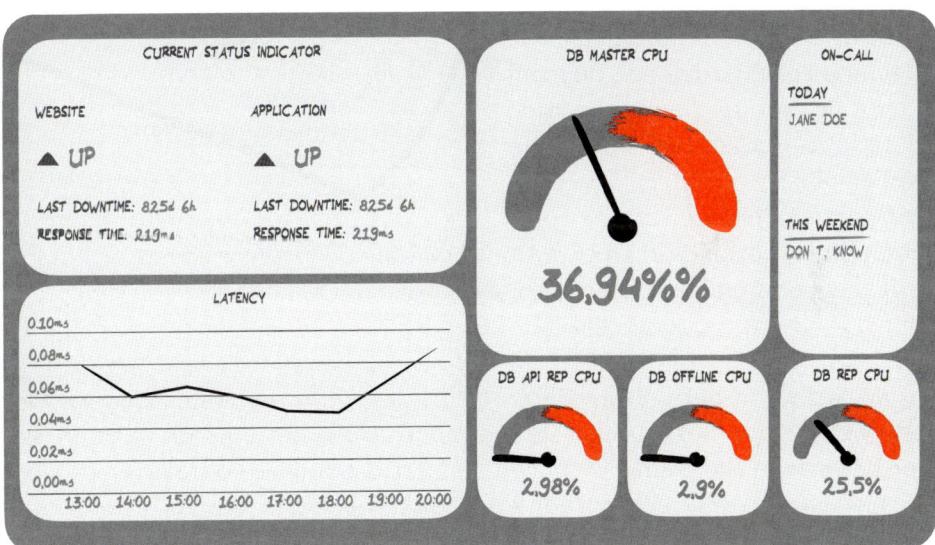

Figuur 13.3 Een dashboard toont de output van onderdelen van het product.

Binnen organisaties met een hogere mate van enterprise agility zijn ontwikkelteams verantwoordelijk voor zowel de run als de change van het product. Dit betekent dat niet alleen de staat van het increment moet worden gevalideerd maar ook gevalideerd moet worden of het product gedurende de uitvoering naar verwachting functioneert. De meeste passieve manier om deze validatie uit te voeren is wachten tot het moment dat gebruikers incidenten rapporteren en op basis daarvan correctieve acties te ondernemen. Zeker in een snel veranderende omgeving waarin gebruikerswaarde centraal staat is dit een onacceptabele aanpak, die helaas nog maar al te vaak in de praktijk voorkomt.

Professionele teams nemen daarom een proactieve houding aan en monitoren zowel de correcte werking van het product als de omgeving waarin het product wordt uitgevoerd. Voor veel incidenten zijn er voorafgaand aan het incident vaak voldoende indicatoren die een mogelijk probleem signaleren. Denk hierbij aan de overbelasting van de CPU's, het vollopen van de beschikbare geheugenruimte, een afname in de beschikbaarheid van nodes, et cetera. Ook de beschikbaarheid van eventuele externe services die door het product worden gebruikt kunnen hierin worden gemonitord, zodat gebruikers tijdig kunnen worden geïnformeerd over eventuele problemen of risico's. Het ontwikkelteam kan voor specifieke dreigingen een alarmering instellen, zodat zij tijdig correctieve maatregelen kunnen nemen voordat het product daadwerkelijk hinder ondervindt.

Aangezien het ontwikkelteam de volledige verantwoordelijkheid draagt dat het product op de juiste wijze wordt ontwikkeld, gaan eventuele afwijkingen in het gedrag dan ook niet terug naar de product backlog maar worden deze direct en zelfstandig doorgevoerd in het product. Net als de andere activiteiten (denk aan het ontwikkelen van code, het testen van het systeem of het aanpassen van de documentatie) gedurende de sprint niet naar de product backlog worden verplaatst, zo worden alle correctieve acties om de kwaliteit op niveau te houden als onderdeel van de sprint

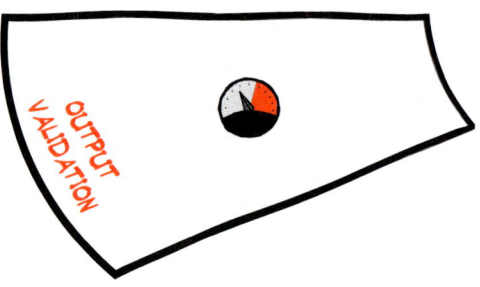

doorgevoerd in het product. Door als ontwikkelteam periodiek te trainen op het snel en effectief oplossen van (mogelijke) incidenten, kan de hersteltijd van incidenten drastisch worden teruggebracht.

Door de focus van het ontwikkelteam op de output te leggen borgen we een goede werking van het product. De feedback-lus die het causaal verband legt tussen het leveren van slechte output en de sprint die continu verstoord wordt door incidenten en problemen, brengt een krachtige beweging te weeg voor het leveren van hoogwaardige output. Het leveren van output, in relatie tot een gewenste outcome, is de primaire verantwoordelijkheid van het ontwikkelteam.

■ 13.4 HET VALIDEREN VAN DE OUTCOME DOOR DE PRODUCT OWNER

De product owner is verantwoordelijk dat het juiste product wordt ontwikkeld en de maximale waarde levert voor haar gebruikers. Dit betekent niet dat de product owner de waarde van het product bepaalt. De product owner maximaliseert de waarde, waarbij die werkelijke waarde door de stakeholders en gebruikers wordt ervaren. Om die reden moet de product owner zich richten op het valideren van de outcome, dat wat gebruikers met het product willen doen, zodat het productplan kan worden bijgesteld wanneer aanpassingen aan het product gewenst of noodzakelijk zijn. De outcome van een increment is namelijk datgene wat het Scrum-team wil bereiken aan het eind van de sprint: een ingevulde behoefte vanuit de daadwerkelijke beleving van de gebruiker. Dit betekent dat het valideren van de outcome een essentiële activiteit is na het opleveren van het increment.

In hoofdstuk 9 is het gehele proces beschreven waarop de product owner goed in kaart krijgt op welke wijze hij of zij de behoeften van de gebruikers kan prioriteren op basis van de visie van het product. Onder verantwoordelijkheid van de product owner zijn behoeften kleiner en kleiner gemaakt tot het moment dat deze in een sprint kunnen worden ontwikkeld. In de template van een user story is dan ook duidelijk het onderscheid tussen hetgeen we krijgen en hetgeen we willen bereiken goed terug te zien.

```
Als <gebruiker van het product>
wil ik <output in de vorm van functionaliteit>
zodat ik <outcome in de vorm van hetgeen ik met de functionaliteit
wil bereiken>
```

In de sprint review wordt de geleverde output vaak getoetst in de vorm van een demonstratie van het product increment aan de gebruikers. Door het tonen van zaken als een nieuw scherm, het aangepaste proces, een nieuwe business rule of een verbeterd rapport wordt de geleverde functionaliteit geïnspecteerd. Belangrijk is dat hierbij juist de essentiële vraag door de product owner wordt gesteld: "In welke mate is de gebruiker nu in staat om aan de hand van de ontwikkelde functionaliteit (output) ook de gewenste outcome te bereiken?"

Door alleen focus te hebben op de output wordt alleen maar oppervlakkige inspectie van het product uitgevoerd. Bovendien is het merendeel van de informatie primair van waarde voor de ontwikkelaars, die inzicht krijgen hoe eventuele aspecten van het systeem beter kunnen worden georganiseerd vanuit de belevingswereld van de gebruiker. Hoewel dit waardevolle feedback is, mist de product owner hierbij enorm veel inzicht of het juiste product ook wordt geleverd.

Kunnen de gebruikers het proces nu daadwerkelijk sneller doorlopen? Zien we de click-through-rate omhooggaan? Hebben we beter inzicht in de marktspreiding?

Dit zijn de vragen die voor een product owner belangrijk zijn om te bepalen of we op de juiste weg zijn en we waarde aan de gebruikers en de stakeholders aan het leveren zijn. Het zijn vragen die inzicht geven over de verandering in gedragingen bij de gebruiker van het product.

De uitdaging zit hem in het concreet maken van deze business-behoefte. Als het gaat om 'snel', wat is dan snel? Als het gaat om 'verschaffen van inzicht', wat heeft u dan nodig aan inzicht om iemand te kunnen adviseren? Als we deze zaken niet goed afstemmen met de business dan houdt u vrijwel alleen de mogelijkheid over om later de output, het product increment, te valideren. Daarom is het belangrijk om als product owner in het proces van definiëren, prioriteren en slicen na te blijven denken over wat de gewenste outcome is (het **wat**) en vooral weg te blijven over de noodzakelijke output (het **hoe**).

Het definiëren van output is veel eenvoudiger dan het definiëren van outcome, aangezien deze laatste vaak in meer abstracte termen wordt uitgesproken. Toch is het belangrijk om samen met de stakeholders, de gebruikers en de materiedeskundigen zo goed als mogelijk de gewenste outcome concreet te maken. Development practices die hierbij ondersteunen zijn bijvoorbeeld Acceptance Test Driven Development of Behavior Driven Development. Door de behoefte van de gebruiker op de juiste wijze te specificeren kunnen we niet alleen initieel maar ook gedurende de gehele levenscyclus, monitoren of de business-behoefte wordt ingevuld.

Voor een scherpere beschrijving van een product backlog item kunt u ook kiezen om de user story tijdens de sprint planning om te schrijven naar een hypothese statement. Een hypothese statement daagt u uit om van tevoren een aantal parameters te definiëren waaraan u kan gaan toetsen of u het gewenste effect hebt behaald. Zo kunnen de teams, met de outcome in gedachten, zich beter focussen op het ontwikkelen van de output.

```
We currently believe that <sprint goal/ objective>
will be achieved if we deliver <possible solution>
because customer will gain <customer value>
we know this for sure when we see <customer outcome> and <value
driver metric> changed.
```

Als in de praktijk blijkt dat de outcome afwijkt van hetgeen we hadden verwacht, is dit waardevolle informatie voor de product owner. Het kan zijn dat het inzicht geeft dat het speelveld verschuift, wat ervoor zorgt dat er aanpassingen nodig zijn om optimaal te kunnen inspelen op nieuwe kansen. De product owner heeft de mogelijkheid en de verantwoordelijkheid om op basis van deze inzichten aanpassingen door te voeren in de product backlog. De product owner zal iedere keer weer afwegen of de gevonden behoefte naar wens wordt ingevuld.

Door de focus van de product owner op de outcome te leggen borgen we dat de applicatie daadwerkelijk waarde heeft voor de gebruikers. De feedback-lus die het causaal verband legt tussen het niet leveren van waarde en het gebruik van het product zou wel eens een heel krachtige aanzet kunnen zijn voor het continu prioriteren van de hoogste waarde voor de gebruikers en daarmee hoogwaardige outcome genereren. Het leveren van waardevolle outcome is immers de primaire verantwoordelijkheid van de product owner.

13.5 HET VALIDEREN VAN DE IMPACT DOOR DE BUSINESS

De business is verantwoordelijk dat we met de opgeleverde outcome ook de noodzakelijke impact in de business weten te maken. In Deel E gaan we dieper in op de verantwoordelijkheden van de business en de bijdrage van de business owner, programmamanagement en de lijnorganisatie. Voor nu is het belangrijk te beseffen dat het ontwikkelen van producten pas de investering rechtvaardigt wanneer de opbrengsten, voortvloeiend uit de ontwikkeling van deze producten, de gemaakte kosten voor het aanpassen van de producten overstijgen. Kortom, als de business de baten niet weet te incasseren is de gehele investering van de productontwikkeling waardeloos.

Aangezien slechts in een deel van de gevallen de producten direct verantwoordelijk zijn voor het realiseren van baten, wordt gesproken over de impact die met de producten wordt bereikt. Producten kunnen een directe impact hebben op de resultaten doordat het ontwikkelde product direct aan de markt wordt geleverd, maar producten kunnen ook een indirect impact hebben doordat zij over een langere periode de klanttevredenheid laten stijgen, de efficiëntie van werkprocessen verbeteren of door nieuwe inzichten een betere concurrentiepositie kan worden ingenomen.

Aan de voorzijde van een ontwikkelingsperiode wordt over het algemeen een uitgebreide business case opgesteld waarin de verwachte baten worden afgezet tegen de verwachte inzet van middelen. Wanneer de business case positief uitvalt wordt vaak een programma of project gestart, waarin de ontwikkeling van de business case als opdracht mee wordt gegeven. Aangezien bij veel programma's en projecten het daadwerkelijke resultaat pas aan het eind kan worden vastgesteld, wordt het valideren van de impact (business case, batenmanagement) steeds meer vervangen door het valideren van de bereikte output. Hierbij wordt niet langer meer gekeken naar de impact en alleen nog maar of voldoende voortgang wordt bereikt.

Wanneer op de juiste wijze iteratief en incrementeel wordt gewerkt is het wel mogelijk om op regelmatige basis de impact van de ontwikkelde producten te valideren. Het sturen op basis van de mate waarin de business case en daaraan gekoppelde baten worden behaald is daarmee een mogelijkheid geworden. De verantwoordelijkheid van de business richt zich daarbij op de wijze waarop de inzet van producten daadwerkelijk leidt tot concrete resultaten in de business in plaats van het monitoren en bijsturen van de wijze waarop de output wordt gerealiseerd.

Door de relatief korte iteraties in combinatie met een continue stroom van waardevolle en werkende incrementen is de business in staat om te valideren of de aannames in de business case correct zijn. Op basis van de impact die wordt bereikt door de ontwikkeling van de producten kan worden vastgesteld of de juiste behoefte wordt gespecificeerd, dan wel dat bijstelling van de behoefte noodzakelijk is om de gewenste impact te kunnen maken. Alleen door het daadwerkelijk incasseren van de baten wordt het mogelijk om aan te tonen dat de business case wordt bereikt.

Het valideren van de impact gebeurt aan de hand van de key performance indicators (KPI's) of key results (KR's) die binnen de business worden gehanteerd. Denk hierbij aan zaken als het verhogen van de tevredenheid van een specifieke klantgroep, het verlagen van de doorloopsnelheid van een specifiek businessproces, het reduceren van de kosten voor

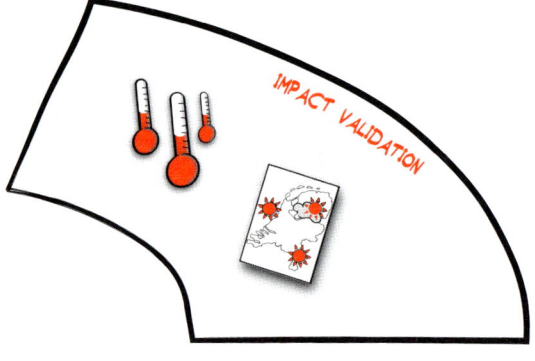

het aanschaffen van specifieke materialen of het vergroten van het marktaandeel van een specifiek product. Het is daarbij belangrijk om de verwachte impact zo scherp en specifiek mogelijk te definiëren om te voorkomen dat de impact 'verwatert' in het geheel van initiatieven of dat de impact door kort-cyclische opleveringen nauwelijks zichtbaar is.

Het valideren van de impact is daarmee een essentieel onderdeel van de business en moet kort-cyclisch worden uitgevoerd. Door op basis van actuele, feitelijke inzichten te valideren of de verwachte impact op de business wordt bereikt, helpt de business om meer in control te zijn in haar activiteiten en resultaten. Door niet bezig te zijn met het ontwikkelen van output en outcome, wordt de focus gelegd op de noodzakelijke veranderingen en de business. De impact van alle productontwikkelingen kan alleen worden geconstateerd door de verbeteringen die binnen de business worden ervaren.

13.6 ZICHT OP PROGRESSIE IN HET LEVEREN VAN WAARDE

De feedback-lussen binnen de organisatie vallen logisch in elkaar wanneer de verschillende rollen zich richten op het valideren van hun eigen resultaat. Niet alleen wordt dan het eigenaarschap van de afzonderlijke rollen versterkt, ook worden alle componenten van het leveren van waarde continu gevalideerd. Op basis van de verkregen inzichten wordt de progressie bestendigd, dan wel worden nieuwe hypotheses gevormd over de wijze waarop de waarde alsnog kan worden geleverd. De validatie wordt daarbij ook uitgevoerd door de rollen die het meeste baat (of last) hebben bij de uitkomsten van de validatie. Als het product niet correct functioneert, betekent dit dat de ontwikkelaars uit hun bed worden gebeld. Als het product niet de juiste waarde blijkt te leveren, betekent dit dat de product owner zijn of haar handelen continu moet rechtvaardigheden bij een scala aan stakeholders. Als de producten uiteindelijk onvoldoende impact op de business hebben, is het dezelfde business die zich hiervoor bij de aandeelhouders of de minister moet verantwoorden.

Om het lerende effect binnen de organisatie te krijgen moeten vertraagde 'feedback-lussen' worden voorkomen. Dergelijke feedback-lussen zijn nog vaak aanwezig in organisaties waarin een hoge mate van control aanwezig is, ook wanneer inmiddels de eerste stappen zijn gezet in het verhogen van de enterprise agility. In een vertraagde feedback-lus rapporteert één partij de bereikte KPI's aan een andere partij. Deze laatste partij krijgt hierdoor inzicht op basis waarvan deze de eerste partij kan corrigeren. Naast de enorme vertraging die dit veroorzaakt in de feedback-lus, neemt hierdoor ook het eigenaarschap sterk af en reduceert dit sterk de behoefte aan transparantie bij de rapporterende partij.

De beste manier waarop een feedback-lus wordt ingericht zorgt dat degene die verantwoordelijk is voor het bijsturen ook de verantwoordelijkheid heeft voor het transparant maken van de gewenste indicatoren. Dit betekent dus dat de ontwikkelaars alle output-indicatoren vaststellen die zij nodig hebben om zelf hun geleverde output te kunnen valideren en het product daarop aan te passen. Dit betekent dus ook dat de product owners de outcome-indicatoren vaststellen, om op basis hiervan de geleverde outcome te kunnen valideren en zo nodig de product roadmap hierop aan te passen. Tot slot moet de business de impact-indicatoren vaststellen, om op basis hiervan de business case te kunnen valideren en zo nodig nieuwe hypotheses te kunnen formuleren.

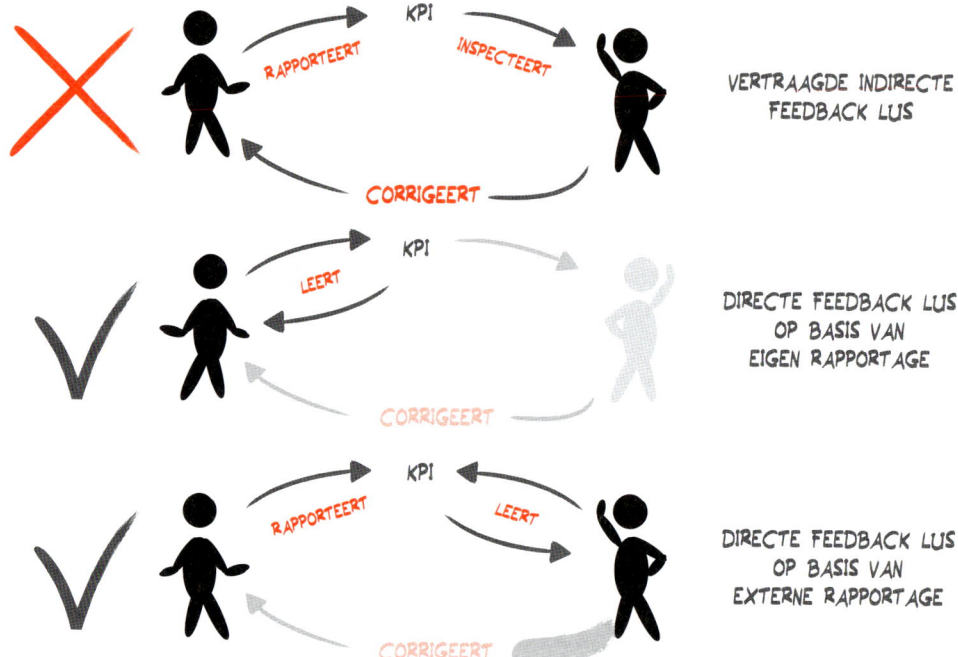

Figuur 13.4 De correcte en incorrecte wijze waarop KPI's worden ingericht.

Naast het effect dat de reflectie 'op het eigen functioneren' heeft op het lerend vermogen, heeft goed zicht 'op het eigen functioneren' ook een enorm effect op de bevlogenheid van de teamleden. Niet alleen de mate van zelfreflectie is enorm sterk ontwikkeld in high performing teams, ook de mate van energie en het plezier dat hieruit naar voren komt is exceptioneel. De energie om samen mooie dingen te maken spat ervan af. Niets lijkt deze teams in de weg te zitten en vaak wordt dan ook gesproken over 'jelled teams'. Dergelijke teams zijn leergierig, stellen zich kwetsbaar en dienstbaar op en zijn niet voor één gat te vangen. Dit soort teams worden gedreven door het bereiken van voortgang. Het zicht op voortgang heeft dan ook weer een versterkende uitwerking op hun bevlogenheid. Als een 'zelfversterkende lus' (Amabile & Kramer, 2012) voedt de voortgang de bevlogenheid en de bevlogenheid de voortgang.

Om hier bewust meer effectiviteit uit te halen is er zicht op progressie en eventuele impediments noodzakelijk. Het wegnemen van deze impediments gaat de teams enorm helpen om tot betere en aantoonbare prestaties te komen. Impediments hebben een negatieve invloed. Voortgang en bevlogenheid hebben zowel in positieve zin als in negatieve zin een versterkende invloed op elkaar. Daarmee zit er een groot voordeel in als vanuit de eigen historie aan data kan worden gezien waar de oorzaken van eventuele impediments zitten. Effectief uw energie steken in het systeem vrij maken van deze tegenvallers is uitermate dienstbaar als u daarna de progressie duidelijk in de cijfers terug kan zien. Zicht op patronen in wat ons dient

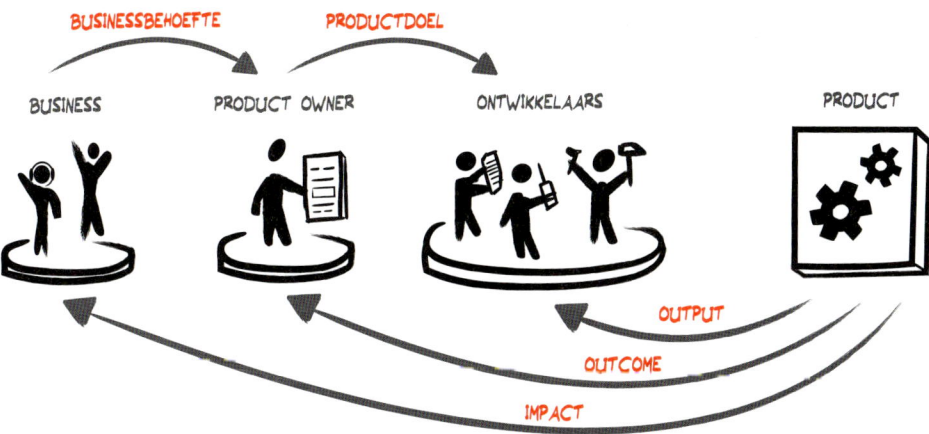

Figuur 13.5 De juiste wijze waarop verzoeken en inzichten werken binnen enterprise agility.

of wat ons ondermijnt, geeft dus naast het leren ook zicht op het aanwakkeren van bevlogenheid.

Het goed inrichten van de feedback-lussen van output, outcome en impact zijn daarom van groot belang. Niet alleen om de eigen prestatie te valideren maar ook om direct op het eigen niveau bij te kunnen sturen. Wanneer de verschillende rollen in het voortbrengingsproces zicht hebben op de eigen progressie in het leveren van waarde, dan is de kans groot dat producten van hoge kwaliteit worden geleverd, die gebruikers bieden wat ze nodig hebben om maximaal impact te kunnen maken in de organisatie.

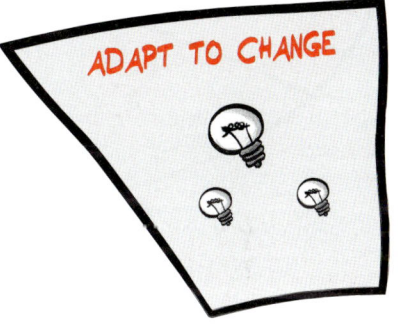

■ 13.7 DUS...

Het is belangrijk om de resultaten die door de snelle, wendbare teams worden opgeleverd te valideren. In de praktijk blijkt echter vaak dat de verkeerde aspecten door de verkeerde rollen op de verkeerde wijze worden gemeten en geïnterpreteerd. Ontwikkelteams moeten zich richten op het valideren van de output (doet het product wat hij zou moeten doen). De product owners moeten zich richten op het valideren van de outcome (kunnen de gebruikers met het product wat we ermee zouden willen doen?). Stakeholders en business owners moeten zich richten op de impact (bereiken we met het product wat we ermee willen bereiken?).

Deze feedback-lussen binnen de organisatie vallen logisch in elkaar wanneer de verschillende rollen zich richten op het valideren van hun eigen resultaat.

Het valideren is een cruciaal element om sneller te kunnen leren en effectief producten voort te kunnen brengen in het complex-domein. De 'impact validation' tegel wordt op een later moment geïntegreerd, aangezien deze niet door het Scrum-team wordt uitgevoerd maar door de business. Als we de andere aspecten integreren in de voortbrengingsketen ziet deze er als volgt uit.

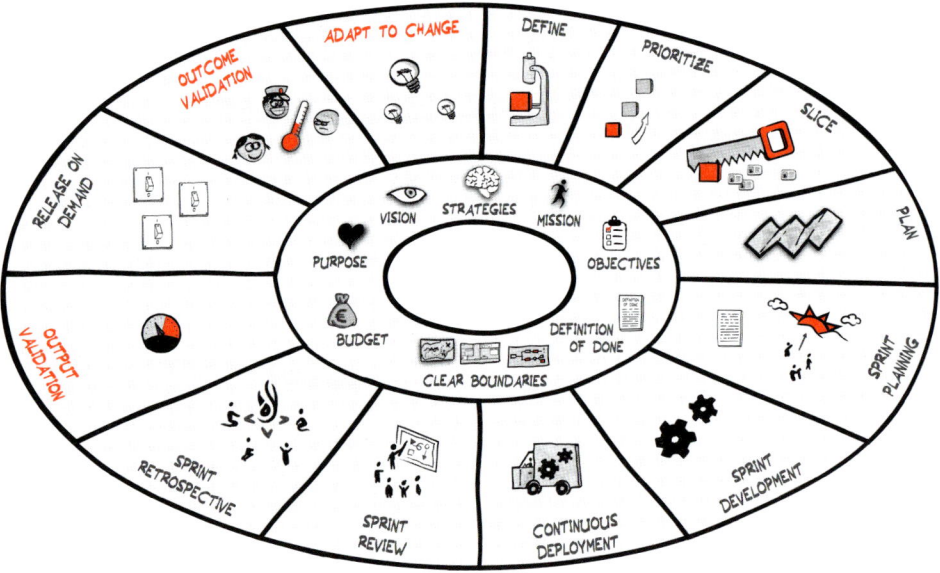

Figuur 13.6 Het ScALE framework uitgebreid met: output validation, outcome validation en adapt to change.

C Agility op het niveau van het cluster

14 De noodzaak van cluster agility

In de beginjaren van agility lag de focus vooral op het ontdekken en adopteren van principes waarmee teams kort-cyclisch waardevolle incrementen konden opleveren. Door de scope van het product, waarvoor het team verantwoordelijk was, sterk te reduceren werd ook de complexiteit en het aantal afhankelijkheden sterk gereduceerd. Door te werken met een stabiele teambezetting ontstond gezamenlijke verantwoordelijkheid voor het product. Kennis en vaardigheden werden steeds meer onderling gedeeld om daarmee als geheel een hogere wendbaarheid, effectiviteit en efficiëntie te verkrijgen. Dergelijke succesvolle teams hanteren nog altijd deze principes binnen de snelle en wendbare structuren, die vandaag de dag in het bedrijfsleven terug te vinden zijn.

Wat deze teams effectief maakt is dat zij, via de directe relatie met de stakeholders en de gebruikers, continu het product kunnen aanpassen om de huidige behoefte van de gebruikers zo goed en snel mogelijk vervullen. Hierbij uiteraard rekening houdend met de toekomstige behoefte vanuit de stakeholders. Wanneer de basis van agility goed is ingericht, worden frequent, volledige werkende en waardevolle incrementen opgeleverd. Er wordt samen met de stakeholders en gebruikers gekeken naar de belangrijkste behoeften die op korte termijn ingevuld gaan worden. Wat daarnaast niet mag worden onderschat, is dat steeds weer wordt gemonitord of het invullen van deze nieuwe behoefte nog opweegt tegen de investering van tijd en geld die met een volgende iteratie gepaard gaat.

Wat deze agile teams efficiënt maakt is een optelsom van veel verschillende aspecten. Hoewel efficiëntie binnen enterprise agility de effectiviteit niet mag beperken, blijkt in de praktijk dat deze teams toch een extreem hoge mate van efficiëntie weten te bereiken. Dit is enerzijds terug te leiden naar de beperkte omvang van de teams en langdurige samenwerking binnen de teams. Door het multidisciplinaire karakter verspreiden kennis en vaardigheden zich snel tussen de ontwikkelaars en door de focus op het sprintdoel worden alle 'afleidingen' van het sprintdoel steeds weer kritisch bekeken. Anderzijds is veel aandacht voor het continu verbeteren van zowel het product als het proces. Wanneer actief wordt gewerkt aan deze beide aspecten worden inefficiënties al snel geïdentificeerd en op structurele wijze geëlimineerd waarmee de overall efficiëntie van deze teams sterk wordt vergroot.

De ontdekkingsperiode van agility duurde zo'n tien jaar. Steeds meer en grotere organisaties adopteerden het concept van agility en de impact die de snelle, wendbare teams in de organisatie wisten te maken. In de praktijk bleek echter dat deze teams in middelgrote en grotere organisaties vele malen minder effectief en efficiënt waren dan de teams die in kleinere organisaties (denk aan start-ups en MKB) of in meer afgezonderde onderdelen van bedrijven konden opereren. De zoektocht naar het opschalen van agility en het bereiken van enterprise agility was gestart, waarbij de centrale vraag was hoe deze snelle, wendbare teams ook op een effectieve en efficiënte wijze kunnen samenwerken binnen de gehele organisatie.

Door vanuit een organisatieperspectief een groot scala aan generieke 'verbeteringen' door te voeren wordt een enorme schade aangedaan aan de snelheid en wendbaarheid van de afzonderlijke teams. Op het niveau van de organisatie spelen vaak andere belangen en uitdagingen waarbij 'verbeteringen' veelvuldig vanuit een oogpunt van efficiëntie worden doorgevoerd. Deze 'verbeteringen' ondermijnen ondertussen de effectiviteit van de teams. Veranderingen kunnen alleen vanuit de daadwerkelijke context worden gezien als een verbetering, of verslechtering. Hebben we op organisatieniveau überhaupt in de gaten wanneer de verandering een negatieve impact heeft op de werking van een team?

Het behouden van de hoge mate van agility van een enkel team moet daarin wel op de juiste manier worden geïnterpreteerd. Het gaat niet zo zeer om de performance van een enkel team in volledige afzondering maar om de performance van het gehele voortbrengingsproces waar deze teams zich in bevinden. Dit lijkt misschien maar een nuance maar is hét verschil tussen lokale en globale optimalisatie. Zeker wanneer het aantal teams wordt opgeschaald worden extra processtappen geïntroduceerd die al heel snel de doorlooptijd van de voortbrengingsketen kunnen vertragen, terwijl daarbij de ontwikkelteams (als onderdeel van die keten) nog steeds dezelfde performance hebben.

Als de teams op een incorrecte wijze worden gestructureerd kan een ingewikkeld netwerk van afhankelijkheden worden gecreëerd, waardoor een noodzaak ontstaat van uitvoerige coördinatie, afstemming en controle. Figuur 14.1 illustreert deze afhankelijkheden waarin meerdere teams (bootjes) door de onderlinge afhankelijkheden hun bewegingsvrijheid verliezen en diverse vormen van extra coördinatie en afstemming noodzakelijk zijn. Kleine, ogenschijnlijk onschuldige, beslissingen, zoals het opnemen van een specialist in meerdere teams, hebben desastreuze consequenties wanneer deze worden opgeschaald naar het niveau

Figuur 14.1 Teams op een incorrect wijze gestructureerd.

van de gehele organisatie. Het aantal afhankelijkheden dat overblijft na het splitsen of toevoegen van teams heeft een directe maar helaas ook negatieve relatie, met de snelheid en wendbaarheid van de organisatie. In de praktijk zijn voldoende voorbeelden te vinden waarin het reduceren van het aantal teams geleid heeft tot verhoging van de productiviteit.

Om conceptueel te begrijpen wat het effect is van het opschalen is het belangrijk om een goed beeld te hebben welke problemen of risico's ontstaan wanneer nieuwe teams worden gecreëerd. Weten wat exact gebeurt en waarom, maakt het verschil tussen het bewerkstelligen van een verbetering of juist niet. Alleen als we exact weten wat er gebeurt, kunnen we anticiperen op het feit dat het probleem al dan niet wordt opgelost of nog een deel van het risico moet worden gemitigeerd. De genoemde principes in Deel A vormen gezamenlijk het mechanisme om te valideren of een voorgestelde verbetering daarbij de uitgangspunten van enterprise agility niet schendt.

14.1 DE KEUZE TUSSEN PRODUCT AGILITY OF ENTERPRISE AGILITY

Stel dat we als organisatie tot nu toe slechts één product-ontwikkelteam hadden. Na het succes van het product in de business ontstaat de behoefte om de productontwikkeling te gaan versnellen. Het eerste idee is om personen toe te voegen aan het team maar al snel leren we dat het toevoegen van enkele personen weinig impact maakt. De reden hiervoor is dat meer omvangrijke teams worden beperkt in hun snelheid en wendbaarheid door de toename van communicatie en afhankelijkheden binnen het team. Ook leren we dat, elke keer dat een persoon aan een team wordt toegevoegd, het team een tijdelijke daling vertoont in haar productiviteit doordat de teamleden opnieuw moeten leren wat de beste wijze is om onderling samen te werken in de nieuwe teamsamenstelling. Dus willen we niet steeds personen maar juist gehele teams toevoegen. Slecht in enkele gevallen splitsen we een team in een tweetal teams.

De volgende belangrijke vraag die nu ontstaat, is of de organisatie wordt ingericht rondom product agility of rondom enterprise agility. Hoewel hybride varianten mogelijk zijn, is binnen grotere organisaties toch vaak één van de twee varianten sterker aanwezig dan de andere variant. Laten we deze varianten eens wat nader bekijken.

14.1.1 Product agility

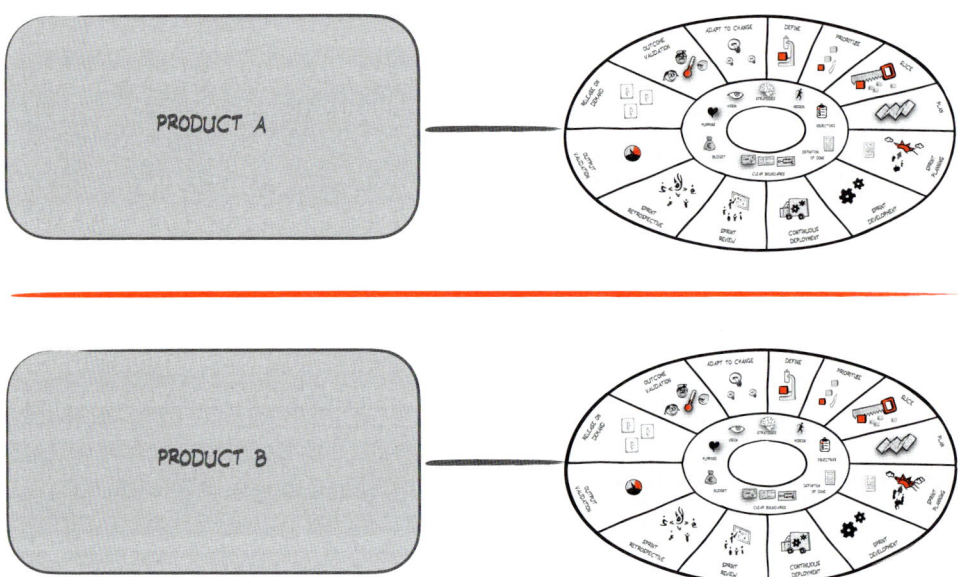

Figuur 14.2 Product agility.

Bij organisaties die ingericht zijn conform product agility vindt besluitvorming over product A volledig onafhankelijk plaats van product B. De afhankelijkheden tussen beide producten worden tot een absoluut minimum gereduceerd en beide producten zijn qua opzet, werking, techniek en ontwikkeling op geen enkele wijze aan elkaar verbonden. Ook de mensen die betrokken zijn bij de productontwikkeling hebben een eigen aandachtsgebied en achtergrond, waardoor hun inzet optimaal kan aansluiten bij die competenties die voor dat product noodzakelijk zijn. Het aantal teams dat een relatie heeft tot het product is beter te overzien, waardoor aspecten als sturing, verantwoording en financiering over het algemeen een stuk eenvoudiger zijn. Als u maximale snelheid en wendbaarheid wilt op het niveau van elk afzonderlijk product wilt u zoveel mogelijk onafhankelijke ontwikkelteams creëren.

Het goed inrichten van de organisatie op basis van product agility heeft vele voordelen. Teams met een sterke focus op één product zonder afhankelijkheden met andere producten kunnen een enorm hoge snelheid van ontwikkelen behalen. Door de beperkte omvang van het aantal teams per product én de sterke reductie van het aantal afhankelijkheden is de ontwikkeling van een enkel product uitermate wendbaar. Doordat de teams alleen gericht zijn op het ontwikkelen van één product hebben ze een sterkere focus en meer eigenaarschap over het succes (of falen) van het product. Dat betekent ook dat specifieke keuzes kunnen worden gemaakt in relatie tot de onderliggende techniek en platform.

Voor medewerkers die betrokken zijn bij de productontwikkeling heeft de variant van product agility veel voordelen. Aangezien de impact van wijzigingen alleen betrekking hebben op het product, wordt een minder groot beroep gedaan op het cognitieve vermogen van de medewerkers. De scope is beperkt tot die van het product en er hoeft nauwelijks rekening te worden gehouden met de impact van wijzigingen in de rest van de organisatie. Daarnaast is vaak het palet aan noodzakelijke kennis en vaardigheden meer beperkt dan wanneer gewerkt wordt in een organisatie op basis van enterprise agility. De noodzakelijke skills binnen teams bestaan immers alleen uit degene die nodig zijn om de behoefte ten aanzien van ene product om te zetten in het product increment. Door de sterke reductie van het aantal afhankelijkheden is ook tussen de teams minder coördinatievermogen noodzakelijk

Een inrichting op basis van product agility heeft ook nadelen. Het belangrijkste nadeel is dat deze variant nauwelijks de snelheid en wendbaarheid van de organisatie als geheel verbetert. Het op- of afschalen van noodzakelijke capaciteit voor het ontwikkelen van één specifiek product kost veel energie en tijd, waardoor de slagkracht van de organisatie maar mondjesmaat wordt vergroot. Het uitwisselen van teams tussen producten lijkt op papier gewoon mogelijk maar in de praktijk is het voorgoed afscheid nemen van een team bij het ene product en het aantrekken van een compleet nieuw team bij het andere product vaak sneller en eenvoudiger. Om die reden maken organisaties dan ook vaak gebruikt van sourcing concepten met één tot twee eigen kernteams per product en extern ingehuurde teams voor het opschalen van de capaciteit.

> Voorbeelden van organisaties met een sterke focus op product agility zijn typische bedrijven die zich onderscheiden op product leadership, zoals Apple, Microsoft, Netflix, Shell, Philips en Sony. Hoewel Apple enkele cross-functionele producten heeft, zoals de ontwikkeling van de A-serie processoren, kenmerkt de geschiedenis van Apple zich tot groepen engineers die als groep de focus kregen voor het succesvol lanceren van een product. De nadelen zijn dan ook sterk zichtbaar op zo'n beetje elk onderdeel van het Apple ecosysteem waar producten sterk met elkaar moesten integreren, zoals bijvoorbeeld alle perikelen rondom iCloud-integratie, waarbij

Apple-producten (tijdelijk) veel functionaliteit hebben moeten inleveren om integratie mogelijk te maken.

Ondanks de enorme snelheid en wendbaarheid van een organisatie die is ingericht op basis van product agility, komen we deze variant in veel (middel-)grote organisatie nauwelijks tegen. De behoefte van grotere organisaties ligt meer in het ontwikkelen van de enterprise agility dan die van product agility (uitzonderingen hierop zijn de typische R&D-organisaties), zodat zij als organisatie beter kunnen inspelen op hun omgeving. In het resterende deel van dit boek wordt dieper ingegaan op organisaties die willen werken op basis van enterprise agility.

14.1.2 Enterprise agility

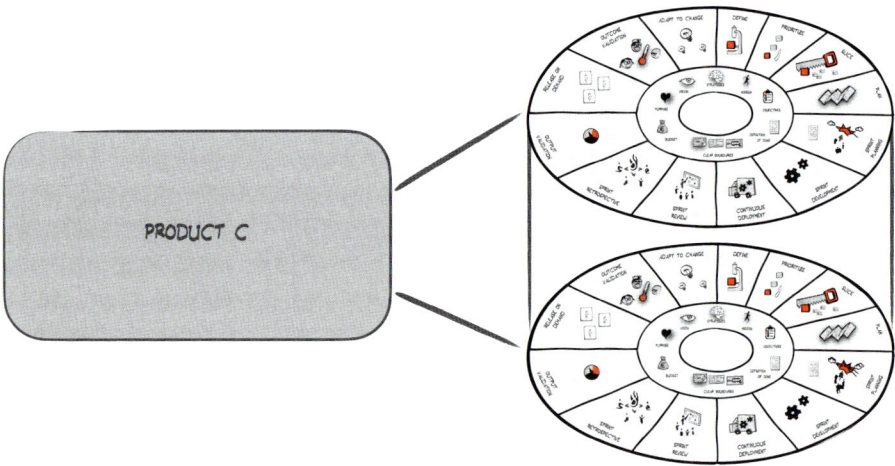

Figuur 14.3 Enterprise agility.

Bij organisaties die ingericht zijn conform enterprise agility vindt besluitvorming over producten plaats op het niveau van de organisatie. Hoewel nog steeds veel aandacht is voor het reduceren van het aantal afhankelijkheden tussen producten, wordt in een grotere mate gebruik gemaakt van standaardisatie, zeker als het gaat om iets als de product stack. Producten zijn qua opzet, werking, techniek en ontwikkeling veel meer gelijkmatig aan elkaar verbonden of vanuit een overkoepelende architectuurvisie op logische wijze gestructureerd. Hierdoor kunnen grotere IV-diensten en IT-producten worden samengesteld waarbij de opzet en werking van de teams ervoor zorgdraagt dat zij zich mee ontwikkelen met de behoefte van de gehele organisatie.

Bij het opschalen van teams op basis van enterprise agility is continu aandacht nodig voor de principes van alignment en autonomie. Het cluster-concept, zoals in dit deel wordt uitgewerkt, ondersteunt deze balans. Alignment is noodzakelijk om daar waar nodig de teams effectief met elkaar te laten samenwerken en alle afstemming te organiseren die nodig is om dat voor elkaar te krijgen. Autonomie is daarin noodzakelijk om de snelheid en wendbaarheid van het enkele team zoveel mogelijk op niveau te houden, zodat ook de teams in onderlinge samenhang een hoge mate van snelheid en wendbaarheid kunnen blijven behouden.

Het goed inrichten van de organisatie op basis van enterprise agility heeft vele voordelen. De snelheid en wendbaarheid van de gehele organisatie nemen sterk toe door de enorme slagkracht die meerdere teams in onderlinge samenwerking kunnen organiseren. Het sturen op basis van strategische initiatieven in combinatie met het kunnen reageren op actuele ontwikkelingen is vele malen eenvoudiger doordat teams beter in staat zijn om te werken aan die onderdelen die maximale waarde leveren voor de organisatie. De effectiviteit van de gehele organisatie wordt zo optimaal mogelijk gehouden, waarbij de efficiëntie afhankelijk is van mate waarin op veranderingen moet worden gereageerd. Hoe sneller moet worden bijgesteld, hoe hoger de impact is op de efficiëntie. Waarbij door het verhogen van alignment en standaardisatie de teams beter worden ondersteund in het voortbrengen van hun producten.

De inrichting op basis van enterprise agility heeft ook nadelen. Het grootste nadeel is dat het aantal afhankelijkheden tussen teams zich sneller kan ontwikkelen. Deze groei aan afhankelijkheden vraagt een evenredig hogere mate van alignment tussen de teams. Om die reden moet continu aandacht zijn voor het reduceren van mogelijke afhankelijkheden. Daarnaast is een groter risico aanwezig om generieke kaders of verbeterinitiatieven te formuleren en uit te vaardigen voor alle teams, omdat de focus meer ligt op de gehele organisatie dan op de individuele teams. Omdat producten op een hoger abstractieniveau worden geformuleerd, neemt de transparantie over de individuele bijdrage van teams af, wat negatieve gevolgen kan hebben voor het eigenaarschap. Het opschalen tot het niveau van de organisatie zorgt voor een redelijk aantal unieke problemen die niet tot nauwelijks voorkomen bij een indeling op basis van product agility, zoals het managen van afhankelijkheden tussen groepen van teams en / of producten. Om die reden vereist een transformatie naar enterprise agility ook meer effort dan de transformatie naar product agility.

> Voorbeelden van organisaties met een sterke focus op enterprise agility zijn typische bedrijven die zich onderscheiden op customer intimacy en operational excellence, zoals bijvoorbeeld de Nationale Politie, de Nederlandse Spoorwegen, de Rotterdamse Haven en de Belastingdienst. Hoewel binnen de Nationale Politie meerdere producten worden onderscheiden, is de nauwe integratie tussen alle producten van cruciaal belang voor het effectief kunnen ondersteunen van de gehele operatie. Dat gebeurt niet alleen binnen de Nationale Politie maar ook in de veiligheidsketen die deze organisatie vormt met de andere nationale en internationale partners.

14.1.3 Essentiële keuze voor de organisatie

De keuze voor één van beide varianten gaat dan ook over de vraag of snelheid en wendbaarheid noodzakelijk is op het niveau van de afzonderlijke producten of op het niveau van de gehele organisatie. Wanneer een organisatie kiest voor product agility dan zijn in dit boek enkel Deel A 'De principes van enterprise agility', Deel B 'Agility op het niveau van het team', Deel F 'Het management van de transformatie' en deels ook Deel C 'Agility op het niveau van het cluster' van belang. Wanneer een organisatie kiest voor enterprise agility dan zijn, naast de volledige delen voor product agility, ook Deel D 'Agility op het niveau van de IV' en Deel E 'Agility op het niveau van de business' relevant.

Binnen product agility werken vaak één tot enkele teams aan het ontwikkelen van het product. Door het tot een absoluut minimum reduceren van afhankelijkheden kan deze structuur eenvoudig worden gekopieerd voor het ontwikkelen van andere producten. Binnen enterprise agility willen we echter de definitie en scope van wat als 'product' wordt gezien continu verhogen, zodat met meer teams aan een specifiek product kan worden gewerkt. Door op deze wijze in te steken zorgen we voor meer slagkracht waarbij teams kunnen worden 'gezet' op die delen van het product waar extra effort gewenst is. Door het continu op een hoger niveau brengen van de productdefinitie wordt de wendbaarheid van de organisatie meer en meer vergroot.

> Om een voorbeeld te geven: In een bank kunnen productdefinities van verschillende teams zijn: 'Het digitale bankoverzicht', 'Automatische sparen' en 'Automatische budgettair overzicht'. Als nu de productdefinitie wordt verhoogd gaan de teams (vaak in meer samenhang) werken aan bijvoorbeeld 'particulier betalen' en 'particulier sparen'. Als nu de productdefinitie nog verder wordt verhoogd, gaan de teams (vaak in nog meer samenhang) werken aan bijvoorbeeld 'particulier bankieren' terwijl andere teams bijvoorbeeld werken aan 'zakelijk bankieren'. Als nu de productdefinitie nog verder wordt verhoogd gaan alle teams werken aan bijvoorbeeld 'bankieren'. Ongeacht op welke wijze de productdefinitie wordt verhoogd, het gevolg is dat meer teams in onderlinge samenhang verantwoordelijk worden voor een meer omvangrijk product.

Ondanks dat het verhogen van de productdefinitie een sterk positief effect heeft op de snelheid en wendbaarheid van de organisatie, is het niet waarschijnlijk dat alle snelle, wendbare teams werken aan slechts één backlog op organisatieniveau. Net als dat een beperkende factor zit op het aantal ontwikkelaars dat in een ontwikkelteam effectief met elkaar samen kan werken, zo zit er ook een beperkende factor op het aantal ontwikkelteams dat effectief met elkaar kan samenwerken aan één product. Naast de effectiviteit in de samenwerking is ook het cognitieve vermogen van de mensen een belangrijke beperkende factor. Een product moet voor ontwikkelaars nog steeds te overzien zijn, iets wat door het verhogen van de productdefinitie onder druk komt te staan. Daarnaast ziet u ook dat vaak het aantal noodzakelijke skills om effectief aan het product te kunnen werken groeit naarmate de productdefinitie wordt verhoogd.

■ 14.2 DUS...

Enterprise agility komt voort uit de effectieve en efficiënte samenwerking van snelle, wendbare teams. Het is daarin de uitdaging om, wanneer we opschalen naar meer teams en / of meer producten, de hoge mate van agility van een enkel team te behouden. Als we meer teams toe gaan voegen moeten we als organisatie een keuze maken tussen product agility of enterprise agility. Als u wendbaarheid wilt op het niveau van elk product (product A is altijd net zo belangrijk als product B) wilt u zoveel mogelijk onafhankelijke ontwikkelteams creëren. Als u wendbaarheid wilt over de producten heen (het belang om product A of B verder te ontwikkelen is afhankelijk van situatie) wilt u de productdefinitie verhogen en samenwerking van teams inrichten volgens het principe van alignment en autonomie: het clusterconcept. De twee beperkende factoren van het aantal teams in een cluster zijn daarin: het cognitieve vermogen van de mensen om het domein te kunnen overzien en de noodzakelijke skills binnen het cluster.

15 De mogelijkheden om meerdere teams te structureren

Als we gaan schalen naar het niveau van clusters dan willen we alignment tussen teams introduceren zonder daarbij de snelheid en wendbaarheid van het werken met een enkel team teniet te doen. De vraag is dan hoe we alignment kunnen creëren met minimale impact op de autonomie en met het behoud van eigenaarschap. Om dat goed te kunnen bepalen is het belangrijk om eerst te weten waarom het effectief opschalen van mensen (binnen teams) of teams (binnen clusters) slechts op beperkte schaal kan worden uitgevoerd. Met inzicht in het ontstaan van de remmende werking gerelateerd aan het aantal afhankelijkheden, kunnen we kijken naar de juiste balans om effectief te kunnen blijven samenwerken. Voor die juiste balans willen we kijken naar mogelijke manieren om een team te splitsen of te kiezen om een nieuw team aan het product toe te voegen. We kijken naar de voor- en nadelen van elke manier van splitsen en definiëren de optimale oplossing wanneer enterprise agility wordt nagestreefd.

Om bij het opschalen van het aantal teams de maximale snelheid en wendbaarheid van een enkel team te behouden, is steeds weer opnieuw aandacht nodig voor het reduceren van de afhankelijkheden. Afhankelijkheden zijn de voornaamste oorzaak voor het ontnemen van de principes eigenaarschap en zelforganisatie bij de ontwikkelteams. Elke afhankelijkheid, expliciet of impliciet, vormt een potentieel risico voor de snelheid en wendbaarheid van het cluster. Vanuit het continu verbeteren van de voortbrengingsketen moeten voorstellen die afhankelijkheden reduceren worden omarmd, terwijl voorstellen die de afhankelijkheden doen toenemen aandachtig tegen het licht worden gehouden. Wanneer we teams zonder of slechts met minimale impact in de voortbrengingsketen kunnen toevoegen, behouden we zoveel mogelijk voordelen van het snel en wendbaar werken, waarbij dan wel de slagkracht wordt vergroot die vanuit de samenwerking met meerdere teams ontstaat.

Alleen ga je sneller, samen kom je verder.
Afrikaans spreekwoord

In het spreekwoordelijke gezegde 'Alleen ga je sneller, samen kom je verder' zitten twee duidelijke effecten. De eerste is dat het toevoegen van mensen aan uw groep een negatief effect heeft op de snelheid die u als groep kunt maken. De tweede is dat het toevoegen van mensen aan uw groep een positief effect heeft op het totale resultaat dat u met deze groep zou kunnen bereiken. Vandaar ook dat bij het structureren van een cluster goed gekeken moet worden hoe we de snelheid van een enkel team zo hoog mogelijk kunnen houden maar in samenwerking met alle andere teams in het cluster een grote impact kunnen maken. Het is dan ook belangrijk om de prestatie van het cluster te meten in plaats van de afzonderlijke prestaties van de teams binnen het cluster.

■ 15.1 DE UITDAGING IN HET SCHALEN VAN HET AANTAL KENNISWERKERS

Al in de jaren zeventig van de 20ste eeuw werd het probleem onderkend, dat optreedt bij het opschalen van het aantal kenniswerkers: dat het ongebreideld mensen toevoegen om een probleem op te lossen een negatief effect heeft op de prestatie van het geheel. In het boek *The Mythical Man-Month* (Brooks, 1982) schrijft Frederick Brooks over zijn ervaring bij IBM waarin hij verschillende oorzaken onderzoekt bij softwareprojecten die te laat worden opgeleverd. Naast zijn belangrijkste constatering dat de typische 'man-maand' waarmee bij het begroten van projecten wordt gerekend een mythe is, geeft hij ook een bijzonder scherpe analyse wáárom dat exact het geval is.

Adding manpower to a late software project makes it later.
Brooks Law

Uitdagende projecten zoals software development (alsmede kenniswerk in het algemeen) kunnen niet perfect worden opgedeeld in afzonderlijke taken waaraan werknemers zonder enige communicatie en afstemming kunnen werken. Onderlinge verbanden en inzichten, ten aanzien van alle te ondernemen acties, zijn noodzakelijk om deze werkzaamheden op een goede wijze uit te kunnen voeren. Die onderlinge verbanden in ingewikkelde projecten zijn nu net hét probleem wanneer het aantal mensen wordt opgeschaald. Dit komt omdat nieuwe medewerkers in dergelijke projecten een behoorlijke tijd nodig hebben om zich in te werken. Het toevoegen van nieuwe medewerkers vraagt van een ieder om de noodzakelijke communicatie, afhankelijkheden en afstemming met alle anderen in het team verder te vergroten.

Wanneer een aantal mensen worden ondergebracht in een team, betekent dit dat ieder individu in potentie 100% productiviteit aan het team toevoegt. Tot we de onderlinge communicatie, afhankelijkheden en afstemming ook eerlijk in de berekening van de productiviteit meenemen. Communicatie en afstemming neemt tijd in beslag. Iedere verbinding tussen individuen in het team, elke relatie, heeft een negatieve impact op de productiviteit van beide personen. De exacte 'kosten' hiervan zijn sterk afhankelijk van de aard en omstandigheden van het team, hoewel dat door de steeds meer toenemende groei uiteindelijk niet veel verschil maakt.

Het aantal relaties dat een negatief effect heeft op de productiviteit van het team kan worden berekend met de formule: # relaties = n(n − 1) / 2, waarbij n het aantal leden van het team is. Hierdoor ontstaat een situatie waarin de individuele maximale productiviteit die wordt geleverd door één persoon alleen in volledige afzondering kan worden gevonden (alleen ga je sneller). Het risico daarbij is dat u minder ver komt door het gebrek aan performance die u als enkele persoon kunt leveren. Met meer teamleden, ondanks de overhead die het samenwerken met zich meebrengt, ontstaan er door de relaties meer oplossend vermogen, ideeën en creativiteit (samen komt u verder).

Hierin zit een optimum verborgen. Wanneer de som van de overhead (door communicatie, afhankelijkheden en afstemming) groter wordt dan de opbrengst van het toevoegen van één enkel persoon, wordt u als geheel minder snel. Dit omslagpunt ontstaat doordat het positieve effect, van het toevoegen van een persoon, een lineair verloop heeft terwijl het aantal relaties kwadratisch toeneemt. Het effect van het toevoegen van een persoon zal dus afgezet moeten worden tegen het negatieve effect van de extra relaties die deze persoon binnen het team veroorzaakt. In figuur 15.1 hebben we deze ontwikkeling geïllustreerd.

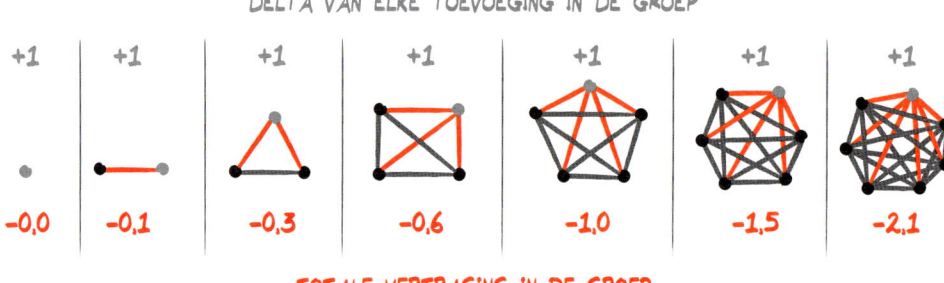

Figuur 15.1 De remmende kracht van de kwadratische groei van het aantal afhankelijkheden bij een lineaire uitbreiding van mensen of teams.

Wanneer we een persoon (de grijze +1 in elke stap van figuur 15.1) toevoegen aan de groep, levert deze ene persoon 100% extra capaciteit (+1) aan de groep. Om als groep effectief te kunnen samenwerken, worden hun werkzaamheden op elkaar afgestemd (of dragen ze de gevolgen wanneer ze dit niet doen). Dit betekent dat elke vorm van afstemming tussen personen enige vorm van inspanning kost (de rode relaties). In dit voorbeeld doen we de aanname dat iedere relatie tussen twee individuen 10% van de capaciteit per individu kost. Voor elke connectie tussen twee personen kost dit -0,1 aan productiviteit. Bij een kleiner gekozen percentage aan 'kosten' per relatie, ligt het punt waarop de negatieve impact de overhand krijgt overigens niet veel later. Met de toename van de groep nemen de kosten voor afstemming (de rode negatieve cijfers) kwadratisch toe tot het moment dat de extra capaciteit die één persoon toevoegt niet meer opweegt tegen de toename van de kosten om met elkaar af te stemmen.

15.1.1 Command and control als suboptimale oplossingsrichting

Het command and control-model om de negatieve gevolgen van de toenemende afstemming te dempen is het creëren van een hiërarchische structuur (zie paragraaf 5.3.1). Door deze hiërarchie wordt de afstemming tussen alle personen gecoördineerd door de laag boven deze personen. In figuur 15.2 hebben we deze situatie geïllustreerd. Het negatieve effect van alle relaties ontwikkelt zich nu ook lineair, wat betekent dat dit model in principe schaalbaar zou moeten zijn.

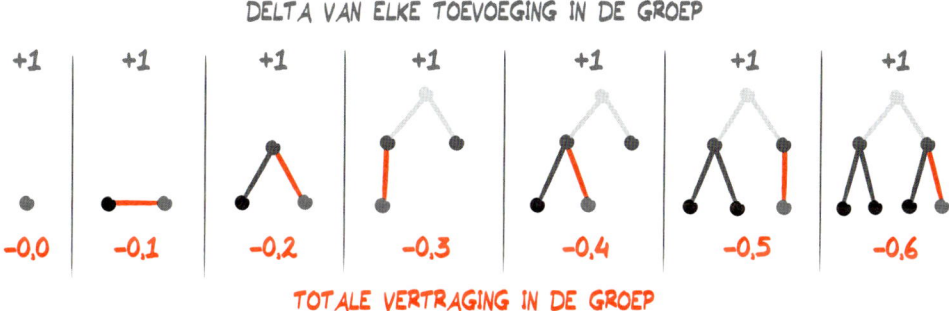

Figuur 15.2 Command and control zet de kwadratische groei van afhankelijkheden om in lineaire groei.

Het remmende effect in deze hiërarchische oplossing zit echter verborgen in de toenemende afstand tussen de individuele personen. Wanneer we als één groep schalen is de onderlinge afstand altijd één lijn. In de hiërarchische oplossing neemt de onderlinge afstand steeds verder toe, met zeven personen kunnen al zes momenten van afstemming nodig zijn. Het gevolg hiervan is dat met elke extra schakel tussen twee afzonderlijke personen de snelheid en wendbaarheid van de gehele groep sterk daalt door de lengte van de communicatieketens en het aantal hand-overs. Daarom leent dit model zich ook uitstekend voor situaties die zich in het complicated-domein bevinden (Plan | Execute), omdat alle schakels continu uit kunnen gaan van hetzelfde (onveranderde) beeld van de werkelijkheid.

Het gevolg is dat door alle tussenliggende schakels steeds minder zicht is op de consequenties van het eigen handelen of de consequenties van geconstateerde afwijkingen. De focus van elk individu richt zich alleen op de eigen omgeving. Alle effecten die in een groter geheel optreden zijn nauwelijks nog te zien en de consequenties van het eigen handelen voor de rest van de organisatie nauwelijks nog te bepalen. Hierdoor ontstaat een enorme focus op lokale optimalisatie in plaats van oog te houden op het grotere geheel en de resultaten van de gehele keten.

Naast de toenemende afstand tussen de personen, treedt ook een ander negatief effect op. Ondanks het feit dat bij het toevoegen van een persoon zijn volledige capaciteit (+1) wordt toegevoegd, wordt geen rekening gehouden met het feit dat elke (nieuwe) coördinator een deel van zijn of haar productieve tijd moet steken in het coördineren en organiseren van het onderliggende netwerk. Hoe hoger een persoon in de hiërarchie staat, hoe minder de daadwerkelijke bijdrage is aan het voortbrengingsproces en hoe meer aandacht en tijd wordt besteed aan het in werking houding van het gehele systeem.

De mate waarin coördinerende personen nog in staat zijn om productiviteit toe te voegen is afhankelijk van het type coördinatie dat moet worden uitgevoerd en hun span-of-control. Daarom moet bij het opschalen van de organisatie rekening worden gehouden met een behoorlijke reductie van de productiviteit in de coördinerende lagen. De ideale span-of-control per coördinerende laag is op een overzichtelijke wijze gestructureerd door McKinsey (Acharya et al., 2021) en ligt tussen de drie en vijftien medewerkers. Dit overzicht schetst een goed beeld van de mate van coördinatie waar in de verschillende situaties rekening mee moet worden gehouden.

15.1.2 Zelforganisatie als optimale oplossingsrichting

Een alternatief voor het command and control-model is het reduceren van afhankelijkheden door het creëren van zelforganiserende teams. Hoewel de impact van de onderlinge afhankelijkheden over het algemeen geringer is dan in het hiërarchische model, wordt de meeste waarde geleverd door de onderlinge afstand zo kort mogelijk te houden. Deze wordt nooit groter dan 1 tenzij op de één of andere manier toch weer afhankelijkheden tussen teams wordt gecreëerd. Het effect wanneer dit toch gebeurt wordt te vaak onderschat door het management en is in veel gevallen de oorzaak van de slechte werking van het gehele systeem. Wanneer geen afhankelijkheden, ofwel onafhankelijkheden, worden gecreëerd, is dit model uitermate geschikt voor situaties die zich in het complex-domein bevinden. Aangezien de snelheid en wendbaarheid continu wordt geoptimaliseerd terwijl toch langdurig kan worden opgeschaald.

De sleutel tot het succesvol schalen ligt daarmee in het vinden van de balans tussen enerzijds voldoende personen of teams met elkaar samen te laten werken om maximale productiviteit te kunnen leveren en anderzijds de mate van noodzakelijke sturing en coördinatie tot een minimum te reduceren. Elke persoon die wordt toegevoegd aan het team draagt met zijn of haar inzet bij aan de productiviteit

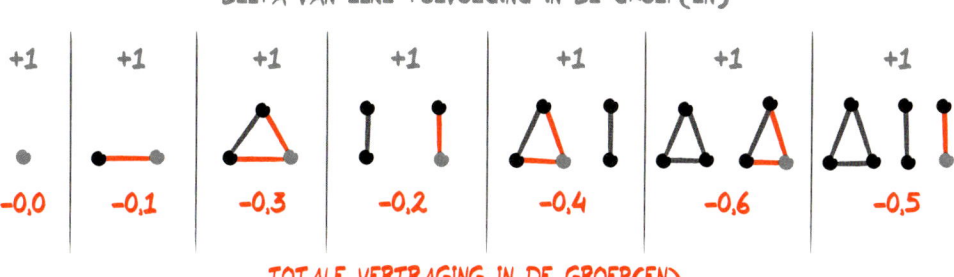

Figuur 15.3 Zelforganisatie begrenst volledig de groei van het aantal afhankelijkheden.

van het team (+1). Door het aantal personen dat mag samenwerken in een team qua omvang te beperken (in de praktijk vaak rond de vijf tot zes personen) is de negatieve impact (~ - 0.5) van alle onderlinge relaties nog enigszins overzichtelijk. Nadat een team kennis en ervaring op heeft gedaan met zelforganisatie is de mate van noodzakelijke command and control verwaarloosbaar.

■ 15.2 HET SPLITSEN VAN ONTWIKKELTEAMS

Hoe meer waarde één team in één iteratie voor de organisatie weet op te leveren, hoe groter de kans is dat de organisatie nog meer waarde uit dit team wil halen. Hoewel dit op zich een goede indicatie is dat het team aan de juiste zaken werkt, drukt dit de product owner en het ontwikkelteam wel in een interessante positieve (of negatieve) spiraal. Hoe harder zij werken om hun output (en daarmee de outcome en impact) te verbeteren, hoe méér de organisatie naar output (en daarmee outcome en impact) gaat vragen. Als de organisatie de keuze maakt om extra middelen (budget) ter beschikking te stellen, rijst al snel de vraag. Wat nu?

Als we met het extra budget personen aan het team toe gaan voegen, dan wordt de productiviteit geremd door de afstemming die daarvoor noodzakelijk is. Er komt dus een moment dat het team té groot is; bij snelle, wendbare teams ligt de maximale omvang rond de negen personen. Wij gaan bij het vormen van ideale teams zelf uit van vijf tot zes personen. Als een team na verloop van tijd is gegroeid, komt het moment dat het beter is om één team te splitsen in twee teams. Dan hebben we een interessante keuze te maken, die essentieel is voor het succesvol kunnen schalen van lerende organisatie.

Wij leggen een drietal keuzemogelijkheden voor, ieder met zijn eigen charme en onhebbelijkheden:
- **Product Teams**: afzonderlijke, onafhankelijke teams die volledig gericht zijn op één enkel product.

- **Component Teams**: gespecialiseerde teams die volledig gericht zijn op een specifiek onderdeel of halffabrikaat van het product.
- **Feature Teams**: multidisciplinaire teams die volledig gericht zijn op het zelfstandig kunnen ontwikkelen van een behoefte van gebruikers binnen producten waar meerdere teams aan ontwikkelen.

15.2.1 Product teams

Het is goed mogelijk om voor elke, meer omvangrijke behoefte, een separaat team op te richten. Voor een bank zou dit bijvoorbeeld het splitsen zijn naar de producten Sparen en Betalen. Voor de politie zou dit bijvoorbeeld zijn het splitsen naar de producten Handhaven en Opsporen. Door het kiezen van een goede splitsing tussen de producten is er niet tot nauwelijks sprake van afhankelijkheden. Daarmee maken we het speelveld van de product owners van beide producten een stuk eenvoudiger. We beperken immers sterk de scope van beide producten. Zeker wanneer we deze gedachtegang verder doorzetten neemt de scope van elk product steeds verder af.

Het grote voordeel van deze manier van splitsen is dat we een groot deel van de complexiteit van het schalen voorkomen. Het zijn zelfstandige producten die zelfstandig kunnen worden gerealiseerd. Voor de organisatie is ook duidelijk welke product owner voor welk product verantwoordelijk is en voor de product owners is het stakeholder landschap een stuk overzichtelijker. Door de beperking van de scope is er makkelijk een sterke mate van domeinkennis aanwezig binnen de teams, zodat de kans groter is dat gerealiseerde functionaliteit ook daadwerkelijk bijdraagt aan de gewenste outcome.

Het grote nadeel van product teams is dat het voor een organisatie nauwelijks mogelijk is om een goede eerlijke scheiding te maken tussen twee of meer producten. De behoefte aan het creëren en / of wijzigen van producten verandert in de loop van tijd. Dit betekent dat we nu gelijktijdig aan de twee belangrijkste producten kunnen werken, terwijl straks het ene product steeds belangrijker wordt en het andere product minder belangrijk. Zouden we dan niet liever twee teams aan de ontwikkeling van het meest belangrijke product willen laten werken? Over het algemeen is dat, met het verder splitsen naar een veelvoud aan producten, een steeds groter probleem. Dit is goed voor de impact die met elk afzonderlijk product kan worden gemaakt maar reduceert de impact die de organisatie met de meest belangrijke producten zou kunnen maken.

Van product teams naar feature teams

In het voorbeeld (zie figuur 15.4) ziet u dat elke product owner in haar product-team binnen haar product backlog werkt aan het meest belangrijke item (aangegeven in rood) voor dat product. Van elk product is ook aangegeven wat het belang van dat product is binnen de organisatie (aangegeven door de hoogte). U ziet

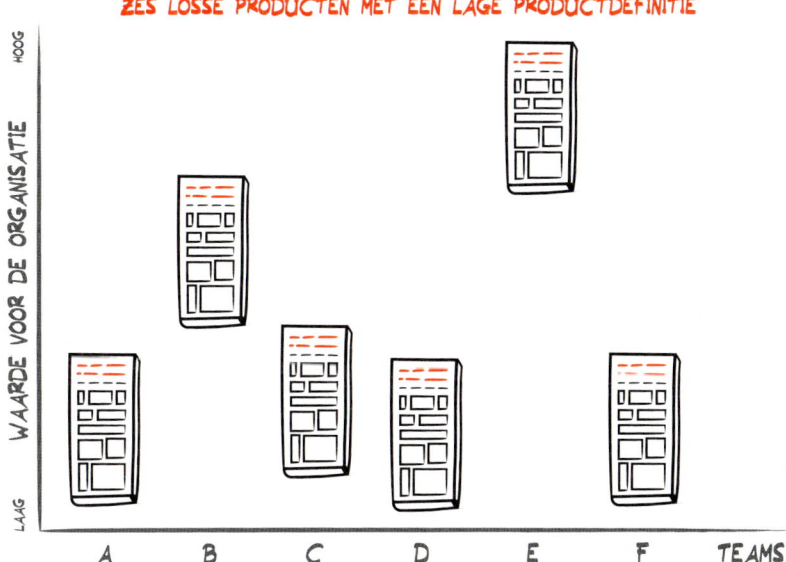

Figuur 15.4 De negatieve gevolgen van lokaal geoptimaliseerde specialistische teams.

dan ook dat ondanks het feit dat elke product owner afzonderlijk claimt aan het belangrijkste te werken voor het product, de meeste product owners niet werken aan het belangrijkste voor de organisatie.

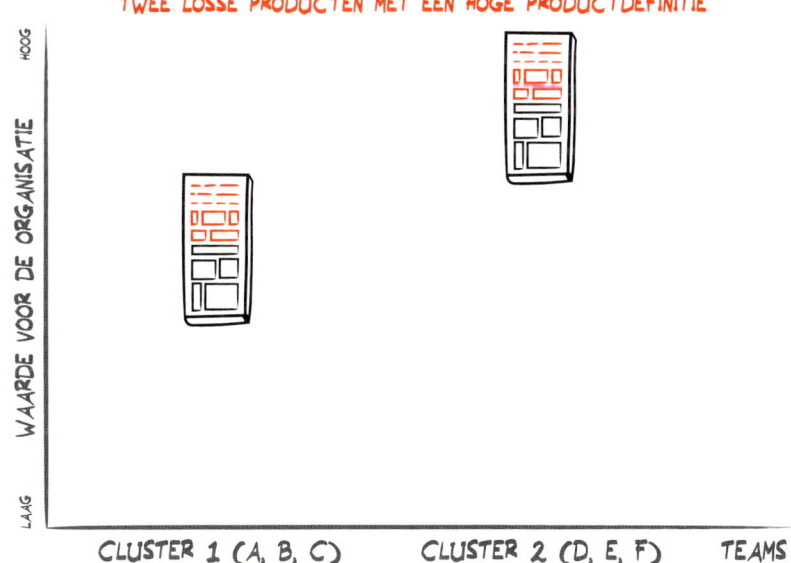

Figuur 15.5 De positieve effecten van globaal geoptimaliseerde cluster van teams.

Wanneer minder afzonderlijke product teams worden gemaakt en juist meer teams gezamenlijk aan één product gaan werken, dan houden we minder producten binnen de organisatie over. De kans dat meer teams aan het meest belangrijke product werken worden groter naarmate het aantal verschillende producten worden gereduceerd. Dit doen we door systematisch de productdefinitie[11] te verhogen. In dit voorbeeld (zie figuur 15.5) ziet u dat per backlog er meer werk door de teams gezamenlijk wordt gedaan. Per product werken we nog steeds aan het belangrijkste en ook binnen de organisatie werken we nu aan de meer waardevolle producten.

Wat zou er gebeuren als u binnen de organisatie het aantal producten niet steeds splitst maar meer en meer teams aan het meest belangrijke product toe blijft voegen? Alle ontwikkelteams werken aan datgene wat het meest belangrijke is voor de organisatie. Zo zult u zien dat langzaam maar zeker de product teams worden omgevormd naar feature teams. Dit zijn teams die in staat zijn om een gehele feature van begin tot eind zelfstandig te ontwikkelen.

15.2.2 Component teams

Mensen hebben de voorkeur om samen te werken met collega's die hetzelfde interessegebied delen. De natuurlijke neiging van mensen is het team op dusdanige wijze te splitsen dat collega's met hetzelfde interessegebied bijeen blijven. Dus ziet u bijvoorbeeld dat het team gesplitst wordt in een ontwikkel- en een beheerteam, een bouw- en een testteam maar ook een front-end en een back-end team. Dergelijke teams worden component teams genoemd, omdat zij zich als team specialiseren in een bepaald component van het product en / of het proces en daarmee halffabrikaten leveren en afhankelijk van elkaar zijn om outcome te kunnen leveren.

Het grote voordeel van component teams is dat zij over het algemeen sterker gespecialiseerd zijn dan de meer generieke feature teams. Doordat hun scope als team beperkter is, zijn zij in staat om veel meer diepgaande kennis en ervaring op te bouwen. Het werken in hetzelfde interessegebied maakt dat ze over het algemeen eenvoudiger samenwerken. Dit geldt zowel voor de diepte van de kennis en kunde van de teams als voor het individuele teamlid. Een ander voordeel van component teams, zeker wanneer ze alleen gespecialiseerd zijn in een specifiek deel van het product, is dat ze elk een eigen codebase kunnen hebben en hierin niet tot nauwelijks met andere teams moeten samenwerken. De kans dat zij dezelfde onderdelen in de code (of documenten) aanpassen is namelijk extreem klein, waardoor ook nauwelijks merge conflicten tussen teams optreden. Tot slot is een voordeel dat de sterke specialisatie het ook eenvoudiger maakt om individuele mensen te vervangen door andere personen, de diversiteit aan hoeveelheid kennis en kunde binnen het profiel is immers beperkt.

Het grote nadeel van component teams is dat u deze teams uitermate slecht kunnen schalen. Om een wens vanuit de gebruikers te kunnen vervullen, moeten

---

11 Een product wordt vaak één op één vertaald naar een applicatie, terwijl meerdere applicaties (Word, Excel, Outlook) onderdeel van een product (MS Office) kunnen zijn.

niet alleen de mensen in de verschillende component teams nauw samenwerken, ook teams onderling moeten nauw samenwerken. Alleen op basis van onderlinge samenwerking zijn deze teams in staat om waarde te creëren, waarbij vaak vertragingen en verstoringen in de voortbrengingsketen ontstaan. Bij het ontwikkelen van outcome is vaak niet een evenredige inzet van alle component teams noodzakelijk, waardoor veel energie moet worden gestoken in het creëren van een werkvoorraad voor deze teams.

Dat levert al heel snel problemen op, want als een nieuwe feature door de gebruikers wordt gevraagd:
- Hoe weten we überhaupt aan welk team we deze vraag moeten stellen?
- Hoe weten we welk team wat moet gaan doen om de gewenste functionaliteit te kunnen opleveren?
- Welk van de teams is verantwoordelijk voor het integreren van meerdere afzonderlijke componenten?
- Welk van de teams is verantwoordelijk voor het testen van alle componenten tezamen?
- Hoe balanceren we de hoeveelheid werk tussen alle teams?

Het antwoord op al deze vragen leidt vaak tot het aanstellen van extra specialisten of afdelingen. Informatieanalisten om met de gebruiker te praten over wat hij of zij exact wil hebben. Functioneel en technisch ontwerpers om componenten te ontwerpen die uiteindelijk bij de teams belegd kunnen worden. Integratie- of operations-teams om de verschillende componenten te kunnen omzetten tot een geheel en het testen van een werkend product increment. Er zul een complete product breakdown worden gedaan om de ontwikkeling van alle componenten op elkaar af te stemmen en om de hoeveelheid werk per team op niveau te houden.

Kortom, een volledig sequentiële wijze van productontwikkeling is het gevolg. Door de enorme complexiteit die is ontstaan, kan geen enkele eenheid zelfstandig meer het gehele product overzien. De lokale optimalisatie heeft de overhand gekregen ten opzichte van de globale optimalisatie. De focus is komen te liggen op de output, aangezien niemand meer de outcome en laat staan het effect nog kan meten. Vandaar dat bij een transformatie uitermate voorzichtig moet worden omgesprongen met het splitsen of toevoegen van component teams.

Van component naar feature teams
Het creëren van component teams is een stuk eenvoudiger dan het transformeren van component teams naar feature teams. Door de nadelen die component teams met zich meebrengen tijdens het opschalen naar enterprise agility wordt vaak gekeken op welke wijze de component teams kunnen worden omgevormd naar feature teams. De aanpak is sterk afhankelijk van de opzet van een cluster en het aantal component teams dat hierin aanwezig is.

In het geval dat een cluster over het grootste deel bestaat uit feature teams en slechts één onderliggende component team wordt gehanteerd, is de beste aanpak om het huidige component team om te vormen tot een community of practice (vanuit waar het zicht op de specifieke component bewaard blijft). De huidige bemensing vanuit het component team wordt verdeeld over de aanwezige feature teams. Door de hoeveelheid tijd die de voormalige component teamleden besteden binnen het community of practice langzaam en over verloop van tijd af te bouwen, kan een gecontroleerde overgang worden gecreëerd.

In het geval dat een cluster voornamelijk bestaat uit component teams is een gecontroleerde transformatie vrijwel niet mogelijk. In dit geval wordt gebruik gemaakt van een eenmalige herstructurering van de huidige component teams naar nieuwe feature teams. Ook hierin is zelforganisatie de beste methode, bijvoorbeeld via een big room sessie. Een grote ruimte wordt ingericht met meerdere tafels waar per tafel ruimte is voor maximaal negen personen. Door vooraf de kenmerken van een ideaal feature team samen te stellen (denk aan de noodzakelijk skills, het optimale aantal teamleden, persoonlijkheidskenmerken, et cetera) en deze kenmerken prominent op de tafels te plaatsen, kunnen mensen zichzelf verdelen over de verschillende tafels (en daarmee teams). Door iteratief de tafels te bevragen hoever ze af staan van een ideaal team en wat ze daarvoor nog nodig hebben, kunnen redelijk snel en op basis van zelforganisatie nieuwe feature teams worden samengesteld.

15.2.3 Feature teams

Om goed te kunnen schalen en als lerende organisatie snel en wendbaar te zijn, is de meest optimale oplossing het creëren van feature teams. We splitsen het team op dusdanige wijze, dat elk nieuw team zoveel mogelijk over alle kennis en kunde beschikt om als team volledig zelfstandig de behoefte vanuit de gebruikers te kunnen omzetten in functionele oplossingen. Bij het splitsen wordt elk team zoveel mogelijk overeenkomstig ingericht, waarbij teamleden in hun ontwikkeling als team zorgdragen, dat eventuele ontstane gaten in hun kennis en kunde, worden opgevuld. Dergelijke teams zijn in staat om een volledige feature van begin tot eind zelfstandig te realiseren.

Het voordeel van feature teams is dat zij niet tot nauwelijks afhankelijkheden hebben in het kunnen oppakken van product backlog items. Wanneer een item hoog geprioriteerd staat, kan deze door ieder willekeurig feature team relatief eenvoudig worden opgepakt. Zij beschikken hierbij over de nodige kennis en kunde om deze te kunnen omzetten in gewenste functionaliteit, of werken actief aan het zorg dragen dat zij over de kennis en kunde gaan beschikken. Daarbij is er ook geen discussie over welke activiteiten door wie wordt opgepakt en volbracht. Alle noodzakelijke werkzaamheden zijn de verantwoordelijkheid van het ontwikkelteam, ongeacht wie in het team welke functie of rol heeft. Wie is verantwoordelijk voor het integreren? Het ontwikkelteam. Wie is verantwoordelijk om de details met gebruikers te bespreken? Het ontwikkelteam. Wie is verantwoordelijk voor de interface tussen verschillende componenten binnen het product? Het ontwikkelteam. Kortom, de eenvoud die we hadden met één enkel team, hebben we grotendeels met het splitsen naar feature teams, nog steeds.

Het voornaamste nadeel van feature teams zit in de complexiteit van het werken aan de gezamenlijke documenten en codebase. Meerdere teams kunnen tegelijkertijd aanpassingen verrichten aan specifieke delen van de documenten of code. Vroeger werd dit opgelost met het tijdelijk 'op slot zetten' van documenten maar dit leidt inherent tot enorme wachtrijen en vertragingen bij het opschalen van het aantal teams. Gelukkig heeft de techniek gezorgd voor een kwalitatief hoogwaardige oplossingen: continuous integration (zie ook paragraaf 12.3). Door het continu integreren van aanpassingen in het product worden eventuele conflicten door gelijktijdige aanpassingen snel onderkend en zijn daardoor ook relatief eenvoudig op te lossen. Door het goed inrichten van continuous integration is dit nadeel nauwelijks van toepassing, al zit in 'het goed inrichten' voor de meeste feature teams, vaak wel de uitdaging.

Bij het samenstellen van teams wordt vaak gebruik gemaakt van de zogenaamde skillsmatrix.

Skillsmatrix
Een skillsmatrix is een hulpmiddel om de benodigde en gewenste vaardigheden voor het gehele team in kaart te brengen in relatie tot het product of taakstelling van het team. De skills in een skillsmatrix kunnen variëren van benodigde kennis, vaardigheden om iets te kunnen uitvoeren, inzichten om besluiten te kunnen nemen en gedragingen om effectief samen te kunnen werken. Deze set aan verschillende skills worden ook wel competenties genoemd. Een goed gebalanceerde skillsmatrix draagt bij aan een hogere autonomie van het team en bevordert eigenaarschap.

De skillsmatrix is een raster, dat de benodigde vaardigheden binnen een team visualiseert, in relatie tot de beschikbare vaardigheden die individuele teamleden gezamenlijk inbrengen. In de rijen van de matrix worden de individuele teamleden opgesomd. In de kolommen van de matrix worden alle benodigde competenties en vaardigheden voor het succesvol zijn van het team opgesomd. Op de kruispunten van alle rijen en kolommen wordt de mate waarin een teamlid over de competentie beschikt aangeduid.

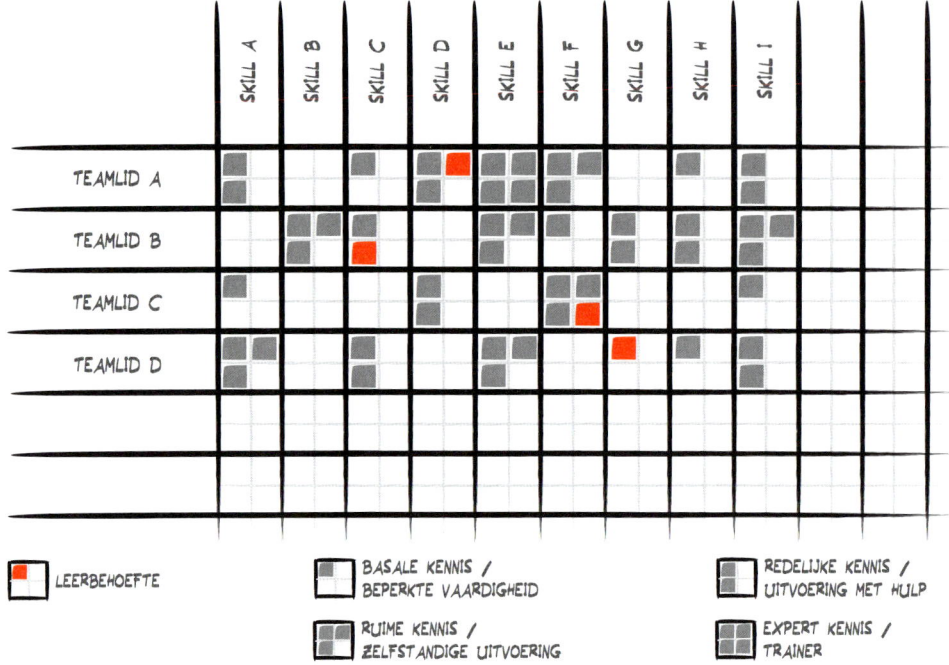

Figuur 15.6 Skillsmatrix.

De gehanteerde visualisatie in de skillsmatrix is:
- Geen vlakken gevuld, het teamlid heeft geen enkele kennis of ervaring over het onderwerp.
- Eén vlak gevuld, het teamlid heeft basale kennis en/of is nog niet in staat dit uit te voeren.
- Twee vlakken gevuld, het teamlid heeft enige kennis over het onderwerp en/of kan dit onder begeleiding uitvoeren.
- Drie vlakken gevuld, het teamlid heeft ruime kennis over het onderwerp en/of kan dit geheel zelfstandig uitvoeren.
- Vier vlakken gevuld, het teamlid is een expert in en/of is in staat anderen deze skill aan te leren.

Wanneer de skillsmatrix door ieder teamlid gevuld is kan snel inzichtelijk worden gemaakt of alle benodigde kennis en vaardigheden binnen het team aanwezig zijn of dat er aanvullende acties gewenst zijn. Door in een kolom te kijken of minimaal drie vlakken van een persoon zijn gevuld kan snel worden vastgesteld of het team over de betreffende skill beschikt zonder dat zij afhankelijk zijn van mensen buiten het team. Door een afzonderlijk persoon uit de matrix weg te halen, al dan niet tijdelijk, wordt de impact op het team, als geheel, inzichtelijk en kan actie worden ondernomen. Door te kijken naar kolommen waar maximaal twee vlakken per persoon zijn gevuld kan snel de externe leerbehoefte van het team in kaart worden gebracht.

Terwijl de beschikbare kennis en vaardigheden in het team overzichtelijk zijn weergegeven, kan de skillsmatrix ook worden gebruikt om het ontwikkelen van kennis en vaardigheden te stimuleren. Periodiek zouden de teamleden, de vlakken die zij in de aankomende periode willen ontwikkelen kunnen markeren en kan het team hierop actie ondernemen. Bijvoorbeeld dat een meer ervaren persoon deze activiteiten samen onderneemt met iemand die deze activiteit wil leren. Ook kan het zijn dat de betreffende persoon bij een ander team meekijkt of dat het team hiervoor een opleiding organiseert.

In uitgebreidere varianten van de skillsmatrix kunnen niet alleen de enkelvoudige skills worden geregistreerd maar ook gekoppeld worden aan de capaciteitsbehoefte van de betreffende skill binnen het team. Op basis hiervan kan beter inzichtelijk worden gemaakt in welke mate een team capaciteitsbeperkingen heeft voor de aankomende periode. Deze houdt niet alleen rekening met het aan- of afwezig zijn van individuele skills binnen het team, ook wordt gekeken naar de combinatie van niveaus en aantallen, als het gaat om te bepalen in hoeverre de skill binnen het team gedekt is.

15.2.4 De keuze is afhankelijk van het doel

Met het toevoegen van capaciteit aan een ontwikkelteam komt het moment waarop het team gesplitst moet worden of het product wordt gesplitst. Elke product krijgt dan een eigen ontwikkelteam (product teams), of het ontwikkelteam wordt opgesplitst om aan componenten van het proces of product te gaan werken (component teams), of het ontwikkelteam wordt opgesplitst in gelijkwaardige teams die items van de backlog kunnen ontwikkelen (feature teams). De laatste is de sleutel tot het succesvol schalen van een lerende organisatie.

Het is belangrijk om bij het opschalen van de capaciteit helder voor ogen te hebben welke snelheid en wendbaarheid u waar binnen de organisatie nastreeft. Bij het uitblijven van een bewuste keuze, is de kans groot dat op een later moment alsnog extra transformaties moeten worden uitgevoerd om de feature teams te vormen. Zeker wanneer de organisatie net een omvangrijke transformatie achter de rug heeft en het stof eindelijk is gaan neerdalen, wilt u niet aankomen met nogmaals een reorganisatie van een aantal ontwikkelteams. Besef daarom goed welke optimalisatiedoelen u als organisatie nastreeft, voordat u de inrichting van een cluster kiest.

Wanneer u snelheid en wendbaarheid wilt nastreven op basis van een serie van 'kleinere' producten, dan wilt u de clusters structureren als product teams. Wanneer u snelheid en wendbaarheid wilt op basis van het op- en afschalen van individuen, dan wilt u de clusters structureren als component teams. Ook wanneer u een beperkte groep uitermate schaarse specialisten hebt kun u overwegen om een component team te maken, zo lang u maar bewust bent van het extreem remmende effect op alle andere teams. Voor het opschalen naar het niveau van enterprise agility worden clusters vrijwel altijd gestructureerd op basis van feature teams.

Hybride situaties komen in de praktijk ook voor. Zo ziet u bijvoorbeeld clusters waarbij het merendeel van de teams gestructureerd zijn als feature team, daarbij wel samenwerken met een component team die het onderliggende platform levert en een separaat product team dat een 'los' bijproduct onderhoudt. Ondanks dat deze hybride oplossingen de 'best of all worlds' lijken te bevatten, levert de ingewikkelde structuur qua afhankelijkheden vaak meer zorgen dan baten op. Vandaar dat ook een cluster het best op een zuivere manier kan worden ingericht en geïmplementeerd: volledig bestaand uit feature teams.

■ 15.3   HET CLUSTER-CONCEPT

Het cluster-concept wordt gebruikt om de teams te benoemen die gezamenlijk werken aan één product. Hierbij is het mogelijk dat één product bestaat uit een set van vaak samenhangende applicaties. In zo'n geval ziet u in verloop van tijd de codebase van dergelijke applicaties meer en meer in elkaar overvloeien. Een cluster richt zich altijd op één product, heeft één product owner en één product backlog. De maximale omvang van een cluster is negen teams maar het optimale aantal teams ligt eerder rond de vier tot vijf teams. Binnen een cluster werken de verschillende teams volgens hetzelfde ritme.

Een cluster is in zijn geheel verantwoordelijk voor het ontwikkelen en beheren van het product. Dit betekent ook dat zowel de afzonderlijke teams als het management meer aandacht moeten hebben voor de werking en prestatie van het cluster als geheel in plaats van de werking en prestatie van een individueel team binnen het cluster. Net als dat het moeilijk is om het effect van een individuele bijdrage van een medewerker in een multidisciplinair team vast te stellen, zo is het ook moeilijk om het effect van een individuele bijdrage van een team binnen een cluster afzonderlijk te beoordelen.

Als een ontwikkelteam voor een product te groot wordt en we splitsen deze over de lijn van feature teams, dan hebben we twee gelijkwaardige ontwikkelteams. Deze teams werken gezamenlijk aan het ontwikkelen of verbeteren van het product. Aangezien zij beiden gelijktijdig aan hetzelfde product werken, betekent dit dat er in het voortbrengingsproces een aantal activiteiten moeten worden aangepast ten opzichte van het werken met één ontwikkelteam aan het product.

15.4 DUS...

Als we gaan schalen naar het niveau van clusters dan willen we alignment tussen teams introduceren zonder de snelheid en wendbaarheid van het werken met een enkel team teniet te doen. De remmende werking van het aantal afhankelijkheden tussen lineaire uitbreiding van mensen of teams neemt namelijk steeds sneller toe. We kennen meerdere varianten van teamsamenstelling: product teams, component teams en feature teams. Product teams verhogen de wendbaarheid op het niveau van individuele producten maar niet de wendbaarheid op het niveau van de organisatie. Ondanks dat component teams een aantal voordelen bieden voor de teamleden, leidt de toepassing van component teams in de primaire flow altijd tot een sterke toename van het aantal afhankelijkheden tussen teams en veelvuldig ook tot een volledige sequentiële wijze van productontwikkeling. Door gebruik te maken van feature teams minimaliseren we de afhankelijkheden die tussen teams ontstaan en creëren we een concept dat schaalbaar is tot een maximum van negen teams. Het is daarom belangrijk om bij het schalen helder voor ogen te hebben welke snelheid en wendbaarheid u binnen de organisatie nastreeft. Een cluster richt zich altijd op één product, heeft één product owner en één product backlog.

16 De opzet en werking van agility op het niveau van een cluster

Om teams op een effectieve en efficiënte wijze met elkaar samen aan één product te laten werken, is het cluster-concept geïntroduceerd. Wat verandert er nu daadwerkelijk ten opzichte van één team, wanneer een team wordt gesplitst of een extra team wordt toegevoegd aan een product?

Wanneer een cluster volledig is gericht op één product, verandert in het 'Plan'- deel van de cyclus eigenlijk niets. Eén product betekent één product backlog die wordt beheerd door één product owner. Deze product owner doorloopt nog steeds de gehele cyclus van visie naar product backlog en kan daarbij gebruik maken van alle eerdergenoemde hulpmiddelen voor het creëren van waardevolle incrementen. Wanneer gebruik wordt gemaakt van een inrichting van een cluster op basis van component teams moet in de uitwerking van het product meer rekening worden gehouden met eventuele verschillen tussen de teams of hun onderlinge afhankelijkheden, hoewel dat in een meer ervaren cluster vaak tot een minimum kan worden gereduceerd doordat de teams in de uit te breiden events hier zelfstandig al rekening mee zullen houden.

In het geval dat binnen een cluster sprake is van maar één product, verandert er in de basis aan ook de outcome-validatie en het release on demand van een increment niets. Ondanks dat sprake is van één product verandert de output-validatie overigens wel enorm. Binnen een cluster moeten tussen de ontwikkelteams duidelijke afspraken worden gemaakt welke team op welke moment welke onderdeel van het product valideert op een correcte werking en uitvoering. Zoals we later zien zijn de afspraken binnen een cluster met feature teams relatief eenvoudig te maken, terwijl voor hybride clusters of clusters op basis van component teams dergelijke afspraken uitermate ingewikkeld kunnen zijn.

Als een groot deel van de activiteiten die een team gedurende één iteratie uitvoert niet verandert, wat verandert dan eigenlijk wel als teams gezamenlijk binnen een cluster gaan werken? Door het werken met het cluster-concept blijken drie Scrum events daadwerkelijk te moeten worden aangepast:

- de **sprint planning** wordt in een uitgebreidere vorm uitgevoerd waarbij elke team afzonderlijk haar sprintdoel definieert op basis van het productdoel en rekening wordt gehouden met de onderlinge afhankelijkheden.
- de **sprint** waarin de teams gedurende de uitvoering van de sprint periodiek met elkaar moeten synchroniseren en het resultaat van hun werk continu moeten integreren.
- de **sprint retrospectives** waarin naast de iets beperktere uitvoering van een reguliere sprint retrospective (op Scrum-team niveau) ook een overkoepelende retrospective (op clusterniveau) wordt gehouden die zich specifiek richt op het identificeren van verbeteringen op het gebied van de samenwerking.

Naast deze aanpassingen van de activiteiten van één team bij het opschalen naar meerdere teams, wordt binnen het cluster-concept ook vaak gebruik gemaakt van specifieke ondersteuningsteams. Deze worden in de hoofdstukken 17 en 18 verder toegelicht.

■ 16.1 SPRINT PLANNING

Een sprint begint altijd met een sprint planning waarin het doel en de werkzaamheden voor de komende sprint worden geïdentificeerd op basis van het ingebrachte productdoel. Het hieruit voortkomende plan voor de sprint is een gezamenlijke inspanning van het gehele Scrum-team.

In een geschaalde context verandert 'het gehele Scrum-team' op zich niet maar hebben we te maken met niet één maar meerdere ontwikkelteams (en eventueel meerdere scrum masters) die in samenhang aan het product gaan werken. Dit betekent dat niet alleen de ontwikkelteams moeten bepalen hoe zij bepaalde functionaliteit kunnen gaan realiseren maar ook óf en in welke mate zij daarbij onderlinge afhankelijkheden met elkaar hebben. Door in de sprint planning zoveel mogelijk de afhankelijkheden te reduceren, ondervinden ontwikkelteams tijdens de uitvoering minder problemen als het gaat om onderlinge synchronisatie en integratie.

De product owner moet zich ervan verzekeren dat de aanwezigen zich hebben voorbereid om de meest belangrijke items op de product backlog te bespreken, alsmede hun relatie tot het productdoel. Hoe groter het cluster, hoe groter deze uitdaging voor de product owner wordt. In het geval van een enkel ontwikkelteam zal vaak het gehele team aanwezig bij de tussentijdse cluster refinements. Cluster refinement is het opsplitsen en verder definiëren van product backlog items in kleinere, meer gedetailleerde items. Hoewel dit een doorlopende activiteit is waarbij product backlog items worden gesplitst en details zoals een beschrijving, volgorde en omvang worden toegevoegd reserveert de product owner gedurende de sprint vaak enkele beperkte tijdsblokken om deze activiteit met het ontwikkelteam gezamenlijk uit te voeren.

In clusters met meerdere teams wordt het een stuk lastiger om het refinen met alle ontwikkelaars gezamenlijk uit te voeren. Door gebruik te maken van een afvaardiging vanuit de ontwikkelteams heeft de product owner de beschikking over waardevolle inzichten vanuit de ontwikkelteams bij de cluster refinement. Helaas neemt daardoor de mate waarin alle individuele ontwikkelaars inzicht hebben in de belangrijkste backlog-activiteiten wel af. Hierin ligt het in de creativiteit van het Scrum-team om alternatieve aanpakken te bedenken om de negatieve gevolgen zoveel mogelijk te reduceren. Voorbeelden hiervan zijn het faciliteren van mondelinge samenvattingen na cluster refinement-sessies voor alle ontwikkelaars, het opnemen van de cluster refinement om deze later individueel terug te kunnen zien of het bespreken van de belangrijkste product backlog items tijdens de opening van de sprint planning.

Kijkend naar de sprint planning zelf dan zien we dat deze vanuit Scrum drie onderwerpen in zich heeft. Ten eerste wordt bepaald waarom deze sprint waardevol is voor de stakeholders. Ten tweede wordt bepaald wat in deze sprint kan worden bereikt en ten derde wordt bepaald hoe het geselecteerde werk het beste kan worden uitgevoerd. In een cluster met meerdere teams zullen deze genoemde onderwerpen een andere organisatie vergen. Daarnaast is het belangrijk om nog twee onderwerpen toe te voegen: het reduceren van afhankelijkheden tussen de ontwikkelteams en het committeren aan de sprintdoelen. Laten we al deze onderwerpen met iets meer diepgang bekijken.

16.1.1 Het bepalen waarom deze sprint waardevol is

Om te bepalen waarom de huidige sprint waardevol is, onderzoekt de product owner met een afvaardiging van één tot twee personen per ontwikkelteam op welke wijze het product in de huidige sprint aan waarde en bruikbaarheid kan toenemen. Aangezien er een creatieve discussie zal plaatsvinden tussen de betrokkenen is het ondoenlijk om dit met alle ontwikkelteams gezamenlijk te doen. Terwijl u zich moet realiseren dat het geen 'Poolse landdag' wordt, is het kunnen volgen van de te voeren discussie wel zeer waardevol voor de overige deelnemers vanuit de ontwikkelteams. Hiervoor zijn uitvoeringsvarianten bekend als het live streamen van de meeting tussen de product owner met de afvaardiging of het laten backbenchen van de rest van de ontwikkelteams (mits voldoende ruimte beschikbaar is).

De product owner start de 'sprintplanning deel 1' met het productdoel voor de komende sprints. De product owner heeft het productdoel geformuleerd aan de hand van de opgestelde visie, de huidige staat van de product canvas en de actuele storymap. Het productdoel is een toekomstige staat (denk aan meerdere sprints) van het product en dient als ijkpunt voor het Scrum-team om te kunnen plannen. Het doel is succes voor de stakeholders en gebruikers, waar wij een bijdrage aan leveren met ons product. Op basis van het productdoel onderzoekt de product owner met de afvaardiging van de ontwikkelteams welke voorlopige sprintdoelen voor de afzonderlijke teams kunnen worden opgesteld. Het sprintdoel is daarin een doelstelling die gedurende de sprint door een enkel ontwikkelteam moet worden bereikt. Zij doen dit door middel van het implementeren van items vanuit de product backlog. Het sprintdoel geeft hierbij richting aan waarom het bouwen van dit product increment belangrijk is.

De som van de sprintdoelen zou de maximale waarde voor de stakeholders en de gebruikers moeten opleveren voor de komende sprint én qua uitvoering niet tot onnodige complexiteit moeten leiden. Een bekende valkuil bij het werken met meerdere ontwikkelteams ontstaat wanneer de teams op basis van hun sprintdoel zich focussen op hetzelfde, beperkte onderdeel van het product. De kans is dan groot dat gedurende de uitvoering veel integratie-issues gaan ontstaan en excessieve afstemming noodzakelijk is. Een andere valkuil is dat de inzet van één component team voor de ontwikkeling van de sprintdoelen van veel andere teams verantwoordelijk is. Als de impact van deze afhankelijkheid vooraf niet goed inzichtelijk wordt gemaakt, is de kans groot dat veel teams een sprint gaan plannen die lastig succesvol kan worden afgerond.

Aan het eind van dit onderwerp wordt een overzicht gepresenteerd van de *voorlopige* sprintdoelen van de teams. Aan de hand van de opgestelde sprintdoelen besluiten de ontwikkelteams nu hoe zij de product backlog het best gezamenlijk kunnen implementeren en kiezen daarbij ieder hun initiële deel van het daarvoor benodigde werk. Hoe leveren we een succesvolle bijdragen aan het succes van ons product increment?

16.1.2 Het bepalen wat in deze sprint kan worden gedaan

De afvaardiging gaat in samenwerking met de product owner aan de slag om te bepalen welke product backlog items in de aankomende sprint moeten worden opgepakt. Op basis van discussie met de product owner selecteren de afvaardigingen vanuit de verschillende ontwikkelteams items uit de product backlog die het betreffende team op gaat nemen in de huidige sprint. Afhankelijk van de staat waarin de product backlog items zich bevinden kan extra refinement noodzakelijk zijn om een goed begrip van en vertrouwen in het betreffende item te krijgen. Ook is het goed mogelijk dat een specifiek item wordt gesplitst om de gesplitste onderdelen door twee afzonderlijke teams te laten ontwikkelen.

Bij het selecteren en refinen van items vanuit de product backlog wordt continu gereflecteerd in welke mate de items bijdragen aan de voorlopig opgestelde sprintdoelen. Wanneer het sprintdoel en de geselecteerde items te veel van elkaar afwijken wordt gekeken of andere items moeten worden geselecteerd, items moeten worden verduidelijkt of het sprintdoel alsnog moet worden bijgesteld. Er wordt afgestemd op het behalen van succes voor de stakeholders en gebruikers.

Het selecteren van 'hoeveel' uitgevoerd kan worden binnen een sprint kan uitdagend zijn. Niet alleen heeft een ontwikkelteam te maken met hun individuele performance, hun huidige capaciteit en verbeterpunten uit de sprint retrospective, zij moeten nu ook rekening houden met eventuele afhankelijkheden binnen het cluster, verbeteringen uit de overkoepelende retrospective en de toegenomen complexiteit vanuit het gezamenlijk werken in een grotere codebase. Aangezien in dit deel van de sprint planning nog slechts gewerkt wordt met een afvaardiging wordt de selectie van items in dit stadium nog als voorlopig beschouwd.

Aan het eind van dit onderwerp wordt een overzicht opgeleverd welke items als onderdeel van de voorlopige sprintdoelen door de teams worden opgepakt. Daarbij is het wenselijk om ook eventuele afhankelijkheden tussen items visueel zichtbaar te maken, zodat hier in het volgende onderwerp door de ontwikkelteams expliciet aandacht aan kan worden besteed.

16.1.3 Het bepalen hoe het gekozen werk wordt uitgevoerd

Na de sessie met de product owner keren de afvaardigingen terug naar hun individuele ontwikkelteams voor de tweede fase: 'sprint planning deel 2'. Afhankelijk of de meeting tussen de product owner met de afvaardiging gevolgd kon worden door de rest van het ontwikkelteam, wordt binnen de individuele teams het productdoel, het voorlopige sprintdoel en de voorlopige set aan product backlog items besproken die tot nu zijn geselecteerd. Voor elk van de geselecteerde product backlog items ontwikkelen zij een plan om een increment op te leveren dat nog steeds voldoet aan de Definition of Done. Dit doen zij door het product backlog item op te breken in activiteiten van maximaal enkele dagen werk, waarbij rekening wordt gehouden met de kwaliteit en integriteit van het gehele product.

De ontwikkelteams gaan aan de slag met het werk dat gedaan moet worden om het product backlog item om te zetten in een werkend product increment. Daarbij maken zij een schets van het systeem inclusief de geplande aanpassingen. Het ontwikkelteam maakt daarbij een gedegen inschatting van de hoeveelheid werk die zij denkt te kunnen opleveren in de komende sprint. Gedurende de periode dat de ontwikkelaars bezig zijn met bepalen hoe het gekozen werk gedaan kan worden, mag de product owner helpen om de geselecteerde product backlog items bij de teams verder te verduidelijken en om eventuele afwegingen te maken. Wanneer nog niet onderkende afhankelijkheden naar voren lijken te komen met andere teams gaan de teams met elkaar in gesprek hoe zij de afhankelijkheden gedurende de sprint kunnen minimaliseren.

Hoewel niet de gehele sprint backlog tijdens de sprint planning opgeleverd hoeft te worden, moeten de ontwikkelteams wel voldoende vertrouwen hebben dat de sprintdoelen voor de komende periode haalbaar zijn. Dit betekent dat de belangrijkste afhankelijkheden tussen de ontwikkelteams in kaart zijn gebracht en met de betreffende teams in enige mate van detail zijn uitgewerkt. Wanneer blijkt dat het sprintdoel niet haalbaar wordt geacht, wordt in overleg met de product owner gekeken of het sprintdoel moeten worden bijgesteld en wat dit eventueel betekent voor andere teams. De product owner bewaakt hierin de samenhang over de sprintdoelen van de individuele ontwikkelteams.

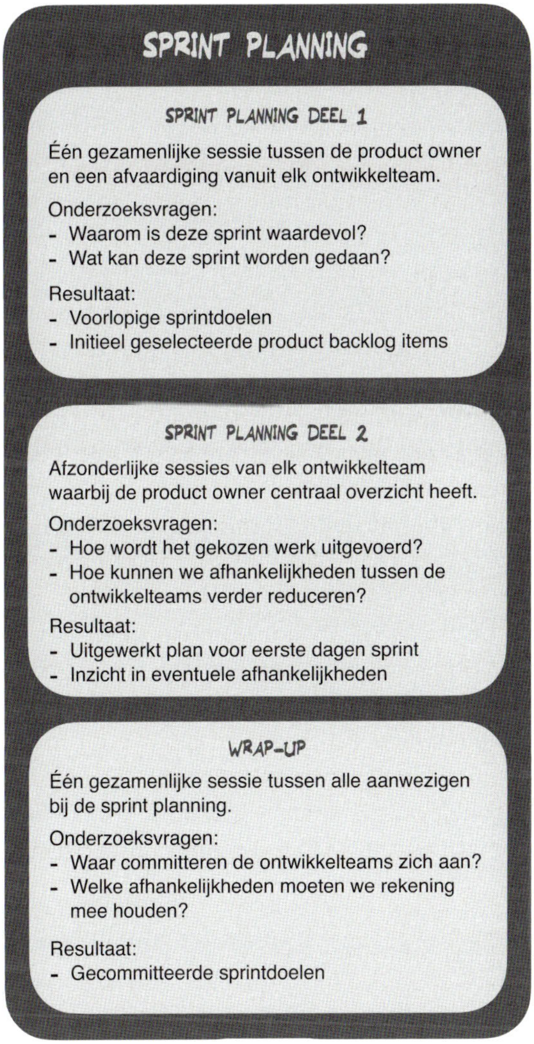

SPRINT PLANNING

SPRINT PLANNING DEEL 1

Één gezamenlijke sessie tussen de product owner en een afvaardiging vanuit elk ontwikkelteam.

Onderzoeksvragen:
- Waarom is deze sprint waardevol?
- Wat kan deze sprint worden gedaan?

Resultaat:
- Voorlopige sprintdoelen
- Initieel geselecteerde product backlog items

SPRINT PLANNING DEEL 2

Afzonderlijke sessies van elk ontwikkelteam waarbij de product owner centraal overzicht heeft.

Onderzoeksvragen:
- Hoe wordt het gekozen werk uitgevoerd?
- Hoe kunnen we afhankelijkheden tussen de ontwikkelteams verder reduceren?

Resultaat:
- Uitgewerkt plan voor eerste dagen sprint
- Inzicht in eventuele afhankelijkheden

WRAP-UP

Één gezamenlijke sessie tussen alle aanwezigen bij de sprint planning.

Onderzoeksvragen:
- Waar committeren de ontwikkelteams zich aan?
- Welke afhankelijkheden moeten we rekening mee houden?

Resultaat:
- Gecommitteerde sprintdoelen

Figuur 16.1 Programma van een sprint planning.

Aan het eind van sprint planning deel 2 hebben de ontwikkelteams zich overtuigd van de haalbaarheid van de sprintdoelen en enig inzicht gekregen in de activiteiten die binnen de sprint moeten worden uitgevoerd om het sprintdoel te kunnen halen.

16.1.4 Het reduceren van afhankelijkheden tussen de ontwikkelteams

De afhankelijkheden die zijn geïdentificeerd kunnen een behoorlijke impact veroorzaken tijdens de uitvoering van de sprint. Om die reden is het belangrijk om alle afhankelijkheden van het ontwikkelteam tijdig in kaart te brengen en waar mogelijk verder te reduceren, bijvoorbeeld door het verplaatsen van product backlog items of het bijstellen van de voorlopige sprintdoelen. Daar waar het niet mogelijk is om afhankelijkheden te elimineren moeten beide teams zich ervan hebben verzekerd dat zij goed zicht hebben op eventuele consequenties. Daarbij is het raadzaam om ook de product owner op de hoogte te brengen van het risico dat hieruit naar voren kan komen. Hoewel afhankelijkheden niet altijd uit te sluiten zijn, is het wel de kunst om de risico's die de afhankelijkheden met zich meebrengen zoveel mogelijk te beperken.

16.1.5 Het committeren van de ontwikkelteams aan de sprintdoelen

In de derde fase, de 'wrap-up', komen alle ontwikkelteams samen en wordt het commitment gegeven aan de sprintdoelen van de teams. Commitment betekent in deze context dat een team zich heeft toegewijd aan het bereiken van het specifieke sprintdoel en hun uiterste best doen dit sprintdoel te halen. Aangezien in de tweede fase sprintdoelen mogelijk zijn bijgesteld, is het voor alle teams van belang om hun sprintdoelen en onderkende afhankelijkheden met elkaar te delen. Na een korte toelichting aan alle aanwezigen over de stap die de komende sprint wordt gezet richting het productdoel, delen de teams met elkaar hun sprintdoel, een korte schets van hun aanpak en de onderkende (en afgestemde) afhankelijkheden. Hierna volgt ook de daadwerkelijke commitment van de ontwikkelteams op de sprintdoelen.

Op basis van het commitment is de product owner in staat om de stakeholders op de hoogte te stellen van de waarde van de volgende iteratie. Op basis van de doelen die opgeleverd gaan worden in de lopende sprint worden de juiste partijen uitgenodigd voor de eerstvolgende sprint review. Dit overzicht geeft voor zowel de product owner als alle ontwikkelteams een helder beeld hoe zij gezamenlijk de komende sprint de gewenste outcome gaan bereiken. Naast het commitment hebben alle teams voldoende inzicht om de eerste dagen van de sprint succesvol op te starten.

16.2 SPRINT DEVELOPMENT

Sprint development is de daadwerkelijke tijd die beschikbaar is voor het ontwikkelen van het product en start na het afronden van de sprint planning en eindigt bij de start van de sprint review. Gedurende deze periode werken de ontwikkelteams continu aan het behalen van hun sprintdoel en gebruiken zij de Daily Scrum om de haalbaarheid van het sprintdoel te inspecteren en  bij eventuele afwijkingen direct actie te ondernemen om risico's te beperken. De voortgang wordt continu gevalideerd ten opzichte van het sprintdoel en de uitvoering continu bijgesteld om het sprintdoel te kunnen behalen.

Wanneer de sprint planning goed is verlopen kunnen de ontwikkelteams redelijk autonoom werken aan hun sprintdoel. Toch blijkt in de praktijk dat er behoefte is aan afstemming tussen de teams om ongewenste situaties aan het eind van de sprint te voorkomen. Denk hierbij aan de situatie dat alle teams op de laatste dag van de sprint nog alle wijzigingen in het product willen integreren en door de hoeveelheid integratie-issues het product niet op tijd gereed krijgen voor de sprint review. Denk ook aan eventuele afhankelijkheden tussen onderdelen niet goed op elkaar worden afgestemd waardoor beide teams vertraging oplopen. Of zelfs dat teams gelijktijdig in hetzelfde onderdeel van de code willen gaan werken en steeds geconfronteerd worden met integratie-issues.

De twee belangrijkste samenwerkingsvormen die in de praktijk worden gebruikt om deze problemen te voorkomen zijn de dagelijkse synchronisatie van de teams en de continue integratie in het product.

16.2.1 Periodieke synchronisatie van de teams

Gedurende de sprint zijn de teams gefocust op het behalen van hun eigen sprintdoelen maar zijn wel gezamenlijk met de andere teams in dezelfde omgeving actief. Dit betekent dat ook buiten het team veranderingen in de codebase kunnen worden doorgevoerd die effect hebben op het product increment en daarmee het werkgebied van andere ontwikkelteams in het cluster. Het is daarom raadzaam om gedurende de sprint op periodieke momenten even kort met elkaar af te stemmen om te zien waar eventuele afhankelijkheden zich kunnen voordoen, hoe ontwikkelteams elkaar eventueel kunnen ondersteunen en / of eventuele problemen gezamenlijk kunnen worden onderkend.

De scrum of scrums (ScrumPlop, 2022) is één van de meest bekende technieken om dagelijkse synchronisatie tussen teams te organiseren. Hierbij komt een beperkte afvaardiging vanuit de ontwikkelteams periodiek bijeen in een separate meeting om afhankelijkheden en issues die tijdens de sprint zijn ontstaan te kunnen bespreken. In deze meeting wordt eveneens gekeken naar hoe zij gezamenlijk items naar 'done' kunnen krijgen. Op basis van deze meeting houden de autonoom werkende teams zicht op de andere teams en kan eventueel worden bijgesprongen wanneer het hogere belang daarom vraagt.

Maar ook andere technieken waaronder de inzet van scouts (Larman & Vodde, 2022) of interteam overleggen behoren tot de mogelijkheden. Scouts worden vaak aangewezen tijdens de sprint planning en hebben tot doel om specifieke items te monitoren, bijvoorbeeld de ontwikkeling van een interface van een ander team. Met behulp van periodieke interteam-overleggen kunnen specifieke afspraken tussen de betreffende teams worden gemaakt over het ontwikkelen van hun product in relatie tot de afhankelijkheden.

Hoe meer afhankelijkheden tussen teams aanwezig zijn, hoe groter de behoefte is aan het periodiek synchroniseren van de teams. Het tegenovergestelde is misschien nog wel veel belangrijker: als er geen afhankelijkheden zijn tussen teams, ontstaat nauwelijks behoefte aan het periodiek synchroniseren tussen de teams. Ook om deze reden moet veel aandacht worden besteed aan het reduceren van afhankelijkheden tijdens de sprint planning.

16.2.2 Continue integratie in het product

Aangezien meerdere ontwikkelteams werken in dezelfde documentatie en codebase is het van groot belang dat de aanpassingen van één ontwikkelteam niet conflicteren met aanpassingen van andere ontwikkelteams én het product als geheel nog steeds werkt zoals verwacht. Of nog erger, dat uitgevoerde aanpassingen door elkaar worden overschreven. Vroeger was het integreren van verschillende stukken documentatie en code een uitdaging van formaat (en werd middels functionele decompositie ook vaak voorkomen) maar met de gedistribueerde concurrent versiebeheersystemen zoals Git en Mercurial is dat probleem een stuk eenvoudiger aan te pakken.

Het belangrijkste is dat aanpassingen van de zogenaamde trunk of mainline (het hoogste niveau branch in een versiebeheersysteem en de actuele code die wordt gebruikt bij het integreren) klein blijven en zo snel als mogelijk, correct werkend, terug worden geplaatst in de mainline. Door steeds kleine aanpassingen te doen is het gevaar op merge-conflicten laag en wanneer deze zich voordoen zijn de aanpassingen relatief eenvoudig op te lossen. Door met zeer korte intervallen de mainline aan te passen, is de kans het grootst dat iedereen werkt met de laatste versie van de codebase. Het adagium is dan ook om zo vaak te integreren als mogelijk maar wel op dusdanige wijze dat het product increment als geheel goed en in optimale vorm blijft functioneren.

Om die reden is het ook belangrijk dat ontwikkeltechnieken als test driven development, test automatisering, feature toggles, et cetera worden toegepast om te allen tijde een werkend product increment in de mainline te houden. Immers, het 'breken van de build' zorgt ervoor dat alle andere ontwikkelteams niet kunnen integreren met als gevolg een steeds verder toenemend merge-risico. Aangezien continue integratie de manier is die het gezamenlijk en toch autonoom werken mogelijk maakt, is het integreren dé plek waar het werk van de teams samen wordt gebracht. Doordat hier alle afhankelijkheden met elkaar zo goed mogelijk door automatisering worden ondersteund is het raadzaam om binnen clusters een afvaardiging vanuit de teams over dit onderwerp samen te brengen in een community of practice (CoP).

Als continue integratie op een juiste manier wordt uitgevoerd, betekent dit ook dat aan het eind van de sprint geen aparte activiteiten ondernomen hoeven te worden om alle aanpassingen aan het product increment nog te integreren met elkaar. Immers, ieder team heeft dat op elk moment gedurende de sprint al gedaan. We hebben te allen tijde een 'altijd klaar, nooit af[12]' product increment tot onze beschikking. Het continu beschikbaar hebben van een gevalideerde versie van een werkend product mag niet worden onderschat. In het ergste geval betekent dit dat een kleine aanpassing met schadelijke gevolgen terug wordt gegeven aan het ontwikkelteam en het product als geheel terug wordt gezet naar de vorige versie (en daarvan was bekend dat deze aan een brede set van kwaliteitscriteria voldeed).

Door het continu integreren (in combinatie met geautomatiseerd testen) ontstaat ook de mogelijkheid dat iedereen op elke plek binnen de codebase verbeteringen kan doorvoeren zonder het risico te lopen dat het product niet langer meer werkt. Hierdoor kan niet alleen eenvoudiger functionaliteit worden toegevoegd maar ook de code in een kwalitatief betere staat worden gebracht. Voor meer inhoudelijke aspecten van het gezamenlijk integreren en onderhouden van de code verwijzen we graag naar de boeken *Continuous Integration* (Duvall et al., 2013) en *Clean Code* (Martin, 2009).

---

12 Met een knipoog naar het boek *Nooit Af - Een nieuwe kijk op de fundamenten van ons leven: werk, school, zorg, overheid en management* van auteurs Erwin Witteveen en Martijn Aslander.

16.3 SPRINT REVIEW

Een goed georganiseerde sprint review wordt bij het schalen naar meerdere teams niet aangepast (en is om die reden transparant weergegeven in de figuur). Het volledige event staat nog steeds in het teken van het ophalen van feedback van de stakeholders over de waarde van het product in zijn huidige staat. Het gezamenlijk onderzoeken en onderkennen van de veranderingen in de omgeving en de volgende stappen die moeten worden  ondernomen om maximale waarde aan het product toe te blijven voegen veranderen ook niet. Wat er wel anders is, is dat met meer ontwikkelteams werd gewerkt binnen de doorlooptijd van de sprint en daardoor meer wordt opgeleverd dan wanneer met slechts één ontwikkelteam aan het product is gewerkt.

De grootste valkuil die we in de praktijk zien is dat de sprint review bij het opschalen naar meer teams toch wordt aangepast. In plaats van dat met de stakeholders wordt gekeken naar de actuele staat van het product, gaan nu de individuele teams de resultaten van hun sprint presenteren. Vaak ontstaat dit omdat de essentie van de sprint review niet goed wordt begrepen. Het is geen event om de werkzaamheden van de ontwikkelteams te tonen (en laat staan te accepteren). De aandacht wordt hiermee nadelig verlegd van outcome (in welke mate vervult het product de behoefte van de gebruikers) naar output (welke set aan functionaliteit en verbeteringen is opgeleverd). Wanneer de sprint review het increment als geheel valideert bij de genodigde stakeholders is er maar één spotlight die zich richt op het product increment. Het kan dus zeker zijn dat het resultaat van één van de ontwikkelteams minder feedback ontvangt dan het resultaat van een ander team. Niet omdat het specifieke ontwikkelteam minder recht heeft op feedback, maar juist omdat daar minder onzekerheid zit in relatie tot het product en de behoefte die deze voor de gebruiker vervult.

In hoofdstuk 13 hebben we gelezen dat juist zicht op progressie en het leveren van een góede bijdrage iets doet met bevlogenheid van de teams. In een alternatieve vorm van de sprint review wordt de sprint review geopend door de product owner die de aanwezigen meeneemt in de roadmap van het product (visiebord, product canvas, storymap) en het daaruit voortgekomen product goal. Hierna wordt een overzicht geschetst van de sprint goals vanuit de verschillende teams en wordt in twee tot drie rondes van twintig tot dertig minuten de gelegenheid gegeven om bij de verschillende ontwikkelteams aan te sluiten. Zij hebben binnen de ruimte een testopstelling gemaakt waarmee de aanwezigen met het product kunnen werken of (minder gewenst) een demonstratie gegeven. In beide sessie moet echter feedback worden opgehaald met nadruk op de beleving (outcome) door de gebruiker ten aanzien van het betreffende onderdeel. De sessie wordt afgesloten met een gezamenlijke werksessie waarin de overall ontwikkeling van het product wordt besproken, eventuele aanpassingen worden geïdentificeerd en de volgende stap in de productontwikkeling worden bepaald.

■ 16.4 SPRINT RETROSPECTIVES

Het uitvoeren van sprint retrospectives in een omgeving met meerdere Scrum-teams biedt nieuwe uitdagingen. De product owner (en soms de scrum master) kan niet tegelijkertijd aanwezig zijn bij de afzonderlijke sprint retrospectives van ieder team in het cluster, tenzij deze sequentieel worden uitgevoerd (wat tot praktische bezwaren leidt). Daarnaast ontstaan

in een geschaalde omgeving ook 'verbetermogelijkheden' die niet zozeer in het individuele team liggen maar juist in de samenwerking tussen teams: op cluster-niveau. Vandaar dat in een geschaalde omgeving de sprint retrospective worden opgebroken in twee delen in het event, elk met een eigen doelstelling.

In de individuele sprint retrospectives houden alle ontwikkelteams gelijktijdig en zelfstandig hun sprint retrospective. De product owner (en eventueel scrum master van meerdere teams) sluit elke sprint aan bij een ander team om ook zijn of haar rol in relatie tot het ontwikkelteam onderdeel van de discussie te maken. Wat hiermee wordt voorkomen is de redelijke kans dat er een ongewenste afstand gaat ontstaan tussen de product owner en de ontwikkelteams. De opzet van de sprint retrospective is gericht op alle aspecten van het effectief kunnen werken als Scrum team. Het ontwikkelteam, in de geest van het Scrum-team, reflecteert op haar werkwijze en onderkent de waardevolle verbeteringen ten aanzien van de werkwijze. Tijdens deze retrospectives worden eventuele impediments, die worden gezien over de samenwerking binnen het cluster, en gewenste aanpassingen van de Definition of Done geïdentificeerd maar niet als ontwikkelteam zelfstandig opgepakt.

Na het afronden van de individuele sprint retrospectives volgt een overall sprint retrospective. In deze overall sprint retrospective faciliteert één van de scrum masters de sessie, op basis van roulatie vanuit de Scrum-teams. De product owner is altijd aanwezig bij de overall sprint retrospective. De opzet van de overall sprint retrospective is gericht op alle aspecten van het effectief kunnen werken als cluster. Daarin worden ook de impediments vanuit de ontwikkelteams over de werking van het cluster meegenomen bij het identificeren van potentiële verbeteringen. Vanuit dit deel van de retrospective kunnen clusterverbeteringen worden meegenomen in de sprint backlogs van de afzonderlijke teams om in de aankomende sprint op te pakken. Vaak wordt de overall retrospective uitgevoerd met een beperkte afvaardiging van de ontwikkelaars uit alle ontwikkelteams in plaats van middels een te omvangrijke gezamenlijke sessie.

■ 16.5 OUTPUT VALIDATIE

De noodzakelijke verandering in het valideren van de output tijdens het opschalen van één naar meerdere ontwikkelteams blijft vaak onderbelicht. De noodzaak en de impact van het valideren mag echter niet worden onderschat en zou moeten leiden tot het goed implementeren van verschillende ITIL- managementprocessen (Bon, 2019).

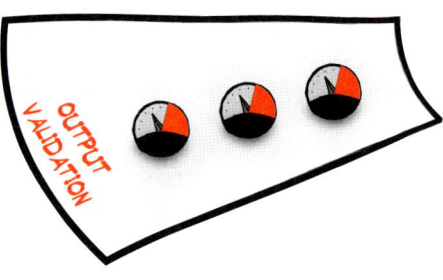

Wanneer de volledige levenscyclus van één product in handen is van één team is een aantal vragen vanuit de output-validatie (en opvolging) eenvoudig te beantwoorden:
- Wie is verantwoordelijk voor het herstellen van een incident met hoge prioriteit? Het ontwikkelteam.
- Wie is verantwoordelijk voor het achterhalen van de oorzaak van een serie vergelijkbare incidenten? Het ontwikkelteam.
- Wie is verantwoordelijk voor het monitoren van de staat van de applicatie tijdens de run? Het ontwikkelteam.

Wanneer het team wordt opgeschaald naar een cluster zijn vragen als "Wie is verantwoordelijk voor ..." opeens een stuk lastiger te beantwoorden. Wanneer een cluster anders wordt ingericht dan op basis van een set van feature teams neemt de complexiteit met nóg enkele factoren toe. De oorzaak van de toename aan complexiteit ligt in het feit dat voor het snel en wendbaar kunnen analyseren en corrigeren van voorkomende problemen het volledige spectrum van kennis en vaardigheden nodig is ten aanzien van het gehele product. Aangezien component teams zich alleen op een specifiek deel van het volledige product richten, betekent dit dat meerdere teams gelijktijdig moeten worden geactiveerd om een incident te analyseren en onderling de correctie moeten gaan coördineren.

Als onderdeel van de output-validatie moeten minimaal een drietal specifieke managementprocessen vanuit de service operations (onderdeel van ITIL) worden ingericht:
- **Event management**: het monitoren van alle events die zich voordoen in de volledige IT-infrastructuur.
- **Incident management**: het zo snel mogelijk herstellen van de normale werking van het product en het minimaliseren van de impact op de bedrijfsvoering.
- **Problem management**: het voorkomen van problemen en de daaruit voortvloeiende incidenten, het elimineren van terugkerende incidenten en het minimaliseren van de impact van incidenten.

Hierbij wordt expliciet rekening gehouden met het feit dat deze in het complex-domein vaak iets anders worden geïmplementeerd dan in het complicated-domein. Bij een standaard implementatie van deze processen worden namelijk veel 'best practices' gebruikt. Deze best practices zijn vaak gebaseerd op een uitvoering in het complicated-domein en vormen al snel antipatronen wanneer deze 'één-op-één' in het complex-domein worden ingericht. Vandaar dat goed moet worden gekeken naar de essentie van de ITIL-managementprocessen. Deze essentie zullen we dusdanig implementeren dat zij de snelheid en werking van het cluster niet hinderen en de onderliggende principes uit deel A nog steeds worden gerespecteerd.

De activiteiten in het kader van output-validatie en -correctie mogen niet onder de noemer van het leveren van businesswaarde worden geschaard. Hoewel het daadwerkelijk werkzaamheden zijn die door de ontwikkelteams worden uitgevoerd en het zelfs de ervaring van de gebruiker verbetert, beperken deze activiteiten zich alleen tot het herkennen en herstellen van aspecten die al correct hadden moeten werken. Het herstellen van iets dat al goed had moeten zijn, is natuurlijk niet iets wat onder het leveren van waarde mag worden verstaan. Dit betekent dan ook dat wanneer veel tijd aan het uitvoeren van deze processen moet worden besteed, dit resulteert in een meer beperkte velocity (Doshi, 2018) van het cluster.

16.5.1 Event management
Het event management-proces monitort alle events die zich voordoen in de volledige IT-infrastructuur. Het houdt de normale werking van alle IT-componenten binnen het product in de gaten en detecteert en escaleert eventuele uitzonderingssituaties. Dit betekent dat zowel de hardware, het netwerk, de besturingssystemen, eventuele software platforms of andere essentiële componenten op hun werking worden gecontroleerd. Vanuit continuous integration wordt vaak ook een deel van de regressietesten gebruikt voor het monitoren van met name de software-laag. Delen van de infrastructuur (denk aan het datacentrum) liggen in de praktijk vaak onder verantwoording van een andere partij; deze opsplitsing wordt in hoofdstuk 24 verder uitgewerkt.

Events, ook wel detecteerbare of waarneembare gebeurtenissen die van belang zijn voor de operations van het gehele product, hebben vaak de vorm van meldingen die gemaakt worden door IT-services, configuratie-items of monitoring-applicaties. Deze gebeurtenissen moeten in sommige gevallen worden opgevolgd door één van de teams om de normale werking van het gehele product te kunnen garanderen. Daarin ligt vaak de uitdaging. Welk van de teams in het cluster neemt de verantwoordelijkheid op zich voor het opvolgen van eventuele meldingen? Zijn zij dan ook in staat om de adequate actie te ondernemen om een optimale werking van het product te garanderen?

In het verleden werd vaak gebruik gemaakt van change teams en run teams. De change teams waren verantwoordelijk voor het ontwikkelen van nieuwe functionaliteit en de run teams waren verantwoordelijk voor het up-and-running houden van het product. Door de samenvoeging van Dev en Ops in één team is dat onderscheid komen te vervallen. Om de teams het volledige eigenaarschap over het product te laten houden, is het niet wenselijk om dit onderscheid nu weer tussen de teams aan te brengen. De mogelijke oplossing om de events door alle teams te laten monitoren is niet alleen inefficiënt maar leidt ook tot extra coördinatie tussen de teams.

De meest praktische oplossing is de verantwoordelijkheid voor het monitoren en opvolgen van de events te laten rouleren over de verschillende feature teams door het creëren van een 'team van dienst'. Tijdens de sprint planning kan rekening worden gehouden met de iets meer beperkte capaciteit van het team dat ook de event monitoring uitvoert. Mocht de applicatie zich in een dusdanig slechte staat bevinden dat het gerouleerde feature team alle aandacht nodig heeft voor de run, dan kan het alsnog in de eventueel beschikbare tijd werken aan problem management om de hoeveelheid incidenten over verloop van tijd meer en meer te reduceren. Er wordt geleerd...

16.5.2 Incident management

De belangrijkste doelstelling van het incident managementproces is het zo snel mogelijk herstellen van de normale werking van het product en het minimaliseren van de impact op de bedrijfsvoering. Door een snelle, effectieve uitvoering van dit proces wordt de best mogelijke niveaus van servicekwaliteit en -beschikbaarheid gehandhaafd, afgemeten tegen service level agreements (SLA's) die zijn opgesteld voor de dienst dan wel het product. In grotere organisaties bestrijkt incident management vaak een breder spectrum waarin meerdere afdelingen betrokken kunnen zijn om incidenten te registreren en op te volgen.

De ontwikkelteams die als feature teams op basis van DevOps zijn ingericht zijn verantwoordelijk voor de gehele levenscyclus en dus ook voor het opvolgen van de incidenten. Bij het categoriseren van incidenten moet wel goed de aard van het incident en de prioriteit in kaart worden gebracht. Immers, het opvolgen van incidenten kan direct impact hebben op de beschikbare capaciteit van ontwikkelteams gedurende deze sprint. Op basis van de Definition of Done kan worden bepaald welke incidenten direct door het ontwikkelteam (in de huidige sprint) moeten worden opgepakt en welke alleen worden geregistreerd om binnen cluster refinements te worden beoordeeld of als bron worden gebruikt voor het problem management.

Hoewel in kleinere organisaties incidenten direct kunnen worden gemeld aan het ontwikkelteam, wordt in vrijwel elk (middel-)groot bedrijf gebruik gemaakt van minimaal een service desk tot en met een volledige operations monitoring centrum. Deze afdelingen identificeren op basis van een breed scala aan meldingen de incidenten, waarna ze direct worden gekwalificeerd (bijvoorbeeld op basis van ernst, impact en omvang). Op basis van de analyse en kwalificatie worden incidenten doorgezet naar zogenaamde oplosgroepen, die verantwoordelijk worden gehouden voor een snelle en adequate afhandeling. De ontwikkelteams treden hierbij op als oplosgroep, vaak het ontwikkelteam dat in de roulatie verantwoordelijk is voor de run. Ook hier geldt dat de uitdaging groter wordt wanneer het cluster niet volledig op basis van feature teams is georganiseerd. Belangrijk daarin is dat het eigenaarschap voor de opvolging, via het rouleren van de teams, kan worden geëffectueerd.

16.5.3 Problem management

ITIL definieert een probleem als de oorzaak van één of meer incidenten. Problem management gaat dan ook over het proces om problemen en de daaruit voortvloeiende incidenten te voorkomen, de terugkerende incidenten te elimineren en de impact van incidenten die niet voorkomen kunnen worden, te minimaliseren. Ook problem management moet geïntegreerd worden in de verantwoordelijkheid van de ontwikkelteams. Door het goed uitvoeren van problem management wordt immers 'het aantal' en 'de impact' van incidenten steeds verder gereduceerd, waardoor meer beschikbare tijd wordt gecreëerd voor het invullen van de behoefte van de gebruikers.

Problem management kan op verschillende manieren worden ingericht binnen een cluster. De meest eenvoudige wijze van inrichten is problem management te integreren in de sprint retrospectives, aangezien problem management vaak leidt tot aanscherping van de Definition of Done en daarmee het kwaliteitsniveau van het product over verloop van tijd verhoogd. Toch heeft dit niet onze voorkeur, omdat de kans ontstaat dat de sprint retrospective te veel gericht wordt op het kwaliteitsniveau van het product en minder aandacht wordt besteed aan de individuen, interacties, processen en tools waarmee het product effectiever en efficiënter kan worden voortgebracht.

Problem management kan worden geïntegreerd in een community of practice, die op basis van events en incidenten, het kwaliteitsniveau van het product bewaakt. Zij adviseren de product owner over de technische staat van het product. Daarnaast ontdekken of ontwikkelen zij nieuwe kaders die binnen de ontwikkelteams worden gebruikt om de kwaliteit van het systeem verder te verhogen. Wanneer vanuit alle ontwikkelteams een afvaardiging deelneemt aan de community of practice vloeit kennis en ervaring vanuit het analyseren van events en incidenten en het identificeren van problemen direct terug naar de ontwikkelteams en kunnen zij deze kennis gebruiken binnen het ontwikkelen van het product. Er wordt geleerd.

Een andere mogelijkheid is om problem management te integreren in het ontwikkelteam dat bij deze sprint de verantwoordelijkheid heeft voor de run. Het voordeel is dat na het oplossen van incidenten snel doorgeschakeld kan worden naar problem management om de oorzaak van incidenten te onderzoeken. Door de recente ervaring met het incident kan mogelijk sneller de bron worden gevonden. Daarin ligt ook het nadeel, namelijk dat problem management te veel focus krijgt op het laatste incident en daardoor tunnelvisie ontwikkelt in plaats van een brede blik over de events en incidenten die zich gedurende een langere tijd hebben voorgedaan. Mogelijk is een hybride vorm daarin de perfecte oplossing. Het integreren van algemeen problem management in een community of practice voor het herkennen van meer generieke patronen, oorzaken en specifiek problem management bij het voor de run verantwoordelijke ontwikkelteam voor het geval zich een zeer ernstig incident voor heeft gedaan.

■ 16.6 DUS...

Samenwerking tussen teams binnen een cluster bestaat uit het samen plannen, samen integreren en samen leren. Er zijn drie Scrum events die door het werken met het cluster-concept veranderen: de sprint planning, de sprint (uitvoering) en de sprint retrospectives. Deze events worden uitgebreid met inspect & adapt-onderdelen op het niveau van het cluster. In de sprint planning bepalen ontwikkelteams onderling en in samenwerking met de product owner, wat tijdens deze sprint bereikt kan worden en welk team daarin welk onderdeel voor haar rekening neemt. De ontwikkelteams werken zelfstandig uit hoe het gekozen werk kan worden uitgevoerd en stemmen zelfstandig eventuele afhankelijkheden af met de product owner of de andere teams. Door tijdens de sprint (uitvoering) continu alle werkende aanpassingen te integreren in het product wordt de impact van het met meerdere teams werken in dezelfde omgeving gereduceerd. Binnen een cluster worden duidelijke afspraken gemaakt over wie, wanneer, wat op welke wijze valideert om ook als cluster de verantwoordelijkheid te kunnen nemen voor de output. Naast aandacht voor continu leren binnen een team moeten we met

16   De opzet en werking van agility op het niveau van een cluster

een afvaardiging vanuit alle teams ook continu leren hoe we als teams binnen het cluster onszelf kunnen verbeteren.

Wanneer we één team gaan opschalen naar meerdere teams die binnen één cluster gaan werken aan één product, dan verandert alleen de opzet en werking van de sprint planning, sprint uitvoering en de sprint retrospective. Als we deze aspecten dan ook integreren in de voortbrengingsketen ziet deze er als volgt uit.

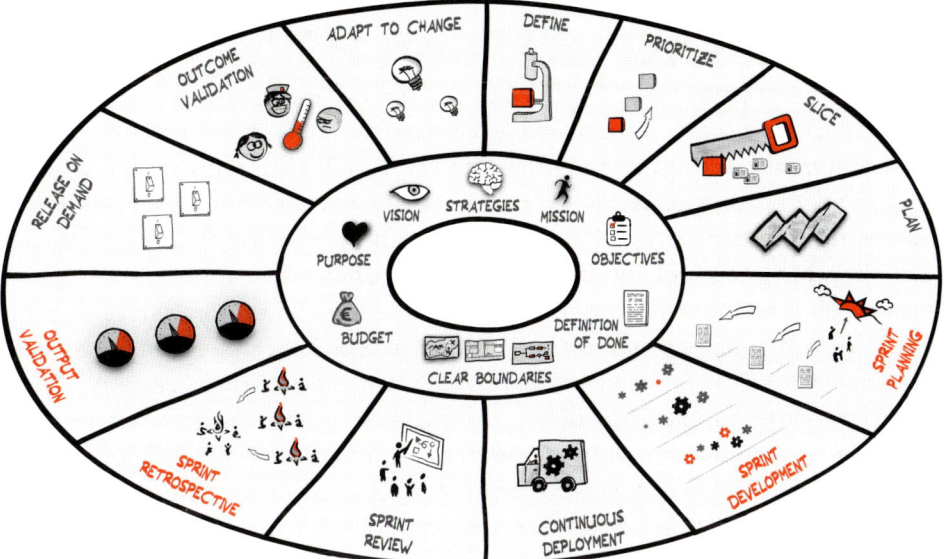

Figuur 16.2 In clusters werken teams samen aan één product. Het ScALE framework aangepast ten aanzien van: sprint planning, sprint development, sprint retrospective en output validation.

17 Het direct ondersteunen van de primaire flow: POST, ST's en PT's

Bij het opschalen van het aantal teams in een cluster neemt ook de hoeveelheid werkzaamheden toe die niet direct noodzakelijk zijn voor het ontwikkelen en leveren van het product. Veel van deze werkzaamheden zijn echter wel noodzakelijk om het cluster goed te laten functioneren. Denk hierbij aan het uitwerken van een groter deel van de backlog, het opzetten en onderhouden van de CI/CD toolset of het ontwikkelen en onderhouden van het platform waarop de applicatiefunctionaliteit wordt ontwikkeld. Wanneer meerdere teams met dergelijke activiteiten worden geconfronteerd is het de vraag of het niet efficiënter is om deze activiteiten anders te organiseren zonder dat dit ten koste gaat van de effectiviteit. Tot nu toe heeft de focus vooral gelegen op de effectiviteit van het team en de effectiviteit van het cluster. Hoewel efficiëntie nooit de primaire focus heeft binnen het creëren van snelle, wendbare clusters, is het goed om te kijken of en waar het voortbrengingsproces ondersteund kan worden.

Bij het onderzoeken welke activiteiten het best anders kunnen worden georganiseerd zijn verschillende technieken uit het Lean-werkveld uitermate geschikt. Lean (LEI, 2021) is een holistische benadering van organisatiekunde, persoonlijke mindset en practices, waarbij steeds meer klantwaarde wordt geleverd en minder middelen in het voortbrengingsproces worden gebruikt. Lean is geen eenmalig programma maar een continu ontwikkelingsproces van de gehele organisatie. Lean richt zich sterk op het leveren van klantwaarde en het elimineren van verspillende activiteiten in het proces en is gebaseerd op een reeks kernprincipes waaronder het inbouwen van kwaliteit in het proces en het respecteren van de mensen die het werk uitvoeren.

Zo onderscheiden we binnen Lean een drietal type activiteiten in het voortbrengingsproces:
- **Waarde toevoegend**: een activiteit heeft toegevoegde waarde als een klant bereid is ervoor te betalen. Het verandert de vorm, pasvorm of functie van een product of dienst. In deze laatste wordt de invoer vaak omgezet in uitvoer. Voorbeelden hiervan zijn het toevoegen van nieuwe functionaliteit aan het systeem, het ontsluiten van een nieuwe API of het verbeteren van de grafische representatie van data.

- **Niet waarde toevoegend én wel noodzakelijk**: een activiteit biedt geen waarde voor klanten (zoals hierboven gedefinieerd) maar is wel noodzakelijk, gezien de huidige procesbeperkingen. Veelvoorkomende voorbeelden zijn inspecties, tekenbevoegdheden, de meeste activiteiten op het gebied van kwaliteitsmanagement en technische ondersteuningsactiviteiten.
- **Niet waarde toevoegend én niet noodzakelijk**: een activiteit als deze is onnodig aangezien ze geen waarde biedt voor interne of externe klanten en kan direct worden geëlimineerd. Deze activiteiten worden verspillingen genoemd en zijn vaak gebaseerd op de bekende 'seven deadly wastes': transport van goederen of informatie, voorraad of overmatig onderhanden werk, (extra) beweging van mensen, wachttijden, overbewerking, overproductie en defecten.

Het omzetten van de behoefte van de stakeholders in een werkend increment bestaat uit een serie van 'waarde toevoegende' handelingen. Nu meerdere teams in het cluster gaan samenwerken, neemt het aandeel van 'noodzakelijke maar niet waarde toevoegende' handelingen langzaam toe, zoals het onderhouden van de tool chain, incidenten afhandelen, et cetera. Werkzaamheden die ze afhouden van het uitvoeren van 'waarde toevoegende activiteiten'. Dat is natuurlijk zonde van de focus en energie in het team. Zou het niet beter zijn als we een aantal van die taken niet zouden hoeven te doen? Zou het niet handig zijn dat er taken door de teams naar andere teams kunnen worden gedelegeerd? Hierbij uiteraard rekening houdend met het gevaar dat weer nieuwe afhankelijkheden in het systeem worden ingebouwd.

Bij het opschalen naar meerdere teams in een cluster, wilt u dat de ontwikkelteams zo min mogelijk energie verliezen aan de niet waarde toevoegende activiteiten in het proces. Deze teams wilt u maximaal laten focussen op de 'waarde toevoegende' werkzaamheden. Ontwikkelteams kunnen daarbij ondersteund worden door de 'niet waarde toevoegende activiteiten' op een andere wijze te organiseren. Bij dit ondersteunen willen we teams bekrachtigen in het succesvol tot een product increment komen, in plaats van deze teams te willen ondermijnen. Daarbij is een belangrijke vraag wat de ondersteuning doet ten aanzien van het eigenaarschap in de ontwikkelteams.

Om de wijze van ondersteunen van de ontwikkelteams beter te adresseren, onderscheiden wij op dit punt twee werkstromen: de primaire flow en de secundaire flow.

17.1 DE PRIMAIRE FLOW

De individuen en teams die een directe bijdrage leveren aan de behoefte van gebruikers en stakeholders noemen we de primaire flow. Het antwoord op de vraag of de werkzaamheden die gedaan worden behoren tot de primaire flow is eenvoudig te vinden met de vraag: "Als ik deze werkzaamheden een aantal dagen stil leg, heeft de gebruiker daar dan direct last van?" Als het antwoord 'ja' is, dan behoren de werkzaamheden tot de primaire flow. In de primaire flow vinden we alle werkzaamheden en werkprocessen die verbonden zijn aan het leveren van het product increment en van directe en indirecte waarde zijn voor de gebruiker.

Dat wil overigens niet zeggen dat de primaire flow alleen bestaat uit 'waarde toevoegende activiteiten'. Hoe beter de basis van teams op orde is gebracht, hoe groter de kans dat de meeste product-gerelateerde activiteiten in ieder geval van het type 'waarde toevoegend zijn'. De 'niet waarde toevoegende maar wel noodzakelijke' activiteiten zijn kandidaat om te worden verplaatst naar de zogenaamde secundaire flow, waar ze op een andere wijze worden georganiseerd. Natuurlijk zijn in de praktijk diverse activiteiten te herkennen die behoren tot de categorie 'niet waarde toevoegend én niet noodzakelijk'. Op basis van 'continu verbeteren' is het belangrijk om deze activiteiten op gecontroleerde wijze uit het systeem te verwijderen.

Het betekent dat de primaire flow het gehele voortbrengingsproces bevat, vanaf de eerste ideeën van de stakeholders tot en met het ter beschikking houden van het product: de volledige levenscyclus. Op basis van de hoofdstukken 11 en 12 betekent dit dat iedereen die in het primaire proces zit direct bijdraagt aan het leveren van waarde voor de stakeholders en dat deze keten altijd in staat moet zijn om volledig zelfstandig het product te kunnen aanpassen om het product optimaal te laten functioneren voor de gebruikers. Hierbij is het mogelijk dat dusdanig grote wijzigingen zijn gepland waardoor hiervoor extra zaken moeten worden geregeld maar ook die verantwoordelijk ligt in de primaire flow. Het is zeker mogelijk dat bij dergelijke grote wijzigingen de secundaire flow extra ondersteuning kan bieden.

■ 17.2 DE SECUNDAIRE FLOW

De individuen en teams die de primaire flow faciliteren noemen we de secundaire flow. Of de werkzaamheden die gedaan worden behoren tot de secundaire flow is eenvoudig te vinden met het beantwoorden van de vraag: "Als ik deze werkzaamheden een aantal weken stilleg, heeft de gebruiker daar dan direct last van?" Als het antwoord

'nee' is, dan behoren de werkzaamheden zeer waarschijnlijk tot de secundaire flow. In de secundaire flow zitten de werkzaamheden die te maken hebben met het leveren van de benodigdheden voor de ontwikkelteams, het inrichten van de randvoorwaarden en het zorgdragen dat de ontwikkelteams ongehinderd kunnen werken aan het leveren van maximale waarde voor de stakeholders.

Als we een analogie trekken met een scheepvaartmaatschappij, dan is de primaire flow het cluster aan schepen welke gezamenlijk de outcome moet leveren voor de stakeholders. Deze stakeholders hebben een behoefte om effectiever en efficiënter hun doelstellingen te bereiken en tonen als het ware de horizon waar de vloot zich op moet richten. Naarmate we dichter bij de horizon komen, kan steeds beter worden vastgesteld waar de vloot zich exact op moet richten om de waarde te maximaliseren. De product owner leidt het cluster aan schepen in deze analogie richting de horizon en in een later stadium naar de aanlegplaats voor aankomst. De werf representeert in deze analogie de secundaire flow. In de werf worden de schepen onderhouden, vinden eventuele personele wisselingen plaats, wordt het schip van proviand voorzien en worden eventuele upgrades uitgevoerd. Als puntje bij paaltje komt, zorgen zij er niet voor dat de vloot zich richting het doel verplaatst en hebben zij geen enkele rol in het bepalen van de richting of de daadwerkelijke ontwikkeling van het product.

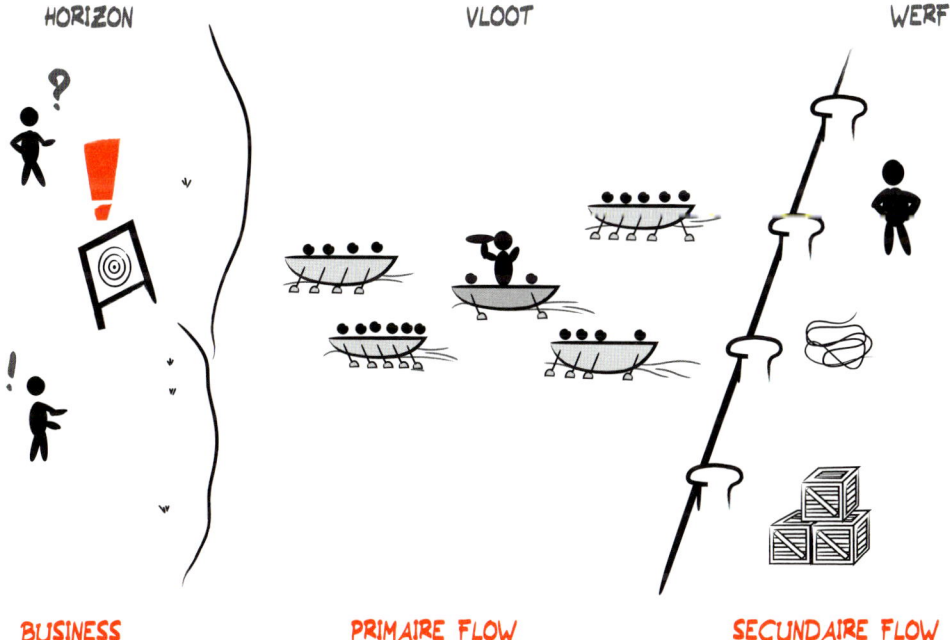

Figuur 17.1 Een analogie van de vloot en de werf.

Een goed begrip van structuur en werking van de secundaire flow is essentieel binnen een organisatie die haar enterprise agility wil verhogen. In vrijwel elke organisatie blijken specialisten, managers of andere 'ondersteunende' teams het heft in eigen handen te nemen en gaan zij (met alle goede intenties) generieke oplossingen ontwikkelen. Onder het mom van het verhogen van de efficiëntie worden deze oplossingen geïmplementeerd '... ter ondersteuning van alle teams'. Wat betekent dit voor het eigenaarschap binnen de afzonderlijk teams en de effectiviteit van deze afzonderlijke teams? De secundaire flow zou moeten faciliteren, niet domineren. Efficiëntie van een ondersteunend initiatief mag nooit voorrang krijgen op de effectiviteit van de teams. Daarbij moet ook altijd rekening worden gehouden met de context waarin teams vanuit de primaire flow zich bevinden.

Ook wanneer de secundaire flow op één of andere wijze een activiteit in de primaire flow voor haar rekening wil nemen moet dit met grote voorzichtigheid worden benaderd. De primaire flow mag in haar voortbrengingsproces nooit afhankelijk zijn van een activiteit of handeling vanuit de secundaire flow. Hierdoor zou de secundaire flow verweven worden met de primaire flow, wat de kans op verstoring en vertragingen kwadratisch doet toenemen. Voorbeeld hiervan zijn het krijgen van een akkoord voor het ontwikkelteam om bepaalde werkzaamheden te doen, het opstellen van een vrijgave-advies, het valideren van de architecturale wijzigingen, et cetera.

Door de ontkoppeling van de secundaire flow van de primaire flow hoeven teams die in de secundaire flow zitten niet in dezelfde cadans mee te draaien als de teams in de primaire flow. Om die reden maken zij ook geen onderdeel uit van de events die binnen de primaire flow zijn ingericht. Sterker nog, dergelijke teams hoeven niet eens op basis van agility te worden ingericht maar kunnen geoptimaliseerd worden op basis van hun specifieke situatie. Als het wel noodzakelijk is om een team in de secundaire flow te synchroniseren met de cadans van de primaire flow moet goed worden onderzocht waarom dit noodzakelijk is, want in veel gevallen ligt de oorzaak in het verweven van de secundaire flow met de primaire flow.

■ 17.3 HET PRODUCT OWNER SUPPORT TEAM (POST)

In grotere clusters of bij ingewikkelde producten kan de product owner een deel van het werk delegeren aan het product owner support team (POST). Het POST ondersteunt de product owner met extra capaciteit en krijgt een specifieke set aan verantwoordelijkheden gedelegeerd. Terwijl een POST theoretisch ook voor kan komen bij een product owner met een enkel team, is de complexiteit van het stakeholder-landschap en de scope van het product vaak beperkt genoeg om dit als individueel persoon goed te kunnen overzien. Het ondersteunen van de product owner vergt van zowel de product owner zelf als van de ondersteuning een goed begrip van wat ondersteunen systemisch betekent.

Het mag niet zo zijn dat de product owner zijn verantwoordelijkheid verliest aan zijn of haar ondersteuning. Toch zien we in de praktijk de twee onwenselijke varianten.

Wanneer een product owner onvoldoende zicht heeft op de business, wordt hij of zij ondersteund door een zogenaamde business product owner. Wanneer een product owner onvoldoende zicht heeft op de technologie wordt hij of zij ondersteund door een zogenaamde technisch product owner. Beide varianten zijn absoluut onwenselijk en dit fenomeen druist in tegen de volledige verantwoordelijkheid die een product owner draagt. Het concept van eenhoofdige leiding voorkomt veel onnodige discussie, afstemming en verwarring. Een goede implementatie betekent in dit geval dat één van beide in een POST zitting neemt om de product owner te ondersteunen in zijn of haar uitdagende functie.

Met het opschalen van het aantal teams neemt de kans toe dat een product owner een groter stakeholder-landschap moet onderhouden, een grotere stroom van nieuwe wensen of voorkomende issues moet beoordelen en met meer teams interactie moet hebben om de maximale waarde gedurende de sprint op te leveren. Ongeacht hoeveel teams binnen het cluster aanwezig zijn, er blijft altijd één product owner verantwoordelijk voor de waarde die door het cluster wordt geleverd. Het POST ondersteunt daarin de product owner in de diversiteit aan activiteiten waarvoor de product owner verantwoordelijk is. Welke activiteiten dit expliciet zijn, verschilt enorm per organisatie, Scrum-team en individu. Zij richten zich altijd op de aspecten waar de product owner accountable voor is.

De product owner is accountable voor het maximaliseren van de waarde van het product dat door het Scrum-team (of teams) wordt geleverd. Om dit goed te kunnen uitvoeren kan de product owner worden ondersteund bij het in kaart brengen en onderhouden van het stakeholder-landschap. De primaire focus van de product owner ligt op de groep 'actief betrekken' maar kan hierbij vanuit het POST worden ondersteund met het onderhouden van de groepen binnen 'ontzorgen' en 'regelmatig informeren' (zie ook paragraaf 9.3). De belangrijkste aspecten vanuit de discussies met en binnen deze groepen worden dan periodiek met de product owner gedeeld.

De product owner is ook accountable voor effectief product backlog management. Dit omvat het opstellen en communiceren van het productdoel, het creëren en duidelijk communiceren van product backlog items, het ordenen van product backlog items en het zeker stellen dat de product backlog transparant en zichtbaar is en daarnaast ook goed wordt begrepen. In al deze verantwoordelijkheden kan de product owner worden ondersteunt door het POST, zowel in het beheren van de product backlog items als in het communiceren hiervan. Wel moet zeker worden gesteld dat de product backlog geprioriteerd blijft in overeenstemming met de maximale waarde die de product owner denkt te leveren.

Een POST wordt over het algemeen langzaam opgebouwd op basis van de behoefte van de product owner aan specifieke kennis of capaciteit. Terwijl de product owner zelf onderdeel is van de primaire flow, opereert haar POST vanuit de secundaire flow. Omdat de ondersteuning van de product owner vanuit de secundaire flow opereert, is het niet noodzakelijk om te werken met dedicated personen. Zij kunnen voor een deel van de tijd in een POST ondersteuning leveren en voor een deel van de tijd andere verantwoordelijkheden hebben. Het is zelfs niet ongebruikelijk om initieel een deel van de capaciteit te gebruiken vanuit de ontwikkelteams, zolang binnen de sprint planning maar rekening is gehouden met de beperking die het leveren van deze ondersteuning heeft op het ontwikkelen zelf. Een POST wordt opgebouwd rondom de beperkte kennis en capaciteit van de product owner en is daarom uniek voor elke product owner. Om de product owner te helpen met het samenstellen van een POST wordt vaak gebruik gemaakt van een skillsmatrix, zie hiervoor de subparagraaf 'Skillsmatrix' in paragraaf 15.2.3.

Alternatieve en ondermijnende constructie
Om het werk van de product owner beheersbaar te maken zien we in de praktijk dat meerdere product owners (vaak productmanagement genoemd) op clusterniveau samen gaan werken of dat elk team een dedicated product owner (vaak team owner of proxy PO genoemd) krijgt onder aansturing van de product owner van het cluster. Ondanks dat deze constructie veelvuldig voorkomt hebben we deze zelden effectief (laat staan efficiënt) zien werken en overschaduwen de nadelen absoluut het enige voordeel dat hiermee kan worden behaald.

Door het introduceren van een extra schakel tussen de product owner en de ontwikkelteams krijgt de product owner over verloop van tijd steeds minder gevoel bij de ontwikkeling in de teams. Door de vertraagde afstemming vanuit het productmanagement naar de product owner naar de ontwikkelteams, zoals in het Scaled Agile Framework, moeten steeds meer aspecten worden gespecificeerd in formele documenten in plaats van de directe communicatie die voorheen werd gebruikt. Dit leidt uiteindelijk tot één van de volgende twee situaties:
1. het mandaat van het productmanagement brokkelt in verloop van tijd af (door een sterkere positie van de product owners) of
2. van het eigenaarschap van de team owners blijft niets anders over dan een doorgeefluik naar de teams. Het gedrag dat hierbij wordt waargenomen is dat de product owner zich steeds meer als de baas of manager van het ontwikkelteam gaat gedragen.

In alternatieve constructies is het van essentieel belang dat de directe relaties in de driehoek tussen business, product owner en ontwikkelteam(s) worden gerespecteerd. De product owner praat hier met de business over de behoefte die in de business moet worden ingevuld (outcome) en waar het invullen van deze behoefte toe moet leiden (impact). De product owner spreekt met de ontwikkelteams over de scope van de huidige en aankomende sprint waarbij de ontwikkelteams bepalen *hoe* het *wat* het beste ingevuld kan worden. De ontwikkelteams hebben op hun beurt direct contact met de business, meer specifiek vaak met de materiedeskundigen.

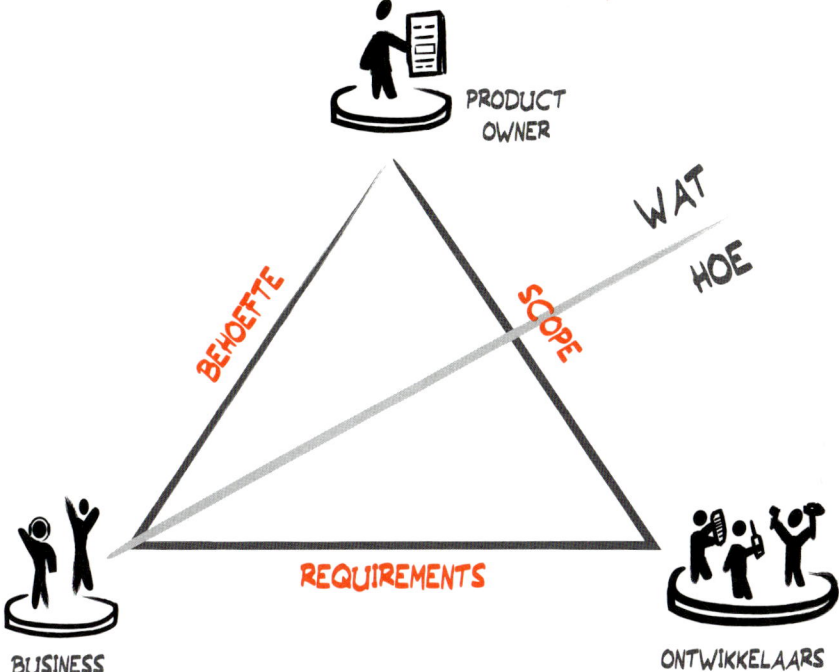

Figuur 17.2 De driehoek tussen business, product owner en ontwikkelteams.

Het introduceren van extra rollen tussen deze partijen is niet gewenst en levert voornamelijk extra vertraging en verstoring op. Aangezien de snelheid en wendbaarheid van de gehele organisatie wordt gebaseerd op een optimale werking van deze driehoek, is het belangrijk om bij eventuele alternatieve constructies te toetsen of geen inbreuk wordt gedaan aan de opzet en werking van deze driehoek.

■ 17.4   HET SYSTEM TEAM (ST)

In grotere clusters of bij ingewikkelde producten kunnen de ontwikkelteams zich laten ondersteunen door cluster-ondersteunde teams waarin specifieke skills voor de ontwikkelteams meer efficiënt worden georganiseerd. Dergelijke teams staan bekend als zogenaamde system teams. Een cluster kan de beschikking hebben over een dedicated system team maar een system team kan ook voor meerdere clusters werkzaamheden verrichten. Wel is het daarin belangrijk dat, door het gebruik van deze system teams, geen extra afhankelijkheden ontstaan tussen deze clusters of ontwikkelteams.

> Een voorbeeld van werkzaamheden van een system team is het ontwikkelen en onderhouden van de volledige CI/CD-omgeving van een cluster. Met één team in het cluster ligt de ontwikkeling en het onderhoud van deze omgeving bij het team zelf. Bij het opschalen naar meerdere teams binnen het cluster moet meer afstemming plaatsvinden over deze CI/CD-omgeving en wordt deze vaak geleid vanuit een community of practice over dit specifieke onderwerp. De teams bepalen elke sprint weer wie de werkzaamheden uitvoert om de CI/CD-omgeving optimaal te laten functioneren. Zeker gezien de meer specifieke kennis die daarbij komt kijken is het de vraag of deze kennis versnipperd of binnen slechts één speciaal daarvoor gevormd team zou moeten liggen. Door de kennis en vaardigheden te bundelen wordt een system team opgericht om te waken over de levenscyclus van de CI/CD-omgeving.

Ondanks dat in dit voorbeeld de verantwoordelijkheid voor de ontwikkeling en het onderhoud van CI/CD-omgeving naar een system team wordt verplaatst, blijft het eigenaarschap over deze omgeving nog wel bij de ontwikkelteams liggen (al dan niet georganiseerd in een community of practice). Het system team staat dus in dienst van de ontwikkelteams en niet andersom. Het system team is faciliterend en niet leidend. De ontwikkelteams zijn als het ware de product owner voor het system team. Uiteraard moet ook een system team zich houden aan het principe van een heldere richting en het principe van duidelijke kaders. Het system team kan onafhankelijk van het ritme van het cluster werken.

■ 17.5 HET PLATFORM TEAM (PT)

In grotere clusters of bij ingewikkelde producten kunnen de ontwikkelteams zich laten ondersteunen door een cluster-ondersteunend team dat de aandacht gericht heeft op specifieke (vaak meer infrastructurele) lagen binnen het product. Dergelijke teams staan bekend als zogenaamde platform teams. Hoewel elk platform team een component team is, is niet elk component team ook een platform team. Het platform team neemt de ontwikkeling en het onderhoud van een deel van de stack (bijvoorbeeld het donker gemarkeerde deel in figuur 17.3) voor haar rekening vanuit de verantwoordelijkheid van het gehele cluster.

De grote uitdaging voor een platform team is om, in de hoedanigheid van ondersteuning, ervoor te zorgen dat zij zichzelf niet verweven met de primaire flow. Bij het inrichten van dit platform team moet daarom specifieke aandacht zijn opdat de primaire flow, zonder enige interventie van het platform team, zelfstandig ideeën kan omzetten in producten die ter beschikking staan van de stakeholders. Dit betekent dat de ontwikkelteams te allen tijde zelfstandig het product moeten kunnen aanpassen en ter beschikking kunnen stellen van de gebruikers, zonder tussenkomst van het platform team. Dit vereist goede afspraken over de wijze waarop dit moet worden ingericht.

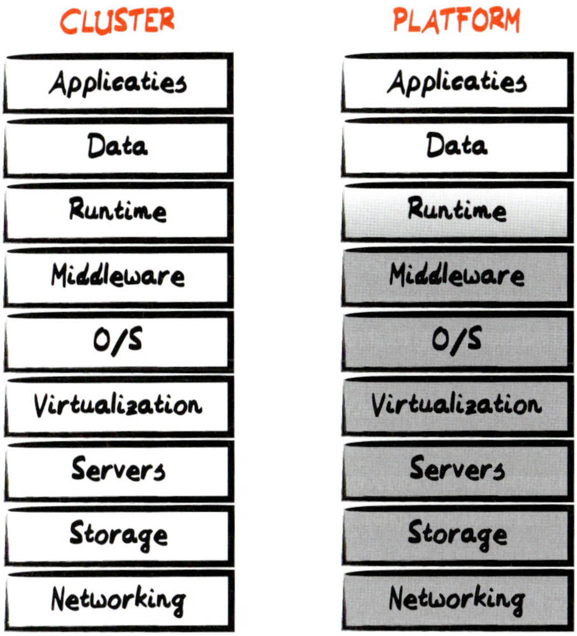

CLUSTER	PLATFORM
Applicaties	Applicaties
Data	Data
Runtime	Runtime
Middleware	Middleware
O/S	O/S
Virtualization	Virtualization
Servers	Servers
Storage	Storage
Networking	Networking

Figuur 17.3 Platform team neemt de verantwoordelijkheid voor een selectie van OSI-lagen.

Specifieke aandacht is nodig op hoe eventuele incidenten onder de aandacht komen en moeten worden opgepakt. Wanneer de verantwoordelijkheid anders wordt belegd, kunnen incidenten zowel in de bovenste lagen (onder verantwoording van de ontwikkelteams) als in de onderste lagen (onder verantwoording van het platform team) optreden en in sommige gevallen zelfs in beide lagen. De vraag die nu naar voren komt is: wie vormt het aanspreekpunt voor het afhandelen van eventuele incidenten?

In de basis zijn dit altijd de ontwikkelteams binnen de primaire flow, aangezien de gevolgen van eventuele incidenten een directe relatie hebben met de gebruikers. Wanneer zij constateren dat problemen zich voordoen in de onderste lagen, wordt het platform team als oplosgroep benaderd voor het verder afhandelen van het incident. Door de inzet van goede monitoring tools kan het platform team ook direct worden gealarmeerd in het geval van eventuele incidenten. Dit verlicht eventueel analyse-werkzaamheden bij de ontwikkelteams.

Ondanks het feit dat het platform team een eigen verantwoordelijkheid heeft over een deel van de stack, opereren zij binnen een cluster nog steeds onder aansturing van de ontwikkelteams. Wanneer het platform team diensten gaat leveren aan meerdere clusters, neemt de directe verantwoordelijkheid van de ontwikkelteams af en gaat het platform als enabling infrastructuur verder (zie hiervoor hoofdstuk 24).

■ 17.6 DUS...

Door behoefte aan focus en efficiëntie ontstaan bij grotere clusters vaak ondersteunende teams, waardoor het belangrijk wordt om twee verschillende flows te onderscheiden. De individuen en teams die een directe bijdrage leveren aan vervulling van de behoefte van gebruikers en stakeholders noemen we de primaire flow. De individuen en teams die de primaire flow faciliteren noemen we de secundaire flow. In grotere clusters of ingewikkelde producten kan de product owner zich laten ondersteunen door een product owner ondersteuning team (POST). In dergelijke clusters kunnen de ontwikkelteams zich laten ondersteunen door cluster ondersteuning teams waarin specifieke skills voor de ontwikkelteams meer efficiënt (system team) worden georganiseerd of juist focus hebben op de ondersteunende laag binnen het product (platform team).

Wanneer we de secundaire flow gaan introduceren om de teams te ondersteunen, dan wordt deze in het framework gevisualiseerd binnen de ring van heldere richting en duidelijke kaders, om nogmaals de wijze waarop het support vanuit de secundaire flow werkt te onderstrepen. Als we deze dan ook integreren in de voortbrengingsketen ziet het framework er als volgt uit.

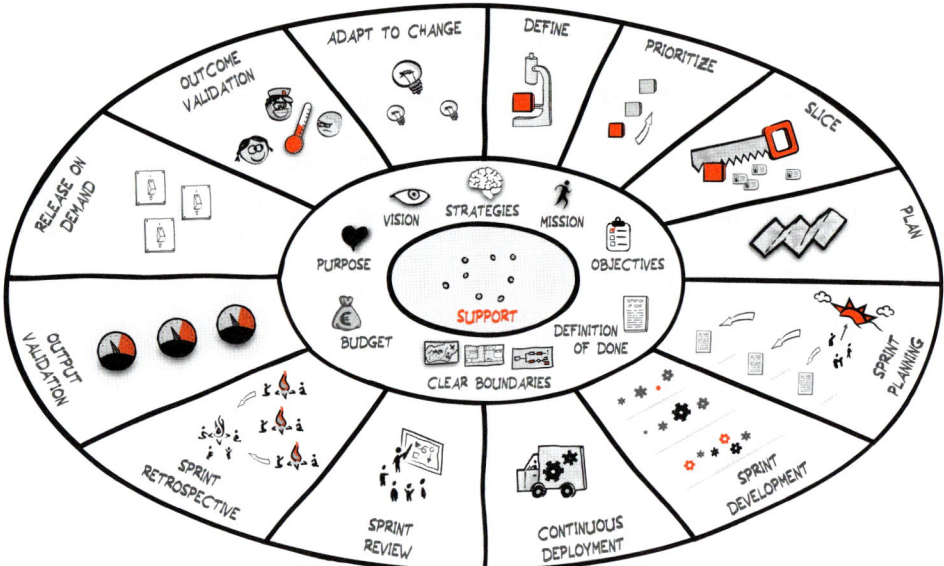

Figuur 17.4 Het ScALE framework uitgebreid met de support functie.

18 Het indirect ondersteunen van de primaire flow: CMT

Hoe vaak hoort u niet dat in een omgeving met een hoge mate van agility geen ruimte meer is voor managers? Dat door de hoge mate van zelforganisatie binnen ontwikkelteams de verantwoordelijkheden en taakstelling van managers overbodig is geworden? Dat in de primaire rollen van Scrum alle managementtaken al zijn ondergebracht? Hoewel theoretisch hier iets voor te zeggen valt, lijkt de praktische uitvoering hiervan erg lastig. Het goed leiden van een organisatie in lijn met het gedachtegoed van enterprise agility is een uitdaging voor veel organisaties tijdens de transformatie. Wél is het hierbij belangrijk dat de wijze waarop de organisatie wordt geleid én vormgegeven, de gekozen manier van werken ondersteunt en niet verhindert.

Als we vanaf een afstand kijken naar verschillende definities van management, dan krijgen we een goed beeld van wat wordt verstaan onder management:

- Harold Koontz: "Management is the art of getting things done through other and with formally organised groups."
- Frederick W. Taylor: "Management is the art of knowing what you want to do and then seeing that they do it in the best and the cheapest manner."
- George R. Terry: "Management is a distinct process consisting of planning, organising, actuating and controlling; utilising in each both science and arts, and followed in order to accomplish pre-determined objective."
- Peter Drucker: "Management is a multipurpose organ that manage a business and manages workers and work."
- Henri Fayol: "Management is to forecast, to plan, to organize, to command, to coordinate and control activities of others."
- M.P. Follett: "Management is the art of getting things done through people."
- Joseph Massie: "Management is defined as the process by which a cooperative group directs action towards common goals."
- Theo Halmann & William Scott: "Management is a social and technical process which utilizes, resources, influences, human action and facilitates changes in order to accomplish organizational goals."

Opvallend in deze definities is dat vrijwel alle aspecten van het management door de elementen van Scrum worden gedekt. Of het nu gaat om het bepalen welke dingen moeten worden gedaan (product owner), tot de wijze waarop deze worden gerealiseerd (ontwikkelteam), het veranderen en verbeteren van zaken (continuous improvement), de onderlinge afstemming (Scrum events) als het richten op korte (sprint goals) en lange (product goals) termijn doelen.

In hoofdstuk 5 hebben we kunnen lezen dat individuen en teams, die in het complex-domein werken, beter gediend zijn met autonomy, mastery en purpose. De mate waarin zij de verantwoordelijkheid kunnen en zullen dragen is in lijn met de mate waarin de drie genoemde elementen worden ingevuld. Het van buiten naar binnen opleggen van de elementen command en control dragen niet direct bij aan het bevorderen van de elementen van autonomy, mastery en purpose. Hierbij zijn de elementen command en control vaak zelfs destructief. Vandaar ook dat voor het verhogen van de enterprise agility de focus wordt gelegd op zelforganisatie.

Wanneer zelforganisatie goed bij de Scrum teams is ingericht, zijn veel van de activiteiten van het management rondom de teams en het cluster ondergebracht in de werking en het proces van Scrum. Dit betekent concreet dat het management geen rol heeft binnen de primaire flow. Toch is de rol van het management binnen enterprise agility niet overbodig, zoals hierna in hoofdstuk 30 verder wordt uitgewerkt. De rol verandert inhoudelijk wel door de sterke focus op zelforganisatie die voortkomt uit autonomy, mastery en purpose. De manager is meer werkzaam in de rol van facilitator van de primaire flow en neemt daarmee een dienstbare positie in de secundaire flow.

Het is belangrijk dat een manager die werkzaam is in de secundaire flow goed zicht heeft op de relevante hoofdtaken, die in dit hoofdstuk verder worden beschreven. Als niet helder is wat de hoofdtaken zijn, wordt iemand reactief van aard en komt de focus te liggen op het vervullen van acute actie op de dingen waar mensen tegenaan lopen en vragen over stellen. Dat is, zoals beschreven in hoofdstuk 4, nu juist niet wat er van een manager in een dynamische omgeving wordt verwacht. Welke houding verwachten we dan wel van het management in de secundaire flow?

Een proactieve houding ten aanzien van de inrichting van de organisatie voorkomt veel fundamentele problemen en zorgt dat u in control blijft van de organisatie. Met goed zicht op de essentiële hoofdtaken en de te bereiken doelstellingen kunt u als management de wijzigingen in een stabiele cadans van overzichtelijke kleine stappen doorvoeren om de organisatie beter uit te rusten in haar taakstelling. Het creëren van een stabiele en betrouwbare basis is essentieel, omdat de organisatie vanuit deze stabiele basis snel en wendbaar kan reageren op de omgeving. Een onoverzichtelijk systeem met de bijbehorende onduidelijke en onbetrouwbare omgeving zorgt ervoor dat teams snel afgeleid worden en geen tijd of energie over hebben om het product te ontwikkelen.

Een dynamisch omgeving heeft namelijk die stabiele basis nodig. Kijk eens naar de rigide regels van een framework als Scrum. Een hele set duidelijke regels over time boxen, rollen, gebeurtenissen, waarden en producten en (zo leert de praktijk ons) niet voor interpretatie vatbaar. Daar waar afgeweken wordt van deze set van basisregels ziet u vaak de eerste anti-patronen (en de daaraan gekoppelde problemen) al ontstaan. Een rigide set van regels, een stabiele betrouwbare basis, om in te kunnen spelen op de omstandigheden en zo een enorme hoge wendbaarheid te creëren. Ook wordt vaak het leger of een operatiekamer als voorbeeld aangehouden. Een strakke, sterk hiërarchische organisatie vol standaardprocedures en afspraken maar wel een organisatie die in moeilijke, uitdagende omstandigheden als geen ander snel en wendbaar kan inspelen op een veranderende omgeving. De regels bieden een context waarin de mensen in de gelegenheid worden gesteld om optimaal te kunnen reageren op de dynamische omgeving.

■ 18.1   HET CLUSTER MANAGEMENTTEAM (CMT)

De primaire flow richt zich op het ontwikkelen van een product waarmee continu maximale waarde aan de stakeholders en gebruikers wordt geleverd. Vanuit de secundaire flow wordt deze primaire flow direct ondersteund door een product owner support team, system teams en / of een platform team. Door deze ondersteuning vanuit de secundaire flow kunnen de mensen en teams in de primaire flow zich meer focussen op het leveren van de waarde. Wanneer alleen de genoemde ondersteunende onderdelen zijn ingericht, blijft nog een behoorlijk aantal activiteiten over die de primaire flow afleiden van haar belangrijkste focusgebied. Denk hierbij aan alle aspecten van de bedrijfsvoering om de teams, de afdeling en/of de organisatie te laten functioneren.

Aspecten als contracten, rapportages en financiën zijn noodzakelijk om te voldoen aan wettelijke verplichtingen en organisatie-brede regelgeving. De mate van bureaucratie neemt vaak evenredig toe met de omvang van de organisatie. Om de teams maximale bewegingsvrijheid te geven om hun doelstellingen te kunnen behalen moet 'het systeem', waarin de teams optimaal kunnen werken, worden ingericht en onderhouden. Eventuele beperkingen, genaamd impediments, die de teams tegenkomen in hun traject om zichzelf continu te verbeteren, kunnen niet altijd door de teams zelf worden opgelost, soms door de mate van hun invloed maar vaker door tijdsgebrek.

Zodra teams veelvuldig inspanning moeten steken om de randvoorwaarden voor het effectief werken voor elkaar krijgen, dan wordt hun aandacht gericht op het verbeteren van de organisatie en niet op de ontwikkeling van het product. Een ultieme KPI voor het cluster managementteam is de mate van tijd en aandacht die de primaire flow kan besteden aan het product versus het organiseren van de randvoorwaarden. Bij een onbalans wordt al snel helder dat u als cluster managementteam niet de noodzakelijke ondersteuning levert en moet u alle aandacht gaan richten op het verbeteren van het systeem.

Van het cluster managementteam (CMT) wordt verwacht dat zij de omgeving scheppen waarin de teams gezamenlijk het best de visie kunnen bereiken dan wel doelstellingen behalen. Hiervoor is een andere vorm van leiderschap noodzakelijk. Een vorm van leiderschap die het eigenaarschap en de besluitvorming zo dicht mogelijk bij de plek legt waar het werk ligt, zodat het team met minimale vertragingen kan reageren op de omgeving. Het ontwikkelen van zelforganiserende teams gaat namelijk niet vanzelf. Het vergt veel aandacht van het management waarbij continu in de gaten moet worden gehouden dat de randvoorwaarden worden gegeven (het wat en waarom, de kaders en benodigde middelen) en voorkomen wordt dat uitspraken worden gedaan over de wijze van het invullen van **hoe** het team het beoogde resultaat moet halen. Hoewel dit voor veel management een volstrekt andere wijze van leidinggeven is, is inmiddels veel bekend over zowel het proces om zelforganiserende teams te ontwikkelen als het leiderschap dat daar bij hoort.

Vanuit een stabiele basis en met een proactieve houding heeft het cluster managementteam een drietal belangrijke hoofdtaken:
1. De **bedrijfsvoering** van het team, afdeling of organisatie.
2. Het **in werking brengen en houden van 'het systeem'** waarin de primaire flow haar werk optimaal kan doen.
3. Het **oplossen van impediments** die buiten de invloedssfeer liggen van de primaire flow.

Deze hoofdtaken worden vanuit de secundaire flow uitgevoerd. Dit wil zeggen dat wanneer, over een beperkte periode, geen enkele activiteit binnen deze hoofdtaken wordt uitgevoerd, de primaire flow hier geen directe hinder van mag ondervinden. De primaire flow kan altijd leveren, ook zonder ondersteuning van het cluster managementteam. Pas wanneer voor langere tijd hier geen activiteiten in plaatsvinden treedt een (steeds sterker wordend) negatief effect op. Laten we deze drie hoofdtaken eens nader bekijken.

18.2 DE BEDRIJFSVOERING

Het uitvoeren van de bedrijfsvoering is over het algemeen niet sexy maar wel noodzakelijk voor het voortbestaan van het bedrijf. Deze hoofdtaak van het management voegt niet tot nauwelijks waarde toe aan de producten of diensten van het bedrijf maar is wel essentieel voor een goed functionerende organisatie. Op basis van wettelijke kaders en interne regelgeving kost de bedrijfsvoering ook een redelijke tot grote inspanning en is een wekelijks tot maandelijks terugkerende activiteit. Noodzakelijke maar geen waarde toevoegende activiteiten moeten we zo eenvoudig en efficiënt mogelijk uitvoeren, waarbij we maximaal resultaat behalen voor minimale inspanning.

De bedrijfsvoering bestaat onder andere uit human resource management, financieel management, informatiemanagement en specifieke aspecten zoals gemandateerde besluitvorming. Het zijn een breed scala aan activiteiten om als organisatie te kunnen en mogen functioneren. De verantwoordelijkheden worden zelden ingericht op het niveau van een cluster maar vaak als stafafdelingen binnen de organisatie. De bedrijfsvoering van een cluster richt zich daarom specifiek op de sturing, organisatie, coördinatie en verantwoording van een specifieke subset van de meer algemene aspecten van de bedrijfsvoering. Dit is een efficiënte inrichting van ondersteunende processen, waarbij wel moet worden voorkomen dat het CMT vanuit hun verantwoordelijkheid de primaire flow gaan hinderen.

Soms hoort u nog wel eens dat alle verantwoordelijkheden, inclusief de bedrijfsvoering, bij de teams liggen. Dit is vanuit het oogpunt van een systeem niet de bedoeling. Als u uw eerste ontwikkelteam wilt creëren, dan zijn hiervoor basale zaken nodig als funding, ruimte, faciliteiten, inhuur, screening, formatieplaatsen, contractmanagement, et cetera. Aangezien u nog geen team hebt, kunt u dus ook niet van hen verwachten dat zij dit zelf regelen. Zeker in het begin liggen veel aspecten van de bedrijfsvoering daarom bij het management. Over verloop van tijd kan een deel van de bedrijfsvoering naar het team worden verplaatst. Waarbij de verantwoordelijkheid voor een correcte bedrijfsvoering altijd bij het management blijft liggen.

De verantwoordelijkheid van het ontwikkelteam gaat verder dan we vaak in de praktijk zien, dat geldt zeker voor aspecten die bij het management worden ondergebracht. Deze grote werkelijke verantwoordelijkheid in het ontwikkelteam past bij de principes van eigenaarschap en zelforganisatie. Wanneer een team moet worden uitgebreid met een nieuwe medewerker of een medewerker moet worden vervangen, wie heeft daarvoor welke verantwoordelijkheid? Aangezien de secundaire flow faciliteert, ligt het aanstellen van een nieuwe medewerker binnen het primaire proces: bij het ontwikkelteam zelf. Zij bepalen uiteindelijk wie in het ontwikkelteam wordt aangesteld en kunnen nooit opeens verrast worden door een nieuwe collega in het team. Uiteraard dient het ontwikkelteam zich te houden aan de kaders die gelden binnen de organisatie en is het wenselijk dat zij hierin ondersteund worden door het management. Het management heeft in deze niet de doorslaggevende stem. Dit is een beweging die we ook terugzien in het concept van management 3.0 (Appelo, 2011) maar gaat wel gepaard met de volwassenheid van de primaire flow binnen de organisatie. De secundaire flow, het management, helpt wel in de aanstelling van deze nieuwe collega.

Vanuit de hiërarchische verhouding die vaak ontstaat tussen het management en de medewerkers in een cluster, wordt nog te vaak gehandeld op basis van het kader, dat de medewerkers ten dienste staan van het management. Diverse opdrachten met bedrijfsvoering-onderwerpen worden direct uitgezet binnen de teams, alsof het reguliere afdelingen zijn. Zoals we eerder hebben aangegeven is dit niet de bedoeling. Het management is namelijk onderdeel van de secundaire flow, waarbij zijzelf de primaire flow ondersteunt en niet stuurt. Daarnaast is het ook niet wenselijk om bedrijfsvoering-onderwerpen bij de teams uit te zetten, omdat dit de ontwikkelteams afleidt van hun belangrijkste focus: het leveren van maximale waarde.

Aangezien het management, voor het goed kunnen uitvoeren van de bedrijfsvoering, wel de beschikking moet hebben over bepaalde informatie vanuit de ontwikkelteams, wordt deze informatiestroom georganiseerd via de lijn van de kaders. Organisatorische kaders kunnen bijvoorbeeld aangeven op welke wijze de medewerkers gewerkte uren moeten registreren, welke meldingen op welke wijze gedaan moeten worden, welke informatie bij opleveringen ter beschikking moet zijn gesteld, et cetera.

■ 18.3 HET SYSTEEM LATEN WERKEN

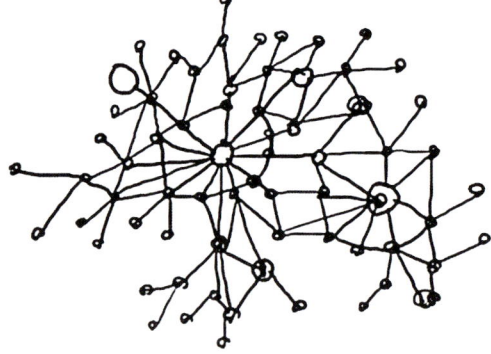

Het 'systeem' als zodanig benoemen komt voort uit het concept van systems thinking (systeemdenken). Systems thinking is een wetenschappelijke benadering die tracht overzicht op de werking van het geheel te houden, in plaats van zich te concentreren op de afzonderlijke onderdelen. Het systeemdenken kijkt naar de werking en resultaten van individuele componenten in relatie tot elkaar. Het 'systeem' is hierbij (een deel van) de organisatie dat verantwoordelijk is voor het voortbrengen van producten ten behoeve van de informatievoorziening. Het systeem in werking brengen en houden klinkt misschien cryptisch maar we zullen deze hoofdtaak duidelijk maken aan de hand van een voorbeeld.

> In het systeemdenken heeft het geen zin om individuele componenten te optimaliseren. Een bekend voorbeeld uit het systeemdenken is wanneer u de beste onderdelen van alle auto's ter wereld zou selecteren (dus de beste motor, het beste remsysteem, het beste chassis) u niet persé de allerbeste auto ter wereld als resultaat overhoudt. Sterker nog, u houdt helemaal geen auto over, slechts een verzameling dure onderdelen. Individuele onderdelen krijgen pas waarde wanneer ze functioneren in samenwerking met elkaar. Zo gaat het ook bij het in werking brengen en houden van de organisatie als systeem.

In dit geval is het belangrijk om te bepalen wat de systeem-optimaliserende doelen zijn. Waartoe wordt de organisatie geoptimaliseerd? Dit zijn bijvoorbeeld doelen als het 'maximaliseren van innovatiekracht', 'wendbaarheid om snel te kunnen reageren' en 'reduceren van de operationele kosten'. Deze doelen zijn belangrijk omdat we bij elke aanpassing van het systeem moeten kijken of deze verandering daadwerkelijk bijdraagt aan het verder optimaliseren van de doelen. Het succes van de uitkomst van een verandering kan namelijk alleen worden vastgesteld in de context van het optimalisatie-doel.

In een hoog dynamische omgeving met meerdere teams wordt vaak gesproken over 'het schalen van agile teams'. Voorbeelden van frameworks zijn onder andere Large Scaled Scrum (LeSS), Scaled Agile Framework (SAFe), Nexus of Scaling Agility for Large Organizations (ScALE). Hierin zijn inrichtingsprincipes ondergebracht om het systeem als geheel te laten werken. Let op dat frameworks niet klakkeloos worden geïmplementeerd. Zie deze frameworks ook werkelijk als een raamwerk om een ieder te helpen aan een systeem dat passend is bij uw organisatie.

■ 18.4 DE IMPEDIMENTS OPLOSSEN

Naast de eerdergenoemde hoofdtaken is het management dat ontwikkelteams ondersteunt ook verantwoordelijk voor het oplossen van impediments die niet of nauwelijks door een ontwikkelteam zelf kunnen worden opgelost.

De primaire verantwoordelijkheid voor het oplossen van impediments ligt altijd bij een ontwikkelteam zelf. Wanneer zij er niet uit komen, of dit logischerwijs ook niet van hen verwacht mag worden, dan is het de verantwoordelijkheid van de scrum master om deze impediments op te pakken en binnen de organisatie op te lossen. Dus wanneer Scrum volledig is omarmd binnen een organisatie zouden er weinig impediments op het bord van het management moeten belanden. Het overgrote deel van de impediments zijn namelijk al door het team of de scrum master opgelost.

De praktijk is echter dat, zeker in grotere organisaties, de invloed van een team of scrum master te beperkt is om een aantal uitdagende impediments op te lossen. In dit geval is het belangrijk dat de scrum masters worden ondersteund door het management in het kunnen oplossen van deze impediments. Ook hier geldt... houdt de verantwoordelijkheid voor het oplossen van problemen in het systeem zo dicht mogelijk daar waar de organisatie last ondervindt van het impediment. Door meer aandacht te geven aan het in werking brengen en houden van het systeem, draagt het management de zorg dat de belasting op deze hoofdtaak afneemt.

Let wel op de basishouding. De eerste vraag die u zich als manager moet stellen is niet hoe u het snelst het impediment kan oplossen maar waarom het team en scrum master niet in staat waren dit impediment zelfstandig op te lossen. De tweede vraag die u zich als manager moet stellen is wederom niet hoe u het impediment moet oplossen maar waarom het impediment überhaupt is ontstaan. Wat is er mis in het systeem, dat hier een negatief effect van wordt ondervonden? Pas als u op deze vragen een helder antwoord hebt, kunt u overgaan naar een oplossing. Het liefst een oplossing van permanente aard, waardoor het probleem nooit meer kan optreden.

■ 18.5 DUS...

De rol van management rondom de clusters is bij enterprise agility niet overbodig maar verandert wel door de sterke focus op zelforganisatie die voortkomt uit autonomy, mastery and purpose. Vanuit dit principe hebben managers geen rol in de primaire flow. Vanuit de secundaire flow hebben zij drie belangrijke hoofdtaken:
1. de bedrijfsvoering van het cluster,
2. het in werking brengen en houden van 'het systeem' waarin de clusters en onderliggende teams hun werk doen en
3. het oplossen van impediments die buiten de invloedssfeer van de clusters en onderliggende teams liggen.

Door het leveren van maximale ondersteuning vanuit de secundaire flow zorgen we dat de teams die het werk doen hun werk ook zo goed mogelijk kunnen doen. Ondersteunende managers vertellen de teams niet wat zij moeten opleveren maar dragen wel de zorg voor een omgeving waarin zij optimaal en in samenhang kunnen werken. Dit wordt bereikt door een goede bedrijfsvoering, het in werking brengen en houden van het systeem en het oplossen van impediments die niet door teams zelfstandig kunnen worden opgelost. Wanneer een manager de focust verlegt op deze drie hoofdactiviteiten neemt niet alleen de effectiviteit enorm toe maar waarschijnlijk ook de waardering vanuit de teams die worden ondersteund.

Wanneer we de secundaire flow uitbreiden met de managementaspecten, dan wordt deze in het framework eveneens gevisualiseerd binnen de ring van heldere richting en duidelijke kaders, om het faciliteren en de indirecte wijze van sturing te onderstrepen. Als we deze dan ook integreren in de voortbrengingsketen ziet het framework er als volgt uit.

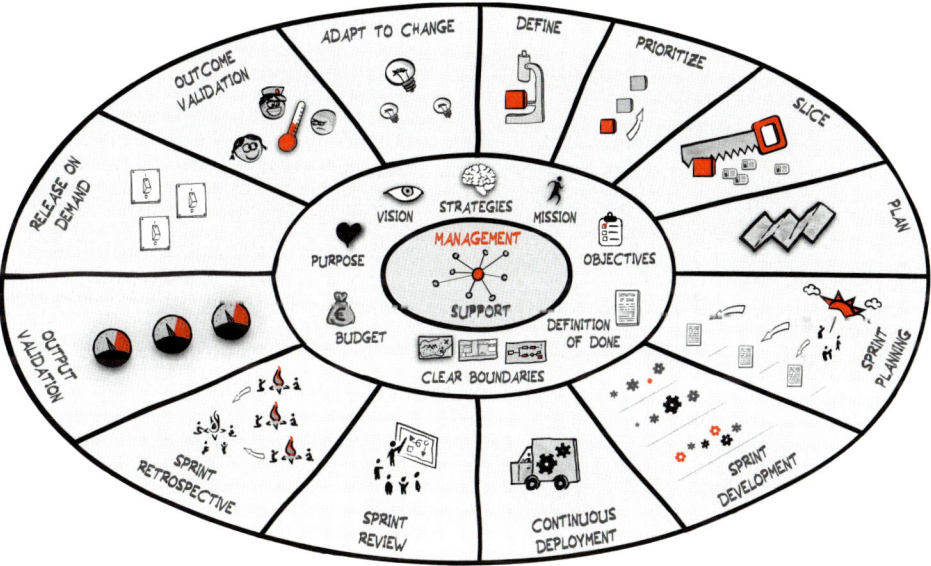

Figuur 18.1 Het ScALE framework uitgebreid met: management.

D | Agility op het niveau van de IV

19 De noodzaak van IV agility

In Deel C, over agility op het niveau van het cluster, hebben we gezien wat de impact is wanneer meerdere teams binnen één cluster samenwerken aan het ontwikkelen van één product. Eén van de vragen die daarbij is gesteld: "Wat is het maximum aantal teams dat binnen het cluster-concept nog effectief (en efficiënt) kan samenwerken?" Het antwoord geeft een maximum van negen teams aan, met een optimum van rond de 5 of 6 teams. Om te kunnen beoordelen wat de gevolgen zijn van het aantal teams hebben we in hoofdstuk 15 gekeken naar de effecten die optreden bij het toevoegen van capaciteit in een constante stroom van plus 1, waarbij u dan rekening dient te houden met de kwadratische toename van de remmende werking van alle afhankelijkheden. Deze effecten gelden niet alleen voor het aantal personen in een team, ze gelden ook voor het aantal teams in een cluster. Dan rijst de vraag; wat moet gebeuren wanneer een organisatie nog meer teams wil gaan inzetten op de ontwikkeling van een product, als we rekening willen houden met de remmende kracht van alle afhankelijkheden?

> Bij het ontwikkelen van een omvangrijk systeem binnen een grote organisatie werden over verloop van tijd steeds meer ontwikkelteams toegevoegd om de noodzakelijke voortgang te kunnen bereiken. Binnen dit cluster faciliteerden twee component teams alle feature teams. Deze twee component teams faciliteerden de andere teams in de core en generieke functionaliteiten van het systeem. Daarmee werden ongewenste afhankelijkheden gecreëerd tussen alle feature teams. Door de remmende kracht van onder andere deze afhankelijkheden kon onvoldoende snelheid worden bereikt in het opleveren van essentiële functionaliteit. Om het effect van de afnemende snelheid te beperken werden extra teams van buiten aangetrokken of omgeschoold vanuit andere producten. Met inmiddels meer dan anderhalf keer de maximale omvang aan teams, aan elkaar gebonden door onderlinge afhankelijkheden, was het remmende effect in de dagelijkse praktijk duidelijk merkbaar. Zelfs de enorm hoge mate van standaardisatie van de ontwikkelomgeving in dit cluster, kon het remmende effect door de afhankelijkheden onvoldoende keren.

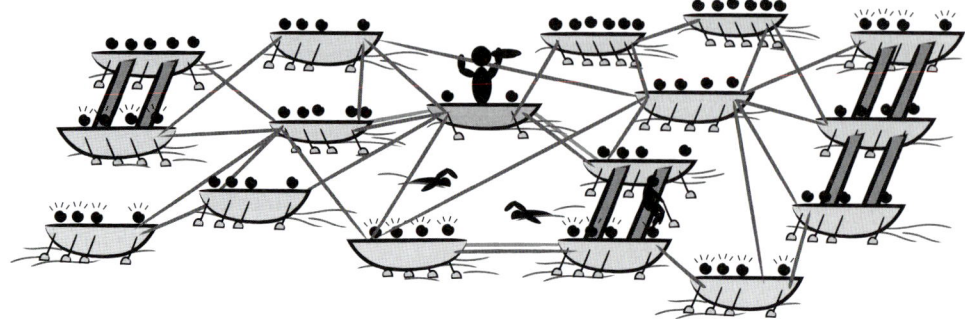

Figuur 19.1 Een cluster van 16 Scrum-teams verliest al haar snelheid en wendbaarheid door de enorme set van afhankelijkheden.

In veel (middel-)grote organisaties is het effect uit figuur 19.1 in één of andere vorm aanwezig. Een behoorlijk aantal teams die samen met een product owner aan het product werken, 'ondersteund' door component, system en platform teams en die een sterke afhankelijkheid hebben met interne en externe product teams. De complexiteit van het aantal afhankelijkheden is desastreus voor de snelheid en wendbaarheid van het gehele cluster.

Ook wanneer meerdere clusters van ontwikkelteams niet direct samenwerken, hebben organisaties uit efficiëntie-overweging (onbedoeld) afhankelijkheden gecreëerd tussen verschillende clusters. Door onhandige keuzes te maken op het gebied van infrastructuur, deployment, generieke componenten, koppelvlakken, et cetera worden afhankelijkheden van gewicht gecreëerd, met steeds verder oplopende vertragingen en verstoringen tot gevolg. Wanneer zijn keuzes onhandig? Wanneer ze niet consistent zijn met de principes van het bereiken van enterprise agility zoals die in Deel A zijn uitgelegd.

Wanneer een enkel cluster minder of onvoldoende capaciteit(en) kan leveren dan wat er nodig is voor het ontwikkelen van een product, ontstaat de uitdaging in het vinden van een goede samenwerking tussen clusters. Op welke wijze kunnen verschillende clusters effectief samenwerken met minimale impact op hun autonomie? Hier komt het spanningsveld van alignment en autonomie weer sterk naar voren. Hoe blijven we effectief in het opschalen van capaciteit, zonder ten onder te gaan aan inefficiëntie? Laten we eens kijken wat nu daadwerkelijk de problemen zijn.

■ 19.1 DE PROBLEMEN

We weten vijf problemen te onderscheiden wanneer we met het uitbreiden van capaciteit het aantal clusters gaan uitbreiden:

1. Het synchroniseren van samenwerkende teams is beperkt schaalbaar.
2. Het integreren van het werk van meerdere teams is beperkt schaalbaar.
3. Door lokale context wordt door de toenemende abstractie van onderwerpen uit het oog verloren.
4. De cognitieve belasting van de mensen wordt té groot om nog goede afwegingen te kunnen maken.
5. De verschillende clusters hanteren lokaal eigen prioriteiten die mogelijk conflicteren.

Het eerste probleem is dat het essentiële thema van 'synchronisatie' slechts beperkt schaalbaar is. Met samenwerkende ontwikkelteams vanuit verschillende clusters is het synchroniseren in de praktijk nauwelijks uitvoerbaar. Natuurlijk zou een dagelijkse scrum of scrums kunnen worden aangevuld met een scrum of scrum of scrums. Toch zijn we nog geen situatie tegengekomen waarin deze 'oplossing' op een effectieve wijze was ingericht om synchronisatie uitdagingen het hoofd te kunnen bieden. Het aantal schakels tussen de verschillende ontwikkelteams die op problemen stuiten wordt te groot om de werkelijke problematiek goed inzichtelijk te krijgen. Een bijkomende uitdaging is om te weten welke partijen bijeengebracht moeten worden om voor het ontwikkelen van de oplossing voor het probleem 'de inhoudelijke afstemming' rond te krijgen. Met de toename van het aantal ontwikkelteams in het grotere geheel neemt juist de noodzaak van synchronisatie tussen de teams sterk toe, wat daarmee op zichzelf een groeiende afhankelijkheid in de basis van het organisatiesysteem wordt.

Het tweede probleem is dat het essentiële thema 'integratie' ook beperkt schaalbaar is zonder het inrichten van overkoepelende en/of hiërarchische structuren. Door hedendaagse hulpmiddelen is het gelijktijdig in een codebase werken niet langer meer het probleem, het integreren van het complete product is dat wel. Kijkend naar grotere open source initiatieven als Linux en OpenOffice, dan zijn oplossingen zichtbaar waarin vele honderden ontwikkelaars 'zelfstandig' aanpassingen lijken uit te voeren in een enorme codebase. Een slag dieper kijkend blijken deze aanpassingen vaak via een sterk hiërarchische structuur te worden geïntegreerd. Dat is waar bij grotere open source projecten dan ook de uitdaging ligt. De in enkele gevallen succesvol gehanteerde (vaak militaristische) structuren kunnen zeker werken in specifieke toepassingen maar zijn universeel veel minder goed toepasbaar.

Het derde probleem is dat bij het opschalen van het aantal clusters de mate van abstractie ook steeds verder stijgt. Denk hierbij aan zaken als design patterns, teststrategieën, CI/CD-omgevingen, systeem monitoren, et cetera. Laten we als voorbeeld eens kijken naar een onderwerp als testautomatisering. Het gesprek over testautomatisering gaat, op het niveau van de samenwerkende individuen, over de wijze waarop de specifieke functionaliteit van een enkele functie kan worden gevalideerd. Wanneer dit onderwerp tussen verschillende teams wordt besproken gaat het juist over welke onderdelen van het product op welke wijze afgedekt moeten worden door de regressietesten. Op het niveau van samenwerking tussen verschillende clusters wordt er gesproken over generieke toepassing van testautomatisering, waarbij de implicaties voor afzonderlijke teams nauwelijks nog zichtbaar zijn. De kans dat op de meer abstracte niveaus besluiten worden genomen zonder zicht te hebben op de context van afzonderlijke clusters en teams neemt steeds meer toe, waardoor clusters en teams vaker worden geconfronteerd met besluiten die niet bijdragen aan het snel en wendbaar kunnen ontwikkelen van hun product.

Het vierde probleem is dat de cognitieve capaciteiten ten aanzien van effectief en efficiënt werken van mensen een grens hebben die vaak op het niveau van het cluster wordt bereikt. Als gedurende het ontwikkelen, continu zicht moet worden gehouden op het grote geheel (denk bijvoorbeeld aan één product dat door drie clusters wordt ontwikkeld), dan wordt veel gevraagd van zowel cognitieve capaciteiten als het aantal skills waarover de teams moeten beschikken, om in de verschillende facetten van ontwikkeling continu de goede afwegingen te kunnen maken. Stelt u voor dat dan continu het gehele product moet worden overzien om de gevolgen van het eigen handelen, te kunnen inschatten. Dit vermogen van zicht op resultaat van het eigen handelen is al een flinke uitdaging bij meerdere teams in een enkel cluster. Deze uitdaging is dus alom aanwezig in het grotere geheel als er gewerkt wordt met verschillende teams over meerdere clusters.

Het vijfde probleem is het hanteren van verschillende prioriteiten in de afzonderlijke clusters. Een cluster wordt samengesteld rondom één product met één product owner en één product backlog. Het kan dus zo zijn dat verschillende 'prioriteit-inschattingen' worden gehanteerd voor samenwerkende onderdelen. Het is heel reëel dat onderdelen van het geheel te vinden zijn op de verschillende product backlogs in verschillende clusters. Wanneer de resultaten van backlog items van twee of meer afzonderlijke clusters noodzakelijk zijn voor het vervullen van een business-behoefte, betekent dit dat de business-behoefte pas ingevuld is als het laatste cluster het daarvoor noodzakelijke item oplevert. Met deze afhankelijkheid op de 'langzaamste in de keten' leidt dit al snel tot een enorme vertraging op het gebied van de gehele organisatie. Wanneer deze afhankelijkheid en de prioriteit 'per ongeluk' om welke reden dan ook niet wordt ervaren door alle betrokkenen is de kans op vertragingen groot. De mogelijkheid van het ontstaan van vertraging wordt versterkt wanneer de clusters die slechts een 'onopvallend' onderdeel (met lokaal weinig waarde) ter beschikking moeten stellen aan een andere cluster, andere backlog items voorrang blijven geven. Wat er dan gebeurt, is dat met deze actie de leveringen met een hogere waarde voor de stakeholders vooruitschuiven in de tijd. In de praktijk komen we deze onnodige en onbedoelde vertragingen met regelmaat tegen.

De eerste vier genoemde problemen kunnen worden voorkomen wanneer afhankelijkheden tussen clusters zoveel mogelijk worden uitgesloten en echt als separate productgeoriënteerde clusters worden gezien. Daar waar feature teams een essentieel onderdeel zijn voor het structureren van een enkel cluster, zo zijn productgeoriënteerde clusters een essentieel onderdeel voor het minimaliseren van afhankelijkheden tussen de clusters. Dat wil overigens niet zeggen dat het feature team concept niet kan worden toegepast op het niveau van de clusters. Dan is het logische gevolg dat dan wel alle aandacht uitgaat naar het beperken van de hierboven genoemde problemen.

Hoe gaan we om met het vijfde probleem? Wat in de praktijk gebeurt, is dat het formeren van clusters om producten heen niet in alle gevallen de afhankelijkheden volledig wegneemt. Op welke wijze de productgeoriënteerde clusters ook worden samengesteld, er zullen zich altijd situaties voordoen die vereisen dat twee of meerdere clusters in onderlinge samenwerking nodig zijn voor het ontwikkelen van een oplossing voor die specifieke business-behoeften. Als ieder cluster met zijn eigen productplan daarin zijn eigen afweging maakt, hoe borgen we dan dat we op het niveau van de informatievoorziening (IV) nog steeds de snelheid en wendbaarheid behouden? En daarbij niet ten ondergaan aan het vijfde probleem? Hoe gaan we om met de spanning ten aanzien van verschillende prioriteiten die de verschillende clusters hanteren?

■ 19.2 OORZAAK EN GEVOLGEN

De oorzaak van het probleem van verschillende prioriteiten in samenwerkende clusters ligt in het feit dat het belang van een 'cluster overstijgend item' niet persé door ieder cluster afzonderlijk gelijkwaardig wordt ingeschat qua prioriteit. Wanneer dit namelijk wel het geval zou zijn, dan zouden alle product backlogs automatisch dezelfde volgorde hanteren als die van 'de organisatie'. Dit betekent ook, dat een behoefte die door items op twee verschillende product backlogs wordt ingevuld, altijd dezelfde prioriteit zouden moeten hebben. Op deze basis zou u kunnen en mogen verwachten dat er continu de maximale waarde wordt geleverd, aangezien elk cluster de juiste prioriteitstelling hanteert.

19.2.1 Rigide blik op prioriteitstelling

Toch zien we in de praktijk dat het netjes onderling op elkaar afstemmen van de prioriteiten, van backlog items met een cluster-overstijgend karakter, niet of slechts sporadisch plaatsvindt. Het heeft ook nogal wat voeten in de aarde om een goede afstemming te organiseren, vaak heeft een cluster, terecht of onterecht, wel iets beters te doen. Daarnaast is het ook lastig om te werken op basis van 'hoogover' vastgestelde prioriteiten die worden opgelegd aan clusters. Dit leidt tot enorme lange doorlooptijden voor het opleveren van gezamenlijke oplossingen, aangezien nagenoeg geen rekening kan worden gehouden met de omvang van de individuele en afzonderlijke inspanning. Ook is het lastig om rekening te houden in het 'hoogover' plan wanneer het mogelijk is al eerder items op te leveren terwijl daarbij 'het kritieke pad' van de meest waardevolle items niet wordt geschaad. Wat we zien is dat een 'hoogover' portfolio helaas vaak wordt gezien als een rigide leidraad voor clusters om te volgen, waarbij het volledige mandaat van product owners om de maximale waarde te leveren teniet wordt gedaan. Een rigide leidraad zorgt voor een weinig wendbare organisatie. Met deze kijk op het idee van een 'hoogover' portfolio is het goed te verklaren dat ieder cluster voor zichzelf wel bepaalt waar de aankomende tijd aan gewerkt gaat worden.

De gevolgen van zo'n rigide 'hoogover' portfolio worden geïllustreerd in figuur 19.2. We bekijken een tiental items van verschillende omvang met onderlinge afhankelijkheden door een drietal clusters te laten ontwikkelen over een periode van 24 iteraties. De items die zijn voorzien van hetzelfde cijfer die u terugziet bij meer dan één cluster, zijn nodig voor het werkend geheel, dat kan worden opgeleverd aan de business. Hoe donkerder het vakje gekleurd is, hoe hoger de prioriteit is van het betreffende item. We zien in dit voorbeeld dat alle clusters de opgelegde prioritering nauwgezet volgen. Er is een strakke planning gemaakt met veel aandacht voor de volgordelijkheid. Het is te zien dat sommige items mogelijk geen werkzaamheden vragen van een specifieke cluster, bijvoorbeeld item 3 of item 5, welke respectievelijk geen inzet vragen van cluster C en cluster A. Als we onder de eerste rode lijn naar elk afzonderlijk item kijken, dan hebben we inzichtelijk

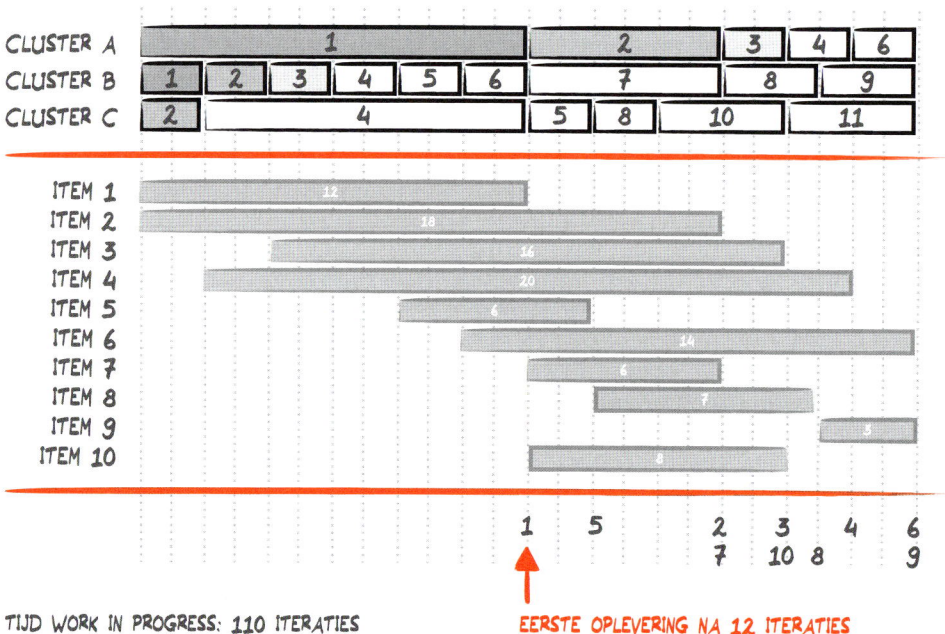

Figuur 19.2 Rigide opvolging van de overkoepelende prioriteiten door clusters.

hoeveel iteraties noodzakelijk zijn voor ieder item (vanaf het moment dat deze voor het eerst wordt opgepakt tot het moment dat de laatste wordt opgeleverd). De wit gekleurde cijfers in deze grijze balken noteren het aantal iteraties dat het item in ontwikkeling is geweest. Onder de laatste rode lijn wordt gemarkeerd wanneer items in samenhang 'klaar' zijn en kunnen worden opgeleverd aan de business.

Wat in figuur 19.2 zichtbaar wordt is dat de eerste oplevering van een groter backlog item (bijvoorbeeld een epic) na 12 iteraties ter beschikking komt en dat de overgrote meerderheid van de iteraties allemaal tegelijk in de laatste 6 iteraties worden opgeleverd. Daarnaast wordt door de verdeling en de lengte van de grijze balken zichtbaar dat veel items gelijktijdig onderhanden zijn. Gedurende deze volledige periode van 24 iteraties wordt daarmee ook continu veel aandacht van de business gevraagd qua analyse, samenwerking, validaties, et cetera. Dus ondanks het feit dat elk cluster afzonderlijk de juiste prioriteit aanhoudt, leidt deze benadering op overkoepelend niveau tot een situaties die wij niet wenselijk achten. Zeker niet wanneer het leveren van waarde aan de stakeholders en gebruikers als een belangrijk uitgangspunt moet worden gezien.

In voorgaande visualisatie is geen rekening gehouden met de gevolgen wanneer een enkel cluster onbedoeld een kleine aanpassing aan de prioritering aanbrengt en zich niet aan het opgelegde plan houdt. Een gedachte-experiment is gauw gemaakt (zie figuur 19.3). Neem bijvoorbeeld een aanpassing van item 1 die staat genoteerd onder de hoede van cluster B. Cluster B plaatst item 1 onderaan haar backlog omdat deze, vanuit cluster B gezien, nauwelijks waarde voor de 'eigen' stakeholders oplevert. Door deze 'kleine' aanpassing in prioritering in cluster B neemt de groei aan doorlooptijd, van de werkelijke levering van item 1 aan de business, al snel dramatische gevolgen aan.

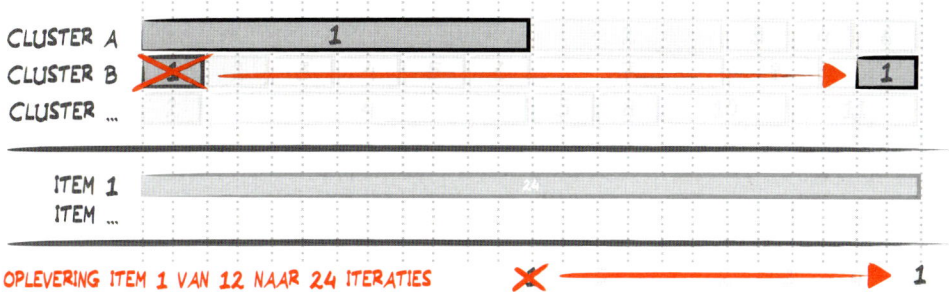

Figuur 19.3 Ongewenste gevolgen van lokale prioriteitsverschillen.

Clusters hebben inzicht nodig in de waarde van overkoepelende items om zelfstandig te kunnen bepalen welke prioriteit aan hun afgesplitst items gegeven moet worden. Dit geldt voor zowel de eigen onafhankelijke items als de voor andere clusters noodzakelijke items. Dit geeft invulling aan het principe van alignment en autonomie. Het benodigde inzicht bestaat niet alleen uit de prioriteitstelling op het niveau van de informatievoorziening (IV) organisatie. Het zal moeten worden aangevuld met de verwachte doorlooptijden van de ontwikkeling binnen de clusters. Door continu een goed beeld te hebben van het verwachte moment waarop items worden afgerond, kunnen product owners afzonderlijk beter een afweging maken of de ontwikkeling van 'eigen items' de ontwikkeling van hoger geprioriteerde items schaadt. Hierdoor is het mogelijk om op clusterniveau steeds opnieuw de juiste prioriteiten te kunnen stellen om zowel op clusterniveau de maximale waarde te leveren als ook de noodzakelijke bijdrage aan overkoepelende items. Andersom betekent dit dat andere clusters op het juiste moment hun bijdrage leveren aan items die voor dit cluster van belang zijn.

Naast inzicht in de overkoepelende prioriteit en een inschatting van de doorlooptijd op basis van de verwachte omvang (zie ook paragraaf 21.2) moeten de product owners van de clusters ook voldoende vertrouwen en vrijheid krijgen dat zij de juiste beslissingen maken. Het continu prioriteren op basis van deze twee factoren vereist gedegen product backlog management én verantwoordelijkheidsgevoel ten aanzien van zowel het eigen product als de bijdrage aan de resultaten van de gehele organisatie.

19.2.2 Flexibele blik op prioriteitstelling

De gevolgen van zo'n werkwijze op basis van vertrouwen en vrijheid kunnen worden geïllustreerd, in figuur 19.4. In dit figuur hanteren we dezelfde item grootte als in het eerdere voorbeeld van de rigide hoogover portfolio. Wat in dit voorbeeld anders is, is de wijze waarop de verschillende clusters invulling geven aan de planning. Wanneer clusters op basis van de verwachte omvang en doorlooptijd gaan prioriteren, ontstaat een geheel ander beeld. In dit voorbeeld wordt de samenwerking gebaseerd op de noodzakelijke effort in cluster A. Wat dat betreft domineert cluster A enigszins de planning. Gek genoeg geeft dit ook ruimte. Het heeft namelijk geen enkele zin om als cluster B zo snel als mogelijk de items 1 tot en met 4 op te pakken, aangezien deze toch niet eerder dan iteratie 12, 18, 20 en 22 zullen worden opgeleverd. Dat betekent dat cluster B in de eerste iteraties de ruimte heeft om andere prioriteiten op te pakken, in dit geval de items 5, 7 en 8. Hierbij zijn er afhankelijkheden met cluster C. Door de ruimte voor een eigen invulling van de planning ziet u dat door zowel globaal (de nummers 1 tot en met 4 liggen op schema op een kritiek pad) als lokaal (de nummers 5 en 8 kunnen worden opgeleverd) een optimale keuze kan worden gemaakt.

Een eerste gevolg van dit vertrouwen en deze vrijheid is dat een totaal ander beeld ontstaat wat betreft het opleveren van waarde aan de business. Ondanks dat de hoogste geprioriteerde behoefte niet als eerste wordt opgeleverd, is het vrijwel onmogelijk om deze behoefte sneller te kunnen opleveren (gezien de omvang van deze specifieke items). Gegeven deze doorlooptijd kunnen op clusterniveau meer optimale keuzes ten aanzien van het leveren van waarde worden gemaakt. Een

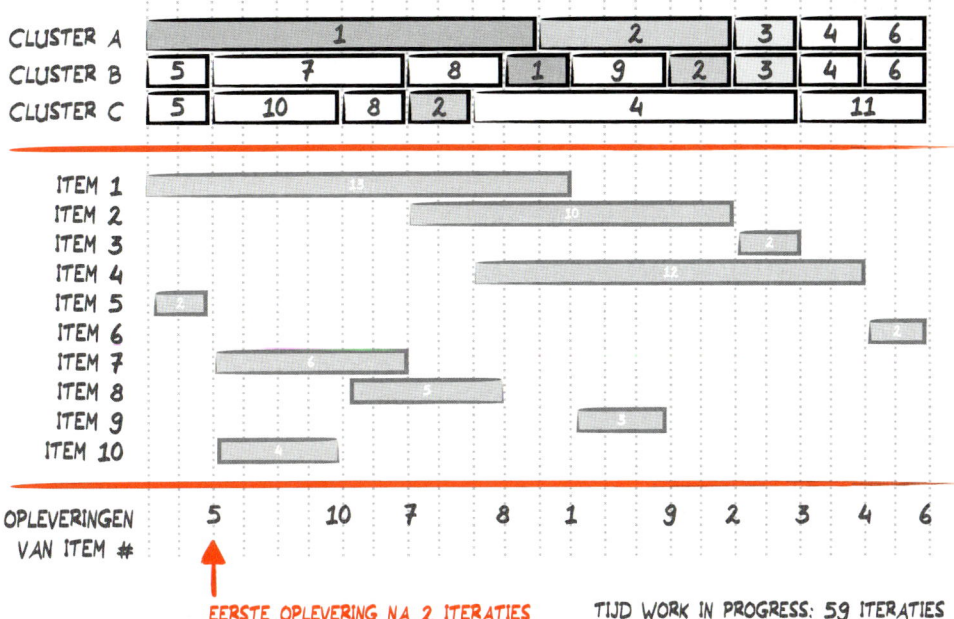

Figuur 19.4 Flexibele opvolging van de overkoepelende prioriteiten door clusters.

bijkomend effect is dat over het algemeen een veel gelijkmatigere oplevering van waarde voor de business wordt gerealiseerd. Al vanaf de tweede iteratie kunnen de stakeholders worden geholpen en door de verspreiding van opleveringen is ook de implementatie veel gelijkmatiger uit te voeren.

Een tweede gevolg van de gegeven vrijheid binnen kaders is dat veel minder items gelijktijdig onder handen zijn. Ook hierdoor neemt de belasting op de business af, aangezien zij bij het gelijktijdig ontwikkelen, bij veel minder items betrokken zijn. Dit is ook goed terug te zien in de totale hoeveelheid iteraties waarin werk al dan niet gelijktijdig wordt uitgevoerd, van 110 iteraties in het voorbeeld van een rigide prioriteitstelling naar slechts 59 iteraties voor een meer richtinggevend prioriteitstelling.

■ 19.3 NUT EN NOODZAAK VOOR IV AGILITY

Het inrichten van agility op het niveau van de IV, moet zorgen voor de juiste vrijheid van handelen voor de verantwoordelijke personen in de primaire flow, in plaats van het beperken van hun mandaat. De eerste noodzaak voor het inrichten van IV agility ontstaat wanneer behoeften vanuit de business door meerdere clusters moeten worden ingevuld. Hierbij ontstaat een spanningsveld tussen het globaal en lokaal maximaliseren van de geleverde waarde, waarbij prioriteitstelling op het niveau van de IV moet zorgen voor ontspanning in dit spanningsveld.

Een tweede noodzaak voor het inrichten van IV agility ontstaat wanneer een behoefte van de business vanuit meerdere clusters zou kunnen worden opgelost. Hoewel dit probleem in middelgrote organisaties minder frequent optreedt, is het binnen de grotere organisaties goed mogelijk dat keuzes kunnen (en moeten) worden gemaakt als het gaat om de wijze waarop een bepaalde behoefte kan worden ingevuld. Wanneer bijvoorbeeld een nieuwe behoefte moet worden opgepakt kan het goed mogelijk zijn dat deze direct in het huidige product wordt doorgevoerd. Wanneer ondertussen een nieuw (vervangend) product wordt ontwikkeld ontstaat als snel de vraag: "Wil ik deze hoog geprioriteerde behoefte op de korte termijn in het oude product implementeren en dan later alsnog moeten migreren of wil ik deze behoefte op middellange termijn direct aanpassen in het nieuwe product?" Zo zijn en nog vele andere vergelijkbare situaties die zich kunnen voordoen.

In het geval dat er meerdere oplossingsrichtingen gevonden worden voor het vervullen van de behoefte uit de business, kan alleen op een cluster-onafhankelijk niveau een keuze worden gemaakt voor één van de voorgestelde oplossingsrichtingen. Op dit cluster-onafhankelijke niveau worden zo goed als mogelijk afwegingen gemaakt ten aanzien van risico's, impact en effort. Terwijl het zo kan zijn dat niet iedereen het eens is met deze keuze, is er voldoende vertrouwen dat de keuze weloverwogen is genomen en zal de keuze worden gesteund en commitment op kunnen worden afgegeven.

Een derde noodzaak voor het inrichten van IV agility is dat uiteindelijk het valideren van de outcome en impact van cluster-overstijgende oplossingen, niet van één enkel cluster kan worden verwacht. Als we kijken naar de verschillende mogelijkheden waarop de agility van een enkel team en een enkel cluster zo goed mogelijk kan worden behouden als we opschalen naar het niveau van meerdere clusters, dan blijkt dat er altijd het moment ontstaat dat het laatste cluster de sluitende aanpassingen oplevert en daarmee bereikt dat de outcome de behoefte kan vervullen. Het afzonderlijke cluster heeft niet de overall scope van de outcome die wordt bereikt. Door het samenspel van aanpassingen in meerdere clusters is er in het zelfstandige cluster niet persé zicht op het beoogde effect van de samenwerkende delen en laat staan dat dit ene cluster zicht heeft op de beoogde impact die daarmee in de business kan worden bereikt.

Het valideren van de outcome en impact van het geheel ligt op een niveau dat niet past bij één van de clusters die verantwoordelijk was voor het opleveren van een bepaald deel van de output. Uiteraard wordt de output steeds in samenhang tot eerder geleverde onderdelen gevalideerd, ook de outcome die door de specifieke aanpassing in het cluster moest worden bereikt. De overkoepelende impact is vaak niet of slechts zeer beperkt door één cluster te valideren.

19.3.1 Gewenste oplossingsrichting

De meest eenvoudige oplossingsrichting is de situatie waarin producten op een dusdanige wijze worden gestructureerd dat deze geen tot slechts zeer minimale afhankelijkheden met elkaar hebben. Het reduceren van complexiteit heeft altijd de voorkeur boven het beheersen van complexiteit. Wanneer voor het invullen van de behoefte vanuit de business toch de samenwerking vanuit meerdere clusters is vereist, ontstaat de noodzaak voor het inrichten van agility op het niveau van de IV.

Hierin onderscheiden we een drietal redenen waarom het inrichten van IV agility essentieel wordt:
- Wanneer behoeften vanuit de business door meerdere clusters moet worden ingevuld, waarbij een spanningsveld ontstaat tussen het globaal en lokaal maximaliseren van de geleverde waarde.
- Wanneer een behoefte van de business vanuit meerdere clusters zou kunnen worden opgelost en een onafhankelijke keuze door de organisatie moet worden gemaakt.
- Het valideren van de outcome en impact van cluster-overstijgende oplossingen kan niet van één enkel cluster worden verwacht maar moet overkoepelend ten opzichte van de clusters worden ingericht.

Door binnen de IV één portfolio te introduceren worden de product owners en clusters ondersteund in het voorbereiden, coördineren en valideren van cluster-overstijgende behoeften. Dit betekent dat een separate 'plan, execute, inspect & adapt'-laag wordt ingericht onafhankelijk van de clusters maar waarbij de 'execute' uiteindelijk door de clusters worden uitgevoerd. Hiermee wordt invulling gegeven aan de genoemde drie noodzaken voor het inrichten van IV agility. Dat betekent ook dat er nieuwe risico's en problemen gaan ontstaan, waar we aandacht voor moeten houden. Door een goed begrip te hebben van de wijze waarop een effectieve portfolio-laag wordt ingericht kunnen we zorgdragen voor maximale snelheid en wendbaarheid van de gehele IV-organisatie. Dit doen we door de snelheid en wendbaarheid van de enkele teams en de enkele clusters zo min mogelijk te beperken.

19.4 DUS...

Wanneer een enkel cluster niet meer capaciteit kan leveren dan voor het ontwikkelen van een product nodig is, ontstaat de uitdaging op welke wijze clusters effectief kunnen samenwerken met minimale impact op hun autonomie. Onderlinge afhankelijkheden tussen clusters leiden vaak tot vertragingen, doordat de prioriteit van het cluster-overstijgende item niet door iedereen gelijkwaardig wordt ingeschat. Het definiëren van prioriteit over clusters heen leidt, wanneer deze rigide moet worden gevolgd, eveneens tot problemen. Product owners hebben inzicht nodig om zelfstandig te kunnen bepalen welke prioriteit wordt gegeven, aan zowel de eigen items als de voor andere clusters noodzakelijke items. Wanneer meerdere oplossingsrichtingen voor het vervullen van de behoefte uit de business mogelijk zijn, kan alleen op het niveau van de informatievoorziening een keuze worden gemaakt tussen de oplossingsrichtingen. Ook mag het valideren van de outcome en impact van cluster-overstijgende oplossingen niet van één enkel cluster worden verwacht. Door binnen de informatievoorziening één portfolio te introduceren worden de product owners en clusters ondersteund in het voorbereiden, coördineren en valideren van cluster overstijgende behoeften.

20 De mogelijkheden om meerdere clusters te structureren

Om agility in het voortbrengingsproces te houden bij het vergroten van de capaciteit gaat het bij het creëren van agility op het niveau van de informatievoorziening (IV) niet om het toevoegen van nieuwe onderdelen maar juist om het behouden van de hoge mate van agility van afzonderlijke clusters. De problematiek van het creëren van alignment en het behouden van autonomie tussen meerdere clusters wordt georganiseerd op het niveau van de IV. Als we meer capaciteit bij de productontwikkeling nodig hebben dan door een enkel cluster kan worden geleverd, maken we gebruik van het niveau van de IV waarin meerdere clusters zoveel mogelijk autonoom maar toch in samenhang de behoefte van gebruikers en stakeholders kunnen ontwikkelen. Het alternatief is het creëren van volledig onafhankelijke clusters, waardoor geen afstemming tussen de clusters noodzakelijk is. Met onafhankelijke product-georiënteerde clusters kan de noodzaak van het inrichten van het niveau van de IV worden voorkomen, zoals we in Deel C hebben uitgewerkt.

■ 20.1 HET NIVEAU VAN DE IV

Het niveau van de IV heeft op hoofdlijnen dezelfde structuur als de opzet en werking van een enkelvoudig cluster. Dit betekent dat ook op dit niveau de focus ligt op Inspect & Adapt waarbij de Plan | Execute veel meer het gevolg is van de Inspect & Adapt. Het uitgangspunt hierbij is dat 'Execute' in dit geval niet zelfstandig op het niveau van de IV wordt uitgevoerd maar juist wordt ingevuld door de nauwe samenwerking vanuit de achterliggende clusters. 'Plan' richt zich daarom op het bepalen wat de belangrijkste behoeften zijn om in de Execute te worden uitgevoerd. De continue Inspect & Adapt-cyclus is noodzakelijk om de snelheid en wendbaarheid ook op het niveau van de IV te blijven behouden.

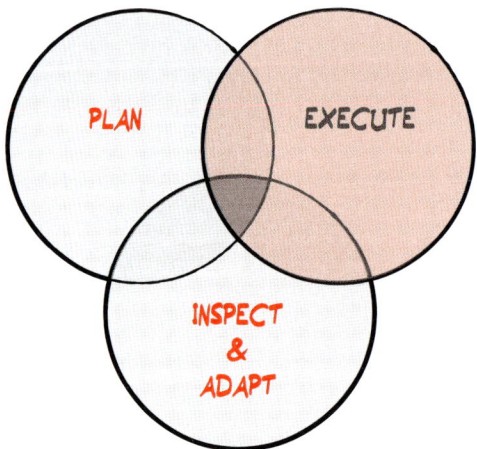

Figuur 20.1 Plan | (Execute) in combinatie met Inspect & Adapt op het niveau van de IV.

■ 20.2 HET SPLITSEN VAN CLUSTERS

Als we meer capaciteit op de productontwikkeling nodig hebben dan door een enkel cluster kan worden geleverd en 'het ideale of maximale aantal teams' binnen een cluster wordt overschreden, heeft u bij het splitsen van dit cluster over het algemeen drie opties:
1. Het op een dusdanig wijze splitsen van de productdefinitie dat **twee afzonderlijke producten vanuit clusters zonder afhankelijkheden** kunnen worden gerealiseerd.
2. Het op een dusdanig manier splitsen van de productdefinitie waarbij **twee geïntegreerde (deel)producten vanuit clusters met geminimaliseerde afhankelijkheden** kunnen worden gerealiseerd.
3. Het op dusdanige wijze splitsen van de clusters dat *beide clusters* **afzonderlijk in staat zijn om aan één product te werken met geminimaliseerde coördinatie**.

20.2.1 Twee afzonderlijke producten vanuit clusters zonder afhankelijkheden

De bijna standaard disclaimer van LeSS (Larman & Vodde, 2022) grondlegger Craig Larman is om te benadrukken dat 'large, multi-site and offshore development' koste wat het kost zou moeten worden voorkomen door de focus te verschuiven van het opschalen van de organisatie naar het afschalen van de complexiteit. Als u als organisatie in de positie komt dat u bij het uitbreiden van de capaciteit een cluster moet gaan splitsen of toevoegen, kijk dan altijd eerst naar de mogelijkheid om twee volledig afzonderlijke producten te creëren die geen enkele afhankelijkheid met elkaar hebben en slechts minimale afhankelijkheden met de rest van de organisatie.

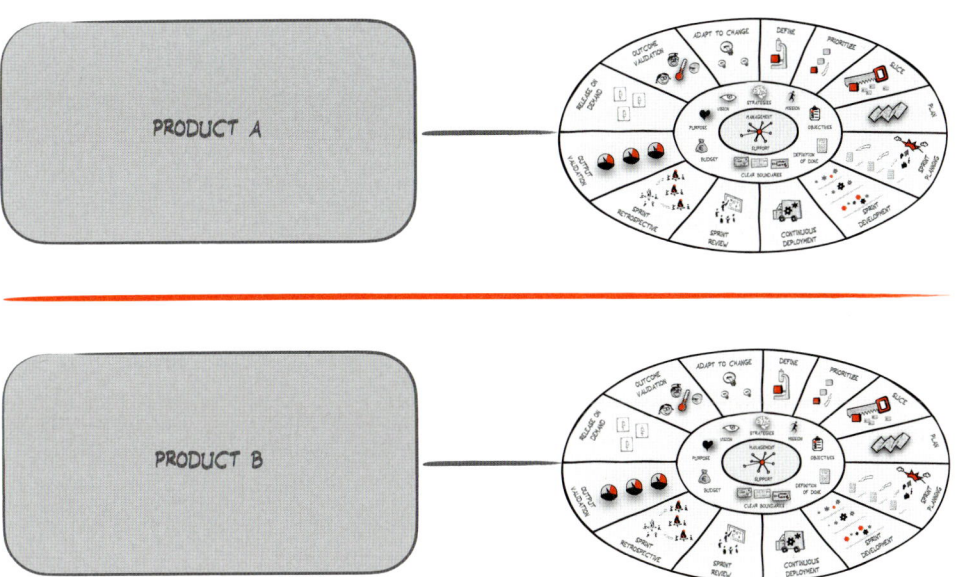

Figuur 20.2 Twee afzonderlijke producten vanuit clusters zonder afhankelijkheden.

Wanneer u deze situatie zonder afhankelijkheden kunt creëren is er namelijk geen enkele noodzaak voor intercluster-coördinatie. Aangezien de product owner binnen elk cluster het volledige mandaat heeft over de ontwikkeling van het product én er geen afhankelijkheden zijn met andere clusters, is er geen enkele toegevoegde waarde voor coördinatie tussen clusters en de rest van de organisatie. Elk cluster kan op basis van de heldere richting en binnen de duidelijke kaders volledig autonoom werken en wordt daarin op geen enkele wijze afgeremd in de snelheid en wendbaarheid van het cluster. Wanneer geen afhankelijkheden worden toegevoegd, heeft u ook geen last van de nadelige effecten van dergelijke afhankelijkheden.

De uitdaging ligt hierbij in het definiëren van de clusters, zeker wanneer de organisatie over verloop van tijd haar capaciteit langzaam uitbreidt. Over het algemeen is het lastiger om een product op de juiste wijze te splitsen en te herdefiniëren wanneer een cluster te omvangrijk wordt, dan wanneer er een separaat cluster wordt toegevoegd. In het laatste geval is er namelijk vaak een aanleiding tot het aantrekken van het nieuwe cluster en daarmee vaak ook al een logische scheiding van de twee producten. Bij het splitsen van een cluster volgens het principe van het onafhankelijk van elkaar functioneren, moet goed gekeken worden naar de definitie van beide producten. Er zal specifiek getoetst moeten worden dat beide producten zich naar verwachting onafhankelijk van elkaar kunnen (door)ontwikkelen.

> Hoe deze wijze van splitsen in de praktijk werkt kan goed worden gezien bij bedrijven die, vanuit een wettelijke kader, verplicht moeten worden opgesplitst. Denk hierbij aan de splitsing tussen energieleveranciers (voormalig NUON) en netwerkbedrijven (Alliander), of tussen spoorweg operators (NS) en spoorwegbeheerders (ProRail) maar bijvoorbeeld ook het splitsen van banken (Rabobank) en verzekeringen (Interpolis). De grote onderliggende IT-systemen moesten qua specifieke functies worden gesplitst naar losse producten die binnen de betreffende organisaties onafhankelijk van elkaar moesten gaan functioneren.

Het is hierbij essentieel dat ook de ondersteuning vanuit de secundaire flow niet tot onderlinge afhankelijkheden tussen de clusters leidt. Zeker wanneer een cluster wordt gesplitst is het niet onwaarschijnlijk dat teams vanuit de secundaire flow ondersteuning gaan leveren aan beide clusters. In hoofdstuk 17 is meerdere malen het belang onderschreven dat de secundaire flow zich niet mag verweven met de primaire flow. Wanneer dit op één of andere wijze toch het geval blijkt te zijn, worden alle betrokken clusters alsnog afhankelijk van elkaar gemaakt, met een enorme toename van het risico op vertragingen en verstoringen.

Het organisatorische voordeel van het onafhankelijk splitsen van clusters is dat met behulp van de onderliggende budgettering de organisatie meer of minder kan investeren in deze afzonderlijke clusters. Door de beschikbare capaciteit in elk cluster (gradueel) aan te passen kan daarmee invloed worden uitgeoefend op de snelheid waarmee elke product zich ontwikkelt en daarmee maximaal kan worden afgestemd op de positie van het product in de markt.

Als deze optie zo aantrekkelijk is, waarom zouden we dit principe dan niet altijd gebruiken? Hoe groter de organisatie is, hoe moeilijker het in de praktijk blijkt te zijn om echt volledig onafhankelijke producten te definiëren. Gedreven door trends als cloud-strategie, big data analyse, platform-producten en ketenoptimalisatie zien we dat steeds meer organisaties juist meer integratie tussen producten creëren in plaats van de focus te leggen op de ontwikkeling van afzonderlijke producten. Dergelijke fundamentele technologieën worden vaak als integraal component binnen de organisatie beschikbaar gesteld maar zijn dusdanig met de overige clusters verweven dat ze niet langer als kader kunnen worden gezien en daarmee de clusters indirect afhankelijk van elkaar maken.

20.2.2 Twee geïntegreerde (deel)producten vanuit clusters met geminimaliseerde afhankelijkheden

In deze optie 2 wordt bij het splitsen van het cluster gekeken naar het creëren van twee producten waarbij de onderlinge afhankelijkheden worden geminimaliseerd. In deze optie ligt de nadruk op het maximaliseren van de bewegingsvrijheid die elk cluster (en daarmee het product) heeft binnen de organisatie maar waarbij het risico op vertragingen én deadlocks door eventuele afhankelijkheden worden

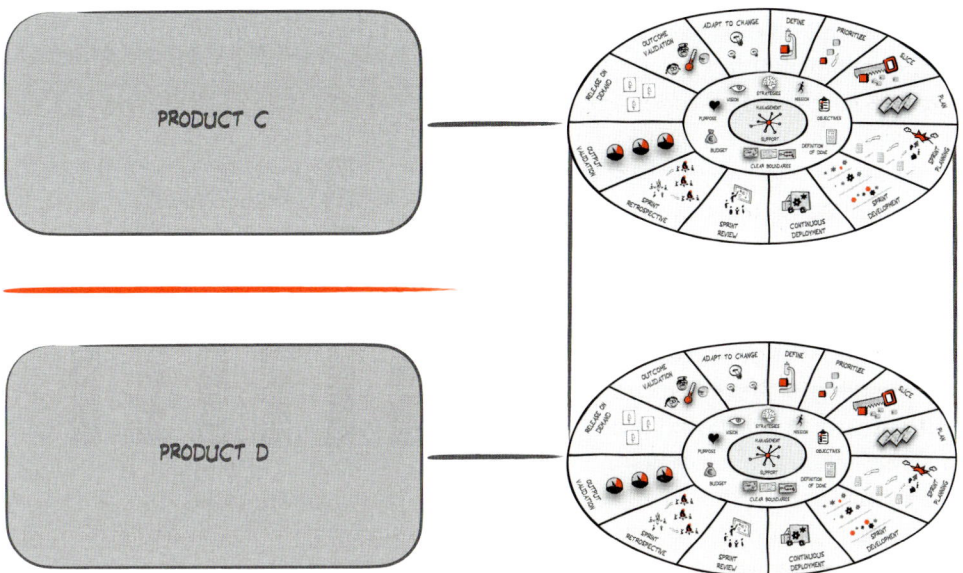

Figuur 20.3 Twee geïntegreerde (deel)producten vanuit clusters met geminimaliseerde afhankelijkheden.

geminimaliseerd. Binnen veel organisaties is dit de meest voorkomende optie waarbij een goede balans wordt gecreëerd tussen de snelheid en wendbaarheid van individuele producten en de snelheid en wendbaarheid van de organisatie als één geheel.

De product backlogs van de clusters geven voldoende inzicht in de prioriteiten op productniveau. De afhankelijkheden tussen deze clusters kunnen nadelige effecten hebben op de snelheid en wendbaarheid van deze producten. Wat gebeurt er als de allerbelangrijkste feature van product C een afhankelijkheid heeft van een aanpassing in product D en de product owner van product D besluit dat deze aanpassing op zich mogelijk is maar een lage prioriteit krijgt? Product owner D komt nu voor een ingewikkeld dilemma te staan. Vertraging oplopen in het leveren van de maximale waarde aan de eigen gebruikers en stakeholders en zo een ander product verder helpen óf de focus houden op het ontwikkelen van product D ten koste van product C? Als die laatste wordt gehanteerd, wanneer komt dan het moment waarop product C dan wel wordt geholpen?

In de praktijk blijkt dat, ondanks de goede bedoelingen van elke product owner, het zeer moeilijk is om in organisaties met meerdere clusters op lokaal niveau steeds weer de juiste afweging te maken. De cognitieve capaciteit van iedere product owner om belangen in de gehele organisatie goed te kunnen overzien en daarbij ook het persoonlijke belang ondergeschikt te maken aan het organisatiebelang, is niet eenvoudig. Als daar nog ongelijke verhoudingen aan wordt toegevoegd (C heeft iets van D nodig maar D niets van C), dan vraagt het een dusdanige, op het collectief gerichte, instelling van alle partijen om de snelheid en wendbaarheid op organisatieniveau te kunnen borgen. Als product A en product B beiden iets van elkaar nodig hebben kunnen ze zelfs belanden in een deadlock-situatie, waarbij beide product owners elkaar in een houdgreep houden.

Het introduceren van het niveau van de IV richt zich in deze optie op het transparant maken van de prioriteiten op organisatieniveau. Door deze transparantie worden onderlinge belangen niet meer door individuele clusters genomen maar hebben alle product owners een gezamenlijk beeld vanuit het perspectief van de organisatie, wat de maximale waarde levert. Het is dan ook voor product owners die momenteel niet werken aan het allerbelangrijkste product eenvoudig te zien dat iets wat ze voor een ander product moeten ontwikkelen alsnog de hoogste waarde heeft. Impliciete aannames worden omgezet in expliciete keuzes van de organisatie.

20.2.3 Eén product waarin meerdere clusters met geminimaliseerde coördinatie werken

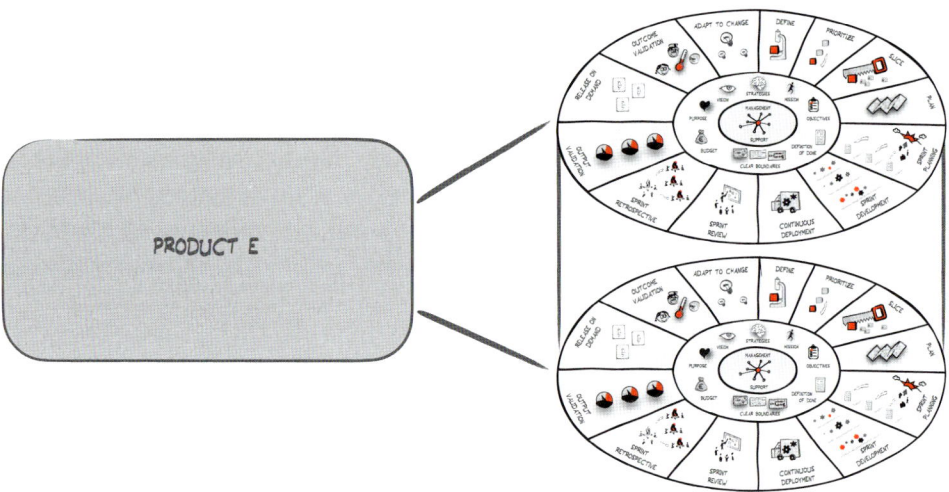

Figuur 20.4 Eén product vanuit meerdere clusters met geminimaliseerde coördinatie.

Als het niet mogelijk of wenselijk is om het product te splitsen in twee afzonderlijke (deel)producten, dan geeft optie 3 de mogelijkheid om met meerdere clusters binnen dezelfde productdefinitie, het product te ontwikkelen. In deze optie ligt de nadruk op het reduceren van de onderlinge afhankelijkheden gedurende de sprints en het maximaliseren van de bewegingsvrijheid die elk cluster heeft binnen het product. Met name binnen organisaties die één product leveren is dit een toepasselijke variant.

> Amazon.com en spotify.com zijn voorbeelden waarin deze structuur duidelijk aanwezig is. Zowel deze online retailer als streaming provider beschikken over een omvangrijk aantal teams die aan het product werken. De clusters binnen deze organisatie hebben de end-to-end verantwoordelijkheid voor één specifiek deel van het product, bijvoorbeeld de zoekmachine, de winkelwagen, de aanbevelingen, et cetera. Zij werken daarin met een grote mate van autonomie maar coördineren onderling op de gebieden waarin meer alignment noodzakelijk is.

Het introduceren van het niveau van de IV richt zich in deze optie op het reduceren van afhankelijkheden tussen de clusters gedurende de komende ontwikkelingsperiode. Op het niveau van de IV worden de overkoepelende prioriteiten bepaald waarbij door de clusters in onderling overleg wordt gekeken hoe deze prioriteiten het beste tussen de clusters verdeeld kunnen worden. Ondanks het feit dat de prioritering voor een deel naar het niveau van de IV verschuift, blijft het eigenaarschap nog steeds geborgd op het niveau van de clusters.

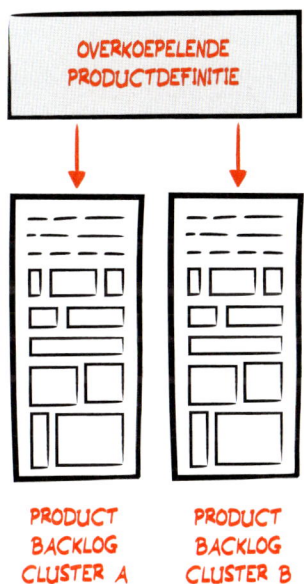

Figuur 20.5 De overkoepelende product definitie boven twee clusters.

Doordat in deze situatie de productdefinitie boven het niveau van de individuele clusters ligt, wordt een groter deel van de afwegingen niet meer door individuele clusters genomen. Wel hebben de product owners een gezamenlijk beeld van wat, vanuit het perspectief van de organisatie, steeds weer de maximale waarde levert. Voor product owners die momenteel niet werken aan de meest belangrijke product backlog item, is het eenvoudig te zien dat iets, wat ze voor een ander product moeten ontwikkelen, alsnog de hoogste waarde heeft. Impliciete aannames worden omgezet in expliciete keuzes van de organisatie.

Deze optie vereist naast de introductie van het niveau van de IV ook een sterkere inrichting van het zelflerend en -coördinerend vermogen binnen de clusters. Vaak wordt dit bereikt door specifieke communities of practice (zie paragraaf 37.1) in te richten waarin een afvaardiging vanuit alle teams samen beleid en kaders ontwikkelt om ook op lange termijn effectief met elkaar te kunnen blijven samenwerken. Deze indirecte wijze van samenwerking is noodzakelijk omdat directere sturing vanuit bijvoorbeeld een staf- of beleidsafdeling, vaak zorgt voor vertragingen en verstoringen. Het effectief en efficiënt werken ontstaat namelijk in de praktijk en laat zich in het complex-domein lastig vangen vanaf een positie buiten deze praktijk. Door meer aandacht te geven aan het gezamenlijk inspecteren en aanpassen van de proces en product compliancy, kunnen zij met elkaar toch zorgdragen voor een omgeving waarin ze, zo goed als mogelijk, zowel effectief als efficiënt kunnen werken.

Het werken aan één product waarmee meerdere clusters met geminimaliseerde coördinatie gemoeid zijn, vereist daarnaast ook een groter aandeel van ondersteunende teams in de secundaire flow. Omdat de clusters aan hetzelfde product werken mogen de werkwijze, technieken en aanpak niet tot nauwelijks van elkaar verschillen. Aangezien directe afstemming tussen de clusters onwenselijk is, ontstaan al snel dubbele werkzaamheden. Omdat beide clusters in de basis gelijk zijn, is het logisch dat zij een grote mate van gemeenschappelijke ondersteuning kunnen krijgen, zowel vanuit een platform team (PT), system teams (ST's) en het cluster managementteam (CMT). Let op dat er toch niet weer onbedoeld afhankelijkheden met de bijbehorende vertragingen worden ingericht. Aangezien het product owner support team (POST) specifiek gericht is op het ondersteunen van de product owner, is deze van nature wel cluster specifiek ingedeeld. In de praktijk zien we vaak dat dergelijke clusters en hun teams in ieder geval op dezelfde fysieke locatie werkzaam zijn, zodat op dit niveau korte lijnen van afstemming mogelijk zijn.

■ 20.3 PORTFOLIOMANAGEMENT

Met uitzondering van de optie 'Twee afzonderlijke producten vanuit clusters zonder afhankelijkheden' ontstaat bij het opschalen van de capaciteit als vanzelf de behoefte aan het niveau van de IV. Op dit niveau wordt alignment aangebracht en autonomie gecreëerd tussen de clusters binnen de organisatie. Het is opmerkelijk om te constateren dat hiervoor niet heel veel hoeft te gebeuren. Het creëren van inzicht in de prioriteiten over clusters heen, is voldoende voor alignment ten opzichte van de hoogst geprioriteerde items.

Op het niveau van de IV moet portfoliomanagement worden geïntroduceerd om afwegingen te maken op het niveau van de organisatie. Eén persoon, de portfolio owner, prioriteert items waardoor binnen de clusters vrijheid ontstaat om keuzes te maken binnen de prioriteitstelling van de organisatie. Ondanks dat duidelijke lijnen worden uitgezet is het toch een indirecte manier van sturen binnen de organisatie. De portfolio owner creëert inzicht en transparantie, geen directieven en opdrachten. In hoofdstuk 21 gaan we dieper in op de wijze waarop portfoliomanagement op dit niveau wordt ingericht.

Toch blijkt in de praktijk dat organisaties veel moeite hebben om portfoliomanagement op de juiste manier in te richten, waardoor enorme blokkades ontstaan in het bereiken van enterprise agility. De belangrijkste vier valkuilen die enterprise agility ondermijnen zijn:
1. Het capaciteitsgericht in plaats van waardegericht werken;
2. Het specificeren in plaats van prioriteren van items;
3. Het werken met meerdere portfolio's in plaats van één portfolio;
4. Het direct in plaats van indirect sturen van de product owners.

Wanneer deze valkuilen niet worden vermeden, worden de clusters namelijk direct aan elkaar gelinkt en ontstaat óf een onbeheersbaar sturingsmechanisme waarbij één portfolio owner alle product owners vervangt óf een sequentiële wijze van voortbrengen die de snelheid en wendbaarheid van de gehele organisatie ondermijnt. Laten we elk van deze valkuilen eens wat nader bekijken.

20.3.1 Het capaciteitsgericht in plaats van waardegericht werken ondermijnt enterprise agility

Hoe verder we van de ontwikkelteams vandaan zitten, hoe groter en abstracter de items zijn waarmee wordt gewerkt. Deze hogere mate van abstractie heeft een groot nadeel, namelijk dat het moeilijk is om items onderling nog goed te kunnen vergelijken.
 prioriteren wordt daarom een stuk lastiger, want hoe is het mogelijk om bijvoorbeeld het migreren van databases van leverancier A naar B te vergelijken met het opleveren van functionaliteit om een betere marktpositie te krijgen? Hoe kunt u verwachten een goede inschatting te maken van de kosten en baten wanneer items op dit niveau nog zo'n grote mate van onduidelijkheid en onzekerheid bevatten?

Wanneer iets moeilijk of uitdagend is hebben we de neiging om een gemakkelijkere route te nemen. Het is een stuk eenvoudiger om vastgestelde capaciteit aan een product toe te kennen en de discussie over prioriteit uit de weg te gaan. Deze toegekende capaciteit lost niet het probleem van de onderlinge afhankelijkheden op waarvoor het portfoliomanagement is geïntroduceerd. Op geen enkele wijze wordt bij het toekennen van capaciteit inzicht gegeven in de prioriteiten, waardoor de 'deadlocks' tussen clusters nog steeds op grote schaal voor kunnen komen.

Sterker nog, hierdoor wordt het probleem juist vaak versterkt aangezien de business de toegekende capaciteit voor het product ook daadwerkelijk gaat claimen.

Het gevolg hiervan is dat vaak een grote stroom van kleine, losse behoeften wordt ingevuld, in plaats van serieus in te zetten op het creëren van nieuwe organisatorische capabilities. Door de aandacht te verleggen naar het prioriteren en de toegekende capaciteit om te zetten in een inschatting van de omvang, kan eenvoudig de transformatie worden gemaakt naar portfoliomanagement. Hierbij is het aanvullend op en niet vervangend van het waardegericht werken. Om enterprise agility te bereiken is waardegericht werken een voorwaarde.

20.3.2 Het specificeren in plaats van prioriteren van items in de portfolio ondermijnt enterprise agility

Met als doel om goed de kosten en baten in kaart te kunnen brengen, ontstaat al snel de behoefte om de items te gaan specificeren. Immers, hoe minder duidelijk men de uiteindelijke oplossing voor ogen heeft, hoe hoger de mate van onzekerheid in de omvang van de effort en de potentiële waarde van het betreffende item. De neiging is om steeds meer van de oplossing te gaan definiëren om antwoord te kunnen geven op de kritische vragen van de portfolio owner of de stakeholders op dit niveau. Hier zit nu net de valkuil.

Door items steeds meer te gaan specificeren neemt het risico toe dat steeds meer de oplossing en steeds minder de behoefte wordt beschreven. Aangezien zowel het diepgaande kennisniveau als het eigenaarschap van de oplossing niet op dit niveau in de organisatie behoort te liggen, wordt het oplossend vermogen van de ontwikkeling van het item in de clusters volledig ondermijnd. Dit leidt vaak tot suboptimale oplossingen die clusters nagenoeg 'onder dwang' moeten ontwikkelen. Wat u daarbij vaak ziet is dat deze uitvoerende clusters ook nog eens de gevolgen moeten dragen van besluiten die elders worden genomen. Dit ondermijnt het eigenaarschap van de clusters en schendt zo'n beetje alle principes die in het eerste deel van dit boek zijn opgenomen.

Het specificeren van en in detail uitwerken van items kost vaak ook veel meer tijd dan het prioriteren van items. Met dit voorwerk neemt de totale doorlooptijd van het ontwikkelen van de vervulling van een nieuwe behoefte steeds verder toe, wat een direct gevolg heeft voor de mate van enterprise agility. Daarnaast ziet u dat het voorwerk in de praktijk vaak over moet worden gedaan omdat het op portfolio-niveau uitgewerkte item vaak een plan in zich heeft die in de praktijk aanvullende informatie nodig heeft en een heel ander plan vraagt. In de voorbereiding is dan veel werk voor niets of dubbel gedaan. De essentie van het prioriteren van de portfolio items is om vooral focus te houden op het bepalen van de waarde van een behoefte en deze met name te onderzoeken en te duiden op de te bereiken impact. De outcome die daarvoor nodig is kan beter aan de samenwerkende clusters worden overgelaten, zoals ook in hoofdstuk 21 nader wordt toegelicht.

20.3.3 Het werken met meerdere portfolio's in plaats van één portfolio ondermijnt enterprise agility

Op het niveau van de IV worden de prioriteiten voor de gehele organisatie vastgesteld. De invloed op dit niveau is dan ook extreem groot voor wat betreft het voortbrengingsproces van de IV. In veel organisaties is dit een probleem en worden eisen gesteld, dat iedere business unit of domein gaat beschikken over een eigen portfolio op basis van eigen capaciteit. Dit leidt tot een situatie waarin óf geen enkele afhankelijkheid meer is tussen de afzonderlijke portfolio's óf een overkoepelend niveau noodzakelijk wordt die over de portfolio's heen gaat prioriteren. De kans op de eerste situatie is echter uitzonderlijk klein, aangezien dan vaker gewerkt kan worden met afzonderlijke clusters. Mocht dit toch wel een valide optie zijn, kies er dan voor om enterprise agility alleen voor deze business unit of domein in te richten en voorkom op alle mogelijke niveaus afhankelijkheden met andere portfolio's. In de tweede situatie zijn we direct terug bij af, want dit vermindert door alle afhankelijkheden extreem de wendbaarheid van het IV-voortbrengingsproces. Hierbij verwijzen we terug naar hoofdstuk 15, waarbij het punt gemaakt wordt dat een veelvoud aan schijven waarover de communicatie verloopt, vertragingen en miscommunicatie in de hand werkt en te allen tijde moet worden vermeden.

Een variant van deze valkuil is dat gewerkt wordt met een vertegenwoordiging vanuit iedere business unit of domein om het gezamenlijke portfolio vast te stellen. Aangezien iedere vertegenwoordiging met een eigen agenda aan tafel zit, leidt dit vaak tot halfslachtige consensus-oplossingen die wederom weer bestaan uit een stroom van losse, ongerelateerde items in plaats van het snel en wendbaar ontwikkelen van nieuwe business capabilities. Wanneer toch gekozen wordt voor een afvaardiging vanuit de business units of domeinen leidt dit op termijn, na een lange periode van terugkerende discussies en afnemend executie-vermogen, onherroepelijk tot een voorzitter die met mandaat de onderlinge prioriteiten moet gaan bepalen. Dit is dé portfolio owner waar we op dit niveau naar op zoek gaan.

Het verhogen van enterprise agility gaat om het daadwerkelijke transparant maken van de keuzes die de organisatie maakt en de consequenties voor individuele personen, projecten of programma's. Alleen wanneer een organisatie duidelijke keuzes kan en durft te maken, ontstaat voor het eerst de enterprise agility die noodzakelijk is voor het voortbestaan van de organisatie.

20.3.4 Het direct in plaats van indirect sturen van de product owners ondermijnt enterprise agility

Het is van groot belang dat het niveau van de IV op een indirecte manier blijft sturen. Alleen wanneer een indirecte wijze van sturing wordt gehandhaafd ontstaat een voortbrengingsproces op basis van 'pull' in plaats van 'push'. Een voortbrengingsproces inrichten op basis van 'pull' is een Lean-techniek om de verspillingen in en vertragingen van het gehele productieproces te verminderen. Door een pull-systeem toe te passen, wordt steeds de eerstvolgende hoog geprioriteerde item opgepakt, wanneer de eerdere opgepakte items zijn afgerond. Hierdoor blijft de snelheid en wendbaarheid van het gehele proces gehandhaafd, omdat niet alle items tegelijk in het proces worden geplaatst en omdat geen uitvoerige coördinatie nodig is over alle items heen. Wanneer meer inzicht gewenst is in de structuur en werking van 'pull' versus 'push' verwijzen we graag naar het boek *The Principles of Product Development Flow* (Reinertsen, 2009).

Once you start something, finish it. Don't accumulate a backlog of unfinished projects.

Edward Lydston Bliss, Amerikaanse journalist

Door het eigenaarschap binnen de clusters te behouden en de focus te leggen op het creëren van zicht op de hoogste prioriteiten wordt maximale snelheid en wendbaarheid behouden in de clusters en daarmee in de organisatie als geheel. Door op een meer abstract niveau te prioriteren worden de eerder uitwerkte valkuilen vermeden en kan er op een gecontroleerde wijze worden bijgestuurd, zonder alle details en het **hoe** uit te moeten specificeren. Dit vereist met name van de stakeholders op het niveau van de IV een gedegen begrip van de werking van het complex-domein en de daaruit volgende structuren. Dit begrip bij de stakeholders is nodig om gezamenlijk effectief in het complex-domein te kunnen opereren. Vandaar ook dat het belangrijk is om op het niveau van de IV uitvoerig aandacht te besteden aan het opleiden en trainen van de betrokkenen om op deze nieuwe manier te werken.

■ 20.4 DUS...

Als we meer capaciteit op de productontwikkeling nodig hebben dan door een enkel cluster kan worden geleverd, maken we gebruik van het niveau van de IV waarin meerdere clusters zoveel mogelijk autonoom maar toch in samenhang de behoefte van gebruikers en stakeholders kunnen ontwikkelen. Er zijn drie opties om de samenwerking tussen clusters in te richten binnen de informatievoorziening:
1. Het op een dusdanige wijze vormen van cluster, waarbij geen afhankelijkheden tussen de producten te verwachten is.
2. Het vormen van clusters rondom geïntegreerde (deel)producten, waarbij de focus ligt op het minimaliseren van de afhankelijkheden.
3. Eén product vanuit meerdere clusters laten ontwikkelen, waarbij de focus ligt op het minimaliseren van de coördinatie.

Een veelvuldig voorgestelde optie, waarin één product vanuit meerdere clusters wordt ontwikkeld met gemaximaliseerde coördinatie, leidt tot een verkapte vorm van sequentiële ontwikkeling en moet om die reden worden voorkomen.

Wanneer we binnen de IV met meerdere clusters moeten gaan samenwerken wordt het niveau van de IV toegevoegd. Hierbij worden opnieuw de Plan | Execute, Inspect & Adapt-stappen geïntroduceerd, waarbij de clusters als 'Execute'-niveau gaan optreden. Als we deze aspecten dan ook integreren in deze nieuw laag ziet deze er als volgt uit.

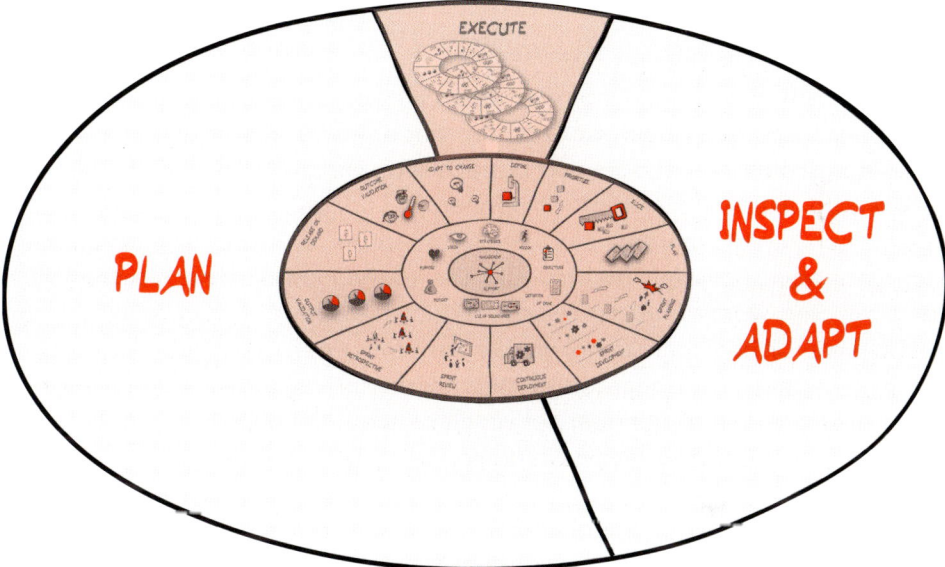

Figuur 20.6 Het ScALE framework uitgebreid met: het niveau van de informatievoorziening.

21 De opzet en werking van agility op het niveau van de IV

Door het toevoegen van het niveau van de IV wordt een actieve samenwerking tussen clusters geïnitieerd en vrijheid van handelen geboden aan zoveel mogelijk clusters. Het portfoliomanagement dat hoort bij het niveau van de IV bestaat voornamelijk uit 'Plan' en 'Inspect & Adapt'-componenten, aangezien de 'Execute' wordt uitgevoerd in één of meerdere clusters. Het toevoegen van portfoliomanagement in de voortbrengingsketen kost per definitie (doorloop)tijd in het voortbrengen van producten waarbij het remmende effect tot een minimum moet worden gereduceerd. Dit betekent dat het niveau van de IV alleen wordt gebruikt wanneer de samenwerking tussen meerdere clusters noodzakelijk is voor het invullen van een behoefte (alignment) of wanneer het vanuit business niet duidelijk is binnen welke productdefinitie de behoefte kan worden opgelost (autonomie).

De onvermijdelijke extra (doorloop)tijd van het niveau van de IV wordt gecompenseerd door een afname van risico's, die onvermijdelijk ontstaan wanneer deze laag niet aanwezig is. Wanneer er geen organisatie-brede prioriteiten worden gesteld, is de snelheid en wendbaarheid van de organisatie afhankelijk van de veronderstelling dat ieder cluster afzonderlijk de juiste prioriteiten kan bepalen. Een situatie waarvan we al eerder hebben geconstateerd dat dit uiterst moeilijk is wanneer het inzicht niet door een overkoepelend niveau wordt gegeven. Zo ook wanneer we bedenken dat de business zelfstandig moet gaan bepalen welke producten betrokken moeten worden bij het vervullen van een behoefte, kunnen we beter alle extra tijd die dan voor het zoeken en onderhandelen noodzakelijk zijn afvangen en regelen via het portfoliomanagement.

Dit betekent wel dat het portfoliomanagement effectief én efficiënt moet worden geïmplementeerd en niet als een bottleneck tussen business en product owner in gepositioneerd moet worden. Het portfoliomanagement moet ingezet worden wanneer het noodzakelijk is. Dit portfoliomanagement mag niet als een 'de facto instrument' worden ingezet, om zo in de valkuil te stappen, van het verkrijgen van maximale controle op wat binnen de organisatie wordt gerealiseerd. Hierin zit duidelijk een gevaar: hoe meer via het niveau van de IV met portfoliomanagement wordt aangestuurd, hoe groter de kans op een afname van de enterprise agility. Het succes van het niveau van de IV zit hem in het vinden van de juiste balans tussen alignment en autonomie.

Laten we dit hoofdstuk gebruiken voor het verder belichten van de verschillende kanten, om portfoliomanagement op het niveau van de IV succesvol in gebruik te nemen.

21.1 ER IS ÉÉN PORTFOLIO OWNER BINNEN DE ORGANISATIE

In hoofdstuk 20 is beschreven dat, tenzij sprake is van volledig onafhankelijke productontwikkeling, de aansturing van meerdere clusters vanuit het niveau van de IV moet worden uitgevoerd. Net als de situatie waarin we één product owner hebben per cluster, hebben we op het niveau van de IV exact één portfolio owner. Hij (of zij) heeft het eigenaarschap over de volledige portfolio backlog en bepaalt, binnen de richtlijnen van de strategische doelen en kaders, de prioritering van deze backlog. Hij vormt daarmee ook het aanspreekpunt voor zowel programma's en projecten, alsmede voor de lijnorganisatie, wanneer onduidelijk is welk cluster welke behoefte kan ontwikkelen.

Dat er één portfolio owner is wil niet zeggen dat hij geen gestructureerde ondersteunende omgeving inricht om deze verantwoordelijkheid zo goed mogelijk te kunnen uitvoeren. Door nauw en vooral frequent samen te werken met de key stakeholders en een werkwijze te organiseren, waarin zij kort-cyclisch mee worden genomen in de actuele prioriteitstelling, wordt de snelheid en wendbaarheid over de gehele waardeketen zo goed mogelijk doorgetrokken en het aantal escalaties geminimaliseerd. Hierbij is het wel van belang om, door de wijze waarop dit wordt ingericht, het mandaat van de portfolio owner niet te laten verwateren en zijn of haar eigenaarschap te ondermijnen. Uiteindelijk is het de portfolio owner die het mandaat heeft gekregen definitieve keuzes te maken in de prioritering van de overkoepelende voortbrengingsketen.

Ook met minder afhankelijkheden tussen de business en de producten is het van cruciaal belang dat één portfolio owner binnen de organisatie het IV-portfolio overziet. In situaties waarin de business de IV-oplossingen volledig via programma's en projecten ontwikkelt buiten de IV-organisatie om en daarna overdraagt aan die IV-organisatie treffen we veel spanningsvelden rondom de principes van enterprise agility. Binnen organisaties met de wens naar het behalen van een hoge mate van enterprise agility hebben de overdrachtsmomenten in dergelijke werkwijzen een grote impact op zowel de change als de run van de IV-organisatie. Om exact dezelfde reden worden ook alle verzoeken tot aanpassingen die voortkomen uit de

CTO-agenda via de portfolio owner op niveau van de IV in het portfoliomanagement uitgewerkt tot backlog items.

Figuur 21.1 De portfolio owner in het voortbrengingsproces.

De portfolio owner geeft richting door het verschaffen van inzicht in de organisatiebrede prioriteitstelling. Dit betekent dat, binnen de prioriteitstelling, product owners de ruimte hebben om zelfstandig keuzes te maken. Uiteraard is deze ruimte binnen de grenzen van de heldere richting en duidelijke kaders die vanuit de organisatie zijn gegeven. Als het voor de business helder is binnen welke productdefinitie een behoefte kan worden ingevuld, ondersteunt deze ruimte de mogelijkheid om rechtstreeks contact op te nemen met de betreffende product owner om de oplossingsmogelijkheden voor het vervullen van die behoefte te bespreken. Wanneer de product owner tijd en ruimte heeft om deze behoefte te integreren in het productplan en het ontwikkelen van deze behoefte de organisatie voldoende waarde biedt, wordt aangegeven wanneer deze specifieke productaanpassing wordt verwacht. De product owner kan hier, zonder afhankelijkheden met andere clusters én zonder impact op de prioriteiten vanuit het niveau van de IV, volledig zelfstandig beslissen. Wanneer blijkt dat hiervoor andere clusters noodzakelijk zijn, wordt de betreffende productaanpassing alsnog bij de portfolio owner aangemeld.

De portfolio owner vormt het eerste aanspreekpunt voor de business wanneer behoeften niet overduidelijk in het werkgebied van één enkel cluster liggen. Zeker wanneer een behoefte vanuit meerdere producten ingevuld kan worden, of wanneer niet direct zichtbaar is welke product hiervoor aangepast moet worden, is de portfolio owner degene die onafhankelijk van de clusters het aanspreekpunt is. Vanuit de eerste verkenning kan worden bepaald of voor het invullen van de behoefte de samenwerking van meerdere clusters noodzakelijk is, of dat er wellicht een keuze gemaakt moet worden ten aanzien van meerdere oplossingsrichtingen.

Hierbij is het van belang om de individuele verantwoordelijkheid en het bijbehorende eigenaarschap van zowel de business, de portfolio owner als de product owners scherp te hebben. Wanneer dit samenspel van verantwoordelijkheden niet op een juiste manier wordt uitgevoerd, kan een situatie ontstaan waarin de backlogs als een push-model worden gehanteerd en iedereen vanuit één overvolle backlog binnen de organisatie haar werkzaamheden 'gepusht' aangeleverd krijgt. Het inrichten en in werking brengen van het niveau van de IV met goede portfoliomanagement moet daarom op een zorgvuldige wijze worden uitgevoerd, waarbij de betrokken rollen in dit voortbrengingsproces goed zicht moeten hebben op hun verantwoordelijkheden.

De goede, faciliterende rol die het niveau van de IV kan bieden is direct afhankelijk van het individuele eigenaarschap die de business, de product owners en ontwikkelaars hierin laten zien. De essentie is dat discussies over prioritering, vanuit waarde en effort, niet tussen de business en clusters of clusters onderling gaat ontstaan maar juist via het niveau van de IV inzichtelijk wordt gemaakt. Op basis van portfoliomanagement wordt samenhang gecreëerd, waarbij de individuele bewegingsvrijheid zo veel mogelijk wordt bewaakt.

21.1.1 De verantwoordelijkheid van de business

De verantwoordelijkheid van de business is het helder maken van de behoefte aan ondersteuning, die is gebaseerd op de visie vanuit de business en daarvoor opgestelde doelen. Door te praten over de problemen die opgelost moeten worden en/of kansen die ingevuld moet worden, kunnen op andere plekken in de organisatie betere keuzes gemaakt worden om deze behoeften in te vullen. Juist daarom is het zaak dat in de uiteindelijke vraagformulering ver weg wordt gebleven bij een uitvoerige beschrijving van de wijze waarop een oplossing exact moet worden uitgevoerd. Door niet de vermeende IV-oplossingen te vragen en wel de te vervullen behoefte te beschrijven zal blijken dat IV-ondersteuning niet altijd de enige weg is om aan de behoefte te voldoen. Juist de combinatie van aanpassingen in werkprocessen, hulpmiddelen, trainingen en de vormen van aansturing vormen een ideale oplossing. Door vrijheid in het handelen te geven, kan sneller en wendbaarder door de gehele organisatie worden ingespeeld op de behoeften die op dit moment het belangrijkste zijn.

21.1.2 De verantwoordelijkheid van de portfolio owner

De verantwoordelijkheid van de portfolio owner is tweeledig: het gaat om het onderhouden van interactie met de business én met de clusters. De portfolio owner gedraagt zich als sparringpartner richting de business. Hij gaat het gesprek aan over de wijze waarop en zeker ook over op welke termijnen behoeften middels IV-ondersteuning kunnen worden ingevuld. Door actief mee te denken en continu inzicht te verschaffen in wat het invullen van specifieke IV-behoefte betekent in relatie tot de vervulling van totale IV-behoefte, wordt het voortbrengingsproces vanuit een tactisch niveau bestuurd. Hierdoor kan de organisatie als geheel slagvaardig acteren en continu maximale waarde voor de organisatie leveren. Daarnaast is de portfolio owner verantwoordelijk voor het faciliteren van een effectieve samenwerking tussen de clusters die aan de hoogste prioriteit voor de organisatie werken. Inherent daaraan geeft hij vrijheid van keuzes in handelen in clusters die op dit moment, met oog op afhankelijkheden, niet direct nodig of betrokken zijn.

De portfolio owner coördineert de samenwerking tussen de betrokken product owners maar dicteert niet de oplossing. Het vinden van behoefte vervullende oplossingen blijft altijd de verantwoordelijkheid van de clusters en op dit niveau dus van de product owners, óók wanneer de clusters onderling moeten samenwerken om de veronderstelde oplossing te kunnen ontwikkelen. Wanneer een veelvoud aan mogelijke oplossingen wordt ontdekt, zal de portfolio owner uit deze oplossingen tot een afgewogen keuze voor de 'beste' oplossing komen. Zowel de afweging als ook de gekozen oplossingsrichting worden door de portfolio owner met alle eerder betrokken product owners en de business gedeeld.

21.1.3 De verantwoordelijkheid van de product owner

De verantwoordelijkheid van de product owner is het verwezenlijken van de productvisie, waarbij rekening wordt gehouden met eventuele prioriteiten die voor het behalen van de organisatiedoelen noodzakelijk zijn. Door actief met collega product owners, onder regie vanuit de portfolio owner, te kijken naar de beste oplossingen voor de organisatie, wordt zowel de alignment met andere clusters als het behoud van ieders autonomie gewaarborgd. Gedurende de ontwikkeling van een portfolio item ligt de verantwoordelijkheid voor het opleveren van de output en daarmee het realiseren van de outcome volledig bij de samenwerkende clusters, in ieder geval tot het moment dat de impact op het niveau van de portfolio owner gemeten kan worden.

■ 21.2 VAN BUSINESS-BEHOEFTE NAAR BACKLOG ITEMS

Nu de positionering van de portfolio owner binnen de voortbrengingsketen helder is, kunnen we gaan kijken hoe het vervullen van de business behoefte met IV-oplossingen uiteindelijk omgezet wordt naar backlog items die de ontwikkelteams helpen om de noodzakelijke en gewenste aanpassingen in de applicaties door te voeren.

In abstracte zin loopt het proces als volgt: als onderdeel van zijn of haar werk identificeert de business een behoefte waar mogelijk een IV-oplossing ondersteuning in kan bieden. In het geval dat duidelijk is binnen welke productdefinitie de

IV-oplossing gezocht moet worden kan direct contact opgenomen worden met de betreffende product owner. Wanneer het niet duidelijk is binnen welke productdefinitie de oplossing kan worden ontwikkeld, wordt contact opgenomen met de portfolio owner. We gaan in dit geval uit van de situatie waarin het niet duidelijk is binnen welke productdefinitie de oplossing gezocht moet worden en werken we deze verder uit.

De business neemt contact op met de portfolio owner. De portfolio owner definieert op basis van de aangegeven behoefte een globaal beschreven item (een epic) om deze op te kunnen nemen in de portfolio backlog. Deze epic wordt verrijkt met de waarde van het item in relatie tot de heldere richting van de vervulling van de behoefte, met duidelijke kaders. Als resultaat van de verrijking kan het item geprioriteerd worden ten opzichte van andere portfolio backlog items. Wanneer deze epic in aanmerking komt om in de nabije toekomst te worden ontwikkeld, wordt het meest belangrijke en waardevolle onderdeel van dit portfolio backlog item afgesplitst: de epic slice. Deze epic slice wordt voorzien van de nodige informatie, waaronder de informatie over de clusters die verondersteld worden betrokken te zullen zijn bij de ontwikkeling van dit item. Deze epic slice wordt opnieuw geprioriteerd ten opzichte van de overige portfolio backlog items.

Figuur 21.2 De granulariteit van backlog items.

Wanneer de epic slice tot de hoogst geprioriteerde items op de portfolio backlog behoort, wordt een intercluster refinement georganiseerd waarbij de product owners, die voor de ontwikkeling van deze epic slice noodzakelijk zijn, bijeengebracht worden. In de intercluster refinement wordt de epic slice besproken en fungeert de regelmaat van het overleg als een ritme waarin product owners gecoördineerde afstemming hebben met de portfolio owner. In de tussenliggende periode bepalen de product owners onder andere welke oplossingsrichtingen mogelijk zijn en formuleren zij hun argumentatie voor een persoonlijke voorkeur voor een uiteindelijke richting. Mochten meerdere oplossingen mogelijk zijn, wordt een besluit gevraagd aan de portfolio owner.

Wanneer slechts één oplossingsrichting naar voren komt, of de portfolio owner een besluit heeft genomen over de gewenste oplossingsrichting, stellen de product owners zelfstandig en in samenhang de product backlog items (capabilities) op die elk cluster zelf moet ontwikkelen om invulling te geven aan het portfolio. Hierin is het belangrijk dat afspraken worden gemaakt over de onderlinge samenhang tussen de product backlog items. Alle product owners geven gezamenlijk een terugkoppeling aan de portfolio owner, op welke wijze de verschillende product backlog items in samenhang invulling geven, aan het portfolio backlog item. Dit is een moment waarbij de uitwerking en oplossingsvoorstellen van de verschillende clusters gezamenlijk worden gevalideerd op basis van de gekozen oplossingsrichting.

Binnen elk cluster afzonderlijk worden de meegenomen capabilities verder opgesplitst naar kleinere product backlog items (features). Deze features zijn van een dusdanig formaat en dusdanig specifiek beschreven, opdat ze gezamenlijk binnen een sprint door de ontwikkelteams in het cluster kunnen worden ontwikkeld. Op hun beurt verdelen deze ontwikkelteams in de sprint planning hun onderlinge bijdrage: welk team welke (onder)delen van het product backlog item oppakt om in effectieve mate van samenwerking product backlog items te kunnen realiseren.

In het vervolg van dit hoofdstuk worden de verschillende stappen verder uitgewerkt. Wat we in abstracte zin in ieder geval kunnen constateren is dat portfolio en product backlog items in verschillende interactiemomenten worden gevormd dan wel gebruikt en op verschillende niveaus een andere betekenis hebben. Om hier meer duidelijkheid in te krijgen is het verstandig om heldere afspraken te maken hoe deze portfolio en product backlog items op elk niveau van elkaar worden onderscheiden. In het ScALE framework hanteren we daarbij de indeling zoals in figuur 21.3.

Classificatie	Scope	Detaillering	Verantwoordelijke
Behoefte	Business	Globaal	Business
Epic	Intercluster	Globaal	Portfolio owner
Epic slice	Intercluster	Specifiek	Portfolio owner
Capability	Cluster	Specifiek	Product owner
Feature	Cluster	Gedetailleerd	Product owner
User Story	Ontwikkelteam	Gedetailleerd	Ontwikkelteam

Figuur 21.3 Classificatie en granulariteit van backlog items.

Laten we een verdiepingsslag maken op de afzonderlijke stappen in het proces van de 'Plan | Execute, Inspect & Adapt'-cyclus in het portfoliomanagement op het niveau van de IV. We onderscheiden in deze cyclus de volgende hoofdlijnen:

- Het inventariseren van de behoefte uit de business;
- Het definiëren en prioriteren van epics;
- Het definiëren en prioriteren van epic slices;
- Het (laten) ontwikkelen van epic slices;
- Het valideren van de geleverde waarde;
- Het bijstellen op basis van de verkregen inzichten.

■ 21.3 HET INVENTARISEREN VAN BEHOEFTEN UIT DE BUSINESS

Het is niet ongebruikelijk dat de business veel meer behoeften vervullende verzoeken aanbrengt dan redelijkerwijs vanuit het IV-voortbrengingsproces in voorzien kan worden. De onbalans tussen deze twee, behoefte en de vervulling, geeft een gevoel van schaarste aan de kant van de IV. Deze schaarste onderstreept de noodzaak om de business-wensen te prioriteren, zodat we inzichtelijk hebben welke behoefte in welke volgorde van vervulling moet worden opgepakt. Het goed zicht hebben op alle behoeften die leven binnen de gehele business is daarmee randvoorwaardelijk om de juiste prioriteiten te kunnen stellen. Het maken van die keuzes zorgt ervoor dat iedereen tijdens de uitvoering niet steeds geconfronteerd wordt met het moeten bijstellen van de roadmap en verrast worden door 'vergeten' behoeften. Hoewel een snelle en wendbare organisatie in staat is om adequaat te kunnen reageren op veranderende omstandigheden, is het niet wenselijk om continu in discussie te zijn over minder noodzakelijke veranderingen. We zijn immers aan de slag met het leveren van toegevoegde waarde en het 'nee zeggen' is daarin een belangrijke vaardigheid. De portfolio en product owner moeten nieuwe, minder waardevolle behoeften op afstand houden om clusters en teams in staat te stellen om gefocust te werken.

Het inventariseren van de behoefte in de business gebeurt op verschillende niveaus: cluster en IV. Product owners werken zoveel als mogelijk direct en autonoom samen met de business, waarbij de randvoorwaarde is dat er niet tot nauwelijks afhankelijkheden zijn met andere clusters. Mochten er wel afhankelijkheden noodzakelijk zijn voor succes, dan wordt de portfolio owner benaderd door ofwel de product owner die ondersteuning van andere clusters nodig heeft, ofwel door de business die haar behoefte niet direct bij één cluster neer kan leggen. Door dit samenspel tussen de rollen van de portfolio owner en de product owners met de business creëren we een zo optimaal mogelijk verhouding tussen alignment en autonomie. In de onbalans tussen deze twee ligt het gevaar van de behoefte aan meer controle op de loer. Hoe meer alle behoeften via één verantwoordelijke worden belegd (bijvoorbeeld wanneer álles via de portfolio owner moet worden uitgevoerd) hoe groter de kans is dat deze verantwoordelijke de bottleneck gaat vormen en zo de agility uit het voortbrengingsproces laat wegglippen.

> In een grote organisatie werd uit het oogpunt van proces governance en grip op de portfolio een kader opgesteld dat elk item op een product backlog van één van de clusters altijd een directe verbinding moest hebben met het portfolio op niveau van de IV. De portfolio backlog zou daarmee een overzicht geven van alle product backlogs tezamen en inzicht geven in alle prioriteiten en details van de gehele IV-portfolio. De rationale hierachter was dat hiermee werd voorkomen dat clusters aan andere dingen werkten dan binnen het portfolio waren geaccordeerd. Hoewel dit tegenstrijdig was met het snel en wendbaar kunnen reageren op veranderende behoefte, was het grootste probleem het ontstaan van een enorme overhead om de grote hoeveelheden verzoeken voor portfolio items op een goede wijze te kunnen begeleiden. Deze bottleneck heeft geleid tot grote vertragingen binnen het introduceren van portfoliomanagement binnen deze organisatie.

De portfolio owner is ook het eerste aanspreekpunt voor de business wanneer het niet overduidelijk is in welk cluster de vervulling van de behoefte kan liggen. Dit gebeurt overigens sneller dan gedacht. Zeker in organisaties waar de business (gelukkig) enige afstand houdt van de te ontwikkelen oplossing (**hoe**), is vaak niet duidelijk wie aangesproken moet worden om een behoefte (**wat**) in te laten vullen. Ongeacht de, al dan niet logische, structurering van clusters blijkt een oplossing voor de vervulling van de behoefte toch vaak in een combinatie van meerdere clusters te moeten worden gevonden.

In dergelijke gevallen is het niet erg om de portfolio owner te raadplegen. Deze heeft te allen tijde een goed overzicht van de werkgebieden van de verschillende clusters binnen de organisatie. De portfolio owner is bekend met productvisies en canvassen van de clusters en kan daarom een goede inschatting maken van wie bij welke onderwerpen betrokken moet worden. Om dit ook daadwerkelijk waar te kunnen maken wordt de portfolio owner ook graag ondersteund door een aantal specialisten, zoals we in hoofdstuk 23 verder uitwerken.

■ 21.4 HET DEFINIËREN EN PRIORITEREN VAN EPICS

De portfolio owner overziet de grotere behoeften van de business. Samen met de business bekijkt de portfolio owner hoe de IV-organisatie de meest belangrijke portfolio items (epic en epic slices) kan voorzien van de noodzakelijke informatie.

Deze informatie wordt gebruikt om daarmee maximale waarde aan de organisatie te kunnen leveren. Soms zijn deze globaal beschreven portfolio items één op één gerelateerd aan de geïdentificeerde behoefte; denk hierbij bijvoorbeeld aan het ontwikkelen van een specifieke applicatie ter ondersteuning van een

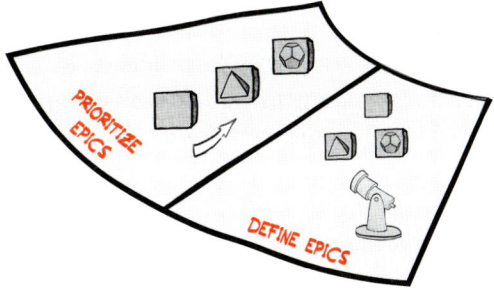

nieuwe dienst die binnen de business wordt ontwikkeld. Soms worden meerdere behoeften door één globaal beschreven portfolio item afgedekt; denk hierbij bijvoorbeeld aan meerdere afdelingen binnen de business die vragen om allerhande rapportages ter ondersteuning van hun besluitvormingsprocessen. Het leveren van deze rapportages is in dit geval het overkoepelende portfolio item.

De epics hebben in interactie twee functies. In de communicatie met de business helpt het om de waarde in kaart te brengen die de epic gaat opleveren voor de organisatie. In de communicatie naar de clusters helpt het om de kaders waarbinnen producten ontwikkeld moeten worden mee te kunnen geven. Het belangrijkste wat in een epic wordt beschreven is welke resultaat specifiek wordt verwacht en welke impact hiermee wordt bereikt. Dit gebeurt vaak via het expliciet maken van, voor de key stakeholders, belangrijke indicatoren. Door deze op het niveau van de epic te beschrijven kunnen we gedurende de iteraties ook daadwerkelijk het effect gaan meten, waardoor we (met name bij tegenvallende resultaten) tijdig en bewust kunnen gaan bijstellen of andere hypotheses kunnen gaan formuleren.

Hoewel in de praktijk vaak verwoede pogingen worden gedaan om naast de waarde ook de omvang (benodigde effort) van epics te schatten is dit een nodeloze exercitie die nauwelijks waardevolle inzichten geeft. Het idee achter een epic is dat deze nooit volledig wordt afgerond en dat continu kleine, functioneel complete, epic slices worden afgesplitst. Het afsplitsen naar epic slices is een continu proces en stopt op het moment dat in het resterende deel van de epic zo weinig waarde zit dat het geen zin heeft deze epic nog verder in kleinere delen af te splitsen. Door een epic altijd te beschouwen als een container waar vanuit waardevolle items worden geëxtraheerd, wordt voorkomen dat de scope wordt vastgezet. De gedachte achter de epic is dat deze nooit volledig wordt 'afgerond' maar dat de resterende epic slices binnen het epic onvoldoende waarde hebben ten opzichte van de daarvoor noodzakelijke ontwikkelkosten.

Een epic wordt ook gebruikt om eventuele kaders voor de uitvoering inzichtelijk te krijgen. Aangezien het hier vaak gaat om globaal beschreven oplossingen, is het verstandig om vanuit een aantal perspectieven te kijken naar de epic en zo de bijbehorende beperkingen mee te geven aan de betrokken product owners.

Net als dat we in de product canvas kijken naar elementen als high level design, belangrijke kaders en architecturale componenten, zo wordt hier op abstract niveau gekeken naar specifieke epic-gerichte richtlijnen die gedurende de verdere uitwerking meegenomen worden.

Nieuwe epics worden door de portfolio owner, in samenwerking met de business, geprioriteerd. Deze prioriteitstelling van de epics is vervolgens richtinggevend voor het afsplitsen van epic slices en de daarbij gehanteerde prioritering van de epic slices. Ondanks dat de prioritering van de epic slices een grotere impact heeft op de volgorde waarin portfolio backlog items worden uitgewerkt worden voor het volledige overzicht ook alle epics opgenomen op de portfolio backlog. Vanuit elke epic wordt minimaal één epic slice gedefinieerd en geprioriteerd.

■ 21.5   HET DEFINIËREN EN PRIORITEREN VAN EPIC SLICES

Epics zijn op het niveau van de gehele organisatie moeilijk onderling met elkaar te vergelijken en daardoor kan het lastig zijn om ze te prioriteren. Het is lastig om keuzes te maken ten aan zien van de volgorde tussen abstracte backlog items. Neem bijvoorbeeld de keuze tussen een epic waarin de behoefte wordt beschreven van administratieve lastenverlichting voor operationele medewerkers en een epic waarmee de externe klanten een

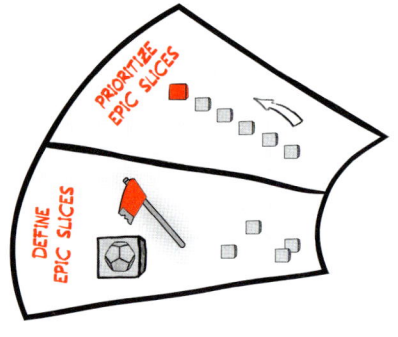

verbeterde uitwisseling aan informatie en klantcontact ervaren. Welke van deze epics heeft de meeste waarde? Om in het prioriteren een stap te kunnen maken, worden uit de epics enkele epic slices afgesplitst die onderling makkelijker kunnen worden geprioriteerd. In het eerdergenoemde voorbeeld zouden epic slices kunnen zijn dat het afmelden van een activiteit met één handeling kan worden uitgevoerd en dat een klant via het klantenportaal direct haar eigen gegevens kan inzien en aanpassen.

De portfolio owner extraheert vanuit de hoogst geprioriteerde epics vaak een paar epic slices en minimaal één epic slice per lager geprioriteerde epic. De reden van het hanteren van de regel van minimaal één epic slice per epic is dat de prioritering van de epic slices anders qua volgorde kan zijn dan de volgorde in de prioritering van de epics. Terwijl epic slice A1 van de hoogst geprioriteerde epic A zeker bovenaan geprioriteerd zal zijn, kan het ten aanzien van andere epic slices heel anders uitpakken. Bijvoorbeeld in de situatie waarin epic B en epic C vrijwel gelijk van waarde zijn en epic slice C1 van epic C een hogere waarde kan hebben dan epic slice B2 van epic B. Door een geprioriteerde portfolio backlog met daarin minimaal één epic slice per epic, blijft de portfolio backlog overzichtelijk (niet elke epic wordt opgebroken in alle mogelijke epic slices) terwijl toch op een nauwkeuriger niveau de prioritering van portfolio items op deze backlog kan worden aangegeven.

Epic slices zijn functioneel compleet, wat betekent dat zij afzonderlijk aan de business kunnen worden opgeleverd en van waarde zijn. Hierdoor wordt de implementatie van de IV-oplossing overzichtelijker en kan direct worden gestart met het valideren van de impact. Epic slices zijn zo klein als mogelijk en worden in tegenstelling tot epics altijd volledig ontwikkeld. Hoewel het mogelijk is om op dit niveau een eigen set van relatieve schattingen te gebruiken, is het beter om de omvang af te leiden van de inschattingen vanuit de betrokken clusters en de doorlooptijd op basis van de velocity van de clusters. In het volgende hoofdstuk gaan we hier dieper op in.

Bij de epic slices wordt een nauwkeurigere waardebepaling uitgevoerd dan bij de epic. Deze epic slice waardebepaling kan worden afgeleid uit de epic en meer concreet worden gemaakt met de te verwachte impact van deze epic slice. Hoewel epic slices een breed spectrum van de business kunnen vertegenwoordigen, wordt er gekeken naar onderscheidende en overeenkomstige criteria om deze toch onderling op waarde te kunnen vergelijken. Hiervoor wordt vaak de structuur van gecascadeerde indicatoren gehanteerd, waarin de strategische doelen van de organisatie worden vertaald naar verschillende indicatoren waaraan de epic slices kunnen worden getoetst. Het inzichtelijk maken van de waarde is een belangrijke stap om ook het juiste gesprek met de business te kunnen voeren.

Door deze epic slices, in samenhang met de overige epics, in- en overzichtelijk te maken, wordt over de prioriteiten op organisatieniveau, transparantie gecreëerd. Hierdoor ontstaat bij product owners de vrijheid om keuzes te maken, waarbij de mate van deze keuzevrijheid weer afhankelijk is van de prioriteitstelling van de organisatie. Om deze reden is het dan ook van belang om bij epic slices vast te stellen welke clusters (mogelijk) een bijdrage moeten gaan leveren aan de ontwikkeling van de epic slice. Op basis hiervan worden de clusters in de volgende stap uitgenodigd én kan iedereen vaststellen welke hoger liggende prioriteiten van invloed zijn op de eigen bewegingsruimte. Net als bij de epic kunnen bij epic slices ook aanvullende kaders worden toegevoegd, die bij de ontwikkeling van de epic slice worden gehanteerd.

Het komt voor dat gedurende de verdere detaillering van een epic slice een mogelijkheid ontstaat om de epic slice nogmaals te splitsen in twee afzonderlijke epic slices. Hoewel dit niet gebruikelijk is, is het ook geen probleem wanneer dit wel gebeurt. Beide epic slices worden in dit geval behandeld alsof ze beiden nieuw uit een epic zijn onttrokken. In zo'n geval worden voor ieder van de nieuwe epic slices zowel de definitie als de waardebepaling opnieuw uitgevoerd.

De portfolio backlog is een geprioriteerde lijst van epics en epic slices. De hoogst geprioriteerde epic slices worden nu, gezamenlijk met de betrokken clusters, verder gesplitst naar items voor de afzonderlijke clusters.

■ 21.6 HET (LATEN) ONTWIKKELEN VAN EPIC SLICES

De hoogste geprioriteerde epic slices moeten door één of meerdere clusters worden ontwikkeld. Wanneer bij de ontwikkeling van een epic slice slechts één cluster betrokken is, wordt de epic slice aan de product owner van het betreffende cluster overgedragen waarbij de product owner de epic slice omzet in een capability op zijn of haar product backlog. De informatie die in het kader van de epic slice is verzameld wordt meegegeven aan de product owner, zodat deze ook zelfstandig de impact kan valideren en geen opvolgende activiteiten van de portfolio owner noodzakelijk zijn.

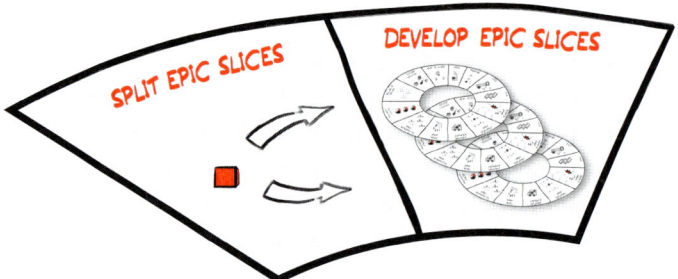

Wanneer bij de ontwikkeling van een epic slice meerdere clusters worden betrokken, wordt een intercluster refinement opgestart waarbij de epic slice door de betrokken clusters wordt gesplitst. Hoewel hiervoor de initiatie én coördinatie ligt bij de portfolio owner, is het de verantwoordelijkheid van de betrokken product owners om gezamenlijk tot een voorstel te komen, namelijk: wie wat op welke wijze gaat leveren om de epic slice als geheel te kunnen opleveren. In de intercluster refinement wordt daarbij gekeken naar aspecten als onderlinge interfaces, het sequentieel of parallel werken aan de afzonderlijke onderdelen, hoe de clusters niet alleen hun eigen werk valideren maar ook hoe de epic slice als geheel wordt gevalideerd.

De uitdaging van intercluster refinement is om de focus te blijven houden op het **wat** in plaats van het **hoe**. Ondanks dat het noodzakelijk is om een heldere afbakening te creëren tussen de verschillende clusters als onderdeel van het reduceren van afhankelijkheden, moet ook de autonomie van de afzonderlijke clusters zoveel mogelijk worden bewaakt. Het is raadzaam om die reden vooral te kijken naar zogenaamde 'koppelvlakken', 'interfaces', 'messages' of 'adapters'. Middels dergelijke software-architectuurpatronen wordt voorkomen dat de gehele oplossing moet worden uitgewerkt om het voor meerdere clusters mogelijk te maken effectief samen te werken. Zeker wanneer de product owners minder kennis en ervaring hebben met de achterliggende techniek is het eenvoudiger om op het niveau van het **wat** te blijven opereren.

Kortom, de portfolio owner is verantwoordelijk voor het geven van uitleg over de opgestelde epic slice en het zorgen voor de wilsoverdracht richting de clusters. De product owners van de clusters maken onderling afspraken over de mogelijke oplossingsrichting en wie welk deel van de functionaliteit daarin ontwikkelt. Daarbij kan de situatie ontstaan dat totaal verschillende oplossingsrichtingen worden geïdentificeerd waarop een epic slice kan worden ontwikkeld. Wanneer dit gebeurt worden de 'voors' en 'tegens' via een multicriteria besluitvormingsmatrix (Janssen, Herwijnen & Beinat, 2003) door de product owners in kaart gebracht en bij de portfolio owner ter besluitvorming aangeboden.

Het proces van intercluster refinement is niet een eenmalig moment maar loopt vaak door totdat de uiteindelijke capabilities zijn gedefinieerd en afspraken zijn gemaakt over de wijze van het ontwikkelen van de epic slices (wie doet wat wanneer) en afspraken zijn gemaakt over de planning en prioritering van de capabilities (sequentieel / parallel). De product owners definiëren zelfstandig capabilities op hun product backlog op basis van de gemaakte afspraken. Een capability heeft daarin dezelfde bedoeling als een epic. De capability vormt een container van waaruit de verdere ontwikkeling voor de epic slice plaatsvindt door middel van het afsplitsen van features. Van capabilities wordt wel een omvang bepaald, specifiek om, in samenhang met de andere clusters, een indicatie te kunnen geven van omvang en doorlooptijd en zo goed af te stemmen op elkaar.

Na de intercluster refinement is de epic slice door de product owners gesplitst naar capabilities voor ieder betrokken cluster. Capabilities vormen een goed fundament voor het opstellen van krachtige productdoelen en worden binnen het cluster verder gesplitst naar features. Het opsplitsen van capabilities gebeurt onder verantwoordelijkheid van de product owner maar samen met de ontwikkelteams tijdens cluster refinement. Het resultaat van de cluster refinement is dat pullbare features worden ontwikkeld die klein genoeg zijn om door het cluster binnen één sprint te worden ontwikkeld. De features hebben daarin een omvang van maximaal één sprint, waarbij meerdere teams binnen het cluster gelijktijdig aan de feature kunnen werken.

21.6.1 Het ontwikkelen van de epic slices

De clusters ontwikkelen afzonderlijk van elkaar de capabilities die gezamenlijk de epic slice vormen. Op basis van de gemaakte afspraken wordt niet alleen de output van de afzonderlijke capabilities maar is ook de output van de gehele epic slice door de ontwikkelteams gevalideerd. De outcome van de epic slice wordt, op basis van de gemaakte afspraken vanuit de intercluster refinement, door de samenwerkende product owners gevalideerd. Met het opleveren van de laatste capability is de epic slice dan ook als geheel opgeleverd en gevalideerd. Wat wil zeggen dat de betreffende epic slice via feature toggles kan worden geactiveerd waarmee de epic slice aan (een deel van) de business ter beschikking wordt gesteld.

De uitvoering is geen onderdeel van het niveau van de IV. Voor meer informatie over de opzet en werking van de cluster wordt verwezen naar Deel C van dit boek.

21.7 HET VALIDEREN VAN DE IMPACT

Wanneer de epic slice is opgeleverd, ondersteunt de portfolio owner de business bij het valideren van de impact. Welke impact zou moeten worden gemaakt is beschreven als onderdeel van de epic slice, maar het daadwerkelijke meten kan pas na de implementatie. De impact kan pas werkelijk gevalideerd worden wanneer de, op basis van de epic slice

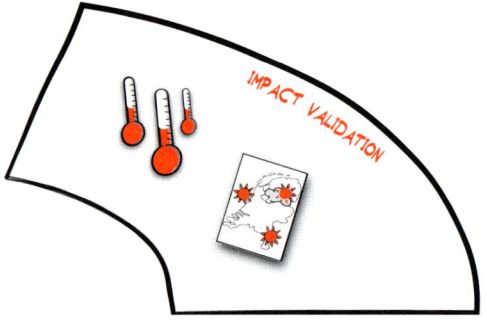

ontwikkelde, functionaliteit binnen de business wordt uitgevoerd en in gebruik is genomen. Hiermee wordt ook meteen het belang duidelijk van een goede, heldere definitie van de verwachte impact bij het opstellen van de epic slice; om op dit moment ook daadwerkelijke de gerealiseerde impact (en daarmee de baten) te kunnen valideren.

Het geheel, van het leveren van output en de verandering op basis van outcome, leidt op de langere termijn tot operationele impact. Om inzicht te krijgen in de bereikte impact is het daarom belangrijk om niet alleen na het opleveren van de epic slice de impact te valideren maar ook voordat de ontwikkeling van de epic en / of epic slice is gestart. Voor veel van de indicatoren, die zicht geven op het succesvol bereiken van de gewenst impact, is het zonder startpunt (ook wel baseline genoemd) ter vergelijking lastig om achteraf te bepalen wat werkelijk is bereikt en of dit voldoende was. Dit risico komt voort uit iets dat in het Engels 'confirmation bias' heet: een drang om bevestigd te krijgen wat u had willen weten. Alleen door een goede nulmeting te doen kan daadwerkelijk de impact van de activiteit worden bepaald. Het (h)erkennen van de juiste indicatoren zijn daarbij van belang en leiden tot de vraag: "Hoe kunnen we aantonen dat er resultaten zijn geboekt?".

Wanneer de juiste indicatoren binnen de epic zijn vastgesteld, kan door middel van periodieke metingen de voortgang van de epic worden gevolgd. Het valideren is dan niets anders dan periodiek dezelfde metingen uitvoeren na het opleveren van epic slices. De hypotheses van verwachte outcome en impact worden afzonderlijk per epic slice gevalideerd en daarbij ook in relatie tot de epic. Met name de outcome en impact zijn uitstekende instrumenten om goed inzicht te krijgen op de voortgang van de epic.

Binnen een epic (slice) worden om die reden de volgende ijkpunten gedefinieerd, inclusief de wijze waarop ze worden gemeten:
- **Uitgangswaarde**: de initiële waarde van de indicator toen deze als nulmeting is uitgevoerd (of de waarde van de indicator bij de eerste meting indien geen nulmeting is uitgevoerd).
- **actuele waarde**: de huidige waarde van de indicator op basis van de laatste meting die is uitgevoerd.
- **doelwaarde (van de epic slice)**: de waarde die op korte termijn verwacht behaald te worden met het ontwikkelen van een epic slice. In een epic slice is daarmee de doelwaarde tevens de eindwaarde. In een epic worden de doelwaarden van de geïdentificeerde epic slices als ijkpunt opgenomen.
- **eindwaarde (van de epic)**: de uiteindelijke waarde die met de epic verwacht gerealiseerd te worden.

Het gaat bij het vaststellen van de waarden niet over beloften en afspraken die worden gemaakt maar over richting en doelen op basis van de huidige inzichten. Iedere keer dat we resultaten over een periode gaan valideren krijgen we meer inzichten over de haalbaarheid en relevantie van bepaalde waarden. Het is dus van belang om deze niet in beton te gieten maar juiste te gebruiken om de prioritering tussen gewenste behoefte en resultaten bij te stellen. Het geheel van de indicatoren, met hun richting creëert inzicht waarmee richting veranderd kan worden door de portfolio owner in samenwerking met de business. Dit heet actief sturen en vereist om die reden ook actieve feedback-lussen.

■ 21.8 HET BIJSTELLEN OP BASIS VAN DE VERKREGEN INZICHTEN

De ontwikkelteams valideren de output van alle afzonderlijke onderdelen van de epic slice en de aansluiting op eventueel al bestaande onderdelen. De product owners valideren, gezamenlijk met de portfolio owner, de outcome van de epic slice. De portfolio owner valideert de impact van de epic slice en doet dat gezamenlijk met de business. Al deze validaties bij elkaar geven transparantie en inzicht. Zonder dat we iets bijstellen op basis van de verkregen inzichten zijn het slechts kostbare, nutteloze activiteiten.

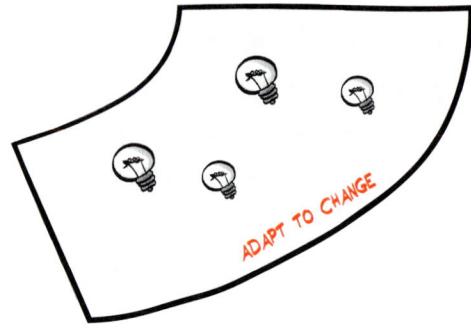

Het bijstellen van de prioriteiten op basis van de verkregen inzichten is daarom een belangrijke schakel in de feedback-lussen op het gebied van output, outcome en impact. Alleen wanneer we de verkregen inzichten gebruiken in het bijstellen van de portfolio dan wel de product backlogs wordt het sturingsmechanisme daadwerkelijk geactiveerd. Het komt in de praktijk nog te vaak voor dat we ofwel niet (goed) valideren en daarmee het plan niet tijdig kunnen bijstellen ofwel we wel goed valideren maar het plan niet willen bijstellen. Welke van de twee ook wordt gehanteerd, het vermindert de transparantie en werkt contraproductief in het complex-domein. De feedback-cycli moeten, net als het gehele voortbrengingsproces, snel en effectief worden ingericht om daadwerkelijk te kunnen sturen.

Door deze kort-cyclische wijze van ontwikkelen kunnen niet alleen omvangrijke epics in delen worden opgepakt en succesvol in waarde omgezet maar kan ook een hele serie van kleine wijzigingen op basis van actuele ontwikkelingen waardevol worden opgenomen in het proces. Het gehele proces van informatievoorziening wordt op deze wijze veel meer gestroomlijnd, in plaats van de aandacht onder specialisten te verdelen in de pieken (ontwikkelingsprojecten) en dalen (beheer) die optreden in de op projecten gebaseerde aanpak.

Deze gestroomlijnde en wendbare werkwijze biedt de business eveneens nieuwe aanpak waarop IV-producten kunnen worden gerealiseerd. In plaats van op uitgebreide specificaties te wachten en 'alles te vragen', kan direct worden gestart met het meest noodzakelijke en kan het product op basis van daadwerkelijk gebruik verder worden ontwikkeld. Dit laatste kan een hoop frustratie bij de samenwerking laten verdwijnen. Het is niet voor het eerst dat uiterst hoopvolle ideeën drastisch moeten worden bijgesteld omdat er na de eerste opleveringen geen markt voor blijkt te zijn. Het is beter om dit in een vroegtijdig stadium te onderkennen dan dat een dergelijk product inmiddels enkele miljoenen heeft gekost en 'het te duur is om het project nu nog te beëindigen'.

Naast het bijstellen van de prioriteiten op basis van de verkregen inzichten, is het ook belangrijk om bij te stellen op basis van inzichten als het gaat om hoe de epic slice is ontwikkeld. De clusters die betrokken zijn bij de uitwerking, ontwikkeling en validatie van de epic slice sluiten een epic slice af met een gezamenlijke retrospective. Hierin worden verbeteringen in de werkwijze door de business, portfolio owner, product owners en hun ondersteunende teams geïdentificeerd. Op basis van inzichten kan het voortbrengingsproces voor het ontwikkelen van portfolio items verder worden aangescherpt, zodat de organisatie zichzelf kan aanpassen op basis van specifieke inzichten die bij hun organisatie aan het licht komen. Wordt er ook geleerd van de wijze waarop de epics en epics slices zijn aanpakt? Wordt er gekeken of er dubbel werk is gedaan? Of er te veel of onvoldoende informatie in het portfolio backlog item was beschreven? Wordt er geleerd van de effecten van een bepaalde aanpak en wordt er bijgesteld? Ook hier geldt dat zowel het product als het proces relevant zijn om continu te blijven verbeteren en deze bij te stellen op basis van de laatste inzichten.

■ 21.9 DUS...

Door het toevoegen van het niveau van de IV wordt een proactieve samenwerking tussen clusters geïntroduceerd. Er is slechts één portfolio owner binnen de organisatie, die zowel de functionele behoefte (vanuit de business) als de technische behoefte (vanuit de CTO) prioriteert. De portfolio owner vormt ook het eerste aanspreekpunt voor de business wanneer behoeften niet overduidelijk in het werkgebied van een enkel cluster liggen. Samen met de portfolio owner worden uit grotere behoeften

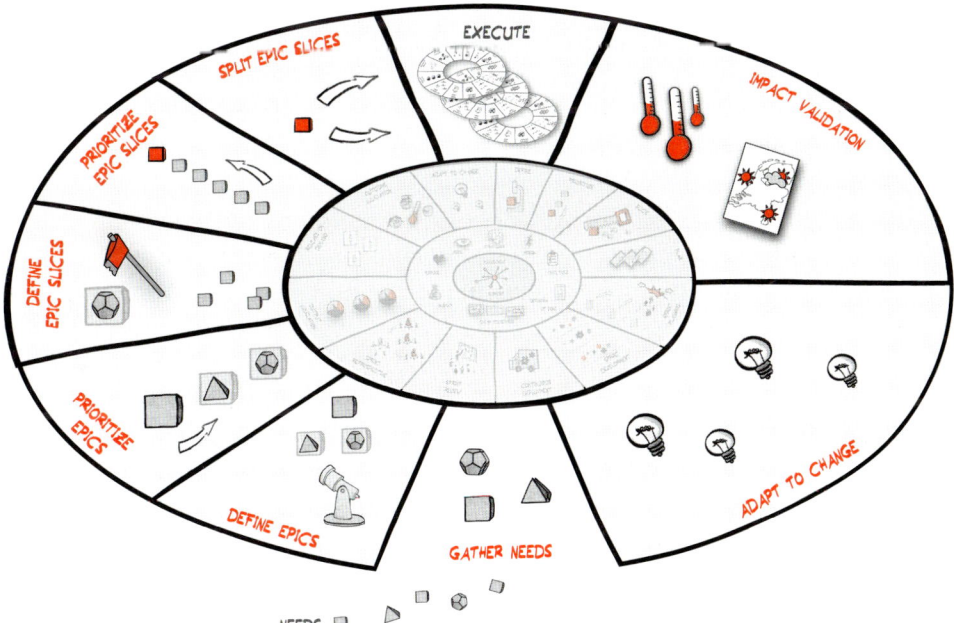

Figuur 21.4 Het ScALE framework op het niveau van de IV uitgebreid met het definiëren en prioriteren van epics en epic slices, het ontwikkelen van epic slices en het valideren van de impact.

de meest belangrijke portfolio items geëxtraheerd om snel waarde te leveren. Door deze portfolio items, in samenhang met de overige portfolio items, inzichtelijk te maken wordt transparantie over de prioriteiten op organisatieniveau gecreëerd waardoor bij product owners de vrijheid ontstaat om keuzes te maken binnen de prioriteitstelling van de organisatie. Door middel van de intercluster refinement faciliteren we de afstemming tussen clusters over het opleveren van de meest belangrijke portfolio items. Wanneer een portfolio item is opgeleverd, ondersteunt de portfolio owner de business bij het valideren van de impact. Op basis van de gerealiseerde outcome en bereikte impact kan het portfolio worden bijgesteld.

22 Het verhogen van de voorspelbaarheid van het portfolioproces

Het verhogen van de voorspelbaarheid vanuit het portfolioproces en het continu verschaffen van inzicht in dat proces zijn belangrijke instrumenten om uiteindelijk de business goed te kunnen ondersteunen in het effectief uitvoeren van hun rol. Voorspelbaarheid heeft een verband met betrouwbaarheid. Het versterkt de relatie en het geeft vertrouwen. De behoefte aan voorspelbaarheid is er één van alle tijden, vooral omdat onvoorspelbaar zijn een negatieve uitwerking heeft op de onderlinge relatie tussen de business en de informatievoorziening (IV). Wat daarbij ontstaat, is de behoefte om meer sturing te hebben op het behalen van de resultaten. Om voorspelbaarheid als het ware af te gaan dwingen. De controle als het ware in handen te kunnen nemen. Waar ligt daarbij de aandacht? Is de controle gericht op de uitvoering of op de resultaten? Worden de juiste activiteiten gedaan om de gewenste resultaten te bereiken?

Een effectief sturingsmechanisme werkt in het complex-domein anders dan in een complicated-omgeving. In deze laatste ligt de sturing op het uitvoeren van een vooraf gedefinieerde output. Daarmee is de sturing vooral gericht op de output en niet direct op de impact die daar mee kan worden bereikt. Binnen het complex-domein is men eerder op zoek naar de beste manier om de gewenste impact te veroorzaken. Hiermee ontstaat een paradox tussen sturingsmechanismen uit het complicated-domein en het werken met de onzekerheid uit het complex-domein. Het is namelijk onmogelijk om voortgang te kunnen bijhouden op een product dat nooit af is en waarvan effecten op de resultaten constant veranderen.

Dit betekent overigens niet dat de behoefte aan voorspelbaarheid verminderd is. Wat er wel is, is verwarring ten aanzien van hoe voorspelbaarheid bereikt kan worden. In voorspelbaarheid heeft u rekening te houden met de onderliggende principes van het domein waarin u zich bevindt. Transparant zijn over spanningsvelden kan helpen bij de zoektocht naar een optimum. Zowel de behoefte aan voorspelbaarheid bij de stakeholders alsmede de onmogelijkheid van teams om voorspelbaar te zijn over het effect op basis van hun output, zorgt heel regelmatig voor onbegrip beide kanten op. Te vaak is het antwoord van teams op de vraag om enige voorspelbaarheid: "Scrum is een snelle wendbare manier van werken (agile), dus kunnen we niet voorspelbaar zijn." Dit antwoord is pertinent fout en laat zien dat ook mensen die acteren in de wereld van (enterprise) agility niet altijd de essentie van de onderliggende principes begrijpen.

Het verzoek om voorspelbaarheid is zeer relevant. Er worden immers afspraken gemaakt en verwachtingen gewekt, business cases opgesteld en alignment gecreëerd met aanpalende werkstromen. De business streeft naar een optimale ontvankelijkheid met het doel om de investeringen vanuit het programma optimaal te kunnen laten renderen. Hoe kan van een programma- of projectmanager verlangd worden om de business op de juiste wijze te begeleiden in het adopteren van nieuwe functionaliteit als er geen enkel inzicht is wanneer wat beschikbaar gaat komen? Het succes van deze manager is mede afhankelijk van het succes van de ontwikkeling van het product. Hoe grilliger de ontwikkeling, hoe meer deze manager zal willen sturen op deze ontwikkeling. Hierbij is de verleiding groot om te gaan sturen op iets tastbaars als output. De ontwikkeling van producten in het complex-domein legt echter niet de nadruk op output. De ontwikkeling van producten in het complex-domein heeft de nadruk op outcome en impact. Als het geen zin heeft om te sturen op output, ontstaat vanzelf de vraag hoe een hogere mate van voorspelbaarheid wel kan wordt bereikt en welke sturings- en feedbackmechanismen dan ingezet kunnen worden. Bij het kort-cyclisch opleveren van resultaten aan een programma, ondersteund door goede korte feedback-lussen, creëren we een sturingsmechanisme dat direct gelinkt is aan het bereiken van impact én zicht geeft op welke items wanneer worden opgeleverd.

De focus van controle moet daarom niet naar binnen gericht worden met de vraag of de ontwikkelteams wel genoeg output leveren. De focus moet vooral naar buiten worden gericht met de vraag of met de verkregen output voldoende impact wordt bereikt. Hiervoor wordt in de werkwijze een geïntegreerde set van snelle en effectieve feedback-lussen opgenomen, waarmee tijdig inzicht wordt verkregen over de progressie en richting van de te verwachten resultaten. Door deze pro-actieve houding van leren van onze acties (output) op te nemen in de werkwijze zal de voorspelbaarheid sterk wordt vergroot. In eerdere hoofdstukken is daarom uitgebreid aandacht besteed aan het valideren van output, outcome en impact. In dit hoofdstuk gaan we kijken naar het mechanisme om de voorspelbaarheid van het portfolioproces te verhogen.

■ 22.1 BETROUWBARE SCHATTINGEN ZIJN NOODZAKELIJK

Het beschikken over betrouwbare schattingen is van groot belang voor het verhogen van de voorspelbaarheid. Een betrouwbare schatting betekent dat de voorspelde doorlooptijd een geringe afwijking heeft met de werkelijkheid. Op basis van deze inschattingen kunnen stakeholders hun eigen veranderingen binnen de business afstemmen op de aankomende incrementen van het product. Op basis van deze inschattingen kunnen zowel de portfolio owner als de product owners direct de consequenties zien van aanpassingen in de portfolio en product backlog(s). Door de verkregen inzichten is de portfolio owner in staat om eventuele verwachtingen van de stakeholders tijdig bij te stellen. In de relatie tussen de product owners en de ontwikkelteams zijn betrouwbare schattingen ook van groot belang. Als de schattingen vanuit de ontwikkelteams over een langere periode onbetrouwbaar zijn, neemt het vertrouwen van de product owners in de ontwikkelteams snel af. De natuurlijke reactie leidt tot een veelvoorkomend anti-patroon, namelijk dat de product owners meer controle gaan uitoefenen op de ontwikkelteams. Dit leidt tot minder vertrouwen van het team, minder transparante schattingen met een negatieve spiraal tot gevolg.

In het complex-domein zijn betrouwbare schattingen van groot belang voor het vergroten van de transparantie, realistische / betrouwbare forecasts en om continu te kunnen sparren over gebruikerswaarde versus de investeringen. Als schattingen worden gemaakt door de mensen die het werk ook moeten uitvoeren, heeft u niet alleen het voordeel dat alle noodzakelijke kennis is ingebracht in de schatting maar ook dat het eigenaarschap voor de schatting op de juiste plek ligt. Het is lastig om te zeggen dat een schatting onhaalbaar of onrealistisch is als u zelf onderdeel bent geweest van het doen van deze schatting.

De eerste reactie van teams die starten met inschatten is om het aantal uren te schatten dat een feature nodig heeft om ontwikkeld te worden. Door alle uren van de features op te tellen komt u tot het aantal benodigde uren, die dan eventueel vergeleken kunnen worden met het aantal beschikbare uren van de teams. Deze manier van schatten geeft een onrealistisch beeld van de tijdsbesteding. Het houdt namelijk geen rekening met andere activiteiten die langskomen en die mogelijk niet direct bijdragen aan het ontwikkelen van deze features, denk hierbij aan mailtjes, telefoontjes, herstelwerkzaamheden van de continuous integration (CI) omgeving, ondersteuning aan collega's verlenen, et cetera. Daarnaast blijkt in de praktijk dat uren per feature vaak sneller leiden tot bijna contractuele afspraken. Om deze valkuil te voorkomen zouden schattingen juist een indicatie van de verwachte inspanning moeten zijn.

Ook ziet u dat schatten in uren nauwelijks rekening houdt met de nodige investeringen die gedaan worden om de productiviteit te verhogen of om de verstoringen die de productiviteit aantasten helpen te verlagen. Wat we in de praktijk zien, is dat hoewel u de hoeveelheid uren voor een feature op elk gewenst moment kunt aanpassen, dit een optie is die nauwelijks wordt toegepast. Als de sets van beschikbare skills verandert in het team, passen we de uren voor features dan aan? Als we steeds meer testen gaan automatiseren, passen we het aantal uren voor features dan aan? Als we het team in een staat van high performing krijgen, passen we het aantal uren voor features dan aan? Nauwelijks! En dat is een gemiste kans. Wat u zou willen is dat ook de noodzakelijke investeringen die u maakt worden gevalideerd. Maak het terugverdienen van investeringen transparant.

Als we niet schatten in uren? Hoe schat u dan wel ten behoeve van het vergroten van de voorspelbaarheid?

Het gebruik van relatieve schattingen
In het complex-domein wordt een schatting daarom vaak afgegeven in story points of de meer generieke term: estimation points. Alternatieve vormen van estimation points zijn de zogenaamde 'gummy bears', T-shirt sizes of de fibonacci-reeks[13]. Een estimation point is een verwachting van de inspanning die nodig is om het item te ontwikkelen uitgedrukt in een relatieve waarde. Estimation points mogen niet verward worden met value points waarmee een relatieve inschatting wordt gemaakt van de businesswaarde van een backlog item.

Dat het werken met estimation points vaak tot een veel hogere voorspelbaarheid leidt komt voort uit het feit dat estimation points zijn gebaseerd op een aantal feiten die wetenschappelijk (McConnell, 2006) zijn vastgesteld:
- Mensen zijn beter in het schatten van kleine eenheden dan het schatten van grote eenheden (X = 6 uur is in de praktijk nauwkeuriger dan X = 4 maanden).
- Mensen zijn beter in het schatten in een bandbreedte dan het afgeven van een specifieke schatting (met een zekerheid van 80% ligt X tussen 17 en 24. Dat is in de praktijk nauwkeuriger dan X = 20).
- Mensen zijn beter in het relatief schatten dan absoluut schatten (X is 2,5 keer zo groot als Y, is in de praktijk nauwkeuriger dan X = 19).
- Mensen zijn beter om als niet beïnvloed collectief te schatten dan individueel te schatten (de mediaan van een groep van individueel gemaakte schattingen, is nauwkeuriger dan een enkele schatting).

Relatieve schattingen zijn altijd een vergelijking ten opzichte van 'iets'. Dat 'iets' noemen we de referentiewaarde. Door als referentiewaarde een item te kiezen die qua complexiteit en inspanning door iedereen goed wordt begrepen, bouwt u een stelsel van relatieve schattingen op. Item X is 5 keer zo groot als onze baseline Y. Wanneer u voor het kunnen toekennen van punten dan ook nog eens iets als een fibonacci-reeks kiest (1, 2, 3, 5, 8, 13, 21, 34, 56, et cetera) ziet u dat de bandbreedte en daarmee de nauwkeurigheid van schattingen voor grotere items ruimer is dan voor kleinere items.

---

[13] Gummy bears vormen een lineaire reeks waarbij elke gummy bear een gelijke relatieve verhouding kent. Voor T-shirt sizes wordt vaak XS, S, M, L, XL, XXL en XXXL gehanteerd en de originele (of afgeleide) fibonacci-reeks bestaat uit 1, 2, 3, 5, 8, 13, 21, 34, 55, 89 (of 20, 40, 100).

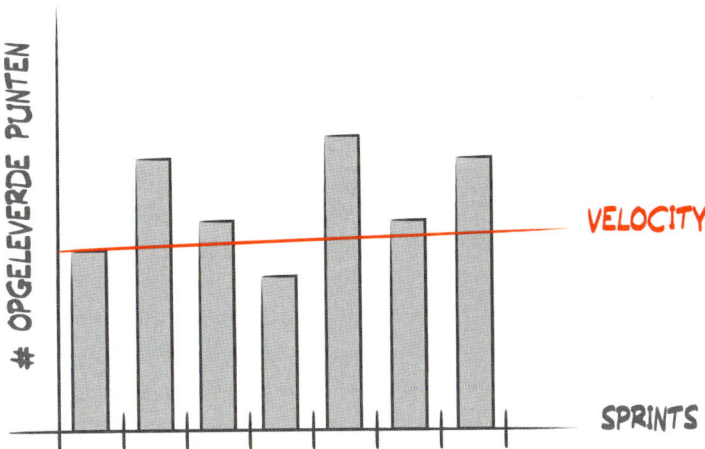

Figuur 22.1 De velocity kan over verloop van tijd inzichtelijk wordt gemaakt.

Alleen door alle product backlog items in te schatten, kunnen goede voorspellingen over de langere termijn worden uitgevoerd. Wanneer alle items van een inschatting zijn voorzien, rijst de vraag: "Hoe kunnen we deze schattingen nu in de praktijk gaan gebruiken?" Door de hoeveelheid afgeronde estimation points binnen een vastgestelde tijdsperiode (bijv. de sprint) bij elkaar op te tellen, krijg u zicht op hoeveel relatieve punten u binnen hoeveel tijd ongeveer kunt afronden. De uitkomst van deze berekening wordt velocity genoemd. Door de velocity over een langere periode te bekijken krijg het team een steeds betrouwbaarder beeld van de voortgang die ze kunt boeken in relatie tot het productdoel.

22.2 VELOCITY ALS BASIS VOOR FORECASTING

Het team heeft in het complex-domein een geschiedenis van variërende omstandigheden waarin zij prestaties verrichten. Door de velocity over een aantal sprints bij te houden brengt u de gemiddelde voortgang die u als team boekt in beeld. Door een tweetal trendlijnen te trekken waarbinnen de velocity zich ontwikkelt, kunt u de bandbreedte aangeven waarbinnen een zo goed mogelijke voorspelling kan worden gedaan voor de toekomst. Wanneer de velocity sterk fluctueert ziet u dat de trendlijnen verder uit elkaar komen te liggen, met als gevolg een grotere bandbreedte. Wanneer de velocity stabiel is liggen de trendlijnen dichter bij elkaar, met een meer nauwkeurige voorspelling als gevolg. Beide situaties resulteren in een betrouwbare inschatting (inclusief onzekerheid) die de product owner richting zijn stakeholders kan afgeven.

Als een product owner de vraag krijgt "Wanneer mag worden verwacht dat een specifiek product backlog item wordt opgeleverd?", kan op basis van de gehanteerde trendlijnen een indicatie worden afgegeven die past bij de (on)

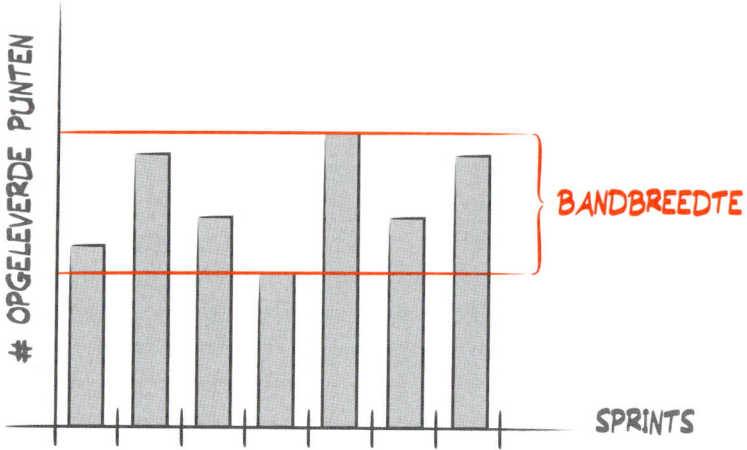

Figuur 22.2 De bandbreedte die over verloop van tijd kan worden vastgesteld.

voorspelbaarheid van de omgeving. Dezelfde techniek werkt ook de andere kant op; op basis van de relatieve schattingen kan worden vastgesteld wat de product owner, op dít moment, denkt over een kwartaal of een half jaar op te kunnen leveren met de teams. Waarbij uiteraard de waarschuwing moet worden afgegeven dat in een dynamische omgeving de verwachtingen in de loop van de tijd bijgesteld kunnen worden. Bij het continu bijhouden van de patronen in de prestaties kan de product owner bij de eerste signalen van het verschuiven van de opleverdatum de betrokken stakeholders op de hoogte stellen.

> "Do you use velocity?" asked a product owner in the LinkedIn app. An agile coach said, aware that she is outside the development team and the primary process, "Viewing and assessing velocity is like bubbles in the water behind a boat. It says something about where you've been. By recognizing the pattern of the bubbles, it can say something about how you might continue your journey based on your history. It helps the people in/on the boat to predict whether they will be able to reach their goal. It gives people on the boat insight, others shouldn't be interested in the bubbles."

Vanuit de positie van stakeholder of management is een metric als velocity niet interessant. Wat dit concreet betekent voor de verwachte oplevering van specifieke backlog items daarentegen juist wel. Op basis van het inzicht van de verwachte oplevermomenten kunnen de stakeholders actie ondernemen (zoals het uitstellen van een implementatie) of een discussie voeren over de prioriteitstelling. Het sturen op de velocity zelf leidt tot een situatie waarin, door het relatieve karakter van de inschatting, een devaluatie plaats kan vinden van de estimation points. Door eenzelfde hoeveelheid werk iets hoger in te schatten, lijkt de velocity zich over tijd te 'verbeteren' maar de facto wordt nog steeds dezelfde hoeveelheid output in een gegeven tijdsperiode opgeleverd.

Kortom, op basis van relatieve schattingen én een voldoende aantal sprints, die nodig zijn om gevoel te krijgen bij de velocity, kunt u redelijk betrouwbare voorspellingen doen. Velocity is daarmee een middel voor de product owner en haar teams om betrouwbare voorspellingen te kunnen doen. Velocity is in het complex-domein niet een doel waar de buitenwereld iets over te zeggen heeft of rechten aan zou kunnen ontlenen. Door de velocity zo min mogelijk te beïnvloeden door te gaan sturen op output en gezamenlijk juist aan de slag te gaan en echt te focussen op wat de stakeholders nodig hebben (outcome), kan een relatief betrouwbaar inzicht op de progressie worden afgegeven. Uiteraard is het nog steeds zo dat wanneer elke sprint de product backlog compleet anders wordt vormgegeven, u de verwachtingen elke sprint moet gaan bijstellen. Kennelijk heeft de product owner daar dan ook een goede reden voor gehad.

22.3 VOORSPELBAARHEID CREËREN OP CLUSTER-NIVEAU

De kwaliteit van de voorspellingen (en daarmee de mate van voorspelbaarheid) neemt elke iteratie alleen maar toe, vooropgesteld dat geen drastische veranderingen worden doorgevoerd in de flow van business-behoefte naar ontwikkeling van de software. Wanneer er wel een drastische verandering heeft plaatsgevonden dan is dat tijdelijk even lastig maar als dan opnieuw empirische gegevens worden opgebouwd kunnen na verloop van tijd weer betrouwbare uitspraken over een langere periode gedaan worden. Dit houdt ook in dat gewerkt moet worden met feitelijke gegevens en de positieve of negatieve effecten niet moeten worden gecorrigeerd 'omdat dit politiek gezien beter uitkomt'. Transparantie is noodzakelijk.

Door het werken met bandbreedtes (meer beperkt op kortere termijn, meer globaal op langere termijn), relatieve inschattingen en de wet van de grote getallen, hebben kleine afwijkingen een beperkt effect op de voorspelbaarheid. Het niet op alle slakken zout leggen en het aanhouden van een reële bandbreedte helpt bij het verkrijgen van een meer stabiel beeld over de te verwachtte ontwikkeling. Het geeft zicht op een werkelijkheid die met behulp van deze inzichten ook relatief gemakkelijk kan worden bijgesteld.

Uiteraard kan de mate van betrouwbare voorspelbaarheid op verschillende manieren worden beïnvloed. De prioritering van items langs de verticale as kan worden aangepast, zodra vanuit de business andere keuzes worden gemaakt, of andere te bereiken resultaten worden belicht. De velocity kan worden beïnvloed, dat kan bijvoorbeeld doordat teams door een aanpassing in hun werkwijze efficiënter kunnen werken of er kan bij succes en de wens naar meer succes besloten worden dat er meer teams worden toegevoegd. Bij het toevoegen van teams moet altijd rekening worden gehouden met een korte dip in de velocity, dat ontstaat doordat het inwerken en integreren van nieuwe krachten een belasting geeft op de bestaande krachten.

22.3.1 Voorspelbaarheid: van kosten en opbrengsten

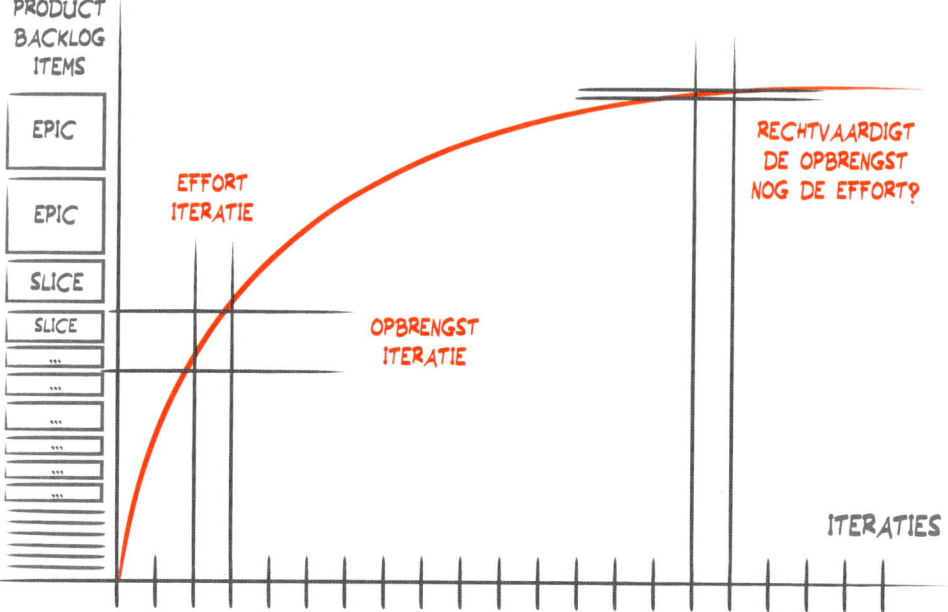

Figuur 22.3 Kosten versus opbrengsten grafiek.\\\

Op basis van een hoge mate van voorspelbaarheid wilt u (meer) objectief kunnen afwegen wat de opbrengsten en kosten zijn van het realiseren van een bepaalde behoefte. Eerder hebben we beschreven dat de resterende waarde van een epic over verloopt van tijd afneemt wanneer we steeds de meest belangrijkste epic slices uit de epic extraheren. Er komt dus een moment in de tijd waarop de te verwachten opbrengsten[14] van dat onderdeel van de behoeftevervulling niet meer in relatie staan tot de kosten van het ontwikkelen en implementeren van dat onderdeel. Dit omslagpunt in de tijd is, zowel op het vervullen van de behoefte te plotten als ook cumulatief te plotten, op basis van de te verwachte waarden van de iteratie (de opbrengsten) en de (redelijk) vaststaande kosten van een iteratie.

Door voorspelbaarheid te creëren op basis van de waardegrafieken en de kostengrafieken (voortvloeiend uit het valideren van output, outcome en resultaat) kan veel sneller de afweging worden gemaakt wanneer een bepaalde behoefte waarschijnlijk niet verder ontwikkeld gaat worden en de aandacht verlegd kan worden naar het verder definiëren van een andere behoefte. Het geeft zicht op of we nog met de meest waardevolle bijdrage bezig zijn.

---
14 Uitgedrukt in de impact van het gewenste resultaat of de gekwantificeerde outcome die wordt gewenst.

22.3.2 Voorspelbaarheid: op items

Eén van de meest gestelde vragen, vanuit een programmaorganisatie ofwel de business, is: "Wanneer zijn bepaalde functionele onderdelen of een bepaalde behoefte naar alle waarschijnlijkheid gereed?" Op basis van de inzichten rondom de mogelijke gereedheid, kunnen vanuit het programma de plannen worden opgesteld. Hiermee kan de samenhang tussen de verschillende (deel) projecten worden vastgesteld en richting worden gegeven aan de daadwerkelijke implementatie. Het programma kan dan tijdig aan de slag met de voorbereidingen die nodig zijn bij het succesvol in gebruik nemen, van de dienst als geheel en het product in het bijzonder, door de ontvangende partij.

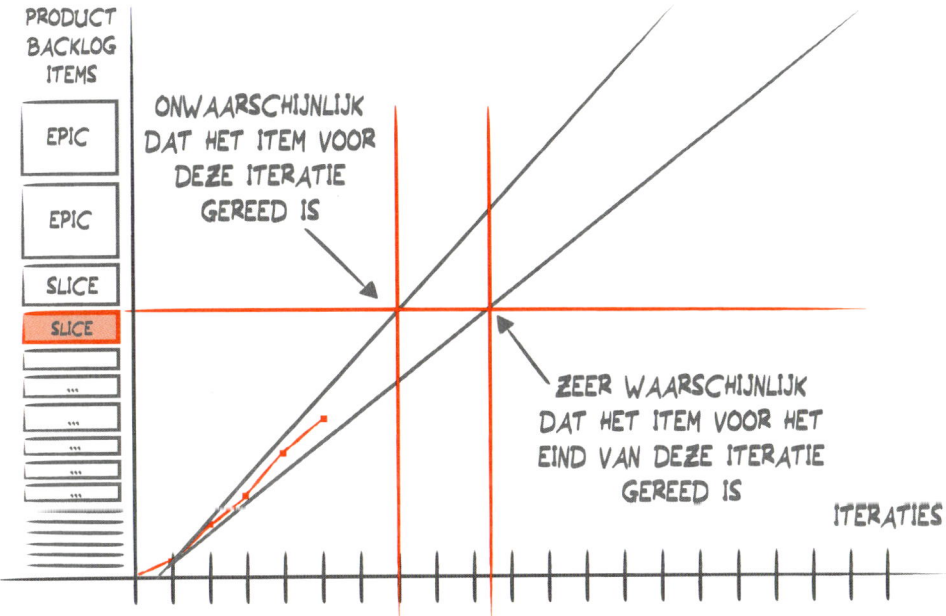

Figuur 22.4 Wanneer is een bepaald item gereed?

Hoe kunt u voorspelbaar zijn als meerder clusters afhankelijk van elkaar samen tot een resultaat moeten komen? Op cluster-niveau geeft de product backlog aan wat de prioriteit is van bepaalde capabilities of features, terwijl over clusters heen, de portfolio backlog deze taak op zich neemt voor wat betreft de epics en epic slices. Daarom is de voorwaarde dat alle product backlog items daarbij van een relatieve omvang zijn voorzien. Op elk niveau is het dan mogelijk om projecties uit te zetten en de toekomst te voorspellen, op basis van de snelheid waarmee de achterliggende niveaus in het verleden items hebben gerealiseerd (de velocity). Op basis van afwijkingen in het patroon van de velocity kan de zogenaamde cone of uncertainty worden vastgesteld. Concreet betekent dit dat hoe stabieler de velocity over een periode zich ontwikkelt, hoe betrouwbaarder voorspellingen over langere termijn zijn uit te voeren (de cone of uncertainty is dan smaller). Ook andersom: hoe meer de velocity over iteraties heen fluctueert en een hoge mate van grilligheid laat zien, hoe minder nauwkeurig uitspraken over een voorspelling op de langere termijn kunnen worden.

Figuur 22.4 laat zien dat, op basis van de eerste vijf iteraties, een cone of uncertainty is vastgesteld (de grijze diagonale lijnen). Om nu inzicht te krijgen wanneer het met rood gemarkeerde item wordt afgerond kan nu een horizontale projectielijn door de cone of uncertainty worden getrokken. De snijvlakken met beide grijze lijnen geven de te verwachte tijdsperiode aan (de punten van de meest optimistische schatting en de meest pessimistische schatting), waartussen het gemarkeerde item kan worden opgeleverd.

Uiteraard betekent het aanpassen van de prioriteit van items op de backlog dat ook deze voorspellingen moeten worden aangepast. De impact op de meest belangrijke items (daar waar bepaalde projecten echt afhankelijk van zijn) kan al direct na het veranderen van de prioriteit inzichtelijk worden gemaakt. Hoe verder het item op de backlog staat, hoe groter de bandbreedte is die wordt gehanteerd.

22.3.3 Voorspelbaarheid: op tijdstip

Een minder frequente vraag maar periodiek toch terugkomend, is de vraag: "Wat hebben we op tijdstip X waarschijnlijk gerealiseerd?" X kan in deze staan voor een periode, of een bepaalde datum. Zeker meerjarige programma's hebben vaak de behoefte om zicht te krijgen op wat er aan het einde van het jaar naar alle waarschijnlijkheid wordt opgeleverd. De op empirische data vastgestelde cone of uncertainty kan op exact dezelfde manier worden gebruikt als het creëren van voorspelbaarheid op items.

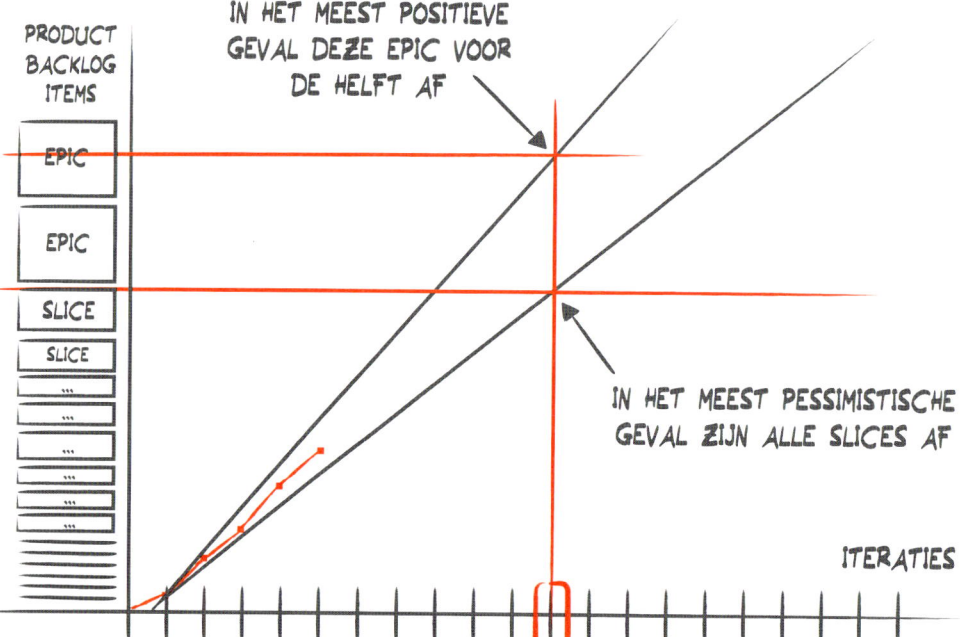

Figuur 22.5 Welke items zijn op een bepaalde datum gereed?

In dit geval wordt op de horizontale as vastgesteld op welk moment we geïnteresseerd zijn (de afbeelding met rood gemarkeerd). De snijpunten, met beide grijze lijnen van de cone of uncertainty, geven op de verticale as zicht op de te verwachten items die op het vastgestelde tijdstip zijn gerealiseerd. Het snijpunt op de lijn aan de onderzijde van de cone of uncertainty geeft het meest pessimistische scenario aan. Het snijpunt op de lijn aan de bovenzijde van de cone of uncertainty geeft het meest optimistische scenario. Op basis hiervan kan in een schatting een bandbreedte worden gegeven, welke items kunnen zijn gerealiseerd en is de grootte van de kans dat deze ook echt worden opgeleverd goed aan te geven. Uiteraard geldt, hoe verder het te bekijken tijdstip in de toekomst ligt, hoe groter de bandbreedte qua opgeleverde functionaliteit.

22.4 VOORSPELBAARHEID CREËREN OP NIVEAU VAN DE IV

We hebben ondertussen een steeds duidelijker beeld van de hiërarchie tussen de business, portfolio en product backlog items. Op het niveau van de IV met het portfoliomanagement hebben we ook de behoefte om continu inzicht te hebben in de progressie van het portfolio. Wanneer verwachten we dat een specifieke epic slice wordt opgeleverd of welke epic slices verwachten we aan het eind van het jaar af te kunnen ronden? De combinatie van de aanwezige hiërarchie met de behoefte aan zicht op progressie leidt in de praktijk tot een extreem sterke behoefte om elke item te verbinden aan een hoger liggend item. In de veronderstelling dat er een nog duidelijkere hiërarchie ontstaat vanuit de verbindingen van epic - epic slice - capability - feature - user stories - taken. Wanneer dan (relatieve) schattingen worden gemaakt, kunnen we deze schattingen over alle clusters heen optellen, zodat we een duidelijke omvang hebben van iedere epic of epic slice. Daarmee kunnen we vaststellen wanneer iets of alles gereed is.

Hoewel dit theoretisch een duidelijk verhaal is, kent de praktijk een aantal lastige problemen. Ten eerste is het erg lastig tot ronduit onmogelijk om over alle clusters heen een eenduidige benchmark op te stellen, laat staan deze ook eenduidig te houden. Hoewel enkele frameworks een dappere poging doen met genormaliseerde story points, blijken deze vaak in werkelijkheid nauwelijks onderling vergelijkbaar te zijn. Ook blijkt de granulariteit van meer abstracte items het betrouwbaar schatten behoorlijk in de weg te staan. Het 'optellen' van estimation points (de onderliggende user stories om een feature te bepalen, de onderliggende features om een epic slice te bepalen, et cetera) heeft vaak negatieve gevolgen voor de kwaliteit van de schattingen. Kleine afwijkingen op cluster-niveau tellen direct op tot grote afwijkingen op het niveau van de IV. Hierdoor ontstaan vaak grote verschillen tussen de 'opgestelde' omvang (vanuit de lagere liggende backlog items) en een directe inschatting van het backlog item.

Ook blijkt dat het hiërarchisch verbinden van álle backlog items, leidt tot onzinnige 'epic slices' die alleen maar worden gecreëerd met de ongefundeerde reden dat onderliggende capabilities anders geen hiërarchische relatie kunnen bevatten met bovenliggende epics. Het gevolg is een explosie van de portfolio backlog. Dat heeft tot gevolg dat het overzicht vertroebelt en het lastiger wordt om het overzicht te behouden. Daarnaast voedt dit het risico op het ontstaan van de valkuil om de portfolio backlog te zien als een pushmodel. Het pushen wordt dan gedaan door directe sturing vanuit het niveau van de IV, wat de autonomie van de onderliggende clusters absoluut niet ondersteunt. Hoewel dit een gevoel van controle geeft, leidt dit (zoals we eerder hebben geconstateerd) binnen afzienbare tijd tot grote vertragingen in het voortbrengingsproces als geheel.

Als we dan niet de relatieve schattingen kunnen optellen, hoe kunnen we dan wel de omvang van een backlog item bepalen? Een omvang waarmee we antwoord kunnen geven op vragen als wanneer iets af is, of wat we eind dit jaar hebben opgeleverd? Het antwoord is simpel: NIET. Op het niveau van de IV is de omvang minder van belang dan de doorlooptijd. Een epic slice kan een beperkte omvang hebben maar door een verschillende prioriteit op de onderliggende product backlogs toch een omvangrijke doorlooptijd kennen. Als toch behoefte is om zicht te krijgen op de verwachte omvang van een epic slice, bijvoorbeeld om een kosten / baten-afweging te kunnen maken, kan altijd een eigen set van relatieve schattingen worden opgesteld waarbij de inschatting een deliverable is vanuit het intercluster refinement.

De doorlooptijd is wel van groot belang voor de business, zodat zij daar hun eigen activiteiten op af kunnen stemmen. De doorlooptijd kan echter worden afgeleid zonder dat ingewikkelde praktijken als normalisatie van estimation points noodzakelijk is. Aangezien de product backlog van elk cluster (al dan niet relatief) volledig is ingeschat, kunnen op basis van de velocity van het cluster continu de start- en einddata van elk van de product backlog items worden gecalculeerd. Aangezien op het niveau van de IV voor elke epic slice maar een beperkt aantal product backlog items interessant zijn om in de doorlooptijd mee te nemen, kan snel zicht worden geboden wanneer met een epic slice wordt aangevangen en wanneer deze vermoedelijk wordt afgerond.

Hiervoor hoeven zeker niet alle product backlog items aan het niveau van de IV te worden gelinkt. Zo lang alle product backlog items van een inschatting zijn voorzien en het cluster voldoende iteraties heeft afgerond om een enigszins stabiele velocity te hebben, kan van elk product backlog item afzonderlijk de verwachte start- en einddatum worden berekend. Ook wanneer items op verschillende product backlogs anders worden geprioriteerd wordt dit aspect inzichtelijk gemaakt op het niveau van de IV (en kan hierover in ieder geval een gesprek worden gevoerd). Door de afzonderlijke start- en einddata te krijgen van de onderliggende items van een portfolio item, wordt eveneens inzicht verkregen in de verwachte inspanning van het item.

Om voorspelbaarheid te creëren is het wel van belang dat alle clusters een volwassen niveau van product backlog management hebben (zie hoofdstuk 10). Vandaar ook dat in eerdere delen de nadruk is gelegd op het creëren van een goede basis voor het verhogen van enterprise agility: de principes waarlangs agility wordt geschaald en goed werkende teams als fundament voor het schalen. Daarnaast is het ook belangrijk dat een eenduidig systeem wordt gehanteerd waarin de product backlogs in alle transparantie worden ondergebracht. Het handmatig doorrekenen van alle backlogs is waarschijnlijk niet de meest efficiënte manier om voorspelbaarheid op het niveau van clusters en IV te krijgen. Vandaar dat hier vaak ondersteunende tooling voor wordt gebruikt, die middels kaders gelijkwaardig over alle clusters heen wordt ingericht. Let op dat het gebruik van ondersteunende tools niet leidt tot een bureaucratische werkwijze en dat zoveel mogelijk de autonomie binnen de teams en de clusters bewaard blijft.

22.5 HET VALIDEREN VAN DE PRODUCTIVITEIT

De basis van (enterprise) agility ligt in het vertrouwen op de bevlogenheid van ontwikkelteams en de clusters. Dat zij, gegeven de juiste autonomy, mastery en purpose, het maximale zullen en kunnen leveren wat redelijkerwijs van ze verwacht kan worden. Toch wordt in de praktijk vaak nog de vraag gesteld of de productiviteit over verloop van tijd kan worden gevalideerd. De vragen zijn: "Waarom is de behoefte ontstaan om de productiviteit te valideren? Is er een gevoel dat er niet hard genoeg wordt gewerkt? Of is er oprechte interesse in de werking van het systeem? Interesse in wat het effect op de productiviteit kan zijn op het moment van het wegnemen van impediments binnen de organisatie?"

Hiervoor wordt traditioneel vaak gebruik gemaakt van het begroten van de omvang van een te ontwikkelen systeem en haar functionaliteiten en die vervolgens af te zetten tegen de productiviteit die wordt gemeten bij het opleveren van deze functionaliteiten. De uitdaging bij het begroten (hoeveel tijd verwachten we te besteden) is dat, om enige mate van betrouwbaarheid te krijgen, inzicht nodig is in de scope / samenstelling / werking van de te ontwikkelen componenten. Als u niet exact weet wat en hoe u een behoefte gaat realiseren, dan is het vrijwel onmogelijk om iets zinnigs te zeggen over de omvang. Een wens om vooraf de begroting vast te stellen, dwingt de organisatie ertoe om vooraf ook de hele oplossing uit te werken. Dit is juist wat we proberen te voorkomen. Om die reden worden het volledige te ontwikkelen product ook niet vooraf begroot.

22.5.1 Gerealiseerde epics/capabilities worden achteraf begroot

Op het moment dat (de belangrijkste delen van) behoeften worden ontwikkeld, zijn van die onderdelen wel de exacte details bekend. Het vaststellen van generieke / vergelijkbare maateenheden is door de mate van beschikbare details achteraf heel goed mogelijk. Denk hierbij bijvoorbeeld aan meeteenheden als integrale functiepunten (IFPUG (IFPUG, 2022) / NESMA (NESMA, 2022)) of Cosmic full function points (CFFP (COSMIC, 2020)). Ook op dit niveau wordt op basis van empirische gegevens (namelijk het opgeleverde increment en beschikbare documentatie) een objectieve meeteenheid vanuit het ontdekken vastgesteld. Er ontstaat inzicht in de omvang van nieuwe functionaliteit.

Voor het succesvol en eerlijk gebruik is het wel belangrijk om functiepunt-analisten en / of functiepunt tooling van de juiste informatie te voorzien om ook echt gegronde uitspraken te kunnen doen. Door de opzet van de te ontwikkelen oplossing is niet in alle gevallen een eenduidige relatie tussen functionaliteit en productiviteit af te leiden. Immers, daar waar het platform reeds 90% noodzakelijke generieke componenten bevat, gaat de ontwikkeling van functionaliteit een stuk sneller, dan wanneer het platform slechts 10% van de noodzakelijke generieke componenten bevat. Zeker met het gebruik van moderne frameworks moet vaak een behoorlijke slag om de arm worden gehouden. Het is daarom altijd noodzakelijk om de uitkomsten in het perspectief van de vraag te zetten.

22.5.2 Waarde/kosten-verhouding afzetten tegen marktstandaarden en trends

Wanneer inzicht ontstaat in de productiviteit op basis van een objectieve meeteenheid kan deze worden afgezet tegen de ontwikkeling van vergelijkbare systemen in de markt. Op basis daarvan kan een gevoel worden opgebouwd over de efficiëntie van de waardeketen, waarin de oplossing wordt ontwikkeld.

Daarnaast en misschien nog wel veel belangrijker, kunnen trends op basis van historische data worden onderkend om zo inzicht te krijgen in productiviteitsontwikkeling over een langere termijn. Zeker wanneer het onderliggende platform meer generieke componenten ter beschikking heeft, kunt u verwachten dat de snelheid van het ontwikkelen van nieuwe functionaliteit zal toenemen. Deze inzichten kunnen vervolgens worden verwerkt in de te verwachten cone of uncertainty (gaan we meer naar de optimistische of meer naar de pessimistische as toe?).

■ 22.6   DUS...

Het verhogen van de voorspelbaarheid vanuit het portfolioproces en het continu verschaffen van inzicht zijn belangrijke instrumenten om de business te ondersteunen in het effectief uitvoeren van hun rol. Het hebben van betrouwbare schattingen op backlog items is van groot belang voor het verhogen van de voorspelbaarheid. In het complex-domein wordt een schatting daarom vaak afgegeven in een relatieve eenheid: estimation points. Door de hoeveelheid afgeronde estimation points van een team of cluster binnen een vastgestelde tijdsperiode bij elkaar op te tellen, krijgt u zicht op hoeveel relatieve punten u binnen hoeveel tijd ongeveer kunt afronden: de velocity. Op basis van de velocity kan de zogenaamde cone of uncertainty worden vastgesteld, waarmee bepaald kan worden wanneer een product backlog item wordt opgeleverd of welke product backlog items op een bepaald tijdstip zijn opgeleverd. Door de doorlooptijd van onderliggende product backlog items te berekenen kan effectief de inspanning en doorlooptijd van portfolio items worden berekend. Het valideren van de omvang van een product kan in het complex-domein alleen achteraf worden uitgevoerd.

23 Het direct ondersteunen van de primaire flow: PST

Met het opschalen van het aantal clusters binnen de organisatie neemt ook de hoeveelheid werkzaamheden van een portfolio owner toe. De portfolio owner wordt hierbij ondersteund door het portfolio support team (PST).

De portfolio owner gaat in een hoge frequentie actief aan de slag om de portfolio backlog op een dusdanige wijze te organiseren, dat deze in lijn is met de prioriteiten van de organisatie. Op basis van de portfolio backlog wordt nauw samengewerkt met de clusters om de hoogst geprioriteerde epic slices te kunnen ontwikkelen. Na oplevering van de resultaten wordt in samenwerking met de business de impact gevalideerd. Het is daarbij de verantwoordelijkheid van de portfolio owner om de feedback cyclus op een dusdanige wijze te organiseren dat effectief (bij)gestuurd kan worden op het ontwikkelen van de maximale waarde voor de organisatie.

Hoewel op het niveau van de IV exact één portfolio owner werkzaam is, wordt deze in de praktijk wel op veel vlakken ondersteund vanuit de secundaire flow. In grotere organisaties heeft de portfolio owner aan de ene kant te maken met verschillende business units en afdelingen en aan de andere kant geeft de portfolio owner richting aan verschillende clusters. De balans tussen het doen van te veel en te weinig voorbereidend werk tekent zich niet altijd scherp af. Daarom onderstrepen we graag het belang om de focus vooral te houden op het helder maken van het **wat**, zonder daarbij het **hoe** uit te werken. Gezien het aantal mensen, teams en afdelingen waarmee wordt samengewerkt, als ook het grote aantal competenties dat verwacht worden van de portfolio owner om effectief deze rol uit te voeren, kan de portfolio owner niet succesvol functioneren zonder directe ondersteuning vanuit de secundaire flow.

De portfolio owner wordt vanuit de secundaire flow ondersteund bij het omzetten en prioriteren van business-behoeften naar portfolio items, het faciliteren van de afstemming tussen clusters en het valideren van de gewenste impact. Het PST richt zich daarbij op het voorbereiden, uitvoeren en opvolgen van deze activiteiten, zodat de portfolio owner vooral het overzicht kan bewaken en zich kan richten op de belangrijke afwegingen die moeten worden gemaakt om het leveren van waarde te maximaliseren. Het PST werkt daarin zoveel mogelijk zelfstandig, waarbij door de portfolio owner specifieke focus kan worden gelegd op ontwikkelingen die op korte termijn van belang zijn.

Ondanks de grote mate van zelforganisatie binnen het PST blijft de eindverantwoordelijkheid, de hoofdelijk aansprakelijkheid, altijd bij de portfolio owner liggen. Gedurende de oprichting van het PST zal veel aandacht wordt gevraagd van de portfolio owner om de juiste manier van samenwerken te vinden. Het succes van deze organisatievorm is erg fragiel. De balans van autonomie en alignment is wankel en maakt gebruik van goed eigenaarschap. Alleen op basis van een goed vertrouwensrelatie, die goed wordt onderhouden, kunnen beide flows meer afzonderlijk van elkaar opereren zonder dat nauwgezette minutieuze synchronisatie noodzakelijk is. Naarmate de volwassenheid van het PST groeit, kan de focus van de portfolio owner steeds verder richting de business worden verlegd. Met een behoorlijke omvang en diversiteit van zowel de business als de aantallen clusters, is het de vraag op welke wijze het PST het beste ingericht kan worden.

■ 23.1 OPZET EN WERKING VAN HET PST

Afhankelijk van de omvang van de organisatie, de inrichting van de business en het aantal clusters kan de omvang van het aantal leden van het PST behoorlijk toenemen. Omdat het PST zich in de secundaire flow bevindt is de directe impact, bij het ontstaan van eventuele afhankelijkheden tussen individuen op het voortbrengingsproces, minder groot. Wanneer meer specialistische functies worden gehanteerd, heeft dit een negatieve invloed op de voortbrengingsketen. De scheiding op functies veroorzaakt een onbalans tussen de verschillende activiteiten die moeten worden uitgevoerd in de werkzaamheden om een portfolio item succesvol te kunnen ontwikkelen.

Het werken met losse individuen vereist een sterk coördinatiemechanisme om alle noodzakelijke activiteiten over verloop van tijd op elkaar te laten aansluiten. Zoals we eerder hebben gezien neemt de effectiviteit van een dergelijk sturingsmechanisme sterk af naarmate veranderingen zich in een hoger tempo voordoen én de omvang van het aantal deelnemende individuen toeneemt. Om die reden wordt een té groot PST ingericht op basis van multidisciplinaire subteams die volledig verantwoordelijk zijn voor het begeleiden van portfolio items: vanaf het definiëren van de epic (slice) tot en met het valideren van de outcome en impact. Binnen deze multidisciplinaire subteams zijn de rollen aanwezig die gedurende de levenscyclus van een portfolio item worden verwacht.

Multidisciplinaire subteams die de portfolio items begeleiden bestaan uit vier te vervullen hoofdrollen: analisten, coördinatoren, adviseurs en ondersteuners. Deze laatste kan (deels) ook voor het gehele PST worden ingericht. In dat geval wordt de ondersteuning voor alle subteams centraal georganiseerd (zie figuur 23.1). Deze subteams zijn gericht op de hoogste geprioriteerde portfolio items en begeleiden deze in de verschillende stadia waarin portfolio items zich bevinden: het specificeren, coördineren en valideren van portfolio items. In de praktijk hebben portfolio items door hun omvang en doorlooptijd verschillende snelheden maar de essentie is dat elk subteam continu het hoogst geprioriteerde portfolio item oppakt, dat nog niet onder handen is van andere subteams.

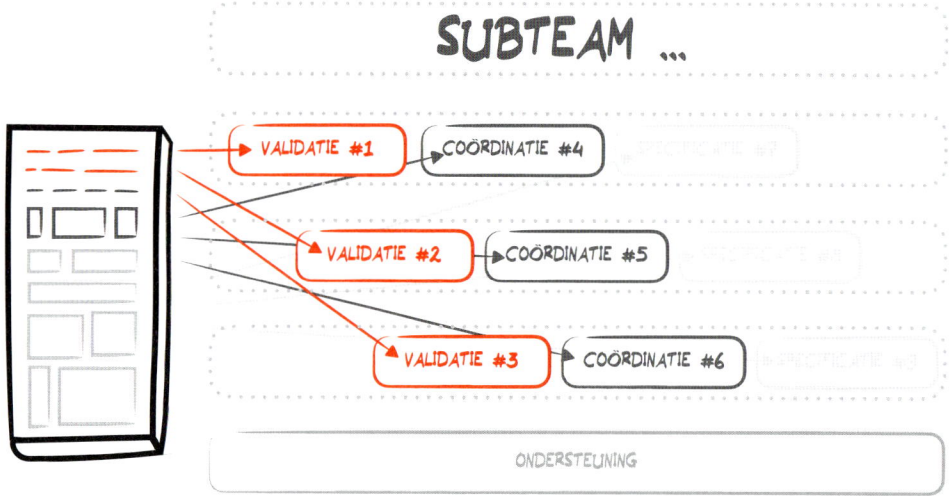

Figuur 23.1 Werking van multidisciplinaire subteams binnen het portfolio support team.

Deze opzet kan betekenen dat niet alle epic slices op de portfolio backlog door een subteam kunnen worden begeleid. Met name de minder hoog geprioriteerde epic slices kunnen zijn gedefinieerd maar momenteel 'stilliggen' omdat geen ruimte binnen de subteams aanwezig is om het betreffende item te begeleiden. Dit kan in sommige gevallen voor uitdagingen zorgen wanneer clusters, die geen betrokkenheid hebben met hoger liggende epic slices, toch in de aankomende periode willen gaan starten met het ontwikkelen van hun deel van een lager geprioriteerde slice. In deze gevallen moet door de portfolio owner worden bepaald of het betreffende portfolio item als eerstvolgende kan worden opgepakt in plaats van een hoger liggend item, of dat het betreffende cluster pas op de plaats moet maken voor dit specifieke item. Aangezien een portfolio item zelden slechts één cluster betreft, is de kans namelijk groot dat andere clusters die aan hoger liggende epic slices werken, hierdoor van hun belangrijkste opdracht worden afgeleid.

De multidisciplinaire subteams zijn langlevend, wat betekent dat ze niet continu van samenstelling veranderen. Aangezien het grootste deel van de deelnemers van het PST toebehoort tot één van de subteams, kan dit een beperking opleveren voor de beschikbaarheid van specifieke deskundigheid. De deelnemers aan de multidisciplinaire subteams worden daarom vaak samengesteld op basis van een 2/3 inzet binnen het subteam in de genoemde begeleidende rollen en 1/3 inzet voor gezamenlijke afstemming of deelname aan andere support teams. Op basis van de 2/3 en 1/3 regeling wordt zowel de focus aangebracht op het begeleiden van specifieke portfolio items als ook op de facilitering van de overkoepelende kennisuitwisseling en -ontwikkeling. In elk PST kan de verdeling iets anders worden ingericht, waarbij deze verhouding van 2/3 en 1/3 een aardig startpunt kan zijn voor een eerste opzet.

Doordat de subteams multidisciplinair van aard zijn én portfolio items zich in verschillende stadia van hun levenscyclus zullen bevinden, betekent dit dat de mensen die onderdeel zijn van de subteams hun vaardigheden T-shaped (Michaels, 2019) moeten ontwikkelen. Door het gebruik van een instrument als de skillsmatrix (zie de subparagraaf 'Skillsmatrix' in paragraaf 15.2.3) kunnen de verschillende benodigde en aanwezige disciplines binnen het subteam inzichtelijk worden gemaakt en verder worden aangescherpt. Daarbij is het belangrijk dat het betreffende subteam goed zicht heeft op specifieke deskundigheid die zich in de andere subteams bevindt. Dat betreffende team kan dan deze specifieke kennis en kundigheid direct of via aanwezige communities of practice bevragen en gebruiken.

In een alternatieve variant voor het inrichten van het PST wordt een onderscheid gemaakt tussen subteams die zich richten op het ontwikkelen van epics op basis van de business-behoefte die ze daarvoor in kaart brengen en subteams die vanuit die epics de epic slices extraheren en deze tijdens de gehele levenscyclus begeleiden.

In deze variant zijn, in tegenstelling tot de eerdergenoemde structuur, dus twee te onderscheiden typen subteams aanwezig:
1. Subteams bestaande uit businessanalisten die vooral zicht hebben op de behoefte die zich binnen een sub-sectie van de business ontwikkelt en daarop de nodige informatie verzamelt in een epic.
2. Subteams bestaande uit informatieanalisten, coördinatoren en ondersteuning die vooral in staat zijn om epic slices te specificeren, coördineren en valideren.

Wanneer de business duidelijk is opgesplitst in afzonderlijke domeinen kan de noodzakelijkheid worden ervaren om aandacht te hebben voor meer diepgaande kennis van zo'n domein om in combinatie met een uitgebreid netwerk in het domein, de juiste behoeften in kaart te brengen. Deze variant is voornamelijk aanwezig bij grote organisaties waarbij de business in verschillende afzonderlijke domeinen of bedrijfsonderdelen is ingericht. In dergelijke situaties is ook vaak het IV-voortbrengingsproces per onderdeel ingericht. Opvallend hierbij is dat de variant met gespecialiseerde subteams minder vaak voorkomt dan logischerwijs wordt verwacht. In dit geval heeft namelijk elk onderdeel zijn eigen IV-voortbrengingsproces waarin vaak alleen de enabling services door alle onderdelen heen zijn ingericht en via de kaders als autonome eenheid worden gepositioneerd (zie hoofdstuk 24). Enterprise agility is in dit geval georganiseerd via de as van de product teams.

Eerder hebben we de hoofdrollen benoemd die de portfolio owner ondersteunen vanuit de subteams van het PST: analisten, coördinatoren, adviseurs en ondersteuning. Laten we een stap dieper kijken naar deze rollen binnen deze subteams.

23.1.1 Analisten

Binnen de subteams ondersteunen businessanalisten de portfolio owner bij het in kaart brengen van de behoefte vanuit de business. Vaak gebeurt dit door de subteams te verzoeken zich primair te richten op een specifiek subset binnen de gehele business. Hierdoor hebben ze beter zicht op de lokale ontwikkelingen en is het eenvoudiger om een gedegen en goed te onderhouden netwerk op te bouwen. Vanuit het specifieke business-onderdeel is het fijn om één point of contact te hebben, waardoor een goede werkrelatie kan worden opgebouwd met de portfolio owner en het betreffende ondersteunende subteam. De businessanalisten ontwikkelen aan de ene kant meer diepgaande kennis van het business-domein en houden aan de andere kant overzicht over alle ontwikkelingen, door binnen een community of practice onderling samen te werken met collega's uit andere subteams en daarbij overkoepelende (werk)afspraken te maken.

In het geval van de epic/epic slice subteams variant, concentreren de activiteiten van de businessanalisten zich op de ontwikkeling en definiëring van epics. Hierbij werken ze vaak in kleine subteams bestaande uit alleen businessanalisten voor een specifiek domein. Deze businessanalisten mengen zich daarbij minder met leden van de epic slice subteams. In het geval van deze variant zijn deze analisten voornamelijk gefocust op het in kaart krijgen van de behoeften tot en met het definiëren van de epics.

Binnen 'reguliere' subteams ondersteunen informatieanalisten zowel bij het opstellen van epics, als bij de epic slices en analyseren alle relevante informatie om de epics en epic slices zodat de portfolio owner ze kan prioriteren. Hierbij is het belangrijk dat de analisten gedegen kennis hebben van, of uitvoerig worden getraind in, requirements-analyse binnen het complex-domein. Werken, als informatieanalist, in het complex-domein verschilt namelijk enorm van het werken in het complicated-domein. In het complicated-domein worden door analisten vaak uitgebreide specificaties ontwikkeld, high level designs opgesteld en vindt functionele decompositie plaats. Deze practices worden in het complex-domein beleefd als onderdeel van de anti-patronen en zijn destructief voor het effectief kunnen werken in dit domein. In het complex-domein moet juist zo min als mogelijk worden gespecificeerd; alleen specifieke kaders worden aangehaald en de focus wordt vooral gelegd op het bepalen (en kunnen valideren) van de waarde van specifieke portfolio items.

Tot slot is het belangrijk om te melden dat alle analisten alleen het **wat** beschrijven en niet het **hoe** van de backlog items. Met name in het uitwerken van de epic slices is het slechts een kleine stap om ook gelijk een specifieke oplossing uit te werken, die alleen nog door de clusters moet worden ontwikkeld. Hier wordt dan echt te licht over gedacht. Om een oplossing goed te kunnen vormgeven, is enorm veel technisch inzicht nodig vanuit alle betrokken clusters. Deze enorme hoeveelheid inzicht is nauwelijks haalbaar voor een analist op enige afstand van de dagelijkse praktijk. Een analist, die op het niveau van de IV, oplossingen uitwerkt is dus zeker niet wenselijk. Wanneer analisten toch in deze valkuil trappen, is het reële gevaar aanwezig dat met alle goede bedoelingen vaak onbewust inefficiënte en ineffectieve oplossingen worden voorgesteld die in de verdere daadwerkelijke uitwerking voor ongewenste (neven)effecten kunnen zorgen. De waarde van de activiteiten van de analisten zit hem dus in het aanleveren van de juiste hoeveelheid informatie over **wat** er door de clusters bereikt moet worden, met **wie** ze dat samen moeten gaan doen én voor **wie** het **wat** een oplossing biedt.

23.1.2 Coördinatoren

Binnen de subteams begeleiden de coördinatoren de levenscyclus van het portfolio item en borgen dat alle betrokkenen tijdig worden geïnformeerd over hun bijdrage aan de ontwikkeling en het succes van het portfolio item. Vooral omdat voor de ontwikkeling van portfolio items steeds verschillende clusters betrokken zijn, is het noodzakelijk om open en transparant te zijn over wat op welke moment van wie wordt verwacht. Hoewel de portfolio backlog veel inzicht geeft in wat ieders betrokkenheid is, ligt de focus, van met name de clusters, vaak op de ontwikkeling van het eigen product. In de praktijk wilt u rekening houden met het feit dat het heel logisch is dat in de clusters niet continu gemonitord wordt of de actieve betrokkenheid van het eigen cluster noodzakelijk is voor één van de aankomende portfolio items.

De coördinatoren monitoren de voortgang van portfolio items en welke acties op welk moment noodzakelijk zijn. Door de grote mate waarin externe partijen moeten worden betrokken is het niet verstandig dit over te laten aan het zelforganiserend vermogen van het subteam. Het is verstandiger deze coördinerende rol meer expliciet binnen het subteam te beleggen. Denk bij de externe partijen die betrokken moeten worden aan: externe businessanalisten, specifieke adviseurs, product owners, materiedeskundigen, et cetera.

Voor coördinatoren is het belangrijk om frequent met elkaar naar het volledige portfolio te kijken. Verschillende portfolio items kunnen de betrokkenheid vereisen van een specifiek cluster. Als die betrokkenheid van dit specifieke cluster op hetzelfde tijdstip in de planning wordt gevraagd, kan dat een grote belasting op het cluster geven. Wanneer voor alle portfolio items gelijktijdig de intercluster refinement wordt uitgevoerd, wordt de focus van clusters die bij de ontwikkeling van deze portfolio items betrokken zijn continu verstoord. Immers, de focus zou moeten liggen op de één tot twee belangrijkste epic slices. In de praktijk wordt daarom bij het coördineren gewerkt met een overzichtsbord waarin de portfolio items worden gepositioneerd op basis van hun ontwikkelingsfase én welke clusters een betrokkenheid hebben bij bepaalde portfolio items. Mocht toch de betrokkenheid van een specifiek cluster bij meerdere portfolio items voorkomen, dan kan dit snel transparant worden gemaakt en eventueel aan de portfolio owner ter besluitvorming worden voorgelegd.

De coördinatoren ondersteunen niet alleen bij de intercluster refinement maar verlenen indien gewenst ook ondersteuning aan de clusters bij het uitwerken van oplossingsrichtingen die voor één van de aankomende intercluster refinements wordt verwacht. Zij borgen hierin dat de beschikbaarheid van de juiste personen vanuit een overkoepelend perspectief (en belang) wordt georganiseerd en zorgen voor universele vastlegging van de gemaakte afspraken. Hierbij kunnen ze gebruik maken van de ondersteuningsmogelijkheden die op het niveau van de IV aanwezig zijn.

23.1.3 Adviseurs

Adviseurs zijn er in verschillende disciplines, denk bijvoorbeeld aan informatie-architectuur, infrastructuur, security, privacy en user experience. Ook zijn er adviseurs met specifieke kennis van een bepaald business proces. Het integreren van adviseurs in de verschillende subteams vormt vaak een uitdaging, vooral door de beperkte beschikbaarheid en de hoge mate van specialisatie is het lastig om 'de perfecte' aansluiting te vinden. Adviseurs hebben naast een sterk analytisch vermogen ook díe specifieke deskundigheid. De diepte van de specialistische kennis sluit vaak niet goed aan bij de wensen en eisen die gevraagd worden binnen één specifiek subteam. Hoewel theoretisch ieder subteam over multidisciplinaire adviseurs beschikt, maakt de diversiteit onder adviseurs het vaak lastig om ze onder alle subteams 'gelijkmatig' te verdelen. Intensieve kennisontwikkeling binnen alle subteams zorgt er voor dat de afhankelijkheden tussen de adviseurs enigszins verminderd en dat blijkt vaak toch nog onvoldoende. In de praktijk ziet u daarom dat er gewerkt wordt met een verdeelsleutel op de beschikbare tijd van de adviseur, beschikbaar binnen het eigen subteam en generiek beschikbaar ter ondersteuning van alle subteams.

De adviseurs zijn vaak gelieerd aan kaderstellende afdelingen waarbij zij vooral kijken naar specifieke aandachtspunten, die gedurende de ontwikkeling van portfolio items, een meer prominente rol gaan spelen. Het gaat dus om aandacht op specifieke aandachtspunten. Specifieke aandachtspunten betekent dat voorkomen moet worden dat bij elk portfolio item álle kaders vanuit de discipline van de adviseur worden opgesomd. Met name wordt onderkend welke specifieke risico's, kansen, bedreigingen of kritieke punten, vanuit het oogpunt van de adviseur, tijdens de ontwikkeling in ogenschouw moeten worden genomen. Het gaat er immers om dat de kaders bijdragen aan het succes van de ontwikkeling van het portfolio item.

Specialistische kennis die nodig is voor het succesvol ontwikkelen van een portfolio item, wilt u tijdens het ontwikkelen beschikbaar hebben voor de product owners en de ontwikkelteams; denk hierbij bijvoorbeeld aan de rol van materiedeskundigen. Wanneer nieuwe ontwikkelingen worden onderkend binnen een bepaalde deskundigheid, kan de deskundige ook gedurende het ontwikkelingsproces als materiedeskundigen optreden. Hierbij moet dan wel worden gewaarborgd dat de verantwoordelijkheid voor de oplossing bij de ontwikkelteams ligt en de materiedeskundigen als vraagbaak beschikbaar zijn tijdens het ontwikkelingstraject.

De adviseurs geven gevraagd en ongevraagd advies ten aanzien van portfolio items. De bijdrage van de adviseur is de enorme kennis en kunde die ze meebrengen. Dit betekent dat zij over het algemeen een bredere blik hebben dan alleen het beeld dat hoort bij de portfolio items die binnen het subteam worden behandeld. Door juist in de rol van adviseur naar de gehele portfolio backlog te kijken, ontstaat tijd en ruimte om de gedachte te vormen over ontwikkelingen die op de (middel) lange termijn plaats gaan vinden. Op basis van deze lange termijn-ontwikkelingen kan worden gekozen om als adviseur gedurende de ontwikkeling van het specifieke portfolio item als materiedeskundige (vraagbaak) op te treden, dan wel beleid en kaders te ontwikkelen die richting geven aan de wijze waarop dergelijke portfolio items moeten worden ontwikkeld.

23.1.4 Ondersteuning

Ondersteunende rollen kunnen zowel binnen de subteams als generiek worden ingericht, afhankelijk van de omvang, opzet en werking van het PST. De ondersteunende rollen helpen de subteams in een grote diversiteit aan taken. Denk bijvoorbeeld aan het regelen van ruimtes, inplannen van vergaderingen, het maken van notulen, het bijhouden van een afspraken logboek, het archiveren van ontwikkelde producten, et cetera. In het complex-domein zijn afspraken onderhevig aan bederf en hebben dus een kortere houdbaarheidsdatum dan afspraken die gemaakt worden in het complicated-domein. Juist daarom moet de informatie rondom afspraken gelogd worden. Aangezien afspraken mogelijk moeten worden bijgesteld, is het belangrijk om de ontwikkelingen van de afspraken inzichtelijk te hebben voor alle betrokkenen in het proces.

Vooral wanneer de overige rollen in het PST schaars zijn binnen de organisatie worden meer werkzaamheden gedelegeerd aan de ondersteuning binnen of buiten de subteams. Hierdoor kunnen de noodzakelijke rollen binnen het PST zich richten op hun directe bijdrage aan het ondersteunen van de primaire flow.

Het ondersteunen van een ondersteuningsteam klinkt misschien dubbel op, maar daarbij mag niet vergeten worden dat het PST overkoepelend werk levert aan de gehele organisatie. De vervulling van de specifieke rollen is vaak niet voldoende omvattend. Met name wanneer individuen in deze specifieke rollen ook gedurende de ontwikkeling van portfolio items ondersteuning verlenen, wordt de beschikbare tijd van subteamleden binnen het PST al snel behoorlijk schaars. Het kunnen delegeren van tijdrovende maar voor de eigen rol minder relevante werkzaamheden helpt bij het leveren van maximale deskundige ondersteuning aan de primaire flow.

23.1.5 Competenties

De hiervoor genoemde rollen hebben elk specifieke competenties waarmee zij een bijdrage leveren aan een succesvolle werking van het PST. Ondanks dat het niet onmogelijk is dat een persoon binnen een subteam een tweetal rollen kan uitoefenen, blijken de specifieke competenties van de verschillende rollen vaak niet goed aan te sluiten. Daarom is het bij het samenstellen van subteams en het selecteren van de rollen goed om rekening te houden met de gewenste competenties per rol.

Naast de competenties per rol is het belangrijk dat alle betrokkenen een goed inzicht hebben in de wijze waarop de organisatie haar enterprise agility wil verhogen. Gezien de positie van het PST is het enorm verdienstelijk wanneer al het handelen van de leden, ook in lijn is met de werkwijze van enterprise agility, op passende wijze worden uitgevoerd. Aangezien de meeste rollen vaak ervaringen hebben ontwikkeld buiten het complex-domein is het verstandig om subteams of rollen goed

Analisten	Coördinatoren	Adviseurs	Ondersteuning
Analytisch vermogen	Resultaatgerichtheid	Klantgerichtheid	Uitdrukkingsvaardigheid
Bedrijfskundig inzicht	Leiderschap	Analytisch vermogen	Analytisch
Organisatiesensitiviteit	Coaching	Creativiteit	Resultaatgerichtheid
Overtuigingskracht	Doorzettingsvermogen	Innovatief	Samenwerken
Klantgerichtheid	Pro-activiteit	Visie	Anticiperen
Netwerkvaardigheid	Plannen en organiseren	Deskundigheid	Betrokken
Systeemdenken	Accuratesse		Inzichtelijk
Organisatievermogen	Conflicten beheersen		Zelfstandig
Visie	Anticiperen		
Verandergerichtheid	Besluitvaardigheid		

Figuur 23.2 Overzicht van de competenties binnen het PST.

op de hoogte te brengen van ondersteunende en ondermijnende gedragingen en hen hier in te begeleiden. Medewerkers van het PST zullen specifiek moeten worden getraind in effectieve hulpmiddelen en activiteiten voor het werken in het complex-domein.

■ 23.2   AANDACHTSGEBIEDEN BINNEN HET PST

Terwijl in de subteams verschillende rollen worden onderkend zijn de subteams, gedurende de levenscyclus van portfolio items, als geheel betrokken bij het ondersteunen van de portfolio owner. Concreet betekent dit dat het subteam ondersteuning levert gedurende alle processtappen óf, wanneer de variant wordt gehanteerd met afzonderlijke business-georiënteerde subteams, een enkele processtap op het niveau van de IV.

Besef goed dat de subteams als onderdeel van het PST nog steeds vanuit de secundaire flow opereren. Het is de portfolio owner die in de primaire flow opereert. Dit betekent dat deze subteams voor geen van de processtappen zelfstandig verantwoordelijk is en ook nooit als bottleneck mag functioneren in de primaire flow. Eventuele (potentiële) verstoringen in de primaire flow moeten daarom altijd direct worden geadresseerd, ongeacht waar specifieke subteams op dit moment mee bezig zijn.

De subteams leveren ondersteuning aan de volgende deelprocessen van portfolio items:
- Het in kaart brengen van de business behoefte;
- Het definiëren van epics en epic slices;
- Het coördineren van de intercluster refinement;
- Het (laten) valideren van de outcome en impact.

23.2.1   Het in kaart brengen van de business-behoefte

Het inzichtelijk maken van de business-behoefte klinkt misschien eenvoudig maar blijkt in de praktijk vaak veel meer te omvatten dan alleen het opstellen van een lijst met punten ter voorbereiding van de bespreking met de portfolio owner. Eenvoudige vragen als "Welke effecten worden met het invullen van deze behoefte daadwerkelijk bereikt?" en "Op basis van welke gegevens kan de impact van het invullen van deze behoefte worden vastgesteld?" zijn gemakkelijk te stellen en vaak moeilijk te beantwoorden.

Door jarenlange ervaring met programma's en projecten is gedrag ontstaan waarin de business de gehele behoefte direct en in één keer goed ingevuld wil hebben. Om een goede poging te doen om dat te bereiken zijn vaak al meerdere sessies gehouden, waardoor de behoefte uitgebreid en in veel detail kan worden weergegeven. De subteams verhogen de effectiviteit van de informatie door de business te ondersteunen en gezamenlijk te kijken op welke wijze de omvang van de behoefte gereduceerd kan worden en / of hypotheses kunnen worden ontwikkeld, waarbij inzicht wordt verworven in de mate waarin het oplossen van de behoefte een bijdrage levert aan de organisatie.

Daarnaast ondersteunt het subteam om het besef bij de business te creëren dat het gebruik van beschikbare incrementen vanuit de onderliggende producten cruciaal is voor de verdere ontwikkeling van het portfolio item en dat de zogenaamde 'big bang' implementatie moet worden voorkomen. Door gedegen kennis en inzicht in de snelle, wendbare manier van ontwikkelen begeleidt het subteam de business om optimaal gebruik te maken van het werken en ontwikkelen in het complex-domein en levert daarmee een belangrijke bijdrage aan het voorkomen van anti-patronen.

In het geval van de variant waarbij separate business-georiënteerde subteams worden gebruikt, worden deze specifieke subteams gekoppeld aan een vastgesteld business-domein. De portfolio owner maakt afspraken met het betreffende business-domein over de wijze waarop de samenwerking met de portfolio owner zelf en met het subteam plaatsvindt. Deze afspraken moeten borgen dat het betreffende subteam niet als een groep proxy portfolio owners gezien wordt. Het subteam mag niet zelfstandig besluiten nemen over de prioriteitstelling binnen de portfolio backlog, die verantwoordelijkheid is voorbehouden aan de portfolio owner. Het subteam richt zich, in samenwerking met het business-domein, op het voorbereiden van bespreekpunten met de portfolio owner. Het subteam ondersteunt hierbij ook de business in het verkrijgen van inzicht over de potentiële waarde die door het vervullen van behoefte kan worden gegenereerd. Helderheid over de potentiële waarde, van de te vervullen behoefte en de daarbij behorende portfolio items, helpt de portfolio owner bij het prioriteren van de portfolio backlog.

23.2.2 Het definiëren van epics en epic slices

De subteams ondersteunen de portfolio owner maximaal bij het definiëren van portfolio backlog items. Bij het definiëren van epics ondersteunen ze bij het achterhalen en formuleren van de invulling van grotere behoeften. Bij het definiëren van epics slices ondersteunen de subteams bij het afsplitsen van de

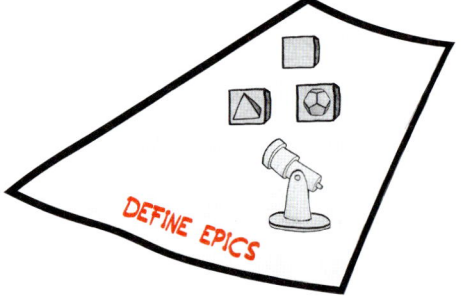

meest waardevolle kleinere incrementen die in een beperkte tijdspanne kunnen worden opgeleverd. Ondanks het feit dat het definiëren van portfolio items tot de verantwoordelijkheid behoort van de portfolio owner, wordt deze activiteit vaak volledig door het PST uitgevoerd. Daarin bepaalt de portfolio owner wél welke informatie de subteams in kaart brengen, om het betreffende portfolio item op de juiste wijze te kunnen prioriteren. Daarnaast geeft de portfolio owner ook aan welke kaderstellende aspecten geanalyseerd moeten worden zodat deze als specifieke richtlijn in de verdere ontwikkeling van het portfolio item meegegeven kunnen worden.

Aangezien het subteam werkzaamheden uitvoert binnen het mandaat van de portfolio owner, is het raadzaam om de specifieke werkzaamheden vast te leggen in proceskaders. Hiermee wordt voorkomen dat belangrijke activiteiten worden vergeten en wordt direct alignment gecreëerd tussen de verschillende subteams die de ontwikkeling van de portfolio items begeleiden. Het vastleggen van proceskaders leidt vaak tot het opstellen van templates die bij het begeleiden van portfolio items worden gehanteerd. Hoewel templates zicht bieden op alle relevante aspecten die voor portfolio items in kaart moeten worden gebracht, schuilt hierin ook een gevaar. Meer dan eens zien we 'ronduit onzinnige uitwerkingen' van specifieke aspecten van een portfolio item, simpelweg omdat het template hiervoor ruimte biedt. Daarom is het verstandig om, wanneer gebruik wordt gemaakt van templates, een gedegen uitleg te geven over het effectief gebruiken van templates. Onnodige uitwerkingen voorkomen, betekent dat we tijdrovende handelingen en daarmee verspilling tegengaan. De templates die gebruikt worden, ten aanzien van effectiviteit, ook in de samenwerking tussen de subteams in het PST, zijn aan transparantie, Inspectie en adaptatie onderhevig.

Belangrijk bij het definiëren van epics is dat, samen met de business, goed in kaart wordt gebracht wat de verwachte impact is van het ontwikkelen van de portfolio backlog items. Met name omdat epic slices hun verwachte impact hiervan afleiden, zijn concrete (en meetbare) datapunten van belang.

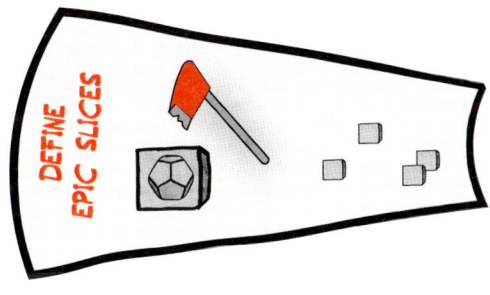

Vaak resulteert dit in het opstellen van initiële epic slices waarmee het überhaupt mogelijk wordt om de impact van het ontwikkelen van de epic mogelijk te maken. Het in kaart brengen van de epic moet samen met de business worden uitgevoerd, omdat zij een groot aandeel hebben in het verwezenlijken van de baten op basis van de potentiële impact. Het is zeker geen waarheid dat de daadwerkelijke baten alleen door het ontwikkelen van IV-oplossingen kunnen worden verwezenlijkt.

Een veel voorkomende valkuil van het definiëren van epics en epic slices is dat de subteams zich volledig gaan richten op het analyseren en ontwerpen van mogelijke oplossingen. Zeker in workshop sessies die subteams met de business houden, is de kans groot dat subteams worden verleid tot het bepalen van de oplossingsrichting. Oplossingen zijn namelijk goed te visualiseren en omschrijven en daarmee concreet genoeg om overeenstemming over te krijgen. Het is de kunst van subteams om de business mee te nemen in het meer abstracte **wat** van de oplossing, in plaats van specifieke aanpassingen in producten te gaan formuleren. De subteams zullen de business moeten helpen om vanuit de door hun aangedragen oplossingen, met vragen als "Waarom is deze oplossing nodig?" en "Waartoe moet deze oplossing leiden?", te onderzoeken op welke wijze onderliggende behoeften worden vervuld.

Het vaststellen van de oplossingsrichting die daadwerkelijk tot uitvoer wordt gebracht, behoort namelijk tot de verantwoordelijkheid van de clusters. Zelfs tijdens de intercluster refinement waarin de clusters intensief betrokken zijn, wordt de aandacht vooral gelegd op **wat** welk cluster voor haar rekening neemt, waarbij alleen de koppelvlakken en afhankelijkheden met andere clusters in meer diepgang worden beschreven. Het invullen van het **hoe** wordt daarmee zoveel mogelijk overgelaten aan de professionaliteit, het oplossend vermogen en het vakmanschap van de ontwikkelaars in de clusters.

23.2.3 Het coördineren van de intercluster refinement

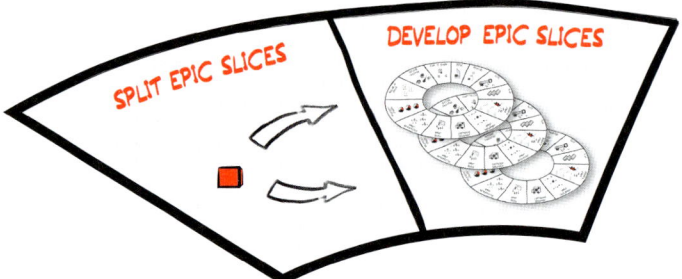

Tijdens de intercluster refinement ondersteunen de subteams de portfolio owner doordat ze de juiste clusters aan tafel hebben uitgenodigd. De wijze waarop deze intercluster refinement wordt georganiseerd verschilt per organisatie. Voorkomen moet worden dat clusters gedurende een langere periode bij meerdere intercluster refinements worden betrokken om een overload bij de cluster te voorkomen. Wanneer een specifiek cluster toch continu moet worden betrokken is het belangrijk om te onderzoeken of voor een juiste clusterindeling is gekozen. Op basis van de prioriteitstelling van de portfolio backlog kan in ieder geval altijd worden bepaald welk portfolio item in dergelijke gevallen de prioriteit heeft.

Intercluster refinements kunnen zowel in een vast ritme worden uitgevoerd, als ook op basis van een afgestemde planning met de verschillende betrokkenen. Het voordeel van een vast ritme (vaak wekelijks) is dat tijd, ruimte en structuur van de intercluster refinement standaard kan worden ingeregeld maar het nadeel is dat hier nauwelijks rekening kan worden gehouden wat op korte termijn noodzakelijk is voor het optimaal begeleiden van de portfolio items. Het risico ontstaat dat standaard dezelfde mensen worden uitgenodigd voor 'het vaste overleg', terwijl hun betrokkenheid op basis van de inhoud van de intercluster refinement niet noodzakelijk is. Het voordeel, voor een afgestemde planning met de betrokkenen, is dat deze beter aansluit op de agenda's van de betrokkenen en minder schade wordt gedaan aan activiteiten en bijeenkomsten binnen het cluster. Het nadeel is dat het soms lastig kan zijn om voldoende momenten te vinden waarop alle betrokken ook daadwerkelijk aanwezig kunnen zijn. Vandaar dat in dergelijke gevallen veelvuldig een specifieke dag in de week wordt aangegeven waarop alle intercluster refinements kunnen worden ingevuld. Dit lost een aantal dingen op: structureel kunnen product owners en de portfolio owner deze dag in hun agenda zo veel mogelijk vrijhouden, er is voldoende ruimte om voor verschillende epic slices separate tijdblokken te reserveren en tijdblokken vrij te houden voor de sporadische invulling van een spoed portfolio backlog item.

Binnen het proces van intercluster refinement is het goed om de overgangen vanuit portfolio owner naar PST naar de product owners goed inzichtelijk te hebben. Het is belangrijk dat het oppakken van een nieuwe epic slice in de intercluster refinement altijd wordt voorgezeten door de portfolio owner. Dit bestendigt de rol, positie en het eigenaarschap van de portfolio owner. Hij of zij neemt alle betrokkenen mee in de achtergrond van de epic en epic slice en geeft inzicht in alle bijzonderheden en afspraken die rondom het opstellen van de epic slice zijn gemaakt. De aanwezigheid van de portfolio owner is onderdeel van het proces van wilsoverdracht en geeft de heldere richting en duidelijke kaders mee aan alle betrokken van het ontwikkelen van een oplossingsrichting. Vanaf dat moment wordt de coördinatie tijdens intercluster refinements vaak uitgevoerd door het betrokken subteam, waarbij bewaakt moet worden dat het eigenaarschap vooral ligt bij de product owners uit de betrokken clusters. Op hun beurt maken product owner tijdens de intercluster refinement afspraken op meer abstract niveau, waarbinnen hun product owner support teams weer de verdere detaillering kunnen uitwerken.

De subteams ondersteunen de portfolio owner met het toetsen van de voorgestelde oplossingsrichting(en) aan de eerder gestelde randvoorwaarden. De clusters werken samen aan het creëren van één of meerdere oplossingsrichtingen waarop de epic slice in een samenwerking van de verschillende clusters kan worden ontwikkeld. De subteams beoordelen daarbij of de voorgestelde oplossingsrichtingen passen binnen de opgenomen specifieke kaders van de epic en / of epic slice. Zeker wanneer meerdere oplossingsrichtingen mogelijk zijn, ondersteunen de subteams in het opstellen van een zo'n objectief mogelijke multicriteria besluitvormingsmatrix. Aangezien vanuit clusters persoonlijke belangen mee kunnen spelen in het opstellen van een dergelijke matrix (denk aan meer of minder uit te voeren werk) is het goed om de definitieve samenstelling onder leiding van een objectieve partij te laten opstellen.

De subteams ondersteunen de portfolio owner met alle activiteiten waarop de besluitvorming kan worden ondersteund. Welke activiteiten dit betreft is sterk afhankelijk van de focus die de portfolio owner mee geeft en kan daarom niet als generieke aandachtspunten worden meegegeven.

23.2.4 Het (laten) valideren van de outcome en impact

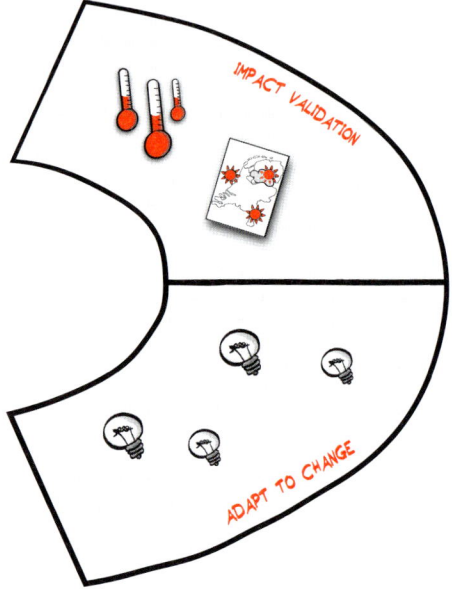

Hoewel de integratie van deelproducten vanuit de clusters een verantwoordelijkheid is van de clusters zelf, wordt het valideren van de impact van het product als geheel wel vanuit het multidisciplinaire subteam begeleid. Concreet betekent dit dat vanuit de subteams ondersteuning wordt geboden bij het ter beschikking stellen van het nieuwe increment aan de business zodat daadwerkelijk de effecten en impact in de praktijk kunnen worden vastgesteld. Het subteam verleent ondersteuning bij de validatie en is niet verantwoordelijk voor de daadwerkelijke implementatie van het increment. De implementatie van het increment in de operatie blijft altijd de verantwoordelijkheid van de business zelf.

Nog maar al te vaak blijkt het daadwerkelijk in gebruik nemen van het increment langer te duren dan gewenst, waardoor de portfolio owner steeds meer risico neemt in het blijven ontwikkelen van nieuwe epic slices. Wanneer het valideren van effecten, die het gevolg zijn van specifieke product incrementen, op zich laat wachten, ontstaan vertragingen in de feedback-lussen. Alleen door daadwerkelijke validatie van de gemaakte outcome en impact kan worden vastgesteld of verdere extractie van nieuwe epic slices nog in verhouding staat tot de kosten die gemoeid zijn met het ontwikkelen van de betreffende epic slice. Het subteam monitort daarom niet alleen de ontwikkeling van de afzonderlijke capabilities maar zorgt ook dat de business tijdig wordt geïnformeerd over wanneer zij het increment in relatie tot de epic slice kunnen gaan activeren.

Met het validatie-proces op het niveau van de IV wordt voorkomen dat de focus alleen maar ligt op het ontwikkelen van nieuwe functionaliteit (output) en nauwelijks meer wordt gekeken naar de capabilities die de business hiermee verkrijgt (outcome) of de baten die hierdoor kunnen worden gerealiseerd (impact). Wanneer voor de impact onvoldoende aandacht is vanuit de portfolio owner ontstaat als vanzelf de situatie dat de organisatie meer en meer inzicht vraag wat ze daadwerkelijk hebben gekregen voor hun investeringen in de informatievoorziening. De ontwikkeling van producten wordt daarmee meer en meer gezien als een kostenpost in plaats van een investering die meer dan voldoende baten genereert. De subteams ondersteunen daarbij in het vastleggen van de gerealiseerde baten, waardoor een beter beeld ontstaat van de waarde die door het IV-voortbrengingsproces is ontwikkeld. Of, en minstens net zo waardevol, ze ondersteunen bij de inventarisatie van welke inzichten zijn ontstaan, waardoor duidelijk is geworden dat verdere investeringen op dit moment niet gewenst zijn. Door actief en samen met de business op te treden ondersteunen de subteams daadwerkelijk het leveren van de maximale waarde, wat het resultaat is van de ontwikkeling van portfolio items.

■ 23.3 DUS...

De portfolio owner wordt ondersteund op het gebied van het omzetten en prioriteren van business behoeften naar portfolio items, het faciliteren van de afstemming tussen clusters en het valideren van de gewenste impact. Multidisciplinaire subteams binnen het portfolio support team (PST) die de portfolio items begeleiden bestaan uit analisten, coördinatoren, adviseurs en ondersteuning. De focus van deze subteams ligt op het slicen van epics tot in beperkte tijdspanne opleverbare waardevolle epic slices. Een veel voorkomende valkuil is dat het portfolio support team zich richt op het analyseren en ontwerpen van mogelijke oplossingen, wat tot de verantwoordelijkheid van de clusters behoort. Tijdens de intercluster refinement ondersteunt het portfolio support team de portfolio owner door de juiste clusters aan tafel te hebben, de oplossingsrichting te toetsen aan de gestelde randvoorwaarden en eventuele besluitvorming te ondersteunen. Hoewel integratie van de deelproducten vanuit clusters een verantwoordelijkheid is van de clusters zelf, wordt het valideren van de impact wel vanuit het multidisciplinaire subteam begeleid.

24 Het indirect ondersteunen van de primaire flow: enabling services

De grotere organisaties beschikken, uit efficiëntieoverwegingen, veelal over verschillende gemeenschappelijke services voor hun diensten, producten en teams. Denk hierbij aan services zoals: een business en enterprise architectuur, data- en rekencenters, een geïntegreerd stelsel van securitymaatregelen en het ontwerp van een eenduidige huisstijl. Deze elementen worden georganiseerd in zogenaamde enabling services. Aangezien deze variatie aan omgevingen een groot aantal en type gebruikers moet kunnen bedienen vereisen ze in grote organisaties diepgaande kennis en kunde in het opzetten, ontwikkelen en organiseren van de omgevingen. Ter illustratie: de enterprise architectuur voor een start-up is een stuk eenvoudiger dan de enterprise architectuur van een internationaal opererende bank.

In grote organisaties betekent dat nogal wat voor de ontwikkelorganisatie. Niet alleen de toename van het aantal competenties dat binnen een team nodig is vormt een grote uitdaging, ook de groei van het aantal afhankelijkheden tussen de verschillende teams. Immers, elke aanpassing vanuit één team in een gedeelde service, kan potentieel tot verstoring leiden in alle andere teams die betrokken zijn bij deze service. Zoals we in hoofdstuk 15 hebben gezien leidt een lineaire groei van het aantal teams tot een kwadratische groei van het aantal afhankelijkheden. Deze kwadratische groei van vertragende afhankelijkheden leidt tot de natuurlijke neiging om de gedeelde gemeenschappelijke services sterk te reguleren en af te schermen van de invloeden van individuele teams. Er worden rigide regels en voorwaarden voor gebruik vastgesteld en afgedwongen. Het resultaat is een zichzelf versterkende negatieve spiraal als het gaat om een lerende organisatie waarin snelheid en wendbaarheid centraal staan. Met het gevolg dat teams zich niet ondersteund en zelfs ondermijnd voelen door deze efficiënt ingerichte services en dat onderweg de effectiviteit van de services verloren dreigt te gaan.

Laten we eerlijk zijn, deze services worden veelal vanuit het principe van éénrichtingsverkeer ingericht. De opzet en werking van de betreffende service geldt dan als een rigide kader voor alle diensten, producten en teams en wordt op gelijksoortige wijze gehandhaafd. Noodzakelijke aanpassingen vanuit de organisatie vereisen dan een langdurig goedkeuringsproces, om de impact van een dergelijke verandering in al haar facetten te onderzoeken. Als aanpassingen aan dergelijke services al mogelijk zijn, leidt dit tot langdurige besluitvormingstrajecten. De kaders ondersteunen niet langer een snelle en wendbare organisatie maar zijn juist de oorzaak van een groot aantal vertragingen die zich binnen het voortbrengingsproces voordoen.

Het is daarom absoluut noodzakelijk om gedurende een transformatie in het kader van enterprise agility specifiek aandacht te hebben voor de wijze waarop deze generieke services worden georganiseerd. Zeker in grotere organisaties is het niet goed integreren van deze services binnen het (vernieuwde) voortbrengingsproces cruciaal voor het bereiken van succesvolle enterprise agility. Goed bedoeld worden generieke services separaat van de primaire flow (door)ontwikkeld en vervolgens als onderdeel van de transformatie of via een separaat implementatietraject eenzijdig uitgerold over de organisatie. Daarbij wordt geen rekening gehouden met de lokale context of het feit dat deze acties leiden tot het creëren van ongewenste afhankelijkheden, bijvoorbeeld door verplichte goedkeuringen of externe beoordelingen. De efficiëntie krijgt meer en meer voorrang boven de effectiviteit, wat de primaire en / of secundaire flow negatief beïnvloedt.

■ 24.1   HET CREËREN VAN ENABLING SERVICES

Alle services die het voortbrengingsproces van de informatievoorziening (IV) op generieke wijze ondersteunen zijn georganiseerd in de zogenaamde enabling services. Dit betekent dat deze services niet één of enkele clusters ondersteunen maar juist een breed spectrum van generieke dienstverlening aanbieden. De enabling services moeten op een specifieke wijze worden ingericht zodat de impact op het aantal afhankelijkheden tussen de clusters beperkt blijft. Ook is het belangrijk dat deze enabling services zich op geen enkele wijze mengen met de primaire flow en dus altijd op indirect wijze het primaire proces ondersteunen. Deze enabling services worden om die redenen separaat én ontkoppeld van de primaire en secundaire flow weergegeven, zoals weergegeven in figuur 24.1.

De vraag is nu: "Welke services worden ondergebracht in de enabling services van de IV-organisatie?" Hierbij dienen we rekening te houden met de positionering van het gebruik van services in de primaire en secundaire flow. Op de vraag "Welke services moeten als enabling worden ingericht?" is helaas geen eenduidig antwoord op te geven. Uitgaande van een middelgrote tot grote organisatie mag het duidelijk zijn dat wanneer de uitvoering van meer generieke services bij de primaire en secundaire flow worden gelegd, dit de snelheid en wendbaarheid van een cluster niet ten goede komt. Het onderhouden van de generieke services vraagt een hoop

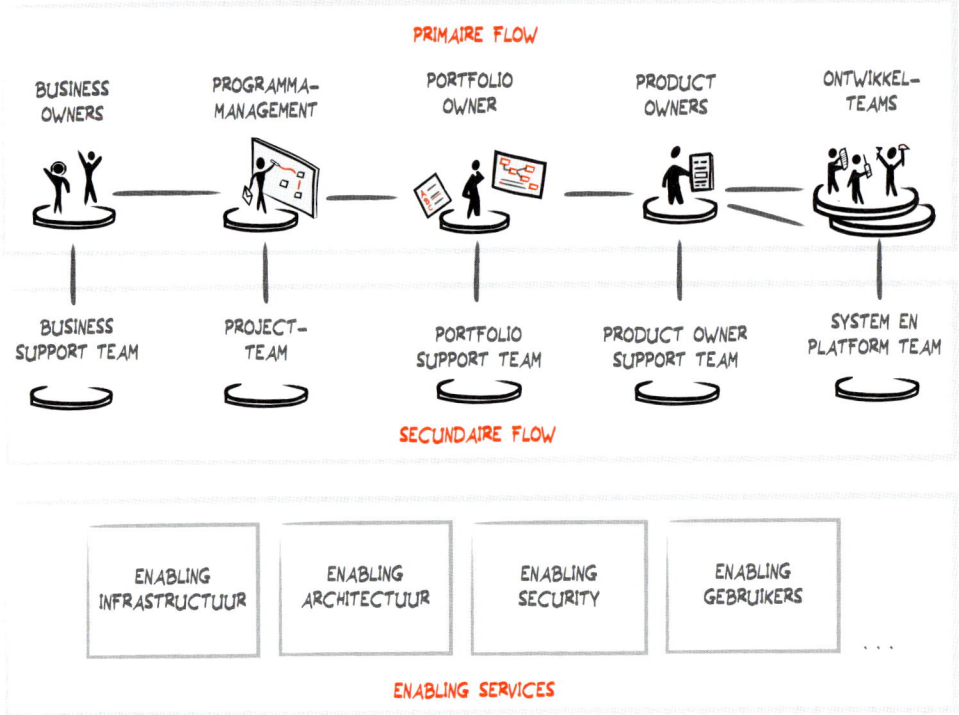

Figuur 24.1 Enabling services voor generieke ondersteuning van de primaire en secundaire flow.

aandacht en effort, waarmee de inzet van het cluster op productontwikkeling in het gedrang komt. Aan de andere kant, wanneer een te groot deel als enabling services worden georganiseerd, neemt de snelheid en wendbaarheid van een cluster ook af doordat deze wijze van organiseren de clusters minder effectieve ondersteuning geeft en een groter aandeel van generieke afhankelijkheden doet ontstaan.

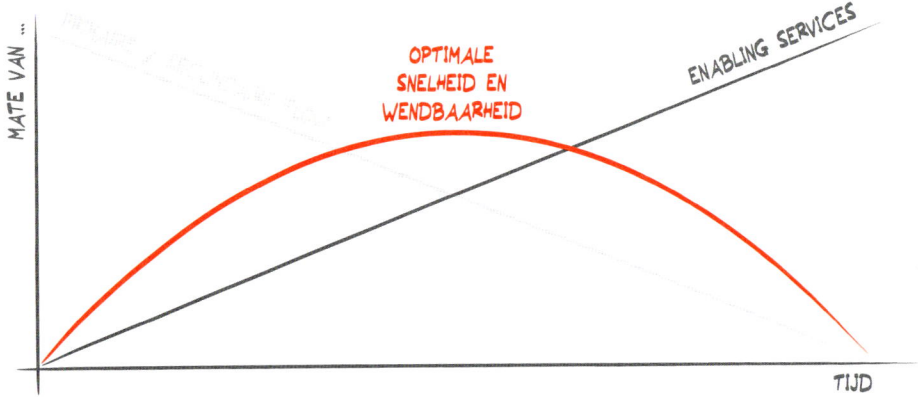

Figuur 24.2 De balans tussen te weinig ondersteuning en te veel ondersteuning vanuit enabling services.

Om een optimale snelheid en wendbaarheid binnen de organisatie te krijgen moet periodiek worden gekeken welke ondersteuning vanuit de enabling services op generieke wijze georganiseerd kan worden en welke ruimte wordt geboden om meer specifieke ondersteuning in de secundaire flow of specifieke uitvoering in de primaire flow toe te staan. Het bereiken van de optimale balans is een zoektocht en deze kan bovendien door veranderende omstandigheden verschuiven. Daarom is het verstandig om continu de inrichting zowel op directe als indirecte wijze te monitoren. Direct, door een goed feedbackmechanisme in te richten waar vanuit clusters en teams de problemen die zij ondervinden in de uitvoering real-time kunnen melden. Indirect, door de snelheid en wendbaarheid van de organisatie als geheel te blijven monitoren.

De volgende vraag is: "Welke onderdelen worden (voor welk deel) georganiseerd als enabling services?" Want zoals we in figuur 24.2 kunnen zien is het een glijdende schaal. Welke onderdelen brengen we onder in de primaire / secundaire flow en welke onderdelen worden vanuit enabling services georganiseerd? Het uitgangspunt blijft ook hier dat alles langs de principes behorende bij de context van een snel en wendbaar team wordt georganiseerd. Alleen wanneer de snelheid en wendbaarheid van teams wordt bekrachtigd (of op zijn slechtst niet afremt of ondermijnt) heeft het zin om ondersteuning vanuit de secundaire flow of als enabling services in te richten.

Daarbij is het eveneens een uitgangspunt dat, wanneer het niet vanuit een secundaire flow kan worden georganiseerd, de zorg voor de service zeker niet als enabling service moet worden ondergebracht. In een greenfield situatie wordt eerst de secundaire flow binnen de clusters ingericht, om daarna te kijken welke overeenkomstige elementen op het niveau van de IV samengevoegd kunnen worden, met specifieke aandacht voor het toetsen van een minimaal gelijkblijvende productiviteit van de afzonderlijke clusters. In een reeds bestaande organisatie is dit ingewikkelder. Vaak zijn al vele afdelingen gecreëerd die ondersteuning aan de organisatie verlenen. De uitdaging hierbij is vaak om het servicegerichte karakter in deze afdelingen naar een hoger niveau te brengen en ze inzicht te geven in de impact van hun handelen op het primaire voortbrengingsproces. In een continu proces moet holistisch worden gekeken naar het proces waarmee de stakeholders en gebruikers worden ondersteund. Figuur 24.3 is een schematisch overzicht zoals deze in het boek *Lean IT - Enabling and Sustaining Your Lean Transformation* (Bell & Orzen, 2011) wordt gehanteerd.

Ondanks het feit dat elke organisatie anders is en haar enabling services vanuit andere overwegingen samenstelt, zien we hier toch een aantal herkenbare onderwerpen in terugkomen. Herkenbare onderwerpen als enabling services van deze organisaties zijn onder andere de infrastructuur, architectuur, security en

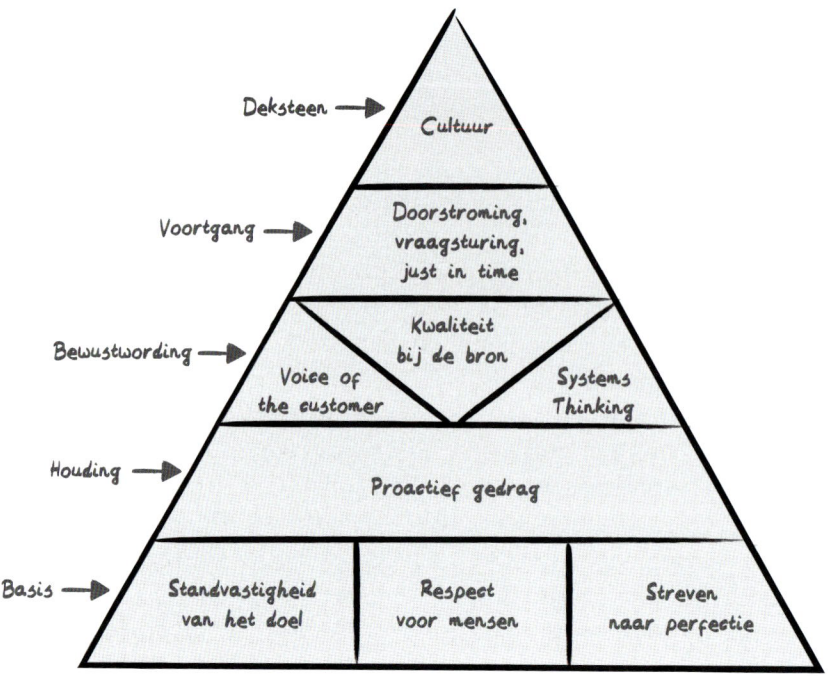

Figuur 24.3 Lean IT model van Steven C. Bell.

gebruikersondersteuning. Onderwerpen die dusdanig vaak voorkomen dat we hun specifieke eigenschappen in dit hoofdstuk verder bekijken.

Als we praten over ondersteunende teams en afdelingen als infrastructuur, architectuur, security en gebruikersondersteuning krijgen we vaak vragen of deze competenties niet gewoon binnen de ontwikkelteams georganiseerd moeten worden. Dat is een heel terechte vraag. Immers, de ontwikkelaars binnen Scrum moeten beschikken over alle kennis en kunde om de behoeften van de gebruikers en stakeholders om te kunnen zetten in een (potentieel) releasable product increment. Hoewel dit zeker binnen kleinere omgevingen en enkelvoudige teams nagenoeg altijd wordt nagestreefd, is het maar de vraag of dit in grote, ingewikkelde organisaties ook een wenselijke situatie is.

De focus van enabling services ligt op het mogelijk maken in plaats van beperken van de snelheid en wendbaarheid van de primaire flow. Wanneer we kijken naar een team in het primaire voortbrengingsproces, kunt u zich afvragen waarom ontwikkelteams niet hun eigen hardware maken of hun eigen assembler of compilers schrijven. Deze activiteiten zijn ook zeker waardevol in het kader van het leveren van functionaliteit aan de eindgebruiker. Toch wordt deze specifieke hard- en software vaak door andere leveranciers ontworpen en ontwikkeld en niet door de ontwikkelteams zelf. De keuze om dit zelfs buiten het 'normale' bedrijf te laten doen is zeer helder: het ondersteunt de snelheid en wendbaarheid van de teams in de primaire flow.

Wanneer deze gedachtegang wordt doorgetrokken naar bijvoorbeeld een 'eigen' datacenter geldt dezelfde redenatie. Voor de meeste teams zijn het installeren van servers, het onderhouden van storage en het organiseren van backup-faciliteiten geen activiteiten die direct gelieerd zijn aan het vervullen van de behoefte van de stakeholders. Het zijn hulpmiddelen, mits op de juiste wijze geleverd, die ondersteunend worden gebruikt om meer directe waarde aan de gebruikers te kunnen leveren. Hierbij ligt de nadruk op 'de juiste wijze'. Wanneer teams afhankelijk worden van het datacenter, om een nieuw increment beschikbaar te kunnen stellen, wordt de uitdaging ten aanzien van snel en wendbaar gauw groter. Zeker wanneer aan de kant van het datacenter de schaarste toeneemt en er keuzes moeten worden gemaakt over welke team of cluster voorrang krijgt boven de andere teams. Die uitdaging op het 'snel en wendbaar' neemt ook toe wanneer steeds meer restricties geplaatst worden op het gebruik van het datacenter en het daarmee steeds lastiger wordt om gewenste aanpassingen te kunnen uitvoeren in het datacenter.

Wanneer een datacenter wordt ingericht vanuit de gedachte om de snelheid van de teams en clusters te ondersteunen, verandert de onderliggende mindset. Door het eigenaarschap van de daadwerkelijke functionaliteit bij de primaire flow te laten, wordt de focus binnen de datacenter afdeling verlegd naar de dienstverlening die het datacenter te bieden heeft. Denk hierbij aan het optimaliseren van de performance van de container engine (voor containers) of hypervisor (voor virtual machines), het periodieke onderhoud van de servers of uitbreiding van de capaciteit over een langere periode, zonder de verantwoordelijkheid te hebben voor alle containers en virtual machines zelf dan wel hun onderlinge interactie binnen het gehele landschap. Wanneer zelfs het aanvragen of beëindigen van containers of virtual machines snel en zonder veel administratieve rompslomp kan worden georganiseerd is een werking gecreëerd waarin de ontkoppeling tussen de primaire flow en de enabling service is gerealiseerd.

De verschillende enabling services moeten zoveel mogelijk worden ontkoppeld van de primaire en secundaire flow waarbij gebruik wordt gemaakt van het enabling-concept. Dit concept kan worden gebruikt voor een breed scala aan onderwerpen die als enabling services kunnen worden ingericht.

Door gebruikmaking van het enabling-concept wordt de samenwerking tussen een tweetal partijen ingericht langs de assen van alignment en autonomie:
- **Gezamenlijke doelstelling (alignment)**: beide partijen meten het succes af aan een gezamenlijke (minimaal voor een set van meerdere clusters en het liefst een organisatie-brede) doelstelling. Denk hierbij aan de snelheid van

het IV-voortbrengingsproces, de gebruikerstevredenheid ten aanzien van het IV-portfolio, de businesswaarde die aan de gebruikers wordt geleverd, et cetera. Een gezamenlijke doelstelling zorgt dat geen tegenstellingen kunnen ontstaan en beide partijen gezamenlijk delen in het succes (of falen) van de IV-keten.

- **Gelijkwaardige verhouding (autonomie)**: beide partijen hebben een gelijkwaardige houding ten opzichte van elkaar en geen van de partijen kan de andere partij dwingen om iets te moeten doen. In veel organisaties is óf de primaire flow dominant (wat leidt tot een sterke versnippering van de betreffende onderwerpen) of is de enabling service dominant (wat leidt tot een sterke afname van de snelheid en wendbaarheid van het voortbrengingsproces). De essentie is dat geen van beide partijen een dominante positie heeft maar vanuit de eigen autonomie vrijheid van handelen heeft.
- **Minimale afhankelijkheden (autonomie)**: beide partijen hebben een minimale hoeveelheid van afhankelijkheden ten aanzien van elkaar. Daar waar afhankelijkheden ontstaan worden afspraken gemaakt waarmee de impact van deze afhankelijkheden sterk wordt gereduceerd. De essentie is dat beide partijen een groot deel van hun verantwoordelijkheid kunnen uitvoeren, zonder daarbij (op korte termijn) de ondersteuning van de andere partij nodig te hebben. Afhankelijkheden op lange termijn worden altijd gekoppeld aan ontwikkelingen in het portfolioproces.
- **Eigen ritme (autonomie)**: beide partijen kunnen elk een eigen ritme met onderliggende systematiek hanteren. Het is absoluut niet noodzakelijk om de teams en afdelingen binnen een enabling service ook volgens het agile gedachtegoed in te richten. De onhandige veronderstelling dat ook de enabling service het agile gedachtegoed móet hanteren wordt onderbouwd met de logica van: "… omdat de rest van de organisatie snel en wendbaar moet zijn". Zolang de enabling services het snel en wendbaar werken van de primaire flow niet beperken, kan elke systematiek worden gebruikt. Zo wordt de infrastructuur vaak ingericht aan de hand van ITIL (Bon, 2019), de architectuur aan de hand van TOGAF (The Open Group, 2018) en gebruikersondersteuning aan de hand van BISL (Outvorst & Pols, 2012). Waarbij gedurende de implementatie en doorontwikkeling continu wordt gevalideerd dat de snelheid en wendbaarheid van de teams niet negatief wordt beïnvloed.
- **Eigen verantwoordelijkheid (autonomie)**: ondanks het hebben van een gezamenlijke doelstelling hebben beide partijen ook een eigen, duidelijk gedefinieerde, verantwoordelijkheid. Het reduceren van het grijze gebied in de verantwoordelijkheid voorkomt continu discussie over welke partij verantwoordelijk is. Zeker door het inrichten van monitoring op de dienstverlening van beide partijen wordt voorkomen dat beide gelijktijdig worden geactiveerd als oplosgroep.

Ondanks het feit dat het enabling-concept geen nieuw concept is (public cloud dienstverlening is hier volledig op gebaseerd), gaat het binnen grotere organisaties toch vaak mis. Een relatief eenvoudige dienst als het inhuren van een nieuw lid van het ontwikkelteam, duurt vaak weken tot maanden in plaats van enkele dagen. Niet omdat het niet sneller kan maar omdat het niet sneller gaat. Processen voor een enabling service zijn vaak niet geoptimaliseerd op de effectiviteit van deze afdeling maar op de efficiëntie van deze ondersteunende afdeling. Waardoor er een vicieuze cirkel ontstaat van het keer op keer verdere maatregelen nemen die de kosten reduceren en daarmee inherent ook de effectiviteit van deze afdeling ondermijnen.

Wat u ziet is dat, in reactie op enkele incidenten uit de praktijk steeds meer restrictieve kaders worden ontwikkeld, om het ontstaan van incidenten te voorkomen. Denk bijvoorbeeld aan de situatie waarbij het profiel van een nieuwe medewerker door het management wordt opgesteld, waarmee de afdeling inkoop vervolgens de CV's van geschikte kandidaten selecteert. Het verwervingsproces zou daarmee als enabling service kunnen worden georganiseerd. Wat we dan niet doen is een centrale rol geven aan het ontwikkelteam die deze extra uitbreiding nodig heeft maar uiteindelijk wel worden geconfronteerd met het resultaat van het management-inkoop proces. Waarom kan een ontwikkelteam in de zoektocht naar een geschikte kandidaat niet de leidende rol nemen? Waarom verzorgt de combinatie van management en de afdeling inkoop niet alleen de ondersteuning aan dit ontwikkelteam waar nodig? Waarom duurt het proces weken tot maanden in plaats van enkele dagen? Dergelijke vragen hebben vaak heldere en logische antwoorden vanuit de historie. Deze historische antwoorden op de vragen zijn vaak minder logisch wanneer deze worden bekeken vanuit het oogpunt van de teams en afdelingen die vanuit een enabling service moeten worden gefaciliteerd.

24.2 ENABLING INFRASTRUCTUUR

De ondersteunende afdeling Infrastructuur bestaat over het algemeen uit een groot aantal specialistische teams die in onderlinge samenhang zorgdragen voor de volledige dienstverlening. Voorbeelden van dergelijke teams zijn Microsoft / Windows, Linux / Unix, werkplekken, datacenters, storage, netwerken, level 1, 2 en 3 support aangevuld met projecten. Afhankelijk van de dienstcatalogus heeft deze afdeling Infrastructuur het beheer over de datacenters, netwerken, servers, besturingssystemen, platform services tot en met volledige applicaties. Er is ten aanzien van de genoemde onderwerpen vrijwel altijd sprake van een nauw samenwerkingsverband tussen de software ontwikkeling- / beheerteams en de dienstverlening vanuit de infrastructuur.

In hoofdstuk 12 is de transformatie van ontwikkelteams naar DevOps teams beschreven waarbij is geconstateerd dat deze DevOps teams end-to-end de verantwoordelijkheid nemen over het ontwikkelde product. Deze beweging naar DevOps lijkt ogenschijnlijk in schril contrast te staan met de eindverantwoordelijkheid voor de door de infrastructuur geleverde dienstverlening. Als individuele teams, dan wel samengestelde clusters, op basis van hun eigen perspectief veranderingen kunnen doorvoeren in de gedeelde omgevingen, hoe kan de infrastructuur-afdeling dan verantwoordelijk worden gehouden voor de performance van het gehele landschap? Als we infrastructuur inrichten als enabling services ontstaat een duidelijke structuur waarop beide partijen effectief samen kunnen werken.

Enabling infrastructuur geeft een situatie waarin ontwikkelteams, op basis van een goed ingerichte continuous integration / continuous deployment (CI/CD) omgeving, grotendeels zelfstandig hun producten kunnen deployen in een door een afdeling infrastructuur beheerde omgeving. Door technieken als 'infrastructure as code' is het mogelijk om als ontwikkelteam (specifieke) aanpassingen te doen binnen de geleverde infrastructuur. Door middel van pipeline validaties wordt gekeken of aanpassingen passen binnen de onderliggende afspraken met de ontwikkelteams. Door het alleen toestaan van wijzigingen in de development omgeving en daarbij alle overgangen naar andere stages via CI/CD automation uit te voeren, kan een sterk gereguleerde omgeving worden gecreëerd die vanuit de primaire flow zonder directe ondersteuning van de infrastructuur teams kan worden doorlopen.

Het creëren van deze omgeving is mogelijk in een nauwe samenwerking tussen beide afdelingen. Gezamenlijk leggen zij een fundament waarop deze samenwerking zich verder kan ontwikkelen. Door het inrichten van periodieke afstemming tussen beide partijen wordt voorkomen dat elke partij een eigen beeld van de werkelijkheid ontwikkelt. Praktische implementaties van deze periodieke afstemming zijn bijvoorbeeld als onderdeel van de cyclus van het portfoliomanagement of als een specifieke community of practice voor de samenwerking met de infrastructuur.

De focus vanuit de primaire flow is gericht op het kunnen aanpassen, beheren en monitoren van hun product of dienst, zonder directe interventie vanuit de enabling service. Door het, middels instellingen (via configuratie items), kunnen instellen of aanpassen van gewenste infrastructuur services, kunnen (binnen kaders) de zelfstandigheid en daaraan gekoppelde eigenaarschap van ontwikkelteams steeds verder worden vergroot, zonder dat dit een negatieve impact heeft op de gedeelde omgevingen. De primaire flow kan hierin zowel als initiërende partij dan wel als oplosgroep optreden. Op basis van de informatie uit hun omgeving kunnen zij ook andere oplosgroepen rechtstreeks activeren. Om dit op een veilige wijze te kunnen uitvoeren, is een robuust systeemlandschap noodzakelijk waarbij wijzigingen automatisch worden teruggedraaid wanneer deze een negatieve impact hebben op één van de vele systemen in het gehele landschap.

De focus vanuit de infrastructuur is gericht op het creëren van transparantie in de noodzakelijke aanpassingen in de infrastructuur en ruimte te geven aan ontwikkelteams om hun software geschikt te maken voor de nieuwe infrastructuurversies. Door releasematig verbeteringen door te voeren in de infrastructuur kan de primaire flow op gecontroleerde wijze haar producten geschikt maken voor deze aanpassingen. Door actieve betrokkenheid bij het portfolioproces kan tijdig inzicht worden gecreëerd welke behoeften op (middel)lange termijn gaan spelen en kan effectief worden ingespeeld op nieuwe ontwikkelingen die zich binnen de organisatie voordoen. Ook kunnen aanpassingen die noodzakelijk zijn vanuit de infrastructuur als portfolio item worden aangeboden als technische verbeteringen van de informatievoorziening.

Praktisch gezien betekent dit vaak dat meerdere versies van de infrastructuur gelijktijdig beschikbaar zijn. De meest actuele versie (N) is de versie die in de huidige productieomgeving wordt aangeboden en waar alle systemen op draaien. Alle aankomende aanpassingen zijn doorgevoerd in de toekomstige (N + 1) omgeving waarbij de teams de mogelijkheid hebben om hun applicaties volledig te testen in deze omgeving. Door helderheid te geven wanneer alle producten op deze nieuwe omgeving moeten draaien, wordt de verantwoordelijkheid teruggelegd bij de primaire flow zelf. Afhankelijk van de omvang en impact van de aanpassingen kan gekozen worden voor een harde overgang (de producten werken niet meer indien deze niet voldoen aan nieuwe omgeving) of een zachte overgang (de producten kunnen niet meer worden gedeployed wanneer ze niet meer voldoen aan de nieuwe omgeving).

De snelheid en wendbaarheid van de ontwikkeling van producten neemt binnen organisaties onder druk van toenemende digitalisering steeds verder toe, waarbij het reduceren van het aantal afhankelijkheden en vergroten van zelforganisatie de meest belangrijke strategieën zijn.

Dit levert een aantal interessante vragen op voor de infrastructurele afdeling:
- Hoe anticiperen we vanuit onze afdeling op de beweging en zorgen we dat ontwikkelteams zelfstandig hun product kunnen aanpassen, beheren en monitoren?
- Hoe zorgen we voor heldere afspraken en de juiste verdeling van eigenaarschap tussen de producten die gebruik maken van onze infrastructuur met daarbij het onderhoud en beheer van de infrastructuur zelf?
- Hoe zorgen we voor een continue cyclus van leren en verbeteren waarbij we elkaar weten te versterken in plaats van beperken?

■ 24.3 ENABLING ARCHITECTUUR

De inkt op het Manifesto for Agile Software Development was nog niet droog, of de discussie laaide hoog op over de rol van de architect in de context van enterprise agility. Zeker het achterliggende principe 'The best architectures, requirements, and designs emerge from self-organizing teams.' droeg niet bij aan een goede relatie tussen de ondersteunende afdeling Enterprise Architectuur en de snelle, wendbare ontwikkelteams binnen de organisatie. Architecten beschouwen nog te vaak deze teams als indivi-  dualistisch, anarchistische tot ronduit onverantwoordelijk in hun activiteiten. Ontwikkelteams op hun beurt zien architecten te vaak als bureaucratisch, onrealistische en sterk beperkend. Hoewel in veel frameworks en teams die agility nastreven geen specifieke rol is opgenomen voor een architect, is architectuur wel een cruciaal onderdeel van en voor een zelforganiserend team.

In de praktijk zien we dan ook vaak dat teams die geen aandacht hebben voor bijv. enterprise architectuur vaak korte termijn keuzes maken die op lange termijn tot hoge beheerslasten, onnodige risico's of ingewikkelde integratieproblemen blijken te leiden. Dat teams die zonder kennis en vaardigheden op het gebied van softwarearchitectuur werken, vaak na het eerste half jaar een sterke afname zien van hun gemiddelde velocity. Waarom? Het werken onder architectuur helpt u aan guidelines die uw product niet alleen effectief in samenhang laten werken met andere producten binnen de organisatie maar u ook behoedt voor onvoorziene negatieve gevolgen over de langere termijn. De snelheid en wendbaarheid van teams gaat dan ook hand in hand met het werken onder architectuur.

	ROEKELOOS	OVERWOGEN
MET OPZET	'WE HEBBEN GEEN TIJD VOOR DESIGN'	'WE MOETEN NU OPLEVEREN EN DE CONSEQUENTIES AANVAARDEN'
ONBEDOELD	'WAT IS ONTKOPPELEN?'	'NU WETEN WE HOE WE HET HADDEN MOETEN DOEN'

Figuur 24.4 Technical Debt Quadrant van Martin Fowler.

Martin Fowler ontwikkelde in 2009 al het in figuur 24.4 gevisualiseerde Technical Debt Quadrant (Fowler, 2009) waarin hij aangeeft dat een groot deel van de technische schuld van ontwikkelteams ontstaat door onkunde en incompetentie op het gebied van softwareontwikkeling, design en architectuur. Diepgaande kennis en vaardigheid op het gebied van software design en architectuur is cruciaal om op professionele wijze software te kunnen ontwikkelen. Het gaat dan om kennis die actief in de hoofden moet zitten van degenen die de softwareproducten ontwikkelen en niet door een set van abstracte combinaties van kaders en richtlijnen kan worden afgedwongen.

Waarmee overigens niet wordt gezegd dat elk ontwikkelteam over een solution architect of software architect zou moeten beschikken. Er is duidelijk een verschil tussen architectuur als skill binnen een team en een architect binnen een team. Net als alle andere cruciale vaardigheden van een gemiddeld ontwikkelteam (zoals analyse, testen, coderen, packagen, deployen, monitoren, et cetera) is ook architectuur één van de skills die in het multidisciplinaire team aanwezig moet zijn. Door de noodzaak om teams niet te groot te laten worden (zie hoofdstuk 15), is dit eerder een gedeelde skill binnen het team dan een specifiek persoon.

We zien bij het schalen wel vaak dat bijvoorbeeld een solution architect of software architect als persoon ondersteuning verleent aan meerdere teams binnen één cluster. Vaak als lid van het ondersteunende team van de product owner wordt vooruitgekeken naar de product backlog items voor de aankomende sprint en worden architecturale aandachtspunten tijdig gesignaleerd en geadresseerd. De architect biedt ondersteuning bij het zo onafhankelijk mogelijk houden van verschillende items (modularisatie, ontkoppeling) en heeft een adviserende rol bij het opstellen van oplossingsstrategieën die met de ontwikkelteams worden ontdekt. De verantwoordelijkheid voor de oplossingsstrategie blijft hierbij altijd bij de ontwikkelteams liggen maar deze teams worden hierbij wel ondersteund door specialistische kennis van 'de architect'. Een belangrijk aandachtspunt hierbij blijft dat de solution architect of software architect geen bottleneck gaat vormen binnen de primaire flow, zeker wanneer het kennisniveau op dit gebied binnen de teams nog onvoldoende ontwikkeld is. Voorkom in alle gevallen dat de architect als een stage gate gaat optreden, waarin hij of zij een stempel van goedkeuring moet geven voordat het increment kan worden vrijgegeven.

Daarbij is het belangrijk om te realiseren dat architectuur geen product op zich is en ook niet als separaat item op de portfolio of product backlogs moet worden opgenomen. Architectuur is een hulpmiddel bij het optimaal ontwikkelen en onderhouden van het systeemlandschap maar vormt daarin geen eigen producten. Wel is het mogelijk dat op basis van de architectuur, producten (al dan niet zichtbaar) moeten worden aangepast in het systeemlandschap. In dergelijke gevallen worden deze aanpassingen meegenomen vanuit het operationele budget (CTO) van het applicatielandschap.

Tijdens de ontwikkeling is het belangrijk om tijdig signalen op te vangen wanneer eventuele ontbrekende onderdelen binnen de architectuur zichtbaar worden. Zeker op gebieden waar teams overlap hebben of juist verschillende oplossingsstrategieën beginnen te hanteren is het goed om de teams bijeen te brengen, vanuit de verschillende viewpoints van de softwarearchitectuur naar het issue te kijken en hier een gedegen, gezamenlijke oplossingsstrategie te formuleren. Vaak zien we bij grotere clusters dat de mensen vanuit de teams die beschikken over de architectuur-competentie zich organiseren in een cluster-brede community of practice, waar ook eventuele architecten op cluster-niveau bij aanhaken. Gezamenlijk zijn zij verantwoordelijk voor het definiëren, bijstellen en elimineren van cluster-specifieke architectuurprincipes en -afspraken, die zorg dragen dat het product optimaal blijft presteren in haar hele levenscyclus.

Op organisatieniveau zijn ook gespecialiseerde architecten te vinden die een rol hebben in het snel en wendbaar kunnen werken binnen de gehele IV-voortbrengingsketen. Enterprise architecten en meer specifiek business-, informatie- en IT-architecten, richten zich op de fundamentele ordening van (specifieke delen van) de organisatie en bewaken de kwaliteit van het handelen hierop. Deze fundamentele ordening wordt veelal beschreven met bedrijfs-brede principes en modellen. In het kader van het verhogen van de enterprise agility kan dit zowel een zegen als een vervloeking zijn. De meeste ontwikkelteams in snelle, wendbare organisaties werken al met een organisatie-brede Definition of Done (zie hoofdstuk 7). Deze bevat duidelijke kaders, wat het werken onder architectuur sterk vereenvoudigt. Wanneer deze kaders echter niet dienend maar beperkend zijn (wat zich vaak manifesteert in het totaal aantal kaders) gaat het mis en wordt de agility van de gehele IV-voortbrenging ondermijnd.

Het is en blijft daarom zaak om vanuit de architectuur continu de volgende vragen te blijven stellen:
- Wat kunnen wij doen aan de kennis en kunde in de ontwikkelteams / -clusters zodat wij het aantal kaders verder kunnen reduceren of vereenvoudigen?
- Hoe kunnen we de architectuurkaders van top-down ook bottom-up gaan bijstellen, zodat deze actief meebewegen met de uitdagingen binnen de IV-voortbrenging?
- Hoe verkleinen we de afstand tussen de ondersteunende architectuur-afdeling en de praktijksituatie binnen het primaire ontwikkelproces?

24.4 ENABLING SECURITY

Hoewel architectuur en security steeds vaker in één adem worden genoemd als het gaat om ondersteunende afdelingen binnen de IV-voorziening en soms zelfs over één kam worden geschoren, zijn er belangrijke verschillen te zien. Daar waar (gemis aan) architectuur over het algemeen zijn effecten laat zien op de lange termijn, heeft het (het gemis aan) security direct invloed op de risico's die een organisatie op dit moment loopt. Ook zien we dat architectuur vaak kaders kan formuleren vanuit meer algemene principes, terwijl de kaders vanuit security

in veel gevallen een stuk specifieker zijn. Eén verkeerde coderegel helpt over het algemeen niet de volledige architectuur om zeep maar één verkeerde coderegel is genoeg om de volledige security van een product te doorbreken. Hoewel security een breed vakgebied is, leggen we in dit artikel de focus op de security in relatie tot het IV-voortbrengingsproces.

Dus de inbedding van security binnen een snelle, wendbare organisatie is in de basis niet anders dan die van architectuur. Toch moet in de inrichting veel meer aandacht zijn op de wijze waarop met security wordt omgegaan. De checks en balances moeten nog steeds worden gerespecteerd. Aangezien de handeling van één team een groot risico kan opleveren voor alle teams, moeten snelle feedbacklussen worden ingericht hoe eventuele zichtbaar geworden risico's worden beperkt.

Door de snelle ontwikkelingen binnen het domein van security ligt de nadruk meer op het verhogen van het bewustzijn- en kennisniveau van alle betrokkenen in plaats van het scherp afbakenen van kaders. Door vanuit security actief te werken aan het verhogen van het collectieve kennisniveau binnen het gehele IV-voortbrengingsproces wordt de kans sterk vergroot dat mensen bij het herkennen van potentiële risico's ondersteuning vragen van specialisten op dit gebied. Door daarnaast ook periodiek contact te houden met de verschillende product owners en in meer detail te praten over de aankomende epic (slices), kan actief worden gemonitord of specifieke onderdelen mogelijk tot nieuwe security-vraagstukken gaan leiden.

Specifieke kaders (do's en don't binnen de producten) worden vaak geautomatiseerd binnen de CI/CD-pijplijnen gevalideerd, waardoor herkende onveilige code wordt geweerd en ook de specifieke (te automatiseren) controles direct kunnen worden doorgevoerd. De essentie ligt dan ook op het creëren van een snelle, wendbare CI/CD-omgeving waarin snel aanpassingen doorgevoerd kunnen worden in de validaties binnen de pipeline als aanpassingen in de volledige deployment-omgeving. Hoewel hierin veel historische onvolkomenheden kunnen worden gedetecteerd, blijft up to date kennis binnen de ontwikkelteams nog steeds van essentieel belang om ook potentiële toekomstige problemen tijdig te kunnen herkennen.

Het effectief schalen van de organisatie draagt bij aan het snel kunnen inspelen op herkende risico's. Door prioriteiten te kunnen stellen op het niveau van de organisatie kunnen snel risico's worden beperkt die vanuit security onder de aandacht zijn gekomen. Door het snel kunnen aanpassen van geautomatiseerde validatie kan op organisatieniveau worden bepaald binnen welke termijn risicovolle onderdelen van de applicatie moeten zijn aangepast. Uiteraard hebben dergelijke acties direct of indirect (via noodzakelijke infrastructuur-aanpassingen) impact op de backlogs van de verschillende ontwikkelteams dan wel hun velocity (doordat zij eerst aanpassingen moeten uitvoeren). Kortom, door het sterke effect moet hier uiteraard zorgvuldig mee worden omgesprongen.

Naast een gelijksoortige werking als architectuur zijn ook aanvullende activiteiten te onderkennen. Enerzijds liggen deze op het vlak van procescriteria, zoals het uitvoeren van een threat analyse. Anderzijds liggen deze op periodieke audits die worden uitgevoerd om eventuele risico's in kaart te brengen, zoals bijvoorbeeld een security assessment kan doen. Belangrijk in deze is (uiteraard afhankelijk van de kans en impact van het risico), dat dergelijke aanvullende maatregelen zo min mogelijk invloed hebben op het primaire proces.

De grootste vragen die een transformatie in het kader van enterprise agility met zich meebrengt voor de securityafdeling zijn:
- Hoe verhogen we de security awareness, kennis en kunde binnen de IV-voortbrengingsketen zodat zij securityvraagstukken tijdig kunnen onderkennen en hierop kunnen anticiperen?
- Hoe zorgen we dat we op gepaste wijze de verschillende elementen, om securityrisico's te mitigeren, inzetten met minimale impact op de snelheid en wendbaarheid van het IV-voortbrengingsproces?
- Hoe zorg ik voor balans in correctieve en mitigerende maatregelen als het gaat om security-uitdagingen binnen het IT-landschap?

24.5 ENABLING GEBRUIKERS

Het ondersteunen van gebruikers is één van de cruciale ondersteunende afdelingen binnen de IV-voortbrenging. Ook hier geldt dat dit theoretisch een vaardigheid is van een multidisciplinair ontwikkelteam maar in organisaties waar veel gebruikers moeten worden ondersteund, betekent dit dat een gemiddeld ontwikkelteam niet meer aan het ontwikkelen van een product toe komt. Terwijl het contact met de gebruiker, tijdens het ondersteunen, zorgt voor een fantastische feedback-lus om de gebruiksvriendelijkheid van het product onder de loep te nemen. Deze ondersteuning inrichten bij het ontwikkelteam is vaak niet een realistische oplossing als het team ook nog functionaliteit moet ontwikkelen.

Vandaar dat gebruikersondersteuning vaak in meerdere niveaus wordt ingericht, waarbij de gebruiker of de eerstelijns gebruikersondersteuning, zoveel mogelijk zelfstandig, de eventuele meldingen af moet kunnen handelen. Vanuit effectiviteit van het product en efficiëntie vanuit het ontwikkelteam, is het belangrijk om gebruikersgroepen te faciliteren met middelen waarmee zij zelfstandig een (groot) deel van de noodzakelijke aanpassingen door kunnen voeren. Dit betekent dat zowel het gebruiksbeheer als het beheer van functionaliteit zoveel mogelijk als onderdeel van de business moet worden georganiseerd (of in ieder geval als onderdeel van de business moet worden beschouwd), waarbij de hiervoor noodzakelijke functionaliteit wordt meegenomen als onderdeel van het te ontwikkelen product en niet wordt beschouwd als 'een tooltje die de IT-afdeling nodig heeft'.

Door het inrichten van gebruikersondersteuning als onderdeel van de business, kan de afweging tussen gebruiks- en functionaliteiten-beheer beter worden genomen. Wanneer onvoldoende rekening wordt gehouden met de behoefte van de gebruikers en de gebruiksvriendelijkheid van de applicatie, zal dat de belasting op de gebruikersondersteuning vergroten en vice versa. Bij de ontwikkeling van de producten kan de business de afweging maken tussen twee verschillende processen: welke acties ten aanzien van het product door een gebruiker te laten afhandelen of door (hun eigen) gebruikersondersteuning. Door een sterkere positionering van de gebruiksondersteuning processen wordt een grote stap gezet in de verdere professionalisering van de IV-voortbrenging.

Als product owner is het van belang om een goede relatie te hebben met de gebruikersondersteuning en deze daarin ook als key stakeholder te beschouwen. Immers, de directe impact van (on)handige keuzes die worden gemaakt is vaak direct zichtbaar bij deze afdeling. Als geen ander weten zij te duiden hoe het product wordt gebruikt en vooral ook waar de meeste problemen zich bevinden. Om die reden zijn deze teams / afdelingen vaak direct gekoppeld aan de product owner en zijn of haar ondersteunende team.

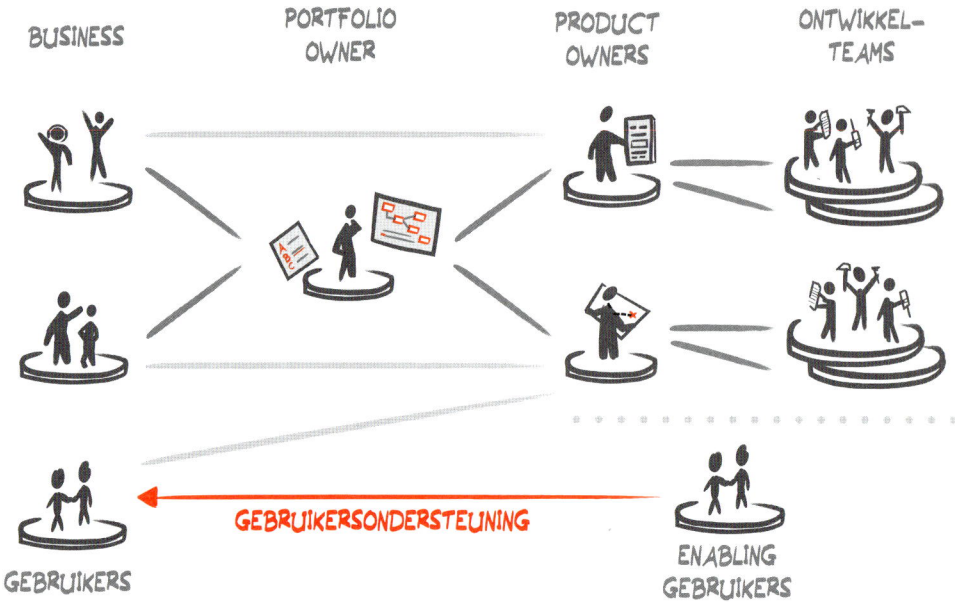

Figuur 24.5 Enabling gebruikers als enabling service ter ontlasting van de clusters.

De belangrijkste teams of afdelingen die bij enabling gebruikers worden onderscheiden zijn:
- **Gebruikersondersteuning**: het afhandelen van (functionele) vragen, melden van incidenten, handmatige uitvoering van processtappen, het verschaffen van autorisaties, et cetera.
- **Management van informatie**: het beheren van master data, onderhoud van stamtabellen, inladen van externe bronnen, het doorvoeren van aanpassingen in datasets, het samenstellen van queries op maat, et cetera.
- **Management waardeketen**: het afstemmen van ontwikkelingen in de waardeketen, het coördineren van nieuwe ontwikkelingen, het valideren van een correcte werking van de waardeketen, et cetera.

Hoewel deze aspecten van enabling gebruikers een sterk raakvlak hebben met BISL-processen binnen gebruiksondersteuning, ligt de focus primair op de gebruikersorganisatie en minder op de 'functioneel beheer'-organisatie. Het één op één toepassen van best practices op het gebied van BISL is dan ook niet aan te raden.

Een alternatieve inrichting is dat deze teams werken als support team van de ontwikkelteams. Hierdoor ligt het eigenaarschap nog steeds bij de ontwikkelteams, alleen hebben zij het support op een eenduidige wijze georganiseerd. In dit geval is het wel belangrijk dat goede afspraken worden gemaakt over welke items gewenste outcomes zijn (en dus via de product owner en de product backlog lopen) en welke items ongewenste output veroorzaken (bugs die tot de verantwoordelijkheid van het ontwikkelteam behoren).

■ 24.6 HET CREËREN VAN EEN ENABLING SERVICE

Enabling service ontstaan vaak door het extraheren van specifieke activiteiten vanuit de primaire flow. Door het doorlopen van een aantal ontwikkelingstappen kunnen de primaire flow en de enabling service beiden in een eigen cadans en met aandacht voor de eigen uitdagingen effectief samenwerken. Het organiseren van onderdelen uit de primaire flow als een enabling service (bijvoorbeeld het contractmanagement, de werving, et cetera) moet met zorg gebeuren met oog op de hoeveelheid afhankelijkheden die hierbij kunnen ontstaan. Hier geldt dat de werkzaamheden die in een enabling service worden ondergebracht van hoge kwaliteit zijn voordat deze worden opgeschaald naar de rest van de organisatie.

Hiervoor worden de volgende ontwikkelingsstappen gehanteerd:
1. **Isoleren van de set aan activiteiten binnen de primaire flow**: de afhankelijkheden tussen activiteiten in de primaire flow en de over te brengen activiteiten worden systematisch gereduceerd, tot het moment dat deze activiteiten geen directe impact meer hebben op de primaire flow. Alleen wanneer de set aan activiteiten volledig is geïsoleerd van de primaire flow kan deze naar de secundaire flow worden overgebracht.
2. **Inrichting van ondersteuning en overdracht naar de secundaire flow**: wanneer activiteiten naar de secundaire flow worden overgebracht moet hiervoor ondersteuning worden ingericht. In sommige gevallen worden kennis en vaardigheden overgebracht inclusief een lid van een ontwikkelteam maar in de meeste gevallen wordt extra capaciteit vanuit de organisatie hiervoor aangetrokken om de productiviteit van het ontwikkelteam niet negatief te beïnvloeden.
3. **Optimaliseren van de set aan activiteiten en verregaande generalisatie**: de volledige ondersteuning van de secundaire flow wordt verder geoptimaliseerd om een optimale, effectieve ondersteuning aan het cluster te kunnen bieden. Activiteiten die vanuit de secundaire flow potentieel worden georganiseerd als enabling service worden steeds meer gegeneraliseerd waardoor hun toepasbaarheid ook buiten het cluster steeds verder toeneemt. Door de vorming van een community of practice over de clusters heen wordt het formeren van een uiteindelijk team of afdeling als enabling service vereenvoudigd.
4. **Eigenaarschap op de set van activiteiten beleggen in de enabling service**: de laatste stap in het creëren van een team of afdeling binnen een enabling service is de overdracht van het eigenaarschap vanuit de secundaire flow naar de enabling service. Zeker in de beginperiode is het essentieel om de aansluiting van dit team of afdeling op de rest van de clusters nauwgezet te volgen en aandacht te hebben voor de gezamenlijke doelstelling, de gelijkwaardige verhouding en het vinden van een eigen ritme en verantwoordelijkheid.

Voor het transformeren van bestaande teams of afdelingen naar een enabling concept is geen set van generieke ontwikkelingsstappen beschikbaar. Afhankelijk van de aard en inrichting moet gekeken worden op welke wijze het enabling-concept het beste toegepast kan worden. Voor veel organisaties betekent dit dat initieel de aandacht moet worden gelegd op het reduceren van de afhankelijkheden vanuit de enabling services, primair door het op een andere wijze organiseren van de verantwoordelijkheden. Dit vereist een sterke mate van 'omdenken', waarbij bestaande best practices vaak gestoeld zijn op een andere inrichting van de organisatie en daarom beter vermeden kunnen worden.

Door aandacht te blijven houden voor de assen van ontwikkeling van de enabling services kunnen deze teams of afdelingen verder worden geoptimaliseerd, waarbij effectiviteit te allen tijde voorrang moet krijgen boven efficiëntie. Ondanks dat zij vanuit een enabling service indirect ondersteuning bieden, is continu verbeteren één van de belangrijkste eigenschappen om de ondersteuning met de ontwikkeling van de organisatie mee te laten groeien.

■ 24.7 VAN AFDWINGEN NAAR ONTDEKKEN

Om enabling services een succesvolle bijdrage te laten leveren aan de algehele enterprise agility moet een duidelijk mindset-verschuiving plaatsvinden. Veel van de eerdergenoemde afdelingen die al bestonden voor het verhogen van de enterprise agility, hebben vanuit de historie een mindset ontwikkeld waarin deze afdelingen de positie hadden om te bepalen, te bedenken en de wijze van uitvoering af te dwingen. Op theoretische, overzichtelijke en efficiënte basis konden keuzes gemaakt worden op redelijke afstand van de praktijk. Het past binnen een Plan | Execute aanpak. Veel van de afdelingen binnen enabling services kennen de cultuur, het bijbehorende taalgebruik en gedrag die horen bij het 'mijn wil is wet' of 'afspraak is afspraak' besturingssysteem. Om enterprise agility te doen slagen moeten enabling services nieuwe ontwikkelingen in de praktijk volgen en samen met de praktijk willen ontdekken. Het vraagt om de inzet van nieuwsgierigheid die gericht is op de praktijk. Het vraagt eveneens om een ander taalgebruik. Het gebruik van taal moet daarin verschuiven van het stellen van regels naar het bevragen van de individuen en teams over patronen zoals deze in de praktijk worden gebruikt. Het gaat immers om het ontdekken en stimuleren van werkwijzen die kunnen bijdragen aan de snelheid, wendbaarheid en betrouwbaarheid van onze organisatie als geheel.

■ 24.8 DUS...

Naast de meer specifieke ondersteuning van clusters op hun productontwikkeling is vaak ook een meer generiek fundament aanwezig: de enabling services. Enabling services zijn onder andere de infrastructuur, architectuur, security en gebruikersondersteuning. De focus van enabling services ligt op het mogelijk maken van snelheid en wendbaarheid van de primaire flow waarbij het onbedoeld of onbewust beperken van de flow moet worden voorkomen. De verschillende aspecten moeten zoveel mogelijk worden ontkoppeld door middel van het 'enabling'-concept. Enabling infrastructuur is een situatie waarin ontwikkelteams op basis van goed ingerichte CI/CD-omgeving grotendeels zelfstandig hun producten kunnen deployen in een door infrastructuur ontwikkelde en beheerde omgeving. Enabling architectuur is gericht op het verhogen van de snelheid en wendbaarheid van ontwikkelteams, waarbij zowel de korte termijn als de lange termijn worden geborgd. Enabling security beperkt zoveel mogelijk risico's die vanuit security naar voren komen, met minimale impact op de snelheid en wendbaarheid van het ontwikkelproces. Enabling users is gericht op het op dusdanige wijze organiseren van de gebruikerssupport waarbij verschil wordt gemaakt tussen de producten enerzijds en de dienstverlening vanuit deze producten anderzijds. Door het op de juiste wijze (ont)koppelen van enabling services en de primaire flow kunnen beide omgevingen in een eigen ritme en met aandacht voor de eigen uitdagingen toch effectief samenwerken.

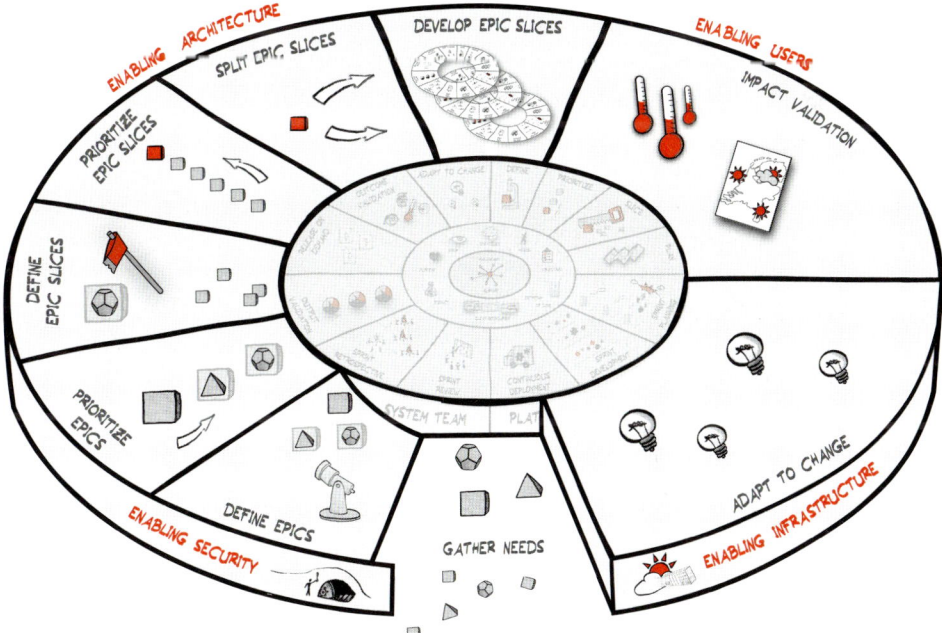

Figuur 24.6 Het ScALE framework met de onderliggende enabling services: enabling security en enabling infrastructure.

E Agility op het niveau van de business

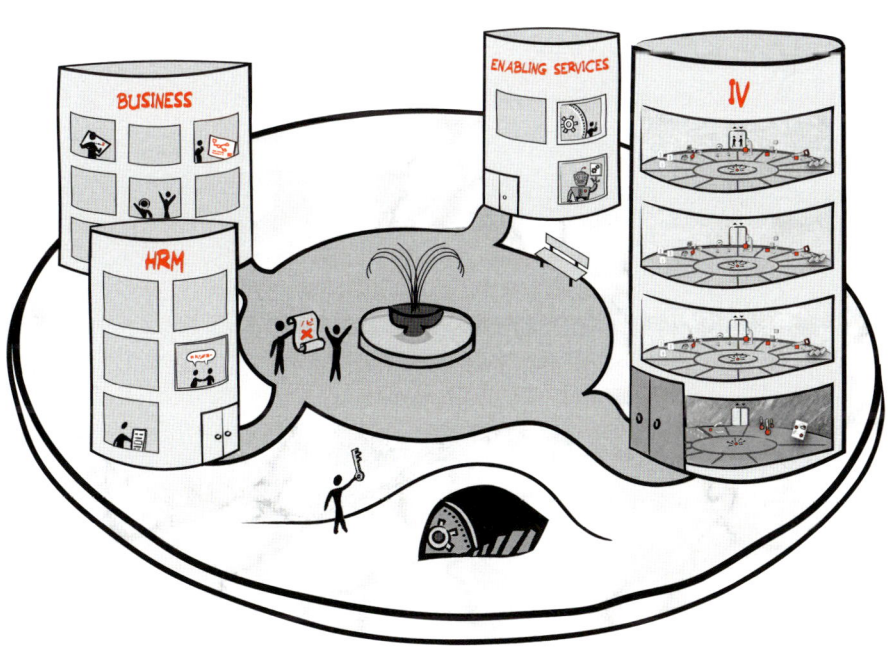

25 De noodzaak van business agility

In hoofdstuk 1 zijn we gestart met het schetsen van de belangrijkste redenen waarom organisaties hun enterprise agility moeten verhogen om effectief te kunnen opereren in een dynamische omgeving. De snelheid waarmee de wereld verandert neemt exponentieel toe en heeft een enorme impact op de wijze waarop organisaties onderling en ten opzichte van hun klanten zakendoen. Gedreven door een toenemende globalisatie nemen zowel de potentiële marktomvang als de eenvoud van het toetreden tot die markt steeds verder toe, waardoor de wereldwijde concurrentie verder accelereert. Ook technologische ontwikkelingen volgen elkaar steeds sneller op en in samenhang met nieuwe generaties die deze technologie sneller absorberen, waarmee de marktposities van organisaties continu onder druk komen te staan. Het realiseren van enterprise agility is dus van cruciaal belang om als organisatie in deze dynamische omgeving relevant te blijven.

Door de sterke invloed van verregaande en soms disruptieve digitalisering focussen veel van de organisaties zich, bij het verhogen van hun enterprise agility, primair op het creëren van een snelle, wendbare informatievoorziening. De gedachtegang hierbij is dat de effectiviteit van de organisatie een directe relatie heeft met de mate waarin de informatievoorziening zich kan aanpassen aan de ontwikkelingen in de markt. Toch blijkt dit maar de helft van het hele plaatje te zijn.

Het creëren van een snelle, wendbare informatievoorziening mag dan misschien randvoorwaardelijk zijn om te kunnen opereren in een dynamische omgeving, maar biedt zonder het verhogen van de business agility nauwelijks enige toegevoegde waarde. De snelheid en wendbaarheid van de informatievoorziening is een middel, geen doel. Wanneer een organisatie niet in staat is om op basis van deze snelheid en wendbaarheid daadwerkelijk impact te maken binnen de business operations, kunnen zowel de waarde als de investeringen in de informatievoorziening op geen enkele wijze worden gerechtvaardigd. De informatievoorziening is een katalysator voor de effectiviteit en de efficiëntie van de business operations. Denk aan betere en snellere besluitvorming op basis van betere en snellere informatie. Betere en snellere dienstverlening die continu wordt aangepast aan de laatste behoefte en ontwikkelingen binnen de markt. Betere en snellere reacties op fluctuaties binnen waardeketens en betere en snellere business operations door effectief gebruik te kunnen maken van het principe van de The Long Tail (Anderson, 2014).

Aanpassingen vanuit de business leiden, door de sterke afhankelijkheid, veelvuldig tot aanpassingen in de informatievoorziening dan wel de automatisering daarvan en vice versa. Nieuwe inzichten zijn gewenst of bestaande inzichten moeten worden aangepast. Registratieve systemen moeten functioneel worden uitgebreid om de nieuwe werkwijze te ondersteunen. Nieuwe rollen vereisen mogelijk een andere structuur van gebruiksrechten. Nieuwe of gewijzigde wetgeving vereist andersoortige controles binnen het systeemlandschap. Afdelingen en daaraan gekoppelde verantwoordelijkheden worden gesplitst of samengevoegd en zo kunnen we nog wel even doorgaan. Ondanks de sterke afhankelijkheid en verregaande integratie tussen de business en de informatievoorziening, moet de specifieke relatie tussen beide partijen niet uit het oog worden verloren. De business is leidend in het bepalen waar de prioriteiten liggen ten aanzien van *wat* met de informatievoorziening bereikt moet worden en niet andersom.

We zien dat door de snelle groei en afhankelijkheden van informatietechnologie de invloed van de informatievoorziening sterk is toegenomen. In sommige organisaties hebben zij zichzelf een leidende rol toegedicht om, onder noemers als enterprise architectuur, applicatierationalisatie en kostenbesparing, een steeds grotere stempel te drukken op de wijze waarop de business door informatievoorziening wordt ondersteund. Zeker met grotere en meer geconsolideerde enterprise-brede systemen als SAP en Oracle, is het vaak eenvoudiger om de businessprocessen aan te passen aan de informatievoorziening dan andersom. Hoe kan het zijn dat een instrument dat is ontstaan ter ondersteuning van de business zo'n bepalende rol heeft op de business operations?

Sinds de opkomst van computersystemen worden steeds meer processen ondersteund tot volledig vervangen door verregaande automatisering. De business kan niet functioneren zonder deze informatievoorziening en andersom. Door onbegrip en onvoldoende aansluiting binnen de business (denk aan de noodzakelijke diepgang van specificaties, de technische mogelijkheden, gehanteerde jargon, mate van abstractie, et cetera) werden steeds meer verantwoordelijkheden bij de informatievoorziening neergelegd. Door de groei en complexiteit van informatiesystemen was het vaak eenvoudiger om de business operations aan te passen dan de informatiesystemen zelf. Het gevolg is dat de gebruiker juist extra belasting ervaart bij de automatisering, in plaats van zichzelf ondersteund voelt. De snelheid waarmee de technologie zich ontwikkelt zorgt voor steeds meer aandacht voor het up to date houden van het applicatielandschap. Daarbij wordt nog niet eens rekening gehouden met grootschalige ontwikkelingen als service-oriënted architecturen, microservices, object-oriented databases, cloud-strategieën, linked data, big en open data, et cetera.

Hoewel de informatievoorziening een instrument ter ondersteuning is van de business, drukt deze in veel organisaties toch een enorm stempel op de werkwijze van de business. De enige personen die aan het stuur van de informatievoorziening moeten zitten zijn de business owners. Met business owners aan het stuur, bedoelen we ook echt 'aan het stuur'. Dus niet de rest van de spreekwoordelijke auto. Zij moeten ver wegblijven van het beantwoorden van vragen als: "Hoe moet de motor optimaal worden ontwikkeld, afgesteld of onderhouden?" De business stuurt de informatievoorziening door middel van het helder prioriteren van haar behoefte en wordt middels een continue stroom van nieuwe capabilities in staat gesteld om steeds beter haar operations uit te kunnen voeren, zonder hierbij zelf haar handen vuil te moeten maken door aan de motor te gaan sleutelen.

Deze business owners, vanuit de business-zijde van de organisatie, zijn (eind) verantwoordelijk voor het realiseren van de ondernemingsstrategie of specifieke afgeleide onderdelen daarvan. De ondernemingsstrategie bestaat uit verschillende onderdelen, waaronder de visie, missie, kernwaarden, strategische doelstellingen, unieke competenties en beschikbare middelen. Teneinde het resultaat van de business-inspanning verder te verbeteren worden vaak aanpassingen doorgevoerd in verschillende elementen van de bedrijfsvoering, waaronder de bekende PIOFACH-aspecten[15]. Kortom, de essentie waarom de organisatie bestaat en bestaansrecht heeft.

De business heeft hierin zowel een verantwoordelijkheid voor de korte als de lange termijn. Op de korte termijn richt zij zich op een effectieve en efficiënte uitvoering van de business operations, waarbij continu moet worden ingespeeld op de laatste ontwikkelingen en inzichten van het business-domein. Door het op gestructureerde en gecontroleerde wijze veranderen van de business operations moet zij zorgdragen dat de organisatie ook op lange termijn steeds een relevante positie heeft. De continue stroom van ontwikkeling en aanpassing van de business operations leidt tot een continue stroom van te vervullen behoeften richting de informatievoorziening. De uitdaging ligt daarbij op de juiste balans tussen het invullen van behoeften uit de business en het ontwikkelen en optimaliseren van de informatievoorziening zelf.

---

15 PIOFACH is een acroniem binnen de bedrijfsvoering en staat voor personeel, informatievoorziening, organisatie, financiën, automatisering, communicatie en huisvesting.

Het grote gevaar van de business in een leidende positie is dat de focus komt te liggen op het invullen van de businessbehoefte, in de vorm van vraag om functionaliteit, in plaats van de integriteit van de sterk samenhangende informatievoorziening. Hoe meer de balans doorslaat naar de business hoe groter de kans op het ontstaan van zogenaamde punt-oplossingen en snelle work arounds. Dit effect wordt versterkt naarmate de business meer mogelijkheden heeft om de informatievoorziening direct te vertellen wat en hoe zij haar werk moet doen. Door het vertroebelen van het onderscheid tussen de verantwoordelijkheden van de business en de informatievoorziening ontstaat een negatieve spiraal die een volwassen relatie tussen beide partijen enorm onder druk zet.

Dit is één van de redenen waarom de informatievoorziening over verloop van tijd een steeds meer dominante positie is gaan innemen. De consequenties van een verkeerde manier van samenwerken hebben sterk negatieve effecten op de Total Cost of Ownership (TCO) (Twin, 2022) en stabiliteit van het IT-landschap. Hierdoor ontstaat over een lange termijn een situatie waarin het landschap economisch niet langer houdbaar is of treffen we een instabiliteit aan die de business niet op betrouwbare wijze kan ondersteunen. Het effect dat daaruit ontstaat, is dat de informatievoorziening haar positie verder versterkt om het landschap weer terug te brengen in een effectieve en efficiënte vorm. Dat heeft tot gevolg dat de business agility verder wordt ondermijnd. In de zoektocht naar het verhogen van enterprise agility moet deze spiraal worden doorbroken.

Hoe zorgen we ervoor dat de business toch aan het stuur van de informatievoorziening kan staan, zonder de nadelige effecten van een verhoogde TCO of degradatie van de integriteit te faciliteren? De sleutel zit in het scheiden van de **businessbehoefte** en de **IV-oplossing**, door aandacht te hebben voor het koppelvlak tussen business en informatievoorziening, waarbij beide partijen elkaar respecteren op inzichten, kennis en vaardigheden binnen de respectievelijke gebieden. Zo ontstaat een situatie waarin zowel de gehele waardeketen zich kan versnellen en het eigenaarschap binnen het eigen gebied toch behouden wordt.

Door zowel de focus van de business te richten op het verhogen van de business agility als de focus van de IV-voortbrenging te richten op het creëren van een snelle, wendbare informatievoorziening ontstaat:

- een waardeketen waarin de samenwerking essentiële capabilities biedt voor de business;
- een waardeketen waarmee hypotheses sneller kunnen worden gevalideerd en nieuwe behoeften van specifieke doelgroepen op korte termijn kunnen worden ingevuld;
- een waardeketen waardoor aanpassingen direct door de lijnorganisatie kunnen worden uitgevoerd in plaats van altijd via uitgebreide projecten en programma's doorgevoerd te moeten worden;

- een waardeketen waarmee de laatste inzichten direct kunnen worden omgezet in activiteiten die daadwerkelijk impact maken.

Kortom, het vermogen dat noodzakelijk is om een de dynamische omgeving van vandaag en morgen te kunnen overleven.

25.1 DUS...

Om als organisatie effectief in een dynamische omgeving te kunnen opereren is een snelle, wendbare informatievoorziening van cruciaal belang. Hoewel de informatievoorziening een instrument ter ondersteuning is van de business, drukt deze in veel organisaties een enorm stempel op de werkwijze van de business. Dit is de wereld op zijn kop; de business moet leidend zijn in het bepalen van de prioriteiten ten aanzien van hun informatievoorziening. Het grote gevaar van de business in deze leidende positie is dat de focus vooral komt te liggen op specifieke, vaak urgente business-oplossingen ten koste van de integriteit van de gehele informatievoorziening. Binnen de informatievoorziening is de impact van deze oplossingen op korte termijn vaak onschuldig van aard maar hebben op lange termijn desastreuse gevolgen. De sleutel tot een effectieve samenwerking zit in het scheiden van de business die hun behoeften formuleert en de IV-organisatie die zich buigt over de mogelijke oplossingen.

26 Een effectieve samenwerking tussen business en IV

Als de business en de informatievoorziening zowel elkaars positie respecteren als elkaar vrijheid van handelen geven, ontstaat een gezonde basis voor een effectieve samenwerking. De business heeft daarin een leidende positie om aan te geven **wat** zij willen bereiken met het aanpassen van de informatievoorziening: door het specificeren en prioriteren van haar businessbehoeften. De informatievoorziening heeft een leidende positie in het bepalen **hoe** die behoefte ingevuld kan worden, door het ontwikkelen of aanpassen van **IV-oplossingen**.

Als de focus van de business komt te liggen op het formuleren en prioriteren van behoeften in plaats van oplossingen, ontstaat ruimte voor de informatievoorziening om met een optimale, integrale en onderhoudbare oplossing te komen. De focus verschuift van output (meer IT-functionaliteit) via outcome (beter ingevulde behoeften) naar impact (realiseren van baten). De business kan zich daarmee richten op het effectief bereiken van haar doelen in plaats van afgeleid te worden door de middelen die daarvoor nodig zijn. De informatievoorziening kan daarin gebruik maken van de nieuwste ontwikkelingen of juist bewezen technologie, waarbij het verlagen van de cost of change door alle besluitvorming heen verweven kan worden.

■ 26.1 EEN SNELLE, WENDBARE IV BIEDT NIEUWE MOGELIJKHEDEN ...

Het verhogen van enterprise agility richt zich niet alleen op het creëren van een snelle, wendbare informatievoorziening maar juist op het uitbreiden van mogelijkheden om als business te kunnen opereren. Hoewel de meeste transformaties voor het verhogen van enterprise agility vaak beginnen in de informatievoorziening, zijn het juist de nieuwverworven mogelijkheden waarin voor de business de meeste waarde zit. Dit betekent dat een transformatie om de informatievoorziening snel en wendbaar te krijgen misschien wel succesvol kan zijn uitgevoerd en dat daarbij de transformatie om de enterprise agility te verhogen dan nog niet is afgerond. Alleen wanneer de nieuwe mogelijkheden van een snel en wendbare IV uiteindelijk leiden tot het verhogen van de business agility, kunnen de echte vruchten worden geplukt van het verhogen van de enterprise agility.

Door een snelle, wendbare informatievoorziening is het mogelijk geworden om van periodieke 'big bang' implementaties over te gaan naar een continu stroom van kleinere aanpassingen binnen zowel de business als de informatievoorziening. Hierdoor kunnen businessaanpassingen veel eenvoudiger worden doorgevoerd, waardoor ook de implementatie-inspanning sterk wordt gereduceerd. Door de eenvoud van deze aanpassingen is ook de noodzaak sterk afgenomen om alle (voorheen moeilijke) veranderingen via programma's en projecten te laten lopen. De lijnorganisatie is in staat om een veel groter deel van de behoefte nu zelfstandig uit te voeren, ondersteund door snelle opleveringen voor hun businessbehoefte vanuit de informatievoorziening en ontstaat de mogelijkheid voor een sneller feedback-lus waarmee tijdig op basis van inzichten kan worden bijgesteld.

Het voorgaande sluit het gebruik van programma's of projecten niet uit. Wanneer het voor een businessbehoefte noodzakelijk is om meerdere PIOFACH-aspecten gelijktijdig en integraal aan te passen, specifiek wanneer de uitvoering veel kenmerken heeft van het complicated-domein, kan juist wel gebruik gemaakt worden van programma's of projecten. De grotere rol van de lijnorganisatie in het continu maar gelijkmatig aanpassen van de business operations, leidt ertoe dat de druk op de vaak overbelaste projectorganisatie afneemt. Door de toegenomen flexibiliteit van de informatievoorziening kunnen nieuwe ontwikkelingen of aanpassingen, sneller, effectiever en efficiënter worden uitgevoerd. Hierdoor wordt ook de noodzaak van de business om zich 'te schikken' naar de informatievoorziening steeds verder gereduceerd, met het gevolg dat de complexiteit van programma's en projecten verder wordt gereduceerd.

Het wordt voor de business mogelijk om hypotheses veel sneller en eenvoudiger te laten testen door het uitvoeren van kleinschalige experimenten. In plaats van te denken in oplossingen kan de business, samen met de IV, nieuwe mogelijkheden verkennen door het formuleren van hypotheses en deze door kleinschalige experimenten vanuit de informatievoorziening zo snel mogelijk te (in)valideren. Proefondervindelijk kan dan ook beter worden vastgesteld wat de meest effectieve (en daarna efficiënte) wijze is waarop de business de ondernemingsstrategie ten uitvoer brengt. Deze beweeglijkheid maakt het mogelijk dat de business beter met potentiële marktkansen kan spelen, alvorens zich echt te richten op definitieve oplossingen.

Het effect dat het valideren van hypotheses heeft, kan en mag niet worden onderschat. In nog te veel organisaties worden omvangrijke programma's uitgevoerd op basis van een business case, waarbij de organisatie pas na jaren het inzicht verwerft dat de gewenste impact vanuit de business case toch niet of onvoldoende kan worden bereikt. Wanneer dit inzicht door valideren sneller kan worden bereikt, door experimenten op basis van een serie hypotheses, kunnen enorme desinvesteringen en daaraan gekoppelde risico's worden voorkomen. Een systeem dat zich in met name research & development-organisaties al heeft bewezen en door elke organisatie met een snelle, wendbare informatievoorziening direct kan worden ingezet.

■ 26.2   ... EN BRENGT OOK NIEUWE RISICO'S

De starheid van de informatievoorziening had ook een groot voordeel: het dwong de business om nieuwe initiatieven te consolideren of in ieder geval in samenhang met elkaar te beschouwen. Door een snelle, wendbare informatievoorziening lopen onvoorbereide organisaties dan ook de kans dat de autonomie van individuen, afdelingen en initiatieven de overhand krijgt ten opzichte van de organisatiebrede alignment. De grensovergang tussen maximale innovatiekracht van de business en stilstand door totale chaos is daarmee een stuk smaller geworden. De noodzaak voor een heldere richting en duidelijke kaders zijn essentiële elementen om als business effectief te kunnen opereren op korte en lange termijn.

Zeker wanneer de business nog onvoldoende inzicht heeft op welke wijze zij effectief haar business agility moet en kan verhogen, is de kans groot dat business owners en programmamanagers te veel focus hebben gericht op de ontwikkeling van de IV-oplossingen. Echter, doordat veel meer kleinere behoeften gelijktijdig worden ontwikkeld binnen de informatievoorziening, leidt dit tot een exponentiële groei van het aantal personen dat zich (onterecht) met de ontwikkeling van de IV-oplossingen gaat bemoeien. Het is niet ongewoon dat ontwikkelaars op één dag door vier of vijf verschillende personen worden aangesproken over backlog items waaraan het cluster zich heeft gecommitteerd. In deze organisaties is het voor scrum masters een dagtaak om de stakeholders bij de ontwikkelaars weg te houden en hun te leren hoe zij effectief met een snelle, wendbare IV-organisatie kunnen samenwerken.

Het uitvoeren van vele verschillende experimenten en daarmee het valideren van hypotheses ondersteunt de business in effectieve besluitvorming en het beperken van grote risico's maar kan ongecontroleerd ook doorslaan tot een continue zoektocht naar meer en betere informatie. Door alle aandacht voor meer en betere informatie komt het creëren van outcome en daarmee het bereiken van impact onder druk te staan. Zeker wanneer grotere veranderingen, via een hele serie van kleinschalige iteraties wordt doorgevoerd, kan het zijn dat nooit momentum ontstaat. In tegenstelling tot een mokerslag brengen we nu een hele serie van kleine tikjes uit die, ondanks dezelfde mate van inspanning, onvoldoende zijn om 'een deuk in een pakje boter te slaan'. Het risico is dat de business nauwelijks meer grote stappen zet en zich door een continue stroom van kleine ontwikkelingen laat leiden.

Aan de andere kant is het mogelijk dat de business niet of nauwelijks gebruik maakt van de mogelijkheden van een snelle, wendbare informatievoorziening. Door vooraf heldere, duidelijke specificaties op te stellen, deze al dan niet iteratief door de informatievoorziening te laten ontwikkelen en pas na het opleveren van het laatste increment de IV-oplossing te implementeren, heeft de impact van een snelle, wendbare informatievoorziening geen enkel effect op de wijze waarop de business wordt uitgevoerd. In de praktijk blijkt echter dat wanneer geen of onvoldoende gebruik wordt gemaakt van opgeleverde incrementen, de portfolio owner en product owners over verloop van tijd een andere prioriteitstelling gaan hanteren. Immers, de desinteresse en overeenkomstig gebruik, geeft een sterke indicatie af dat niet de maximale waarde voor de organisatie wordt geleverd. Hierdoor ontstaat een ingewikkeld spanningsveld waarop vaak op sturingsmechanismen wordt teruggegrepen die vooral geschikt zijn voor het werken in het complicated-domein. Hierbij kan worden gedacht aan het vastzetten van de scope, detaillering van het gehele product, planning op basis van capaciteit, et cetera.

Om dergelijke risico's te beperken is het daarom belangrijk om niet alleen aandacht te hebben voor de transformatie naar een snelle en wendbare IV-organisatie maar ook voor de strategische en tactische alignment van de business middels strategievorming, -implementatie en uitvoering.

■ 26.3 HET EFFECTUEREN IS EEN OPDRACHT VOOR DE BUSINESS

Ondanks de mogelijkheden van een snelle, wendbare informatievoorziening is het niet noodzakelijk voor de business om in hetzelfde tempo de incrementen ook binnen de business operations te implementeren. Dat de informatievoorziening snel en wendbaar is geeft de business extra mogelijkheden maar het is nog steeds mogelijk dat zij, net als voorheen gebeurde, slechts periodiek een grotere hoeveelheid van aanpassingen gelijktijdig implementeren binnen de business (bijvoorbeeld omdat op dat moment een nieuwe wet in werking treedt, waardoor vanaf een specifieke datum nieuwe werkprocessen in werking treden).

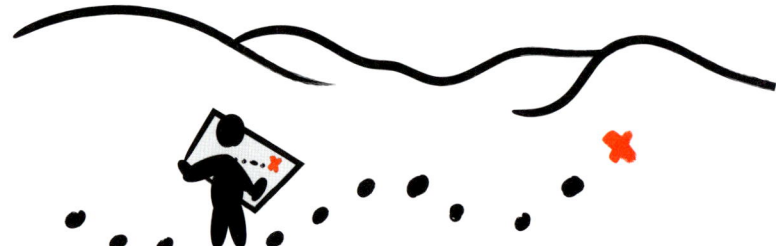

Deze situatie geeft de business nieuwe mogelijkheden gedurende de ontwikkeling en / of aanpassing van de informatievoorziening. Als de informatievoorziening continu nieuwe, werkende versies van aanpassingen ter beschikking stelt, is het mogelijk om vanuit de business in een afgesloten omgeving alvast met deze systemen te kunnen werken. Dit geeft ketenpartners bijvoorbeeld de mogelijkheid om delen van koppelvlakken alvast te gaan testen of de mogelijkheid om de ontwikkeling van hun eigen systemen aan te passen. Tot de mogelijkheden behoort ook het alvast opleiden van personeel in het gebruik van delen van de nieuwe functionaliteit. Dit leidt er ook toe dat eventuele fouten of gebreken in de (optimale) werking van het systeem in een vroegtijdig stadium kunnen worden getoetst tijdens 'het eerste beperkte gebruik', wat het risico tijdens de livegang van het systeem sterk reduceert. Het kan ertoe leiden dat inzichten, die bijvoorbeeld met een beperkte pilot-groep vanuit de praktijk, direct meegenomen kunnen worden gedurende de ontwikkeling van het product.

Door het effectief inzetten van de mogelijkheden van een snelle, wendbare informatievoorziening kunnen in een vroegtijdig stadium zowel de baten worden geëffectueerd, eventuele risico's worden beperkt en slechte ideeën stop worden gezet. Het implementeren van batenmanagement is daarom belangrijk om de nieuwe mogelijkheden ook daadwerkelijk om te zetten in concrete resultaten. Dit ontstaat niet vanzelf en vereist specifieke leiderschap vanuit de top van de business. Alleen wanneer daadwerkelijk een transformatie wordt doorgemaakt naar het verhogen van de business agility kunnen de 'echte' vruchten worden geplukt van het verhogen van de enterprise agility.

De focus van de business moet gericht worden op het formuleren en prioriteren van hun behoefte en / of uitdagingen in plaats van het ontwikkelen van eventuele oplossingen. Een redelijk eenvoudige stelling die in de praktijk meer dan eens tot grote uitdagingen heeft geleid. Het blijkt vele malen eenvoudiger om concrete

IV-oplossingen te specificeren en de output van opgeleverde incrementen te valideren, dan een concreet en gedegen beeld van de omgeving te vormen waarin de business zich op dit moment bevindt met daarbij de noodzakelijke stappen die moeten worden gezet om daadwerkelijk de gewenste impact te kunnen maken. Hiervoor is visie, strategie, daadkracht en leiderschap nodig inclusief een mindset om niet te hopen en te dromen maar daadwerkelijk veranderingen door te voeren en impact te realiseren ofwel verwezenlijken.

Het is verbazingwekkend hoe weinig er gevalideerd wordt binnen organisaties als we verschillende business cases, project initiatie documenten (PID's) en one pagers van de afgelopen jaren bekijken. In hoeveel van deze documenten zijn scenario's opgesteld op basis van echte, verifieerbare gegevens? Bij hoeveel van deze documenten wordt het actuele verloop van de business case ook daadwerkelijk gevolgd? Het ontbreekt niet alleen aan de validatie of de business case aan het eind is behaald (of niet) maar ook aan of de organisatie op de juiste koers is en de baten daadwerkelijk worden geëffectueerd. Wanneer het lastig is om goede business cases, PID's en one pagers op te kunnen stellen, wordt het des te belangrijker om te beginnen met het valideren van de business case zelf. In ieder geval voordat serieus tijd en resources worden besteed aan het programma of project dat als opdracht heeft de business case te gaan verwezenlijken.

Het is lastig om de behoefte van de business goed onder woorden te brengen. In het Westerse zakenleven worden mensen gestimuleerd om te komen met oplossingen in plaats van problemen. Het gevolg hiervan is dat de aandacht te weinig uitgaat naar het onderzoeken van de onderliggende oorzaken in plaats van teveel naar de symptomen van eventuele problemen. Tijdens trainingen waarin studenten verspillingen in een proces moeten observeren blijkt dat 80% van de herkende verspillingen wordt omschreven in de vorm van een oplossing in plaats van een probleem. Als de problemen al niet goed onder woorden gebracht kunnen worden is het al helemaal lastig om na te denken over de onderliggende behoefte.

A problem well stated is a problem half solved.

John Dewey

Tijdens workshops wordt als bruikbare verdiepende werkvorm dan ook vaak de vraag gesteld waarom medewerkers van de organisatie bepaalde oplossingen of nieuwe functionaliteit nodig hebben of waartoe de oplossing zou moeten leiden. Met het antwoord wordt vaak een eerste stap gezet naar het zicht op een onderliggende behoefte. Het antwoord wordt daarna nog eens gevalideerd door deze in een bepaalde setting te plaatsen: "Wanneer u 's morgens opstaat om naar uw werk te gaan, is X dan inderdaad één van uw belangrijkste behoeften voor de dag?" Wanneer iemand u daarop vol ongeloof staat aan te kijken, kunt u ervan uitgaan dat de onderliggende behoefte nog steeds niet scherp genoeg is geformuleerd.

Wanneer behoeften scherper in kaart worden gebracht ontstaat een volgende uitdaging. Om sturing te kunnen geven aan de informatievoorziening moeten behoeften van de business kunnen worden geprioriteerd. Het uniform vaststellen van de waarde van het invullen van deze behoefte is een vakgebied apart. In sommige organisaties wordt alles omgerekend naar omzet, winst of andere financiële grondslagen. In andere organisaties wordt de impact afgemeten tegen de bijdrage die deze levert aan de ondernemingsstrategie. In hoofdstuk 13 bieden we verschillende grondslagen waarmee de waarde van het invullen van behoefte kan worden vastgesteld en in paragraaf 22.1 beschrijven we een wijze waarop de te verwachten omvang kan worden geschat. Hiermee zou voldoende inzicht kunnen worden gecreëerd om een prioritering tussen de verschillende in te vullen behoeften op te stellen en daarmee sturing te geven aan de informatievoorziening.

De IV-organisatie daarentegen is, naast de optimale werking van het IT-landschap, verantwoordelijk voor het invullen of vervullen van de belangrijkste businessbehoefte door het ontwikkelen en aanpassen van IV-oplossingen. Dit betekent dat het succes van de informatievoorziening vooral moet worden afgeleid van de mate waarin zij snel en wendbaar kan inspelen op de belangrijkste businessbehoeften die worden aangereikt. Wanneer het succes (of falen) van de informatievoorziening tegen andere prestatie-indicatoren wordt afgezet, denk bijvoorbeeld aan kosten, productiviteit of stabiliteit, is de kans groot dat de focus loskomt van het vervullen van de behoefte en zich naar binnen gaat keren. Niet voor niets stellen frameworks als Scrum, Kanban en eXtreme Programming vast dat vanaf het allereerste moment functionaliteit moet worden geleverd waar de gebruiker op zit te wachten: het leveren van waarde aan de stakeholders en gebruikers. Niet omdat de andere aspecten geen aandacht verdienen, het gaat vooral om de directe relatie te organiseren die leidend moet zijn voor alle andere activiteiten die onderdeel uitmaken van het vervullen van behoeften.

Door het volledige eigenaarschap van het IT-landschap te leggen bij de IV-organisatie en zowel de snelheid, wendbaarheid als de optimale werking hiervan als prestatie-indicator op te nemen, ontstaat een situatie waarin degene die de aanpassingen uitvoert binnen de informatievoorziening ook de partij is die verantwoordelijk is voor dezelfde informatievoorziening. Eat you own dog food (Helft, 2009) is een gevleugelde uitspraak die deze situatie onderschrijft. Door het in gebruik nemen van de juiste prestatie-indicatoren ontstaat intrinsieke motivatie om niet alleen te doen wat juist is voor de stakeholders maar vooral ook wat juist is voor het systeemlandschap: het creëren van een snelle, wendbare informatievoorziening op de korte én de lange termijn.

Het is belangrijk om dit eigenaarschap ook in zijn volle omvang te erkennen. Daar hoort dan ook bij dat niet alleen de verantwoordelijkheid maar ook het mandaat met de bijbehorende middelen worden belegd bij de IV-organisatie. Toch wordt nog te vaak geconstateerd dat het volwaardige budget voor de informatievoorziening in handen ligt van de business, met als redenatie dat zij met dit budget zowel zorg moeten dragen voor de 'run' als de 'change'-omgeving. Dat dit verstrekkende gevolgen heeft wordt verder beschreven in paragraaf 31.3. Het gelijktijdig werken met zowel sturing op basis van budgetten als prioritering kan leiden tot conflictsituaties, en hierbij is het in ieder geval van belang om te zorgen dat de informatievoorziening voldoende middelen heeft om haar landschap optimaal te kunnen onderhouden.

26.4 VAN OUTPUT NAAR IMPACT

Wanneer de business en de informatievoorziening zowel elkaars positie respecteren als elkaar vrijheid van handelen geven, wordt de basis gelegd voor een effectieve samenwerking. Dit fundament creëert dat de focus van beide partijen wordt gericht op die plekken waar zij verantwoordelijk voor zijn en ook het verschil kunnen maken. Deze aandacht is niet alleen nodig om een volwaardige voortbrengingsketen door de gehele organisatie heen te ontwikkelen, het is ook nodig om van de resultaten te kunnen profiteren zonder dat we continu terugvallen in oud gedrag.

Alleen wanneer we langzaam maar zeker kunnen gaan vertrouwen in het professionalisme van 'de andere kant' ontstaat ruimte om de focus te gaan richten op meer belangrijke zaken. Alleen wanneer de informatievoorziening in staat is om als een professionele partner voor de business op te treden, ontstaat een beweging waarin de vraag vanuit de business naar 'meer output' (meer IT-functionaliteit) via 'betere outcome' (beter ingevulde behoeften) verschuift naar 'grotere impact' (realiseren van baten). Waarbij de verantwoordelijkheid voor het vergroten van de impact via het verwezenlijken van baten dan ook niet langer de verantwoordelijkheid is van de informatievoorziening maar van de business zelf.

Het tegenovergestelde is helaas ook waar. Wanneer de informatievoorziening haar zaken simpelweg niet op orde heeft, niet transparant is, geen betrouwbare voorspellingen kan doen of een slechte dienstverlening levert, ontstaat geen enkele ruimte voor het noodzakelijke vertrouwen. In plaats van de focus te richten op het verwezenlijken van baten wordt de business gedwongen om grip te krijgen op de output om daarmee dan maar zelfstandig enige vorm van outcome te creëren. Zo lang de business het gevoel heeft dat zij beter in staat is om de uitvoering te organiseren dan de informatievoorziening zelf, blijft al haar aandacht gevestigd op het creëren meer en betere output. Een snelle, wendbare informatievoorziening is dan ook randvoorwaardelijk om binnen de business een verschuiving van de richting van de focus van output via outcome naar impact te kunnen bewerkstelligen.

Toch wordt de echte waarde pas geleverd op het moment dat met de geleverde outcome binnen de business operations daadwerkelijk de verwachte impact wordt gemaakt. Daadwerkelijke impact betekent dat prestatie-indicatoren of key results aantoonbaar worden beïnvloed door het invullen van de geleverde outcome. Het is de verantwoordelijkheid van de business om deze impact daadwerkelijk te gaan meten. Wanneer voor de eerste keer de cirkel rondgegaan is, leidt dit tot een zichzelf versterkende lus, waarin door het prioriteren van de behoefte steeds meer impact kan worden gemaakt. De mate waarin impact kan worden bereikt, is direct een goede indicator is voor de investering die kan worden gedaan in het ontwikkelen en leveren van de bijbehorende outcome.

De relatie tussen output, outcome en impact is eerder behandeld in hoofdstuk 13.

■ 26.5 DUS...

Als de business en de IV-organisatie elkaars positie respecteren, waarderen én elkaar vrijheid van handelen geven ontstaat de optimale balans. Een snelle en wendbare IV-organisatie is een randvoorwaarde om uiteindelijk business agility te kunnen bereiken, wat resulteert in zowel unieke kansen als nieuwe risico's. De focus van de business moet gericht zijn op het formuleren en prioriteren van de behoeften en / of uitdagingen, in plaats van het uitwerken van eventuele oplossingen en geeft daarmee sturing aan de informatievoorziening. De IV-organisatie daarentegen is verantwoordelijk voor een goede werking van het IT-landschap en is verantwoordelijk voor het invullen van de belangrijkste businessbehoefte door het ontwikkelen en aanpassen van IV-oplossingen. De vraag vanuit de business verschuift hierdoor van 'meer output' (meer IT-functionaliteit) via 'betere outcome' (beter ingevulde behoeften) naar 'grotere impact' (realiseren van baten). De IV-organisatie focust zich op de geleverde outcome door de portfolio owner / product owners en geleverde kwaliteit van output door de ontwikkelteams.

27 De opzet en werking van agility op het niveau van de business

Het verhogen van de business agility vormt de laatste cruciale schakel om uiteindelijk de enterprise agility van de organisatie te verhogen. Dit betekent dat de business het eigenaarschap naar zich toe moet trekken over een aantal essentiële activiteiten. De business leidt de organisatie door het effectief uitvoeren van strategievorming, -implementatie en -uitvoering. Zij effectueert alle inspanningen van de gehele IV-voortbrengingsketen door optimaal gebruik te maken van de nieuwe mogelijkheden om kort-cyclisch als organisatie te kunnen inspecteren, valideren, leren en adapteren. Zij maakt gebruik van de volle potentie van de business operations om effectief en efficiënt op alle ontwikkelingen binnen en buiten de organisatie in te kunnen spelen.

Door een integrale aanpak van de genoemde aandachtspunten kan de business agility in een snel tempo worden ontwikkeld. Hoewel voor veel organisaties substantieel, is de informatievoorziening hier slechts een onderdeel van. Door effectief gebruik te maken van de mogelijkheden die de informatievoorziening biedt, kan daadwerkelijk effect worden gesorteerd waarmee het verschil kan worden gemaakt. Of dit nu gaat om product leadership, customer intimacy of operational excellence; business agility is noodzakelijk om snel en wendbaar in te kunnen spelen op alle kansen en bedreigingen die zich voordoen in dynamiek van de hedendaagse omgeving. Door het werken in kleinere projecten en continue validatie op basis van kort-cyclische iteraties, ondersteunt het incrementeel ontwikkelen van de agility van de business.

Helaas is het niet mogelijk om voor elke organisatie, branch of structuur een exacte inrichting te geven waarop business agility kan worden gemaximaliseerd. Verschillende factoren dragen bij aan een optimale werking waarin zowel de effectiviteit van hetgeen de organisatie wil bereiken als de efficiëntie waarmee zij dit organiseert uitvoert. De constante factor die noodzakelijk is om snel en wendbaar te kunnen opereren is dat de snelheid van leren moet worden verhoogd. Het continu optimaliseren van de effectiviteit, efficiëntie en snelheid van leren is één van de onderliggende principes. De andere principes mogen daarbij niet worden vergeten.

■ 27.1 TERUG NAAR DE ONDERLIGGENDE PRINCIPES

In hoofdstuk 6 hebben we de rode draad vanuit purpose, via visie en missie, langs de lijnen van de strategie en resulterend in strategische, tactische en operationele doelen uitgebreid beschreven. Vanuit het proces van strategievorming is het ook belangrijk om direct de initiële strategische, tactische en eventuele operationele kaders aan de rest van de organisatie mee te geven. De opzet en werking van deze kaders hebben we beschreven in hoofdstuk 7. Met het effectueren van de principes van een heldere richting en duidelijk kaders zijn we terug bij de essentie van waaruit het verhogen van enterprise agility is begonnen: de onderliggende principes.

De strategievorming is, als het gaat om richting, leidend voor zowel de keuzes die binnen de business worden gemaakt, als de informatievoorziening. Wanneer er geen heldere richting is, is het niet mogelijk om in de rest van de organisatie goede keuzes te maken. Het gevolg hiervan is een ingewikkeld, interactief netwerk van potentieel conflicterende besluitvorming die de volledig business agility binnen de organisatie ondermijnt. Wanneer orders en tegenorders continu door elkaar heen lopen, is de natuurlijke reactie van de organisatie om af te wachten tot duidelijk gaat worden in welke richting de besluitvorming zich gaat ontwikkelen. Een andere natuurlijke reactie is om ontwikkelingen te isoleren van deze besluitvormingschaos, door als onderdeel binnen het bedrijf een eigen koers te gaan varen.

Het effect is dat de organisatie en haar medewerkers minder inspiratie, creativiteit en ondernemerschap vertonen. Door een vermindering van het samenwerken wordt niet meer gekeken naar het belang van het collectief ('wij') maar vooral naar de persoonlijk gevolgen ('ik'). Teams en afdelingen sluiten zich steeds verder af en varen hun eigen koers. Daar waar teams in elkaars vaarwater terecht komen ontstaan conflicten vanuit de 'wij' versus 'zij' gedachte. Het ontbreken van de collectieve richting en nauwe samenwerking zorgt dat waardestromen minder en minder waarde opleveren.

In de praktijk blijkt dat organisaties net voldoende tijd nemen om een visie en / of missie te bepalen maar de diepgang hiervan nog wel eens de wensen over laat. Het ontbreekt aan een beschrijving van gewenste effecten die we graag terug willen zien. Vanuit de visie (effecten) en missie een helder beeld vormen over de strategie waarlangs deze visie moet worden bereikt, komt daarbij vaak op een tweede plaats. Toch is het belangrijk voor de organisatie om inzicht te krijgen in wat de ideeën zijn over de wijze waarop de organisatie haar visie en bijbehorende effecten denkt te bereiken, aangezien op basis van deze richting uiteindelijke keuzes beter kunnen worden afgewogen. Vanuit deze strategieën worden vaak de strategische doelstellingen voor de langere termijn geformuleerd inclusief de afgeleide tactische doelstellingen voor de business (units) en de informatievoorziening. Hiermee is vanuit organisatieniveau een raamwerk geschetst waarin de organisatieonderdelen in alignment met de beoogde effecten hun verdere invulling vorm kunnen geven.

Door het gelijktijdig verschaffen van inzicht in duidelijke kaders wordt ook een belangrijke bijdrage geleverd aan de autonomie van alle betrokkenen. Hiermee wordt op het hoogste niveau binnen de organisatie al het fundament gecreëerd voor zelforganisatie en eigenaarschap. Ondanks de nauwe samenwerking tussen business en informatievoorziening worden de voorwaarden geschapen waarbinnen zelforganisatie mogelijk wordt. Door het verschaffen van een heldere richting, wordt geborgd dat onderdelen zich niet willen en kunnen isoleren van de rest van de organisatie maar vanuit de heldere kaders wel over voldoende autonomie beschikken om het volledige eigenaarschap op zich te nemen. Door middel van het doorvertalen van deze heldere richting en duidelijke kaders naar het tactische (en soms operationele) niveau ontstaat alignment op basis van strategie binnen de business.

De tijd en energie die hier in worden gestopt wordt dubbel en dwars terugverdiend in de ontwikkeling van en uitvoering door de organisatie, alsmede in de transformatie om de enterprise agility te verhogen. Het is niet ongewoon dat, gedurende vorming van de clusters of het introduceren van portfoliomanagement, blijkt dat de richting en kaders onvoldoende houvast bieden om in de praktijk te kunnen gebruiken. Wanneer op dat moment een stap terug gedaan moet worden, om alsnog op het strategische en tactische niveau helderheid te verschaffen, loopt de transformatie om de enterprise agility te verhogen behoorlijke vertraging op. Een heldere richting en duidelijke kaders zijn zeer waardevol en leiden tot een snellere besluitvorming, meer focus en minder escalaties. Doordat verschillende onderdelen van uw organisatie beter en sneller consensus kunnen vinden, nemen ook het besluitvormingsproces en de daaruit volgende uitvoering verder in snelheid toe.

27.2 VAN PRINCIPES NAAR IMPLEMENTATIE

Door de toepassing van de onderliggende principes wordt een fundament gecreëerd waarin business agility kan ontstaan. Toch blijkt dat (middel) grote organisaties, die veel tijd en energie hebben gestoken in de volledige strategievorming, moeite hebben om de rest van de organisatie mee te nemen in de operationalisering van de strategie. De visie en missie worden opgenomen in de website van de organisatie, de geïdentificeerde strategieën worden middels een eenmalige memo gedeeld met de rest van de organisatie en de strategische doelstellingen worden aan de verschillende afdelingen meegegeven in de jaarlijkse plancyclus. Alle effort in de strategievorming wordt tenietgedaan doordat nauwelijks aandacht wordt gegeven aan het daadwerkelijk implementeren van de ontwikkelde strategie. De rest van de organisatie wordt nauwelijks deelgenoot gemaakt van het gewenste effect dat we gezamenlijk willen bereiken. Er wordt niet expliciet om een werkelijke individuele bijdrage gevraagd van alle betrokkenen.

De implementatie van strategievorming (en de diverse producten die daarin worden ontwikkeld) gaat over wilsoverdracht. De vraag die hierbij centraal staat is op welke wijze de rest van de organisatie mee wordt genomen in de richting die door de organisatie wordt uitgezet. Op welke wijze borgen we, dat meer abstracte elementen die gedurende de strategievorming naar boven komen op de juiste manier worden doorvertaald naar het tactische en mogelijk zelfs het operationele niveau? Op welke wijze wordt consensus bereikt over de wijze waarop opvolging wordt gegeven aan de strategische en tactische doelstellingen? Hoe wordt het proces ingericht waarmee de daadwerkelijke opvolging wordt gemeten, zodat tijdig kan worden bijgesteld wanneer door middel van de activiteiten niet de verwachte impact wordt bereikt?

Middels strategie-implementatie worden de ontwikkelingen binnen onderliggende organisatieonderdelen zoals afdelingen, clusters en teams met elkaar in lijn gebracht waarmee de daadwerkelijke overdracht kan worden versneld. Enerzijds bestaat de strategie-implementatie uit het doorvertalen en verder uitwerken van de strategievorming richting de onderdelen binnen de organisatie. Anderzijds bestaat deze uit de daadwerkelijke wilsoverdracht richting de verantwoordelijken van de betreffende onderdelen. Wilsoverdracht wordt binnen deze context gebruikt als een tijdelijke periode waarin beide partijen intensief samenwerken om zich een goed beeld te vormen van de te bereiken doelstellingen en bijbehorende effecten.

Een in de praktijk vaak genoemde opmerking is dat een dergelijke vorm van wilsoverdracht het zelforganiserend vermogen van de rest van de organisatie ondermijnt. Niets is minder waar. Zoals we in hoofdstuk 5 hebben gezien kan zelforganisatie alleen ontstaan wanneer een heldere richting en duidelijke kaders beschikbaar zijn: het speelveld waarbinnen een onderdeel zichzelf kan organiseren. Wilsoverdracht is een essentieel middel om de verschillende onderdelen binnen de organisatie mee te nemen in deze heldere richting en duidelijke kaders. Door zeker te stellen dat deze duidelijk zijn wordt maximale autonomie gecreëerd binnen het onderdeel maar ook het vertrouwen gekweekt bij de leiders dat de onderdelen zich binnen hun speelveld organiseren. Zolang maximale vrijheid van handelen in de uitvoering wordt geboden is wilsoverdracht ondersteunend en niet ondermijnend.

Een bekende methode voor strategie-implementatie is Hoshin Kanri (Akao, 1994). Deze methode is ontstaan in Japanse organisaties die verregaande vormen van het Lean gedachtegoed hebben omarmd. Hoshin Kanri is een proces dat middels een zevental stappen de strategische doelen doorvertaalt naar tactische en operationele doelen waarmee de wilsoverdracht naar de rest van de organisatie plaats kan vinden en vaak door een X-matrix wordt ondersteund (zie figuur 27.1). Daarbij richt deze methode zich op de implementatie van de strategie, wordt aandacht gegeven aan de opvolging (inspect) en eventuele bijstelling (adapt) hiervan. Deze methode zorgt dat de strategische doelen van de organisatie niet alleen als een statement aan de muur hangen. Deze zorgt voor voortgang en actie op alle niveaus binnen de organisatie.

Binnen Hoshin Kanri worden de volgende stappen gehanteerd:
1. **Het ontwikkelen van de strategie**: alleen wanneer een organisatie een heldere richting heeft van wat zij wil bereiken, is zij in staat om de strategie ook daadwerkelijk te implementeren. Hoshin Kanri verwacht dat een gedegen purpose, visie, missie en strategie worden ontwikkeld waar vanuit duidelijke strategische doelstellingen voor de lange termijn kunnen worden afgeleid.
2. **Het vaststellen van strategische doelstellingen (wat)**: vanuit de strategievorming worden de (middel)lange termijndoelstellingen voor de organisatie geïdentificeerd. Door het aantal strategische doelstellingen drastisch te reduceren wordt de organisatie gedwongen om juist de baanbrekende doelstellingen te selecteren en daarmee focus aan te brengen voor die elementen waarmee de organisatie op langere termijn het verschil wil gaan maken.
3. **Het vaststellen van jaarlijkse doelstellingen (hoe ver)**: het abstracte karakter van de strategische doelstellingen staat een daadwerkelijke implementatie in de weg, vandaar dat deze binnen Hoshin Kanri worden doorvertaald naar een set van tactische jaarlijkse doelstellingen, waarmee wordt gedefinieerd welke stap de organisatie het komende jaar moet gaan zetten in het bereiken van de strategische doelstellingen.
4. **Het afleiden van doelstellingen voor de rest van de organisatie (hoe)**: de volgende stap geeft inzicht in de 'top level'-activiteiten die binnen de organisatie moeten worden georganiseerd om de jaarlijkse doelstellingen te kunnen bereiken. Het is raadzaam om het afleiden van de doelstellingen voor de rest van de organisatie samen met de betreffende organisatieonderdelen uit te voeren, om te voorkomen dat te veel inbreuk wordt gemaakt op de vrijheid van handelen van de betreffende organisatieonderdelen.
5. **Het op periodieke basis reviewen van de voortgang (hoeveel)**: op periodieke, vaak maandelijkse, basis wordt de voortgang van de doelstellingen gemonitord en zo nodig bijgesteld. Hierbij moet worden voorkomen dat top down wordt gestuurd en wordt gezorgd dat in een actieve samenwerking de activiteiten dusdanig worden bijgesteld dat de doelstellingen en effecten daadwerkelijk kunnen worden behaald.
6. **Het uitvoeren van de jaarlijkse doelstellingen (wie)**: de organisatieonderdelen werken gezamenlijk uit welke onderdelen samenwerken om invulling te geven aan

de afgeleide doelstellingen / top level-initiatieven en zijn verantwoordelijk voor het uitvoeren van alle noodzakelijke activiteiten om de gegeven doelstellingen te kunnen behalen.

7. **Het op jaarlijkse basis reviewen van de voortgang**: op jaarlijkse basis wordt de voortgang ten opzichte van de strategische doelstellingen gemonitord en zo nodig bijgesteld. Hierbij kunnen zowel de strategische doelen voor de lange termijn worden aangepast alsook de jaarlijkse en meer tactische doelstellingen.

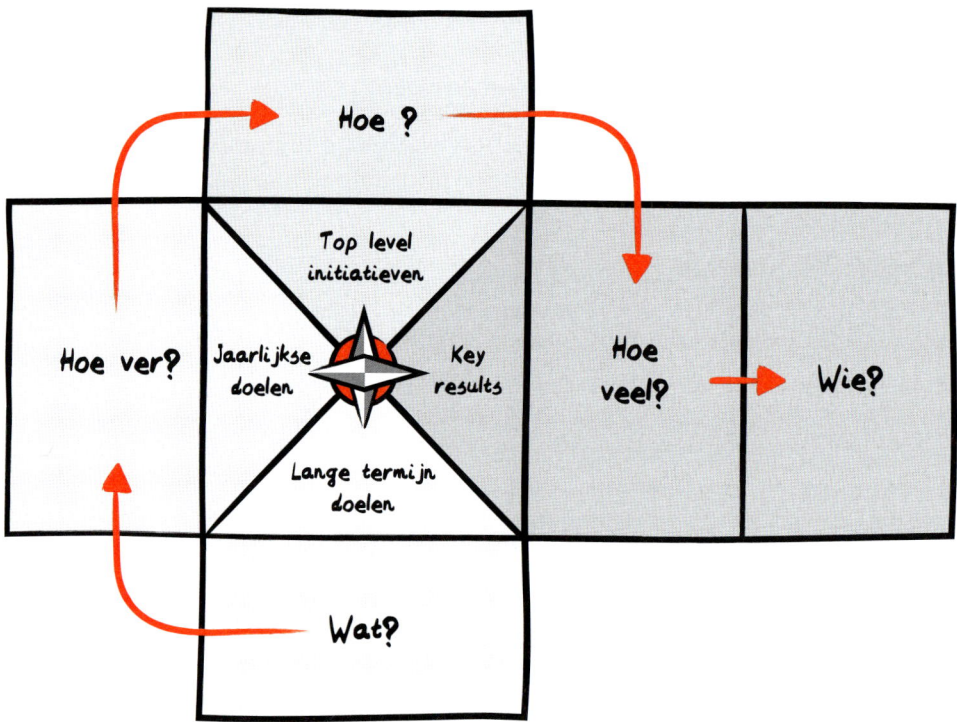

Figuur 27.1 X-matrix als onderdeel van Hoshin Kanri.

De wilsoverdracht (in Hoshin Kanri termen: het catchball-principe) betekent dat deze exercitie niet alleen 'op papier' wordt uitgevoerd maar juist een continue, actieve vorm van communicatie en samenwerking vereist tussen de verschillende lagen en de verschillende onderdelen van de organisatie. Die begint bij het creëren en communiceren van een heldere purpose, visie, missie, strategie en strategische en baanbrekende doelstellingen binnen de organisatie, met daarbij de nadruk op de te bereiken effecten. Door actief samen te werken in het afleiden van de tactische en operationele doelen worden niet alleen de letterlijke woorden van de strategische doelstellingen opgevolgd maar ook de intentie achter deze doelstellingen alsmede de te bereiken effecten op de lange termijn.

Door dit inzicht wordt het voor onderdelen mogelijk om vaker de juiste keuzes te maken in het belang van de organisatie, ook wanneer de tactische en operationele doelstellingen mogelijk onder druk komen te staan. Door samenwerking te organiseren op hogere niveaus kunnen bedrijfsonderdelen ook steun vinden bij elkaar; het gezamenlijke succes of falen is een krachtig element die de verschillende onderdelen binnen de organisatie met elkaar kan verbinden. Door op maandelijkse basis alignment te creëren ten aanzien van de jaarlijkse initiatieven kunnen kortcyclische ontwikkelingstappen worden gezet en kan ook daadwerkelijk worden vastgesteld of we niet alleen hard hebben gewerkt (output), resultaten hebben bereikt (outcome) maar of we deze ook hebben kunnen inzetten om de organisatie daadwerkelijk verder te helpen (impact).

De wilsoverdracht, tussen verantwoordelijke niveaus voor het doorvertalen van de strategische en tactische doelstellingen, bestaat uit een viertal fasen:

1. **Doel bepalende fase**: in een gemeenschappelijke sessie wordt de te bereiken doelstelling, het gewenste effect, mondeling en met visuele ondersteuning gecommuniceerd. Hierbij wordt aan de hand van de resultaten van de strategievorming duidelijk inzicht gegeven in de achtergrond van deze doelstellingen. Daarbij worden niet alleen de doelstelling maar ook alle daarbij te hanteren kaders meegegeven, waaronder uitvoeringsrichtlijnen, budgetten, middelen, et cetera Deze sessie wordt afgesloten met een samenvatting van de essentie zoals deze door de opdrachtnemer is ervaren, waardoor beide partijen overeenstemming hebben over zowel de context als de intentie van het te bereiken doel.
2. **Beeldvormende fase**: gedurende de beeldvormende fase ontwikkelt de opdrachtnemer een goed beeld van de opdracht, mogelijkheden, kansen, bedreigingen, risico's, beperking en beschikbare middelen. Hierbij vindt periodieke afstemming plaats met de opdrachtgever om nadere toelichting te geven, aspecten te valideren of eventuele vragen te beantwoorden. Het doel van deze fase is om een zo goed mogelijk beeld te vormen van alle aspecten die bij het uitwerken van de doelstellingen mogelijk van belang zijn.
3. **Oordeelsvormende fase**: gedurende de oordeelsvormende fase worden door de opdrachtnemer op basis van de ontwikkelde inzichten in de eerdere fase, verschillende plannen gecreëerd waarmee de doelstelling bereikt kan worden. Door echt verschillende plannen te ontwikkelen wordt het outside-the-box denken gestimuleerd waardoor nieuwe inzichten kunnen ontstaan. De ontwikkelde plannen worden vervolgens afgezet tegen criteria die door de opdrachtgever van belang worden geacht zodat een voorlopige keuze kan worden gemaakt. Hiermee is de kans het grootst dat het plan maximaal aansluit bij de belevingswereld van de opdrachtgever.
4. **Besluitvormende fase**: in de laatste fase worden het voorlopige plan besproken met de opdrachtgever, waarbij eventuele andere betrokkenen bij de uitvoering eveneens hun plannen delen. Hierdoor ontstaat een goed overzicht van wie, wat, waar, wanneer en waarom op welke wijze wil gaan uitvoeren, waarmee eventuele omissies tussen de plannen kunnen worden gedicht. Na akkoord van de opdrachtgever kan worden overgegaan tot de daadwerkelijke uitvoering.

Gedurende de uitvoering wordt de wilsoverdracht op afstand gemonitord aan de hand van de maandelijkse en jaarlijkse reviews. Hierbij is het belangrijk om zicht te houden op het bereiken van de doelstellingen en effecten en minder op de wijze waarop deze doelstelling wordt bereikt. Immers, vrijheid van handelen betekent dat binnen de meegegeven kaders geen sturing plaatsvindt op de daadwerkelijke uitvoering maar alleen op de bereikte resultaten.

Op het gebied van sommige tactische en vrijwel alle operationele doelstellingen wordt vaak een eenvoudigere variant gebruikt, bijvoorbeeld de OKR-methode (Doerr & Page, 2018). De wilsoverdracht vindt hierin meer impliciet plaats, waarin de doelstellingen (Objectives) door de opdrachtnemer worden gedefinieerd in concreet meetbare indicatoren (Key Results). Door overeenstemming op een transparante wijze te bereiken met de opdrachtgever, over de staat van de concrete indicatoren die bepalen of een doelstelling en effect is bereikt, wordt inzicht gegeven of de essentie van de doelstelling ook daadwerkelijk is ontvangen. Zeker wanneer de opdrachtnemer ook inzicht geeft in de belangrijkste initiatieven die de opdrachtnemer denkt te gaan ondernemen, inclusief eventuele afhankelijkheden. Zo wordt op een meer beperkte maar snellere wijze inzicht gegeven hoe de doelstelling wordt uitgewerkt.

In paragraaf 26.2 zijn verschillende risico's geschetst wanneer business agility niet wordt meegenomen bij het, als organisatie, verhogen van de enterprise agility. Aandacht voor strategievorming en -implementatie middels visie, doelen en kaders binnen de business is essentieel om een groot deel van de geschetste risico's van een snelle en wendbare IV-organisatie te kunnen beperken.

Wanneer een organisatie beschikt over een heldere richting en duidelijke kaders voor zowel de business als de informatievoorziening én zorg heeft besteed aan de wilsoverdracht, is een situatie gecreëerd waarin een hoge mate van autonomie van verschillende onderdelen op het hogere niveau continu samen worden gebracht (alignment). Dit ontstaat al wanneer voor de uitvoering van doelstellingen meerdere onderdelen samen moeten werken, waarbij de onderlinge afstemming wordt geborgd in het proces van wilsoverdracht. Ook door de maandelijkse reviewsessies wordt een feedback-lus gecreëerd waarmee situaties waarin de autonomie doorslaat, tijdig kunnen worden gecorrigeerd. Een uniforme set van een heldere richting en duidelijke kaders schept op alle niveaus duidelijkheid waarbij tijdig signalen kunnen worden afgegeven wanneer de dagelijkse uitvoering af gaat wijken.

Door vanuit de strategievorming en -implementatie duidelijk onderscheid te maken tussen het *wat* versus het *hoe*, de *intentie* versus de *uitvoering* en de *behoefte* versus de *oplossing* wordt een duidelijk onderscheid gemaakt wie welke verantwoordelijkheid draagt. Hoewel dit slechts een onderdeel is van de vergelijking, mag het effect van dergelijk taalgebruik niet worden onderschat. Het resterende deel moet worden opgevangen door de structuur van de organisatie en de daarin gekoppelde processen. Door ook hier helderheid te geven over de rollen en verantwoordelijkheden in de verschillende processen, bijvoorbeeld op basis van het ScALE-framework, kan zoveel mogelijk het risico op bij- en zijsturing vanuit de business worden voorkomen.

Door strategische en tactische doelstellingen niet op een abstract niveau te houden maar daadwerkelijk door te vertalen naar objectieve, meetbare key results of andere indicatoren, wordt voorkomen dat langdurig de aandacht blijft liggen bij het verkrijgen van meer en betere informatie, in plaats van daadwerkelijke veranderingen door te voeren die impact maken. De periodieke validatie zorgt dat niet alleen inzichten worden ontwikkeld maar dat op basis van die inzichten ook daadwerkelijk stappen worden ondernomen die dusdanige impact maken dat voortgang in relatie tot de strategische en tactische doelstellingen kan worden vastgesteld.

Niet alleen de periodieke validatie van de doelstellingen maar ook de verhoogde samenwerking tussen de verschillende onderdelen, zorgt dat het vermogen van een snelle, wendbare informatievoorziening eerder en beter worden benut. Aangezien doelstellingen niet alleen op lange (jaarlijkse) termijn moeten worden bereikt, moet al in een eerder stadium voortgang zichtbaar worden gemaakt. Hierdoor wordt ook de behoefte en de bijdrage aan het sneller en meer wendbaar opleveren van tussenproducten gestimuleerd.

■ 27.3 VAN IMPLEMENTATIE NAAR EXECUTIE

De daadwerkelijke executie van de strategie vindt primair plaats via de lijnorganisatie. Een continue stroom van kleine aanpassingen is noodzakelijk om de daadwerkelijke uitvoering van de strategie mogelijk te maken. Aangezien periodiek progressie moet worden aangetoond, verschuift de focus naar de wijze waarop invulling wordt gegeven aan de uitvoering. Over het algemeen betekent dit dat alleen het voortzetten van de uitvoering onvoldoende is om de 'key results' voldoende te kunnen beïnvloeden en dat continu moet worden gekeken naar mogelijkheden om de uitvoering bij te stellen of transformeren, waarmee de nieuwe status quo kan worden bereikt.

Dit heeft grote gevolgen voor de wijze waarop de lijnorganisatie moet worden ingericht. Doordat meer aandacht nodig is voor de uitvoering, betekent dit dat ook het begeleiden van de noodzakelijke aanpassingen een onderdeel wordt van de activiteiten van de lijnorganisatie. In hoofdstuk 29 gaan we daarom verder in op de uitdagingen waar de lijnorganisatie voor komt te staan als het gaat om hun rol in het verhogen van de business agility.

Voor grotere en complexere business-aanpassingen worden de business owners ondersteund door middel van programma's en projecten. Een programma is een verzameling van tijdelijke inspanningen (projecten, uitvoeringen en interventies) om meerdere, unieke doelen te bereiken die zonder deze coördinatie niet gerealiseerd kunnen worden. Een project wordt hierin gezien als een tijdelijk samenwerkingsverband om een vooraf vastgesteld doel te bereiken. De business richt zich hierbij op wat zij willen bereiken dan wel aanpassen, terwijl de programma's en projecten zich richten op de wijze waarop dit moet worden bereikt.

Programma's en projecten hebben een duidelijke en essentiële rol om de business te ondersteunen bij het doorvoeren van grotere en complexere business-aanpassingen. Hierbij kunnen zij optimaal gebruik maken van de mogelijkheden die door een snelle en wendbare informatievoorziening worden geboden maar dit vergt vaak wel een andere wijze van samenwerking. In hoofdstuk 28 gaan we daarom verder in op de uitdagingen waar de programma- en projectorganisatie komt te staan als het gaat om hun rol om de business in haar uitvoering te ondersteunen.

Het is goed om te beseffen dat binnen een organisatie die haar enterprise agility wil verhogen de programma's en projecten zich met name richten op het organiseren van grotere en uitdagendere business-aanpassingen. Zeker in organisaties waar een groot deel van de informatievoorziening wordt ontwikkeld via een structuur van programma's en projecten leidt dit tot behoorlijke uitdagingen tijdens de transformatie. Niet alleen moet de overdracht van de IV-voortbrenging op een gecontroleerde wijze worden ontkoppeld van de programma- en projectstructuur, ook moet de aandacht worden verlegd van het ontwikkelen van IV-oplossingen naar het iteratief ter beschikking stellen van opgeleverde incrementen, alsmede het op basis van de opgeleverde outcome zorgdragen dat daadwerkelijk impact (kan) wordt gemaakt.

■ 27.4 DUS…

Om enterprise agility te bereiken op het niveau van de business zijn strategievorming, -implementatie en -uitvoering van cruciaal belang. Strategievorming is leidend voor zowel de keuzes binnen de business als de IV-organisatie. Door middel van strategie-implementatie worden de ontwikkelingen binnen onderliggende organisatieonderdelen zoals afdelingen, clusters en teams met elkaar in harmonie gebracht. Aandacht voor strategievorming en -implementatie door middel van visie, doelen en kaders binnen de business is essentieel om de risico's van een snelle en wendbare IV-organisatie te mitigeren. Strategie-executie vindt primair plaats via de lijnorganisatie. Voor grotere en uitdagendere business aanpassingen worden de business owners ondersteund door middel van programma's en projecten. Binnen enterprise agility richten programma's en projecten zich voornamelijk op de business change in plaats van het ontwikkelen van een IV-oplossing.

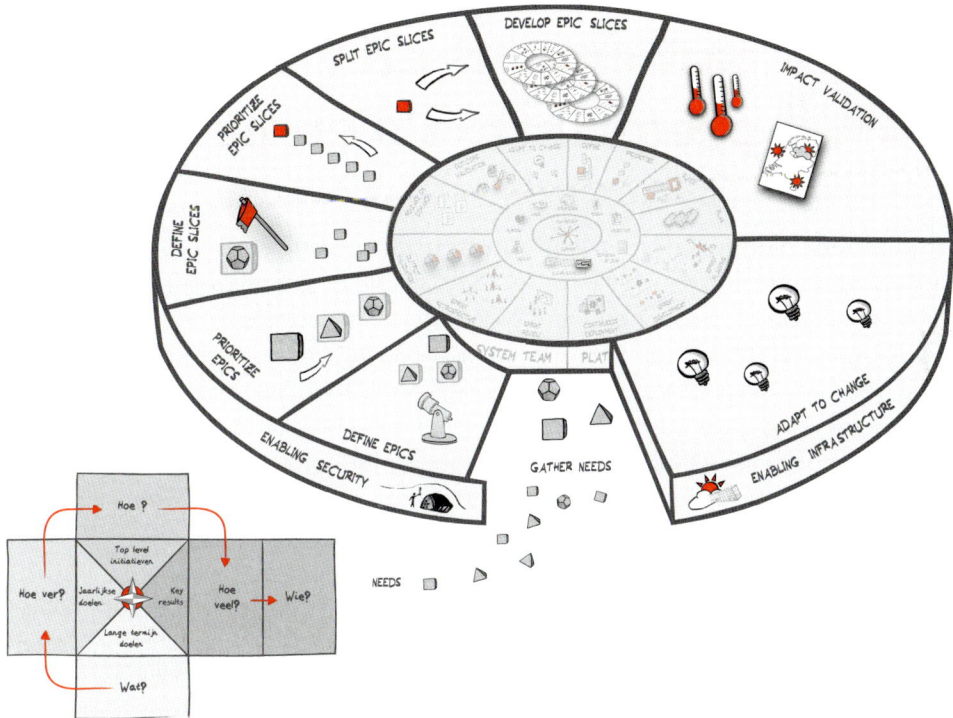

Figuur 27.2 Het ScALE framework uitgebreid met de X-matrix.

28 Snel en wendbaar samenwerken via programma's en projecten

Een gezonde balans in de samenwerking tussen business en de informatievoorziening ontstaat als beide elkaars positie respecteren én elkaar daarbij vrijheid geven van handelen. De rol van de business focust zich hierin op het vaststellen van de behoefte van de business (het *wat* van de business) terwijl de focus van informatievoorziening ligt op de ontwikkeling van de IV-oplossing. Aangezien een IV-oplossing zelden volledig zelfstandig de businessbehoefte invult en vrijwel altijd in combinatie met andere aanpassingen binnen de bedrijfsvoering tot het gewenste resultaat leidt, zorgen business-projecten en -programma's voor de coördinatie van meerdere initiatieven om de businessbehoefte zo goed mogelijk in te vullen.

Projecten zijn tijdelijke samenwerkingsverbanden om gezamenlijk een vooraf gesteld doel te halen. Hoewel programma's een collectie van projecten omarmen en vaak een langere periode beslaan, hebben ook zij uiteindelijk een tijdelijk karakter. Projecten en programma's zijn uitstekende vormen van aanpak om binnen het complicated-domein te kunnen opereren, waarbij plannen kunnen worden geoptimaliseerd op basis van de beste route naar het behalen van het doel en mensen en middelen kunnen worden ingezet waar en wanneer zij noodzakelijk zijn. Aangezien veranderingen in de business vaak aanpassingen vereisen van zowel processen, mensen, informatiesystemen, controls, financiële stromen, et cetera betekent dat geleidelijke aanpassingen vaak op gecontroleerde wijze moeten worden uitgevoerd. Wanneer het doel helder is, kan door middel van zorgvuldige voorbereiding, een gecontroleerde overgang in één of enkele iteraties worden uitgevoerd.

Projecten en programma's zijn niet tot nauwelijks geschikt voor een continue stroom van kleinere aanpassingen. De overhead in dergelijke projecten en programma's is van een dusdanige omvang dat deze niet opweegt tegen het risico of de complexiteit in het geval van kleinere aanpassingen.

28.1 HET SCHEIDEN VAN HET HOE VAN DE BUSINESS EN VAN DE IV IS BELANGRIJK

Programma's en projecten zijn dé verantwoordelijke partij binnen de voortbrengingsketen die focus hebben op de wijze waarop de behoefte (het **hoe** van de business) ingevuld moet gaan worden. Zij organiseren de wijze waarop omvangrijke en uitdagende business-aanpassingen daadwerkelijk worden doorgevoerd waarbij rekening wordt gehouden met alle betrokken facetten. Dit betekent niet alleen het aanpassen van een informatievoorziening maar ook de bijbehorende aanpassing van werkprocessen, benodigde kennis, te gebruiken hulpmiddelen en wat hier ook maar bij komt kijken.

Deze focus op het **hoe** van een businessvraagstuk heeft ook een keerzijde, namelijk wanneer als onderdeel van het **hoe** van de business ook het **hoe** van de IV-oplossing door een programma of project wordt vastgesteld. Door het vastzetten van de scope wordt de agility van de IV-organisatie sterk ondermijnd, zeker wanneer gelijktijdig ook de aspecten 'tijd' en 'geld' vanuit dit perspectief worden gemanaged. Het resultaat is een IV-organisatie die in plaats van waarde-gestuurd en outcome-gericht te werken, nu gedwongen wordt om scope-gestuurd en output-gericht te gaan werken. De focus verschuift van het **laten** aanpassen naar **zelf** aanpassen en dat is wanneer de principes van enterprise agility sterk onder druk komen te staan.

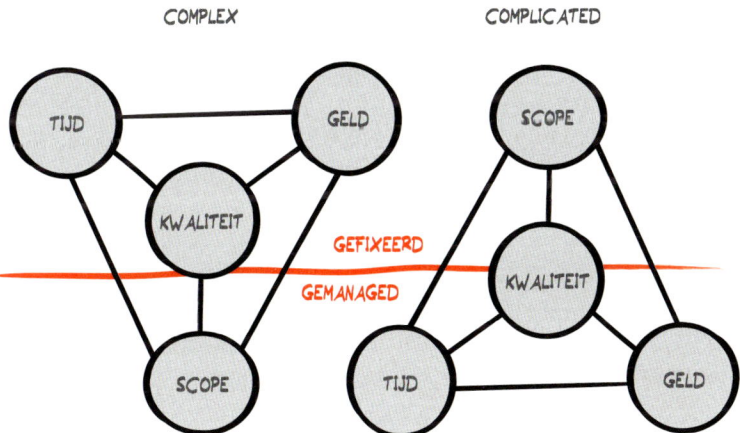

Figuur 28.1 Tijd, kosten, kwaliteit en scope binnen de complexe en gecompliceerde omgeving.

Om optimaal in het complex-domein te werken, worden tijd, kosten en kwaliteit 'vastgezet' en wordt de scope gemanaged (door de portfolio owner en product owners), waarbij continu en kort-cyclisch de hoogste waarde wordt geleverd die op dit moment kan worden waargemaakt. Dit in tegenstelling tot het werken in het complicated-domein, waarbij de scope wordt vastgesteld en de tijd, kosten en kwaliteit worden gemanaged (door projectmanagers). Van programma's en projecten wordt dan ook verwacht dat zij, in plaats van het vastzetten van de scope (het **hoe**) van de IV-oplossing, de scope gaan managen door zich te richten op het identificeren en prioriteren van de in te vullen businessbehoeften. Door in nauwe samenwerking met de IV-organisatie te kijken **wat** de IV-oplossing moet bieden om deze meer waardevolle businessbehoefte in te vullen kunnen zij hun focus houden op de coördinatie met de andere sporen binnen het programma.

Aan de ene kant zorgt het verleden dat het ontkoppelen van programma's en projecten van het **hoe** van de informatievoorziening niet gemakkelijk is. Jarenlang werden IV-oplossingen ontwikkeld vanuit deze projecten en pas na afronding overgedragen aan de beheerorganisatie. Aan de andere kant worden veel van de andere sporen in programma's en projecten wel op een wijze bestuurd waarin het onderscheid tussen **wat** en **hoe** duidelijk wordt gemaakt. Zelden zien we dat programma's en projecten afdelingen als Finance, Control, Facilities, Marketing inhoudelijk gaan vertellen hoe zij hun werkzaamheden moeten gaan uitvoeren of organiseren. In plaats daarvan wordt aangegeven welke behoefte het programma of project heeft en richten deze afdelingen zich op de wijze waarop zij die behoefte in denken te gaan invullen. Als deze manier van samenwerken niet onbekend is, moet het mogelijk zijn om dezelfde werkwijze ook richting het creëren van IV-oplossingen te hanteren.

De ontkoppeling middels de portfolio-laag is daarin niet alleen wenselijk maar absoluut noodzakelijk. Wanneer programma's en projecten directe sturing binnen de IV-organisatie, buiten de lijn van het prioriteren via de portfolio en / of de clusters om kunnen en mogen uitoefenen, wordt de enterprise agility ernstig gehinderd. Immers, de prioriteiten voor de IV-organisatie worden dan gelijktijdig op meerdere niveaus vastgesteld, namelijk zowel vanuit het portfolio als vanuit de programma's en projecten. Ditzelfde geldt wanneer programma's en projecten zelfstandig de prioriteiten kunnen stellen. Welke van deze prioriteiten is nu voor de organisatie het meest belangrijk? Wie moet / mag deze afweging maken? Zeker in grotere organisaties met een ingewikkelde set van afhankelijkheden kan dit desastreuze gevolgen hebben voor de enterprise agility.

Figuur 28.2 De essentiële rollen in de primaire flow.

De volledige keten waarop de informatievoorziening wordt voortgebracht in een organisatie die haar enterprise agility wil verhogen bestaat daarmee uit een vijftal schakels. De **business wat** is de verantwoordelijkheid van de betreffende business owners. Grotere en uitdagende aanpassingen in de business (business *hoe*) worden doorgevoerd onder leiding van het programma management. De prioriteiten voor de IV-organisatie worden op het niveau van de organisatie vastgesteld door één portfolio owner, die daarmee als sparringpartner optreedt voor het programmamanagement. De product owners bepalen, binnen de prioriteitstelling van het portfolio, welke IV-oplossingen (*IV wat*) worden ontwikkeld om de behoefte van de business in te vullen, waarbij de ontwikkelteams verantwoordelijk zijn voor de wijze waarop deze IV-oplossingen worden ontwikkeld (*IV hoe*). Elk onderdeel hierin heeft daarin een specifieke rol en daaraan gekoppelde verantwoordelijkheden, waarmee maximaal de onderliggende principes van sneller leren, eigenaarschap en zelforganisatie worden ingericht.

28.2 DE STRATEGISCHE DOELEN EN KADERS BEPALEN DE IV-PRIORITEIT

Zelden heeft een grote organisatie slechts één programma / project in uitvoering. Binnen enterprise agility werkt de IV-organisatie als ontwikkelende partij van IV-oplossingen separaat van deze programma's. Hierdoor is een reële kans aanwezig dat meerdere programma's gelijktijdig gebruik willen maken van dezelfde kennis, vaardigheden of omgeving binnen de IV-organisatie. Zelfs wanneer dedicated capaciteit wordt toegezegd aan specifieke programma's en projecten, hebben we in een hedendaags systeemlandschap vaak vele shared resources waaronder (hybrid) clouds, big data lakes, netwerkcapaciteit, et cetera. Dit betekent dan ook dat de prioriteit op het invullen van de meest belangrijke behoefte niet vanuit slechts één programma of project kan worden opgesteld, dit moet bepaald worden door de organisatie als één geheel.

De portfolio owner heeft daarin een leidende rol in het bepalen welke epic en epic slice prioriteit heeft boven alle anderen. Door in een hoger tempo kleinere IV-oplossingen te ontwikkelen die een deel van de behoefte alvast invullen worden mogelijkheden gecreëerd om meerdere programma's gelijktijdig te bedienen. De impact van wijzigingen in de prioriteit binnen het portfolio kunnen voor programma's en projecten groot zijn en leiden tot versnelling of vertraging. Dit is één van de redenen waarom de portfolio owner door de directie van de organisatie moet worden aangesteld en vanuit hun verantwoordelijkheid besluiten kan nemen. Vanuit programma's en projecten kunnen wijzigingen in de prioriteit binnen de portfolio-laag een negatieve impact hebben op de te bereiken doelen van het programma of project. Via de in het programma of project ingerichte escalatiekanalen kan de impact van dergelijke besluiten worden afgehandeld.

Om een continue stroom van escalaties te voorkomen werken zowel het portfolio als de programma's en projecten onder dezelfde paraplu van strategische doelen en kaders. Naast het mandateren van een portfolio owner wordt ook een set aan strategische doelen en kaders opgesteld waarbinnen de portfolio owner de werkzaamheden kan uitvoeren. Escalaties zijn alleen noodzakelijk wanneer verschil van inzicht ontstaat over de richting of uitwerking van deze strategische doelen en kaders. Daarbij is het ook mogelijk dat voor de grotere initiatieven een verdeling qua prioriteit wordt vastgesteld. De portfolio owner borgt in een dergelijk geval dat binnen een vastgestelde periode de prioriteit zoveel mogelijk in lijn is met de vastgestelde verdeling.

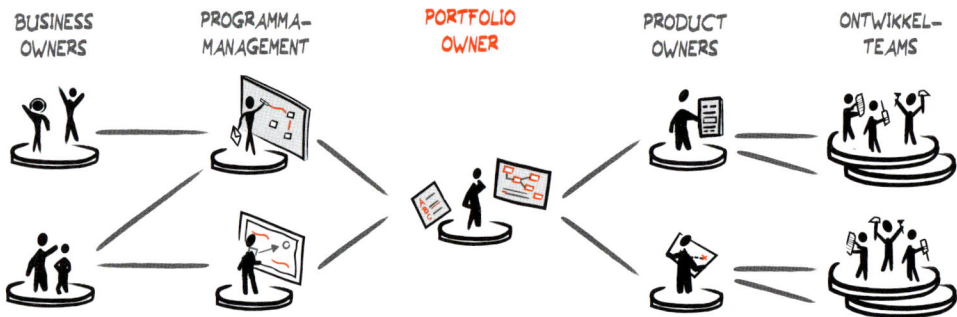

Figuur 28.3 De portfolio owner prioriteert op het niveau van epics en epic slices vanuit het programmamanagement.

Wanneer programma's en projecten toch een eigen set aan clusters en teams krijgen, ontstaat als vanzelf één van de situaties zoals beschreven in hoofdstukken 15 en 20. Door het tijdelijke karakter van programma's en projecten moet de verantwoordelijkheid over het ontwikkelde product uiteindelijk worden overgedragen aan een andere organisatie. Om die overdracht zo soepel mogelijk te laten verlopen (en zo veel mogelijk afhankelijkheden te reduceren) is het raadzaam om ook in deze situaties een gelijksoortige structuur te hanteren als wanneer geen sprake was van een programma of project. Door het betreffende programma of project de noodzakelijke prioriteit en capaciteit als kader aan de portfolio owner mee te geven, wordt op uniforme wijze hetzelfde resultaat bereikt.

■ 28.3 VOORSPELBAARHEID IS DE SLEUTEL TOT SUCCESVOLLE SAMENWERKING

Wijzigingen in de prioriteit hebben, zoals we hierboven hebben kunnen zien, een aanzienlijke impact op het goed kunnen managen van programma's en projecten. Strategische doelen en kaders geven enigszins helderheid over de verwachtingen die programma's en projecten kunnen hebben. Een vastgesteld percentage aan prioriteiten geeft, ondanks dat op korte termijn nog steeds fluctuatie kan plaatsvinden, wel helderheid over wat op een (middel-)lange termijn mag worden verwacht. Toch is het uitdagend om binnen de scope van het programma of project meerdere sporen op elkaar af te kunnen stemmen wanneer de prioritering op een korte termijn kan veranderen.

Het verhogen van de voorspelbaarheid vanuit de portfolio-laag alsmede het continu kunnen verschaffen van inzicht blijken belangrijke instrumenten te zijn om programma's en projecten te ondersteunen in het effectief kunnen uitvoeren van hun rol. 'Agility' betekent namelijk niet dat er geen duidelijkheid kan worden gegeven over welke functionaliteit wanneer wordt opgeleverd. Integendeel, agility betekent dat we op elk moment inzicht kunnen geven wat de verwachte momenten van oplevering zijn, op basis van de huidige inzichten. De wijze waarop dit wordt uitgevoerd is uitgebreid beschreven in hoofdstuk 22.

Als programma of project kan het worden ervaren alsof u continu bent overgeleverd aan de grillen van een portfolio owner en product owners waarbij u nauwelijks grip hebt op de ontwikkeling van IV-oplossingen. Toch blijkt dit in de praktijk mee te vallen. Hoewel de organisatorische wendbaarheid sterk is toegenomen, is het niet gebruikelijk dat binnen de portfolio-laag de prioriteiten continu en op de korte termijn vaak wijzigen. Wanneer dit wel het geval is zijn hier vaak grote organisatorische belangen aan verbonden waarvan iedereen begrijpt dat deze voorrang moeten krijgen. Denk bijvoorbeeld aan het moeten dichten van een belangrijk veiligheidslek. In de praktijk blijkt dan ook dat van fluctuatie vooral sprake is op de middellange termijn en juist meer stabiliteit op de kortere termijn.

Overigens betekent agility ook niet dat de belangen van programma's en projecten geen onderdeel zijn in het vaststellen van de prioriteit. De portfolio owner kijkt niet klinisch alleen naar de businesswaarde om de prioriteit te bepalen maar weegt een brede set van belangen tegen elkaar af. De mate van voorspelbaarheid is dan ook gekoppeld aan de transparantie die een programma of project geeft in gerelateerde afhankelijkheden. Zonder deze transparantie wordt het voor een portfolio owner moeilijk om bij het afwegen van de opties een juist besluit te kunnen nemen. Programma's en projecten werken samen met de portfolio owner aan het zo goed mogelijk afwegen van alle belangen. Hoe beter deze samenwerking, hoe hoger de voorspelbaarheid wordt ten aanzien van het ontwikkelen van IV-oplossingen.

■ 28.4 KORT-CYCLISCHE OPLEVERINGEN GEVEN MOGELIJKHEDEN

Het feit dat de IV-organisatie een continue stroom aan kort-cyclische opleveringen genereert, wil niet betekenen dat programma's en projecten dit tempo van opleveringen moet overnemen. Kort-cyclische opleveringen bieden programma's en projecten nieuwe mogelijkheden om business-aanpassingen op een andere wijze te implementeren maar, zonder specifieke verplichtingen, dit zelf ook iteratief te moeten doen. Als programma of project is het mogelijk om een opgeleverde versie periodiek te toetsen in de praktijk of juist in kleinere groepen alvast uit te rollen. Bijvoorbeeld het werken met ketenpartners kan een uitstekende mogelijkheid zijn om risico's in de samenwerking vroegtijdig te ondervangen door specifieke onderdelen vroegtijdig ter beschikking te stellen.

Door behoefte- en waarde-gestuurd te gaan werken wordt het mogelijk om, door minder op te leveren, méér waarde te creëren voor de business. Door steeds de afweging te maken tussen het verder verfraaien van een oplossing voor de ene set van behoeften en het invullen van de andere set van behoeften, wordt ook de business geholpen in het maken van de juiste afwegingen. Wanneer de afweging continu wordt afgezet tegen de impact die wordt gemaakt door de afgewogen keuzes. Al snel blijkt dat verfraaiing nauwelijks impact maakt, terwijl het verder ondersteunen van andere behoeften vaak een substantiële impact tot gevolg hebben.

De sporen binnen programma's en projecten hebben vaak verschillende snelheden. Door kort-cyclische opleveringen is het eenvoudiger om het spoor van informatievoorziening te laten aansluiten op de andere sporen. Wanneer rekening wordt gehouden met het specificeren van de businessbehoefte, kan het risico op misalignment adequaat worden voorkomen. Wanneer voor een grote campagne of opleidingstraject specifieke functionaliteit noodzakelijk is, kan die behoefte meer naar voren worden gehaald ten koste van behoeften die hier niet direct aan bijdragen. Een duidelijk beeld over welke behoefte op welke moment noodzakelijk is, is dan ook een belangrijk onderdeel om als programma of project de coördinatie tussen de verschillende sporen en hun snelheden uit te voeren.

Door tactisch na te denken over de volgorde waarin elementen worden opgeleverd neemt de kans op een niet geslaagd programma of project sterk af. De binaire keuze of een programma of project wel of niet is geslaagd wordt daarin vervangen door een glijdende schaal die de mate aangeeft waarin het programma is geslaagd. Dit leidt in veel gevallen tot een succesvol programma of project waar, binnen de gegeven context, het maximaal haalbare ook daadwerkelijk is bereikt.

■ 28.5 DUS...

De business owner focust zich op de behoefte van de business, de programma- of projectmanager focust zich op het invullen van die behoefte en de portfolio owner / product owners richten zich daarin op de ontwikkeling van de IV-oplossing. Hierbij is het scheiden van het **wat** en **hoe** vanuit de business en het **wat** en **hoe** vanuit de IV absoluut noodzakelijk om enterprise agility te behouden. Door het portfolio en de programma's en projecten onder één set van strategische doelen en kaders te laten werken kunnen belangen van meerdere programma's goed met elkaar worden afgewogen. Door vanuit de portfolio-laag transparant inzicht te verschaffen in combinatie met het verhogen van de voorspelbaarheid kunnen programma's en projecten op een effectieve wijze samenwerken met de IV-organisatie. Tot slot bieden kort-cyclische opleveringen programma's en projecten goede mogelijkheden om verschillende sporen goed te kunnen coördineren.

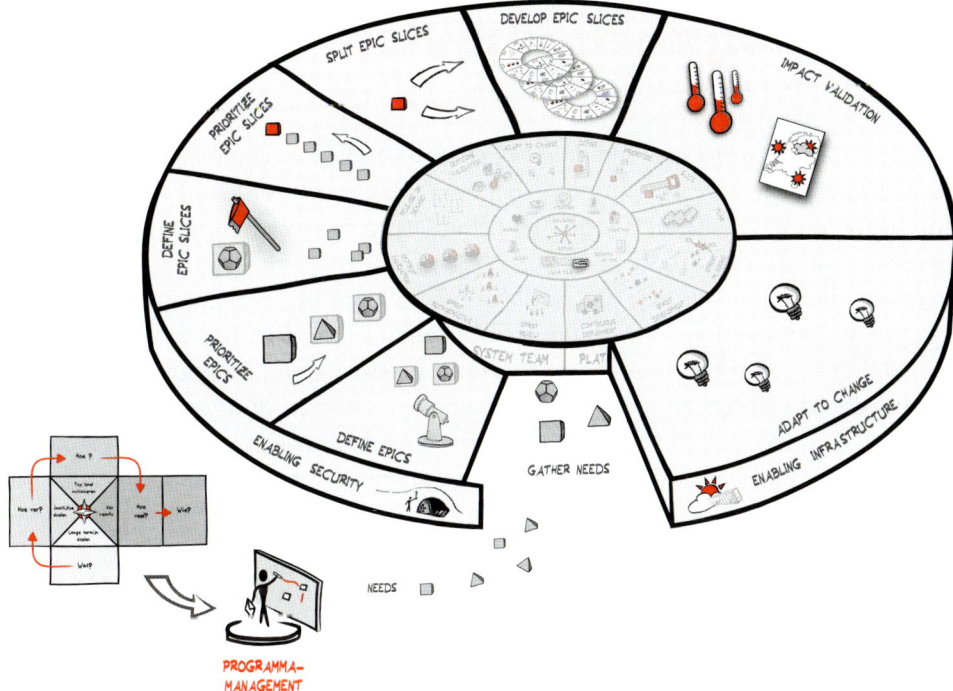

Figuur 28.4 Het ScALE framework uitgebreid met de business.

29 Snel en wendbaar samenwerken via de lijnorganisatie

In het verleden werd de snelheid waarmee een gemiddelde IV-voorziening werd opgeleverd eerder gemeten in jaren dan in weken, laat staan enkele uren. Deze enorme beperking op het aantal opleveringen heeft tot gevolg dat vrijwel alle eisen en wensen, zowel klein als groot, in één keer en in samenhang moesten worden ontwikkeld. Het resultaat hiervan was dat IV-vernieuwingen altijd groot en ingewikkeld van aard waren: een geïntegreerd web van verschillende aanpassingen, verschillende stakeholders en verschillende belangen. Door het gebruik van een programma- en projectaanpak werden al deze belangen met elkaar in lijn gebracht zodat uiteindelijk één IV-oplossing kon worden gecreëerd. Wanneer de IV-voorziening door een programma was vernieuwd werd het uiteindelijke product vervolgens weer door de IV-organisatie in beheer genomen. Door middel van functioneel en technisch beheer is het mogelijk om veel wijzigingen buiten de project- en programmaperiode door te voeren. De opzet en werking van de IV-organisatie maakte dergelijke aanpassingen echter risicovol waardoor al snel formele (en vaak ingewikkelde en langdurige) procedures in het leven werden geroepen om de hierdoor ontstane risico's weer sterk te beperken.

Daarbij was de rol van de lijnorganisatie uitermate beperkt. Enerzijds vochten de onderdelen van de lijnorganisatie onderling om voldoende prioriteit bij de business owners te krijgen voor hun gewenste business-aanpassingen en daaraan gerelateerde IV-ondersteuning. Anderzijds namen zij het resultaat vanuit de project- en programmaorganisatie in ontvangst, inclusief alle consequenties van de wijze waarop de aanpassingen door het programma waren uitgevoerd (in zowel positieve als negatieve zin). De directe invloed van de lijnorganisatie in het organiseren van de juiste aanpassingen was hierin uitermate beperkt.

In dit model vormen de programma's en projecten een tijdelijke ontkoppeling van verantwoordelijkheden van de lijnorganisatie. Alle aanpassingen binnen de business worden vanuit programma's en projecten georganiseerd, inclusief de ontwikkeling of aanpassing van de daarbij noodzakelijke IV-voorzieningen. Specialistische ontwikkelteams worden samengesteld om de IV-voorziening te ontwikkelen of aan

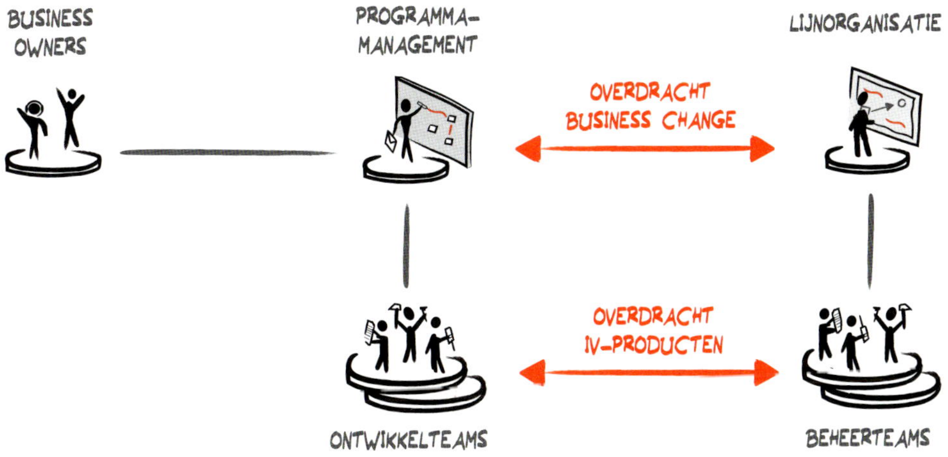

Figuur 29.1 De overdracht van de business change is gescheiden van de overdracht van de IV-producten.

te passen op basis van de situatie na het doorvoeren van de business-aanpassing. De implementatie van het product vormt daarin een onderdeel van het programma of project, waarmee de volledige verantwoordelijkheid onder één regie wordt uitgevoerd. Na afronding van het programma wordt zowel de verantwoordelijkheid voor de business-aanpassing als de verantwoordelijkheid voor het IV-product weer teruggelegd in de lijnorganisatie, waarna het programma of project kan worden afgerond.

29.1 DE LIJNORGANISATIE IN DE HOOFDROL

In een organisatie met een hoge mate van enterprise agility is veel minder behoefte aan projecten en programma's voor het doorvoeren van business-aanpassingen. Er is niet tot nauwelijks behoefte aan projecten en programma's voor het ontwikkelen van IV-producten. Projecten en programma's zijn immers tijdelijke samenwerkingsverbanden, gericht op het opleveren van een vooraf gedefinieerd resultaat. Er is weinig ruimte en aandacht voor spontane ontdekkingen tijdens het ontwikkelen. Het is een wijze van aanpak waarbij het vooraf gedefinieerde resultaat bijdraagt aan het behalen van doelen en waarbij de belangrijkste werkzaamheden te inventariseren zijn en op elkaar moeten worden afgestemd. Hoe ingewikkelder het probleem en hoe langer de periode waarover het resultaat moet worden bereikt, des te groter is de inspanning die nodig is om iedereen gericht te houden op het bereiken van de doelen en daaruit afgeleide milestones. In hoeverre maakt u dan werkelijk gebruik van de enterprise agility die we met elkaar willen laten ontstaan?

Wat als zowel de complexiteit van de business-aanpassing als de periode waarover het resultaat moet worden bereikt juist veel kleiner en korter is? Neemt dan de vereiste inspanning dan niet juist af? Worden projecten en programma's dan niet eenvoudiger? En wat als de omvang dusdanig wordt verkleind dat slechts een beperkt aantal mensen in een korte periode deze aanpassing zelfstandig kan doorvoeren? Dan hebben we geen aparte project- of programma-organisatie nodig om de onderlinge afstemming vanuit een externe partij te coördineren. De lijnorganisatie moet in staat zijn om dergelijke aanpassingen zelfstandig door te voeren. De dagelijkse gang van zaken omvat dan niet alleen het uitvoeren van reguliere organisatieactiviteiten maar ook het gelijktijdig verbeteren van de wijze waarop deze activiteiten worden uitgevoerd.

Uiteraard zorgt een transformatie, van periodieke grootschalige projecten en programma's naar een enorme stroom van kleinere aanpassingen, ook voor uitdagingen. In een organisatie die in een continue staat van verandering is neemt het belang van alignment tussen veranderinitiatieven toe en moet het eigenaarschap naar lagere niveaus in de organisatie worden verplaatst. Dit zijn precies die elementen die juist door het verhogen van de enterprise agility enorm in kracht en volwassenheid zijn toegenomen. Enterprise agility schept de voorwaarden om als lijnorganisatie de verantwoordelijkheid te kunnen nemen in het continu en zelfstandig verbeteren van de wijze waarop de bedrijfsvoering wordt uitgevoerd.

IV-producten worden daarin door de IV-organisatie in vaste teams onderhouden. Het onderhouden van het IV-product is onderdeel van het transparant, inspect en adapt van het scrum werken: het leren. Ontwikkelteams zijn verantwoordelijk voor de ontwikkeling, aanpassing en operationeel gereedhouden van het product. Dergelijke teams zijn in staat om continu in te spelen op de belangrijkste behoeften van de lijnorganisatie, gestuurd vanuit de lijnen die door de business owners worden gedefinieerd. Voor de ontwikkeling en aanpassing van dergelijke IV-producten zijn geen projecten of programma's meer noodzakelijk, de verschillende disciplines die vanuit programma's en projecten voorheen werden gecoördineerd zijn namelijk ondergebracht binnen vaste teams en rollen in het IV-voortbrengingsproces of door de sterke reductie van de duur en omvang niet langer meer noodzakelijk.

Dat voor de ontwikkeling van IV-producten geen project- of programma-organisatie meer noodzakelijk is, betekent overigens niet dat er geen projecten of programma's meer zijn. Zoals we in hoofdstuk 28 hebben geconstateerd richten projecten en programma's zich meer op het doorvoeren van grotere en uitdagendere business-aanpassingen, waarbij vaak meerdere sporen op elkaar moeten worden afgestemd om het beoogde resultaat te bereiken. De samenwerking met de vaste teams voor de ontwikkeling of aanpassingen van IV-producten verschuift daarbij van een functioneel ongelijkwaardig naar een gelijkwaardig samenwerkingsverband. Vanuit business-projecten en -programma's wordt, samen met de portfolio owner en product owners, onderzocht op welke wijze en welke moment de juiste

IV-aanpassingen kunnen worden doorgevoerd om zo snel mogelijk de waarde voor de organisatie te kunnen leveren.

■ 29.2 HET VERSCHIL TUSSEN DIENSTEN, PRODUCTEN EN APPLICATIES

Om te begrijpen hoe de rol van de lijnorganisatie verandert ten opzichte van projecten en programma's, is het belangrijk om inzicht te hebben in het verschil tussen (IV-)diensten, (IV-)producten en (IV-)applicaties. Aangezien in veel organisatie hierin slechts beperkt onderscheid wordt gemaakt, is het gevolg vaak een verstrengeling van businessprocessen met het IV-voortbrengingsproces. Het resultaat is een sterke afname van de enterprise agility door de onduidelijkheden van de verschillende betrokken verantwoordelijkheden en de daaruit voortvloeiende afhankelijkheden en/of discussies.

Een (IV-)dienst is een transactie waarbij een niet-fysiek goed wordt geleverd. Transacties komen tot stand door gestandaardiseerde processen in de lijnorganisatie waarmee waarde wordt geleverd aan de klanten, partners of de organisatie zelf. Het samenstel van de diensten zorgt ervoor dat de organisatie haar ondernemingsstrategie kan uitvoeren, zowel in directe zin (businessprocessen) als indirecte zin (ondersteunende processen). Diensten maken daarin vaak gebruik van een samenstel van (IV-)producten, die in onderlinge samenhang de waarde moeten leveren.

Een (IV-)product is een tastbare zaak met een bepaalde waarde. In de praktijk bestaat een (IV-)product vaak uit een set van (IV-)applicaties, systemen, koppelingen, et cetera die in onderlinge samenhang de in de productvisie gedefinieerde waarde leveren. Het cluster-concept is ingericht om de lifecycle van maximaal één product te ondersteunen, onder leiding van een product owner. Zoals we in hoofdstuk 20 hebben geconstateerd is het mogelijk dat meerdere clusters gezamenlijk werken aan één product.

Een (IV-)applicatie tot slot is een specifiek programma dat ontwikkeld is voor het uitvoeren van een specifieke taak. Een (IV-)product kan worden gerealiseerd door de aanschaf, ontwikkeling en koppeling van verschillende (IV-)applicaties. Vanuit historisch oogpunt hebben teams binnen een cluster vaak specifieke kennis van slechts enkele (IV-)applicaties binnen het product. Specifieke kennis die juist door de intensieve samenwerking in het cluster over langere tijd meer over de overige teams wordt verdeeld en waarbij het delen ervan wordt gestimuleerd.

Kortom, de IV-organisatie levert concreet (IV-)diensten aan de business. Producten en applicaties zijn daarmee een zorg van de IV-organisatie geworden om de (IV-)diensten te kunnen uitvoeren.

■ 29.3   DE NIEUWE VORM VAN OVERDRACHT

Eerder schetsten we al dat programma's en projecten binnen enterprise agility vooral worden ingezet voor het doorvoeren van grotere en complexere business-aanpassingen, waarbij vaak meerdere sporen op elkaar moeten worden afgestemd om het beoogde resultaat te bereiken. Om dergelijke ingewikkelde trajecten te kunnen uitvoeren wordt de regie over de gewenste aanpassingen tijdelijk ondergebracht in de project- en/of programma-organisatie. Let wel, het gaat hier om de overname van de regie op de verandering, niet over de overname van de operationele uitvoering.

Deze regie op de verandering betreft een grote verandering ten opzichte van het verleden. Hierin werden projecten en programma's gebruikt om niet alleen de regie maar ook de uitvoering volledig te organiseren. Het uiteindelijke product werd aan het einde van het programma op gecontroleerde wijze overgedragen aan de beheerorganisatie. Binnen enterprise agility zijn de regie en uitvoeringsorganisaties gescheiden. Dit betekent dat programma's en projecten de belangrijkste stakeholder worden voor de (IV-)producten (regie) maar dat de ontwikkeling en het beheer van de producten bij en onder verantwoordelijkheid van de (IV-)organisatie blijven vallen.

In de praktijk betekent dit dan ook dat er geen sprake is van een fysieke overdracht van producten vanuit de project- / programma-organisatie naar de (IV-)organisatie maar dat de regie over de dienst en business-aanpassing wordt teruggegeven aan de lijnorganisatie. Het eigenaarschap over de producten en applicaties is daarin nooit weggenomen van de clusters die hier de verantwoordelijkheid voor dragen. Alle aanpassingen zijn doorgevoerd met respect tot de Definition of Done van dat cluster en de organisatie. Alle aanpassingen zijn op dusdanige wijze ontwikkeld dat zowel op korte als op lange termijn de waarde van het product kan worden geleverd. De kwaliteit van het product is dusdanig opgezet dat het cluster niet gebukt gaat onder een influx van incidenten en problemen, simpelweg omdat zij hier zelf verantwoordelijk voor zijn gebleven.

In tegenstelling tot het (IV-)product en de daaronder liggende applicaties, moet de verantwoordelijkheid voor de regie juist wel worden overgedragen. Aangezien de lijnorganisatie wordt gezien als onderdeel van de business maakt zij hierin al deel uit van de doelgroep van het project of programma. Vandaar dat de overdracht van de dienst- / businessverandering vaak meer symbolisch van aard is, dan dat er een

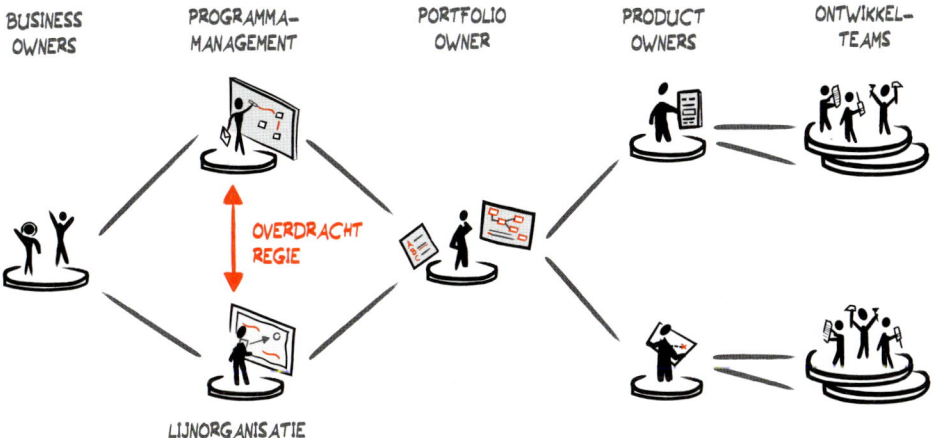

Figuur 29.2 De overdracht van de regie vanuit projecten naar de lijnorganisatie.

daadwerkelijk implementatieprogramma voor moet worden uitgevoerd. Immers, deze implementatie is in negen van de tien gevallen al onderdeel van de scope van het programma.

Opvallend in deze werkwijze is dat er geen sprake meer is van een separate beheerorganisatie. De ontwikkeling en het beheer van producten en diensten vormen een onlosmakelijk geheel, waarbij producten gedurende hun gehele life cycle onder verantwoordelijkheid van een product owner blijven. Dit betekent ook dat eventuele investeringen in de kwaliteit van het product niet binnen de scope van een eenmalig producten terugverdiend moeten worden maar op basis van een lange termijn-visie kunnen renderen.

■ 29.4 NIET ALLE 'OUDE' ROLLEN VINDT U TERUG IN HET IV-VOORTBRENGINGSPROCES

Wanneer een organisatie actief de enterprise agility gaat verhogen wordt vaak als eerste ingezet op het verbeteren van het IV-voortbrengingsproces. Deze sterke focus binnen de organisatie zorgt voor een situatie dat iedereen van mening is dat alle bestaande medewerkers een rol moeten hebben binnen dit proces, of anders overbodig zijn en op zoek moeten gaan naar een nieuwe uitdaging. We zien dan ook dat een grote verscheidenheid van meer specialistische rollen actief wordt geïntegreerd in het beperkte aantal posities die er zijn binnen de IV-voortbrenging, namelijk portfolio- en productmanagement, de ontwikkelteams of op een plek bij de ondersteunende organisatie (secundaire flow of enabling service).

In een gemiddelde organisatie hebben we echter veel meer specialistische functies dan dat er posities zijn binnen de IV-voortbrenging. Als gevolg hiervan ontstaan portfolio of product owner ondersteunende teams die net zo omvangrijk zijn als de ontwikkelteams waar deze rollen mee samenhangen. De complexiteit van dergelijke ondersteunende teams is zo hoog dat elke snelheid die in het proces gewonnen wordt teniet wordt gedaan door de complexiteit van de samenwerking (zie ook paragraaf 15.2). Door het IV-voortbrengingsproces te richten op de cruciale rollen en slechts de absolute noodzakelijke ondersteuning in te richten, wordt een grote stap gezet op het gebied van snelheid en wendbaarheid van dit voortbrengingsproces. Veel van de traditionele rollen worden vaak om- of bijgeschoold ter versterking van de teams, ondersteunende teams, stafafdelingen of ter versterking van de lijnorganisatie. Dit is één van de focuspunten die in de transformatieaanpak moet worden meegenomen.

Functioneel beheerders hebben in deze transformatie vaak een diffuse rol als het gaat om waar zij het beste tot hun recht komen. Wanneer hun kennis heel specifiek is gericht op één applicatie, dan ondersteunen zij vaak de product owner in zijn of haar ondersteunende team. Veel vaker ondersteunen zij de verantwoordelijke voor een (IV-)dienst vanuit de lijnorganisatie met het beheren van de (IV-)dienst. In deze situatie maken zij dan ook geen onderdeel uit van het IV-voortbrengingsproces maar juist van de lijnorganisatie, in de regie en exploitatie van de door haar geboden diensten. Die positie is dus juist vanuit een afdeling die in de rol van stakeholder richting de productorganisatie optreedt.

Bij informatiebeheerders gaat het ook vaak mis als we kijken naar het opnemen van de juiste rol, of plek, in de organisatie. Aangezien zij verantwoordelijk zijn voor de inhoudelijke correctheid en integriteit van de informatie en deze informatie aanwezig is binnen specifieke producten en / of applicaties, wordt veelal verondersteld dat zij dan geïntegreerd moeten worden met de productontwikkelteams voor die applicaties. Niets is minder waar. Informatiebeheerders zijn geen ontwikkelaars van het product of de applicatie maar juist de gebruikers van deze producten of applicaties. Als eigenaar van een rekening binnen een bankieren app bent u toch ook geen productontwikkelaar van deze app? Toch houdt u overzicht over de consistentie en integriteit van hetgeen de app u levert en treedt u bij onverklaarbare afwijkingen waarschijnlijk direct in contact met de bank.

Ook de verantwoordelijken voor een (IV-)dienst zijn vaak op een inconsistente manier gepositioneerd in het IV-voortbrengingsproces. Zij zijn niet de manager van de teams van een bepaald product of cluster, of een secundaire / proxy / technische product owner van een cluster (of welke andere alternatieve naam daar voor wordt bedacht). Een product owner van de cluster is verantwoordelijk voor het gehele product, van begin tot eind, zonder deze verantwoordelijkheid te delen met een tweede persoon. De verantwoordelijke voor een (IV-)dienst is echter wel een belangrijke (of soms zelfs de belangrijkste) stakeholder van de product owner. De verantwoordelijke voor een (IV-)dienst kijkt niet zo zeer naar het geleverde product maar naar de dienstverlening die de IV-organisatie levert met één of meer producten. Nieuwe ideeën, wensen, et cetera qua dienstverlening vinden dan ook hun oorsprong bij de verantwoordelijke voor een (IV-)dienst, die in de praktijk vaak intensief samenwerkt met de functioneel beheerders en informatiebeheerders voor een optimale exploitatie van de betreffende dienst.

Adviseurs en specialisten binnen de meer traditionele IV-organisatie maken geen onderdeel meer uit van de primaire flow maar kunnen op verschillende wijze worden ingezet in de secundaire flow of enabling services binnen de organisatie. Hun kennis en ervaring worden ingezet om de teams te ondersteunen bij het ontwikkelen van de noodzakelijke kennis, zonder dat hierbij een directe afhankelijkheid ontstaat. Of hun kennis wordt juist ter ondersteuning ingezet bij het oplossen van de meer ingewikkelde problemen op hun specialistische vakgebied.

■ 29.5 EEN NAUWE SAMENWERKING MET DE LIJN IS NOODZAKELIJK

Het verhogen van de enterprise agility in grotere organisaties brengt met zich mee dat een aantal koppelvlakken worden geïntroduceerd van waaruit besluitvorming vanuit één punt naar meerdere clusters of teams wordt verspreid. Dit heeft tot gevolg dat de IV-voortbrengingsketen uit een aantal schakels bestaat, waarbij het aantal noodzakelijke schakels afhankelijk is van de omvang van de organisatie. Ondanks het feit dat de primaire flow zoveel mogelijk gefocust moet zijn op het leveren van waarde voor de business, ontstaan er toch schakels in de keten tussen degene die iets willen hebben en degene die dat kunnen verwezenlijken. Het aantal schakels heeft hoe dan ook een negatieve impact op de enterprise en business agility.

Het Manifesto for Agile Software Development heeft niet voor niets het principe vastgesteld 'Business people and developers must work together daily throughout the project'. De keten van schakels die binnen het verhogen van enterprise agility ontstaat is daarmee direct in strijd met dit simpele en uiterst noodzakelijke principe voor het verhogen van de enterprise agility. Om die reden is het goed om de driehoek van business (opdrachtgever / gebruikers), de portfolio owner / product owners en de ontwikkelteams voor ogen te houden. Deze drie partijen zijn op verschillende niveaus binnen de organisatie herkenbaar. In deze driehoeksrelatie spreekt de product owner met de business over de in te vullen behoefte. Per periode worden, op basis van productdoelen, met de ontwikkelteams samen sprintdoelen voor de eerstvolgende iteratie opgesteld. Op basis van de sprintdoelen werken de ontwikkelteams echter direct en op dagelijkse basis samen met de business om de specifieke requirements nader uit te werken binnen de scope die door de product owner met de ontwikkelteams is overeengekomen.

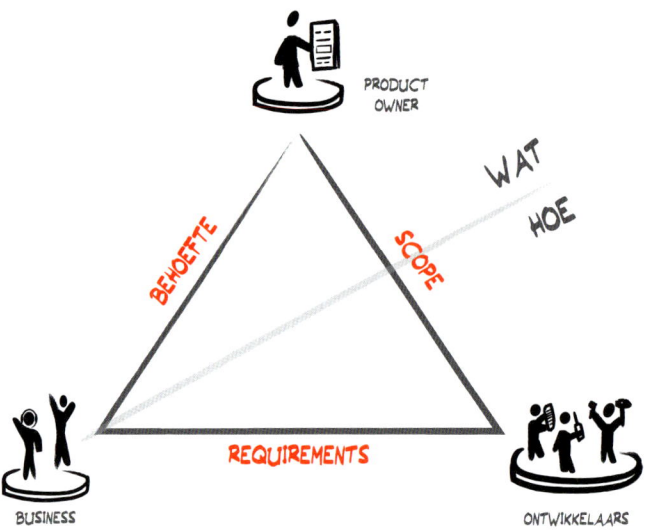

Figuur 29.3 De driehoek tussen business, product owner en ontwikkelteams.

De business kan in grotere organisaties wel oplopen tot 10.000-en mensen. Hoe kunt u met zo'n grote groep toch een effectieve samenwerking tot stand brengen, waarbij praktische kennis vanuit de gebruikers worden gecombineerd met de inzichten van de ontwikkelteams? Hiervoor maakt de business gebruik van materiedeskundigen. Deze materiedeskundigen zijn (potentiële) gebruikers vanuit de praktijk. In de rol van materiedeskundige ziet u dat ze namens grote groepen of soms zelfs namens alle gebruikers uitspraken kunnen en mogen doen omtrent het gebruik en de wijze waarop hun werkzaamheden zijn georganiseerd. Het is dan ook van essentieel belang dat materiedeskundigen niet volledig uit hun huidige functie worden losgeweekt maar dat zij (het liefst brede of flexibele) inzet combineren met het verkrijgen van inzichten van uit de doelgroep.

> Een materiedeskundige bij de Nationale Politie werkt bijvoorbeeld op flexibele basis in verschillende basisteams (bijvoorbeeld als opvang bij tijdelijke onder-bemensing in een team). Vanuit zijn of haar reguliere werkzaamheden kan worden getoetst welke behoeften er leven bij deze basisteams of juist in meer specifieke situaties in de dagelijkse praktijk. De materiedeskundigen worden door de business aangesteld als vertegenwoordiger van dé gebruikers. Hierbij worden eventuele kaders vanuit de business owner meegegeven waarmee duidelijkheid wordt geboden op hoeveel vrijheid de materiedeskundigen hebben ten aanzien van het doen van uitspraken namens de business. Bij sommige organisaties betekent dit een carte blanche, bij andere organisaties kan ook hier vertraging ontstaan omdat specifieke uitspraken eerst getoetst moeten worden bij een bredere community. Hoe meer restricties de materiedeskundige meekrijgt, hoe minder sterk de mate van enterprise agility wordt bereikt.

De materiedeskundige is hierin niet een opdrachtgever of een product owner voor de ontwikkelteams. De materiedeskundige is een informatiebron met toegang tot de werkelijke praktijk. Er is een duidelijke scheiding tussen de taken en verantwoordelijkheden van de materiedeskundige, de opdrachtgever en de product owner. De scope wordt bepaald door de business (met name opdrachtgevers) en de portfolio owner of product owners. Binnen deze scope worden de product-incrementen ontwikkeld. De materiedeskundige fungeert daarin als een vraagbaak voor de ontwikkelteams zodat niet alle details via een product owner moeten worden vastgesteld. Zodra discussie ontstaat over de scope van een specifieke product backlog item wordt de scope altijd gevalideerd en bekrachtigd door een product owner en getoetst door een klankbord- of feedbackgroep vanuit de business.

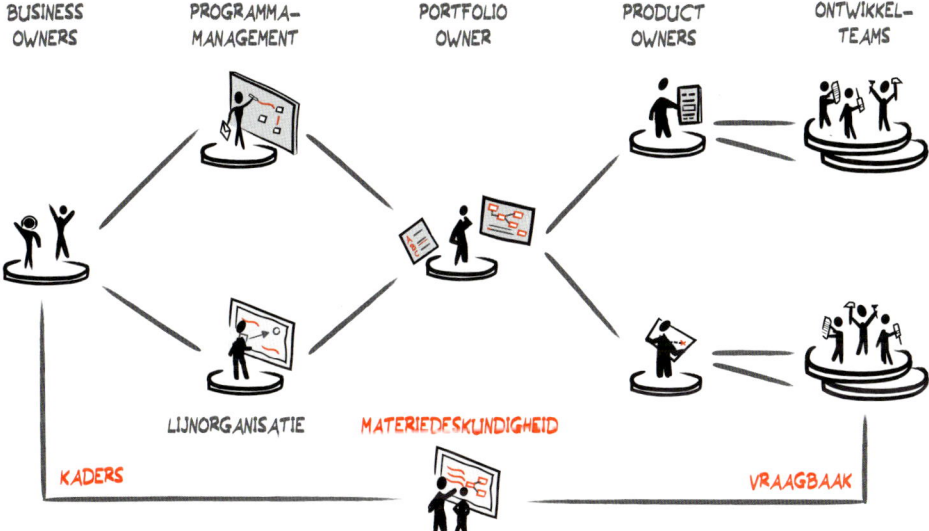

Figuur 29.4 De materiedeskundige als vraagbaak voor de business.

29.6 DE NIEUWE POSITIE KOMT MET NIEUWE VERANTWOORDELIJKHEDEN

Hoewel op conceptueel niveau het Amsterdams Informatie Model (negenvlaksmodel) van Rik Maes (Maes, 2002) nog steeds van toepassing is, ziet u in de praktijk dat de praktische vertaling er vaak toe leidt dat functies, processen, overdrachtsmomenten en nog veel meer een behoorlijke verandering moeten ondergaan. In die verandering lijkt informatiemanagement als schakel tussen business en informatievoorziening zowaar te verdwijnen terwijl in de praktijk het vaak meer een verandering van informatiemanagement is. Wel kan worden geconstateerd dat het IV-voortbrengingsproces niet meer via informatiemanagement verloopt en dat juist informatiemanagement haar aandacht gaat richten op het aspect waarvoor zij echt verantwoordelijk is: de informatie en daaraan gerelateerde diensten.

Het blijkt dat veel organisaties deze verandering in de praktijk onderschatten. Door onduidelijkheden in concepten als diensten, producten en applicaties houdt de lijnorganisatie zich meer bezig met ontwikkeling en beheer van applicaties, terwijl deze juist als een tool of instrument moeten worden gezien om hun dienst (informatie) aan de business te kunnen leveren. Door helderheid te scheppen in zowel de dienstenportfolio als het daarbij koppelen van verantwoordelijken aan verschillende diensten wordt er meer duidelijkheid gegeven. Door een goede inrichting van de samenwerking met portfolio owner en product owners enerzijds en materiedeskundigen anderzijds krijgt de lijnorganisatie beter zicht op de ontwikkelingen die van invloed zijn op de (nieuwe) organisatie.

Nu programma's en projecten opleveren aan de lijnorganisatie in plaats van aan de beheerorganisatie, is het van belang om duidelijkheid te scheppen in de (tijdelijke) overdracht van de regiefunctie tussen de lijn en projecten / programma's. Immers, de producten en nieuwe of aangepaste applicaties blijven altijd binnen de verantwoordelijkheid van de ontwikkelteams (en voldoen daarmee dus ook aan de organisatie-brede Definition of Done). Wat overblijft zijn het maken van heldere afspraken tussen de lijnorganisatie, de programma's en projecten als het gaat om wie op welk moment in 'the lead' is voor het wijzigen van diensten en onderliggende producten.

Deze transformatie betekent ook dat nieuwe rollen (en mogelijk zelfs nieuwe afdelingen) moeten worden ingericht die ondersteunend zijn aan deze nieuwe manier van werken, waarbij ook rollen en afdelingen kunnen komen te vervallen. De transformatie aan de businesszijde moet gelijktijdig aan de transformatie van de primaire flow worden uitgevoerd om te kunnen beschikken over de functies / posities waarin veel huidige medewerkers hun thuisbasis gaan vinden. Wanneer dit achterwege wordt gelaten is de kans groot dat mensen tijdens de transformatie op zoek gaan naar een rol binnen de primaire of secundaire flow om verzekerd te zijn van toekomstig werk, terwijl hun kennis en kunde juist van essentieel belang is binnen de lijnorganisatie.

De rol, positie en verantwoordelijkheid van de lijnorganisatie zijn daarin van groot belang voor zowel het verhogen van de business agility als de enterprise agility. Door naast het ontwikkelen van de IV-voortbrengingsketen ook aandacht te hebben voor het ontwikkelen van de lijnorganisatie wordt een substantiële bijdrage geleverd aan het verhogen van de enterprise agility.

■ 29.7 DUS...

Wanneer de organisatie focus gaat leggen op het inrichten van de primaire / secundaire flow en enabling services is het van essentieel belang om ook gelijktijdig aandacht te besteden aan de transformatie van de lijnorganisatie. De rol van de lijn neemt binnen de informatievoorziening sterk toe en is eveneens de plek waar de dienstverlening van de IV-organisatie vanuit business-perspectief wordt geborgd. De business blijft met behulp van de lijnorganisatie in control van de inhoud (de informatie) en de verzilvering van waarde, terwijl het IV-voortbrengingsproces juist de producten voortbrengt waarmee de inhoud zo goed mogelijk kan worden gemanaged. In de praktijk betekent dit dat grote programma's en projecten meer een tijdelijke overname van de regiefunctie van de lijnorganisatie zijn dan een separate eenheid die los van de lijn- en IV-organisaties producten gaan ontwikkelen. De goed functionerende lijnorganisatie is daarom van essentieel belang om als organisatie de enterprise agility te verhogen.

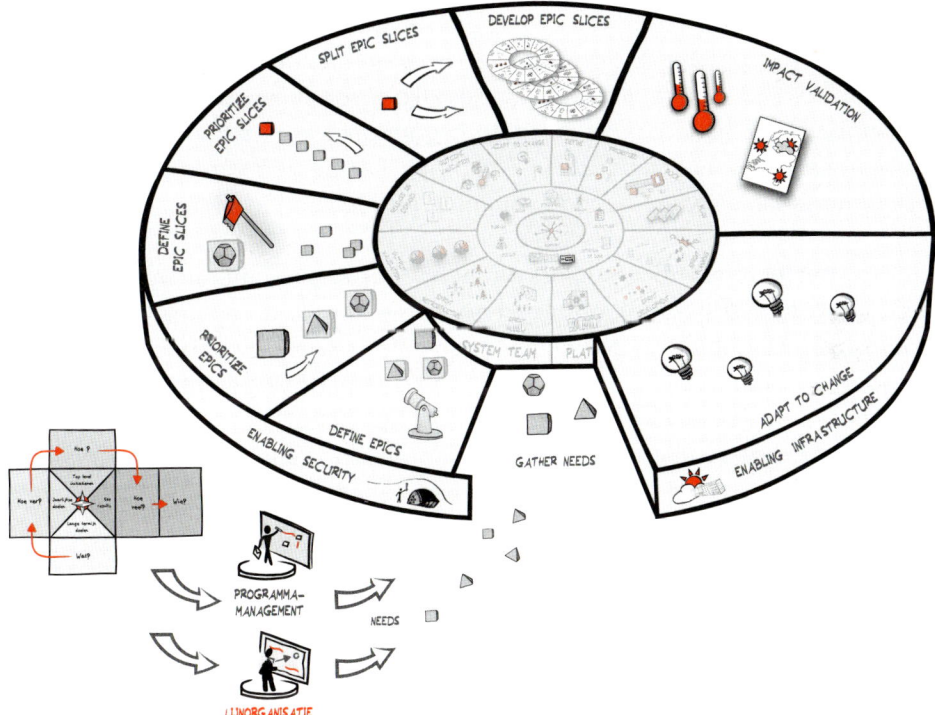

Figuur 29.5 Het ScALE framework uitgebreid met de lijnorganisatie als enabler van de strategie executie.

30 Het direct ondersteunen van alle flows: agile leadership

De drijvende kracht achter de transformatie naar enterprise agility ligt in de overtuiging, vanuit het leiderschap, dat business en enterprise agility noodzakelijke elementen zijn om als organisatie in de nabije en verre toekomst relevant te blijven. Het gaat om maken van een mindshift waarin de status quo van de organisatie niet langer voldoende is, om te doen of zich te ontwikkelen naar wat juist is. Een transformatie is noodzakelijk. Transformeren naar een systeem waarbinnen snelheid en wendbaarheid centraal staan en gelijktijdig recht wordt gedaan aan de uitdagingen waar middelgrote tot grote organisaties voor staan. Een dergelijke transformatie vereist leiderschap met inzicht op het gebied van enterprise agility om de organisatie effectief naar de volgende fase te kunnen leiden.

De rol van het leiderschap is cruciaal om een omgeving te creëren met een sterke focus op zelforganisatie die voortbouwt op elementen als autonomy, mastery and purpose. Het invlechten van de principes van enterprise agility door alle lagen van de organisatie heen, vereist durf en een lange adem. Het is gemakkelijker gezegd dan gedaan. De grote verandering voor het leiderschap in snelle en wendbare organisaties is dat zij niet langer meer direct leiding (kunnen) geven of actief (kunnen) bijsturen. Immers, actief invloed uitoefenen op de primaire flow vereist veel en vooral snel inzicht om op de juiste wijze te acteren. Korte invloedslijnen zijn vaak door alignment en autonomie op andere wijze ingericht.

The most important, and indeed the truly unique, contribution of management in the 20th century was the fifty-fold increase in the productivity of the manual worker in manufacturing. The most important contribution management needs to make in the 21st century is similarly to increase the productivity of knowledge work and the knowledge worker.

Peter Drucker

De focus verschuift naar het inrichten van het systeem waarin mensen en teams optimaal samen kunnen werken om de gewenste waarde voor de organisatie op te leveren. Door het beheren en optimaliseren van dit systeem, de bedrijfsvoering hierbinnen te organiseren en de impediments op het niveau van de organisatie actief aan te pakken, hebben leiders een belangrijke rol in het ontwikkelen van een lerende organisatie. We streven met enterprise agility naar een organisatie waarin het leiderschap het sturingsmechanisme implementeert binnen de primaire flow, op basis van de heldere richting en binnen de duidelijk kaders die daarbij zijn gedefinieerd.

Het creëren van een lerende organisatie wordt door het leiderschap uitgevoerd over een drietal dimensies:
1. Het inrichten van een lerende organisatie;
2. Het leiden van een lerende organisatie;
3. Het begeleiden van een lerende organisatie.

Het inrichten, leiden en begeleiden van de organisatie is niet een taak voor het leiderschap alleen. Zij worden hierbij ondersteund door verschillende meer gespecialiseerde afdelingen. Helaas komen we te vaak tegen dat de focus vooral wordt gelegd op het organiseren van de primaire flow maar nauwelijks op het inrichten, ondersteunen en optimaliseren van de ondersteunende afdelingen binnen de organisatie. Als hier niet actief aandacht aan wordt gegeven, loopt een organisatie steeds meer risico dat het beoogde systeem actief wordt ondermijnd door deze ondersteunende afdelingen. Daarom kijken we in hoofdstuk 31 naar de specifieke rol van deze afdelingen en welke impact de transformatie in het kader van het verhogen van enterprise agility op deze afdelingen heeft.

■ 30.1 HET INRICHTEN VAN EEN LERENDE ORGANISATIE

Een goede implementatie van de principes van enterprise agility leidt tot een transformatie naar een lerende organisatie (Senge, 2009). De verantwoordelijkheid voor het inrichten van deze organisatie ligt uiteindelijk bij het leiderschap van deze organisatie. Op basis van de structuur ontstaat een cultuur waarin principes als sneller leren, eigenaarschap en zelforganisatie zich kunnen ontwikkelen of juist niet. In de praktijk wordt dit vaak tegengesproken: "Structure follows strategy but culture eats strategy for breakfast" (Campbell & Stonehouse, 2011). Hoewel dit niet onwaar is, blijkt deze regel voornamelijk te gelden voor start-ups en kleinere organisaties. In middelgrote tot grote organisaties is de tegenkracht van het 'bestaande' systeem te groot en wordt cultuur daardoor gevormd door de wijze waarop de organisatie is ingericht.

> *Attempting to change an organization's culture is a folly, it always fails. Peoples' behavior (the culture) is a product of the system; when you change the system peoples' behavior changes.*
> John Seddon

In de praktijk zijn vele voorbeelden te vinden hoe de principes van enterprise agility door de organisatie 'als systeem' worden ondermijnd. Wanneer de IV-voortbrengingsketen sneller wil **leren** en de focus van de business ligt op het **opleveren** van complete IV-producten, blijven tussentijdse incrementen 'op de plank liggen' tot het IV-product helemaal klaar is. Door niet tussentijds te valideren in de praktijk, verliest de IV-voortbrengingsketen de mogelijkheid om echt te kunnen leren. Het gevolg hiervan is dat zij zich niet aangesproken voelen wanneer het product uiteindelijk niet de beoogde outcome levert.

Wanneer de primaire flow continu om toestemming moet vragen aan mensen buiten deze flow, ondermijnt het de mogelijkheden voor zelforganisatie en neemt het verantwoordelijkheidsgevoel voor genomen besluiten af. Wanneer een team of cluster verantwoordelijk wordt gehouden voor de werking van het product maar niet over de opzet en werking van het product kan beslissen, wordt eigenaarschap weggenomen. Typische verschijnselen hiervan zijn waar te nemen wanneer ontwikkelteams aan de product owner om tijd moeten vragen voor werkzaamheden als testautomatisering, refactoring of het oplossen van bugs.

Om bovenstaande redenen is het noodzakelijk dat de inrichting van een organisatie ook recht doet aan de wijze waarop enterprise agility wordt georganiseerd. Eenvoudige besluiten kunnen daarin grote gevolgen hebben. Dit vereist kennis en inzicht in de werking van dergelijke organisaties en een vaardigheid om mensen, teams en clusters daarin mee te nemen. Organisatorische en structurele besluiten moeten in lijn zijn met de principes van enterprise agility om effectief te kunnen werken in het complex-domein. Dit betekent overigens niet dat het leiderschap inzicht moet hebben in alle details van een transformatie om de enterprise agility te verhogen. Het betekent wel dat zij inzicht moeten hebben in de opzet en werking van een dergelijke organisatie, alsmede welke gedragingen van het leiderschap de werking ondersteunen of juist ondermijnen.

Het is daarin belangrijk dat het leiderschap zicht heeft op welke wijze medewerkers effectief binnen teams samenwerken aan het opleveren van producten of het leveren van ondersteuning. Individuele performance is daarin ondergeschikt aan de performance van het gehele team. Hierbij is het wel van belang dat eenduidig denken en handelen binnen deze teams wordt georganiseerd, zodat verschillende inzichten vanuit de medewerkers binnen teams kunnen worden gespiegeld aan de heldere richting en duidelijke kaders vanuit de organisatie.

Hoewel het opstarten van de transformatie als een programma kan worden aangevangen, is het daadwerkelijk verhogen van de enterprise agility een uitdaging voor de lange termijn. Met deze lange termijn-focus vindt de ontwikkeling echter plaats door middel van een kort-cyclische uitvoering van kleine, concrete en zichtbare stappen. Elke stap moet daarbij resulteren in een aanpassing van de organisatie waarmee de uiteindelijke doelstellingen (beter) worden bereikt: het verhogen van de effectiviteit waarmee de organisatie haar werkzaamheden kan uitvoeren of het verhogen van de snelheid en wendbaarheid waarmee de waarde wordt geleverd. Dit betekent ook dat het leiderschap vaak snel ingewikkelde onderwerpen of vraagstukken moet kunnen analyseren, helder moet krijgen of en waar eventuele aanpassingen worden uitgevoerd en hier besluiten over nemen. Hiervoor is niet alleen kennis en inzicht nodig maar ook voldoende tijd en ruimte om deze onderwerpen adequaat te kunnen adresseren op het juiste niveau van detaillering.

Het inrichten van de principes van enterprise agility door de organisatie heen maakt zelforganisatie mogelijk. Dit gebeurt echter niet vanzelf en ook niet zonder vallen en opstaan. Aandacht is nodig om vanuit het leiderschap de competenties van mensen en teams op te bouwen waarmee zij op een veilige wijze eigenaarschap kunnen nemen. Door het ontwikkelen van de competenties wordt het gemakkelijker om het vertrouwen te ontwikkelen dat deze mensen en teams de juiste resultaten behalen, ook wanneer mensen en teams deze resultaten op een alternatieve wijze bereiken dan initieel vanuit de kennis en ervaring binnen leiderschap wordt verwacht. Het geven van meer verantwoordelijkheden en speelruimte gaat hand in hand met het niveau van de opgebouwde competenties. In een dergelijke verandering ontstaan altijd nieuwe problemen en uitdagingen. Het is de kunst van het leiderschap om dergelijke problemen snel en daadkrachtig op te lossen maar wel op een dusdanige wijze dat recht worden gedaan aan de principes van enterprise agility.

In de afgelopen 29 hoofdstukken zijn de basisprincipes geschetst waarlangs een organisatie zich kan ontwikkelen en waarmee de agility van een enkel team wordt behouden terwijl de omvang van het systeem is opgeschaald tot het niveau van de gehele organisatie. Het inrichten van dit systeem, door een geleidelijke transformatie van de organisatie, is een belangrijke verantwoordelijkheid van het leiderschap. Deze verantwoordelijkheid kan niet worden gedelegeerd, ondanks het feit dat de daadwerkelijke uitvoering en begeleiding van een dergelijke transformatie vaak wel bij gespecialiseerde veranderteams wordt belegd. Een actieve rol binnen de transformatie is dan ook cruciaal, zoals in Deel F nader wordt toegelicht.

Het leiderschap moet daarom in staat zijn om:
- medewerkers effectief als teams te laten werken en daarbinnen eenduidig denken en handelen tot stand te brengen;
- ingewikkelde onderwerpen snel te analyseren, een plaats te geven en besluiten te nemen;
- kort-cyclische uitvoering van kleine, concrete en zichtbare stappen te zetten waarbij continu gestreefd wordt naar perfectie;
- zelforganisatie mogelijk te maken door het inrichten van de principes van enterprise agility;
- problemen die zich gedurende de transformatie voordoen op een dusdanige wijze snel en daadkrachtig op te lossen, waarbij de principes van enterprise agility worden ondersteund in plaats van ondermijnd.

■ 30.2 HET LEIDEN VAN DE LERENDE ORGANISATIE

Gelijktijdig aan het inrichten van de organisatie moet aandacht worden gegeven aan het creëren van de randvoorwaarden om eigenaarschap en zelforganisatie mogelijk te maken. Het leiden van een organisatie gaat niet om inhoudelijke kennis, hard werken, oplossingen bedenken, met de vuist op tafel slaan of gelijk hebben. Het gaat erom dat u mensen inspireert, motiveert en maximale ruimte biedt om binnen grenzen zelf te kunnen leren, zichzelf te organiseren en eigenaarschap te nemen. Hiervoor is een veilige omgeving nodig. Een omgeving die voldoende ruimte en uitdaging biedt waarbinnen professionals kunnen werken en een omgeving die overzichtelijk genoeg is om niet overweldigd te worden of voor de organisatie tot onverantwoorde risico's leidt.

30.2.1 Aspecten voor leiderschap
Om mensen deze ruimte te geven is helderheid nodig. Helderheid over de richting waarin en waarop de organisatie zich wil ontwikkelen en helderheid wil krijgen over het speelveld dat mensen, teams of afdelingen daarin hebben. Het aanzetten van de intrinsieke motivatie van de professionaliteit in de organisatie is een belangrijk aspect. Deze intrinsieke motivatie ontstaat niet wanneer de focus wordt gelegd op het uitvoeren van taken die door de organisatie zijn bedacht. Intrinsieke motivatie ontstaat wanneer de professionals kunnen bijdragen aan een hoger liggende visie en daaruit voortkomende doelstellingen. Om de organisatie op een effectieve wijze te leiden is het dan belangrijk om mensen te binden en te boeien op het bereiken van de visie via de strategie die door de organisatie is ontwikkeld.

If you want to lead something, start by saying: "This is what I care about, this is what I want to do and why I think you should care about it and you should want to help".

Bill Clinton

Om een organisatie op een effectieve wijze te leiden, zeker wanneer het gaat om het creëren van eigenaarschap en zelforganisatie, is het belangrijke dat de randvoorwaarden daarvoor zijn ingevuld. Niet alleen op papier, ook in de hoofden van alle mensen en in de plannen van de afdelingen. Wanneer deze randvoorwaarden niet goed binnen de organisatie leven, ontstaan ontwikkelingsrichtingen die niet in lijn zijn met de strategie van de organisatie.

Vanuit het leiderschap is daarin een belangrijke rol weggelegd voor het invullen van de volgende aspecten:
1. Het **creëren van een heldere richting** op basis van een inspirerende purpose, visie, missie, strategie en doelstellingen voor het betreffende organisatie(onderdeel).
2. Het **definiëren van duidelijke kaders** waarbinnen de onderliggende teams en / of afdelingen zelfstandig de opdracht kunnen uitvoeren en waarmee vrijheid wordt gegeven in de uitvoering van de opdracht.
3. Het **invullen van de noodzakelijke randvoorwaarden** in tijd, geld, middelen, et cetera om de opdracht af te kunnen ronden, wat betekent dat het leiderschap faciliteert en luistert naar wat de behoefte van de teams of afdelingen is.

Op basis van een heldere richting is een onderdeel in staat om zelfstandig het effect van zijn voorgenomen besluiten te valideren. Het vaststellen of een besluit een goed besluit is of niet, kan het onderdeel valideren met behulp van de mate waarin deze besluiten bijdragen aan het bereiken van de visie of daaruit voortvloeiende doelen. Ook het vaststellen of het besluit passend is in de lijn van de door de organisatie ontwikkelde strategieën. Wanneer dit niet het geval is moet dit in ieder geval leiden tot een goede discussie van het onderdeel met het leiderschap.

Door het definiëren van duidelijke kaders wordt een speelveld gecreëerd waarbinnen het onderdeel zelfstandig besluiten kan nemen en haar activiteiten kan uitvoeren. De omvang van dit speelveld is afhankelijk van de opgebouwde competenties van het onderdeel om hier op verantwoorde wijze mee om te kunnen gaan. Het doel van het leiderschap is de competenties van dit speelveld op dusdanige wijze te ontwikkelen dat over verloop van tijd minder of ruimere kaders mogelijk zijn. Wanneer de grenzen van het speelveld worden bereikt (of moeten worden overschreden) moet dit in ieder geval leiden tot overleg met het leiderschap, waarbij in samenwerking met dat niveau gekeken moet worden naar de eventuele effecten van het bereiken of overschrijden van deze kaders.

Niets is zo frustrerend als dat u wel ergens een substantiële bijdrage aan moet leveren, of vrijheid van handelen hebt maar de benodigde randvoorwaarden daarvoor niet beschikbaar zijn. Vrijheid van handelen betekent dat ook voldoende tijd, geld, middelen, mandaat, et cetera beschikbaar moet zijn om de te bereiken visie of doelstellingen te kunnen behalen. Dit betekent overigens niet dat altijd in <u>alle</u> gewenste, of zelfs benodigde, middelen kan worden voorzien. De noodzakelijke randvoorwaarden en de invulling daarvan kunnen op basis van onderling overleg worden vastgesteld. Hierbij moet wel in de gaten worden gehouden dat geen onrealistische verwachtingen vanuit één van beide zijden wordt gehanteerd. De vraag daarom is: wat kunnen we bereiken gegeven de beschikbare middelen?

De centrale boodschap is dat het leiderschap zich moet richten op het creëren van een omgeving waarin het team zich verantwoordelijk voelt voor het bereiken van de visie of doelstelling, zichzelf daarbinnen kan organiseren en vrijheid van handelen heeft in het bereiken van de visie of doelstelling. Kort samengevat: het **wat** en **waarom** wordt door het leiderschap bepaald, het **hoe** wordt door het team bepaald. De mate waarmee de noodzakelijke randvoorwaarden wordt ingevuld is daarmee een kader geworden voor de haalbaarheid van de opdracht.

30.2.2 Leiderschapsstijl

In de 20ste eeuw hebben leiderschap en leiderschapsstijlen een enorme ontwikkeling doorgemaakt. Van het scientific management en transactioneel leiderschap, via group, trait en behavior-theorieën, naar situationeel en transformationeel leiderschap tot moderne varianten als faciliterend, inspirerend of intent based leiderschap. Toch worden organisaties nog te vaak geleid op basis van transactioneel leiderschap, een visie op leiderschap die ervan uitgaat dat mensen primair gemotiveerd worden door positieve prikkels (belonen) of het voorkomen van negatieve prikkels (straffen). Uit onderzoeken van onder andere Daniel Pink (Pink, 2019) en Dan Ariely (Ariely, 2016) blijkt dat deze vorm van leiderschap echter alleen effectief is in omgevingen waarin arbeid bestaat uit fysieke handelingen. In andere omstandigheden blijkt deze vorm van leiderschap een sterk negatief effect te hebben.

Voor effectief leiderschap in organisaties waarin denkkracht en creativiteit noodzakelijk zijn (zoals bij het ontwikkelen en beheren van informatievoorziening) is echter een andere vorm noodzakelijk: transformationeel leiderschap. In deze vorm van leiderschap wordt veel meer nadruk gelegd op het creëren van een omgeving die mensen intrinsiek stimuleert en motiveert. Denk bijvoorbeeld aan het hebben van een inspirerende en uitdagende visie, sterke normen en waarden en/of ruimte voor persoonlijke ontwikkeling. Dat kan alleen wanneer het leiderschap een authentieke houding en bijbehorend gedrag heeft en vanuit die houding ook authentieke interesse heeft in anderen. Er is minder focus op hoe zaken moet worden uitgevoerd en meer focus op wat moet worden bereikt. De nadruk ligt op waarom het voor de organisatie belangrijk is om te bereiken en waartoe dat gaat leiden.

Vanuit welke visie leiding wordt gegeven is dus sterk bepalend voor de effectiviteit van het leiderschap in een lerende organisatie. De mate waarin nog altijd transactioneel leiding wordt gegeven is namelijk omgekeerd evenredig aan de mate waarin eigenaarschap zich op teamniveau kan ontwikkelen. Wanneer mensen worden beloond voor het exact uitvoeren van de gestelde werkzaamheden en het ondernemen van eigen initiatief wordt bestraft, ontstaat al snel een cultuur van volgers die de status quo van de organisatie behouden. Dit laatste is natuurlijk strijdig met de snelheid en wendbaarheid die van teams worden gevraagd in het complex-domein.

Hetzelfde geldt voor de mate waarin taakgericht leiding wordt gegeven. Immers, als u als team verteld wordt 'wat gedaan moet worden' en 'hoe het gedaan moet worden' dan gaat u als team doen wat er gedaan moet worden op de wijze waarop dat gedaan moet worden. Het toetsen of dat wel of niet effectief is en bijdraagt aan een hogere doelstelling vervaagt daarin al snel naar de achtergrond. Echter, wanneer u als team hoort 'wat bereikt moet worden' en 'waarom dat bereikt moet worden' merkt u dat het eigenaarschap in het team zich al snel ontwikkelt en zij alle wegen bewandelen om het gewenste doel te behalen.

De leiderschapsstijl die noodzakelijk is om effectief zelforganisatie en eigenaarschap te creëren staat bekend onder termen als agile leadership (Scrum.org, 2022), intent based leadership (Marquet & Parsa, 2016) of opdrachtgerichte commandovoering (OTCOpn, 2010). Binnen deze theorieën wordt veel aandacht besteed aan zowel de aspecten van het creëren van een heldere visie, duidelijke kaders als het invullen van de noodzakelijke randvoorwaarden. Ze bieden ook handvatten om niet alleen leiding te geven maar ook om een effectieve leider te kunnen zijn.

Het leiderschap moet in staat zijn om:
- medewerkers te inspireren en hun intrinsieke motivatie te stimuleren;
- medewerkers te binden op het **waarom** en **waartoe** in plaats van alleen op het **wat** of **hoe**;
- authentiek te zijn in zijn houding en authentieke belangstelling in anderen tonen;
- focus aan te brengen en houden, waarbij besluitvorming plaats kan vinden op basis van de uitgezette strategie;
- effectief wilsoverdracht uit te voeren om daarmee vrijheid van handelen te kunnen geven.

30.3 HET BEGELEIDEN VAN EEN LERENDE ORGANISATIE

Om effectief een lerende organisatie te begeleiden is het belangrijk dat de principes van sneller leren, zelforganisatie en eigenaarschap lager in de organisatie wordt georganiseerd en medewerkers en teams hierin het vertrouwen krijgen vanuit het leiderschap. In de praktijk zien we echter vaak dat organisaties in één keer omslaan van volledig taak-gestuurde teams, of medewerkers, naar teams die alle vrijheid en mandaat krijgen. Met het gevolg dat er dan verbaasd wordt gereageerd wanneer niets verandert of dat de 'touwtjes weer worden aangehaald' omdat het team niet adequaat reageert op ontstane situaties. Het verhogen van eigenaarschap en zelforganisatie ontstaat niet vanzelf in één klap, het moet geleidelijk in teams worden getraind en eigen gemaakt worden. Immers, ze zijn jarenlang gevormd met het idee dat ze vooral de opgedragen taken zo goed en snel mogelijk moeten uitvoeren. Dit gedrag verandert niet van de ene op de andere dag.

David Marquet (Marquet & Parsa, 2016) stelt dan ook dat, afhankelijk van het competentieniveau van het team in de uitvoering, u op een gepaste wijze opdrachten uitgeeft. Het doel is hierbij om het eigenaarschap continu verder te verplaatsen naar de plek waar het werk wordt uitgevoerd en het team in de uitvoering door het management wordt begeleid om dit op een veilige wijze uit te voeren. Wanneer beide partijen uitspreken wat hun intentie is kan het gesprek zich focussen op de inhoud waarbij beide partijen onderzoeken of de juiste acties worden uitgevoerd.

Dus zeker in het begin is het niet zo dat een team volledig zelforganiserend kan optreden, zonder grenzen zelfstandig kan bepalen hoe het team werkt en een blanco cheque kan krijgen qua randvoorwaarden. Door als leiderschap en binnen teams te praten over intentie-gebaseerd werken komen we gezamenlijk tot het verhogen van de noodzakelijke competenties en het verschuiven van het eigenaarschap. Het leiderschap spreekt haar intentie uit via een heldere visie of te bepalen doel en geeft daar de kaders en randvoorwaarden aan mee. Het team spreekt de intentie uit over de wijze waarop ze de visie of het doel denken te gaan behalen. Gezamenlijk werken ze aan het bereiken van de gestelde visie of behalen van de gestelde doelen. Het overdragen van de verantwoordelijkheid gaat hand in hand met het ontwikkelen van de competenties om dat op een verantwoorde wijze te kunnen accepteren.

> Een analogie kan worden getrokken met het opvoeden van kinderen. Wanneer kinderen nog klein zijn willen zij (vaak overmoedig) alles onderzoeken en ontdekken. Wanneer u als ouder te beschermend optreedt en het kind continu corrigeert voordat iets fout gaat, ontwikkelt het kind zich als een volger. Het wacht geduldig op toestemming van de ouder en de instructie over de

> wijze waarop de handelingen moeten worden uitgevoerd. Van eigenaarschap en zelforganisatie is in dergelijke gevallen weinig meer terug te vinden. U kunt (en mag) ook niet verwachten dat zelfstandig activiteiten worden ondernomen. Daarentegen, wanneer u als ouder (binnen een enigszins veilige bandbreedte) het kind maximaal laat ontdekken en leren, kunnen over verloop van tijd de veilige grenzen steeds verder worden opgerekt naarmate het kind vaardiger wordt in het uitvoeren van de specifieke handeling. Het vertrouwen dat u als ouder kunt hebben, heeft een directe relatie tot het niveau waarin een kind de competentie vaardig is.

Het creëren van een dergelijke cultuur vereist allereerst tijd. Veel tijd. Niet alleen gedurende de transformatie maar ook gedurende de uitvoering is het belangrijk om in contact te zijn met de verschillende flows. De eventuele ontwikkelingen die inconsistent zijn met de principes van enterprise agility kunnen dan tijdig worden begeleid naar consistentie. In de gemiddelde organisatie is deze tijd (nog) niet tot nauwelijks aanwezig, laat staan bij het leiderschap zelf. Eén van de belangrijkste stappen die moet worden gezet is daadwerkelijk tijd vrij maken voor de ontwikkeling van de cultuur van leren, terwijl veelvuldig meerdere ballen omhoog moet worden gehouden.

Stel uzelf daarom veelvuldig de vraag "Waarom is de organisatie niet in staat om X zonder mij uit te voeren?" De antwoorden leiden vaak tot concreet uitvoerbare acties. Beschikken ze niet over alle relevante informatie? Kijk op welke wijze ze hier wel over kunnen beschikken. Beschikken ze niet over het mandaat? Bedenk wat er moet worden ingericht, aangepast of worden ontwikkeld zodat ze op verantwoorde wijze het mandaat kunnen krijgen. Willen ze dat problemen worden opgelost? Vraag wat ze nodig hebben om zelf het probleem op te lossen. Hoewel het uitvoeren van dergelijke acties op de korte termijn vaak meer tijd kost, levert dit op de middellange termijn substantieel meer tijd op. Tijd die besteed kan worden aan de verdere begeleiding van de organisatie.

Tijdens het begeleiden van de organisatie is het belangrijk om meer transparantie te ontwikkelen door feiten naar boven te halen en zichtbaar te maken. Om de situatie te zien zoals deze werkelijk is in plaats van hoe deze zou moeten zijn of verwacht wordt te zijn. Transparantie levert namelijk niet altijd de gewenste inzichten op, het kan leiden tot primaire reacties zoals het zoeken van de schuldige of het direct uitzetten van risicobeperkende acties. Door niet direct te acteren op de ontwikkelde transparantie maar de situatie te respecteren zoals deze is, ontstaat ruimte voor goede discussies waarin gezamenlijk kan worden gekeken naar het bestendigen van positieve effecten of het onderzoeken van de onderliggende oorzaken van ongewenste afwijkingen.

Het direct ondersteunen van de flow betekent dat mensen en teams moet worden geholpen om de juiste feiten te kunnen waarnemen, valideren en zelfstandig hierop aanpassingen te kunnen uitvoeren. De coachingskata (Rother, 2017) kan het leiderschap en de managers ondersteunen om dit op een goede wijze uit te voeren. Vragen vanuit deze coachingskata zijn onder andere: "Wat wil je bereiken?", "Waar sta je nu?", "Welke obstakels beperken jou?", "Wat is je volgende stap?" en "Wanneer verwacht je het resultaat te kunnen valideren?".

Het is nodig dat leiderschap de focus verlegt van het geven van opdrachten, naar het meer ontwikkelen van medewerkers en teams binnen de primaire / secundaire flow en de enabling services. Alle medewerkers worden met deze nieuwe focus gestimuleerd naar persoonlijke en taakvolwassenheid. Daarbij gaat het om de ontwikkeling in de organisatie van zowel de competenties van de medewerker of team om de verantwoordelijkheden uit te voeren, als het vertrouwen dat zij dit in lijn met de heldere visie en duidelijke kaders doen. Waarbij de organisatie zich als geheel ontwikkelt. Wanneer dan ook nog de noodzakelijke randvoorwaarden worden ingericht, worden veel van de huidige activiteiten van het leiderschap, door de organisatie zelfstandig uitgevoerd en ontstaat meer ruimte voor het daadwerkelijk leiden en begeleiden van de organisatie.

Het leiderschap moet in staat zijn om:
- feiten, openheid en transparantie over problemen te respecteren en bij die problemen het onderzoek naar de onderliggende oorzaken te stimuleren;
- de situatie te zien zoals deze werkelijk is (en niet zoals deze zou moeten zijn) op basis van feiten vanaf de plek waar het gebeurd ('gemba') door het volgen van het 'Go, Look, See' principe;
- op praktische wijze medewerkers systematisch in hun eigen praktijk te coachen (bijvoorbeeld door gemba walks en A3 problem solving) en te begeleiden naar persoonlijke en taakvolwassenheid;
- met respect en op effectieve wijze een nieuwe generatie leiders te ontwikkelen in plaats van volgers te creëren.

30.4 DUS...

De rol van de leiders binnen enterprise agility is cruciaal om een omgeving te creëren met een sterke focus op zelforganisatie die voortkomt uit autonomy, mastery and purpose. Transformationeel leiderschap is randvoorwaardelijk in organisaties waarin denkkracht en creativiteit voorwaardelijk zijn voor succes (zoals bij het ontwikkelen en beheren van informatievoorziening). In deze organisaties hebben de leiders drie belangrijke hoofdtaken:
1. het creëren van een heldere visie en doelen,
2. het creëren van duidelijke kaders waarbinnen individuen en teams maximale ruimte hebben en
3. het invullen van de noodzakelijke randvoorwaarden als tijd, geld en middelen.

30 Het direct ondersteunen van alle flows: agile leadership

Zelforganiserende teams ontstaan niet opeens, maar worden gecreëerd vanuit een stabiele basis, kort-cyclische feedback-lussen en een cultuur van continu leren.

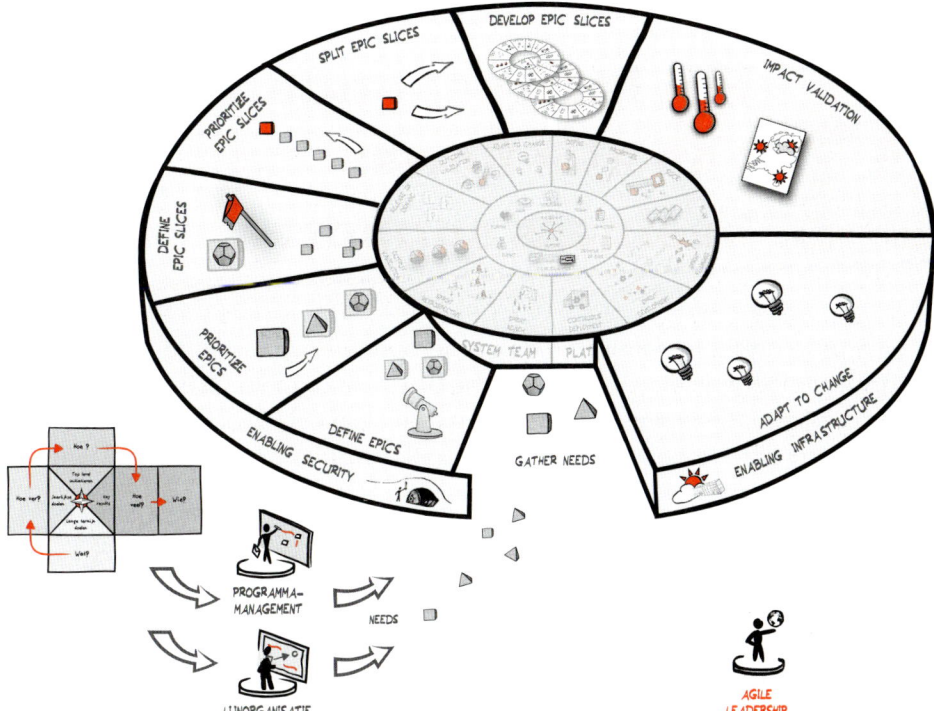

Figuur 30.1 Het ScALE framework uitgebreid met Agile leadership als directe ondersteuning van alle flows.

31 Het indirect ondersteunen van alle flows: business support

Om enterprise agility te bereiken moeten de business support-afdelingen binnen de organisatie de snelheid en wendbaarheid van de organisatie bekrachtigen en niet ondermijnen. Het leiderschap is slechts een kleine schakel in het leveren van ondersteuning aan de gehele organisatie. Het overgrote deel aan ondersteuning wordt geleverd door de aanwezige business support-afdelingen binnen de organisatie. Daar waar de focus van het leiderschap ligt op het leveren van directe ondersteuning aan de primaire flow, zo ligt de focus van de business support-afdelingen op het leveren van indirecte ondersteuning ten behoeve van zowel de primaire / secundaire flow als enabling services.

Indirecte ondersteuning betekent dat geen van de flows een directe afhankelijkheid heeft, of ontwikkelt, met deze business support-afdelingen. Dit is een niet te onderschatten aspect als het gaat om het inrichten of transformeren van dergelijke afdelingen. Wanneer afhankelijkheid wel een factor is, ontstaat het gevaar dat teams en clusters een ingewikkeld netwerk van afhankelijkheden ontwikkelen die de snelheid en wendbaarheid van de organisatie als geheel ondermijnen. In de loop van de tijd komen verschillende aandachtspunten naar voren waarmee binnen de opzet en werking van deze afdelingen rekening moet worden gehouden.

Laten we de focus leggen op de meest voorkomende business support-afdelingen. We gaan niet in op de nut en noodzaak van deze afdelingen binnen de organisatie, hiervoor kan de reguliere literatuur op het gebied van organisatiekunde worden geraadpleegd. In plaats daarvan richten we ons op de belangrijkste aandachtspunten waarmee deze afdelingen de enterprise agility kunnen ondersteunen en optimaliseren met daarbij de belangrijkste valkuilen waarmee deze afdelingen de enterprise agility kunnen ondermijnen.

31.1 PERSONEEL

Wanneer we de enterprise agility van een organisatie gaan verhogen, ontstaat al snel een aantal uitdagingen op het gebied van zowel traditioneel personeelsmanagement als, het meer moderne, personeelszaken. In meer traditioneel personeelsmanagement ligt de focus voornamelijk op reguliere activiteiten zoals het inhuren, belonen, opleiden en trainen van medewerkers. Organisaties met meer moderne personeelszaken behandelen mankracht van de organisatie als een waardevol bezit, om gewaardeerd, gebruikt en bewaard te worden, waarbij het binden en boeien centraal staan. Toch ontstaan in beide situaties vrijwel gelijksoortige uitdagingen.

Stabiele multidisciplinaire teams vereisen een sterke flexibiliteit tussen specifieke kennis en een brede basis: het zogenaamde T-shaped profiel. Het streven naar een T-shaped profiel van medewerkers is echter één van de eerste verschijningsvormen in multidisciplinaire teams en over het algemeen ontstaan naar verloop van tijd individuen met 'π'-shaped (twee specialismen) en 'm'-shaped (drie of meer specialismen) profielen. Als medewerkers niet begeleid kunnen worden aan de hand van een vastgesteld functie- en / of loopbaanprofiel, hoe maken we individuele ontwikkeling dan wel mogelijk?

De focus moet verschuiven van het geschikt maken van medewerkers voor vastgestelde functieprofielen naar het stimuleren van continu en levenslang leren, waarbij zowel aandacht is voor de persoonlijke ontwikkeling van de medewerker in het algemeen, als de bijdrage die hij of zij kan leveren aan het team. De HR-verantwoordelijke voor medewerkers richt zich daarbij op de ambities die de medewerker heeft op de middellange en lange termijn, als onderdeel van effectieve in-, door- en uitstroom. Het cluster managementteam (CMT) richt zich daarbij op de effectiviteit van medewerkers in relatie tot het team, waarbij opleiden, begeleiding en training wordt georganiseerd om medewerkers een maximale bijdrage te laten leveren aan het team.

In multidisciplinaire teams verschuift de persoonlijke bijdrage van maximale efficiëntie (de beste persoon voor de beste job) naar maximale effectiviteit (ieder persoon draagt bij aan het meest noodzakelijke voor het team). Hierdoor is het niet langer mogelijk om individuele performance en productiviteit te gebruiken voor het meten van de prestaties van een individuele medewerker. Als individuele prestaties nauwelijks meer te meten zijn, hoe gaan we individuele performance dan wel belonen?

Het belonen van medewerkers splitst zich uit over een tweetal assen. Enerzijds verschuiven individuele beloningen zich naar het niveau van team-beloningen, waarbij de focus ligt op de ontwikkeling en prestaties van het team als geheel in plaats van de individuele teamleden. Hierdoor is het minder van belang wat ieders individuele bijdrage is maar wel dat alle individuele prestaties bijdragen aan een gezamenlijk resultaat. Anderzijds kan de individuele beloning worden gekoppeld aan de mate waarin een medewerker zich heeft ontwikkeld en, over een gegeven periode, meer skills beheerst of meer diepgang in deze skills heeft ontwikkeld.

Opleiden, trainen en kennismanagement zijn cruciale aspecten op het gebied van personeel. Hierbij moeten we onderscheid maken in het opleiden en trainen voor persoonlijke ontwikkeling van medewerkers (ik wil groeien naar een rol als X, Y of Z) en het opleiden en trainen om een maximale bijdrage te kunnen leveren aan een team (als team is het noodzakelijk dat hij/zij X, Y of Z gaat beheersen). Beide bewegingen passen nauwelijks bij organisaties die competentieprofielen vaststellen, of leerlijnen / leergangen ontwikkelen. Hoe gaan we behoefte aan opleiding, training en kennismanagement inrichten op individueel en teamniveau? En hoe gaan we dit efficiënt aanbieden?

Door een breder pallet aan opleidings- en trainingsmogelijkheden te bieden op inhoudelijke, bijdrage-gerichte en persoonlijke competenties, wordt ruimte geboden aan een brede groep van medewerkers om bepaalde vaardigheden te ontdekken en ontwikkelen. De frequentie van dergelijke opleidingen en trainingen kan worden vastgesteld op basis van de behoefte binnen de organisatie. Daarbij is het belangrijk dat voldoende ruimte tijdens het werken wordt georganiseerd waarin medewerkers tijdig zichzelf specifieke skills eigen kunnen maken, bijvoorbeeld door het volgen van een combinatie van interne en externe trainingen. Effectieve vormen van het ontwikkelen van kennis en vaardigheden zijn het organiseren van buddyprogramma's, waarin kleine groepen medewerkers onder begeleiding van ervaren mentoren zichzelf verdiepen in specifieke kennisgebieden. Het faciliteren van een dergelijke constructie is een efficiënte vorm waarmee op basis van intrinsieke motivatie, diepgaande inzichten, kennis en vaardigheden kunnen worden opgedaan.

■ 31.2 ORGANISATIE

Organisatieafdelingen richten zich vaak op de structuur en inrichting van de organisatie en haar processen. De uitwerking is veelal gericht op het afbakenen van functies, functieprofielen en daaraan gekoppelde verantwoordelijkheden. Hierdoor kunnen individuen en afdelingen maximaal presteren binnen de structuur en processen van de organisatie en creëren we functionele en hiërarchische ondersteunende structuren. Via RA(S)CI-matrices (Jacka, 2009) worden deze rollen en verantwoordelijkheden verder gespecificeerd dan wel formeel vastgesteld en in kwaliteitsmanagementsystemen worden alle processen in detail verder uitgewerkt.

Deze denkwijze werkt uitstekend in het clear- en complicated-domein; kijk hoe snel bijvoorbeeld een pitstop bij de Formule 1 tegenwoordig kan worden uitgevoerd. Deze denkwijze leidt, in onaangepaste vorm, helaas tot veel antipatronen wanneer deze wordt toegepast in het complex-domein waarin samenwerking tussen individuen en teams juist de boventoon moet voeren. Net als binnen teams gaat het in het complex-domein om het leveren van een bijdrage aan de impact die we als organisatie moeten maken in plaats van het leveren van individuele output vanuit onze eigen taken en verantwoordelijkheden. Hoe stimuleren we vanuit de ondersteunende organisatieafdeling samenwerking tussen mensen en teams in het primaire proces?

Door niet alleen aandacht te hebben op de hiërarchische inrichting van de organisatie maar vooral ook op het creëren van samenwerkingsverbanden buiten de hiërarchie om, kan cross-functionele samenwerking worden gestimuleerd. Het opzetten, ontwikkelen en begeleiden van communities of practice zijn hier een goed voorbeeld van. Vanuit organisatie-gerichte afdelingen is het belangrijk om een goede balans te creëren tussen het leveren (of ondersteunen) van maximale waarde vanuit het primaire proces als ook het continu blijven verbeteren van de wijze waarop we dat doen. Het ontwikkelen en uitdragen van beleid helpt de organisatie om dergelijke (virtuele) netwerken niet alleen mogelijk te maken maar ook gericht te laten werken aan het leveren van een bijdrage aan de organisatie.

Vanuit de ondersteunende afdeling organisatie worden vaak beleidsnotities geleverd op basis van doelen en vragen vanuit het leiderschap en management. Deze beleidsnotities zijn sterk afgebakend om gericht het doel of situatie te kunnen analyseren en te beantwoorden. Vaak worden de beleidsnotities als separaat en losstaand stuk geaccordeerd door de bedrijfsleiding. In een snelle, wendbare organisatie leiden deze losse beleidsnotities vaak tot zijsturing en kunnen we ze classificeren als anti-patronen ten aanzien van het bereiken van enterprise agility. De primaire instrumenten die we hebben voor alignment binnen de organisatie zijn immers de inspirerende visie, heldere doelen en duidelijke kaders. Hoe zorgen we dat we de inhoud van losse beleidsnotities integreren in de inspirerende visie, heldere doelen en duidelijke kaders?

Het ondersteunen en transparant maken van de gehele lijn van purpose - visie - missie - strategie - doelstellingen en de daarbij gehanteerde set aan kaders en richtlijnen mag niet worden onderschat. Wanneer deze onvoldoende zichtbaar zijn en onvoldoende actief worden uitgedragen, belanden ze in de lades en wordt de aandacht verlegd naar het oplossen van operationele issues in de waan van de dag. Het inrichten van een Obeya-ruimte[16] met bijbehorende processen zorgt

---

16 Een Obeya-ruimte wordt beschouwd als een onderdeel van Lean Manufacturing en in het bijzonder van het Toyota Production System. Er zijn analogieën getrokken tussen een Obeya-ruimte en de brug van een schip, een 'war room' en zelfs het brein.

ervoor dat alignment inzichtelijk worden gemaakt en continu aandacht blijft voor het waar maken van de beoogde effecten in het grotere geheel. Door vanuit een dergelijke omgeving de strategie-implementatie en uitvoering te leiden wordt de kans op slagen sterk vergroot ten opzichte van losstaande initiatieven.

Daarnaast zien we dat deze afdeling zich vaak richt op het vergroten van de efficiëntie en daarmee het continu reduceren van de kosten. Met behulp van Lean (Womack et al., 2007) en Six Sigma (Lunau & John, 2006) programma's gericht op kostenbesparing optimaliseren we de efficiëntie van de organisatie. Echter, als u iets verder kijkt dan alleen de kostenbesparing die vaak met Lean Six Sigma wordt nagestreefd, ziet u dat de focus juist ligt op het maximaliseren van de klantwaarde en de effectiviteit van het productieproces. Efficiënter werken is het gevolg van een Lean mindset, niet het doel. Effectiever werken wel. Hoe zorgen we voor het verschuiven van de focus van efficiëntie naar effectiviteit binnen de organisatie?

Het optimaliseren van het geheel is belangrijker dan het optimaliseren van elk afzonderlijk onderdeel. Door actief Lean principes[17] en practices te implementeren binnen de organisatie, alsmede Lean en Systems thinking[18] te stimuleren, moet bewustwording worden gecreëerd over het leveren van maximale waarde (effectiviteit) tegen minimale inspanning (efficiëntie). Niets is zo inefficiënt als activiteiten ondernemen die niet bijdragen aan het leveren van waarde, hoe optimaal dergelijke activiteiten ook worden georganiseerd.

■ 31.3 FINANCE

De twee meest voorkomende vormen van budgettering in organisaties zijn top-down budgettering en bottom-up budgettering. In de eerste variant stelt het management op basis van objectives de budgetten vast waarbinnen onder-liggende afdelingen hun eigen budgetten kunnen vaststellen, in de tweede variant wordt vanaf de onderliggende afdelingen de input geleverd voor het vaststellen van het uiteindelijke budget die leiden tot de objectives. Beide varianten eindigen echter in één vastgesteld budget en gekoppelde objectives die nauwelijks rekening houden met veranderingen na het moment dat het budget is vastgesteld.

In een snelle en wendbare omgeving hebben beide varianten van budgetteren grote uitdagingen om ruimte te kunnen bieden om als organisatie mee te bewegen. Dit leidt tot een schaduwboekhouding of het continu her-alloceren van budgetten

---

17 Lean-principes: het specificeren van de waarde voor de klant, het in kaart brengen van de waardestromen, het identificeren en reduceren van verspillingen, het optimaliseren van flow en het streven naar perfectie.
18 Systems thinking is een wetenschappelijke benadering waarbij de focus wordt gelegd op het geheel en op de onderlinge relaties, in plaats van zich te concentreren op de afzonderlijke onderdelen van dat systeem.

met alle gevolgen van dien. Bovendien leiden concrete doelstellingen vaak tot het leveren van output, waarbij outcome en impact het ondergeschoven kindje wordt. We moeten kijken naar een oplossingsrichting waarbij we de capaciteit financieren en juist op basis van waarde gaan prioriteren. De grote vraag is dan ook: "Hoe zorgen we dat we niet langer de output gaan financieren en juist wel de capaciteit die benodigd is om impact te maken?"

Beyond Budgeting (Hope & Fraser, 2014) is gericht op het financieren van onderdelen als teams, clusters tot zelfs waardestromen. Binnen Beyond Budgeting worden over een langere periode juist deze onderdelen gefinancierd in plaats van de verschillende initiatieven. De capaciteit staat daarom voor een langere periode vast, waarbij de focus komt te liggen op het maximaliseren van de waarde die door deze capaciteit kan worden geleverd. De verantwoordelijkheid voor het richten van de focus ligt binnen de organisatie bij het portfolio owner en product owners. Daarbij worden specifieke budget-toewijzingen, als onderdeel van de kaders, meegegeven. Door het hanteren van Beyond Budgeting worden dubbele sturingslijnen (budget versus prioriteit) binnen de organisatie voorkomen.

Als de horizon waarop u betrouwbare schatting kunt doen afneemt, wordt het steeds moeilijker om een betrouwbaar plan op te leveren. Wanneer u niet kunt aangeven wat u exact gaat ontwikkelen, is het vaak onmogelijk om hiervoor budget te krijgen. Een organisatie is bereid geld te investeren in opportunities maar wil wel weten wat ze daarvoor terugkrijgt. Een logische gedachte, behalve als de markt dusdanig dynamisch is dat het niet mogelijk is vast te stellen wat de markt precies verwacht. In plaats van lange termijn-schattingen te doen, moeten we andere mogelijkheden gebruiken om op een verantwoorde wijze investeringen te kunnen doen zonder dat volledig uitgewerkte, gedetailleerde plannen noodzakelijk zijn. Hoe richten we dan onze financiële verantwoording in als we niet van tevoren (kunnen / willen) aangeven wat we gaan ontwikkelen?

Het financieren van capaciteit wordt niet los gezien van het inrichten van effectief batenmanagement. Wanneer het meten van outcome en impact niet is georganiseerd, kan alleen achteraf worden geconstateerd welke output is geleverd. Het inrichten van effectief batenmanagement zorgt ervoor dat kort-cyclisch inzicht ontstaat over de effecten van de gerealiseerde outcome en de impact die daarmee wordt gemaakt. In het geval geen of onvoldoende impact wordt bereikt met de geleverde incrementen, kan de prioriteit worden bijgesteld. Hiermee worden niet alleen de juiste inzichten verschaft aan de portfolio owner en product owners maar wordt ook voor de business owners inzichtlijk gemaakt of voldoende impact wordt bereikt met de investeringen die door de organisatie worden gedaan.

Eliyahu M. Goldratt liep met zijn boek *The Goal* (Goldratt et al., 2014) ver voor op het gedachtegoed ten aanzien van financiële afdelingen in snelle, wendbare organisaties. Extreme kostenreducties voor specifieke non-competing productgroepen (zowel in verkoop als productie) door de vaste kosten volledig te boeken op reguliere productgroepen, waardoor deze specifieke productgroepen alleen variabele kosten bevatten. Door op een andere wijze de kosten en opbrengsten in het productieproces financieel te beoordelen, ontstaan nieuwe mogelijkheden binnen de organisatie. De vraag is dan ook hoe we deze inzichten gebruiken om onze opbrengsten te maximaliseren en onze kosten sterk te reduceren.

De inzichten die de theorie van Eliyahu M. Goldratt heeft geleverd kunnen de organisatie helpen om een sterke concurrentiepositie te krijgen. De mogelijkheden zijn beperkt door de actuele regelgeving op het gebied van accountancy. Een eerste stap is om te kijken op welke wijze de ontwikkeling van capabilities sneller geactiveerd kan worden zodat deze ten laste komen van de CapEx[19] in plaats van de OpEx[20].

■ 31.4 CONTROL

Organizational control is een functie binnen de organisatie die helpt om afwijkingen inzichtelijk te maken zodat correctief bijsturen mogelijk wordt. Dit wordt uitgevoerd om de mate van afwijking ten opzichte van de standaarden te minimaliseren en te borgen dat de vastgestelde doelen van de organisatie op de gewenste manier worden bereikt, of juist om onverantwoorde risico's tijdig te kunnen beperken. Het gedachtegoed van organizational control gaat uit van vastgestelde indicatoren, plannen en standaarden, iets wat in een snelle, wendbare organisatie juist één van de grootste uitdagingen is. In deze organisaties moet control op een dusdanige wijze worden ingericht dat individuen, teams en afdelingen zelfstandig in staat zijn om koers te houden en tijdig om ondersteuning vragen wanneer afwijkingen ontstaan waarmee de grenzen van de duidelijke kaders mogelijk worden overschreden.

De transformatie van centrale control naar decentrale control is uitdagend. Enerzijds moeten we op veel meer gebieden doelen vaststellen, feedback-lussen inrichten en transparantie organiseren zodat mensen in staat zijn om op accurate inzichten hun koers te kunnen bijstellen. Anders moeten we ook zorgdragen dat de individuele acties binnen de wettelijke en organisatorische kaders blijven om geen onaanvaardbaar risico te nemen. Hoe richten we de 'checks and balances'

---

19 Kapitaaluitgaven (CapEx) zijn budgetten die door een bedrijf worden gebruikt om fysieke activa, zoals onroerend goed, fabrieken, gebouwen, technologie of apparatuur, te verwerven, te upgraden en te onderhouden.
20 Bedrijfskosten (OpEx) zijn kosten die een bedrijf maakt via zijn normale bedrijfsvoering denk aan huur, apparatuur, voorraadkosten, marketing, salarisadministratie, verzekeringen en fondsen die zijn toegewezen voor onderzoek en ontwikkeling.

in binnen een organisatie waarbij we het eigenaarschap en de autonomie van teams en afdelingen steeds verder versterken?

De meest bekende frameworks voor het verhogen van enterprise agility houden rekening met een consistente inrichting van checks en balances. De organisatie loopt met name risico wanneer dergelijke frameworks half of incorrect worden geïmplementeerd binnen de organisatie. De essentie is dat verantwoordelijke medewerkers, teams of clusters zelf de gevolgen dragen van genomen besluiten of uitgevoerde handelingen. Waarbij een goede inrichting van het compliancy-proces borgt dat dit ook binnen de gestelde regelgeving wordt uitgevoerd.

Een verregaande organizational control kan leiden tot een sterk hiërarchische vorm van sturing. Het management en leiderschap krijgt sneller of soms direct inzicht in eventuele afwijkingen. Wat betekent dit voor de wijze waarop wordt bijgestuurd? Hier zijn twee mogelijkheden voor. De eerste is het inrichten van kort-cyclische management-cascade, waardoor bijstellingen in een extreem korte tijd door het leiderschap kan worden uitgevoerd. De tweede (zie figuur 31.1) is het uitvoeren van een shift van het aansturen van anderen (ik stuur u bij) naar het organiseren van zelfsturing (ik heb inzichten om mijzelf bij te sturen). In het kader van het versterken van eigenaarschap, autonomie en alignment heeft de tweede mogelijkheid absoluut de voorkeur. Hoe organiseert u deze shift?

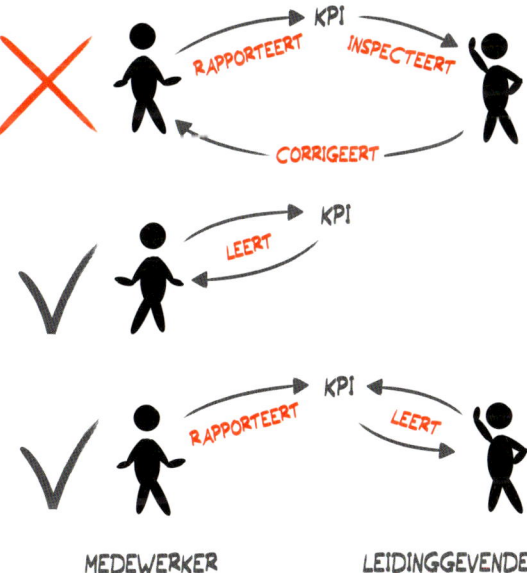

Figuur 31.1 Feedback-lussen binnen zelforganisatie.

Het inrichten van kort-cyclische tot zelfs realtime feedback-lussen zijn een belangrijk instrument om inspect en adapt goed en zelfstandig uit te kunnen voeren en daarmee de verantwoordelijkheid niet alleen te krijgen maar ook goed te kunnen nemen. Het actief detecteren van feedback-lussen die niet direct ter beschikking staan van degene die ook de uitvoering moeten bijstellen is een belangrijk indicator om deze shift te kunnen maken. Hierbij moet wel rekening worden gehouden met de weerstand vanuit de personen die uit deze feedback-cycli worden gehaald, aangezien zij op een andere wijze de control over het betreffende proces moeten gaan uitvoeren. Het anders te werk gaan verdient de nodige aandacht en mag dan ook niet aan de aandacht ontsnappen.

De grootste blokkade om aanpassingen te doen in de wijze waarop control is ingericht binnen de organisatie is het gebrek aan vertrouwen dat medewerkers en teams bewust of onbewust binnen de gestelde kaders blijven. Door het controleren van diverse activiteiten kan met een grotere mate van zekerheid worden vastgesteld dat alle activiteiten worden uitgevoerd binnen de gestelde kaders. Dit levert of een omvangrijke control-organisatie op, of een afname van de snelheid en wendbaarheid waarmee de flows kunnen opereren. Daarbij rijst ook de vraag of het versterken van de mate van controle daadwerkelijk tot meer vertrouwen leidt. Hoe kan de compliance objectief worden vastgesteld zonder een negatieve impact te hebben op de snelheid en wendbaarheid van de organisatie?

In een organisatie waarin de enterprise agility wordt verhoogd zijn vaste control points of stage gages een bron van vertragingen. In een voortbrengingsketen met snelle en kortdurende iteraties wordt dit effect nog eens extra versterkt. Vandaar dat vaste control points moeten worden vervangen door een periodieke inspectie over de mate van en wijze waarop de verschillende onderdelen specifieke controls zelfstandig uitvoeren en zij compliant zijn aan de geldende kaders en richtlijnen. Niet om in te grijpen wanneer hier inconsistenties worden herkend, wel als feedback naar de bij het proces betrokken medewerkers en teams. Het periodiek inspecteren geeft daarbij inzicht in waar het inrichten van de organisatie verdere ontwikkeling en aandacht nodig heeft.

De grote opgave voor afdelingen als Control, Compliance, Toezicht, Risk Management, et cetera is enerzijds om controls via feedback-lussen op dusdanige wijze in te richten dat voor mensen, teams en afdelingen zichtbaar wordt gemaakt om tijdig actie te ondernemen. Daar waar controls niet binnen bestaande feedback-lussen kunnen worden geïntegreerd, is het belangrijk om geen ongewenste afhankelijkheden te creëren en bij het implementeren actief naar het effect op de snelheid en wendbaarheid van het voortbrengingsproces te kijken. Anderzijds is het belangrijk om periodiek te valideren of de organisatie de ingerichte controls ook op de juiste wijze uitvoert en zo nodig de ingerichte controls bijstelt.

31.5 FACILITAIR

Facilitair management is verantwoordelijk voor het onderhoud en de instandhouding van de facilitaire voorzieningen van een organisatie en het voldoen aan de wettelijke vereisten van gezondheids- en veiligheidsnormen. In meer algemene zin zorgen zij voor alle diensten die de organisatie ondersteunt bij het uitvoeren van haar werkzaamheden. Toch constateren we regelmatig een enorme afstand tussen de teams en afdelingen die hun werk doen en het facilitair management dat tot taak heeft deze teams te ondersteunen.

In een snelle, wendbare organisatie is een werkomgeving nodig die zowel de interactie tussen individuen, teams en clusters maximaliseert maar het ook mogelijk maakt om geconcentreerd te kunnen werken. Het beschikken over een verschillende soorten van omgeving om die samenwerking te optimaliseren staat vaak haaks op opgelegde afdelingsdoelen om de bezettingsgraad van panden te optimaliseren. Ook hier gaat het over een afweging tussen effectiviteit versus efficiëntie. Snelheid en wendbaarheid vereisen aanwezigheid in één ruimte om symbiotische communicatie mogelijk te maken. We hebben voldoende voorbeelden gezien van één team die in twee naastgelegen kamers werd ondergebracht waarbij de performance als team simpelweg verdampte. Hoe creëren we effectieve huisvesting voor samenwerking en interactie in plaats van alleen een efficiënte bezettingsgraad?

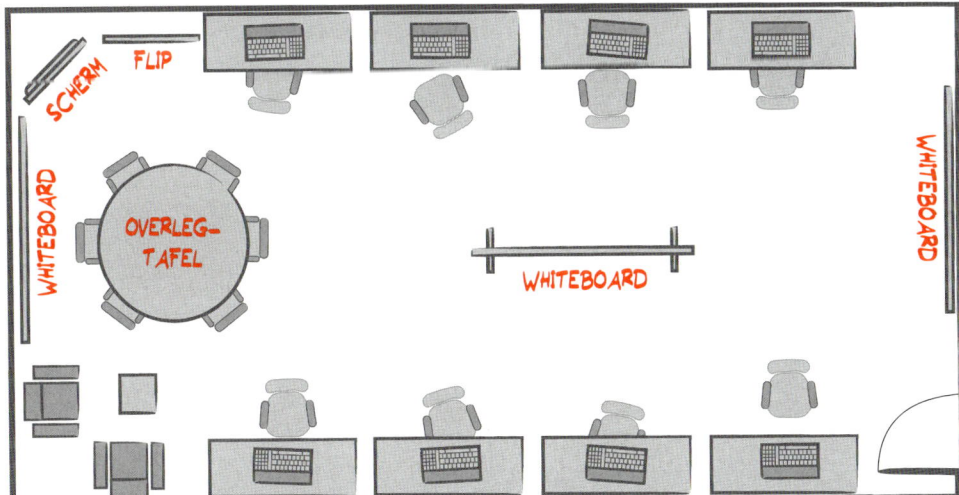

Figuur 31.2 Flexibele ruimte voor Scrum / Kanban teams.

Binnen het kantoorconcept moet naast individuele behoeften voor overleg, concentratie, creativiteit, et cetera ook voldoende aandacht worden gegeven aan het opzetten van effectieve teamruimtes. De basis waarin een team samenwerkt, moet actief overleg en symbiotische communicatie ondersteunen. Dit betekent voldoende wanden voor visuele radiatoren, ruime bureaus om ook gezamenlijk met elkaar achter te kunnen zitten werken en plekken met white boards om samen te kunnen leren, ontdekken en creëren. Naast de gezamenlijke ruimte zijn ook plekken nodig om alleen in volle concentratie, zonder afleiding, te kunnen werken. Ook zijn de mogelijkheden tot goede hardware, software en verbindingen belangrijk om eventueel vanuit huis of andere locaties toch effectief samen te kunnen werken.

Wanneer vanuit facilitaire ondersteuning ruimten of plekken optimaal zijn ingericht voor de teams en afdelingen binnen de organisatie, ontstaan nieuwe verzoeken voor aanpassingen. Aangezien in een snelle, wendbare organisatie de budgettering zich richt op de capaciteit en daarmee de aanpassing van waardestromen en clusters, is ook de organisatie continu in beweging. Hoewel dit niets nieuws is ziet u wel dat clusters en afdelingen een sterkere behoefte hebben om altijd weer dicht bij elkaar te zitten. Dit vereist creativiteit en flexibiliteit in het telkens weer kunnen indelen van de ruimte. Hoe gaat u om met de snelheid en wendbaarheid van teams in relatie tot statische middelen als ruimtes?

Door gebruik te maken van een flexibele kantoorinrichting is het mogelijk om aanpassingen door te voeren op basis van de wensen en behoefte van de organisatie. Hierdoor kan de omgeving worden aangepast aan de actuele behoefte van een omgeving zodat bijvoorbeeld uitbreidingen van clusters niet leiden tot een verregaande versnippering van de daarbinnen aanwezige teams. Dit betekent overigens niet dat teams elke maand moeten verhuizen van locatie maar wel dat hier periodieke aanpassingen en bijstellingen mogelijk zijn.

Niet alleen de verschillende beschikbare ruimten zijn van belang, ook de beschikbaarheid van middelen voor mensen verandert als zij gaan werken in high performing teams. De focus ligt hierbij minder op de individuele werkplek maar meer op het in de omgeving effectief kunnen samenwerken. Vaak ziet u hier een sterke wens voor lange, kale wanden waar flip-overs of brown papers kunnen worden opgehangen. Ook merkt u een sterke toename van verrijdbare en statische whiteboards tot zelfs aanvragen voor complete white walls. Verder ziet u vaak één of meerdere monitors om de output van de systemen en build tools continu te kunnen monitoren en een overdosis aan post-it's in alle vormen, kleuren en maten. Voor het facilitair management is dan ook de vraag op welke wijze zij de optimale interacties tussen mensen kunnen ondersteunen door het leveren van middelen.

De beschikbaarheid van standaard kantoormiddelen is een goed begin maar high performing teams hebben regelmatig aanvullende behoefte voor specifieke hulpmiddelen, waaronder magneetkaarten, verrijdbare whiteboards, brown papers, et cetera. Om geen wildgroei te creëren van alle mogelijke middelen is het raadzaam om actief samen te werken met een aantal communities of practice om de behoefte aan middelen en ondersteuning op een meer generiek niveau beschikbaar te stellen.

31.6 MARKETING

Voor marketing is een snelle, wendbare organisatie de ultieme droom. Hadden zij vroeger nog last dat zij nieuwe ideeën lanceerden die de organisatie vervolgens niet kon leveren, nu verwachten zij dat de organisatie zich snel genoeg kan aanpassen om in te spelen in de kansen die zij zien. Hoewel een deel van het probleem wordt gereduceerd door het verhogen van enterprise agility, worden veel van de nieuwe mogelijkheden slechts zelden effectief ingezet.

Vanuit een traditionele view wordt nog te veel gekeken naar wat we als organisatie op welke wijze het beste kunnen verkopen. Hoewel dit model organisaties groot heeft gemaakt (of vernietigd), zien we dat de maatschappij zich meer en meer verplaatst naar de mate waarin het probleem van de stakeholders en gebruikers wordt opgelost. We zien steeds meer voorbeelden van de nieuwe ruil (of leen-) maatschappij, commerciële shared services en alternatieve oplossingen. Hoe verandert u de mindset binnen de organisatie van verkopen naar het invullen van de echte behoefte van stakeholders en gebruikers?

Het veranderen van deze mindset binnen de organisatie vereist een nauwe samenwerking met de business-afdelingen. Bewustwording is hierin een belangrijk principe. Het zelf ondergaan van deze ontwikkeling, bijvoorbeeld door simulaties of bedrijfsbezoeken, heeft vaak meer impact dan opleiding en training. Door meer nadruk te leggen op de behoefte van de stakeholders en gebruikers in plaats van de producten en diensten van de organisatie wordt het tijdig constateren van afwijkingen verder gestimuleerd. Het stellen van hypotheses helpt de organisatie om eerst te valideren voordat wordt overgegaan tot produceren. Dit stimuleert het kort-cyclische opleveren en valideren van de geleverde waarde.

Daarnaast ziet u nog steeds dat te veel wordt gedacht in verkoopbare 'eind-producten' in plaats van series van experimenten die beetje bij beetje de behoefte van stakeholders en gebruikers invullen. Door het samenwerken met stakeholders en gebruikers en continu uw product of dienst af te stemmen op de markt, kunt u snel bijsturen op basis van de verkregen inzichten. Dit vergt wel een sterke mate van outside-in denken en een goed contact met de eindgebruikers. Het vergt een organisatie die mee kan bewegen met de opgedane inzichten. Hoe organiseert u het incrementeel ontwikkelen en co-creatie, met stakeholders en gebruikers, binnen uw organisatie?

Het incrementeel ontwikkelen van omvangrijke applicaties gebeurt al lange tijd. Door het incrementeel ontwikkelen kan gelijktijdig een tweetal mogelijke oplossingsrichtingen worden opgeleverd, waarbij door middel van A/B-testen inzicht wordt verkregen welke oplossing het beste aansluit bij de gebruikersbehoefte. Zeker het experimenteren met co-creatie is een goed middel om beter inzicht te krijgen waar de behoefte van de stakeholders en gebruikers nu daadwerkelijk ligt. Hierbij moet het gat tussen de daadwerkelijke stakeholders of gebruikers en de ontwikkelteams zo klein mogelijk worden gemaakt. Door kort-cyclisch nieuwe incrementen op te leveren en direct te valideren met de stakeholders en gebruikers kunnen producten worden gemaakt die direct de behoefte van de stakeholders en gebruikers vervullen.

Als u zowel als marketing- en als productorganisatie steeds sneller en wendbaarder gaat ontwikkelen en leveren wordt het steeds moeilijker om aan gebruikers en stakeholders aan te geven wanneer zij wat kunnen verwachten. Van origine werden daar releaseplannen voor gebruikt maar door het sturen op waarde en prioriteiten is de betrouwbaarheid van deze plannen op (middel)lange termijn sterk afgenomen. We hebben dus andere methoden nodig om mensen mee te nemen in de verwachting die we scheppen. Hoe krijgt u inzicht wat we wanneer kunnen beloven / leveren / promoten aan de markt?

Vanuit marketingperspectief is het verhogen van de voorspelbaarheid van het IV-voortbrengingsproces een belangrijke factor om de lancering van marketingcampagnes te synchroniseren met het opleveren van nieuwe product-incrementen. Inzicht hoe de cone of uncertainty (zie hoofdstuk 22) kan worden gebruikt om inzicht te krijgen in de beschikbaarheid van specifieke functionaliteiten of welke functionaliteit op een gegeven datum wordt verwacht is hierbij uitermate geschikt. Daarnaast worden ook steeds meer producten verscheept waarbij de ontwikkeling ook doorloopt naarmate het product al op de markt beschikbaar is.

■ 31.7 COMMUNICATIE

Hoewel de opzet en werking van de ondersteunende afdeling (interne en externe) communicatie op zich niet verandert, krijgen zij wel te maken met een aantal extra vraagstukken in snelle, wendbare organisaties. Transparantie en zichtbaarheid zijn immers sterk verweven in het agile gedachtegoed. Communicatie speelt daarin een cruciale rol om de gewenste transparantie te ondersteunen maar ook om zorg te dragen dat de organisatie niet wordt overspoeld met allerlei inzichten. Hoe balanceert u maximale transparantie (iedereen kan alles zien) en de beperking van menselijke cognitieve capaciteiten (door de bomen het bos niet meer zien)?

Een duidelijke strategie op het gebied van interne communicatie moet zorgdragen dat alle informatie beschikbaar is (en gevonden kan worden) en een overdaad aan informatie voorkomen wordt. De belangrijkste oorzaak van miscommunicatie ligt in het behouden van oudere versies of vervallen stukken. Als er geen duidelijkheid is wat de laatste versie van stukken is, of waar deze kunnen worden gevonden, ontstaat steeds meer problemen om de juiste, meest actuele inzichten te verkrijgen. Daarom hebben aanpasbare, gezamenlijke bronnen (met versiebeheer) als wiki's, dashboards en systemen de voorkeur boven eindeloze stromen van losse documenten.

Eén belangrijk aspect in het denken en werken in waardestromen op basis van business value is, dat iedereen in de keten zijn of haar acties bepaalt, op basis van de impact die zij kunnen maken voor de eindgebruikers. Het continu zicht hebben op stakeholders en gebruikers is een essentieel ingrediënt van het eigenaarschap dat wij zien bij teams en afdelingen. Dit ontstaat echter niet op natuurlijke wijze en vereist continu communicatie binnen de waardestromen. Ook de wijze van communicatie is hierin belangrijk. Want hoewel u sterke aandacht wil voor **wat** u uiteindelijk wilt bereiken, wilt u juist zo min mogelijk communiceren over **hoe** dit bereikt moet gaan worden. Als dit laatste niet wordt meegenomen, ondermijnt u namelijk de autonomie van de afdelingen en teams in de ketens en daarmee juist het eigenaarschap dat we nastreven. Hoe verbindt u vanuit een afdeling communicatie iedereen in de organisatie met de visie en strategie (alignment) waarbij u ruimte wilt houden voor ieders rol daarbinnen (autonomie)?

De verschuiving vindt plaats van afdelingsgerichte communicatie naar ketengerichte communicatie. Door periodiek inzicht te geven wat de purpose - visie - missie - strategie - doelstellingen van de organisatie en regelmatig de voortgang daarvan communiceren, helpt om iedereen te binden en boeien op de hoger liggende doelstellingen. Door de voortgang inzichtelijk te maken wordt ook voldoening gegeven dat niet alleen hard wordt gewerkt aan het leveren van output maar dat daarmee ook outcome wordt gegeneerd en uiteindelijk impact kan worden gemaakt.

Tot slot is vanuit Communicatie aandacht nodig voor het balanceren van de hoeveelheid communicatie. Met de sterke dynamiek en verantwoordelijkheden op een zo laag mogelijk niveau is het van belang dat iedereen zich bewust is van zijn of haar omgeving. Niet al deze inzichten leiden tot de situatie dat iedereen overal over kan en mag gaan. Grote bijeenkomsten staan over het algemeen niet bekend als bijeenkomsten waarin snelle besluitvorming plaatsvindt. Het monitoren van effectieve communicatie en efficiënte besluitvorming is een kunst op zich. Hoe zorgt u dat u iedereen meeneemt in de ontwikkelingen maar voorkomt dat alles een Poolse landdag gaat worden?

Door ook binnen communicatie stakeholdermanagement toe te passen, kunnen bewustere keuzes worden gemaakt over de wijze waarop sommige doelgroepen worden geïnformeerd, terwijl andere doelgroepen worden gefaciliteerd om actief een bijdrage te kunnen leveren. Door ondersteuning te bieden op de wijze waarop communicatie kan worden ingericht, kunnen teams, clusters en afdelingen mogelijk beter met elkaar, gebruikers, klanten en markten samenwerken. De sprint reviews zijn hier een goed voorbeeld van. Uiteraard is het mogelijk om periodiek iedereen te vragen om in één ruimte bijeen te komen om feedback te geven maar kijk ook eens naar alternatieve manieren waarop deze feedback kan worden opgehaald.

■ 31.8 DE SAMENWERKING TUSSEN DE AFDELINGEN IS BELANGRIJK

Het leiderschap en business support-afdelingen zijn geen afzonderlijke instanties binnen de organisatie. Het organiseren van optimale ondersteuning voor de teams binnen de organisatie is een belangrijk aandachtsgebied van het leiderschap en kan worden georganiseerd via de opzet en werking van de ondersteunende afdelingen.

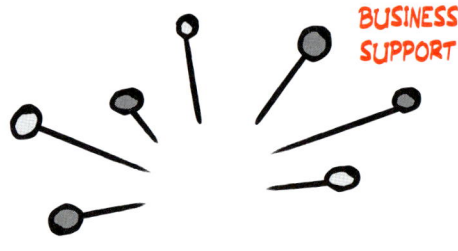

De samenwerking van teams en business support-afdelingen binnen de organisatie moet in balans zijn, vandaar dat zij drie modus operandi hebben:
1. **Directe inzet op teamniveau** Afhankelijk van de omvang van de organisatie is het mogelijk dat medewerkers direct business support-afdelingen kunnen benaderen voor wensen of vragen. De kaders moeten duidelijk zijn om een goede balans te krijgen tussen de gewenste alignment en autonomie binnen de organisatie. Om met deze balans om te kunnen gaan worden business support-afdelingen getraind in het continu inspecteren en aanpassen van de wensen en vragen vanuit de organisatie en de dienstverlening van de afdeling af te stemmen op de behoefte van en mogelijkheden binnen de organisatie.
2. **Directe inzet op organisatieniveau** Via het management wordt een business support-afdeling direct benaderd voor het oplossen van een impediment op organisatieniveau. De samenwerking tussen het management en de business support-afdelingen moet ertoe leiden dat de organisatie niet in een modus komt waarin alle middelen worden besteed aan continu brandjes blussen. Aan de andere kant moeten belangrijke impediments ook zo snel mogelijk worden opgelost. Door continu de korte en lange termijn-oplossing mee te nemen in de afweging hoe een impediment wordt opgelost kan ook hierin een balans worden gecreëerd.

3. **Indirecte inzet op organisatieniveau** Het leiderschap heeft samen met de business support-afdelingen de zware taak om de organisatie als systeem werkend te krijgen en continu te verbeteren. De primaire lijn waarop zij dat uitvoeren is door een omgeving te scheppen waarin de medewerkers binnen hun teams en afdelingen optimaal bij kunnen dragen aan het leveren van waarde door de organisatie. Door regelmatig de visie, doelen en kaders binnen de organisatie te inspecteren en bij te stellen kunnen zij de impact op het systeem monitoren.

Het is belangrijk dat de initiatieven van business support-afdelingen onder regie gebeurt. Al te vaak zien we nog dat goedbedoelde initiatieven vanuit business support-afdelingen een vertragende impact hebben op de voortgang en werkzaamheden van de teams en afdelingen. Hoe goed deze initiatieven ook zijn, onbedoeld kunnen deze de opzet en werking van het primaire proces ondermijnen. Hierin is het dus belangrijk dat op afstand naar de organisatie als geheel wordt gekeken en de verwachte impact en bijdrage van elk afzonderlijk initiatief wordt ingeschat, gemonitord en gevalideerd. Dergelijke aanpassingen kunnen dan ook het best als onderdeel van de transformatie worden meegenomen.

Een organisatie met een hoge mate van enterprise agility is getraind om snel en wendbaar te kunnen reageren op haar omgeving. Hiervoor is rust, reinheid en regelmaat (sustainable pace') nodig om deze prestatie te kunnen leveren. Door een optimale samenwerking tussen management en business support-afdelingen kan de juiste hoeveelheid aanpassing worden uitgevoerd, waarmee de meeste impact in het systeem kan worden gemaakt. Uiteindelijk gaat het niet om de impact die de business support-afdeling afzonderlijk maakt maar om de impact die de organisatie als geheel kan maken.

■ 31.9 DUS...

Om enterprise agility te bereiken moeten de business support-afdelingen binnen de organisatie de snelheid en wendbaarheid van de organisatie bekrachtigen en niet ondermijnen. Op gebied van personeel en organisatie moet inzicht zijn in hoe stabiele multidisciplinaire teams het beste kunnen worden ondersteund op het gebied van het verwerven en ontwikkelen van personeel. Op het gebied van finance is het belangrijk om focus te hebben op het financieren van de capaciteit in plaats van de programma's en producten door middel van het toepassen van concepten als Beyond Budgeting. Op het gebied van control richt de focus zich op het op dusdanige wijze inrichten van de organisatie, om koers te houden en zelfstandig afwijkingen kunnen constateren. Op het gebied van facilitaire dienstverlening moet inzicht zijn in de sterke effecten van de werkomgeving op effectieve, wendbare teams. Vanuit marketing en communicatie is het belangrijk goed zicht te hebben in hoe het iteratief ontwikkelen van producten effect heeft op het zo snel mogelijk creëren van maximale gebruikerswaarde.

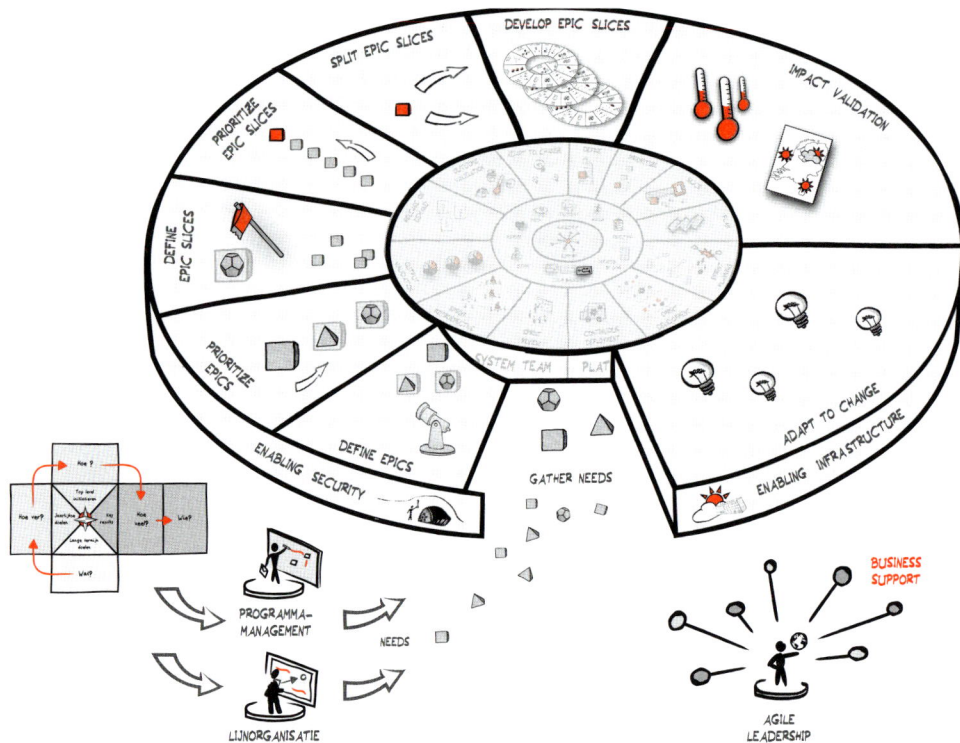

F Het management van de transformatie

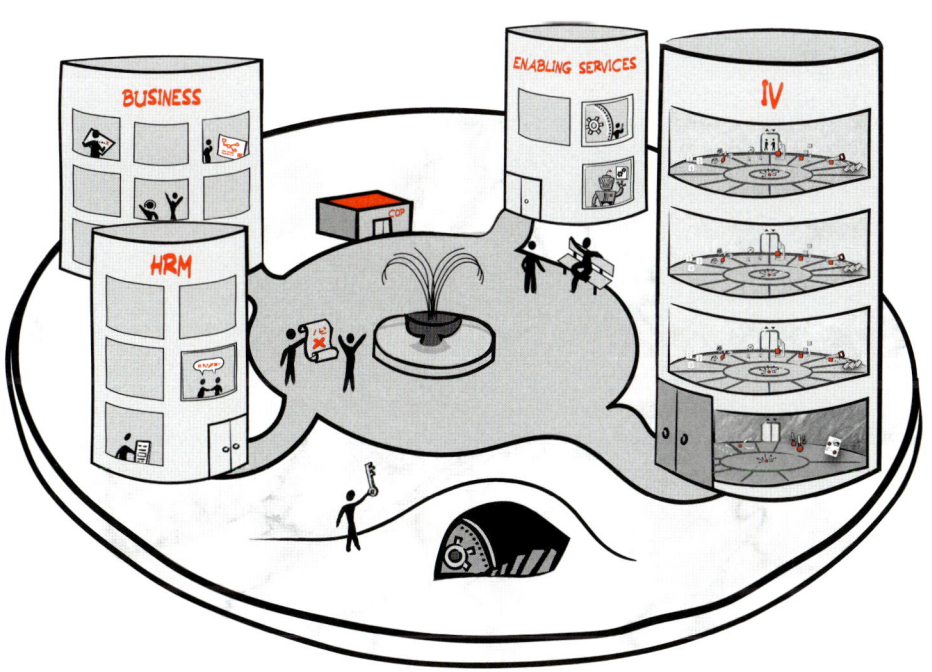

32 De noodzaak van transformatiemanagement

Een organisatie met een hoge mate van enterprise agility is in staat zichzelf continu te verbeteren. In de eerste vijf delen is de opzet en werking van enterprise agility beschreven op alle lagen van de organisatie, beginnend bij de onderliggende principes tot en met de rol van het leiderschap en de ondersteunende afdelingen op het niveau van de gehele organisatie. De vraag is dan ook waarom überhaupt aandacht nodig is voor transformatiemanagement, laat staan waarom het een volwaardig deel uitmaakt van dit boek.

De rol van transformatiemanagement is tweeledig. Ten eerste moet het fundament worden gecreëerd om vanuit de verschillende ('nieuwe') principes het werk te kunnen doen. Dit betekent dat het transformatiemanagement allereerst een goed beeld opbouwt van de onderdelen die zich in het complex-domein bevinden en de onderdelen die zich in het complicated-domein bevinden. Wanneer er met name wordt gewerkt in het complex-domein moet de basis voor een lerende organisatie worden gecreëerd, waarin de Plan | Execute-benadering wordt aangepast naar de kort-cyclische Inspect & Adapt-benadering. Daarbij wordt een duidelijker beeld gevormd over het eigenaarschap binnen de organisatie en worden de onderliggende benodigdheden op de juiste wijze ingericht, waardoor de mensen die eigenaar zijn, zich ook eigenaar voelen en in staat zijn om de juiste actie te ondernemen. Door het ontwikkelen van zelforganisatie kan de sturing- en besluitvorming in de primaire flow worden belegd, waardoor de vertragende werking van ingewikkelde sturings-, besluitvormings- en verantwoordingslijnen tot een minimum wordt gereduceerd. Door het creëren van een heldere richting en duidelijke kaders wordt voldoende speelruimte gecreëerd om de eerdergenoemde principes op een juiste en verantwoorde wijze te kunnen uitvoeren.

Ten tweede is transformatiemanagement een katalysator om de transformatie op gang te krijgen. Met andere woorden, door een gedegen transformatie aanpak wordt enerzijds energie binnen de organisatie ontwikkeld om de verandering te internaliseren en wordt anderzijds de weerstand verlaagd door de energie tegen te verandering te reduceren. Een effectieve transformatie-aanpak brengt de focus in alignment en richt de beschikbare energie op de meest essentiële onderdelen binnen de verschillende flows in de organisatie, om als gehele organisatie op een zo kort mogelijk termijn de vruchten van de transformatie te kunnen plukken én draagt daarbij zorg dat geen ongecontroleerde risico's ontstaan.

Naast het aanbrengen van focus zorgt transformatiemanagement dat effectieve ondersteuning wordt geboden gedurende de transformatie. Dit betekent dat het leiderschap wordt geactiveerd om de behoefte aan ondersteuning vanuit de teams te onderkennen en te onderzoeken op welke wijze deze ondersteuning het best ingericht kan worden, zonder daarbij afbreuk te doen aan de principes van enterprise agility. Het oplossen van organisatorische belemmeringen vraagt namelijk een extra inspanning van de teams en leidt de aandacht af van het leveren van maximale waarde. Een effectieve transformatie moet zorgdragen dat zoveel mogelijk van de effort en aandacht van de teams terecht komt bij het ontwikkelen van de juiste producten. Het zorgdragen voor een goed ingericht systeem is daarmee een onderdeel van de transformatie en de borging van enterprise agility.

Effectief transformatiemanagement leidt tot een situatie waarin de constructen van enterprise agility zijn geborgd binnen de organisatie en op basis van continu verbeteren verder kunnen worden geoptimaliseerd. Het borgen van de onderliggende principes betekent dat ook bij verdere optimalisatie de organisatie, haar onderliggende teams en afdelingen hierbij afwegingen blijven maken die niet alleen effect hebben op het eigen functioneren maar ook op de opzet en werking van het totale systeem. Door het samenspel van de feedback-lussen, niet alleen op de inhoud maar ook op de opzet en werking van de organisatie, ontstaat een lerende organisatie die zowel qua inhoud als werking snel en wendbaar mee kan bewegen met de ontwikkelingen in haar directe omgeving. Een organisatie die werkzaam is in het complex-domein heeft namelijk continu te maken met nieuwe inzichten, verwachtingen, problemen en mogelijke oplossingen. Dit betekent dat niet alleen de inhoud van de diensten en producten die worden geleverd continu moeten worden aangepast maar ook dat de organisatie zelf continu moet meebewegen of veranderen om op de beste wijze de producten en diensten te kunnen leveren. Uit de praktijk blijkt dat de verwachtingen vanuit de omgeving, de klanten en de partners zich snel ontwikkelen wanneer een organisatie in staat is om snel en op een effectieve wijze hun behoeften in te vullen.

In de versterkende cyclus van succesvol opereren moeten altijd keuzes gemaakt worden in verband met schaarste aan capaciteit binnen de organisatie. Die keuzes hebben altijd consequenties: voor de producten, de processen, de organisatie en de mensen. Om die reden moet een balans worden gezocht in het op korte termijn leveren van de maximale waarde of de organisatie aanpassen om ook op de middellange termijn succesvol te kunnen opereren. Hierbij is het van belang om zowel de inspect & adapt in te richten op het leveren van waarde vanuit de producten of diensten als de wijze waarop de producten en dienst worden voortgebracht. De ondernomen activiteiten worden onderzocht op hun effect en daarop worden de activiteiten vergroot dan wel aangepast om het gewenste effect te laten ontstaan. Wanneer beide validatieprocessen goed in de organisatie zijn geborgd, kan het transformatiemanagement langzaam maar zeker worden afgebouwd. De organisatie is vanaf nu in staat om zichzelf continu te verbeteren langs de assen waarop de bereikte enterprise agility wordt bestendigd dan wel verder wordt verhoogd.

Het creëren van de organisatie die in staat is zichzelf continu en op de juiste wijze verder te ontwikkelen vereist sterk transformatiemanagement. Het vliegwiel moet als het ware op gang worden gebracht, wat tijd, aandacht, focus en energie kost. Bestaande en geëigende paden moeten worden opgebroken en omgelegd. De wijze waarop problemen eerder werden aangepakt moet worden herzien. De checks en balances moeten opnieuw worden ingericht. De wijze van aansturing moet worden aangepast. Kennis en vaardigheden moeten worden ontwikkeld en verantwoordelijkheden worden herschikt. Dat gaat niet vanzelf. Het is zelfs normaal dat een appél tot veranderen de nodige weerstand oproept, dan wel verwarring met zich meebrengt. Het werkelijk inzetten van de beweging tot veranderen vraagt dan ook een sterk transformatiemanagement om de verandering op gang te brengen. Wanneer een transformatie door de barrière van weerstand en verwarring is gebroken en het 'tipping point' heeft gepasseerd zal de beweging gewilliger zijn weg weten te vinden naar het bereiken van het gewenste resultaat. Voordat we dat 'tipping point' hebben bereikt is er vanuit transformatiemanagement een hoop krachtsinspanning te leveren.

Alleen het implementeren van oppervlakkige aanpassingen zoals het hanteren van nieuwe benamingen of het toevoegen van nieuwe bijeenkomsten is absoluut onvoldoende. De grootste stap die moet worden gezet is het bewerkstelligen van een aantal cruciale paradigma shifts. Omdat gedurende de transformatie de geldende orde wordt verstoord en wetmatigheden (de zogenaamde status quo waarin de organisatie zich bevindt) veranderen, is continu aandacht nodig of de paradigma shift daadwerkelijk of alleen oppervlakkig wordt doorgemaakt.

■ 32.1 PARADIGMA SHIFTS ZIJN NOODZAKELIJK

Op het moment dat de problematiek zoals besproken in hoofdstuk 1 daadwerkelijk wordt onderkend en de eerste stappen worden gezet begint de paradigma shift voor alle betrokkenen. Wanneer bestaande patronen moeten worden doorbroken en structuren worden aangepast en geen paradigma shift plaats heeft gevonden, is de kans groot dat deze patronen worden vervangen door nieuwe anti-patronen die de enterprise agility ondermijnen. Wanneer de paradigma shift daadwerkelijk wordt doorgemaakt ontstaat ruimte voor nieuwe oplossingen die zowel passen bij de organisatie als een substantiële bijdrage leveren aan de enterprise agility. Het doormaken van een paradigma shift is voor de meeste mensen geen natuurlijk proces en vereist duidelijkheid, aanmoediging en bevestiging om daadwerkelijk het 'oude' los te laten en inzicht en ervaring met het 'nieuwe' te ontwikkelen.

> Een paradigmaverschuiving (Wikipedia, 2022) (of revolutie in de wetenschap), is volgens Thomas Kuhn een ontwikkeling in de wetenschap die leidt tot een dramatisch ander beeld van de werkelijkheid. Vaak ontstaat bij zo'n ontwikkeling een grote tegenstelling tussen de voor- en tegenstanders van het nieuwe paradigma. Een doorbraak naar het nieuwe paradigma wordt doorgaans afgedwongen doordat bepaalde nieuwe wetenschappelijke inzichten steeds opnieuw en door steeds meer wetenschappers proefondervindelijk worden gestaafd. De nieuwe proefondervindelijke kennis kan niet langer vanuit het oude paradigma worden verklaard en lijkt daarmee niet zelden zelfs in volledige tegenspraak te zijn. Meestal blijkt pas achteraf, wanneer de aanhangers van het oude wetenschappelijke wereldbeeld, dat niet langer voldoet, hun invloed en macht hebben verloren, dat er sprake was van een echte conceptuele revolutie.

Het succesvol functioneren in het complex-domein vraagt om andere taal, andere dynamiek, ander gedrag, ander tempo, alles is anders. Een goed begrip hebben van de verschillen tussen het complex-domein en het complicated-domein is van groot belang om inzicht te verwerven in de verschillende paradigma shifts die noodzakelijk zijn. Wanneer een goed begrip is gevormd van de karakteristieken van de verschillende domeinen in het Cynefin framework worden het eenvoudiger om de noodzakelijke paradigma shifts te bewerkstelligen.

Bekende paradigma shifts zijn:
- Van tijdelijke projectteams naar vaste product teams.
- Van gescheiden ontwikkel- en beheer teams naar end-to-end verantwoordelijke feature teams.
- Van het starten en stoppen van projecten naar een continue flow van kleine, waardevolle aanpassingen.
- Van hiërarchische silo-gebaseerde organisatiestructuren naar waarde-gedreven voortbrengingsketens.
- Van het inzetten van individuele specialismen naar het werken met multi-disciplinaire teams.

Eén van de paradigma shifts is de wijze waarop we kijken en omgaan met het maken van fouten. Wanneer het doel en de weg ernaar toe helder is, kunnen afwijkingen ten opzichte van dat doel bestempeld worden als 'fouten' en hebben deze direct impact op de snelheid waarmee het doel kan worden behaald. Processen en werkwijzen zijn dusdanig vormgegeven dat fouten niet worden gemaakt en als ze gemaakt worden zijn controlemechanismen ingebouwd om deze fouten snel te kunnen constateren. De angst voor 'de fout' en ons vooroordeel die 'de fout' tot falen bestempelt, zit het effectief werken binnen het complex-domein in de weg. In het complex-domein willen we leren van het verschil tussen het beoogde veronderstelde effect en het daadwerkelijke effect. Het is zinvol om de waarde te omarmen die zich bevindt in het gezegde: "Van fouten kunt u leren". Om effectief in het complex-domein te kunnen werken moet de angst om fouten te maken worden overwonnen. Juist in het verschil tussen het geslaagde idee en de foute uitkomst zit een schat aan informatie. Deze informatie is cruciaal voor de inspect & adapt-lussen om de uitvoering bij te stellen naar het leveren van maximale waarde. We kunnen in het complex-domein alleen achteraf valideren of we de juiste actie hebben genomen en dit betekent inherent dat we foute acties niet uit de weg moeten (en kunnen) gaan. De enige foutieve actie in de complexe omgeving is geen actie, want zonder validatie van hypotheses kunnen geen goede aanpassingen worden uitgevoerd.

Denk bij een paradigma shift aan het werken met vaste langlevende teams in plaats van tijdelijk samengestelde teams die in projectverband werken. Een eenvoudig paradigma verschil om te lezen, maar wel één die grote implicaties heeft. Deze shift betekent namelijk dat de mensen niet meer tijdelijk bijeen worden gebracht en georganiseerd om bepaalde werkzaamheden heen maar dat de werkzaamheden worden geleid naar vaste stabiele teams. De wijze waarop alle werkzaamheden worden geprioriteerd en door de teams worden opgepakt betekent dat de focus ten aanzien van het werk wordt verlegd naar het creëren van oplossingen in plaats van het werken aan de requirements van een product. Deze paradigma shift houdt in dat we ontwikkelen conform behoefte-vervullende specificaties en daarbij continu kijken welk beoogd effect van de oplossing op dit moment de hoogste waarde creëert.

Nog een voorbeeld van een paradigma shift is de overgang van het werken met mijlpalen (die alleen kunnen worden gezet langs een vastgestelde route) naar het continu opleveren van waardevolle incrementen. Daarbij kan op basis van de geleverde outcome direct de impact van de ontwikkelde oplossing voor de business inzichtelijk worden gemaakt. Aangezien de productplanning continu wordt aangepast op basis van de hoogste waarde is het niet mogelijk om een gecentraliseerde jaarplanning op te stellen en wordt vaak gewerkt met een gedecentraliseerde rolling wave planning. Hoewel het nog steeds mogelijk is om te forecasten, moet vanuit de business rekening worden gehouden met aanpassingen op de forecast wanneer de prioriteiten gedurende een periode gaan verschuiven. Dit levert de organisatie nieuwe capabilities op en vereist daarbij een andere mindset als het gaat om samenwerken met een snel en wendbaar voortbrengingsproces.

Het in gang zetten van paradigma shifts leidt, zeker wanneer dit ongecontroleerd wordt uitgevoerd, al snel tot een toestand van verwarring. Zeker wanneer de bijbehorende kennis, vaardigheden, bijeenkomsten, processen en tools nog niet (volledig) zijn geïmplementeerd binnen de organisatie. Het loslaten van het oude en het eigen maken van het nieuwe is dan ook niet zo simpel als het omzetten van een lichtschakelaar. Dit betekent dat een aantal zaken binnen de organisatie voor een beperkte tijd schemerig en schimmig worden. Door het uitvoeren van sterk transformatiemanagement kan die periode zo kort mogelijk worden gehouden en is het zinvol om in deze periode houvast aan de betrokkenen te bieden. Op de weg naar het andere paradigma treffen we onszelf met regelmaat bewust en onbewust aan in deze periode van verwarring. Waarbij sommige mensen het lastig vinden om toe te geven dat ze werkelijk niet weten wat ze aan het doen zijn (of zouden moeten doen). Zeker op deze momenten is de kans groot dat zij nieuwe anti-patronen inrichten omdat op dit moment wel duidelijk is waar zich problemen en risico's bevinden maar onvoldoende helder is op welke wijze deze het best aangepakt kunnen worden. Anderen voelen zich misschien onthand, slachtoffer van de omstandigheden, weten niet meer hoe ze het 'goed' moeten doen en vallen ten prooi aan een meer apathische toestand.

Succesvol werken in het complex-domein is altijd een ontdekkingstocht. Doordat de transformatie uiteindelijk overgaat in een situatie waarin de organisatie zich continu verbetert, kan ook geen eindpunt worden gedefinieerd. In het complex-domein zijn de gevolgen van interventies slechts beperkt voorspelbaar. Achteraf is het causale verband tussen oorzaak en gevolg te onderkennen en kunnen we in toekomstige situaties er niet op vertrouwen dat de uitkomst hetzelfde gaat zijn. Daarom moet de focus niet worden gericht op het inzetten van 'best practices' maar juist op het definiëren van hypotheses en het valideren van deze hypothesen door middel van experimenteren; 'emergent practices': ontdekken hoe de verschillende flows stromen; daar waar de flow wordt geremd, daar waar we resultaten boeken en daar waar het tot problemen leidt. In het bewust ontdekken ontstaat de voortgang als vanzelf. Het werken in het complex-domein is anders en soms zelfs spannend. Het leidt tot weerstand, roept vraagtekens op en valt zonder interventie vaak terug op best practices uit het complicated-domein. Met het benoemen en toegeven van deze gevoelens, wordt het gemakkelijker om deze te adresseren en mee te nemen in de aanpak van de transformatie.

Sterk transformatiemanagement helpt de organisatie dan ook om deze periode effectief te overbruggen, zodat de creativiteit kan worden ingezet op het ontwikkelen van maximale waarde en het op de juiste wijze optimaliseren van de organisatie. Door ook de transformatie in behapbare brokken uit te voeren, wordt niet alleen het effect van de transformatie continu zichtbaar gemaakt maar geeft het de organisatie ook ruimte om continu een nieuwe status quo te vinden. Om die reden moet de transformatie dan ook niet in de breedte over de gehele organisatie worden uitgerold maar juist bewust en gericht op specifieke onderdelen van de organisatie.

32.2 ORGANISATIES ZIJN COMPLEX-ADAPTIEVE SYSTEMEN

Organisaties zijn complex-adaptieve systemen (Engels: complex adaptive systems) waardoor losse initiatieven vaak niet leiden tot een duurzame verandering. Een complex-adaptief systeem (CAS) (Miller & Page, 2007) is een concept uit de systeemtheorie en beschrijft de werking van een systeem waarvan de onderling verbonden componenten de mogelijkheid hebben zich aan te passen en te 'leren' van eerdere ervaringen. Dit houdt in dat het systeem (lees: de organisatie) leert van en reageert op interventies, die binnen het systeem worden uitgevoerd. De primaire reactie bij het aanpassen van de organisatie(onderdelen) is terug te keren naar de laatst bekende status quo. Hierbij worden nieuwe wegen gezocht om de effecten van de uitgevoerde aanpassing zoveel als mogelijk te beperken. Bij een nader onderzoek kan deze reactie vaak niet worden teruggebracht tot de weerstand van enkele personen of specifieke individuen, het is emergent gedrag dat alleen gezien kan worden wanneer men naar de organisatie als geheel kijkt.

Er zijn gelijktijdig meerdere initiatieven noodzakelijk om de verandering op gang te brengen, of juist het gelijktijdig adresseren van meerdere doelgroepen om hetzelfde effect te bereiken. Dit is één van de meer uitdagende aspecten van complex adaptieve systemen. Wanneer achtereenvolgens drie losse interventies worden gedaan om één verandering tot stand te brengen, kan het zo zijn dat de organisatie pas in beweging komt na drie interventies. Het lijkt dan alsof de als derde uitgevoerde interventie tot het gewenste resultaat heeft geleid maar wanneer deze in een gelijksoortige situatie als eerste wordt uitgevoerd verandert er, zonder de anderen, wederom niets. Het gewenste effect ontstaat alleen wanneer meerdere interventies gelijktijdig en in samenhang worden uitgevoerd.

Dit lijkt haaks te staan op het advies om juist focus aan te brengen tijdens het uitvoeren van de transformatie. Losstaande interventies lijken immers meer gefocust dan meervoudige interventies. In het complex-domein is een succesvol effect ten aanzien van de transformatie alleen te verkrijgen door een samenspel van gepaste interventies op alle lijnen van de betrokken kruispunten. Hierbij moet onderscheid worden gemaakt tussen het specifieke onderdeel dat aan de transformatie bloot wordt gesteld en de hoeveelheid van interventies dat hierbij wordt uitgevoerd. Juist door het aanbrengen van focus kunnen de interventies worden gericht op het specifieke onderdeel dat in het kader van de transformatie moet worden aangepast.

Organisaties hebben daarin als complex adaptieve systemen twee overlevingsstrategieën die elkaar in de weg lijken te staan: lijfsbehoud door de status quo te hanteren (overleven) én vernieuwen door nieuw terrein te betreden (voortbestaan). Door de beiden strategieën te onderkennen, kunnen we gebruik maken van de beide krachten. Door bewuste keuzes te maken en continu 'een enkele aanpassing' te initiëren en te begeleiden vanuit transformatiemanagement, kan worden gezorgd voor een optimale balans van het behouden van de status quo en het ontdekken van de meest effectieve acties ten aanzien van het verbeteren en vernieuwen.

Initiatieven die geheel los van de transformatie-aanpak plaatsvinden moeten zoveel mogelijk worden voorkomen. Hoewel de onderdelen die deze initiatieven opstarten in hun enthousiasme te prijzen zijn, doen ze waarschijnlijk meer kwaad dan goed. Het enthousiasme moet in goede banen worden geleid. Wanneer de onderliggende paradigma shifts nog niet goed zijn ingebed, is de kans groot dat dergelijke initiatieven zorgdragen voor lokale optimalisatie in plaats van optimalisatie van de gehele keten. Hoe valideren we dat een lokaal initiatief ook bijdraagt aan een effectieve werking van de gehele keten? Hoe valideren we dat een initiatief in lijn is met wat in de praktijk daadwerkelijk ontstaat, zeker wanneer deze met onvoldoende begeleiding wordt geïmplementeerd? De valkuil is dat bij het uitvoeren van dergelijke losse lokale initiatieven het hogere doel uit het oog wordt verloren en alle aandacht uitgaat naar het implementeren van deze initiatieven. Ook hier geldt namelijk dat het effect van dergelijke initiatieven vooral gemeten moet worden aan de hand van de impact (van de gehele keten of organisatie) en niet op leveren van output zelf; in dit voorbeeld het implementeren van de verandering zelf. Het oneerbiedig 'zomaar wat doen' wordt toegejuicht onder het mom van 'lekker bezig zijn'. Met de juiste intenties 'iets doen' leidt, aan de ongeordende kant van het Cynefin framework, zelden tot het gewenste effect. Lokale initiatieven kunnen namelijk wel eens het effect hebben dat ze andere initiatieven dwarszitten of zelfs ondermijnen. In het ergste geval hebben ze een negatief effect op de werking van het systeem als geheel. Het is belangrijk dat op lokaal niveau de mensen zelf kunnen valideren of ze, op het effect van de transformatie als geheel, tegenwerken of meewerken.

Zeker in grote organisatie kunnen losstaande initiatieven elkaar gemakkelijk uit het oog verliezen, waardoor in meerdere omgevingen initiatieven worden genomen om een gelijksoortig probleem op verschillende manieren op te lossen. Het is niet voor het eerst dat in dergelijke organisaties daadwerkelijke pareltjes zijn gecreëerd voor specifieke problemen maar vanuit organisatieperspectief óf deze pareltjes niet tot nauwelijks worden herkend, óf een keuze moet worden gemaakt uit meerdere pareltjes. Het onbedoelde effect kan ontstaan dat een aantal van deze enthousiaste 'onderdelen' teleurgesteld gaan worden, omdat alle effort die zij hebben gestoken in het ontwikkelen van dergelijke pareltjes niet wordt meegenomen als onderdeel van de gehele transformatie. Hoeveel reeds uitgevonden wielen worden geheel opnieuw uitgevonden? Zonder van elkaar te leren, elkaar te helpen en elkaar te inspireren? Niet alleen verliest de organisatie de tijd en energie die is gestoken in het ontwikkelen van deze pareltjes maar levert het niet erkennen van de ondernomen effort ook extra weerstand op bij betrokkenen bij het meebewegen in de transformatie. De verbinding tussen medewerker en transformatie vindt plaats in een juiste invulling van de interactie. De energie die verloren gaat in het elkaar onbewust en 'per ongeluk' tegenwerken en ondermijnen, heeft zijn impact op de bevlogenheid van de medewerkers. Sterk transformatiemanagement met een heldere richting en duidelijke kaders zorgt dat dit verlies van energie kan worden voorkomen en de energie dienstbaar kan worden ingezet ten bate van de transformatie. Waarbij het onderling delen van de ontdekkingen, in de verschillende onderdelen van de praktijk, elkaar versterkt en inspireert.

Sterk transformatiemanagement kan het vliegwiel voor de transformatie op gang brengen, waarbij de ingezette beweging wel moet worden overgenomen door de verschillende onderdelen binnen de organisatie zelf. Om die reden moet aandacht uitgaan naar het creëren van zelforganisatie binnen bestaande teams, tot het opnieuw opzetten en ontwikkelen van zelforganiserende teams. Dergelijke teams ontstaan namelijk niet vanzelf maar worden gecreëerd vanuit een stabiele basis, kort-cyclische feedback-lussen en een cultuur van continu verbeteren. Zonder deze randvoorwaarden wordt het uitermate moeizaam om de uitdagende veranderingen binnen de organisatie effectief door te voeren.

Wanneer deze zelforganiserende teams binnen de organisatie meer bezig zijn met het overwinnen van alle organisatorische obstakels houden ze nauwelijks tijd en aandacht over voor creativiteit ten aanzien van het ontwikkelen van oplossingen. Laat staan dat er aandacht is voor het adopteren van noodzakelijke veranderingen om de enterprise agility te verhogen. Een stabiele, goed ondersteunende omgeving zorgt dat voldoende energie beschikbaar is voor zowel de productontwikkeling als de organisatieontwikkeling. Het werken in het complex-domein betekent dat zij gedurende de uitvoering continu moeten bijstellen op de veranderende prioriteiten en omstandigheden. Het gelijktijdig aanpassen van de basis van waaruit dit gebeurt, ondermijnt het gevoel van stabiliteit dat binnen de onderdelen noodzakelijk is.

Vanuit transformatiemanagement moet, in ieder geval gedurende de periode waarin ingrijpende veranderingen worden doorgevoerd, voldoende begeleiding worden gegeven om als ankerpunt voor het onderdeel te kunnen fungeren. Door helderheid te geven over de te ondernemen stappen, inzicht te geven in de duur en duidelijkheid te bieden over wat wanneer wordt verwacht, wordt een tijdelijke zekerheid gecreëerd op basis waarvan de verandering kan worden doorgezet. Door initieel de leiding te nemen over nieuwe of aangepaste processen (act) wordt een voorbeeld geven van de nieuwe, optimale werking. Door daarna de processen gezamenlijk uit te voeren wordt maximale transfer van het eigenaarschap uitgevoerd (assist), waarna het eigenaarschap en zelforganisatie de verantwoordelijkheid weer overnemen en ondersteuning alleen nog op afroep beschikbaar is (answer).

Zelforganisatie zorgt voor een grote mate van autonomie binnen de teams die ongecontroleerd ook een eigen leven kan gaan leiden. Onder het mom van zelforganisatie worden individuele keuzes gemaakt die (latere) samenwerking met andere onderdelen in de weg kunnen staan. Ook kan de verantwoordelijkheid van zelforganiserende teams doorslaan tot een niveau waarin alleen nog aandacht is voor de interne structuur en werking van hun product en nauwelijks meer aandacht is voor de geleverde waarde aan de gebruikers en stakeholders. Wanneer dergelijke teams 'ontsporen' neemt de vraag naar sturing, controle en verantwoording sterk toe. Door vanuit transformatiemanagement kort-cyclische feedback-lussen in te richten in combinatie met duidelijke inspect & adapt-processen, worden de betreffende teams direct geconfronteerd met de effecten van genomen besluiten. Deze feedback-lussen voorkomen daarmee grotendeels lokale optimalisatie door de effecten, van de lokale activiteiten, op de gehele keten waarneembaar te maken.

Door het opzetten en ontwikkelen van zelforganiserende teams komen structuren rondom leiderschap, sturing, controle en verantwoording sterk onder druk te staan. Dit vraagt gelijktijdig aandacht voor zowel het gecontroleerd overdragen van deze aspecten vanuit het management aan de teams, als ook de professionaliteit en volwassenheid vanuit deze teams om deze verantwoordelijkheid goed over te kunnen nemen. Veel van de bestaande sturings- en verantwoordingslijnen binnen de organisatie zijn historisch ontstaan als reactie op voorgedane problemen of het doorvoeren van verbeteringen rondom de efficiëntie. Veel van deze lijnen zijn rondom in plaats van binnen de teams georganiseerd en werken het zelforganiserende karakter van de teams tegen. Als u voor ieder verzoek 'het bureaucratische systeem moet aanzwengelen[21] en schriftelijk in drievoud toestemming moet vragen om de randvoorwaarden voor effectief werken te organiseren', is duidelijk dat de structuur ontbreekt om zelforganisatie mogelijk te maken. Expliciete aandacht vanuit transformatiemanagement is dan ook noodzakelijk voor het organiseren van deze ondersteuning binnen de organisatie.

■ 32.3 FOCUS OP HET RESULTAAT VAN DE FLOWS

Enterprise agility wordt pas bereikt wanneer de volledige flow van gebruikerswens tot en met het in productie houden van de gerealiseerde gebruikerswensen snel en effectief werkt. Dit betekent dat het effect van verbeteringen voornamelijk in relatie tot de waardeketens moet worden gezien. Toch worden veel implementaties van geschaalde frameworks vaak loodrecht op de waardeketens doorgevoerd, door alle aandacht te leggen op het generiek implementeren van best practices

---

21 Het is de auteurs niet onbekend; de grimmige vortex van verdwalen binnen de bureaucratie om vanuit zelforganisatie de juiste ondersteuning te organiseren, waar je daarbij jezelf steeds verder 'down the rabbit hole' voelt afglijden.

over de verschillende ketens heen. Vanuit het oogpunt van een veranderteam binnen de organisatie lijkt het eenvoudiger om één verandering gelijktijdig in alle waardeketens door te voeren. Dit betekent dan een gelijktijdige impact op alle waardeketens, als ook dat de resultaten van een dergelijke aanpak nauwelijks effect lijken te hebben op de snelheid en wendbaarheid van de betreffende waardeketens. Ondertussen kost het wel inspanning van elke keten, zonder dat de bijbehorende impact kan worden gerealiseerd.

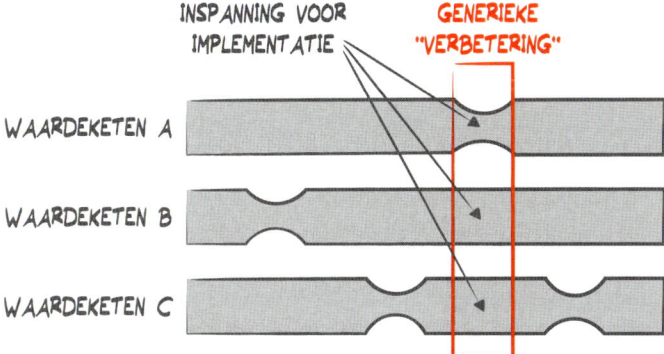

Figuur 32.1 Generieke verbeteringen leveren nauwelijks impact.

Door het uitvoeren van sterk transformatiemanagement moet de behoefte voor het generiek implementeren van best practices worden vervangen door de focus te leggen op de belangrijkste bottlenecks binnen één of slechts enkele waardeketens. Daarbij kan het gebeuren dat de verschillende onderwerpen van de transformatie op verschillende momenten in de verschillende waardeketens worden geïmplementeerd. Dit betekent een grotere inspanning qua voorbereiding en begeleiding tijdens de transformatie, waarbij met het oplossen van de bottlenecks direct effect worden gerealiseerd in de betreffende waardeketens. De positieve effecten van de doorgevoerde aanpassingen zijn voor de business en de gebruikers direct zichtbaar, wat een stimulans geeft aan de transformatie als geheel.

Focus op de belangrijkste bottlenecks betekent overigens niet dat slechts een beperkt deel van de transformatieaanpak wordt uitgevoerd. Door een gedegen veranderaanpak, zoals in hoofdstuk 34 wordt beschreven, wordt overzicht gehouden op de aspecten die voldoende zijn ontwikkeld en geborgd, om deze op basis van continu verbeteren te laten doorontwikkelen. Daar waar meer generieke onderdelen moeten worden ingericht vindt de ontwikkeling plaats in nauwe samenwerking met één van de waardeketens, waardoor de optimale implementatie kan worden vastgesteld en op basis van het gebruik, door overige waardeketens verder worden doorontwikkeld in de eigen omgeving.

Er is aandacht nodig voor het creëren van zelforganiserende teams die in staat zijn zichzelf continu te verbeteren. Ook moeten losse initiatieven die de organisatie nauwelijks tot verandering aanzetten zoveel mogelijk worden voorkomen. De effecten van de verandering moeten leiden tot een effectievere en efficiëntere voortbrengingsketen. Om dit te bereiken wordt de noodzaak voor sterk transformatiemanagement al snel zichtbaar. In een gemiddelde organisatie betekent dit dat, op verschillende plekken binnen waardeketens, initiatieven in samenhang moeten worden uitgevoerd. Hierbij moet wel rekening worden gehouden dat deze worden ingericht voor de afzonderlijke keten en in essentie herhaalbaar of uitbreidbaar is binnen de gehele organisatie.

Wanneer we bijvoorbeeld kort-cyclisch ontwikkelde incrementen ter beschikking willen stellen aan de business, moeten we niet alleen zorg dragen dat deze kortcyclisch in de productieomgeving kan worden geplaatst maar ook dat de business in staat is om (al is het maar in pilot-omgevingen) het increment daadwerkelijk te kunnen gebruiken. Alleen wanneer deze initiatieven in samenhang worden doorgevoerd, wordt het mogelijk om de effecten van de transformatie in een keten zichtbaar te maken. Dit betekent niet dat elk initiatief afzonderlijk al helemaal optimaal moet worden ingericht maar wel dat de basis voor het kort-cyclisch kunnen valideren moet zijn gecreëerd.

Een gelijksoortig voorbeeld is het gebruik van een generieke Definition of Done. Wanneer deze als los initiatief wordt ingericht, ontstaat al snel de situatie dat alle kaderstellende afdelingen een waslijst aan elementen op deze lijst gaan plaatsen. Het gevolg is dat óf de generieke Definition of Done door alle teams terzijde wordt geschoven, of alle capaciteit van de ontwikkelteams wordt gericht op het compliant maken van het product en dat er daardoor geen capaciteit overblijft om waarde voor de gebruikers en stakeholders te leveren. Het is daarom noodzakelijk om niet alleen een element als generieke Definition of Done te implementeren binnen de teams maar ook de basis voor het compliancy-proces in essentie mee te nemen bij de implementatie.

■ 32.4 'ONE SIZE FITS ALL' BESTAAT NIET

Elke organisatie moet de principes van enterprise agility toepassen op haar eigen situatie, waarbij onderscheid wordt gemaakt tussen het **wat** (de principes) en het **hoe** (de specifieke invulling vanuit de organisatie). Met de opkomst van geschaalde agile frameworks en hun populariteit is ook de beweging ontstaan naar out-ofthe-box enterprise agility. Enkele bekende frameworks beschrijven niet alleen de (vaak juiste) principes maar ook de volledige implementatie van deze principes voor organisaties. De veranderaanpak bestaat daarbij uit het implementeren van nieuwe bijeenkomsten, tools en technieken, waarna de organisatie als vanzelf een andere wijze van werken moet gaan aanleren. Het gevolg is dat oppervlakkige gedragingen worden gekopieerd vanuit een theoretische basis, waarbij onvoldoende aandacht is voor de cultuur, structuur en werking van de organisatie zelf.

De dynamische omgeving van het complex-domein heeft als eigenschap dat best practices nauwelijks kunnen worden geïdentificeerd. Achteraf kunnen we valideren of een initiatief tot een gewenst resultaat heeft geleid maar het is daarbij geen garantie dat een gelijksoortig initiatief in een vergelijkbare situatie tot hetzelfde resultaat leidt. Daarom wordt binnen het complex-domein niet gesproken over best practices maar over good practices, waarbij we initiatieven zien die een grote kans hebben een bijdrage te leveren aan het gewenste resultaat. Om die reden leidt een filosofie van 'one size fits all' of 'out-of-the-box enterprise agility' op langere termijn vaak tot teleurstellingen of in sommige gevallen zelfs tot ongecontroleerde risico's.

De schoonheid van frameworks als Large Scale Scrum (LeSS) en Scaling Agility for Large Enterprises (ScALE[22]) is dat vooral aandacht wordt gegeven aan de principes en werking van enterprise agility binnen de voortbrengingsketen (**wat** ingericht moet worden) en de daadwerkelijk wijze van implementatie (**hoe** deze worden ingericht) wordt overgelaten aan de betreffende organisatie zelf. LeSS biedt hiervoor een breed scala aan experimenten om eventuele problemen te kunnen adresseren, terwijl binnen ScALE een aantal handvatten wordt aangeboden die gebruikt kunnen worden in het vaststellen van de juiste implementatie.

Dit betekent overigens niet dat binnen een organisatie elk team, afdeling of keten de implementatie zelfstandig moet gaan ontwikkelen. Zowel vanuit het transformatiemanagement als vanuit de waardeketens zelf kunnen initiatieven worden ontwikkeld die binnen delen van teams of de gehele organisatie als standaard kunnen worden overgenomen. In sommige gevallen is dit noodzakelijk, bijvoorbeeld om specifieke effecten over clusters te kunnen bereiken, in andere gevallen is het wenselijk om de inspanningen voor het ontwikkelen van deze initiatieven te verdelen over het grotere geheel. Dan is het mogelijk om gedurende de transformatie ook maximale waarde te kunnen blijven leveren aan de business.

Wat nodig is om een transformatie succesvol te doorlopen is het besef dat het niet vanzelf gaat en, ondanks dat de transformatie door de organisatie zelf moet worden uitgevoerd, sterk transformatiemanagement nodig is om het vliegwiel op gang te krijgen. Het kost een behoorlijke inspanning van de organisatie om oude patronen los te laten en nieuwe patronen in te laten slijten. Mindset, taalgebruik,

---

22 De generieke versie van het Scaling Agile @ Nationale Politie model zoals in dit boek wordt gehanteerd.

processen, werkwijzen, technieken, middelen, teamsamenstelling, samenwerken, leiderschap en 'samen werken' veranderen omdat de basisprincipes waarop de organisatie is ingericht moeten veranderen. Het transformatiemanagement moet in staat zijn om de principes en randvoorwaarden binnen de organisatie in te richten waarmee enterprise agility kan worden bereikt en op basis van een act - assist - answer-aanpak zorgdraagt voor het zelfstandig en continu verder ontwikkelen van deze nieuwe organisatie.

Eenmaal op gang gebracht ontstaat een situatie waarin de organisatie meer ruimte wil krijgen om te leren en zichzelf te verbeteren. Door de principes van enterprise agility wordt richting aangebracht om deze ontwikkelingen bij te laten dragen aan de heldere richting die de organisatie heeft gecreëerd en de kaders waarbinnen dit kan worden uitgevoerd. De ingerichte feedback-lussen maken zowel de voortgang zichtbaar als het effect van ontwikkelde initiatieven, waardoor directe sturing en coördinatie kan worden vervangen door indirecte sturing en ondersteuning. Hiermee wordt het voor iedereen duidelijk welke individuele bijdrage helpt en welke niet helpt om de gestelde visie te bereiken. Het transformatiemanagement heeft een organisatie gecreëerd waarin de focus op produceren van output is vervangen door het leveren van maximale waarde. Ieder individu weet hoe hij of zij in gezamenlijkheid van waarde kan zijn en bijdraagt aan de waardevolle ontwikkeling van waardevolle producten.

■ 32.5 DUS...

Een organisatie met een hoge mate van enterprise agility is in staat zichzelf continu te verbeteren. Het creëren van deze omgeving vereist sterk transformatiemanagement om het vliegwiel op gang te brengen. Organisaties zijn namelijk complex adaptieve systemen waardoor losse initiatieven in veel gevallen niet tot duurzame verandering leiden. Zelforganiserende teams binnen deze organisaties ontstaan niet vanzelf maar worden gecreëerd vanuit een stabiele basis, kort-cyclische feedback-lussen en een cultuur van continu verbeteren. Enterprise agility wordt pas bereikt wanneer de volledige flow van gebruikerswens tot en met het in productie houden van de gerealiseerde gebruikerswensen snel en effectief werkt. In een gemiddelde organisatie betekent dit dat, op veel verschillende plekken, initiatieven in samenhang moeten worden uitgevoerd. Elke organisatie moet de principes van enterprise agility toepassen op haar eigen situatie, waarbij onderscheid wordt gemaakt tussen het **wat** (de principes) en het **hoe** (de specifieke invulling vanuit de organisatie). Transformatiemanagement richt zich op het in werking krijgen van het vliegwiel door binnen de organisatie de randvoorwaarden te creëren waarmee enterprise agility kan worden bereikt.

33 Het verschil tussen agile doen en agile zijn

In hoofdstuk 13 hebben we beschreven dat het succes waarmee teams de producten voortbrengen niet kan worden afgewogen aan de hoeveelheid output die zij leveren. Wel is het mogelijk om het succes te valideren op de wijze waarop outcome door de business wordt gebruikt om de gewenste impact te maken. Net als het succes van deze teams niet kan worden afgewogen aan hun output, zo kan ook het succes van transformatiemanagement niet worden afgewogen aan de mate waarin de organisatie 'agile doet'. Sterk transformatiemanagement draagt zorg dat de organisatie wordt getransformeerd naar een organisatie die 'agile is' en daarmee een hogere mate van enterprise agility heeft ontwikkeld.

Het verhogen van de enterprise agility gaat namelijk niet over het doorvoeren van een oppervlakkige verandering maar over een diepgewortelde aanpassing van de opzet en werking van de gehele organisatie. Om daadwerkelijk impact te kunnen maken blijkt een groot verschil te zitten tussen de oppervlakkige verandering en de diepgewortelde verandering. We zien te veel trajecten waarin de transformatie om enterprise agility te verhogen wordt uitgevoerd als een serie van oppervlakkige veranderingen, waarbij successen worden gevierd omdat we 'lekker met elkaar bezig zijn geweest' en 'energie in de ruimte is ontstaan'. Wanneer dieper wordt gekeken of we nu ook in staat zijn om op een snellere, betere, meer wendbare manier incrementen kunnen ontwikkelen, leidt dit te vaak tot pijnlijke stiltes.

■ 33.1 VAN AGILE DOEN ...

Transformaties die worden uitgevoerd op basis van de principes van Plan | Execute leiden vaak tot organisaties die 'agile doen' (en zelden tot organisaties die 'agile zijn'). In deze gevallen wordt op basis van een projectmatige aanpak de nieuwe structuren, gedragingen en tools in een korte periode uitgerold binnen de organisatie. Op verschillende plekken binnen de organisatie wordt minimaal agile-terminologie geïmplementeerd en worden meer dan eens de standaard practices vanuit Scrum of geschaalde frameworks uitgelegd en in gebruik genomen. Hoewel hiermee uiterlijke kenmerken vanuit het gedachtegoed van agility zichtbaar zijn, is een organisatie niet tot nauwelijks in staat om daadwerkelijk sneller, beter en meer wendbaar de incrementen te ontwikkelen. Het betreffende programma wordt afgerond na het implementeren van een serie agile methodieken en laat een organisatie achter die nauwelijks in staat is om zichzelf op de juiste wijze continu te verbeteren.

Terwijl menig bedrijf toegeeft dat ze graag snel en wendbaar waarde willen leveren en daarmee hun klanten willen ondersteunen in het bereiken van hun doelen, valt het blijkbaar niet mee om echt snel en wendbaar werkelijke waarde te leveren. Met alleen het kopiëren van uiterlijke verschijnselen van agility bereikt u geen enterprise agility. Enterprise agility is niet een verzameling van activiteiten, het is een 'way of life'.

Wanneer een organisatie echter bewust kiest voor een topdown Plan | Execute-implementatie leidt dit gauw tot een overdaad aan kaders, richtlijnen en best practices. Dergelijke transformaties starten met het trainen van projectteams in de nieuwe werkwijze, waarna agile events worden toegevoegd aan de reeds bestaande set van coördinatiemomenten. Nieuwe rollen moeten worden ingevuld waarbij de aangewezen kandidaten vaak de mensen zijn met een takenpakket dat op het eerste oog overeen lijkt te komen met dat van de nieuwe rollen. Projectleiders nemen de rol aan van product owners en teamleiders nemen de rol aan van scrum master. We gaan met z'n allen aan de slag met agile doen, want 'leren in de praktijk' sluit natuurlijk goed aan bij het agile werken.

Door de afwezigheid van het diepgewortelde begrip van (enterprise) agility ziet u dat er steeds meer behoefte ontstaat aan grip op welke activiteiten allemaal uitgevoerd moeten worden. Het ontwikkelen van strakke kaders en duidelijke richtlijnen leidt tot een eenduidige uitvoering van meetings, het gebruik van hulpmiddelen en doorlopen van processtappen waarmee de 'new way of working' steeds herkenbaarder (uiterlijke kenmerken) wordt binnen de organisatie. In de Plan | Execute-aanpak is het namelijk verstandig om exact uit te werken wat van de mensen wordt verwacht, dit op te schrijven en vervolgens via uitvoerige begeleiding zorg te dragen dat iedereen zich aan de nieuwe beschreven werkwijze houdt. Daarmee groeit ook de behoefte aan 'het controleren'. Deze aanpak bestaat uit veel zenden en weinig interactie; er is een (te) hoge inzet op agile doen. Aangezien de organisatie zelf nog weinig kennis en ervaring heeft met ingewikkelde transformaties worden verschillende uitgewerkte componenten één op één overgenomen vanuit andere organisaties of worden via 'Google' de best practices opgezocht. Aangezien het gaat om een organisatie-brede transformatie wordt in een drang naar uniformiteit veel van de theoretisch gedreven aanpak direct gebombardeerd tot standaard of kader, waarmee in de praktijk gewerkt moet gaan worden. We gaan werkelijk allemaal aan agile doen.

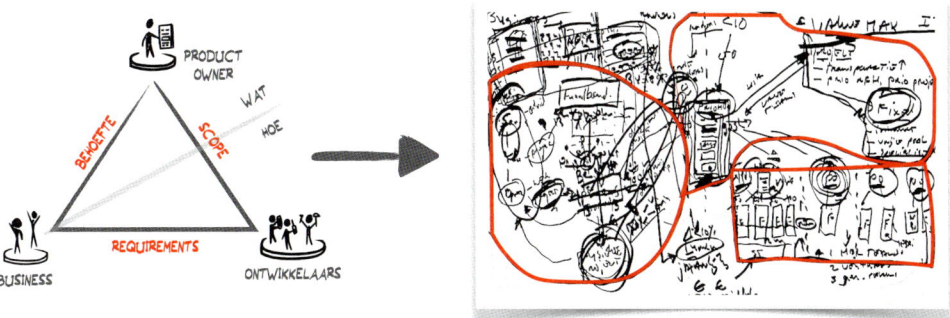

Figuur 33.1 Het schalen van simpele principes kan tot complexe implementatie leiden.

Een simpel principe zoals links in figuur 33.1 is afgebeeld wordt, wanneer deze wordt opgeschaald naar de omvang van een middelgrote tot grote organisatie, al snel een stuk ingewikkelder. Als de complete uitwerking van dit principe moet worden vastgelegd in procedures, verantwoordelijkheden, werkprocessen, gedragingen, et cetera wordt het al snel een onnavolgbaar geheel; rechts in figuur 33.1. Niet voor niets komen we dan ook vaak uitgebreide beleidsnotities, kaderdocumenten en agile playbooks tegen. Terwijl het simpele principe toegepast op het niveau van de gehele organisatie exact hetzelfde principe is als voor een enkel team.

Ook in situaties waar geen of eigen / afgeleide frameworks worden gehanteerd constateren we dat binnen no time meer en meer van de wijze van uitvoering wordt vastgelegd. Elke afwijking, incident of vraagstuk wordt geanalyseerd en vervolgens in de set van standaarden verwerkt. Alle individuen, teams en afdelingen worden geacht de set aan kaders en richtlijnen te volgen zodat we met zijn allen herkenbaar hetzelfde doen. Deze set van kaders en richtlijnen breidt zich over verloop van tijd steeds verder uit. Steeds meer van de vrije ruimte wordt op deze wijze dichtgetimmerd. We zien daarom zelden een beperkte set van principes en richtlijnen maar complete, gedetailleerde beschrijvingen van hoe de organisatie (in ieder geval op papier) zou moeten werken.

Voor het verhogen van de enterprise agility zijn verschillende frameworks op de markt standaard beschikbaar. Het veelvoorkomende Scaled Agile Framework (SAFe) is ooit begonnen als een combinatie van Scrum, Kanban en Lean practices maar explodeerde op basis van case studies al snel tot een monsterlijke omvang. Het is niet voor niets dat al jaren wordt getracht om SAFe terug te brengen naar meer behapbare proporties, door mogelijkheden aan te bieden om naast Full SAFe, Portfolio SAFe, Large Solution SAFe ook Essential SAFe aan te bieden. Toch beginnen organisaties die hun enterprise agility willen verhogen eerder aan Full of Portfolio SAFe dan aan Essential of geen SAFe, omdat in de eerste twee "dan alvast alles is beschreven wat we moeten gaan inrichten."

Aan de andere kant van het spectrum hebben we Large Scale Scrum (LeSS). LeSS heeft een overzichtelijk lijstje van principes en biedt meer dan 600 experimenten die uitgevoerd kunnen worden om problematiek op te lossen die ontstaat bij het verhogen van de enterprise agility. Ondanks de waarschuwingen van de grondleggers van LeSS, constateren we dat middelgrote en grote organisaties zich direct richten op het implementeren van LeSS Huge, aangezien zij op basis van hun omvang natuurlijk niet met LeSS alleen kunnen werken. De voorgestelde experimenten worden vaak ook niet gebruikt om hypotheses te valideren maar direct geïmplementeerd, omdat het een onderdeel is van LeSS. "Hebben we de Travelers al geïdentificeerd?" "Ehh... waarom dan?" "Omdat het in het LeSS boek staat!" Als een organisatie te weinig houvast heeft, is de kans groot dat wederom alles wordt geïmplementeerd, "omdat we dan alvast de problemen voor zijn."

Agile leaders lead teams, non-agile ones manage tasks.
Jim Highsmith

Het gevaar van 'agile doen' zit verscholen in de behoefte aan concrete taakgerichte sturing. Het gestructureerd implementeren van een set aan best practices is eenvoudiger dan het ontwikkelen van de juiste mindset en het doen van interventies om de keten op de juiste onderdelen te verbeteren. Als iedereen zich gewoon aan de afspraken en de uitgedachte taken houdt, dan hebben we een aanpak die werkt (is de gedachte). Of wellicht de ijdele hoop dat 'fake it until you make it' de organisatie op basis van de juiste practices ook de juiste resultaten gaat opleveren: agile in name only.

De nadruk op het volgen van de uitgebreide kaders, richtlijnen en playbooks of het als een product implementeren van een framework creëert een cultuur van volgers die een sterke overeenkomst heeft met de zogenaamde cargo cult (Lindstrom, 1993). Enterprise agility komt voort uit principes als sneller leren, eigenaarschap en zelforganisatie. Dit vereist dat de organisatie geen volgers kweekt maar juist leiders ontwikkelt. Mensen die individueel en in teamverband in staat zijn om een effectieve bijdrage te leveren aan (de wijze waarop) de waarde die aan de eigen organisatie en haar omgeving wordt geleverd.

31.1.1 Het gevolg: cargo cult

Cargo cult is een inheems jarenlang bestaand geloofssysteem waarin aanhangers van het geloof de rituelen uitvoeren waarvan zij overtuigd zijn dat ze een meer technologisch geavanceerde samenleving ertoe kunnen brengen goederen te leveren. Gedurende de tweede wereldoorlog werden op enkele, volledig van de rest van de wereld afgesloten, eilanden in 'no-time' Amerikaanse basissen, havens en vliegvelden uit de grond gestampt. Tijdens deze periode van Amerikaanse aanwezigheid leverden vliegtuigen periodiek grote hoeveelheden bevoorrading aan, waar de inheemse bevolking voor het eerst mee in aanraking kwam. Na het vertrek van de Amerikanen wilde de inheemse bevolking op dezelfde wijze deze bevoorrading ontvangen. Net zoals zij de Amerikanen hadden zien doen, wilde zij eveneens de goden gunstig stemmen.

Van generatie op generatie zijn de kennis en inzichten over de rituelen van de Amerikaanse bezoekers doorgegeven binnen deze inheemse bevolking. Zo hebben deze bevolkingsgroepen samen onder andere de uiterlijke kenmerken van een vliegveld gekopieerd. Ze bouwden een houten uitkijktoren, een bamboe vliegtuig en lopen met kokosnoten over hun oren (net als de koptelefoons van de Amerikanen) met een wonderlijke gelijkenis. Dagelijks beklimmen ze hun 'uitkijktoren', 'marcheren' ze met bamboestokken en ontsteken kaarsjes langs de landingsbaan. Het niveau van overgenomen uiterlijke kenmerken is bewonderenswaardig. Met alle uiterlijke kenmerken ontbreekt het echter aan werkende principes en wachten ze tot op de dag van vandaag nog altijd op de goden die hun bevoorrading gaan leveren.

Hoewel in organisaties iets andere rituelen worden gehanteerd, is het uitermate pijnlijk om te constateren hoe weinig besef er is wat deze agile 'rituelen' beogen voor elkaar te krijgen en of ze ook daadwerkelijk dat effect hebben. Wat we zien is cargo cult. Het gaat in cargo cult om het exact kopiëren van uiterlijke kenmerken en dan te verwachten dat u daarmee hetzelfde resultaat bereikt voor uw gemeenschap als wat het origineel heeft bereikt. Bij een cargo cult-situatie ontbreekt het aan een werkelijk begrip van de onderliggende bedoeling en principes. In het kopiëren van de uiterlijke kenmerken is er dus wezenlijke informatie verloren gegaan.

Daily Scrums waarin we rapporteren aan de scrum master wat we hebben gedaan en gaan doen? Cargo Cult. PI-planningen (PI = Program Increment) waarin iedereen wordt verteld wat ze het komende kwartaal exact moeten gaan doen? Cargo Cult. Sprint retrospectives die niet leiden tot concrete verbeterpunten of waarin verbeterpunten niet in de volgende sprint tot oplossingen leiden? Cargo Cult. Portfoliomanagement waarin product owners geacht worden elk item te linken aan items in de portfolio? Cargo Cult. Teamleiders die als scrum masters de coördinatie uitvoeren? Cargo Cult. Een steeds langer wordende 'definition of ready' als drempel om nieuwe ideeën eerst uit te laten werken? Cargo Cult. Niet nadenken, gewoon volgen. Waarbij men dan verbaasd is dat de enterprise agility steeds lager wordt in plaats van hoger.

31.1.2 Het gevolg; anti-patronen

Het uitgebreid specificeren van een organisatie ingericht voor enterprise agility leidt zelden tot het verhogen van de enterprise agility en vaak alleen maar tot grote problemen gedurende de transformatie. Een pijnlijke constatering maar helaas te vaak zichtbaar wanneer onvoldoende zicht is op de patronen en anti-patronen van het werken binnen organisaties die hun enterprise agility willen verhogen.

Anti-patronen worden daarin gekarakteriseerd als activiteiten die de basisprincipes van enterprise agility ondermijnen en komen vaak voor wanneer best practices die goed werken in het complicated-domein worden meegenomen in het werken in het complex-domein. Terwijl patronen gekarakteriseerd worden als activiteiten die de basisprincipes van enterprise agility bekrachtigen.

Wanneer de standaarden binnen de organisatie, al dan niet gebaseerd op een bestaand framework, elke stap, handeling, verantwoordelijkheid, template, tool en vastgestelde resultaat inclusief het daarbij behorende gedrag van de betrokken rollen beschrijft, ontstaat een situatie die leidt tot gehoorzaamheid in plaats van eigenaarschap. Hoe sterker wordt gestuurd op het volgen van de kaders, het volgen van de vastgelegde structuur, hoe meer mensen zich beroepen op het feit dat ze nauwgezet de instructies hebben gevolgd, wanneer het gewenste resultaat uitblijft. Het eigenaarschap wordt volledig ondermijnd, het persoonlijk nadenken uitgezet en focus op het gewenste resultaat verdwijnt naar de achtergrond.

> *Operatie geslaagd, echter patiënt overleden.*
> Erich Segal

Ook wordt uniformiteit vaak verward met standaardisatie. Niet alle teams, clusters en afdelingen zijn hetzelfde en kunnen ook niet over één kam worden geschoren. Eén van de coaches bij Nationale Politie vroeg zo'n beetje in elk overleg vanuit welke 'context' een bepaald kader of voorstel was bedacht. Wat een organisatie met iets wil bereiken is namelijk belangrijker om te begrijpen dan het opvolgen van wat specifiek gevraagd wordt. Wanneer een voorgeschreven kader niet past, kunnen we in ieder geval alle kennis, inzichten en vaardigheden van de organisatie gebruiken om alsnog het onderliggende gewenste effect te bereiken. Hoe meer kaders als instructies worden uitgeschreven, hoe kleiner de kans is dat deze in de context van elk individu, team of afdeling past.

Een overdaad aan kaders en richtlijnen leidt tot coping strategieën als 'ja zeggen en nee doen'. Zeker wanneer een transformatie als eenrichtingsverkeer wordt uitgevoerd ("Wat wij hebben bedacht, moeten jullie gaan gebruiken.") ontstaat binnen no-time een omgeving waarin mensen doen alsof ze voldoen aan de opgelegde kaders maar tussen alle regels door manoeuvreren om nog enige waarde te kunnen leveren. Hierdoor ontstaat een schaduworganisatie, waarin duidelijk onderscheid zit tussen de echte organisatie en de gewenste, theoretische situatie. Een organisatie waarin continu escalaties optreden omdat het systeem op geen enkel punt consistent of congruent is met elkaar. Dit leidt enerzijds tot een serie van conflicten, vertragingen, frustraties en steeds meer ongeloof. Er ontstaat een demotiverend besef dat het 'agile werken' simpelweg in deze organisatie niet mogelijk is en anderzijds ontstaat steeds meer de behoefte om de transformatie dan maar met 'een harde hand' door te voeren.

Deze ontwikkelingen bij elkaar leiden tot een vicieuze cirkel, waarin 'het systeem' niet levert wat het moet leveren, waarbij steeds meer kaders en richtlijnen worden vastgesteld, wat de kans dat het systeem levert wat het moet leveren nog verder reduceert. Uiteindelijk hebben we te maken met een overload aan regels, richtlijnen, kaders, gedragingen, Manifesto's, playbooks, wiki's, et cetera waarbij af en toe iemand nog de vraag durft te stellen: "Wat is hier wendbaar aan?"

■ 33.2 ... NAAR AGILE ZIJN

Agile doen is dus niet voldoende en moet voortvloeien uit het agile zijn. Een organisatie die haar enterprise agility wil verhogen moeten in een vroegtijdig stadium 'de kunst van het weglaten' onder de knie zien te krijgen en vervolgens toe blijven passen op alles wat zij doet. Dit betekent dat de focus van de organisatie op het voor- / opschrijven van alle richtlijnen, verantwoordelijkheden en werkwijzen moet worden verlegd en worden gericht op het creëren van beter inzicht in de principes waarop de organisatie haar enterprise agility wil verhogen. De aandacht vanuit het leiderschap moet niet liggen op het simpelweg volgen van de kaders, de aandacht moet liggen op het creëren van leiders in alle medewerkers, op basis van eigenaarschap en zelforganisatie. Waarin kort-cyclische feedback-lussen de snelheid van leren verhogen en de kaders juist ruimte geven om effectief actie te kunnen ondernemen. Door geen instructie te geven maar de intentie duidelijk te maken, ontstaat ruimte voor pro-activiteit, creativiteit en professionaliteit. Door het creëren van leiders binnen de organisatie neemt de kans op een succesvolle transformatie sterk toe, waar ook bij obstakels en problemen toch wordt gezocht naar manieren om de beoogde effecten binnen het grotere geheel te behalen.

We willen binnen de organisatie liever alignment op basis van een heldere richting en autonomie op basis van een beperkte set essentiële kaders, in plaats van compliance op een uitgebreide set van kaders en richtlijnen. De compliance wordt in enterprise agility niet van buiten opgelegd en is iets dat ieder betrokken individu graag van binnenuit waarmaakt. Door vrijheid van handelen te geven is de kans groter dat een optimale oplossing wordt gevonden die zowel rekening houdt met het effect (en globale context) binnen de gehele organisatie als ook de lokale context van de individuen, teams en afdelingen. Door te sturen op **wat** moet worden bereikt en waarom en ver weg te blijven van **hoe** dat moet worden bereikt, ontstaat de mogelijkheid om een gesprek te gaan starten over eigenaarschap, bijdragen en deelname. Daarmee wordt de uitspraak van "Wat bij jullie bedacht is kan bij ons niet werken" ook van tafel gehaald.

Zeker door stapsgewijs de organisatie mee te nemen in de principes, beginnend op één niveau binnen een enkele waardeketen en deze gecontroleerd uit te breiden, kunnen mensen meegenomen worden in de verandering. Als mensen de intentie begrijpen van wat we in een ingewikkelde keten willen bereiken en daar elke keer gezamenlijk het effect van bedachte ideeën en besluiten aan kunnen toetsen krijgen we veel beter inzicht bij een ieder; en ook beter zicht op welke autonomie ze zelf hebben en welke richtlijnen gewenst zijn om ook in samenhang met elkaar te kunnen werken aan succes.

> Hoewel bij de ontwikkeling van het Scaling Agile @ Nationale Politie (Politiemodel) al scherp is gelet om alleen de absoluut noodzakelijke onderdelen vast te leggen, blijkt dat van alle aanpassingen in de 6 jaar na de initiële introductie 80% ging om het verwijderen van (inmiddels) minder noodzakelijke kaders en richtlijnen en er in die periode nauwelijks extra kaders zijn toegevoegd. Hoewel bij de verantwoordelijken voor het model door anderen uitvoerige pleidooien zijn gehouden om meer en meer vast te leggen, heeft dit zelden geleid tot drastische aanpassingen. Vaak bleek uit nadere analyse van de behoefte onder dat pleidooi, dat de behoefte vooral voortkwam uit de drang om het kunnen vaststellen en controleren van "U moet zich aan X, Y, Z houden want zo staat het geschreven in het Politiemodel". In plaats van uitbreiding van het model is juist gekeken naar alternatieve manieren om het eigenaarschap op het juiste niveau te krijgen en welke beperkingen het model daarin zelf mogelijk heeft. Door het wegnemen van deze beperkingen én het initiëren van de juiste gesprekken, konden ook ingewikkelde onderdelen van de transformatie succesvol worden uitgevoerd.

Om de status quo van de organisatie te veranderen, de principes eigen te maken, te omarmen, het waarom van initiatieven te doorgronden en een laag dieper te gaan dan alleen doen, is er een hoge mate van transfer en energie noodzakelijk. Transfer is in de didactiek een bekende term en betekent dat de geleerde theorie omgezet wordt, naar het breed toepassen in de (eigen) praktijk. De onderliggende principes begrijpen en het 'waarom' van initiatieven doorgronden is één ding, het daadwerkelijk toepassen in de praktijk is niet eenvoudig. Het vraagt een onderzoekende houding van alle betrokkenen in de transformatie. Het vraagt ook het vermogen om bestaande patronen los te durven laten. De co- en adhesie in het bestaande proces, in de mensen en de gewoontes, zorgen voor een historische band met hoe het was en hoe het nu gaat. In de gang van 'agile doen' naar 'agile zijn', worden individuen gevraagd om afstand te doen van het bekende en in het (nog) onbekende te stappen. De 'thrillseeker' zal daarin enthousiast meegaan, velen stappen echter met minder enthousiasme in de beweging.

Hoewel we Scrum en Kanban in de praktijk helaas vaak nog tegenkomen als cargo cult, is een goede implementatie van essentieel belang voor het creëren van snelle, wendbare teams. De cargo cult ontstaat pas wanneer we de achterliggende bedoeling en principes negeren en de pijnlijke 'vieze' plekken in het bestaande ontwikkelproces onder het tapijt proberen te vegen. Ga vooral die pijn niet uit de weg; de waardevolle informatie die zichtbaar wordt door de pijn in het licht te brengen gaat uiteindelijk bijdragen aan het succes van de transformatie naar enterprise agility. Als wordt gekozen voor een good practice, die past bij de onderliggende bedoeling en principes van enterprise agility, bied dan ook de ondersteuning bij het in werking krijgen van deze good practice. Ondersteun het valideren van deze practice op haar effect in het grotere geheel. Houd daarbij in het achterhoofd dat in het complex-domein effectief gewerkt wordt met 'emergent practices'. Wanneer tijdens de implementatie toch problemen ontstaan, geef niet de schuld aan de good practice maar richt de aandacht op het oplossen van het onderliggende probleem.

The strength of a person's spirit would then be measured by how much 'truth' he could tolerate, or more precisely, to what extent he needs to have it diluted, disguised, sweetened, muted, falsified.

Friedrich Nietzsche

Een organisatie die 'agile is' in plaats van 'agile doet', besteedt significant tijd om niet alleen te produceren maar ook om medewerkers te trainen, coachen en begeleiden bij het ontwikkelen van inzichten op hoe de algemene principes en hun practices een bijdrage leveren aan de werking van de gehele organisatie. We hebben een onderzoekende houding en leren van onze initiatieven in de dagelijkse praktijk. Door bewust meer weg te laten en weinig specifiek voor te schrijven wordt gezorgd dat we meer tussentijds moeten gaan nadenken en daarbij zelf de verantwoordelijkheid moeten nemen om dingen op te lossen. Hoe minder kaders en afspraken, hoe meer we mogen verwachten dat we ons aan deze weinige kaders en afspraken kunnen houden. Daarnaast geldt: hoe minder kaders en afspraken, hoe meer het leiderschap betrokken moet zijn bij de ontwikkeling van haar medewerkers. Met minder regels en minder intentie wordt het ook gemakkelijker om daar met elkaar het echte gesprek over te hebben. Niet langer het opzoeken van de grenzen van de afspraak, wel diepgaande gesprekken over de essentie van een 'regel' en het herkennen van de effecten wanneer we ons daar niet aan houden. Deze inzichten leiden tot intrinsieke motivatie om bij te dragen en zijn daarmee in een aan verandering onderhevige omgeving, het enige wat standhoudt.

De organisatie besteedt tijd om mensen te trainen, coachen en faciliteert het 'sparren' om de betrokkenen te laten begrijpen wat we met de organisatie willen bereiken. Hierdoor is de organisatie minder tijd kwijt aan het opschrijven van kaders of het maken uitgebreide plannen van te implementeren verander componenten. Er wordt continu gekeken naar wat er weggelaten kan worden. De organisatie als geheel bezit de combinatie van sneller leren, eigenaarschap, zelforganisatie, heldere richting en duidelijke kaders, waarbij door het verhogen van de eerste vier principes de laatste steeds minder noodzakelijk wordt. Het ontwikkelen van vertrouwen gaat hand in hand met de ontwikkeling van de competenties van de individuen en teams binnen de organisatie.

Force results in external compliance. Choice results in personal commitment.

L. David Marquet

Door vanuit het leiderschap niet direct bij te sturen bij afwijkingen en problemen niet direct op te lossen, ontstaat ruimte voor de organisatie om te leren. Initieel lijkt dit extra tijd te kosten die mogelijk aan iets anders kan worden besteed, maar het vergroot het lerende karakter van de organisatie en de aandacht voor continu verbeteren, en zorgt dat al binnen enige tijd de behoefte om bij te sturen en de drang om problemen op te lossen afneemt, veelal omdat de organisatie tijdig al heeft gereageerd. Dit versterkt uiteindelijk de principes die in het kader van transformatiemanagement worden ingericht.

Het resultaat is een organisatie die sneller leert, waarin eigenaarschap en zelforganisatie hand in hand gaan om te helpen om de heldere richting op te gaan binnen de daarbij gehanteerde duidelijke kaders. In deze organisatie waarin we werkelijk agile zijn, worden de gewenste resultaten al snel zichtbaar. Intrinsieke motivatie drijft teams om beter in te spelen op de behoefte van de business, de klanten en de markt. De verschillende verantwoordelijkheden kennen elkaars domein en communiceren op gelijkwaardig niveau hoe op de beste wijze invulling gegeven kan worden aan wat nu en in de nabije toekomst noodzakelijk is. Eenrichtingsverkeer wordt tweerichtingsverkeer, waarbij de inzichten vanuit het IV-voortbrengingsproces nieuwe inspiratie geeft om anders naar de business te kunnen kijken. Innovatie hoeft niet meer te worden gemanaged maar ontstaat vanuit vakmanschap en creativiteit.

Doordat minder aandacht nodig is voor het beheersen van het IV-voortbrengingsproces, kan de business zich beter richten op het daadwerkelijk gebruiken van de continue stroom aan nieuwe capabilities en hoe deze het beste kunnen worden ingezet om de noodzakelijke impact te maken. Door het iteratieve karakter wordt het mogelijk om vanuit de business meer hypotheses te testen middels experimenten van beperkte omvang, in plaats van grootschalige programma's te moeten uitvoeren. Wanneer niet alleen een team maar de organisatie als geheel 'agile is', kan de transformatie succesvol worden afgerond.

■ 33.3 DUS...

In plaats van een organisatie die 'agile doet' leidt een succesvolle transformatie naar een organisatie die 'agile is'. Een transformatie gaat niet over een oppervlakkige verandering maar over een diepgewortelde aanpassing van de opzet en werking van de organisatie. Wanneer een organisatie kiest voor een topdown Plan | Execute-implementatie leidt dit tot een overdaad aan kaders, richtlijnen en 'best practices'. De nadruk op het volgen van de uitgebreide kaders, richtlijnen en playbooks of het als product implementeren van een framework, creëert een cultuur van volgers die een sterke overeenkomst heeft met de zogenaamde 'cargo cult'. De uitgebreide specificaties van enterprise agility leiden zelden tot een daadwerkelijke verhoging van de enterprise agility maar wel tot aanwijsbare antipatronen gedurende de transformatie. Als organisatie die haar enterprise agility wil verhogen moeten we daarom in een vroegtijdig stadium 'de kunst van het weglaten' onder de knie zien te krijgen en vervolgens toe blijven passen op alles wat we doen. Om de transformatie in beweging te krijgen is een hoge mate van transfer en energie noodzakelijk. Een organisatie die 'agile is' in plaats van 'agile doet' besteedt significant tijd om niet alleen te produceren maar ook om medewerkers te trainen, te coachen en te begeleiden bij het ontwikkelen van inzichten op hoe de algemene principes en hun practices een bijdrage leveren aan de werking van de gehele organisatie. Het resultaat is een organisatie die sneller leert, waarin eigenaarschap en zelforganisatie hand in hand gaan om te helpen om de heldere richting op te gaan binnen de daarbij gehanteerde duidelijke kaders.

34 Een effectieve veranderaanpak

In ons werk op het gebied van adviseren van organisaties bij transformaties op weg naar enterprise agility krijgen we regelmatig een inkijk in de wijze waarop middelgrote tot grote organisaties zich hebben georganiseerd. Het verhogen van de enterprise agility door het (her)structureren en transformeren van een grote organisatie is een enorme operatie en neemt vaak enkele jaren in beslag. Een gemiddelde transformatie omvat al snel de betrokkenheid van enkele honderden tot duizenden mensen, een kanteling naar een waardestroom-gedreven organisatie, het iteratief gaan werken, valideren en meer verantwoordelijkheid beleggen in de primaire flow. Om de gewenste effecten te bereiken moeten gelijktijdig op verschillende gebieden interventies worden gepleegd om, op een andere manier, effectief te kunnen gaan samenwerken. Een effectieve veranderaanpak ondersteunt het proces om continu de juiste interventies op het juiste moment uit te voeren.

Wanneer een organisatie een transformatie ondergaat van de huidige way of working naar een nieuwe way of working, ontstaat een situatie waarin zowel voormalige patronen als de nieuwe patronen gelijktijdig in de organisatie actief zijn. Deze patronen blijken in de praktijk niet consistent met elkaar te zijn. Denk bijvoorbeeld aan de situatie waarin we zowel gaan sturen op de gestelde prioriteiten als ook sturen via toegekende budgetten. Wat gebeurt er wanneer het budget voor het meest waardevolle item op de backlog al eerder is opgebruikt? Het geprioriteerde item op de backlog blijkt nog steeds de meeste waarde voor de organisatie te leveren en het verder ontwikkelen van dit item is nog steeds de meest waardevolle aanpak. Het toegekende budget is inmiddels gebruikt en zo zouden we volgens het oude principe van sturen op budgetten nu aan een minder waardevol item moeten gaan werken. Wanneer beide sturingsmechanismen gelijktijdig in de organisatie actief blijven, ontstaat ofwel verwarring over de items waaraan gewerkt moet gaan worden, ofwel budgetten moeten continu worden herverdeeld op basis van de prioriteitstelling.

Een gelijksoortige situatie ontstaat bij veel verschillende voorbeelden, wanneer aanpassingen worden gedaan aan de manier waarop de organisatie functioneert. Niet alleen kunnen patronen tegenstrijdig aan elkaar zijn, ze kunnen elkaar ook ondermijnen. Denk bijvoorbeeld aan de situatie dat het eigenaarschap en de zelforganisatie binnen teams verder ontwikkeld moeten worden. Wanneer het bijbehorende mandaat niet binnen het team wordt gelegd, ontstaat een dusdanig sterke afhankelijkheid met de mandaathouder, dat hiermee het gewenste eigenaarschap en zelforganisatie worden ondermijnd. Een gelijksoortige situatie treedt ook op wanneer een team, als onderdeel van haar zelforganisatie, de belangrijkste skills noodzakelijk voor het team, bij meer teamleden wil ontwikkelen en vanuit de HR-verantwoordelijkheid alle opleidingen worden afgewezen die niet passen bij de exacte functieomschrijving van een medewerker.

Niet alleen op een enkel onderdeel van de keten, zoals een team of cluster, moeten de verschillende elementen consistent met elkaar zijn, maar ook voor de keten als geheel. Ondanks dat we de vruchten al kunnen plukken van de transformatie terwijl niet alle elementen van de voortbrengingsketen zijn ingericht, is het belangrijk om goed zicht te hebben op de gevolgen wanneer onvoldoende aandacht wordt gegeven aan de volledige werking. Binnen de keten moet in ieder geval gelijktijdig aandacht worden besteed aan de drie kernelementen om snel en wendbaar producten te kunnen voortbrengen: het juiste product ontwikkelen ('the right thing'), het product op de juist wijze ontwikkelen ('the thing right') en continu verbeteren (inspect & adapt). Wanneer één of enkele van deze onderdelen niet in verhouding tot de rest worden ontwikkeld ontstaat onbalans in het proces, wat leidt tot een niet-optimaal werkbare voortbrengingsketen.

SITUATIE	THE RIGHT THING	THE THING RIGHT	INSPECT & ADAPT
High performing voortbrengingsketen	HOOG	HOOG	HOOG
Ondanks kwalitatieve goede producten is het nooit waar de business op zit te wachten	LAAG	HOOG	HOOG
Een verbluffende snelheid en wendbaarheid, maar de problemen in productie stapelen zich op	HOOG	LAAG	HOOG
We bouwen exact wat ooit het meest belangrijke was, hopen dat de markt niet is veranderd	HOOG	HOOG	LAAG
We weten wat de gebruikers willen, maar niet hoe we dat ooit moeten gaan leveren	HOOG	LAAG	LAAG
We hebben een fantastisch product ontwikkeld, maar we hebben nog nooit een gebruiker gezien	LAAG	HOOG	LAAG
Onze interne focus laat geen enkele ruimte over aan onze stakeholders en ons product	LAAG	LAAG	HOOG
Waar zijn we mee bezig? Iemand? Hallo...	LAAG	LAAG	LAAG

Figuur 34.1 Onbalans tussen the right thing, the thing right en inspect & adapt leidt tot problemen.

Naast het vinden van een juiste balans tussen de drie kernelementen moeten de afzonderlijke onderdelen zoals gedrag, sturing, processen, hulpmiddelen, verantwoordelijkheden, et cetera wel op een consistente en congruente wijze worden ingericht. Voor dergelijke aspecten bestaat vrijwel geen standaard implementatieaanpak en de mogelijke aanpakken zijn sterk afhankelijk van de status quo binnen een betreffende waardestroom. Door met een brede blik te kijken naar de belangrijkste bottlenecks voor een effectieve transformatie kunnen, in een korte periode, de belangrijkste onderdelen worden geïdentificeerd. Door deze belangrijkste bottlenecks voldoende aandacht te geven gedurende de transformatie wordt gewerkt aan een toekomstbestendige implementatie in plaats van een oppervlakkige en vaak tijdelijke interventie.

De keuze voor een transformatie naar enterprise agility is binair: veranderen of niet veranderen zijn beide goed, half veranderen heeft ernstige consequenties. 'Bezint eer gij begint' is bij een voorgenomen transformatie naar enterprise agility dan ook een groot goed. Wanneer de organisatie geen werkelijke commitment kent bij de sponsoren (personen die de kosten dragen) van deze verandering, moet u er niet aan beginnen. Als niemand van het leiderschap van de organisatie bereid is om de kosten en de impact van de verandering te dragen, moet u er liever niet aan beginnen. Als u er eenmaal aan begint is er ook geen weg terug en moet de organisatie hier als geheel vol voor gaan. De weg naar succes bij een transformatie naar enterprise agility is een weg van alles of niets, waarbij de uitvoering echter wel incrementeel kan worden uitgevoerd.

De waarde van een dergelijke transformatie is dusdanig hoog dat we elk deel in dit boek zijn gestart met de noodzaak voor agility op het betreffende niveau. De vraag die niet concreet beantwoord is: "Wat zijn de investeringen voor het doorvoeren van een dergelijke transformatie?" Deze vraag is om een aantal redenen lastig te beantwoorden. Ten eerste is het moeilijk om vooraf scherp te definiëren wat het exacte resultaat is wanneer de transformatie (voor een specifieke waardeketen) is afgerond. Ten tweede zijn de mate van inspanning, doorlooptijd en daarmee ook de kosten voor de transformatie sterk afhankelijk van de situatie waarin een onderdeel zich bevindt, de veranderingsbereidheid, de aanwezige daadkracht, prioriteiten, et cetera.

In één organisatie heeft het transformeren naar een cluster bestaande uit zes teams, meer dan een jaar gekost om de verdere ontwikkeling aan het cluster zelf over te kunnen laten. In een ander cluster, eveneens bestaand uit een zestal teams, was dit stadium al na zes weken bereikt. Is het achteraf mogelijk om enigszins vast te stellen waarom het ene cluster zoveel meer inspanning en doorlooptijd heeft gekost dan het andere cluster? Absoluut. De inzichten die uit een dergelijke analyse worden verkregen zijn echter geen garantie dat een transformatie van het volgende cluster daarmee ook in een kort tijdsbestek kan worden uitgevoerd. Wel kunnen emergente practices ontstaan die aan de toolkit van het veranderteam kunnen worden toegevoegd.

Om die reden is het dan ook belangrijk dat vanuit een transformatieplan geen losse componenten worden geïmplementeerd binnen de organisatie maar continu wordt gestreefd naar het verbeteren van de waardeketen als een geheel. De waarde die een dergelijke verbetering oplevert kan dan wel worden afgezet tegen de investering die moet worden gedaan om de passende interventies door te voeren. Op basis van deze aanpak heeft het verhogen van de enterprise agility geen vastomlijnd eindpunt maar is het een richting waarin de organisatie zich ontwikkelt, waarbij continu een nieuwe status quo wordt bereikt.

Het incrementeel uitvoeren van een dergelijke transformatie lijkt tegenstrijdig te zijn met de stelling dat een keuze voor een dergelijke transformatie binair van aard is. Het binaire karakter zit hem in de consistentie van de onderliggende elementen en niet zo zeer in de wijze waarop de transformatie uit wordt gevoerd. Het verhogen van de agility van één waardeketen en daarmee te kiezen om de overige ketens (nog) niet te transformeren kan daarin een goede, bewuste keuze zijn. Er zijn ook slechte (on)bewuste keuzes te bedenken. Het mandaat voor productontwikkeling laten bestaan in een programma- en projectorganisatie terwijl het eigenaarschap en zelforganisatie vanuit de transformatie bij het ontwikkelingsteam wordt ingericht, is een van de vele voorbeelden waarin de transformatie half wordt doorgevoerd en leidt tot een enorme stroom van problemen en frustraties.

■ 34.1 DE VERANDERMETHODIEK

Hoewel de termen 'veranderaanpak' en 'verandermethodiek' in het dagelijkse leven door elkaar worden gebruikt, maken we in de context van dit boek bewust onderscheid tussen beide benamingen. De veranderaanpak richt zich daarbij op **wat** we in het kader van de transformatie veranderen, terwijl de verandermethodiek zich daarbij juist richt op **hoe** (delen van) de transformatie wordt uitgevoerd. Dit onderscheid vinden wij belangrijk omdat voor de gehanteerde verandermethodiek generiek beschikbare methodieken kunnen worden gebruikt, terwijl de veranderaanpak specifiek is afgestemd op het, op een gecontroleerde wijze, verhogen van enterprise agility. Op basis van een eenduidige keuze vanuit de verschillende wijze van verandermethodieken kunnen de noodzakelijke veranderingen worden doorgevoerd. Het hanteren van generieke veranderaanpakken kunnen echter binnen korte termijn leiden tot een onbalans binnen waardeketens, een continue stroom aan nieuwe problemen, ondermijnende patronen, et cetera.

De standaard verandermethodieken bieden voldoende handvatten voor de wijze waarop een effectieve transformatie kan worden uitgevoerd. Al in de 20ste eeuw zijn hierover vele boeken geschreven, opleidingen en hulpmiddelen ontwikkeld en interventiepatronen samengesteld. Een effectief veranderteam moet kennis en vaardigheden hebben in relatie tot de gehanteerde verandermethodiek en zowel overkoepelend als per onderdeel het inzicht ontwikkelen en weten in welke stadium de transformatie zich bevindt.

Voorbeelden van belangrijke standaard verandermethodieken die voor de transformatie kunnen worden gehanteerd:
- **Kurt Lewin's 3-Step Change Model** (Lewin, 2013), een verandermethodiek met de stadia: unfreezing, changing, refreezing.
- **Nudge Theory** (Thaler & Sunstein, 2008), een verandermethodiek met de stadia: define change, consider employee point of view, provide evidence to show the best options, present change as a choice, listen to employee feedback, limit options en solidify change with short-term wins.
- **Jeff Hiatt ADKAR Change Management Model** (Prosci, 2022), een verandermethodiek met de stadia: awareness (of the need to change), desire (to participate in and support the change), knowledge (on how to change), ability (to implement required skills and behaviors) and reinforcement (to sustain the change).
- **John Kotter's 8-Step Process for Leading Change** (Kotter, 2012), een verandermethodiek met de stadia: create a sense of urgency, build a guiding coalition, form a strategic vision and initiatives, enlist a volunteer army, enable action by removing barriers, generate short-term wins, sustain acceleration, institute change.
- **Deming cycle** (Deming, 1982) / **Shewhart cycle**, een verandermethodiek met een continue cyclus van de stadia: plan, do, check, act.

Soms gehanteerd als verandermethodiek maar vaak gebruikt in combinatie met bovenstaande verandermethodieken:
- **The McKinsey 7-S model** (Peters & Waterman, 2015), een management-methodiek met zeven interne factoren: strategy, structure, systems, shared values, skills, style en staff.
- **Kübler-Ross Change Curve** (Kübler-Ross, 1997) / **Bridges' Transition Model** / **Satir Change Model**, modellen waarmee met name de emotionele reacties gedurende de transformatie worden gemonitord en interventies worden bepaald, op basis van het stadium waarin de groepen zich gedurende de transformatie zich bevinden.

34.2 DE VERANDERAANPAK

In tegenstelling tot de verandermethodiek richt de veranderaanpak zich op *wat* we in het kader van de transformatie moeten veranderen. Een effectieve veranderaanpak ondersteunt de transformatie middels een optimale balans waarbij de organisatie zich ontwikkelt om de juiste dingen te doen ('the right thing'), de dingen op de juiste manier te doen ('the thing right'), continu te verbeteren ('inspect & adapt') met aandacht voor de onderliggende 'principes en randvoorwaarden'. De erkenning van de combinatie van deze vier aspecten zorgt ervoor dat zelfs een verandering van een beperkte omvang een meetbaar effect kan hebben op de gehele waardeketen. Op basis van deze vier aspecten wordt het mogelijk om de, gedurende de transformatie, uit te voeren veranderingen met regelmaat bij te stellen om zo niet alleen output te leveren maar daarbij door middel van de outcome ook daadwerkelijk impact te maken.

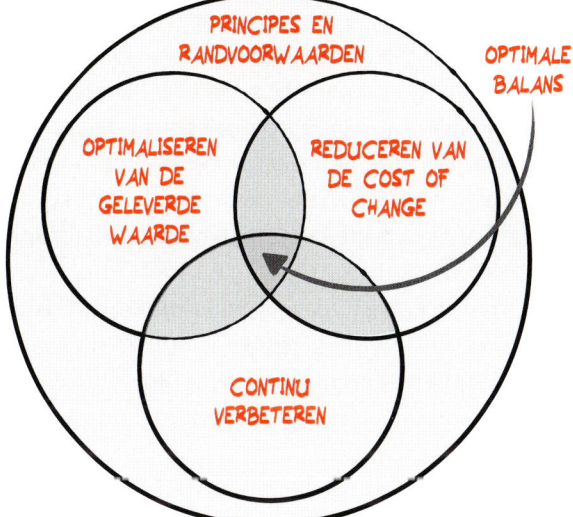

Figuur 34.2 Een transformatie bestaat ook uit de juiste dingen doen, de dingen op de juiste manier doen en continu verbeteren, waarbij wel de principes en randvoorwaarden moeten worden ingericht.

Hierbij is het wel van belang dat het transformatiemanagement de 'systeem-optimaliserende doelen' helder voor ogen heeft. Systeem-optimaliserende doelen zijn de specifieke doelstellingen voor de transformatie en beschrijven de specifieke eigenschappen van de organisatie, die vanuit de transformatie moeten worden verbeterd. De systeem-optimaliserende doelen hebben als effect het bekrachtigen van de bedoeling en de principes van enterprise agility. In het kader van dit boek is 'enterprise agility' waarschijnlijk het hoogste systeem-optimaliserende doel maar een verdere detaillering hiervan is belangrijk om concrete resultaten te kunnen behalen en meten. Denk bijvoorbeeld aan de snelheid waarmee nieuwe strategieën kunnen worden doorgevoerd in de gehele organisatie, producten kunnen worden ontwikkeld, hypotheses kunnen worden gevalideerd, et cetera. Het systeem-optimaliserende doel geeft daarmee richting aan de prioritering van de veranderactiviteiten.

> Voor de Nationale Politie waren de meer gedetailleerde systeem-optimaliserende doelen samengesteld in de zin: 'Snel, wendbaar, samen met blauw aantoonbaar vernieuwen'. Door deze systeem-optimaliserende doelen om te zetten in continu (of tenminste hoogfrequent) meetbare indicatoren kunnen zowel op korte als lange termijn de effecten worden gezien van de doorgevoerde veranderingen. Denk bij deze indicatoren aan het meten van de lead time (indicatie van snelheid), cycle time (indicatie van wendbaarheid), actieve samenwerking van business owners, programmamanagement, materiedeskundige in relatie tot de ontwikkelteams (samen met blauw) en de balans tussen functionele vernieuwing, technische vernieuwing, onderhoud en uitvoering (aantoonbare vernieuwing).

De verwachte impact (zowel positief als negatief) van potentiële veranderingen moet worden meegenomen in de afweging of deze veranderingen nu, later of niet moeten worden uitgevoerd in het kader van de transformatie. Het verwijderen van bijvoorbeeld business owners uit de prioriteitstelling kan mogelijk een positief effect hebben op de snelheid van de keten maar ondermijnt de samenwerking met de business. In zo'n geval is het beter om te kijken hoe een eventuele vertraging die door de betrokkenheid in de keten aanwezig is, op een andere wijze opgelost kan worden maar waarbij wel de werking van de betreffende keten wordt gehandhaafd. Het is mogelijk dat een verandering toch wordt doorgevoerd ondanks het feit dat deze op één van de aspecten een negatieve impact heeft. In dergelijke gevallen wordt vaak een tweede verandering meegenomen die deze (verwachte) negatieve impact compenseert.

Door het bewust hanteren van deze balans wordt de effectiviteit van de transformatie direct zichtbaar. Om het effect van de transformatie goed inzichtelijk te hebben is het van belang om niet alleen inspect & adapt te integreren in het proces zelf en dus ook inspect & adapt te hanteren als onderdeel van de transformatie. Het meetbaar maken van de systeem-optimaliserende doelen (of afgeleide vormen hiervan) geeft belangrijke informatie over de impact van de doorgevoerde veranderingen. Het geeft eventueel ook belangrijke informatie over de vraag of er extra of alternatieve veranderingen noodzakelijk zijn om de keten werkend te krijgen. De systeem-optimaliserende doelen vormen, geven en verschaffen daarmee een heldere richting, waarbij de principes als duidelijke kaders kunnen worden geformuleerd. Hierdoor wordt het mogelijk om initiatieven bij te stellen, zonder dat daarmee het effect van de transformatie wordt ondermijnd.

34.2.1 De juiste dingen doen

Een effectieve veranderaanpak ontwikkelt focus in de organisatie op het doen van 'de juiste dingen'. Niet alleen qua 'het doen van de juiste dingen' als het gaat om de inhoud van de waardestromen binnen de organisatie, zoals het IV-voortbrengingsproces of het verhogen van de business agility maar is daarbij ook van toepassing op de veranderaanpak zelf. Beide niveaus, inhoud van de waardestromen en de veranderaanpak, hebben daarin een nauwe relatie met elkaar. De 'juiste dingen' die vanuit de veranderaanpak de hoogste prioriteit hebben, moeten zich richten op de grootste bottlenecks binnen de primaire / secundaire of enabling services in de organisatie.

> Een voorbeeld is: wanneer de teams of clusters in staat zijn om op effectieve en efficiënte wijze producten te ontwikkelen maar waarbij de backlogs zelf zijn opgebouwd met bijna contractueel vastgelegde werkpakketten, dan is het belangrijk om juist snelheid en wendbaarheid in het product backlog management te organiseren. Eventuele verbeteringen die bij de ontwikkelteams worden uitgevoerd om nog effectiever en efficiënter producten te ontwikkelen, hebben in een dergelijk geval niet tot nauwelijks effect. Wanneer echter het product backlog management wordt verbeterd, ontstaan mogelijkheden om daadwerkelijk sneller resultaten waar te nemen, door te meten en de geleverde waarde in te zetten om impact te kunnen maken.

De kracht van deze positieve feedback-lussen binnen de organisatie mogen dan ook niet worden onderschat. Daadwerkelijk aantonen dat de resultaten van de waardeketens worden verbeterd, geeft een gevoel van progressie en voldoening aan iedereen die binnen de keten werkzaam is. Het toont eveneens de kracht van de veranderaanpak aan. Dat bottlenecks worden verwijderd en vroegtijdig de eerste resultaten worden gehaald. Dit mag overigens niet worden verward met 'het plukken van laaghangend fruit'. De eerste uitgevoerde veranderingen zijn vaak niet de eenvoudigste om uit te voeren maar zorgen wel dat hiermee de gewenste impact ook kan worden gemaakt.

In samenwerking met een afvaardiging vanuit de keten moeten de bottlenecks inzichtelijk worden gemaakt. Dit gebeurt vaak in één of enkele workshops waarbij een typische productupdate, project of grotere aanpassing die door de keten is opgeleverd centraal staat. Door met de afvaardiging door het proces heen te lopen en een analyse uit te voeren van de doorlopen processtappen, de betrokken partijen (functies / rollen) en de duur van elke stap wordt onderzocht, wordt een 'gevoel' opgebouwd bij de belangrijkste uitdagingen voor de betreffende keten. Denk hierbij zeker ook aan de open deuren van het al dan niet hebben van een heldere richting, het onvoldoende kunnen uitrollen van activiteiten binnen de organisatie, de juiste behoefte kunnen identificeren en prioriteren, grotere IV-vraagstukken op de juiste manier kunnen opbreken, het professioneel ontwikkelen van de incrementen, et cetera. De verschillende betrokkenen die in deze analyse worden geïdentificeerd kunnen vervolgens worden gepositioneerd binnen de stakeholdermatrix, zodat de transformatie op de juiste wijze de interactie met hen kan aangaan.

Op basis van de verkregen inzichten kan een roadmap worden ontwikkeld voor de betreffende waardeketen. In deze roadmap worden, op basis van geïdentificeerde onderwerpen, de noodzakelijke veranderingen in kaart gebracht. Binnen elk onderwerp kunnen de veranderingen qua prioriteit nog in volgorde worden aangepast. Hiermee wordt overzicht gehouden over de verschillende onderdelen binnen de transformatie. Door de doorzichtigheid aan te passen kan zelfs inzicht worden gecreëerd in de mate waarin een verandering is uitgevoerd. Deze visualisatie geeft het veranderteam binnen de waardestroom goed inzicht welke aspecten al in lijn liggen met de vanuit de transformatie gestelde doelen en helpt om - in samenhang met de geïdentificeerde bottlenecks - de volgende serie van veranderingen te identificeren.

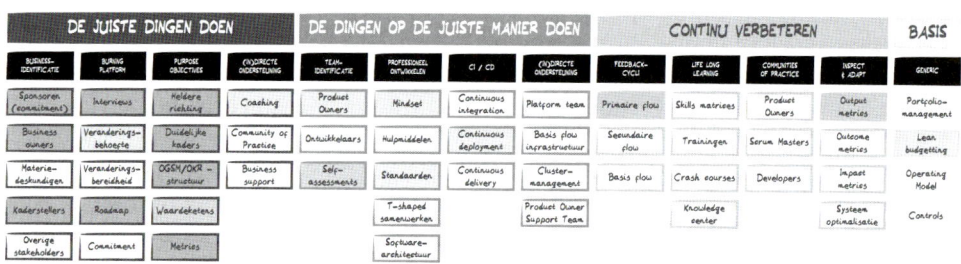

Figuur 34.3 De roadmap van een transformatie naar enterprise agility (met dank aan A. Broekmans en J. de Groot).

Opvallend is dat vrijwel alle genoemde verandermethodieken een verdere detaillering zijn van de stadia die omstreeks 1950 door Kurt Lewin (Lewin, 2013) in zijn 3-stage Model of Change zijn geïdentificeerd. Elke verandering vanuit een transformatie begint met duidelijk maken waarom de verandering noodzakelijk is (unfreezing), zodat mensen en teams überhaupt los willen en kunnen komen van de huidige werkwijze. Alleen na het accepteren van de verandering heeft het zin om te kijken naar het loslaten van 'het oude' en het omarmen van 'het nieuwe' (changing), waarbij uiteindelijk moet worden geborgd dat 'het nieuwe' ook geborgd wordt in het systeem zelf (refreezing). Uiteraard moet hierbij rekening worden gehouden met de specifieke eigenschappen en onderliggende principes van enterprise agility.

De keuze voor de gehanteerde verandermethodiek ligt bij het veranderteam. De specifieke verandermethodieken worden, door de beschikbaarheid van uitstekende literatuur voor deze verandermethodieken, in dit boek niet verder uitgewerkt.

34.2.2 De dingen juist doen

Een effectieve veranderaanpak ontwikkelt eveneens de executiekracht om de juiste dingen ook op de juiste wijze uit te voeren. Nog te vaak wordt gedacht dat wanneer de 'nieuwe regels' een keer op de zeepkist zijn uitgelegd, dat daarmee dan de verandering is doorgevoerd. Niets is minder waar. Organisaties maar ook haar medewerkers, teams, clusters en afdelingen, zijn complexe adaptieve systemen die niet als robot automatisch een andere richting opgaan. Dit betekent dat het niet voldoende is als eenmaal wordt geroepen wat de nieuwe richting is, maar dat dit continu herhaald moet worden. Dat wat we doen ook in lijn ligt met wat we zeggen: voorbeeldgedrag vertonen. Dat we niet alleen vertellen wat op een andere wijze moet gaan lopen maar vooral ook waarom dat op een andere manier moet lopen en waartoe dat gaat leiden. Dat we feedback-lussen implementeren waarmee de medewerkers, teams, clusters en afdelingen inzicht krijgen in zowel de positieve als de negatieve gevolgen van hun eigen handelen. Dat we inzicht krijgen in zowel de progressie als de resultaten van ons werk. Het succes van een verandering zit vaak niet in schoonheid van de nieuwe situatie maar meer in de wijze waarop aandacht wordt besteed aan alle samenhangende aspecten gedurende de verandering.

> Bij de verandering waarin verschillende functies uit de primaire flow moesten worden begeleid naar een functie in de secundaire flow is de meeste tijd niet gaan zitten in de opzet en werking van beide flows of het ontwikkelen van de nieuwe functiebeschrijvingen. De meeste tijd is gaan zitten in het duidelijk maken van de waarde van de nieuwe rol. Er ging tijd zitten in het onderzoeken waar hun competenties een belangrijke bijdrage leveren aan het ondersteunen van de primaire flow. Ook dat de waardering en respect voor hun inzet niet gebagatelliseerd wordt nu zij een ondersteunende /rol hebben, in plaats van een rol in de primaire stroom. Het kost tijd en inspanning om vanuit een solistische functie te leren om effectief in teamverband te kunnen optreden. Er was aandacht nodig om zicht krijgen op de progressie die zij maakten of helderheid vinden op de uitdagingen die op hun pad verschenen. Er was aandacht nodig voor verbinding, dat zij elkaar durfden aan te spreken en zowel als individu en als team de verantwoordelijkheid durfden te gaan nemen. Met alleen een nieuwe beschrijving van hun functie had de verandering nooit succesvol uitgevoerd kunnen worden.

Voordat de verandering wordt doorgevoerd is het goed om aandacht te hebben voor de algehele en individuele ontvankelijkheid voor de verandering. Een transformatie naar enterprise agility en de daaraan gekoppelde veranderingen vraagt van alle betrokkenen om in het onbekende te stappen en om het bekende achter te laten. De kans is groot dat het de dagelijkse praktijk tijdelijk gaat verstoren, wat zorgt voor een extra belasting bij de betrokkenen. Verworven posities en invloed komen te vervallen en de praktijk vraagt om een andere inzet van kennis en kunde. Het samen moeten gaan werken met andere (nog onbekende) collega's vereist ook energie. Wanneer we geen bewuste aandacht hebben voor de ontvankelijkheid van alle betrokkenen, gaat de mate van ontvankelijkheid zich, vanuit het onbewuste, een steeds grotere rol verschaffen in het ondersteunen of tegenwerken van de verandering.

De personen die zich niet ontvankelijk opstellen, verschijnen vaak niet aan de start van de weg die de organisatie gezamenlijk wil inslaan. De personen die echter bij de aanstaande verandering teleurstelling, boosheid en frustratie delen, zijn in ieder geval de interactie gestart en hebben de deur op een kier gezet. Ze verschijnen in de transformatie regelmatig met 'stokken, hooivorken en luid schreeuwen' om verhaal te komen halen of hun zorgen te uiten. Met als onbewust gevaar dat de 'gewapende' emotie van deze semi-ontvankelijken verkeerd geïnterpreteerd wordt en gelabeld met het niet-ontvankelijk zijn. Dit zorgt helaas voor een geforceerde diskwalificatie die de interactie blokkeert en resulteert in polarisatie in plaats van samenwerking. Wanneer de emotie aan de andere kant met open armen wordt ontvangen, is er de ruimte om gezamenlijk de al dan niet terechte zorgen en angsten te onderzoeken op waarde. De interactie blijft open en er is een mogelijkheid om indrukken uit te wisselen. In vele gevallen zal het 'gewapende' van de emotie zich laten ontwapenen. Wanneer ieder van de zijden van de interactie ontvankelijk is voor het ontsluiten van de informatie vanuit de verschillende perspectieven, kan er gezamenlijk aan de ingeslagen weg worden begonnen.

Het vragen van commitment is een belangrijke stap die niet kan worden overgeslagen. Met commitment wordt hier bedoeld het 'toegewijd zijn aan' en niet als 'belofte maakt schuld'. Enerzijds is dit een startpunt voor het meten van de ontvankelijkheid. Wanneer dit commitment niet kan worden gegeven, ontstaat een gesprek over de noodzaak, eventuele onduidelijkheden, onderliggende zorgen en alle andere aspecten die een succesvolle verandering in de weg staan. Hierdoor kunnen al vroegtijdig aanvullende acties worden gedefinieerd om deze aspecten van de weerstand te adresseren. Anderzijds wordt hiermee de mogelijkheid gecreëerd om mensen aan te spreken wanneer tijdens, of na het doorvoeren van de verandering, ondermijnend of afwijkend gedrag ontstaat. Niet om daarmee 'een eventuele schuldige' aan te kunnen wijzen maar juist om de discussie scherp te krijgen. Aanspreken kan simpelweg niet zonder eerst afspraken te maken en de vraag tot commitment op het bereiken van het beoogde effect, creëert dan ook die essentiële afspraak.

Het vragen van commitment moet daarin liggen op het behalen of bereiken van de gewenste effecten van de verandering en niet op het blindelings volgen van processen, taken of opdrachten. Iedereen die het gevoel heeft dat 'iets' niet goed gaat tijdens of na de verandering, of constateert dat koerswijzigingen noodzakelijk zijn om het gewenste effect te bereiken, moet zich vrij voelen om deze informatie te delen met de omgeving. Waarbij de omgeving dan ook open moet staan voor deze signalen en gezamenlijk onderzoekt of het gevoel terecht is en welke interventies noodzakelijk zijn om het gewenste doel te bereiken. Of mensen nu positief of negatief staan ten opzichte van de (aanstaande) verandering, de zogenaamde emotional cycle of change (Jones & Pfeiffer, 1979) uit figuur 34.4 is vrijwel altijd bij zowel individuen als teams te herkennen.

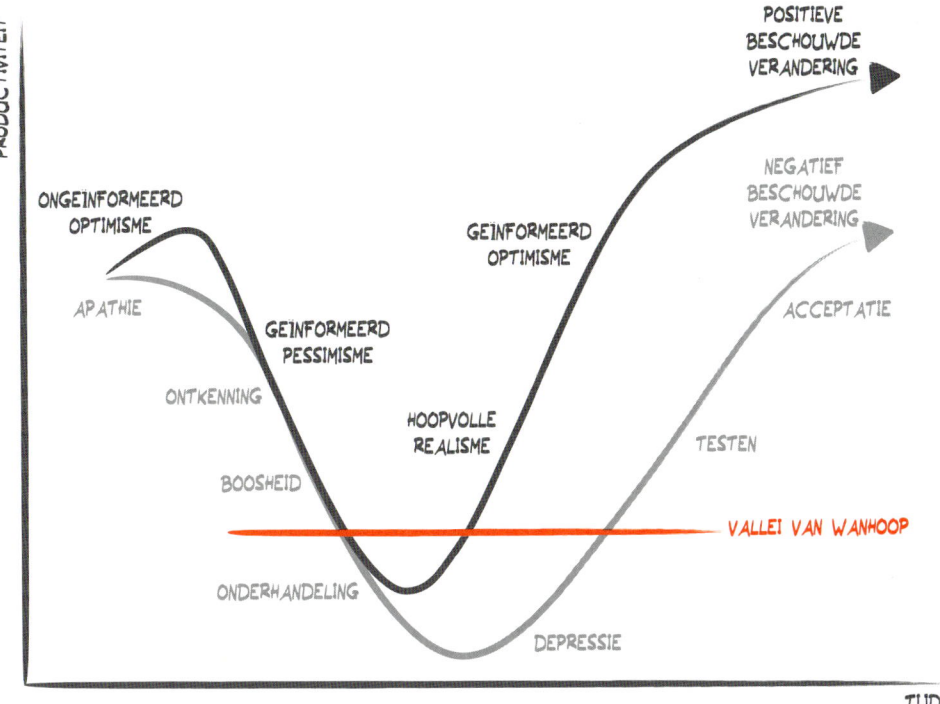

Figuur 34.4 De emotional cycle of change.

Mensen en groepen die positief staan ten opzichte van een verandering (de zwarte lijn), zien vaak alleen de voordelen maar zelden de nadelen of consequenties. Wanneer zij meer inzicht krijgen in de daadwerkelijke uitwerking, ontstaat een periode waarin twijfel ontstaat of de verandering daadwerkelijk het positieve effect heeft waar zij initieel van uit gingen. Onder begeleiding kan het stadium worden bereikt waarin zij zowel zicht hebben op de uitwerking en hoopvol zijn ten aanzien van de mogelijkheden. Wanneer ook daadwerkelijk de gewenste effecten worden bereikt en ze een goed beeld hebben van de uitwerking, is de verandering daadwerkelijk geborgd binnen de organisatie.

Mensen en groepen die negatief staan ten opzichte van een verandering (de grijze lijn), ondergaan typische stadia van een rouwproces. Wanneer duidelijk wordt dat niets doen geen optie is, ontstaat een periode waarin ontkenning, boosheid en onderhandeling centraal staan om de verandering te stoppen wat kan leiden tot depressie wanneer de verandering toch wordt doorgezet. Onder goede begeleiding moeten zij wordt geholpen naar de fase waarin zij de nieuwe situatie gaan testen. Door begeleid de nieuwe situatie te gaan testen, worden zowel mogelijkheden als onmogelijkheden onderkend. Door het juiste gesprek te hebben en hen stap voor stap verder te helpen ontstaat een situatie waarin de verandering langzaam kan worden geaccepteerd.

In beide gevallen is duidelijk dat een periode ontstaat waarin twijfel en het verlangen naar het vertrouwde de overhand krijgen. Zonder externe ondersteuning vallen zij terug naar de situatie voorafgaand aan de verandering. Deze periode staat in de theorie bekend als 'de vallei van wanhoop'. Het durven loslaten is daarin net zo belangrijk als het accepteren van het nieuwe. Wanneer vanuit de verandering geen oog is voor het ondersteunen van de mensen en groepen om door deze periode heen te komen, wordt de kans op een succesvolle, toekomstbestendige verandering erg klein. Wanneer we de pijn van de verandering uit de weg gaan, wanneer we niet openstaan voor de tijdelijke verwarring en wanhoop, bereiken we helaas alleen oppervlakkige acceptatie. Wanneer de emotie (gecontroleerd) oploopt ontstaat het moment waarop de verandering daadwerkelijk kan worden doorgezet.

34.2.3 Continu verbeteren

Door het inbedden van inspect & adapt binnen alle niveaus van de organisatie wordt een cultuur gecreëerd van continu verbeteren, leren en bijstellen. Wanneer door het 'doen van de juiste dingen' en de 'dingen op de juiste manier doen' de opzet en werking is bijgesteld is het elementaire niveau bereikt. De output leidt tot outcome welke gebruikt wordt om impact te maken. Nu de effectiviteit van de keten is verbeterd, is het tijd om ook aandacht te hebben voor de efficiëntie.

De inspanningen vanuit het transformatiemanagement worden nu gericht op het tot stand brengen van het continu willen en kunnen verbeteren. Teams worden geholpen om door middel van eigenaarschap en zelforganisatie controle te nemen over hun eigen performance. Door het analyseren van de resultaten vanuit de feedback-lussen wordt inzicht gecreëerd in de werking van de keten. Door het stellen van hypotheses en deze te (in)valideren via experimenten leert de organisatie welke aanpassingen een positieve bijdragen leveren en welke niet. Door het ontwikkelen van kennis en vaardigheden worden nieuwe of betere oplossingen ontwikkeld, die daadwerkelijk en meetbaar resultaat opleveren. Hierdoor ontstaat de situatie dat zij, op verantwoorde wijze, zelfstandig kunnen gaan bijsturen.

Om het continu verbeteren, leren en bijstellen succesvol in een omgeving te ontwikkelen moet worden gestart met het creëren van openheid en transparantie. Ook dit gaat niet vanzelf. De minder positieve onderdelen worden vaak positiever voorgesteld dan ze daadwerkelijk zijn, om de negatieve gevolgen die hierdoor (gevoelsmatig) kunnen ontstaan uit de weg te gaan. Hiermee wordt ook het effectief leren volledig ondermijnd. Inspect & Adapt-cycli leiden tot grote frustratie en onacceptabele risico's wanneer conclusies worden getrokken op basis van een valse voorstelling van de realiteit. Daarom moet ook de basis voor openheid en transparantie vanuit de transformatie worden begeleid, zowel in de gebruikte indicatoren als de houding en gedrag om hier op de juiste wijze mee om te gaan.

Deze openheid en transparantie van informatie kunnen we stimuleren en faciliteren. Workshops kunnen worden georganiseerd waarin deelnemers in relatie tot gevoelige thema's en onderwerpen, onder deskundige begeleiding van coaches en scrum masters, worden geholpen naar meer en betere transparantie. Open zijn, ook wanneer de realiteit niet zo mooi is als verwacht, daar is moed voor nodig. Moed kan gesteund en gevoed worden door de directe omgeving, waarin openheid niet wordt afgestraft maar juist aangemoedigd. Om de periode naar meer transparantie te verkorten is het belangrijk dat er in de omgeving duidelijke en eenduidige congruente berichtgeving is ten aanzien van de beweging de we gezamenlijk aan het maken zijn. Dat er ruimte is om (zelfstandig) te leren wanneer de resultaten tegenvallen en dus fouten gemaakt mogen worden. Goede ondersteuning vanuit de directe omgeving ten aanzien van de richting en de 'juiste beweging' draagt bij aan het verkorten van de periode om meer transparant te worden.

34.2.4 Principes en randvoorwaarden

Wanneer alleen aandacht is voor de 'technische' verandering (processen, tools, templates) op basis van de cirkels uit figuur 34.2, is het nauwelijks mogelijk om de begeleiding vanuit het transformatiemanagement af te bouwen. U zou verwachten dat wanneer het continu verbeteren op basis van de input vanuit de feedbacklussen is ingericht, de organisatie de verdere ontwikkeling zelf kan voortzetten. Toch blijkt dit in de praktijk helaas niet het geval te zijn. Wanneer de onderliggende principes en randvoorwaarden, naast de technische werking van het aangepaste (deel van het) systeem, niet goed zijn ingericht ontstaat de situatie dat nieuwe verbeteringen worden doorgevoerd die niet passen of haaks op de principes van enterprise agility komen te staan. Initieel vaak met slechts een beperkt effect en over een langere periode glijdt het systeem af naar een inconsistente incongruente samenstelling van principes, practices en patronen.

Ervaringen vanuit het geven van vele Advanced Scrum Master-trainingen hebben geleid tot het inzicht dat 90% van de scrum masters, ondanks hun eerdere opleidingen en behaalde certificeringen, vaak essentiële Scrum-onderdelen niet of onvolledig in de praktijk uitvoeren en inconsistente patronen en best practices gebruiken. De praktijk blijkt dusdanig doorspekt van de antipatronen dat het ook lastig blijkt daarin de juiste weg naar Scrum te vinden, waarbij er onbewust veel verleiding is om concessies te doen. De negatieve gevolgen en problemen die hierdoor ontstaan worden vaak als leerbehoefte aangemerkt. Wanneer echter opnieuw aandacht wordt besteed aan de essentie van agility en de opzet en werking van Scrum, ontstaat een situatie waarin veel van de aangedragen problemen simpelweg niet meer voor kunnen komen. De 'regels' van Scrum en bestaande best practices hebben de overhand genomen over de 'essentie' van Scrum en emergente practices. Niet voor niets zijn grote delen van de 2020 editie van de *Scrum Guide* volledig herschreven, waarbij meer aandacht is gelegd op de essentie in plaats van de regels.

Vanuit het transformatiemanagement is het belangrijk om de principes van enterprise agility bij alle betrokkenen in het DNA te krijgen. Dit betekent niet alleen het uitleggen, maar ook het daadwerkelijk doorleven van deze principes. Door veranderingen niet volledig uit te kauwen ontstaat ruimte waarin de betrokkenen zelf delen van de verandering moeten formuleren. Door continue reflectie op de, door hun voorgestelde, verandering aan de hand van de principes wordt inzicht verschaft in de daadwerkelijke toepassing van de principes. Hiermee ontstaat een patroon waarin niet alleen snelle oplossingen worden gecreëerd maar duurzame oplossingen die passen binnen een organisatie die haar enterprise agility wil verhogen.

Sommige veranderingen vanuit de transformatie zijn niet of nauwelijks haalbaar wanneer de onderliggende randvoorwaarden niet eerst zijn ingericht. Wanneer een waardeketen over gaat van het sturen middels budgetten naar het sturen op basis van prioriteiten, kan dit alleen succesvol worden uitgevoerd wanneer er acceptatie is bereikt voor Beyond Budgeting (of vergelijkbare budgetmethoden) bij afdelingen als Finance en Control. Wanneer dergelijke randvoorwaarden niet zijn gecreëerd, ontstaat de situatie, dat onder druk van het interne beleid de sturing op basis van budgetten langzaam maar zeker weer terugvloeit in het veranderde proces. Het resultaat is een organisatie waarin de sturing op prioriteiten en budgetten elkaar continu in de weg zitten, met een enorme overhead om de budgetten continu bij te stellen op basis van de prioriteiten.

Om die reden moet niet alleen worden gekeken naar de gewenste verandering zelf maar ook naar de omstandigheden en randvoorwaarden die gerelateerd zijn aan de verandering. Het risico dat hierbij ontstaat, is dat een afgebakende eenvoudige verandering leidt tot een hele serie van noodzakelijke aanpassingen in de rest van de organisatie. Om dit effect tegen te gaan moeten soms afwegingen worden gemaakt om tussenliggende veranderstappen te definiëren, omdat de volledige verandering anders een te grote reikwijdte kent. In andere gevallen kan het vaststellen van tijdelijke uitzonderingssituaties helpen om een verandering in beperkte omvang door te kunnen voeren.

34.3 GEBRUIK VAN TAAL, HOUDING EN GEDRAG

Een consistent gebruik van taal, houding en gedrag vormt een belangrijke katalysator voor de effectiviteit van de veranderaanpak. De specifieke opdracht vanuit transformatiemanagement houdt niet altijd rekening met de realiteit waarin mensen, teams, clusters en afdelingen hun werk uitvoeren. De druk om (voldoende) te blijven leveren staat daarin op gespannen voet met de tijd en inspanning die moet worden geleverd om de veranderingen door te voeren. Wanneer hier onvoldoende rekening mee wordt gehouden ontstaat een situatie waarin vanuit het transformatiemanagement enerzijds de focus wordt gelegd op het verbeteren van de effectiviteit van een waardeketen en zij anderzijds ook de grootste mate van verstoring zijn van die betreffende keten. Door duidelijkheid te verschaffen in de prioriteit en noodzakelijke tijdsinvestering (en deze tijd ook daadwerkelijk beschikbaar te maken) wordt een situatie gecreëerd waarin de transformatie niet wordt gezien als iets wat er ook nog bij komt, maar als een daadwerkelijke investering die wordt gedaan in het verbeteren van de effectiviteit van de keten.

34.3.1 Consistent gebruik van taal

Een consistent gebruik van taal mag niet worden onderschat. Tijdens een paradigmaverschuiving is het belangrijk om alert te zijn op taal en de gevaren van Babylonische spraakverwarring. Het onderdompelen in een nieuwe taal zorgt voor andere verbindingen in de hersenen. De Sapir-Whorf hypothese (Kay & Kempton, 1984), ook wel de hypothese van linguïstische relativiteit genoemd, stelt dat de specifieke taal die we spreken invloed heeft op de manier waarop we denken over de werkelijkheid. De film Arrival geeft een mooie representatie van een gedachte-experiment op basis van de Sapir-Wohrf-hypothese. De hoofdpersoon dompelt zich onder in een buitenaardse taal, wat uiteindelijk haar denken dusdanig wijzigt dat tijd door haar niet langer als lineair wordt ervaren.

Een andere taal met achterliggend een andere betekenis voor woorden, zorgt ervoor dat u anders gaat denken, andere keuzes maakt. Als voorbeeld is in figuur 34.5 het taalgebruik van iemand met een fixed mindset en iemand met een growth mindset weergegeven (Dweck, 2017). Het bijbehorende gedrag is exemplarisch voor het taalgebruik. Iemand met een fixed mindset zoekt niet naar oplossingen, zet niet door wanneer het moeilijk wordt, onderschat zichzelf continu en streeft zelden naar een optimaal resultaat. Aan de andere kant kijkt iemand met een growth mindset juist naar de mogelijkheden, toekomstige verbeteringen en heeft de rust en ruimte om te kunnen leren.

FIXED MINDSET	GROWTH MINDSET
IK BEN HIER NIET GOED IN	WAT MIS IK?
IK GEEF HET OP	IK DOE HET OP EEN ANDERE MANIER
HET IS GOED GENOEG	IS DIT MIJN BESTE WERK?
IK BEN NIET SLIM GENOEG	IK LEER HOE IK DIT MOET DOEN
DIT IS TE MOEILIJK	DIT DUURT GEWOON EVEN
MIJN PLAN WERKT NIET	ER IS ALTIJD EEN PLAN B

Figuur 34.5 Verschil in taalgebruik tussen een fixen mindset en een growth mindset.

De veronderstelling dat het niet wijzigen van de taal zorgt voor behoud van het oude is dan legitiem. Terwijl we ons vaak individueel wel bewust zijn dat taal van invloed is, zien we in de praktijk dat we er nauwelijks bewust mee aan de slag gaan. Dit betekent overigens niet dat als we slechts andere namen gebruiken voor bestaande structuren, dat automatisch leidt tot een andere manier van denken. Een doorgewinterde succesvolle projectmanager het label van product owner opplakken en zeggen dat er voortaan alleen nog agile gewerkt wordt werkt al gauw het 'cargo cult' fenomeen in de hand.

In het boek *Leadership is Language* (Marquet, 2020) neemt David Marquet de lezer mee in het belang van ander taalgebruik. Hij laat heel duidelijk het verschil in impact zien wanneer taal op een bepaalde wijze gebezigd wordt. De taal in een command and control-cultuur is simpelweg anders van structuur en toon dan de taal die wordt gehanteerd binnen intent based leadership. Marquet verlegt, met behulp van taal, het eigenaarschap van de activiteiten daadwerkelijk naar de professionele kenniswerkers, door zijn taalgebruik te verschuiven van leider-volger taal naar leider-leider taal. Taal is daarmee een zeer verdienstelijk fenomeen: als hulpmiddel om individuen daadwerkelijk van paradigma te doen verschuiven en dan in te zetten als onderdeel van een meetinstrument waarmee we de diepgang van de transformatie naar agile zijn kunnen meten in de organisatie.

Figuur 34.6 Intentie kan, door de menselijke filter, altijd een ander effect hebben.

Hoe belangrijk is taal nou helemaal? "Je begrijpt toch wat ik bedoel?" Die laatste vraag wordt vaak retorisch gesteld en is een aanwijzing dat de steller van de vraag niet in de gaten heeft wat transformatie, deze paradigmaverschuiving, vraagt van de omgeving. Bagatelliseren van onhandig taalgebruik helpt niet en is zelfs ondermijnend voor de transformatie. In de praktijk blijven we als individuen vaak deels of volledig langs elkaar heen praten, laat staan wanneer dezelfde woorden vanuit verschillende zijden van een paradigmaverschuiving worden gehanteerd. Mensen zijn ingewikkelde wezens die dag in dag uit hun geschiedenis, hun ervaringen en hun (on)vervulde behoeften met zich meedragen. Alles wat verzonden wordt, wordt met een 'filter' op begrip en betekenis ontvangen. Zodra we dit kunnen erkennen, kunnen we het meenemen in onze zoektocht maar bereiken van het juiste effect. Het "Je begrijpt toch wat ik bedoel?" legt de nadruk op de (onbekende) intentie van de zender, niet op het gewenste effect bereiken bij de ontvanger van de boodschap. Als we tijdens deze transformatie er vanuit gaan dat wanneer de ander aanwijzingen afgeeft dat hij of zij niet exact begrijpt wat gezegd wordt en daarmee dan ook het gewenste effect niet bereikt wordt, dan is de vraag: "Bekrachtigt mijn boodschap het nieuwe of het oude paradigma? Of ondermijn ik met mijn reactie juist de gewenste verandering?"

Vooral omdat gedurende de transformatie veel begrip en inzicht zich nog moet ontwikkelen in de tijd, kan het zelfs zijn dat de mensen die de transformatie begeleiden de taal niet met overeenkomstig begrip gebruiken. De mensen die de begeleiding ontvangen hebben met regelmaat moeite om vanuit verschillende hoeken van begeleiding een eenduidige uitleg te krijgen waarmee ze in de eigen praktijk werkelijk geholpen worden. De stelligheid waarmee individuen iets als backlog, retrospective of Kanban van betekenis voorzien, kan onderhevig zijn aan inflatie wanneer de absolute betekenis wordt gerelateerd aan de situatie waar zowel de zender als ontvanger zich bevinden. In hoeverre de organisatie in staat is om de onzekerheden qua begrip te onderzoeken, heeft invloed op de snelheid van de transformatie. Veelal lijken de absolute betekenissen die worden gehanteerd in een niet te winnen strijd tegenover elkaar te staan. Terwijl het bij twijfel veel verdienstelijker is om als gesprekspartners naast elkaar positie in te nemen in plaats van tegenover elkaar. Samen de verschillen in begrip en de overeenkomsten in kaart brengen. De verschillen van begrip kunnen dan, eventueel met hulp van derden, getoetst worden aan de principes van enterprise agility.

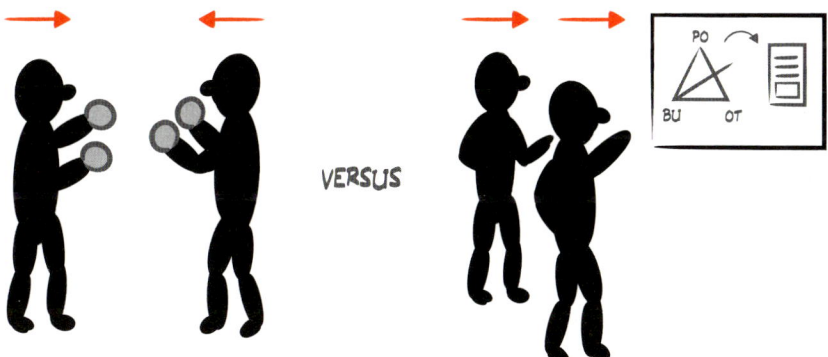

Figuur 34.7 Tegenover elkaar is anders dan naast elkaar.

Soms moeten we discussiëren, soms moeten we accepteren. Bij het introduceren van een nieuwe opzet en werking van de organisatie is het onoverkomelijk dat nieuwe terminologie wordt geïntroduceerd. Het risico ontstaat dat voor bestaande en bekende onderdelen eigen benamingen worden gecreëerd. Zeker in grotere organisaties, waarin naast interne medewerkers ook veelvuldig samen wordt gewerkt met externe medewerkers, klanten of partners, kunnen eigen benamingen een effectieve werking van een eenduidig begrip in de weg staan. Het is dan ook raadzaam om voor, in de markt gestandaardiseerde, onderdelen geen eigen of afwijkende benamingen te gaan gebruiken. Ook is het niet handig om een andere opzet en werking te hanteren voor deze gestandaardiseerde benamingen. Het verdient dus aandacht om binnen de organisatie energie te steken in gemeenschappelijke begripsvorming.

34.3.2 Consistente houding

Een consistente houding is eveneens een belangrijk aspect van een effectieve veranderaanpak. Medewerkers, teams en clusters komen regelmatig en vaak langdurig in aanraking met het transformatiemanagement. Het hanteren van een consistente houding in de wijze waarop de transformatie wordt uitgevoerd, zorgt dat zij weten waar ze aan toe zijn, wat de regels van het spel zijn en op welke wijze zij worden ondersteund gedurende de transformatie. Een consistente houding vanuit het transformatiemanagement creëert rust en stabiliteit in een periode waarin verwarring en onzekerheid ontstaan bij het uitvoeren van de veranderingen.

Door de verschillen van kennis, inzicht en ervaring ontstaan vrijwel altijd (nieuwe) problemen gedurende het doorvoeren van een verandering. Vanuit een natuurlijke reflex om de problemen direct te adresseren worden interventies uitgevoerd waarmee de symptomen worden beperkt. Toch resulteert een open houding in dergelijke gevallen tot betere oplossingen. De essentie is namelijk om in plaats van de zichtbare en oppervlakkige symptomen te bestrijden een gezamenlijk gecreëerde oplossing te vinden in lijn met de principes van enterprise agility. Door niet direct een oplossing te geven maar juist de focus te verleggen naar een gedegen begrip van de onderliggende principes, ontstaat een situatie waarin de betrokkenen zelfstandig de gewenste oplossing kunnen formuleren, dat vaak een oplossing is die goed bij ze past en daarmee eerder succesvol zal zijn dan een extern opgelegde oplossing.

Een consistente houding betekent ook het creëren van een ritme waarin de transformatie wordt uitgevoerd. Dit voorkomt een hoge mate van inspanning wanneer 'de druk te hoog wordt' en een apathische houding wanneer 'de druk niet aanwezig is'. Door het hanteren van een stabiel ritme wordt een basis ontwikkeld waarmee de organisatie zich verder kan ontwikkelen, ook wanneer het ritme niet vanuit het transformatiemanagement wordt opgelegd. Stabiliteit heeft hierbij de voorkeur over intensiteit. Het verhogen van enterprise agility gaat niet over één nacht ijs. Het is dan ook belangrijk om te voorkomen dat in een korte periode in één keer veel veranderingen moeten worden doorgevoerd, omdat we 'nu momentum hebben'.

Elke dag een beetje beter leidt tot betere resultaten dan zo snel mogelijk een grootschalige verandering doorvoeren omdat het kan. Daarom is het hanteren van het act - assist - answer principe ook zo krachtig. Door in een stabiel, vast ritme vanuit de transformatie (tijdelijk) de leiding te nemen (act) in het uitvoeren van de nieuwe werkwijze, krijgt de organisatie een duidelijk voorbeeld hoe de nieuwe situatie kan werken. Maak daarbij zoveel mogelijk gebruik van de al aanwezige kennis en kunde van de betrokkenen om zo de transfer te bevorderen. Door de uitvoering samen te doen met de medewerkers, teams en clusters binnen de organisatie ontstaat de mogelijkheid om op gecontroleerde wijze inzicht te krijgen in de wijze waarop de uitvoering plaatsvindt en kan op veilige wijze worden geleerd wat werkt en wat niet werkt. Door vanuit het transformatiemanagement steeds meer afstand te nemen maar nog wel beschikbaar te zijn voor kennis en support, wordt de daadwerkelijke uitvoering overgedragen aan de organisatie zelf.

34.3.3 Consistent gedrag

Het verhogen van de enterprise agility vereist zogenaamde expansiekracht: de meeste effort is nodig om de weerstand van de eerste stap te overkomen. Dit betekent concreet dat het gedrag moet veranderen, naarmate de transformatie zich ontwikkelt. Tijdens de transformatie erkennen wij drie van elkaar te onderscheiden fases. Om iets in beweging te brengen is in het begin veel kracht en energie nodig om de initiële weerstand te doorbreken. Na het in beweging krijgen ontstaat de fase van het versnellen van de beweging, waarin minder maar wel een consistente stroom van energie benodigd is. In de laatste fase, wanneer een nieuwe status quo is bereikt, is slechts periodiek nog een beperkte hoeveelheid energie nodig om de juiste koers te blijven houden.

Het initiëren van een verandering kost de meeste energie. Bij het opstijgen van een raket spreekt men over het inzetten van een vorm van expansiekracht; dit is de kracht die gebruikt wordt om de raket in beweging te brengen. Het kost ontzettend veel energie om de beweging te starten en het tussendoor onderbreken van deze energie leidt tot desastreuze gevolgen. Tijdens deze eerste fase worden extra krachten ingezet om deze fase te begeleiden. In deze fase worden anti-patronen doorbroken door het inrichten en stroomlijnen van de gewenste patronen. Door het creëren van een structuur waarin het gewenste gedrag kan ontstaan, wordt ruimte gecreëerd voor eigenaarschap en zelforganisatie. Bestaande, vastgeroeste onderdelen worden losgeweekt, losgemaakt en in beweging gebracht. Door het introduceren van nieuwe werkwijzen en het ontdekken van werkzame patronen die passen bij de principes wordt een stabiele basis ontwikkeld waarop de verandering kan worden doorgezet. Door middel van training en actieve coaching wordt begeleiding gegeven aan het internaliseren van de nieuwe principes. Daarbij wordt in deze fase ook veel aandacht besteed aan eventuele weerstand, begeleiding door 'het rouwproces' en het voorkomen van desoriëntatie door een enorme hoeveelheid aan veranderingen. Hier zit de techniek van de expansiekracht die over een korte periode de spanning opvoert dat niets nog hetzelfde blijft, werkzaamheden veranderen en iedereen aan boord wordt gehouden. Door consistent gedrag en stuwende druk wordt de verandering samen met de betrokken doorgevoerd, waarbij actieve betrokkenheid en zicht op het leveren van een waardevolle bijdrage essentiële elementen zijn. Vanwege de enorme krachten die vrijkomen in deze fase is het continu valideren van de juiste richting waarin de verandering zich beweegt des te meer van belang. Is iedereen mee of zijn er explosies of implosies te ontdekken in de beweging? Zodra de beweging voldoende is losgekomen vanuit de status quo kan de volgende fase worden gestart.

In de tweede fase is de basis van de nieuwe werkwijze bij de meeste mensen voldoende bekend. Dit is ook de fase waarin hier en daar nog mensen rondlopen met vraagtekens, of waarbij gezocht wordt hoe eventuele uitzonderingen afgehandeld moeten worden. In deze fase zijn ook nog mensen te herkennen die ondanks hard werken en veel inzet toch de oude principes blijven hanteren en zodoende (on)bedoeld de nieuwe gang van zaken ondermijnen. Wel zijn de houding en gedrag van deze mensen beter herkenbaar, omdat een groter deel van de betrokkenen de nieuwe werkwijze heeft omarmd. Dit is ook de fase waarin de details die in de vorige fase onbelicht zijn gebleven aandacht krijgen. Er worden inhoudelijke discussies gevoerd onder begeleiding van mensen die de onderliggende principes door en door begrijpen. Het ontdekken van 'de nieuwe' manier moet in deze fase nog wel actief worden gestimuleerd. Het is een fase met veel reflectie op de eigen bijdrage aan de gehele keten. "Doe ik of doen wij de goede dingen?" Waarbij eventuele twijfels transparant op tafel komen en op basis hiervan gezamenlijk geleerd kan worden waarbij nieuwe patronen worden ontdekt en werkende patronen worden bestendigd.

De laatste fase richt zich op het inrichten van de ontbrekende elementen om in de nieuwe situatie te kunnen en blijven functioneren. Met het ontwikkelen van een lerende organisatie wordt de enterprise agility aantoonbaar verhoogd. We zijn in staat om niet eenmalig maar continu in te spelen op veranderingen in onze omgeving. Het in beweging blijven vraagt om energie maar deze energie is niet langer afhankelijk van het transformatiemanagement. De rol van het transformatiemanagement wordt definitief overgenomen door de scrum masters. Door de ingerichte feedback-lussen is de organisatie in staat om zichzelf te corrigeren bij afwijkingen van de gewenste koers, op basis van de geïnternaliseerde principes en ondersteund door de ingerichte randvoorwaarden. Wanneer deze fase goed wordt ingericht is slechts sporadisch een (grotere) interventie noodzakelijk en vind bijstelling plaats op basis van de continue verbetering. Het lerend vermogen van de organisatie zou in deze fase de meeste aanpassingen aan het systeem prima zelf kunnen organiseren.

De hierboven beschreven fasering zien we helaas nog weinig terug in de praktijk. Terwijl organisaties en transformatiemanagement van deze fases bewust zijn, valt het niet mee om een bestaande organisatie in transformatie te brengen. De krachten van status quo en vernieuwing houden elkaar vaak angstvallig in balans, wat tot ingewikkelde en langdurige transformaties leidt. Niet voor niets is het daarom beter om één waardeketen goed te doen, dan meerdere waardeketens met slechts beperkte expansiekracht.

34.4 DUS...

Een effectieve veranderaanpak is cruciaal om overzicht te houden in de complexiteit van organisatorische transformaties. De keuze voor een transformatie naar enterprise agility is binair: veranderen of niet veranderen zijn beide goed, half veranderen heeft ernstige consequenties. Standaard verandermethodieken bieden voldoende handvatten voor een effectieve transformatie, mits rekening wordt gehouden met de specifieke eigenschappen en onderliggende principes van enterprise agility. Een effectieve veranderaanpak ondersteunt de transformatie met een optimale balans waarbij de organisatie zich ontwikkelt om de juiste dingen te doen (the right thing), de dingen op de juiste manier te doen (the thing right) en continu te leren (inspect & adapt) met aandacht voor de onderliggende principes en randvoorwaarden. Een effectieve veranderaanpak ontwikkelt focus binnen de organisatie op het doen van 'de juiste dingen'. Een effectieve veranderaanpak ontwikkelt eveneens de executiekracht om deze dingen ook op de juiste wijze uit te voeren. Door het inbedden van Inspect & Adapt binnen alle niveaus van de organisatie wordt een cultuur gecreëerd van continu verbeteren, leren en bijstellen. Door het in werking brengen van het onderliggende 'systeem' worden de randvoorwaarden gecreëerd om de rol vanuit het transformatiemanagement over te dragen aan de organisatie. Een consistente houding en gedrag vormen een belangrijke katalysator voor de effectiviteit van de veranderaanpak. Het is daarbij belangrijk om problemen altijd te erkennen en de oplossing te baseren op patronen vanuit enterprise agility in plaats van het bestrijden van oppervlakkige symptomen. Het verhogen van de enterprise agility vereist zogenaamde expansiekracht: de meeste effort is nodig om de weerstand tegen de eerste stap te overkomen.

35 Een effectieve veranderorganisatie

Het creëren van een effectieve veranderorganisatie is noodzakelijk om de transformatie op gang te krijgen en houden. Middelgrote tot grote organisaties zijn nauwelijks in staat om een transformatie van deze omvang succesvol, zelfstandig en 'met de winkel open', door te maken via de route van continu verbeteren. Dit ligt niet aan de wil of de inzet van de organisatie of haar medewerkers maar aan het feit dat eerst de onderliggende principes moeten worden geïmplementeerd en een andere manier van denken moet worden aangeleerd. Wanneer een organisatie vanuit haar huidige principes en denkwijze een transformatie start, worden veranderingen doorgevoerd die goed passen in de werkwijze van de huidige organisatie.

De ware ontdekkingsreis is geen speurtocht naar nieuwe landschappen maar het waarnemen met nieuwe ogen.

Marcel Proust

Het is niet ongewoon dat organisaties, in hun wens om de enterprise agility te verhogen, op zoek gaan naar bestaande frameworks die kunnen worden gehanteerd en best practices die kunnen worden geïmplementeerd. In eerdere hoofdstukken hebben we al geconstateerd dat dit niet leidt tot succesvolle transformaties maar vaak tot de zogenaamde 'cargo cult' waarin we agile doen in plaats van agile zijn. Om succesvol de enterprise agility te verhogen heeft het geen zin om nieuwe landschappen (in de vorm van frameworks) te gaan zoeken maar moeten we leren te gaan waarnemen met nieuwe ogen (de zogenaamde paradigmaverschuivingen). Om zelfstandig en zonder begeleiding op een andere manier te gaan waarnemen is een ingewikkeld en langdurig proces. Het anders kijken en anders denken is een proces dat ontstaat door intensief sparren en reflecteren onder leiding van mensen, groepen of afdelingen die dit proces eerder hebben doorgemaakt. Kennis, vaardigheden, workshops, hulpmiddelen, interventies, et cetera zijn absoluut waardevol voor een ieder die anderen begeleidt gedurende de transformatie maar weten wanneer u deze workshops, hulpmiddelen, interventies, et cetera in moet zetten om de gewenste resultaten te bereiken blijkt in de praktijk vele malen belangrijker te zijn. De concreetheid van best practices en de vaagheid van het inzicht in de essentie ervan zorgt echter dat veel meer aandacht uitgaat naar het aanleveren van best practices, dan het begrip wat we met dergelijke practices zouden willen bereiken.

Door de onzichtbaarheid van inzicht, kennis, vaardigheden en ervaring wordt het belang van mensen met gevoel voor de essentie vaak onderschat. Iedereen, die kan aantonen dat hij of zij minimaal 68 vragen van de 80 multiple choice vragen goed heeft beantwoord, lijkt daarmee opeens gekwalificeerd te zijn om begeleiding te geven gedurende de uitvoering van de ingewikkelde transformaties met de ervaring die is 'ontwikkeld' omdat zij werkzaam waren bij een organisatie die haar enterprise agility heeft verhoogd. Door het relatief jonge werkveld van enterprise agility en het beperkte aantal mensen dat werkelijk meerdere transformaties effectief hebben uitgevoerd is het Dunning-Kruger effect (Kruger & Dunning, 1999) sterk aanwezig, wat resulteert in slechte, inconsistente tot zelfs risicovolle adviezen vanuit het werkveld.

Het opzetten van een goede veranderorganisatie is dan ook van groot belang om niet alleen de beweging op gang te krijgen en houden maar ook de transformatie en onderliggende veranderingen op een goede wijze door te voeren. Waarbij niet het doel maar de bijbehorende resultaten (effect) voorop komen te staan en de veranderingen daadwerkelijk een bijdrage leveren aan de impact die de organisatie wil gaan maken. Dat medewerkers, teams, clusters en afdelingen niet leren om agile te doen en de verandering te volgen maar leren hoe het is om agile te zijn en de verandering zelf te leiden.

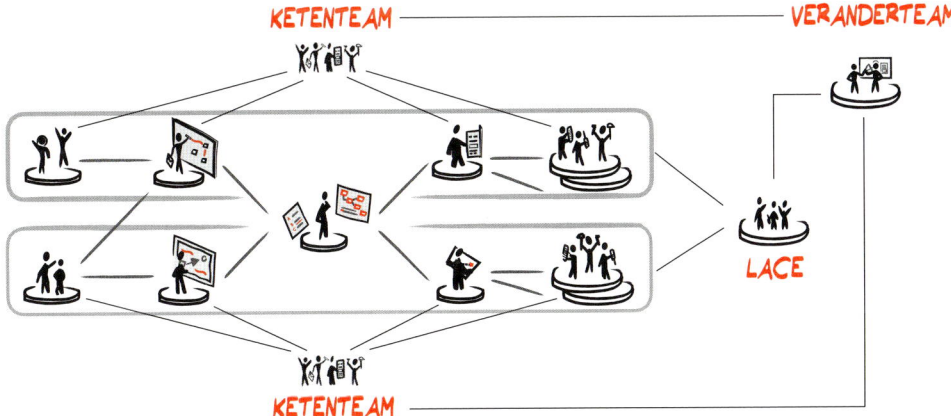

Figuur 35.1 De veranderorganisatie.

Een veranderorganisatie bestaat vaak uit een viertal groepen:
1. Het transformatieteam voor het leiden van de transformatie.
2. Het Lean Agile Center of Excellence (LACE) voor het begeleiden van de transformatie en veranderingen.

3. De ketenteams binnen de waardeketens voor het implementeren van de veranderingen.
4. De primaire / secundaire flow en enabling services voor het continu verbeteren van de veranderingen.

■ 35.1　HET TRANSFORMATIETEAM

Het transformatieteam is de groep binnen de organisatie waar vanuit de transformatie wordt geleid. Deze groep bestaat vaak uit een transformatiemanager en zijn of haar ondersteunende team. Deze groep vormt tezamen het kernteam en is verantwoordelijk voor het op gang brengen van de transformatie tot het punt dat de organisatie zelfstandig in staat is om de doorontwikkeling over te nemen. Het kernteam kan daarbij omringd worden door een flexibele schil van specialistische functies of rollen vanuit de organisatie, vaak representanten vanuit organisatieonderdelen waar het transformatieteam nauw contact mee onderhoudt.

In sommige organisaties wordt het transformatieteam samengesteld uit directeuren, afdelingshoofden of lijnmanagers vanuit de verschillende onderdelen binnen de organisatie. Het leiden van een transformatie in een middelgrote tot grote organisatie is meer dan een fulltime job en vereist focus, aandacht en vooral heel veel tijd. Een transformatie leiden naast de huidige set van werkzaamheden en alle bijbehorende operationele druk uitvoeren is simpelweg niet mogelijk en leidt vrijwel altijd tot het volledig tot stilstand komen van de transformatie. Een transformatieteam moet vanwege de enorme impact het volledige mandaat vanuit het leiderschap van de organisatie hebben, waarbij het leiderschap als primaire stakeholder van het transformatieteam optreedt.

Een transformatieteam kan grotendeels worden gevormd uit interne medewerkers die ervaring hebben met het uitvoeren van grootschalige organisatorische veranderingen. Door het specifieke karakter van transformaties om de enterprise agility te verhogen is het belangrijk om specifieke deskundigheid in het team aan te trekken met ervaring op het gebied van dergelijke transformaties, met name voor het ontwikkelen van de roadmap voor de transformatie en de inhoudelijke aspecten die vanuit de roadmap moeten worden uitgevoerd.

Het kernteam ontwikkelt de expansiekracht om het vliegwiel van de transformatie op gang te brengen en een correcte implementatie van alle veranderingen die in het kader van de transformatie worden uitgevoerd. Aan de hand van de veranderaanpak wordt de organisatie geholpen om op consistente wijze, met consistent gebruik van taal, een consistente houding en met consistent gedrag de transformatie door te voeren in een ambitieus maar realistisch tempo. Door het ontwikkelen van een heldere richting en duidelijke kaders voor de transformatie zelf wordt er regie gevoerd aan de hand van de roadmap, waarbij continu wordt gevalideerd wat de volgende stappen zijn om de gewenste effecten voor de organisatie te bereiken. Het transformatieteam werkt nauw samen met de ketenteams om de volgende set van veranderingen te definiëren.

Het transformatieteam wordt voorafgaand aan de transformatie samengesteld met een duidelijk mandaat en vormt daardoor vaak het startpunt van een transformatie. Ondanks het feit dat een transformatieteam altijd een tijdelijk karakter heeft, beslaat de levensduur van een dergelijk team vaak wel enkele jaren. De focus van het transformatieteam verschuift in de looptijd per fase (expansiekracht en voortstuwing) en per onderhanden waardeketen. Wanneer de organisatie in staat is om zich zelfstandig continu verder te verbeteren kan het transformatieteam worden ontbonden.

Door het tijdelijke karakter van het transformatieteam wordt deze vaak als programma aan de organisatie gekoppeld onder verantwoordelijkheid van de directie. Door de directe relatie wordt gebrek aan mandaat voorkomen en kunnen eventuele politiek gevoelige impediments kort-cyclisch worden aangepakt. Het transformatieteam kan zowel als zelfstandig programma als (tijdelijk) onderdeel van het Lean Agile Center of Excellence (LACE) worden ingericht. In dit laatste geval komt de verantwoordelijkheid van het LACE zowel te liggen op het leiden van de transformatie als op het begeleiden van de transformatie.

De focus op het op gang brengen van de transformatie en regie te voeren binnen de transformatie zorgt ervoor dat de juiste mate van progressie behouden blijft. In het begin is veel druk nodig om überhaupt progressie te kunnen maken maar naarmate meer resultaten worden geboekt vanuit de transformatie, ontstaat een periode waarin het transformatieteam zelfs onderdelen in haar ontwikkeling moet afremmen om voldoende focus en aandacht te kunnen blijven houden.

■ 35.2 LEAN AGILE CENTER OF EXCELLENCE (LACE)

Het Lean Agile Center of Excellence (LACE) is een ondersteunend samenwerkingsverband binnen de organisatie waar vanuit de gehele transformatie wordt begeleid. Door het permanente karakter van het LACE wordt deze vaak als afdeling binnen de organisatie ingericht. Een organisatie die haar enterprise agility wil verhogen heeft vaak nog onvoldoende kennis, vaardigheden en ervaring om dit zelfstandig uit te kunnen voeren. Vooral in de eerste periode waarin veel expansiekracht nodig is om de transformatie in beweging te krijgen zijn kennis, vaardigheden en ervaring een welkome aanvulling.

Het LACE bestaat uit inhoudelijk deskundigen op het gebied van enterprise agility of specifieke onderdelen daarbinnen. Denk hierbij aan kennis, vaardigheden over en ervaring met enterprise agility, business agility, het ontwikkelen van snelle, wendbare voortbrengingsketens, product- en portfoliomanagement, Beyond Budgeting, high performing Scrum en Kanban teams, DevOps, et cetera. De gewenste en noodzakelijke skills zijn afhankelijk van de ontwikkelde roadmap van het transformatieteam en de specifieke focusgebieden voor de aankomende periode. De kern van het LACE bestaat uit een selectie van medewerkers die hiervoor een substantiële hoeveelheid tijd vrij kunnen maken en maakt regelmatig gebruik van een flexibele schil van meer specialistische deskundigheid.

Het is belangrijk dat het LACE bestaat uit een goede balans van externe en interne medewerkers. Externe medewerkers brengen daarin de ervaring in van vergelijkbare transformaties bij andere bedrijven, toegekende overtuigingskracht, de praktische toepasbaarheid van concepten en het inzichtelijk maken van geïnternaliseerde tegenstellingen. Interne medewerkers brengen daarin de kennis van, ervaring met en netwerk binnen de organisatie mee en kunnen abstracte concepten vertalen in voor de organisatie herkenbare situaties.

Hoewel het niet ongebruikelijk is dat een LACE initieel beschikt over meer externe dan interne medewerkers, is de goede balans essentieel om de begeleiding voor de doorontwikkeling van de organisatie over te kunnen dragen wanneer de eerste twee fasen van de transformatie worden afgerond. Het ontwikkelen van kennis, vaardigheden en ervaring bij interne medewerkers, gebeurt door gezamenlijk met externe deskundigen de veranderingen binnen de organisatie uit te voeren. Het LACE is daarmee niet alleen ondersteunend aan de transformatie maar ontwikkelt ook de interne capabilities om de transformatie over te kunnen nemen wanneer de externe ondersteuning wordt uitgefaseerd.

Deze kennis en ervaring wordt tijdens de transformatie ingezet om de verschillende veranderingen op een goede en verantwoorde wijze te kunnen ondersteunen. De nadruk ligt hierin op het ondersteunen van de transformatie en onderliggende veranderingen, omdat anders een grote kans aanwezig is dat het eigenaarschap voor de transformatie buiten de primaire / secundaire flow en enabling services komt te liggen. Het LACE is daarom ook niet verantwoordelijk voor de progressie die op het gebied van de veranderingen wordt gemaakt maar zorgt dat de ketenteams en de verschillende flows worden ondersteund met kennis, vaardigheden en hulpmiddelen om de veranderingen zo goed mogelijk uit te voeren.

Een veelgemaakte fout is dat medewerkers van het LACE direct worden gekoppeld aan een ketenteam dat verantwoordelijk is voor een waardestroom. De gedachte hierachter is dat inzicht wordt ontwikkeld in de specifieke waardeketen en de betreffende medewerkers een vertrouwensrelatie kunnen ontwikkelen met het ketenteam. Wanneer het LACE bestaat uit externe deskundigen, die veelvuldig beschikken over brede en diepe ervaring met verschillende aspecten van veranderingen in het kader van enterprise agility, is dit ook zeker een mogelijkheid. In het geval van interne medewerkers die de noodzakelijke kennis, vaardigheden en ervaring moeten ontwikkelen leidt dit tot enorme cognitieve belasting en worden zij veelvuldig gevraagd om veranderingen (mede) te begeleiden die ver buiten hun stretch of learning zone komen te liggen. Het is daarom raadzaam om medewerkers juist te ontwikkelen in specifieke skills en disciplines vanuit het LACE en hen dáár in te zetten waar zij de meeste waarde kunnen toevoegen. Een bijkomend positief effect is dat medewerkers zich minder laten beïnvloeden door de status quo van de betreffende waardeketen en daardoor objectiever en met een verse blik naar onderliggende problemen kunnen kijken.

Belangrijke onderzoeksvragen daarbij zijn:
- Hoe faciliteren we dat medewerkers uit verschillende onderdelen met gelijksoortige problemen (of oplossingen) elkaar gemakkelijk kunnen vinden?
- Hoe kunnen we ontwikkelde kennis en vaardigheden binnen de organisatie breder toegankelijk maken?
- Hoe zorgen we voor een goede balans tussen alignment en autonomie als het gaat om kennis en expertise binnen de organisatie?
- Hoe ontwikkelen we diepgang in vakmanschap binnen een organisatie met multidisciplinaire teams en multidisciplinaire teamleden?

35.2.1 Het LACE als facilitator van veranderingen

Tijdens de transformatie worden de organisatie, teams, clusters, afdelingen maar ook management en ondersteuning regelmatig geconfronteerd met nieuwe aspecten vanuit de transformatie. Denk hierbij aan nieuwe of andere processen, houding, gedrag, sturing- en verantwoordingslijnen, hulpmiddelen en bijeenkomsten.

Het LACE ondersteunt veranderingen vanuit het act - assist – answer-principe. Dit betekent dat het, als onderdeel van de verandering, tijdelijk onder mandaat het voortouw neemt in het organiseren of uitvoeren van bijvoorbeeld een nieuwe werkwijze of het gebruik van een hulpmiddel ('act'). Door het geven van een goed voorbeeld en het benutten van de al aanwezige kundigheid wordt niet alleen de periode van verwarring ingekort, ook wordt direct duidelijk of en op welke wijze de eventuele verandering in de praktijk aangepast moet worden. Zelden past een generieke verandering één op één op de praktijk van een waardestroom of onderdeel en moeten de uitzonderingen op een dusdanige wijze gezamenlijk worden onderzocht en opgelost dat zij geen negatief effect hebben op het effect van de verandering.

Wanneer de situatie na het doorvoeren van een verandering enigszins is gestabiliseerd, wordt in de uitvoering niet langer het voortouw genomen door het

LACE en wordt de volgende serie samen met de betrokkenen in het onderdeel uitgevoerd ('assist'). Een belangrijk onderdeel van dit proces is het opleiden van de betrokkenen en middels gezamenlijke uitvoering zorgen dat daadwerkelijke transfer plaatsvindt: de toepassing van het aangeleerde in de praktijk. Door de betrokkenen verantwoordelijk te maken voor specifieke onderdelen kunnen kennis en ervaring op een gecontroleerde wijze worden ontwikkeld.

In de laatste fase ('answer') neemt het LACE afstand van de verandering en laat het de uitvoering op gecontroleerde wijze over aan de betrokkenen zelf. In de eerste periode van de fase wordt periodiek nog wel als een vorm van nazorg contact onderhouden maar ook dit wordt na verloop van tijd afgebouwd. Het LACE ondersteunt de uitvoering vanuit een rol als vraagbaak wanneer het betreffende onderdeel tegen problemen aanloopt of bijzondere afwijkingen worden geconstateerd.

Een goede uitvoering van het act - assist – answer-principe zorgt dat het eigenaarschap voor de verandering bij de betrokkenen zelf blijft liggen. Om die reden moet de 'act'-fase zo snel mogelijk worden omgezet naar de 'assist'-fase. Deze wijze van begeleiding biedt de betrokkenen houvast, gedurende de periode waarin de verandering plaatsvindt en reduceert de kans op een incorrecte uitvoering van de verandering, wat kan leiden tot een sterke toename van de weerstand. Een goede begeleiding helpt om in beperkte tijd een verandering te faciliteren en daadwerkelijk resultaten vanuit de verandering te kunnen zien. Aandacht voor de al aanwezige kennis bij de betrokkenen tijdens de fase van act zal ook helpen om weerstand weg te nemen. Een mooi uitgangspunt is om de betrokkenen te helpen bij het plaatsen van de bekende kennis in de juiste context ofwel het opschonen en aanvullen van de kennis door te werken vanuit het perspectief van het gezamenlijk onderzoeken van eventuele verschillen van begrip.

Naast het faciliteren van de veranderingen zelf, ondersteunt het LACE gelijktijdig de inrichting van de onderliggende principes van enterprise agility. Door inconsistent gebruik van de taal, houding en / of gedrag te reflecteren en te helpen met consistent en congruent gedrag inzichtelijk te maken, worden de onderliggende principes niet alleen vanuit een theoretisch concept beschikbaar gesteld maar wordt daadwerkelijk geholpen met het internaliseren. Door het faciliteren van het proces om emergente practices te herkennen en te verspreiden, wordt het ontwikkelen van in beton gegoten best practices voorkomen.

Om de betrokkenen te kunnen faciliteren in het leveren van een bijdrage aan de verandering, hebben de betrokkenen zicht nodig op wat bijdraagt en juist niet bijdraagt. Het bepalen en uitdragen van de gewenste effecten van een verandering helpt bij het de-escaleren van weerstanden en het verkorten van de periode van verwarring. Door duidelijk over de bühne te brengen wat het beoogde effect is van deze verandering, kunnen de betrokkenen vanuit hun professionaliteit op de juiste gebieden bijdragen aan het behalen van het beoogde effect.

35.2.2 Het LACE als kennis- en expertisecentrum

De primaire taak vanuit het LACE als kennis- en expertisecentrum is ondersteuning bieden aan de onderdelen die, na het doorvoeren van veranderingen, in de zogenaamde 'answer'-fase zijn beland. Periodiek wordt een beroep gedaan op de kennis en vaardigheden van het LACE om ondersteuning te bieden bij ontstane problemen of moeilijke vraagstukken. Door niet alleen ondersteuning te bieden maar ook te analyseren waarom de ondersteuning is gevraagd, kunnen toekomstige veranderingen beter worden uitgevoerd of ontwikkelde trainingen worden bijgesteld. Vanuit deze taakstelling is het ook mogelijk dat periodiek de uitvoering van doorgevoerde veranderingen wordt gemonitord.

Binnen middelgrote tot grote organisaties wordt, zeker wanneer vanuit de transformatie op meerdere plekken veranderingen worden doorgevoerd, veel kennis, vaardigheden en inzichten ontwikkeld. Het risico ontstaat dat het wiel in elke omgeving opnieuw wordt uitgevonden en inzichten niet tussen de verschillende onderdelen worden gedeeld. Het LACE heeft als kennis- en expertisecentrum een belangrijke rol om de zogenoemde 'pareltjes' binnen de organisatie te identificeren en een platform te bieden om deze breder bekend te maken. Door niet alleen kennis en expertise vanuit het LACE aan te bieden aan de organisatie maar juist een verbindende factor te zijn tussen de verschillende onderdelen binnen de organisatie, neemt de beschikbare hoeveelheid kennis en vaardigheden kwadratisch toe.

Het identificeren van de 'pareltjes' betekent overigens niet dat het LACE alles in richtlijnen en standaarden moeten vastleggen. De lokale context heeft namelijk een enorm grote invloed op de effectiviteit van dergelijke standaarden. Het LACE speelt als kennis- en expertisecentrum wel een grotere rol als het gaat om het bepalen om de minimale set van standaardisatie waarmee een effectieve en efficiënte vorm van samenwerking binnen de gehele organisatie mogelijk wordt. Daarom is het verstandig om bij het ter beschikking stellen van kennis en expertise onderscheid te maken tussen verplichte (instructie) en optionele (inspiratie) onderdelen.

Daarnaast heeft het LACE ook de taak om, met andere ambassadeurs van het agility-gedachtegoed, de organisatie, teams en betrokken individuele medewerkers te helpen bij het vinden van de juiste mindset, houding, gedrag en interactie. Het ontwikkelen van een lerende organisatie is breder dan het implementeren van feedback-lussen. Door het stimuleren van het stellen van hypotheses, het valideren van deze hypotheses door het uitvoeren van experimenten en op basis van de verkregen inzichten de uitvoering bij te stellen, worden principes als sneller leren actief in de praktijk uitgevoerd. Het LACE heeft daarin eveneens een taak in het helpen vinden van de juiste balans tussen het ritme van valideren (denken) en ontwikkelen (doen). Leren en vooral sneller leren vormt in het complex-domein een groot aandeel van het ontwikkelen van producten van waarde.

35.2.3 Het LACE als opleidings- en trainingscentrum

Door de bundeling van kennis en expertise binnen het LACE heeft het ook een rol als (onderdeel van) het opleidings- en trainingscentrum op het gebied van enterprise agility. Transformaties in het kader van het verhogen van enterprise agility kunnen vrijwel niet worden uitgevoerd zonder goede, ondersteunende opleidingen en trainingen die daadwerkelijk een transfer-effect bereiken. Transfer is een didactisch concept waarin de deelnemers in staat zijn om het geleerde ook daadwerkelijk toe te kunnen passen in de praktijk. Met name het beroepsgericht opleiden en taakgericht trainen, zijn specifiek ontwikkeld op het bereiken van transfer.

Het inzetten van het LACE als opleidings- en trainingscentrum heeft meerdere voordelen. Wanneer de opleidingen en trainingen worden afgestemd op de context van de organisatie, wordt de stap om de aangeboden leerstof op de praktijk af te stemmen aanzienlijk verkort. Door trainingen niet als één blok in enkele aangesloten dagen te verzorgen maar deze juist te verspreiden over een langere periode waar in een vaste frequentie een dagdeel wordt verzorgd, ontstaat de mogelijkheid om praktijkgerichte opdrachten mee te geven waarvan de resultaten in het volgende dagdeel kunnen worden gereflecteerd. Door een meer gedoseerde opleiding in training met een sterke focus op het toepassen in de praktijk wordt niet alleen beter transfer bereikt maar kan ook beter worden ingespeeld op de onderliggende mindshift.

Opleidingen en trainingen hoeven niet altijd volgens het 'klassikale' principe te worden uitgevoerd. Volledig digitale varianten zoals massive open online courses (MOOC's) en e-learnings worden steeds vaker ingezet om kennis en vaardigheden op specialistische thema's te ontwikkelen. Daarnaast kunnen ook webinars worden aangeboden aan een breed scala aan medewerkers binnen de organisatie. Specifieke varianten hiervan zijn zogenaamde crash courses die binnen een beperkte tijd (vaak een uur) een specifiek onderwerp met redelijke diepgang inzichtelijk maken.

■ 35.3 KETENTEAMS

Het ketenteam is verantwoordelijk voor het organiseren van een goede werking van de keten en het, onder regie van het transformatieteam, doorvoeren van de verschillende veranderingen en het bereiken van de gewenste effecten. Het transformatieteam richt zich op inzicht, overzicht en uitvoeren van de transformatie op het niveau van de gehele organisatie, zowel welke onderdelen worden uitgevoerd als welke eventuele ondersteuning daarvoor te organiseren in de vorm van producten, diensten of mensen.

Het ketenteam bestaat uit een gemandateerde afvaardiging vanuit alle betrokken onderdelen in de gehele keten, waardoor een multidisciplinair team wordt geformeerd vanuit zowel de business, de programma's, projecten of de lijnorganisatie, portfolio- of productmanagement, IV-ontwikkeling als ook de uitvoeringsorganisatie. Wanneer een organisatie zich al heeft ingericht langs de as van waardeketens, neemt de verantwoordelijke voor de waardeketen vaak de rol van voorzitter aan. Het is belangrijk om in het ketenteam eveneens en goede afspiegeling te hebben vanuit de primaire / secundaire flow en enabling services. Hierdoor wordt voorkomen dat veranderingen vanuit een ivoren toren wordt geleid en onvoldoende aandacht is voor de lokale context en problematiek. De optimale omvang van dit team is vier tot vijf personen, meer dan negen wordt sterk afgeraden.

De ketenteams binnen de waardeketens zijn verantwoordelijk voor het creëren van inzicht in de effectiviteit en efficiëntie van de waardeketen, zodat een directe feedback-lus ontstaat tussen de performance van de keten en het doorvoeren van veranderingen. Door het identificeren van de belangrijkste bottlenecks wordt inzicht verschaft aan het transformatieteam welke aspecten de grootste impact gaan hebben vanuit de transformatie. Het ketenteam is verantwoordelijk voor de beweging in de keten door, samen met de primaire en secundaire flow en ondersteund door het LACE, de veranderingen succesvol te implementeren in de waardeketen. Hierbij hebben zij een belangrijke rol in het identificeren en oplossen van eventuele impediments die zich op het niveau van de waardeketen voordoen.

Het ketenteam wordt, indien nog niet aanwezig, geformeerd wanneer de transformatie start binnen de betreffende waardeketen. Zij worden opgeleid en getraind door het LACE waarbij een goed begrip wordt ontwikkeld van enterprise agility, de aanstaande transformatie maar ook houding en gedragsaspecten die in het kader van de transformatie noodzakelijk zijn. De frequentie waarin het ketenteam bijeenkomt en de gewenste inzet van haar deelnemers vraagt is wisselend en ligt bij het opstarten van de transformatie aanzienlijk hoger, dan wanneer de fase van continu ontwikkelen is bereikt.

Zeker tijdens het formeren van het ketenteam is veel aandacht nodig voor het ontwikkelen van een teamgevoel op basis van gelijkwaardigheid. De praktijk laat zien dat wanneer het vertrouwen in elkaar laag is, veel onderlinge frustraties aanwezig zijn en een 'wij versus zij'-mindset heerst bij een ieder die aanwezig is. Het is daarom van essentieel belang om, onder professionele begeleiding, het teamgevoel en een goed onderling vertrouwen te ontwikkelen, voordat inzicht wordt gecreëerd in de performance van de waardeketen en eventueel aanwezig impediments. Wanneer dit niet gebeurt, moet rekening worden gehouden met een langdurige cyclus van explosieve bijeenkomsten en hoogoplopende emoties.

Binnen het ketenteam moet een actiegerichte houding worden ontwikkeld maar wel met respect tot de onderliggende principes van enterprise agility. Dit betekent concreet dat minder moet worden gediscussieerd en meer moet worden gedaan. Dat op basis van de principes van zelforganisatie wordt gewerkt aan die onderdelen waar het ketenteam voor verantwoordelijk is, zoals het oplossen van waardeketen-brede impediments. Een goede combinatie van directe en indirecte sturing wordt gebruikt als het gaat om het, samen met de primaire en secundaire flow, doorvoeren van de gewenste en noodzakelijke veranderingen.

De eerste opdracht van een ketenteam is het creëren van transparantie binnen de gehele waardeketen. Dit betekent het inzichtelijk maken van zowel de output (vanuit teams en clusters), de outcome (vanuit portfolio- en productmanagement) en impact (vanuit de business). Daarnaast wordt door het ketenteam inzicht gecreëerd in de effectiviteit en efficiëntie van de waardeketen zelf. Deze worden aangevuld met eventuele andere afgeleide indicatoren vanuit de systeem-optimaliserende doelen. Het inzichtelijk maken is geen eenmalige actie maar moet op dusdanige wijze worden georganiseerd dat frequent de actuele stand van zaken kan worden geïnspecteerd.

De tweede opdracht is het organiseren van workshops waarin de uitvoering van een aantal afgeronde, vanuit de businessbehoefte, gestarte projecten wordt geanalyseerd. Naast de wijze waarop de behoeften uiteindelijk (of niet) zijn ingevuld, wordt vooral ook gekeken naar de doorlooptijd van afzonderlijke stappen als alle bottlenecks die een effectieve of efficiënte uitvoering in de weg hebben gestaan. Deze exercitie ontwikkelt een goed begrip van de gehele waardeketen bij alle deelnemers en levert waardevolle feedback op voor het transformatieteam welke onderdelen de grootste aandacht hebben in het kader van de transformatie.

Hierna gaat het ketenteam over naar een continue cyclus van inspect & adapt, waarbij zowel de gewenste en noodzakelijke veranderingen worden voorbereid, uitgevoerd als geëvalueerd en eventuele impediments direct worden geadresseerd. Het is niet de bedoeling dat het ketenteam in afzondering van de primaire en secundaire flow de verandering gaat 'bedenken. Het is de bedoeling dat het ketenteam de verandering actief organiseert en binnen de betreffende flows de bijdragen faciliteert en stimuleert. De ondersteuning die in eerste instantie werd geboden vanuit het LACE wordt na het doorlopen van een aantal cycli steeds verder afgebouwd.

35.4 PRIMAIRE / SECUNDAIRE FLOW EN ENABLING SERVICES

De verantwoordelijkheid voor een succesvolle uitvoering tijdens en na de verandering ligt binnen de primaire / secundaire flow en enabling services. De aandacht moet er daarbij altijd op gericht zijn om op basis van een goede output, vooral outcome te creëren waarmee de business impact kan maken. Een aanstaande verandering heeft over het algemeen (tijdelijk) een negatieve impact op één of meerdere van deze resultaten. Veranderingen moeten daarom ook worden gezien en behandeld als investeringen die zich op termijn ook daadwerkelijk terug moeten verdienen. Transparantie over de veranderingen binnen de waardeketen en de verwachte impact van deze veranderingen op korte en lange termijn van deze veranderingen is essentieel om alle stakeholders op een goede wijze te kunnen informeren.

De primaire en secundaire flow zijn verantwoordelijk voor het uitvoeren van specifieke delen van de transformatie en de daaruit voortvloeiende veranderingen. De enabling services zijn verantwoordelijk voor die delen van de transformatie die generiek aan de organisatie ter beschikking moeten worden gesteld. Zij hebben niet voor niets representanten binnen het ketenteam om de juiste veranderingen op het juiste moment op de juiste wijze door te voeren. De uitdaging ligt daarbij op de omvang wat betreft het aantal betrokkenen wanneer gekeken wordt naar het doorvoeren van een dergelijke verandering.

Daarom is de oprichting van een tijdelijk samenwerkingsverband, bijvoorbeeld via een community of practice of voor kleinere veranderingen een werkgroep, een goede manier om de verandering tot stand te brengen. Dit voorkomt de Poolse landdag-problematiek maar behoudt het eigenaarschap wel binnen de juiste flows. Belangrijk is dat voldoende tijd en ruimte wordt gereserveerd om de betreffende wijzigingen ook op een goede wijze te kunnen uitrollen. Wanneer geen ruimte wordt gecreëerd voor opleidingen, trainingen, informatiesessies of onderlinge begeleiding, ontstaat al snel een situatie waarin de verandering half wordt doorgevoerd wat leidt tot een sterke toename van de weerstand of het ontstaan van risico's door een halfslachtige uitvoering van de verandering.

In de primaire / secundaire flow en enabling services zijn altijd spanningen aanwezig die ontstaan wanneer veranderingen 'van bovenaf' (transformatie- of ketenteam) worden gevraagd en ook ontstaan wanneer de veranderingen vanuit henzelf worden geïdentificeerd. Het ontstaan van spanningen door veranderingen is een gevoelig onderwerp en kan leiden tot sterke polarisatie, zeker met belangrijke onderliggende principes als zelforganisatie en eigenaarschap. In de praktijk wordt de volgende vraag nog wel eens gesteld: "Waarom is een transformatie- en ketenteam noodzakelijk, wanneer de verantwoordelijkheid voor de juiste dingen doen, de dingen juist doen en continu verbeteren binnen de primaire flow is ondergebracht?"

De scope van dergelijke transformatie is vele malen omvangrijker dan vanuit een enkel onderdeel kan worden beschouwd. Het vereist een sterke samenwerking tussen meerdere onderdelen binnen de organisatie, zowel binnen de waarde- als voortbrengingsketens maar ook over de verschillende flows en verschillende verantwoordelijkheden. Wanneer onvoldoende het nut en de noodzaak van een transformatie worden gezien, komt een organisatie niet in beweging. Wanneer deze wel duidelijk wordt, ontstaat een risico dat door de gehele organisatie heen lokale veranderingen worden uitgevoerd, waarmee de organisatie zelf mogelijk ernstige schade op kan lopen. Alignment en autonomie zijn niet alleen belangrijke concepten voor de productontwikkeling maar ook voor de transformatie en daaruit voortvloeiende veranderingen.

Het concept van continu verbeteren is nog steeds van groot belang binnen alle onderdelen van de organisatie maar wanneer dergelijke veranderingen een bredere scope krijgen of meer dan een beperkte investering vragen, is het belangrijk om in ieder geval afstemming te zoeken met het keten- of transformatieteam.

■ 35.5 INZICHT EN OVERZICHT

Een goede veranderorganisatie bestaat niet alleen bij de gratie van het formeren van tijdelijke teams of inrichten van permanente teams, het bestaat ook voor het creëren van inzicht en overzicht. Voor het uitvoeren van een transformatie van deze omvang is het van belang om centraal overzicht te creëren en te hebben over de transformatie, de veranderingen en de performance van de organisatie. Daarnaast is het belangrijk om inzicht te ontwikkelen in de beleving binnen de organisatie ten aanzien van de transformatie en uit te voeren veranderingen. Een effectief systeem te hebben om eventuele impediments binnen de organisatie te identificeren en op te lossen.

35.5.1 De opzet en werking van Obeya

Het ontwikkelen van inzicht en overzicht binnen transformaties is niet eenvoudig. Aan de ene kant is inzicht gewenst in de resultaten binnen de waardeketens, om daarmee de ontwikkeling van waardeketens te kunnen volgen en bottlenecks te kunnen identificeren. Aan de andere kant is overzicht noodzakelijk over de verschillende veranderingen die in het kader van de transformatie (gaan) worden uitgevoerd. Tot slot is inzicht nodig in eventuele impediments die moeten worden opgelost die het succes van de transformatie in de weg staan. Niet alleen op het niveau van de transformatie maar ook binnen de uit te voeren veranderingen en in de waardeketens zelf. Een Obeya is ooit ontstaan als een 'arena' waarin de juiste discussie kan worden gevoerd met alle leiders vanuit verschillende disciplines (Aasland & Blankenburg, 2012). In deze ruimte komen de leiders bijeen en is alle informatie voor iedereen beschikbaar om de juiste gesprekken te kunnen houden. Door het verschaffen van inzicht en overzicht op basis van optimale transparantie organiseert de Obeya niet alleen optimale inspect & adapt op het niveau van sturing en ondersteuning, de Obeya geeft eveneens de mogelijkheid om het leiderschap te helpen met het maken van de juiste beslissingen wanneer het transformatieteam of het LACE niet beschikt over een volledig mandaat voor de transformatie of veranderingen.

Het doel van een Obeya is het creëren van snelle besluitvorming, het reduceren van herwerk en heroverwegingen en het verminderen van onnodige discussies. Door een visuele representatie van de belangrijkste informatie over de transformatie, de veranderingen en de impediments wordt inzicht en overzicht gecreëerd over verschillende aspecten van de transformatie. Hierbij kan worden gedacht aan de voortgang van de transformatie, welke veranderingen zijn uitgevoerd, worden uitgevoerd of uitgevoerd gaan worden en welke impediments moeten worden opgelost op het niveau van het leiderschap, het transformatieteam of het LACE. In een verder gevormd stadium wordt de Obeya steeds meer gevuld met de informatie over de performance van de organisatie en haar onderdelen, waarmee inzicht en overzicht worden gecreëerd voor continu verbeteren op het niveau van de IV en de organisatie.

Het verschil van de oprichting van een Obeya-ruimte ten opzichte van lokale initiatieven om inzicht en overzicht te behouden, is dat informatie op één plek inzichtelijk wordt en discussie niet alleen op lokaal maar juist ook in samenhang wordt gestimuleerd. Een goede inrichting ondersteunt snelheid in het effectief oplossen van de juiste impediments en geeft zicht op progressie op alle niveaus van de organisatie. Tot slot helpt het om juist van elkaar te leren en elkaar te inspireren, zeker wanneer de performance van onderdelen die al verder zijn in het doorvoeren van de transformatie zich op positieve wijze onderscheiden van onderdelen die deze stappen nog niet hebben gezet.

In het kader van de transformatie bestaat de basisopzet uit de volgende elementen:
- De heldere richting en duidelijke kaders vanuit de organisatie en de transformatie;
- De overall roadmap vanuit de transformatie en roadmaps vanuit de waardeketens;
- Afgeleide indicatoren vanuit de systeem-optimaliserende doelen;
- Output, outcome en impact overzicht vanuit de waardeketens;
- Planningsoverzicht vanuit het transformatieteam en / of het LACE;
- Impediment-overzichten vanuit de verschillende niveaus.

35.5.2 De opzet en werking van veranderboekhouding

Een transformatie met als doel het verhogen van de enterprise agility bestaat uit veel, verschillende en soms ingewikkelde veranderingen. Het ontwikkelen van een goede informatiepositie bij dergelijke veranderingen kan goed worden ondersteund met het gebruik van een veranderboekhouding (Thiecke & Leeuwen, 2018). Ten aanzien van het succes van de verandering kan het zelfs van groot belang zijn om tijdig inzicht te krijgen in de effecten van de verandering. Eerlijk zijn over wat het kost (en dan niet alleen financieel), welke waardevolle manieren losgelaten moeten worden en wat nodig is aan inspanning om de periode van verandering goed door te komen, zijn belangrijke inzichten voor het succes van de verandering. Transparantie is de enige manier om iedereen onderweg te helpen bij het maken van de juiste keuzes ten aanzien van hun individuele bijdrage aan het succes. Eerlijk zijn over verlies, de uitdagingen en momenten van verwarring in de periode tijdens en na het doorvoeren van de verandering. Eerlijk over de focus op iets wat mogelijk pas in een later stadium duidelijk wordt of effect gaat hebben, terwijl toch voorafgaand aan de verandering commitment wordt gevraagd en eerlijk zijn over de consequenties wanneer de verandering niet of onvoldoende door wordt gezet.

Binnen de veranderboekhouding worden voor een specifieke, vaak ingewikkelde verandering de huidige situatie (A, Ist) en de gewenste toekomstige situatie (B, Soll) in kaart gebracht. Van beide situaties wordt niet alleen een beschrijving gegeven maar ook de effecten inzichtelijk gemaakt. Breng vervolgens goed in kaart welke mensen, teams, groepen of afdelingen direct dan wel indirect betrokken zijn bij de specifieke verandering. Denk hierbij aan management, andere afdelingen, ontwikkelaars, scrum masters, projectleiders, et cetera. Het is belangrijk om in gesprek te komen met representanten vanuit de genoemde partijen. De veranderboekhouding zelf bestaat uit een 2x2-matrix waarin de kolommen de labels 'kosten' en 'winst' krijgen en de rijen de labels 'de verandering is succesvol' en 'de verandering is niet succesvol' (zie figuur 35.2). Werk met de representanten ieder kwadrant uit ten aanzien van hun eigen beleving ten opzichte van de voorgenomen verandering.

De vragen en antwoorden die in de kwadranten ontstaan zijn:
- Wat kost het ons als de verandering is gelukt?
- Wat levert het ons op als de verandering is gelukt?
- Wat kost het ons als de verandering niet lukt en de situatie blijft zoals deze is?
- Wat levert het ons op als de verandering niet lukt en de situatie blijft zoals deze is?

Het onderzoeken van deze vier vragen met alle betrokken partijen geeft een rijke hoeveelheid aan informatie en inzichten met betrekking tot het verloop van de verandering. Het geeft zicht op waardevolle zaken die losgelaten moeten worden of op een andere wijze moeten worden geborgd. Het geeft zicht op de mate van urgentie die alle betrokkenen voelen bij de noodzaak van deze verandering. Het geeft zicht in hoeverre de gewenste toekomstige situatie als waardevol wordt gezien door alle betrokkenen en of hun beleving in overeenstemming is met de beoogde effecten van de verandering.

	KOSTEN	WINST	VERANDERING	
SUCCESVOL	Wat kost het ons als de verandering is geslaagd?	Wat levert het ons op als de verandering is geslaagd?	Beschrijving van de IST, A Effecten van de IST, A - - -	Beschrijving van de SOLL, B Effecten van de SOLL, B - - -
ONSUCCESVOL	Wat kost het ons op als de verandering niet is geslaagd?	Wat levert het ons op als de verandering niet is geslaagd?		

Figuur 35.2 De kosten en winst van het al dan niet succesvol doorvoeren van veranderingen inzichtelijk gemaakt door de veranderboekhouding.

De veranderboekhouding moet worden ingevuld met de daadwerkelijke representanten. De neiging kan ontstaan om vanuit de veranderorganisatie zelf de matrices in te vullen maar zelden is deze in overeenstemming met het gevoel dat binnen de groep zelf leeft. Zelfs met een hoog empathisch vermogen blijken de nuances op de kosten en winsten van de verandering sterk te worden beïnvloed door de beleving vanuit de eigen praktijk. Het is onverstandig om hierin aannames te doen. De tijd en de aandacht die u besteedt aan het transparant maken van de informatie in de praktijk gaat bijdragen aan de mate van adaptatie in de praktijk.

35.5.3 Het effectief oplossen van impediments

Hoewel het LACE een belangrijke taak heeft om als ambassadeur het gedachtegoed uit te dragen en kennis en vaardigheden op het gebied van Lean en agility te ontwikkelen en verbinden, wordt de effectiviteit van het LACE pas echt zichtbaar als het gaat om het oplossen van impediments die gedurende de transformatie en de het doorvoeren van veranderingen ontstaan. Hierin ligt ook het risico op misconceptie dat het LACE bestaat uit een unieke collectie van ultieme probleemoplossers.

De primaire reactie vanuit een LACE is onderzoeken waarom het betreffende individu of de groep niet in staat is om zelf het probleem te kunnen oplossen. Door begeleiding te geven en te faciliteren in technieken om gestructureerd problemen op te lossen (denk aan action logs, de A6-methodiek of A3 problem solving) worden problemen scherper geformuleerd, onderliggende bronoorzaken geanalyseerd, oplossingsrichtingen gecreëerd en executiekracht aangespoord. Onder begeleiding leren individuen en groepen hoe zij zelfstandig dergelijke problemen kunnen oplossen.

Wanneer een probleem (of daaruit voortvloeiende oplossingen) bij andere onderdelen binnen de organisatie liggen, moet een mechanisme worden ingericht om samenwerking in het oplossen van impediments te organiseren. Het samenwerken gebeurt ook middels het verbinden van de impediments board, het liefst als onderdeel van de Obeya. Een belangrijk onderdeel hiervan is het goed inzichtelijk maken van de prioriteiten van impediments, zodat ook het oplossen ervan een belangrijke impact heeft op de werking van de organisatie. Hierbij moet de aandacht uitgaan naar het goed specificeren wat daadwerkelijk aan het andere onderdeel wordt gevraagd (bijvoorbeeld het organiseren van een deel van de oplossing), in plaats van gedachteloos het probleem te verplaatsen binnen de organisatie.

De uitdaging ligt vaak niet zo zeer in het mechanisme om problemen op de juiste manier te structureren of te routeren binnen de organisatie maar de executiekracht te organiseren om problemen daadwerkelijk in de praktijk op te lossen. Zeker in grotere organisaties zijn alle mogelijkheden 'ontmanteld' om als persoon effectief oplossingen te bewerkstelligen. Daarom is, zeker gedurende de transformatie, veel aandacht vanuit het transformatieteam en het LACE nodig om zoveel mogelijk barrières weg te nemen die de executiekracht van individuen en groepen in de weg staan om zelfstandig actie te nemen. Het losweken van een door bureaucratie vastgeroeste organisatie is dan misschien ook wel dé reden dat een sterke en krachtige veranderorganisatie noodzakelijk is.

■ 35.6 DUS...

Het creëren van een effectieve veranderorganisatie is noodzakelijk om de transformatie op gang te krijgen en houden. Het transformatieteam is de groep binnen de organisatie waar vanuit de transformatie wordt geleid. Het Lean Agile Center of Excellence (LACE) is de capability binnen de organisatie, die de organisatie tijdens de transformatie begeleidt. Het ketenteam binnen een waardeketen is daarin verantwoordelijk voor het succesvol implementeren van de veranderingen en het oplossen van eventuele impediments. De verantwoordelijkheid voor een succesvolle uitvoering tijdens en na de verandering ligt binnen de primaire / secundaire flow en enabling services. Door de scope en complexiteit van transformaties is een goed overzicht en het opzetten van een veranderboekhouding van groot belang.

36 Het direct ondersteunen van de transformatie: coaching community

Het op dagelijkse basis observeren, spiegelen, begeleiden en eventueel corrigeren naar gewenst effectief gedrag in de gehele organisatie vereist een organisatiebrede community van ervaringsdeskundigen op het gebied van Lean en agility. Een continue serie van kleine tot microscopische mindset-interventies is noodzakelijk om een paradigma shift binnen groepen te veroorzaken. Een coach faciliteert kleine reflecties op het moment dat iemand inconsistente taal gebruikt, of een inconsistente aanpassing voorstelt. Grotere reflecties worden gedaan wanneer iemand goedbedoeld het eigenaarschap bij een ander weghoudt, of begint met het ter discussie stellen van de 'nieuwe' werkwijze zonder nog een moment ervaring hierin te hebben opgebouwd.

Directe ondersteuning komt voort uit observeren. Veel, vaak en doelgericht. Het is niet voor het eerst dat mensen in de rol van scrum master of agile coach worden aangesproken op het feit dat ze 'niets' doen of bij escalaties en problemen 'met hun handen in de zakken blijven staan'. Op mogelijk een enkeling na blijkt dat, ondanks de mogelijk apathische uitstraling, hun hersenen overuren draaien en zij alle indrukken, emoties, handelingen, uitspraken, resultaten met elkaar in verbinding brengen. Wat zijn de aspecten die werken in een gegeven situatie en wat zijn de aandachtspunten voor verdere ontwikkeling?

Een goede coach neemt de uitvoering namelijk niet over van de gecoachte en gaat niet actief bijsturen wanneer hij of zij ziet dat het resultaat niet wordt bereikt. Tenzij het handelen echt desastreuze gevolgen heeft, laat de coach gebeuren wat er gebeurt, zodat op basis van ervaringen geleerd kan worden. Dus ja, het kan zijn dat een proces fout loopt maar dat is een uitstekend vertrekpunt om de groep te leren dat alle inspanningen niet leiden tot het gewenste resultaat. Daarnaast heeft een goede coach nauwelijks oog voor de inhoudelijke uitvoering van een proces, handeling of bijeenkomst maar is vooral gericht op wat zich op metaniveau afspeelt. Door focus te hebben of het doel wordt bereikt, of de medewerkers elkaar goed begrijpen, welke houding zij aannemen ten opzichte van elkaar en welke verantwoordelijkheid zij voelen voor het behalen van een goed resultaat. Het is altijd weer verbazingwekkend welke inzichten door de coach inzichtelijk kunnen worden gemaakt.

Wanneer op verschillende plekken veranderingen worden doorgevoerd, is het van belang om ook directe ondersteuning voor het transformatie- en veranderingsproces in te regelen. Hierbij wordt gebruik gemaakt van een coaching community. Dit collectief van ervaringsdeskundigen op het gebied van (enterprise) agility is beschikbaar om mensen te ondersteunen naar een nieuwe of andere wijze van samenwerking of wat de impact is van doorgevoerde veranderingen binnen de organisatie. Op basis van hun specifieke achtergrond en deskundigheid kunnen zij zowel inhoudelijk als op gevoelsniveau ondersteuning bieden.

Deze community vormt daarmee een baken om houvast te geven gedurende de transformatie en daaruit voortvloeiende veranderingen. Wanneer veel verandert hebben mensen en groepen de neiging om zich vast te klampen aan het oude vertrouwde. Fysieke analogieën zijn te vinden in situaties waarin mensen gevraagd worden grensverleggende activiteiten uit te voeren. Hierin ziet u letterlijk het vastklampen aan een paal of balk, waarbij begeleiding nodig is in de vorm van verbale geruststelling of iemand die naast u staat en u stapsgewijs over uw angst heen helpt. De coaching community ondersteunt op exact dezelfde wijze als het gaat om het gevoelsmatig vastklampen aan het oude vertrouwde. Het is gemakkelijk om te stellen dat een organisatie ook zonder begeleiding wel een ander proces kan volgen maar die toon verandert vaak snel wanneer zij zelf een verandering van deze omvang moeten ondergaan.

■ 36.1 DE COACHING COMMUNITY

Een middelgrote tot grote organisatie bestaat uit veel mensen en evenredig zoveel meningen en ervaringen. Zonder directe ondersteuning vanuit een coaching community moet de focus vanuit het transformatieteam zeer gericht blijven op enkele specifieke onderdelen. Een goed functionerende, competente en samenwerkende coaching community vormt een katalysator voor de transformatie. Een coaching community is vaak niet of slechts beperkt zichtbaar binnen de organisatie. Enkele individuen worden vaak op persoonlijke titel geroemd maar het ondersteunen van de transformatie en het op dagelijkse basis begeleiden van de veranderingen gebeurt in stilte en op de achtergrond.

In de praktijk bestaat deze community vaak uit scrum masters, agile coaches, ambassadeurs en ervaringsdeskundigen op het gebied van (enterprise) agility. Het is mogelijk dat deze community verder wordt aangevuld met mensen vanuit partnerships of organisatie-overstijgende ketens. Binnen de transformatie is het belangrijk om niet alleen de coaching community meer zichtbaar te maken maar hen ook in sync te krijgen met de volledige transformatie en met elkaar.

36.1.1 Scrum masters

De scrum masters zijn verantwoordelijk voor het opzetten van Scrum, door iedereen te helpen om Scrum-theorie en -praktijk te begrijpen, zowel binnen het Scrum-team als binnen de organisatie. De scrum masters zijn verantwoordelijk voor de effectiviteit van de Scrum-teams, door het Scrum-team in staat te stellen haar werkwijzen te verbeteren binnen het Scrum framework. Scrum masters zijn echte leiders die het Scrum-team en de grotere organisatie dienen. Een afvaardiging vanuit de scrum masters is vaak opgenomen in het LACE.

De scrum master heeft door de directe aanwezigheid in de Scrum-teams een niet te onderschatten effect als het gaat om het kweken van inzicht, begrip en gevoel van (enterprise) agility. Door een open en onderzoekende houding wordt samen geleerd om 'waarheden' ter discussie te stellen en 'aannames' te valideren. De kracht van een goede scrum master is dat hij of zij ook weet wat hij of zij niet weet. Door in alle kwetsbaarheid als scrum masters eerlijk te zijn over duidelijkheden, onduidelijkheden, overeenkomsten en verschillen worden zij het voorbeeld van transparantie en integere informatiedeling. Ook een transformatie zorgt voor steeds veranderende omstandigheden en begeven we ons regelmatig op onbekend terrein. In dergelijke gevallen is het des te belangrijker om toe te geven dat ook zij het niet weten. Dat 'het zeker weten' pas achteraf vastgesteld kan worden nadat hypotheses op basis van experimenten zijn gevalideerd.

De scrum masters richten zich niet alleen hun Scrum-teams door coachen van de teamleden, het aanbrengen van focus op het creëren van incrementen met hoge waarde, het (helpen) verwijderen van impediments, het inrichten van goed product backlog management of het ontwikkelen van samenwerking. Door het ontwikkelen van eigenaarschap en zelforganisatie binnen het Scrum-team moet de mate van inspanning van een goede scrum master binnen het Scrum-team over verloop van tijd drastisch afnemen. Hierdoor ontstaat meer ruimte voor het opleiden, trainen en coachen van de organisatie in haar Scrum-adoptie, het plannen en adviseren van Scrum-implementaties en het helpen van medewerkers en stakeholders bij het begrijpen en werken volgens een empirisch proces in het complex-domein.

36.1.2 Agile coaches

De agile coaches ondersteunen de organisatie met het adopteren en het in de praktijk brengen van het gedachtegoed van enterprise agility. De primaire focus van de agile coaches ligt daarin op het niveau van de IV, waarin effectieve vormen van samenwerking moeten worden gecreëerd tussen de verschillende clusters. Daarnaast ondersteunen zij de opzet en ontwikkeling van een groot deel van de secundaire flow en enabling services binnen de organisatie. Agile coaches begeleiden zowel de business als de overige afdelingen binnen de organisatie om op een effectieve wijze te opereren in het complex-domein en de wijze waarop zij de enterprise agility kunnen gebruiken dan wel ondersteunen.

Agile coaches zijn vaak in minder grote aantallen aanwezig dan de scrum masters. Om die reden mag het opleidings- en ervaringsniveau dat noodzakelijk is voor het succesvol functioneren van deze mensen niet worden onderschat. De diepgang van de kennis en ervaring, om vooral ook in de ingewikkelde situaties de juiste begeleiding te kunnen geven, is groot. Door het brede speelveld waarin agile coaches opereren beschikken zij vaak over verschillende sets van kennis, vaardigheden en ervaring. Het inrichten van het ontwikkelen en implementeren van het compliancy-proces verschilt dag en nacht van het coachen en begeleiden van intercluster refinements. Daarom is het goed om de brede set van skills in kaart te brengen, zodat de juiste skills voor de juiste veranderingen kunnen worden ingezet. De agile coaches zijn vaak onderdeel van het LACE.

36.1.3 Ambassadeurs

Binnen een organisatie zijn vrijwel geen betere ambassadeurs te vinden dan degene die al verder zijn op het gebied van de transformatie en inzicht kunnen geven in de resultaten die inmiddels zijn geboekt. Hiermee wordt het vertrouwen gewekt dat alle inspanning en uitdagingen daadwerkelijk effect gaan hebben wanneer de transformatie wordt doorgezet. Een ambassadeur hoeft daarin niet alleen maar de positieve kant van de transformatie of serie van veranderingen te belichten. De persoonlijke ervaringen van ambassadeurs bevestigen anderen in de organisatie dat zij niet de enige zijn met twijfels, problemen of uitdagingen maar dat het mogelijk is dat ondanks alle 'beren op de weg' toch goede stappen worden gemaakt.

De ambassadeurs moeten worden gezocht onder de mensen die zelf de transformatie en veranderingen hebben moeten ondergaan. Wanneer een transformatiemanager, scrum master of agile coach een prachtig verhaal vertelt over de transformatie, wordt de boodschap toch met enige vorm van scepsis ontvangen. De ambassadeurs coachen daarin specifieke onderdelen van de organisatie over de ontwikkelingen die binnen de onderdelen moeten worden uitgevoerd.

36.1.4 Ervaringsdeskundigen

Het lijkt soms alsof scrum masters en agile coaches alle wijsheid in pacht hebben. Hoewel kennis en ervaring vaak complementair zijn aan de ervaring binnen de teams (denk aan Scrum, coachingsprincipes, intervisie, productmanagement principes, etcetera) die zij coachen, beschikken zij vaak niet over uitgebreide ervaring op specialistische onderwerpen. Denk hierbij aan bijvoorbeeld het uitvoeren van goede code reviews, effectief pair programming, regressietesten, design patterns, continuous integration, systems monitoring en ga zo maar door.

De mensen met uitgebreide ervaring op één of enkele van deze onderwerpen noemen we in het kader van dit boek ervaringsdeskundigen. Als onderdeel van de coaching community kunnen zij anderen binnen de organisatie helpen om de specifieke deskundigheid op te ontwikkelen. Voor grotere onderwerpen wordt hier veelvuldig een community of practice (CoP) voor opgericht, zodat de kennis en vaardigheden efficiënt en doelgericht kunnen worden ontwikkeld. De kennis en vaardigheden van kleinere onderwerpen worden vaak verspreid via Open Spaces of via het Traveler-principe. Ervaringsdeskundigen zijn vaak opgenomen in de flexibele schil van het LACE.

■ 36.2 DE ONDERLINGE SAMENWERKING

Een transformatie met als doel het verhogen van de enterprise agility is al moeilijk genoeg, laat staan wanneer de verschillende rollen ter ondersteuning van de transformatie niet met één woord spreken, geen onderlinge consensus weten te bereiken en persoonlijke ego's over elkaar heen rollen. De gehele coaching community moet door 'rust, reinheid en regelmatigheid' een baken zijn in de uitdagende periode waarin de transformatie plaatsvindt en houvast bieden bij de serie van veranderingen die in de organisatie worden uitgerold. Wanneer continu escalaties plaatsvinden, veranderingen halfbakken worden doorgevoerd en elke groep continu de prioriteit legt op andere initiatieven, is de kans groot dat de organisatie haar houvast zoekt in de oude, vertrouwde werkwijze.

In iedere organisatie zijn binnen de gelederen van vakgenoten verschillen van inzichten en meningen te vinden, zo ook in het vakgebied van coaching van (enterprise) agility. Als we eerlijk zijn hebben we in dit vakgebied collega's aangetroffen die zichzelf overschatten en collega's die zich onderschatten in kennis en kunde. Toch is het belangrijk om beide zijden van deze veronderstelling in de gelegenheid te brengen om zichzelf tegen te komen, te reguleren, te leren en te groeien. Deze coaching community bevat de mensen die om raad worden gevraagd wanneer anderen in de organisatie het even niet meer weten. Deze groep mensen moet weten wat het verschil is achter het begrip van een woord, gevoel hebben bij de nuances en weten welke definitie wordt gehanteerd bij de betreffende organisatie. Om de ander iets te leren moet u de ander laten ontdekken, terwijl u gepaste houvast biedt.

In de praktijk lijken agile coaches en scrum masters elkaar het meest in de weg te lopen. De beide werkvelden worden onnodig gecompliceerd afgespiegeld ("Jullie hebben geen idee waar ons werk echt over gaat!") of gesimplificeerd ("Enterprise agility is toch gewoon Scrum uitgerold in de gehele organisatie?"). Als stelregel hanteren wij dat scrum masters zich richten op de directe ondersteuning van de primaire flow tot en met het niveau van een cluster inclusief direct ondersteunende teams als het POST, ST's en PT's. De agile coaches richten zich op de indirect ondersteunende teams binnen clusters en de primaire / secundaire flow en enabling services binnen het intercluster-niveau, de business en de organisatie. Dit gaat specifiek over welk van de twee rollen het voortouw moet nemen. Daar waar het gaat om het aanhaken van specifieke deskundigheid moet te allen tijde de deur openstaan om de juiste kennis en vaardigheden te betrekken.

Op veel plekken gaat het in het leveren van de directe ondersteuning niet om co-existentie maar om onderlinge samenwerking en versterking. Door het verbinden van de coaching community onderling, met de ketenteams en het transformatieteam wordt de, vaak eenzijdige en lokale, focus gericht op de meest essentiële onderdelen binnen de transformatie. Dit vraagt van een ieder respect voor elkaars rollen, taken en verantwoordelijkheden en zicht op de effecten die in de gehele keten (moeten) worden bereikt. Op basis van een vaste cadans kunnen verbeteringen worden doorgevoerd, kunnen de effecten inzichtelijk worden gemaakt en vanuit de resultaten worden geleerd. Door interventies vanuit zowel de agile coaches als scrum master, met vertrouwen gesteund vanuit de ambassadeurs en met begeleiding vanuit de ervaringsdeskundigen, kunnen in een korte periode enorm grote stappen worden gezet.

Het transformatieteam is verantwoordelijk voor de transformatie en dirigeert de grotere veranderingen die binnen de organisatie worden uitgevoerd. De kernteams zijn verantwoordelijk voor de opzet en werking van de gehele waardeketen en het doorvoeren van alle veranderingen binnen de waardeketen. De primaire flow is verantwoordelijk voor de uitvoering van de keten inclusief de daarin uitgevoerde veranderingen. Deze ketens worden ondersteund door de secundaire flow en enabling services. De veranderingen tot en met het continu verbeteren worden ondersteund vanuit de coaching community.

De intense samenwerking tussen het LACE, de kernteams en de coaching community alsmede de coaching community onderling is een essentiële factor om de verdere ontwikkeling van de organisatie en de toekomstige verhoging van de enterprise agility binnen de organisatie te kunnen borgen. Hoewel de direct ondersteunende rol in het begin zeker nog vanuit het transformatieteam kan worden georganiseerd, wordt de intensiteit van coördinatie bij de uitbreiding van de transformatie al snel te intens. Het inrichten van een professionele coaching community op basis van zelforganisatie en eigenaarschap en met aandacht voor het vakmanschap is dan ook een belangrijk ontwikkelingspunt aan het begin van de transformatie. Immers, daar waar het transformatieteam een tijdelijk karakter heeft om het vliegwiel binnen de organisatie op gang te brengen, heeft deze community samen met het LACE een langdurig karakter om enterprise agility over een langere periode te borgen.

36.3 DUS...

Het op dagelijkse basis observeren, spiegelen, begeleiden en eventueel corrigeren naar gewenst effectief gedrag binnen de gehele organisatie vereist een organisatiebrede community van ervaringsdeskundigen op het gebied van Lean, agility en gedragscoaching. Deze community vormt een baken om iedereen houvast te bieden gedurende de transformatie en daaruit voortvloeiende veranderingen. In de praktijk bestaat deze community vaak uit scrum masters, coaches en ambassadeurs op het gebied van (enterprise) agility. Door het verbinden van deze community met elkaar, de ketenteams en het transformatieteam wordt de (vaak lokale) focus gericht op de meest essentiële onderdelen binnen de transformatie. Het transformatieteam richt zich daarbij op welke (grotere) veranderingen waar en op welk moment worden uitgevoerd. De ketenteams werken hand in hand met deze community voor het ondersteunen van de wijze waarop de verandering wordt uitgevoerd. Daar waar het transformatieteam een tijdelijk karakter heeft om het vliegwiel binnen de organisatie op gang te brengen, heeft deze community samen met het LACE een langdurig karakter om enterprise agility over een langere periode te borgen.

37 Het indirect ondersteunen van de transformatie: learning community

Om snel en wendbaar waardevolle product-incrementen te leveren werken we in multidisciplinaire teams. Kenmerkend aan deze multidisciplinaire teams is dat de in het team aanwezig skills vaak complementair aan elkaar zijn, waardoor de kans klein is dat uw teamgenoot ook één van uw vakgenoten is. Deze combinatie van kennis, vaardigheden en ervaring werkt uitstekend om altijd in te kunnen spelen op veranderingen binnen een hoog-dynamische omgeving maar ondermijnt volledig het op natuurlijke wijze leren van vakgenoten door het gebrek aan intensieve samenwerking met deze vakgenoten. Deze sterke focus op specifieke producten en multidisciplinaire teams, mag de aandacht voor individuele specialisatie en overkoepelende kennisgebieden niet doen ondersneeuwen, zeker niet in een op kenniswerkers gebaseerde organisatie.

Het risico bestaat dat wanneer naast het werken in multidisciplinaire teams niet ook actief wordt geïnvesteerd in het ontwikkelen van kennis en vaardigheden, de aanwezige kennis en vaardigheden binnen de organisatie in een aanzienlijk tempo achteruit hollen. Zeker in het domein van kenniswerkers en al helemaal binnen de technologie volgen de ontwikkelingen elkaar razendsnel op. Wanneer de kennis niet actief wordt onderhouden en nieuwe vaardigheden niet worden geïnternaliseerd, is de kans groot dat de organisatie niet in staat is om voldoende mee te bewegen met de ontwikkelingen in de directe omgeving van de organisatie. Een lerende organisatie gaat niet alleen over het continu bijstellen van de uitvoering op basis van de laatste ontwikkelingen maar ook over het continu verwerven van nieuwe kennis en vaardigheden.

Het werken in een hoog-dynamische omgeving vraagt veel van de medewerkers. Met slechts het beheersen van een enkele vaardigheid bent u als individu nauwelijks van toegevoegde waarde. De diepgang om op professioneel niveau de werkzaamheden uit te voeren mag niet worden onderschat. Voor een gemiddelde software developer betekent dat hij of zij niet alleen de ontwikkeltaal moet beheersen maar ook kennis moet hebben van test driven development, continuous integration, refactoring, code smells, design patterns, datastructuren en algoritmes. Daarnaast ook van teamdynamiek, pair programming, software architecturen, incident en servicemanagement, technical debt en alle houdings- en gedragsaspecten die met het werken in high performing teams wordt verwacht. Dit geeft niet alleen enorme cognitieve belasting maar vereist ook het continu ontwikkelen van kennis en vaardigheden op alle specifieke gebieden.

Wanneer een organisatie zijn teams samenstelt uit minder gekwalificeerde medewerkers of niet investeert in een continu lerende omgeving, zijn de gevolgen helaas (of gelukkig) al in korte tijd zichtbaar. Duurde het vroeger 10 tot 15 jaar voor de gevolgen van diverse quick workarounds resulteerden in een nauwelijks nog onderhoudbaar systeem, door de toegenomen snelheid van iteraties worden de gevolgen nu al zichtbaar in zes tot negen maanden. Met een radicale reductie van de gemiddelde velocity, het optreden van onverklaarbare bugs, bijzondere oorzaak - gevolg relaties en een afnemende performance van het systeem kan worden geconcludeerd dat het systeem niet tot nauwelijks nog onderhoudbaar is. De oorzaak kan worden gevonden in onvoldoende professionaliteit en vakmanschap als het gaat om softwareontwikkeling.

Een learning community is een kleine groep medewerkers die gemeenschappelijke leerdoelen delen en in diverse vormen samenwerken in vastgestelde groepen onder deskundige leiding. Het opzetten, ontwikkelen en stimuleren van learning communities zorgt voor een omgeving waarin mensen actief aan hun kennis kunnen en willen werken. Het ontwikkelen van vakmanschap is een belangrijke enabler voor de organisatie en mag niet gezien worden als iets dat u naast uw werk er nog maar even bij moet doen. Net als het ontwikkelen van sterke fysieke capaciteiten van groot belang is voor mensen die fysiek zwaar werk moeten uitvoeren (zoals militairen), zo is het ontwikkelen van sterke geestelijke capaciteiten van kenniswerkers van essentieel belang om slagvaardig als organisatie op te kunnen treden.

In een organisatie van kenniswerkers is de ontwikkeling van die kennis van cruciaal belang. Om die reden is het belangrijk om naast het werken aan de meeste waardevolle behoefte (purpose) ook continu aandacht te blijven besteden aan continu leren (mastery). Dit betekent dat het continu leren actief moet worden uitgedragen. Ontwikkelingen in het vakgebied moet worden bijgehouden. Nieuwe methodieken en inzichten vanuit het vakgebied moeten worden onderzocht op hun mogelijkheden. Interessante toepassingen van bestaande technieken moeten worden gedeeld. Hulpmiddelen moeten verder worden ontwikkeld en standaarden moeten eventueel worden vastgesteld. Kortom, niet alleen de ontwikkeling van vakkennis door het individu staat centraal maar ook de kennis, vaardigheden en ervaringen van de vakmatige community als geheel.

Het leren en vooral toepassingsgericht leren kan en moet op verschillende manieren en in verschillende tempo's worden ondersteund. Een autodidact laat beschikbare boeken en materialen links liggen en gaat actief aan de slag met de materie door een continue cyclus van experimenten die elkaar in een hoog tempo opvolgen. Een action learner verzamelt eerst de beschikbare informatie en gaat dan het liefst hiermee aan de slag op basis van een duidelijke doelgerichte opdrachten. Een typische boekenwurm leest zich het liefst eerst helemaal in voordat hij of zij overweegt om het geleerde in de praktijk te gaan brengen.

In het complex-domein is het belangrijk dat zowel theorie en praktijk als doen en denken in balans zijn. De mate van transfer is afhankelijk van de ruimte om te experimenteren, fouten te mogen maken en de interactie tussen collega's over het onderwerp in de praktijk. Om transfer te faciliteren moet een aantal voorwaarden ingevuld worden. Denk hierbij aan de bereidheid binnen de organisatie om met de theorie aan de slag te gaan, de toegepaste werkvormen, de aandacht voor de onderliggende principes, het met praktijkgenoten valideren van de effecten van de toegepaste theorie en het leren door validatie van hypotheses door het experimenteren. De op het vakgebied georiënteerde communities of practice zijn daarin dé plek om de genoemde voorwaarden te organiseren en ontwikkeling van het vakgebied te stimuleren.

Terwijl de meest effectieve oplossingen ontstaan in een multidisciplinaire omgeving, ontstaat de verdieping van kennis vaak in de interactie tussen vakgenoten. Beiden verdienen de aandacht; het inrichten van een kennis community is daarom net zo belangrijk als het inrichten van een coaching community. Het continu ontwikkelen en verdiepen van kennis moet daarom structureel worden opgenomen in de organisatie.

■ 37.1 COMMUNITIES OF PRACTICE (COP'S)

Door middel van Communities of Practice (CoP) worden mensen periodiek samengebracht op een breed scala aan relevante onderwerpen. Een CoP is het ultieme voorbeeld van een learning community waarin een vaak kleine groep medewerkers gemeenschappelijke leerdoelen deelt en periodiek bijeenkomt om elkaar te helpen met het behalen van de gestelde leerdoelen. Andere collega's die over verloop van tijd gelijksoortige leerbehoeften ontwikkelen kunnen zich aansluiten en collega's die qua leerbehoefte voldoende niveau hebben bereikt kunnen zich afmelden of alsnog aanblijven maar vanuit een andere rol.

Een CoP wordt vaak gevormd om een kern van een aantal enthousiaste collega's die bepaalde inzichten, kennis, vaardigheden of ervaringen willen ontwikkelen. Het bekend stellen van de CoP binnen de organisatie kan een aanzuigende werkingen hebben, waardoor enerzijds meer mogelijkheden ontstaan om gezamenlijk te leren maar anderzijds vaak ook extra organisatorische afspraken moeten worden gemaakt. Bij het opzetten van een CoP is daarom belangrijk om duidelijke doelstellingen te definiëren waarom de CoP is opgericht, welke doelstellingen zij nastreeft en eventuele afspraken die gelden. Een duidelijke afbakening zorgt dat de juiste collega's met de juiste verwachting worden aangetrokken.

De deelnemers aan de CoP organiseren verschillende vormen voor het opbouwen en uitwisselen van inzichten, kennis en vaardigheden. In de praktijk blijkt dat naarmate de activiteit toeneemt ook het aantal leden binnen de CoP stijgt. Gedurende de periode waarin de ontwikkeling centraal staat, moet continu worden gevalideerd of de doelen, werkvormen, afspraken en communicatielijnen nog steeds passen bij de behoeften van de leden. Wanneer voor de meerderheid van de leden de leerdoelen bereikt zijn, neemt over het algemeen de hoeveelheid activiteiten af. Vaak wordt de beschikbare informatie binnen de CoP nog wel regelmatig geraadpleegd maar ontwikkelt de inhoud van de informatie zich nauwelijks verder. Wanneer een CoP steeds minder wordt geraadpleegd, moet actief worden gekeken welke informatie mogelijk op andere wijze geborgd moet worden, voordat de CoP definitief ten einde komt.

Vanuit de transformatie is het raadzaam om een aantal CoP's op te zetten of actief te stimuleren om daarmee op een andere wijze de inzichten, kennis, vaardigheden en ervaring te verspreiden binnen de organisatie. Door een actieve rol binnen de CoP's vanuit de coaching community, wordt geborgd dat de informatie vooral ook accuraat is en aansluit bij de transformatie en uit te voeren veranderingen. Door een open houding en instelling om gezamenlijk te leren, kunnen veel bronnen van weerstand door een CoP worden voorkomen. Door het ontwikkelen van ambassadeurs en ervaringsdeskundigen ontstaan nieuwe mogelijkheden om de transformatie te kunnen versnellen.

■ 37.2 PRACTICE COACHES EN TIGER TEAMS

Daar waar een CoP nog ruimte heeft voor abstracte of theoretische onderwerpen, is het gebruik van 'practice coaches' en 'tiger teams' volledig gericht op een tijdelijke, intensieve samenwerking om praktische vaardigheden aan te leren of praktische problemen op te lossen. De kern achter dergelijke vormen is, dat deze tijdelijke, intensieve samenwerking in een reële, praktische context leidt tot een extreem hoge mate van transfer. Dus hoewel de intensiteit van deze vormen extreem hoog is, blijkt dat de noodzakelijke periode voor goede transfer juist zeer beperkt te zijn.

Practice coaches werken één op één samen met andere collega's om de praktische vaardigheden aan te leren of gezamenlijk praktische problemen te analyseren. Zij zijn dé ervaringsdeskundigen op de specifieke vaardigheden en getraind om deze ook op de juiste wijze over te kunnen dragen aan anderen. De uitvoering gebeurt vaak in werkvormen die een sterke vergelijking hebben met pair programming. Door het observeren van de uitvoering en het stellen van ontwikkelings-gerichte vragen wordt specifiek inzicht verschaft of vaardigheden ontwikkeld. Wanneer blijkt dat toch specifieke kennisgebieden ontbreken die het verkrijgen van inzicht of ontwikkelen van vaardigheden in de weg staan, wordt korte, specifieke kennissessies georganiseerd om de geconstateerde kennisgaten te dichten.

Een **tiger team** is een team van specialisten dat *tijdelijk* is samengesteld om aan een specifiek doel te werken of een bepaald probleem op te lossen. Door de intensieve manier waarop de specialisten samenwerken aan het specifieke doel of bepaalde probleem, ontstaan nieuwe netwerkverbindingen en leermogelijkheden. Clusters maken vaak gebruik van tiger teams wanneer een volledig nieuwe stroom van behoeften moet worden ingevuld. Door het samenbrengen van de specialisten uit de verschillende teams in een tiger team worden gezamenlijk inzichten, kennis, vaardigheden en ervaring opgedaan. Nadat het ontwikkelen van de eerste proof of concepts wordt het tiger team ontbonden en gaan de specialisten terug naar hun eigen teams, inclusief alle geleerde inzichten, kennis, vaardigheden en ervaring.

Een organisatie moet daadwerkelijk investeren in practice coaches wanneer specifieke gaten worden geconstateerd in de kennis en vaardigheden van een beperkt aantal medewerkers. Wanneer specifieke kennis en vaardigheden bij een grotere groep collega's ontbreekt zijn alternatieve vormen beschikbaar die in een beperkte periode niet tot dezelfde mate van transfer leiden maar kostentechnisch een stuk aantrekkelijker zijn. De inzet van een tiger team moet sterk worden afgewogen tegen de behoorlijk omvangrijke impact die het tijdelijk weghalen van specialisten uit verschillende teams kan hebben, versus de uitdaging die een specifiek doel of bepaald probleem met zich meebrengt en de noodzaak om de opgedane inzichten te verspreiden over de verschillende teams.

■ 37.3 OPLEIDINGS- EN TRAININGSMOGELIJKHEDEN

Vanuit skillsmatrices (zie ook subparagraaf 'Skillsmatrix' in paragraaf 15.2.3) krijgen individuen en teams inzicht in de aanwezige en gewenste competenties. Deze inzichten zijn nauwelijks van enige waarde wanneer de organisatie geen mogelijkheden biedt om de geconstateerde behoefte ook daadwerkelijk in te vullen. Door de grotere mate van variëteit in de te ontwikkelen kennis en vaardigheden vanuit de skillsmatrices, neemt de noodzaak toe om als organisatie meer op maat gerichte opleidings- en trainingsbehoefte te gaan organiseren.

De wijze waarop deze opleidingen worden ontwikkeld en / of aangeboden verschilt sterk per organisatie. De snelheid waarmee essentiële opleidingen en trainingen moeten worden aangeboden is hoog, aangezien deze cruciale elementen vormen voor het succes van de transformatie. Daarnaast moet rekening worden gehouden met de lokale context van de transformatie. Ook blijken generieke trainingen vaak niet goed aan te sluiten bij de expliciete leerbehoefte die uit skillsmatrices naar voren komt.

Opleidingen en trainingen worden over het algemeen op een drietal niveaus aangeboden, waarbij ieder niveau zo zijn eigen effect heeft bij de deelnemers:

- **Foundation niveau.** Deze opleidingen en trainingen, ook wel bekend als awareness trainingen, ontwikkelen een goede kennisbasis en gezamenlijk taalgebruik in het domein van de betreffende trainingen. Daarnaast bieden ze een goede kapstok waarmee de deelnemers in staat zijn om de nieuwe concepten in een groter geheel te plaatsen. En geven ze een goed overzicht in de basale concepten die in het betreffende domein worden gebruikt.
- **Practitioner niveau.** Deze opleidingen en trainingen geven niet alleen een kennisverdieping maar richten zich ook op de daadwerkelijke toepassing in de praktijk. Door het aanbieden van praktische hulpmiddelen in praktische opdrachten wordt een hoge mate van transfer bereikt. Na het volgen van een opleiding of training op Practitioner niveau wordt van de deelnemer verwacht dat hij of zij in staat is om de verschillende activiteiten enigszins zelfstandig te kunnen uitvoeren in de eigen praktijk.
- **Expert niveau.** Ook wel bekend als master classes geven deze opleidingen en trainingen een diepgaand inzicht en / of vaardigheid in de betreffende materie. De algemene toepassing staat hier vaak niet centraal maar vooral de complicerende uitzonderingen waar mensen mee te maken krijgen. Daarnaast geven ze een goed overzicht in de geavanceerdere concepten die in het betreffende domein worden gebruikt. Na het volgen van een opleiding of training op Expert-niveau wordt van de deelnemer verwacht dat hij of zij onder alle omstandigheden adequaat weet te reageren en anderen kan helpen of begeleiden bij de verschillende activiteiten.

Opleidingen en trainingen zijn in alle vormen en maten beschikbaar, van volledig klassikaal tot en met volledig digitaal, van volledige zelfstudie tot en met hoog-interactieve samenwerkingsgroepen. Daarom moet goed worden gekeken op welke wijze de opleiding en training het best verzorgd kunnen worden en welke vormen de beste aansluiting geven bij de verschillende leerstijlen. Wanneer het voor het succes van de transformatie of het goed kunnen doorvoeren van veranderingen essentieel is, dat deelnemers op een specifiek niveau worden getraind, dan is het goed om deze opleidingen en trainingen ook vanuit de transformatie zelf te organiseren.

Een vorm van opleiding of training die steeds vaker wordt ingezet zijn de zogenaamde 'crash courses' of 'bite-size trainingen'. Dit zijn opleidingen en trainingen over een dusdanig specifiek onderwerp of techniek, dat zij in een extreem korte tijd kunnen worden gegeven om een eventueel kennisgat snel te kunnen dichten. Zeker vanuit de coaching community is het een goed idee, om de beschikbare crash courses te inventariseren en periodiek (of op afroep) ter beschikking te stellen aan de organisatie. Dit geeft niet alleen gerichte ontwikkeling van kennis en vaardigheden maar zorgt ook voor een goed podium voor de ervaringsdeskundigen die de crash courses verzorgen.

Goede opleidingen en trainingen maken een transformatie eenvoudiger doordat de deelnemers een gezamenlijk vertrekpunt en uniforme taalgebruik krijgen. De inzet van een opleiding of training als vertrekpunt voor een verandering mag niet worden onderschat. Het geeft een duidelijke scheiding tussen hoe het voorheen ging en hoe het vanaf nu gaat.

■ 37.4 BUDDY LEARNING

Het buddy learning concept wordt gebruikt om diepgaand inzicht in aansprekende materie te ontwikkelen. Het onderliggende principe is dat tweetallen ('buddies') een gezamenlijk leerdoel opstellen, die geen van beide nog eigen is. Onder begeleiding van een ervaren coach gaan de buddies zich de inzichten, kennis, vaardigheden en ervaring zelf eigen maken tot het niveau dat zij in staat zijn om alle geleerde concepten ook aan anderen over te dragen. De ervaren coach zorgt hier niet alleen voor inhoudelijke correctheid maar ondersteunt ook bij het leerproces zelf. Doordat de buddies zelf het onderwerp kunnen kiezen wordt de intrinsieke motivatie maximaal gestimuleerd.

> *If you want to master something, teach it. The more you teach, the better you learn. Teaching is a powerful tool to learning.*
>
> Richard Feynman

Het ontwikkelen van inzichten, kennis, vaardigheden en ervaring tot het niveau dat u in staat bent om dit aan anderen over te dragen is een uitermate interessant concept. Niet alleen wordt diepgaande kennis bij de buddies over het specifieke onderwerp ontwikkeld, door het daadwerkelijk verzorgen van de kennissessies vanuit de buddies wordt kennis op een algemener niveau verspreid over een veel groter deel van de gemeenschap. De inzet van buddy learning binnen CoP's wordt eveneens voorkomen dat de meer ervaren mensen het gevoel krijgen dat ze alleen wat komen brengen maar nooit iets zelf kunnen halen.

Om als organisatie deze vorm actief te ondersteunen is weinig meer nodig dan medewerkers de mogelijkheid te geven periodiek wat onderwijsleermiddelen aan te schaffen als boeken, een licentie of toegang tot een specifieke informatiebron. Het is een kostenefficiënte vorm waarin diepgaande kennis en vaardigheden worden ontwikkeld die vaak sterk aansluiten bij de dagelijkse praktijk. Door het onder begeleiding leren wordt zeker gesteld dat de juiste uitgangspunten worden gehanteerd en door de intrinsieke motivatie van medewerkers kunnen in korte tijd ingewikkelde onderwerpen worden aangeleerd.

37.5 ALTERNATIEVE VORMEN

De bovengenoemde vormen worden veelvuldig toegepast in het kader van transformatie maar ook alternatieve vormen die het vakmanschap verhogen moeten door de organisatie zoveel mogelijk worden ondersteund. Het gaat er niet zozeer om dat specifieke vaardigheden aan specifieke personen worden aangeleerd maar dat de organisatie zich bewust wordt van de noodzaak om continu te leren en het verhogen van vakmanschap een integraal onderdeel is van het kenniswerk. Om deze reden zijn ook andere, creatieve oplossingen mogelijk die de organisatie aanzetten tot actief leren, bijvoorbeeld: de hackathon, open space en mob programming.

Een hackathon heeft als doel om alleen of als onderdeel van multidisciplinaire teams te komen tot een minimal viable product (MVP) die waarde heeft voor de organisatie of de beste oplossing biedt voor een vastgestelde casus. Gedurende een hackathon worden verschillende sessies aangeboden om de deelnemers te laten ontspannen of juist nieuwe kennis en vaardigheden aan te leren. Hackathons worden afgesloten met de verschillende presentaties van de door hun ontwikkelde MVP's en de beste en / of meest haalbare ideeën worden na de hackathon verder binnen de organisatie uitgewerkt. Naast de mogelijkheid voor specifieke opleidings- en trainingsmogelijkheden gedurende de hackathon biedt het gezamenlijk werken aan vastgestelde casussen uitstekende mogelijkheden om specifieke oplossingen in het kader van de transformatie te laten bedenken.

Open Space Technology (OST) is een methode voor het organiseren en houden van een vergadering of meerdaagse conferentie, waarbij deelnemers worden uitgenodigd om zich te concentreren op een specifieke, belangrijke taak of doel. De andere insteek die OST neemt is dat de agenda wordt bepaald door de deelnemers zelf en de groep zelforganiserend bepaalt welke onderwerpen als interessant of belangrijk worden beschouwd en welke onderwerpen minder de aandacht hebben. De planning van welk gesprek, over welk onderwerp in welke ruimte wordt gemaakt door de aanwezigen bij de start van de bijeenkomst. Door het open karakter kunnen alle onderwerpen of vragen aan bod komen en zijn de deelnemers gezamenlijk verantwoordelijk voor het maximaliseren van de waarde van de betreffende bijeenkomst.

Mob programming is een concept binnen softwareontwikkeling waarbij een team gezamenlijk, tegelijkertijd, in dezelfde ruimte en op dezelfde computer software ontwikkelen. De opzet is dat het hele team samen middels één toetsenbord en één scherm de software ontwikkelt, waardoor direct alle kennis, vaardigheden en inzichten van het gehele team kunnen worden ingezet bij het ontwikkelen van de software. Voor veel organisaties is de hoge mate van inefficiëntie de grote bottleneck maar het is een optimale situatie om een enorm hoge mate van transfer te organiseren binnen een geheel team.

■ 37.6 DUS…

Door een sterke focus op specifieke producten en multidisciplinaire teams mag de aandacht voor individuele specialisatie en overkoepelende kennisgebieden niet ondergesneeuwd raken. Om die reden is het belangrijk om naast het werken aan de meeste waardevolle behoefte (purpose) ook continu aandacht te blijven besteden aan continu leren (mastery). Door middel van Communities of Practice (CoP) worden mensen samengebracht op een breed scala aan relevante onderwerpen, waarbij duidelijke doelstellingen voor elke CoP worden vastgesteld. Met behulp van practice coaches en tiger teams kan het delen van kennis en ervaring tussen individuen en teams worden georganiseerd, waarbij de focus ligt op het overdragen van kennis en ervaring in plaats van het uitvoeren van specialistische werkzaamheden. Vanuit kennismatrices krijgen individuen en teams inzicht in de aanwezige en gewenste competenties, waardoor de noodzaak toeneemt om als organisatie meer op maat gerichte opleidings- en trainingsbehoefte te organiseren. Vanuit kennismatrices krijgen individuen en teams inzicht in de aanwezige en gewenste competenties, waardoor de noodzaak toeneemt om als organisatie meer op maat gerichte opleidings- en trainingsbehoefte te organiseren. Het buddy learning concept wordt gebruikt om diepgaand inzicht in aansprekende materie te ontwikkelen. Ook alternatieve vormen die het vakmanschap verhogen moeten door de organisatie zoveel mogelijk worden ondersteund.

Bijlage 1 Over de auteurs

Marco de Jong

Marco de Jong is een ervaren en resultaatgerichte principal consultant op het gebied van enterprise agility & Lean IT. Hij is een uitdagende coach en bevlogen trainer met een achtergrond in organisatieontwikkeling, management en software development. Hij is sinds 1998 nauw betrokken bij het snel en wendbaar ontwikkelen van software systemen op basis van frameworks als Scrum, eXtreme Programming, Kanban, DevOps, LeSS en SAFe. Vanaf 2009 heeft zich volledig gericht op de transformatie van grote organisaties om snel en wendbaar IV-producten voort te brengen, waaronder het CIBG, de Nationale Politie, Port of Rotterdam en de Belastingdienst.

Femke Hille

Femke Hille heeft een elektrotechnische achtergrond en een jarenlange ervaring in waarheidsvinding als forensisch onderzoeker bij de Nationale Politie. Daarnaast heeft zij zich verder geschoold als energetisch therapeut en coach alsmede in het systemisch transitiemanagement, om haar behoefte te vervullen om het effectief gedrag van mensen te ontdekken en te ontsluiten. Sinds 2018 werkt zij in de rol van agile coach. Door waar te nemen wat er is, uit te nodigen om de onderliggende principes te eren en van daaruit activiteiten in de praktijk zelf te laten ontstaan vanuit de ander zelf, faciliteert zij transformatie. Met haar nieuwsgierigheid, humor en gedrevenheid om te leren wordt zij graag betrokken bij het in beweging brengen van de organisatie.

Literatuurlijst

- (Aasland & Blankenburg, 2012)   Aasland, K., & Blankenburg, D. (2012). *An analysis of the uses and properties of the obeya.* 2012 18th International ICE Conference on Engineering, Technology and Innovation. https://doi.org/10.1109/ice.2012.6297660
- (Acharya et al., 2021)   Acharya, A., Lieber, R., Seem, L., & Welchman, T. (2021, March 1). *How to identify the right 'spans of Control' for Your Organization.* McKinsey & Company. Retrieved February 6, 2022, from https://www.mckinsey.com/business-functions/people-and-organizational-performance/our-insights/how-to-identify-the-right-spans-of-control-for-your-organization
- (Akao, 1994)   Akao, Y. (1994). *Hoshin Kanri. TGP : Policy Deployment for Successful TQM* - Hoshin, S.L.
- (Almquist, 2016)   Almquist, E., Senior J. & Boch, N. (2016). *The Elements of Value Measuring--and delivering--what consumers really want.* Harvard Business Review (September 2016).
- (Amabile & Kramer, 2012)   Amabile, T., & Kramer, S. (2012). *The progress principle using small wins to ignite joy, engagement, and creativity at work.* Brilliance Audio.
- (Anderson, 2010)   Anderson, D. J. (2010). *Kanban: Successful evolutionary change in your technology business.* Blue Hole Press.
- (Anderson, 2014)   Anderson, C. (2014). *The Long Tail: Why the future of Business is selling less of more.* Hachette.
- (Appelo, 2011)   Appelo, J. (2011). *Management 3.0: Leading agile developers, developing agile leaders.* Addison-Wesley.
- (Ariely, 2016)   Ariely, D. (2016). *Payoff: The hidden logic that shapes our motivations.* TED Books, Simon & Schuster.
- (Beck et al., 2001)   Beck, K., et al. (2001) *The Agile Manifesto.* Agile Alliance. http://agileManifesto.org/
- (Bell & Orzen, 2011)   Bell, S. C., & Orzen, M. A. (2011). *Lean it: Enabling and sustaining your lean transformation.* CRC Press.
- (Blokdyk, 2021)   Blokdyk, G. (2021). *Business model canvas: A complete guide - 2019 edition.* The Art of Service.
- (Bon, 2019)   Bon, J. van (2019). *ITIL® 4 - A Pocket Guide.* Van Haren Publishing.

- (Brooks, 1982) Brooks, F. p. (1982). *Mythical Man-month: Essays on Software Engineering.* Addison Wesley
- (Campbell & Stonehouse, 2011) Campbell, D. J., Edgar, D., & Stonehouse, G. (2011). *Business strategy: An introduction.* Palgrave Macmillan.
- (Cohn, 2015) Cohn, M. (2015). *User stories applied for Agile Software Development.* Addison-Wesley.
- (COSMIC, 2020) COSMIC. *The open standard for software size measurement. Cosmic Sizing.* (2020, July 7). Retrieved February 6, 2022, from https://cosmic-sizing.org/
- (Deming, 1982) Deming, E. W. (1982). *Out of crisis.* Massachusetts Institute of Technology.
- (Digital, ai, 2022) State of Agile. *State of Agile | Digital.ai.* (n.d.). Retrieved February 6, 2022, from https://digital.ai/state-agile
- (Doerr & Page, 2018) Doerr, J. E., & Page, L. (2018). *Measure what matters: How Google, Bono, and the Gates Foundation Rock the world with OKRs.* Portfolio/Penguin.
- (Doshi, 2018) Doshi, P. (2018). *Agile metrics: Velocity.* Scrum.org. Retrieved February 6, 2022, from https://www.scrum.org/resources/blog/agile-metrics-velocity
- (Duvall et al., 2013) Duvall, P. M., Matyas, S., & Glover, A. (2013). *Continuous integration improving software quality and reducing risk.* Addison-Wesley.
- (Dweck, 2017) Dweck, C. (2017). *Mindset: Changing the way you think to fulfil your potential.* Robinson.
- (Forrester, 1973) Forrester, J. W. (1973). *Industrial Dynamics.* MIT Press.
- (Fowler, 2009) Fowler, M. (2009, October 14). *Bliki: Technicaldebtquadrant.* martinfowler.com. Retrieved February 6, 2022, from https://martinfowler.com/bliki/TechnicalDebtQuadrant.html
- (Goldratt et al., 2014) Goldratt, E. M., Cox, J., & Goldratt, E. M. (2014). *The goal: A process of ongoing improvement.* North River Press.
- (Helft, 2009) Helft, Miguel (2009). "Google Appears Closer to Releasing Its Own Phone". The New York Times. Retrieved December 2009. 'On Saturday morning, Google confirmed that it was testing a new concept in mobile phones, writing in a blog post that it was 'dogfooding' the devices, an expression that comes from the idea that companies should "eat their own dog food", or use their own products.'
- (Hersey et al, 2013) Hersey, P., Blanchard, K., & Johnson, D. E. (2013). *Management of Organizational Behavior: Leading Human Resources.* Pearson.
- (Hope & Fraser, 2014) Hope, J., & Fraser, R. (2014). *Beyond budgeting how managers can break free from the annual performance trap.* Harvard Business Review Press.
- (IFPUG, 2022) IFPUG. (2022, January 25). *IFPUG – International Function Point Users Group.* International Function Point Users Group. Retrieved February 6, 2022, from https://www.ifpug.org/

- (ISO, 2022)   ISO/IEC 25000:2014, Systems and software engineering -- *Systems and software Quality Requirements and Evaluation (SQuaRE) -- Guide to SQuaRE* (n.d.). Retrieved February 6, 2022, from https://iso25000.com/index.php/en/iso-25000-standards/iso-2501
- (Jacka, 2009)   Jacka, J. M., & Keller, P. J. (2009). *Business process mapping improving customer satisfaction*. Wiley.
- (Janssen, Herwijnen & Beinat, 2003)   Janssen, Ron; Herwijnen, Marjan van & Beinat, Euro (2003). *DEFINITE 3.0 Getting started manual*, Instituut voor Milieuvraagstukken, Report number R-03/04.
- (Jones & Pfeiffer, 1979)   Jones, J. E., & Pfeiffer, J. W. (1979). *The 1979 Annual Handbook for Group Facilitators*. University Associates.
- (Kay & Kempton, 1984)   Kay, P., & Kempton, W. (1984). *What is the Sapir-whorf hypothesis?* American Anthropologist, 86(1), 65–79. https://doi.org/10.1525/aa.1984.86.1.02a00050
- (Kim et al., 2018)   Kim, G., Behr, K., & Spafford, G. (2018). *The Phoenix Project: A Novel About IT, DevOps, and helping your business win*. IT Revolution.
- (Koretz, 2019)   Koretz, D. M. (2019). *The testing charade: Pretending to make schools better*. The University of Chicago Press.
- (Kotter, 2012)   Kotter, J. P. (2012). *Leading change*. Harvard Business Review Press.
- (Kruger & Dunning, 1999)   Kruger, J., & Dunning, D. (1999). *Unskilled and unaware of it: How difficulties in recognizing one's own incompetence lead to inflated self-assessments*. Journal of Personality and Social Psychology, 77(6), 1121–1134. https://doi.org/10.1037/0022-3514.77.6.1121
- (Kübler-Ross, 1997)   Kübler-Ross, E. (1997). *On death and dying*. Scribner Classics.
- (Larman & Vodde, 2022)   Larman, C., & Vodde, B. (2022). *Coordination & Integration*. Large Scale Scrum (LeSS). Retrieved February 6, 2022, from https://less.works/less/framework/coordination-and-integration.html#Scouts
- (Larman & Vodde, 2022)   Larman, C., & Vodde, B. (2022). *Overview*. Large Scale Scrum (LeSS). Retrieved February 6, 2022, from https://less.works/
- (LEI, 2021)   Lean Enterprise Institute. (2021). *Index*. Retrieved February 6, 2022, from https://www.lean.org/
- (Lewin, 2013)   Lewin, K. (2013). *Principles of topological psychology*. Read Books.
- (Lindstrom, 1993)   Lindstrom, L. (1993). *Cargo cult: Strange stories of desire from Melanesia and beyond*. University of Hawaii Press.
- (Lunau & John, 2006)   Lunau, S., & John, A. (2006). *Six Sigma + Lean Toolset 2nd edition Mindset for Successful Implementation of Improvement Projects*. Springer.
- (Maes, 2002)   Maes, R. (2022). *Amsterdams Informatie Model (negenvlaksmodel)*. Rik Maes. Retrieved February 6, 2022, from http://www.rikmaes.nl/
- (Marquet & Parsa, 2016)   Marquet, L. D., & Parsa, E. (2016). *Gooi Het Roer om!: Leiderschap creëren op elk niveau binnen organisaties*. Boom.
- (Marquet, 2020)   Marquet, L. D. (2020). *Leadership is language: The hidden power of what you say, and what you don't*. Portfolio/Penguin.
- (Martin, 2009)   Martin, R. C. (2009). *Clean code: A Handbook of Agile Software Craftsmanship*. Prentice Hall.

- (McConnell, 2006)   McConnell, S. (2006). *Software estimation: Demystifying the black art*. Microsoft Press.
- (Mendelow, 1991)   Mendelow, A. L. (1991). *Stakeholder mapping*. Proceedings of the 2nd International Conference on Information Systems, Cambridge, MA., 10–24.
- (Michels, 2019)   Michels, D. (2019, September 27). *Going pi-shaped: How to prepare for the work of the future*. Forbes. Retrieved March 13, 2022, from https://www.forbes.com/sites/davidmichels/2019/09/27/going-pi-shaped-how-to-prepare-for-the-work-of-the-future/
- (Miller & Page, 2007)   Miller, J. H., & Page, S. E. (2007). *Complex adaptive systems: An introduction to computational models of Social Life*. Princeton University Press.
- (NESMA, 2022)   Nesma. Nesma.org. Nesma. (2022, January 17). Retrieved February 6, 2022, from https://nesma.org/
- (Neumeier, 2020)   Neumeier, M. (2020). *Metaskills: Five talents for the robotic age*. Level C Media.
- (Ōno, 2019)   Ōno, T. (2019). *Toyota production system: Beyond large-scale production*. Productivity Press.
- (OTCOpn, 2010)   OTCOpn. (2010). *Joint doctrine publicatie 5: Commandovoering*. Ministerie van Defensie.
- (Outvorst & Pols, 2012)   Outvorst, F. van, Pols, R. van der & Donatz, R. (2012). *BiSL® - A Framework for Business Information Management - 2nd edition*. Van Haren Publishing.
- (Patton & Economy, 2014)   Patton, J., & Economy, P. (2014). *User storymapping*. O'Reilly.
- (Peters & Waterman, 2015)   Peters, T. J., & Waterman, R. H. (2015). *In search of excellence: Lessons from America's best-run companies*. Profile Books.
- (Pichler, 2011)   Pichler, R. (2011). *Agile product management with scrum: Creating products that customers love*. Addison-Wesley.
- (Pink, 2019)   Pink, D. H. (2019). *Drive: De verrassende waarheid over wat ons motiveert*. Uitgeverij Business Contact.
- (Prosci, 2022)   Prosci, (2022). *The PROSCI ADKAR® model*. Prosci. Retrieved February 6, 2022, from https://www.prosci.com/methodology/adkar
- (Reichheld, 2008)   Reichheld, F. F. (2008). *Loyalty rules!: How Today's leaders build lasting relationships*. Harvard Business School.
- (Reinertsen, 2009)   Reinertsen, D. G. (2009). *The Principles of Product Development Flow: Second Generation Lean Product Development*. Celeritas.
- (Rother, 2017)   Rother, Mike. (2017). The Toyota Kata Practice Guide: Developing Scientific Thinking Skills for Superior Results.
- (Ritchie & Roser, 2017)   Ritchie, H. & Roser, M. (2017). *Technology Adoption*. Retrieved March 3, 2022, from https://ourworldindata.org/technology-adoption
- (Schwaber & Sutherland, 2020)   Schwaber, K., & Sutherland, J. (2020). *What is Scrum?* Scrum Guides. Retrieved February 6, 2022, from https://scrumguides.org/

- (Scrum.org, 2022)   Scrum.org. *Professional Agile Leadership*. Scrum.org. (2022). Retrieved February 6, 2022, from https://www.scrum.org/professional-agile-leadership-certification
- (ScrumPlop, 2022)   Published patterns - *Scrum of Scrums*. Published Patterns - Scrum of Scrums. (n.d.). Retrieved February 6, 2022, from https://sites.google.com/a/scrumplop.org/published-patterns/product-organization-pattern-language/scrum-of-scrums
- (Senge, 2009)   Senge, P. M. (2009). *The fifth discipline: The Art and Practice of the Learning Organisation*. Currency Doubleday.
- (Sinek, 2009)   Sinek, S. (2009). *Start with why: How great leaders get everyone on the same page*. Portfolio.
- (Snowden & Boone, 2007)   Snowden, D.J. & Boone, M.E. (2007). *A leader's framework for decision making*. Harvard Business Review. Retrieved March 3, 2022, from https://hbr.org/2007/11/a-leaders-framework-for-decision-making
- (Spencer, 1864)   Spencer, H. (1864). *The Principles of Biology*. Williams and Norgate, Harvard University.
- (Stacey, 1996)   Stacey, R. D. (1996). *Complexity and creativity in organizations*. Berrett-Koehler Publishers.
- (Tapscott & Williams, 2010)   Tapscott, D., & Williams, A. D. (2010). *Wikinomics: How mass collaboration changes everything*. Portfolio Penguin.
- (Thaler & Sunstein, 2008)   Thaler, R. H., & Sunstein, C. R. (2008). *Improving decisions about health, wealth and happiness*. Yale University Press.
- (The Open Group, 2017)   The Open Group (2017). *IT4IT Reference Architecture version 2.1*. Van Haren Publishing.
- (The Open Group, 2018)   The Open Group (2018). *TOGAF version 9.2*. Van Haren Publishing.
- (Thiecke & Leeuwen, 2018)   Thiecke, M., Leeuwen, B. van (2018). *Systemisch transitiemanagement: Neem voor de verandering De makkelijke Weg!* Boom/Nelissen.
- (Twin, 2022)   Twin, A. (2022, January 21). *Total cost of ownership (TCO): Asset costs over the long term*. Investopedia. Retrieved February 6, 2022, from https://www.investopedia.com/terms/t/totalcostofownership.asp
- (Wake, 2003)   Wake, B. (2003). *INVEST in Good Stories, and SMART Tasks*. XP123. Retrieved March 6, 2022, from https://xp123.com/articles/invest-in-good-stories-and-smart-tasks/
- (Wikipedia, 2022)   Wikimedia Foundation. (2022, January 22). Paradigm shift. Wikipedia. Retrieved February 6, 2022, from https://en.wikipedia.org/wiki/Paradigm_shift
- (Willis, 2017)   Willis, J. (2017, April 25). *Devops culture (part 1)*. IT Revolution. Retrieved February 6, 2022, from https://itrevolution.com/devops-culture-part-1/
- (Womack et al., 2007)   Womack, J. P., Jones, D. T., & Roos, D. (2007). *The machine that changed the world*. Free Press.
- (Zimmerman, 2001)   Zimmerman, B. (2001). *Ralph Stacey's Agreement & Certainty Matrix*. Schulich School of Business, York University, Toronto, Canada.

Index

3D printen   7
3D-printertechnologie   1
3-Step Change Model   452, 456
8-Step Process for Leading Change   452

A3 problem solving   402, 485
A6-methodiek   485
Aarogya Setu, COVID-19 tracing app   1
Acceptance Test Driven Development   174
act - assist - answer-aanpak   436
actie ondernemen   41
Adaptive Software Development   127
ADKAR Change Management Model   452
adviseur   44, 310, 314, 316
agile   9
   zijn versus doen   437
agile coach   489
agile leadership   xiv, 51, 392, 399
agile teams   183
   schalen van   243
agility op niveau van cluster   208
agility van teams   96
alignment   xiii, 52, 53, 55, 63, 87, 189, 192, 255, 261, 329
   creëren van   53
Amabile, Teresa   67
ambassadeur   477, 488, 490, 497
Amsterdams Informatie Model   389
anti-patroon   9, 17, 19, 160, 221, 407, 425, 441, 461
applicaties   383

architectuur, enabling   334
Ariely, Dan   51, 398
autonomie   xiii, 52, 55, 79, 87, 189, 255, 261, 329, 330
   creëren van   53
AVG   82

backlog item   135, 278
Basel III   82
Behavior Driven Development   174
behoefte-gestuurd werken   378
Bell, Steven C.   328
Beyond Budgeting   409
Big Tech   5
BiSL   330, 340
bitcoin   7
blockchain-technologie   7
Boone, Mary   9
Bridges' Transition Model   432
Brooks, Frederick   193
buddy learning   500
budgettering
   bottom-up   408
   top-down   408
bullwhip-effect   54
business en IV, effectieve samenwerking   352
business agility   347, 353, 356, 387, 390, 454
   opzet en werking   361
businessanalist   311, 312

business-behoefte   81, 174, 252, 278, 308
  in kaart brengen   317
  inventariseren   281
business owner   349
business support   404, 418

CALMS   158, 159
capaciteitsgericht werken   269
cargo cult   440, 444, 464, 470
catchball-principe (Hoshin Kanri)   366
cloud-strategie   264, 349
cluster agility   183
cluster-concept   206
cluster managementteam (CMT)   237, 239, 268, 405
  bedrijfsvoering   241
  in werking brengen en houden van 'het systeem'   242
  oplossen van impediments   243
clusters
  meerdere, structureren   261
  splitsen   262
coaching community   487, 491, 496, 500
coachingskata (Rother)   402
cognitieve belasting van de mensen   251
command and control-model   195
commitment   129, 132, 214, 446, 458
communicatie (interne en externe)   416
community of practice (CoP)   202, 217, 224, 234, 312, 336, 341, 481, 491, 496
competenties   16, 33, 42, 46, 72, 152, 203, 316, 324, 395, 397, 400, 406, 446, 498
complex adaptief systeem (CAS)   429
compliancy   78, 81, 143, 268
compliancy-proces   83, 86, 411, 490
component team   198, 200, 205, 208, 234, 249
cone of uncertainty   301, 303
continue cyclus van leren en verbeteren   333
continu integeren (DevOps)   153, 157, 203, 217
continu uitleveren (DevOps)   154, 157

continu verbeteren   8, 21, 138, 143, 183, 192, 228, 342, 424, 433, 446, 449, 453, 460, 470, 482
contractmanagement   241, 341
control chart (CC)   141
coördinator   310, 313
cost of delay   121
Cosmic full function points   306
Coverty   171
Crystal   127
cumulative flow diagram (CFD)   141
customer intimacy   189, 361
customer journey   102, 113, 117, 121
Cynefin framework   9 e.v.

Daily Scrum   132, 136, 215
dashboard, geautomatiseerd   171
data protection impact assessment (DPIA)   82
Definition of Done   52, 83, 170, 434
Deming cycle   452
DevOps   97, 148 e.v., 222, 332
dienst   383
digitale disruptie   7
doelstelling, heldere   46
DSDM   127
Dunning-Kruger effect   471

effectieve samenwerking   55, 278, 352, 359
effectiviteit (definitie)   28
efficiëntie (definitie)   28
eigenaarschap   xii, 23, 33, 39, 56, 61, 64, 72, 95, 148, 163, 177, 192, 203, 232, 241, 270, 275, 333, 341, 358, 361, 396, 400, 417, 431, 442, 446, 449, 481, 489
  ontwikkelen van   46
Embold   171
enabling architectuur   334
enabling gebruikers   338
enabling infrastructuur   235, 331
enabling security   337

enabling services 481
  voor indirect ondersteunen van primaire flow 324
  creëren 325, 341
enterprise agility xii, 7, 8, 22, 185, 188, 387, 390
enterprise architectuur 82, 324, 334, 348
epic 279
  definiëren 318
  definiëren en prioriteren 282
epic slice 279
  actuele waarde 289
  definiëren 318
  definiëren en prioriteren 284
  doelwaarde 289
  eindwaarde 289
  (laten) ontwikkelen 286
  uitgangswaarde 289
  valideren van de impact 288
ervaringsdeskundige 487, 490, 497, 498
Ethereum 7
estimation points 296
event management 221
expedite lanes 139
eXtreme Programming 37, 127, 358

facilitair management 413
feature team 198, 201, 202, 205, 208, 222, 249, 426
feature toggles 217
feedback-lus 172 e.v.
fibonacci-reeks 296
finance 408
flows 138
  focus op resultaat van 432
  indirect ondersteunen van alle 404
  meten en managen 141
  primaire 227
  secundaire 228
forecasting 297
fouten, omgaan met / maken van 426
Fowler, Martin 335
functie-/loopbaanprofiel 405

functiepunten, integrale 306
functioneel beheerder 386

gebruikers, enabling 338
gebruikersondersteuning 339
gedrag, consistent 467
gemba 402
georganiseerde teams 56
Golden Circle Theory (Simon Sinek) 64
Goldratt, Eliyahu M. 410
gummy bears 296

hackathon 501
heldere richting 60
Hersey en Blanchard, leiderschapsmodel 87
Hiatt, Jeff 452
high performing agile teams 52, 178, 414, 495
HIPAA 82
Hoshin Kanri 364
houding, consistente 466, 472
Humble, Jez 160

IaaS / PaaS 82
impact 53, 73, 85, 167, 197, 223, 258, 294, 319, 359, 409, 454
  valideren van 175, 288, 322
impediments 178, 219, 239, 305, 393, 480, 482, 489
  (effectief) oplossen van, 243, 485
incident management 222
increment 53, 133, 135, 153, 170, 173, 183, 212, 227, 306, 322, 416
informatieanalist 107, 152, 201, 311, 312
informatiebeheerder 386
infrastructuur, enabling 235, 331
Inspect & Adapt 29, 33, 119, 144, 259, 261, 423, 449, 460, 480, 483
integreren van het werk van meerdere teams 251
intent based leadership 46, 399
intercluster-coördinatie 263

intercluster refinement   279, 286, 314, 490
  coördineren   320
intrinsieke motivatie   41, 44, 61, 62, 64, 74,
  358, 396, 399, 445, 500
IT-landschap   82, 338, 358
  stabiliteit van   350
INVEST-criteria   120, 122
ISO/IEC 25010   170
ISO/IEC 27002   82
IT4IT   158, 159
ITIL   9, 330
IV (informatievoorziening) agility   249
  Inrichten van   257
  nut en noodzaak   257
  snelle, wendbare   352
IV-dienst, verantwoordelijke voor   386
IV-voortbrengingsproces   271, 281, 311, 323,
  330, 337, 385, 389, 446

Jira Kanban   138
job size   121

kaders
  afwezigheid van   78
  architecturele   80
  duidelijke   37, 46, 52, 78
  infrastructurele   80
  organisatorische   80
Kanban   9, 97, 126, 130, 137 e.v., 358, 439,
  444, 474
Kanban bord   138
Kim, Gene   161
kenniswerkers, opschalen   193
ketenteam   471, 474, 478, 481
klantloyaliteit   6
klantwaarde   6, 226, 408
Kotter, John   452
Kramer, Steven   67
Kübler-Ross Change Curve   432
Kuhn, Thomas   426

Large Scaled Scrum (LeSS)   130, 243, 262,
  435, 440
Larman, Craig   262
Lean   9, 144, 160, 226, 365, 408, 485
  activiteiten   226
  practices   161, 439
  verspillingen   227
Lean Agile Center of Excellence
  (LACE)   471, 473, 489, 491
Lean IT   327
LeanKit   138
Lean Six Sigma   408
learning community   494
leiderschap   xiv, 46, 58, 87, 240, 356, 392 e.v.,
  400, 411, 418, 424, 443
  aspecten voor   396
  situationeel en transformationeel   398
leiderschapsdoctrine   46
leiderschapsstijl   398
leren (Inspect & Adapt)   37, 145
lerende organisatie   xiv, 7, 27, 38, 202, 423,
  468, 494
  begeleiden   400
  inrichten   393
  leiden   396
LeSS (Large Scaled Scrum)   130, 243, 262,
  435, 440
Lewin, Kurt   452, 456
lijnorganisatie (permanente)   xiv, 175, 353,
  369, 380 e.v., 479
lokale context   251
lower control limit (LCL)   142

Maes, Rik, 389
management, definities   237
Manifesto for Agile Software
  Development   ix, 127, 130, 387
marketing   374, 415
Marquet, David   46, 400, 464
masterplan   62, 69
materiedeskundige   174, 233, 313, 315, 388,
  454
McKinsey 7-S model   432

mede-eigenaarschap 48
mindset, fixed en growth 463
minimal viable product (MVP) 501
missie 62
    concrete 68
mob programming 501
MSP 9, 23
multicriteria besluitvormingsmatrix 287
multidisciplinaire subteams 309, 311
mijlpalen, shift naar incrementen 427

Nexus 243
Nudge Theory 452

Obeya 407, 482
OGSM (Objectives, Goals, Strategies, Measures) 74
OKR methode (Objectives, Key Results) 73, 368
ondernemingsstrategie 349, 353, 358
ontwikkelaar (Scrum) 17, 35, 129, 133 e.v., 152, 169, 177, 190, 210, 328, 354, 484
ontwikkelteams, splitsen van 197
Open Spaces 491, 501
Open Space Technology (OST) 501
operational excellence 189
opdrachtgerichte commandovoering 46, 399
opschalen van aantal kenniswerkers 193
organisatieafdeling 406
organizational control 410
outcome 72, 167, 173, 177, 179, 197, 200, 218, 232, 258, 288, 299, 355, 359, 367, 409, 453, 460, 481
    valideren van 172, 258, 322
output 73, 167 e.v., 197, 201, 258, 287, 293, 359, 409, 460, 480
    valideren van 169, 220
OWASP 82

paradigma shift, paradigmaverschuiving 425, 426
persona 102, 112, 122
personeelsmanagement 405
personeelszaken 405
Pink, Daniel 51, 64, 398
Plan | Execute 19, 29, 30 e.v., 35, 119, 148, 195, 261, 280, 342, 423, 437
plannen 27, 32, 37, 70, 123, 211, 489
platform team (PT) 234, 239, 250, 268
portfoliomanagement 268, 274, 280, 303, 332, 441, 474
portfolioproces xiii, 330, 333
    verhogen van de voorspelbaarheid 293
portfolio owner xiii, 268, 271, 275 e.v., 295, 308 e.v., 355, 373, 375, 382, 389, 409
portfolio support team (PST) 308
    aandachtsgebieden 317
POSSIBLES (set van slicing patterns) 122
potentieel shippable increment 157
practice coach 497
primaire flow xiii, 227, 230, 234, 239, 257, 387, 392, 457, 481
    indirect ondersteunen 237 e.v., 324 e.v.
    direct ondersteunen 226 e.v., 308 e.v.
PRINCE2 9, 23
prioriteren 115, 121, 174, 256, 270, 352, 374
prioriteitstelling 253
problem management 223
proces policies 138
    standaardiseren met 143
product 383
    continue integratie 216
    definitie 103
product agility 185, 186, 190
product backlog 133, 134 e.v., 172, 198, 209, 252, 265, 304
product backlog item 135, 170, 174, 209, 211, 231, 267, 280, 297, 301, 303, 335, 389
product- en procescompliancy 81
product increment 135, 153, 156, 170, 212, 217, 227, 322, 416

product canvas   102, 112, 211, 218
productinnovatie   5
productiviteit, valideren   305
product leadership   187, 361
productontwikkelaar   29, 49, 101, 120, 149, 386
product owner   49, 133, 165, 172 e.v., 198, 209, 230 e.v., 265, 276, 286, 295, 339, 387
   dedicated   232
   direct sturen van   271
Product Owner Support Team (POST)   230, 239, 268, 321
product teams   198
productplan   xiii, 97, 101, 102, 134
   definiëren van goede items voor   119
   dynamisch   118
   managen van   118
   geprioriteerd   121
product roadmap   xiii, 97, 99
productsuite   103
productvisie   101, 112, 118, 278, 383
Program Increment (PI)   441
programma   40, 78, 175, 275, 294, 301, 353, 370, 372 e.v., 380 e.v., 473
programmamanagement   19, 23, 175, 294
progressie
   gevoel van   67
   zicht op   177
project   40, 78, 275, 372 e.v., 380 e.v.
projectmanagement   19, 23
proxy Product Owner (PO)   232
puntoplossingen   53
purpose (zingeving)   52, 62, 238, 305, 365
   betekenisvolle   64
Purpose, Mastery, Autonomy-principe   51

quality gate   87

samenwerken   xiii, 94, 143, 200, 251
samenwerking, effectieve   55, 278, 352, 359, 388
Sapir-Whorf hypothese   463
Satir Change Model   432

Scaled Agile Framework (SAFe)   130, 232, 243, 439
   Full SAFe, Portfolio SAFe, Large Solution SAFe, Essential SAFe   439
Scaling Agile @ Nationale Politie model   x, xi, 444
Scaling Agility for Large Enterprise (ScALE)   x, 130, 243, 435
scatter merge   139
schattingen
   betrouwbare   294
   relatieve   285, 296
Scrum   9, 97, 126, 131, 132, 444
   rollen   132
scrum master   95, 130, 133, 244, 441, 461, 489
secundaire flow   xiii, 228, 238, 308, 325, 341, 457, 479, 481
security, enabling   337
security awareness   338
service level agreement (SLA) 222
Shewhart cycle   452
Sinek, Simon   64
Six Sigma   408
skillsmatrix   203, 311, 498
SMART   73, 84
sneller leren   25 e.v.
Snowden, Dave   9
solution architect   335
software architect   335
software architectuur   334
SonarQube   171
SOX   82
specificeren   119, 270, 310, 352
Spencer, Herbert   25
splitsen (slicen) van items   121
sprint backlog   133, 135, 213
sprint development   136, 215
sprint planning   136, 209
sprint retrospective   137, 219
sprint review   137, 218
Stacey, model van`10
stakeholdermatrix   102, 107
start-up   6, 93

State of Agile Report (Digital)   131
storymap   102, 114, 119, 211, 218
strategie   62, 68, 104, 357, 362, 365, 397, 407, 417
   executie van   369
   verbindende   62, 69 e.v.
strategievorming   361, 364
strategische, tactische en operationele doelen, uitdagende   72
strategy mapping   71
subteams, multidisciplinaire   311
survival of the fittest (Spencer)   25
swimming lanes   139
synchroniseren van samenwerkende teams   251
system team (ST)   94, 233, 239, 268
systems thinking (systeemdenken)   242, 408

taal, consistent gebruik van   462, 463
team agility   93
team owner   232
teams
   effectieve en efficiënte   94
   opschalen van het aantal   192
   periodieke synchronisatie   215
   shift van vaste langlevende naar tijdelijk samengestelde   427
   structureren van meerdere   192
Technical Debt Quadrant   335
test automatisering   217
test driven development   217, 494
teststrategie   251
The Three Ways   158
tiger team   497, 498
TOGAF   330
total cost of ownership (TCO)   350
Toyota Production Systeem   160
transformatiemanagement   423 e.v., 437, 462, 466
transformatieplan   451
transformatieteam   472
transformeren van de organisatie   93
Traveler-principe   491

Trello   138
T-shaped profiel   405
T-shirt sizes   296

upper control limit (UCL)   142
user story   119, 279
User Story Mapping   115

velocity   129, 221, 297, 301
veranderaanpak   xiv, 433, 448 e.v., 472
   effectieve   448
   gedegen   433
veranderboekhouding   484
verandermethodiek   451
veranderorganisatie, effectieve   470 e.v.
versiebeheersystemen, gedistribueerde concurrent   216
visie   27, 46, 62, 72, 97, 102 e.v., 119, 357, 362
   heldere   46
   Inspirerende   62, 66, 407
visiebord   102
voorspelbaarheid   xiii, 11, 150, 293 e.v., 376
   op cluster-niveau   299
   op items   301
   op niveau van de IV   303
   op tijdstip   302
   van kosten en opbrengsten   300

waarde   xii, 6, 28, 34, 121, 132
(definitie)   165
   elementen van   165
   valideren   165
waardegericht werken   269, 270
waarde-gestuurd werken   373, 378
weighted shortest job first (Reinertsen)   121
Willis, John   159
wilsoverdracht   366
workflow   138
   visualiseren   138
work in progress (WIP)   138
   limiteren   140

X-matrix   74, 365

zelforganisatie xii, 23, 33, 47, 51, 57 e.v., 61, 64, 96, 196, 202, 238, 396, 432, 446, 449
zelforganiserende teams 52, 56, 196, 431, 432
zelfsturende teams 56
Zimmerman, model van 10